分断と統合への試練
ヨーロッパ史 1950-2017

イアン・カーショー
Ian Kershaw
Roller-Coaster
Europe,1950-2017
三浦元博◆訳

シリーズ 近現代ヨーロッパ200年史 全4巻

白水社

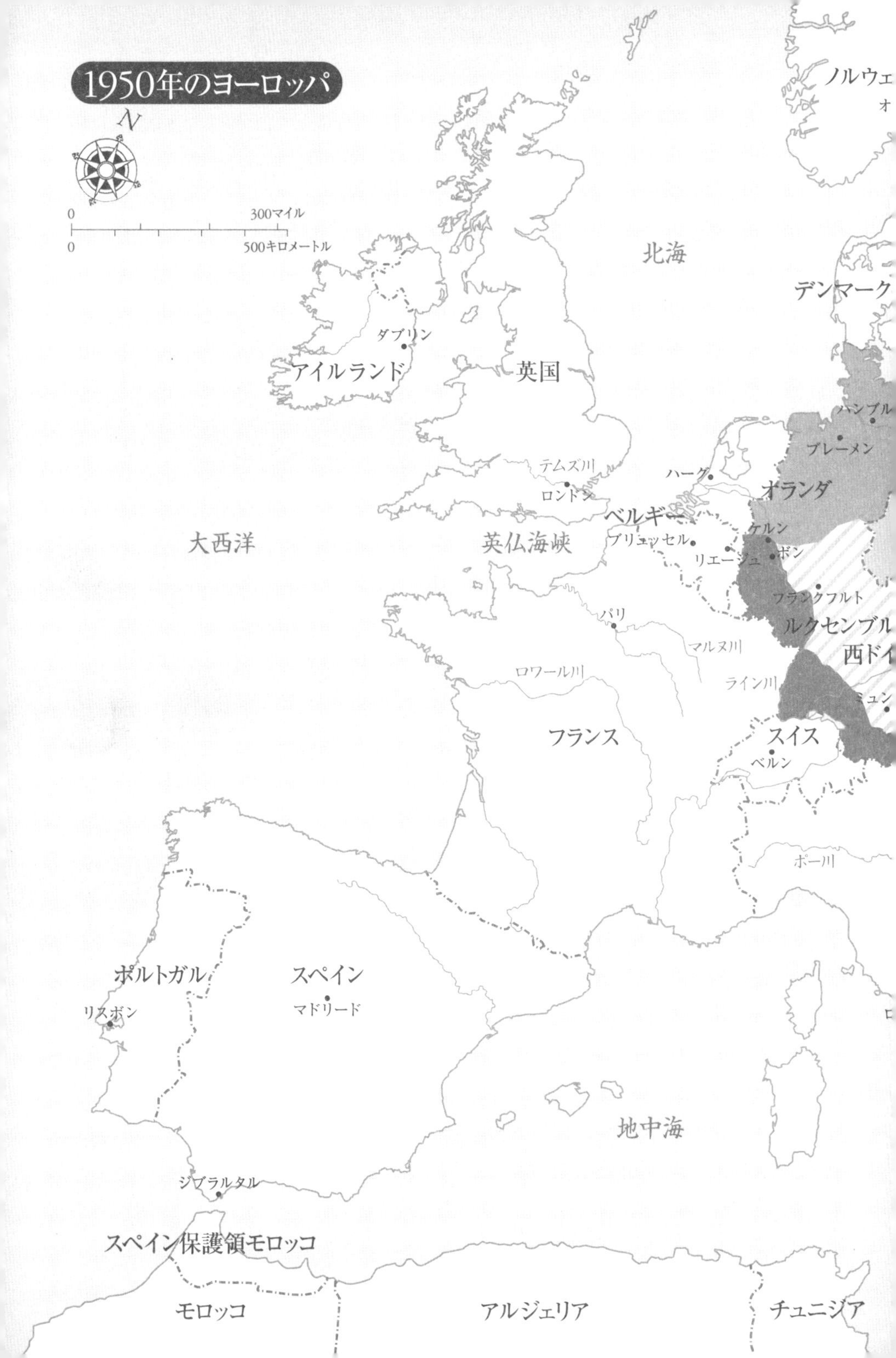
1950年のヨーロッパ
N
0
300マイル
0
500キロメートル
ノルウェ
北海
デンマーク
ダブリン
アイルランド
英国
ハンブル
ブレーメン
テムズ川
ハーグ
ロンドン
オランダ
ベルギー
ケルン
大西洋
英仏海峡
ブリュッセル
ボン
リエージュ
フランクフルト
パリ
ルクセンブル
マルヌ川
西ド
ロワール川
ライン川
ミュン
フランス
スイス
ベルン
ポー川
ポルトガル
スペイン
リスボン
マドリード
地中海
ジブラルタル
スペイン保護領モロッコ
モロッコ
アルジェリア
チュニジア

1.1958年4月7日、核爆弾禁止を求めて
約80キロメートルの距離にあるオルダーマストンの原子力兵器研究所へ向け
ロンドン市内を行進する核軍縮キャンペーン(CND)のデモ隊。
行進は毎年恒例となり、同運動は急速に支持を集め、西ヨーロッパ各地の反核デモに影響を与えた。

3.
1951年11月21日、
戦後「西欧」建設の2人の立役者、
フランス外相シューマン（右）と
西ドイツ首相アデナウアーが
パリで顔を合わせた。
独仏友好はやがて形成される
ヨーロッパ経済共同体
（のちにはヨーロッパ連合）の
基礎になった。

2.1953年6月17日、検問所チェックポイント・チャーリーでソ連軍戦車を眺める西ベルリンの人びと。
この日、ソ連は東ドイツ共産政権を脅かした大衆蜂起を鎮圧するため軍事力を投入した。

4.
1953年3月9日のスターリンの葬儀で涙を流す女性たち。
厳寒の中、大群衆が繰り出して亡き指導者を悼んだ。
多くのソ連市民にとってスターリンは残忍な独裁者ではなく、
偉大な戦時英雄だった。

5.
1963年、ソ連指導者フルシチョフのベオグラード訪問を出迎える
ユーゴスラヴィアのティトー大統領。
1948年以来のユーゴスラヴィアとソ連の亀裂は1955年に公式に修復された。

6.1956年のハンガリー動乱で破壊されたブダペスト市内の建物とソ連軍戦車。
ソ連による残忍な鎮圧は西側に衝撃を与えて、それまでのソ連賛美者の間でのイメージを大きく損ない、
多くの人びとが西側の共産党を離党した。

7.フランスの植民地体制のために働いたアルジェリア人は独立アルジェリアからの逃避を余儀なくされ、フランス南部リヴザルトに着いた(1962年9月16日)。

8.
当時のフランスでもっとも著名な知識人だった実存主義哲学者のジャン=ポール・サルトルと
初期の女性解放運動に大きな影響を与えたパートナーの
シモーヌ・ド・ボーヴォワール(ローマ訪問中の1963年10月22日)。

9.
1950年代後半、ヨーロッパじゅうで大流行したロックンロールのスター、
リトル・リチャード(1962年のヨーロッパ巡業時)。
この巡業では、ビートルズと何度か共演している。
ビートルズは当時、ほとんど無名だったが、数カ月後には世界的現象になる。

10.
1960年代半ばの
「スウィンギング・ロンドン」の象徴だった
カナービー通りのミニスカート。
時流に乗ったブティックと、
まだ最新モードに
完全には追いつけていない
隣りの婦人服店。

11.
パリのシャンゼリゼ大通りのショールームに並んだ
シトロエンのDSモデルは、
1960年代半ばのフランスの豊かさの象徴。

COUNTDOWN

12.1968年5月のパリ。巨大な学生デモと対峙する警察機動隊。
騒動の拡大は暫時、政権の安定を脅かすように見えた。
1968年にはヨーロッパに限らず多くの国で重大な学生抗議運動が起きた。
抗議運動はフランスと並んでイタリアとドイツで盛り上がった。

13.1968年8月3日、ブラティスラヴァで笑顔と花束で歓迎されるソ連共産党書記長ブレジネフ。
ブレジネフの手を取っているのはチェコスロヴァキア大統領スヴォボダ。
チェコスロヴァキア共産党第一書記ドプチェク（右）は笑顔でもう一つの花束を手渡そうとしている。
二列目はソ連首相コスイギン（左）と、ソ連最高会議幹部会議長ポドゴルヌイ（ブレジネフの後ろ）、
それにチェコスロヴァキア首相チェルニーク（ドプチェクの後ろ）。

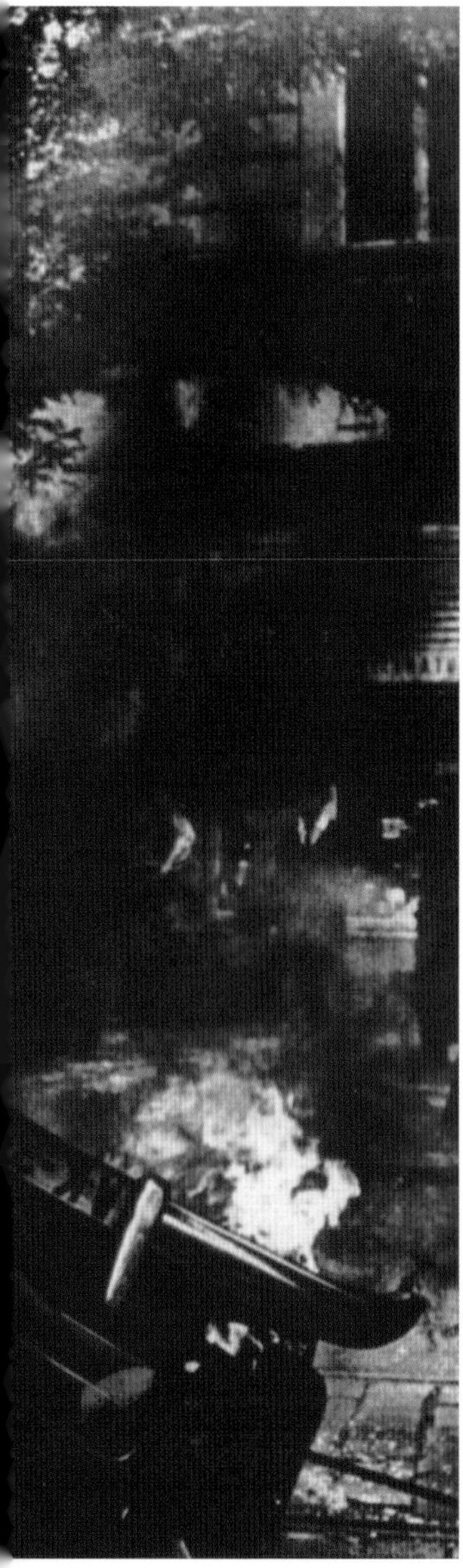

14.
1968年8月20日から21日にかけての夜、
ブラティスラヴァでの見せかけの友好誇示から三週間と経たずして、
ワルシャワ条約機構軍がチェコスロヴァキアに侵攻。
この写真では2人の若者がプラハで放棄されたソ連軍戦車の上で旗を振り、
そばでは車が激しく燃えている。
しかし抵抗はたちまち軍事力によって粉砕された。

15.
ポーランド訪問中の1970年12月7日、西ドイツ首相ブラントは
1943年のゲットー蜂起でナチによって殺害された
ユダヤ人犠牲者を追悼するため、
ワルシャワの記念碑前にひざまずいた。
ブラントは東欧向けの新たな政策(東方政策)によって
西ドイツとソ連ブロックの関係改善を目指した。

16.婦人参政権に反対するスイスのポスター。
1971年2月7日の国民投票でついに連邦議会選挙での婦人参政権が承認されたが、
州レベルの選挙では最後の州が投票権を認めるまで、さらに20年かかった。

17.1974年5月1日、リスボンで行われた巨大な労働者デモ。
数日前の4月25日、ポルトガルでほぼ半世紀続いた独裁支配が「カーネーション革命」で平和的に終焉した。

18.
ドイツ北西部ルール地方の巨大鉄鋼業都市
デュースブルクのトルコ人たち（1980年）。
多数のトルコ人「ガストアルバイター」
（出稼ぎ労働者）が1960年代に
好況経済の労働力不足を補うために流入した。
だが、彼らがいずれは帰国するだろうという
初期の期待は見当違いだった。
彼らは他のヨーロッパ諸国の移民と同じく、
とくに初期の年月には偏見と差別に出遭った。

19.
1972年7月21日、
北アイルランドのベルファスト中心部で
IRAによる爆弾テロ後の瓦礫の中を不安げに歩く女性。
この日、IRAは市内で22個もの爆弾を破裂させ、
9人が死亡、130人が負傷した。

20.1979年2月6日、ポーランドに里帰り訪問したローマ法王ヨハネ・パウロ二世によって執り行われたミサに参列した大群衆。法王の訪問はポーランドの国民的帰属意識とカトリック信仰の結びつきを大いに強める一方、共産党政権に対する忠誠を大幅に弱体化させた。

21.
1980年8月、
グダニスク造船所のスト労働者に交じった
ワレサ（中央）。
自由労組とスト権、報道の自由を求めて。

22.
1984年9月22日、
第一次大戦の激戦地ヴェルダンの戦い（1916年）の
戦死者を葬るデュオモンの墓地で、
和解と友好を象徴的に示すフランス大統領
ミッテラン（左）と西ドイツ首相コール。

23.1987年3月末、モスクワを訪問した英首相サッチャーと話し合うソ連指導者ゴルバチョフ。
2人はイデオロギー上の違いにもかかわらず気が合い、
1984年のロンドンでの初顔合わせ以来、良好な実務関係を築いていた。

24.ベルリンの壁が崩壊する3日前の1989年11月6日、数十万人がライプツィヒで雨中のデモ。
9月初めに始まったライプツィヒの月曜デモは大きく拡大し、
体制に対しますます抗いがたい急進的改革の圧力を加えていた。

25.1989年12月、ブカレストの宮殿広場に面するバルコニーで、
真ん中の共産主義のシンボルを切り抜いたルーマニア国旗を掲げる男性。
ルーマニアでは1989年革命が平和的とはほど遠かったことを、広場の戦車が示している。

26.1992年9月12日、マーストリヒト条約に反対するセーヌ=サン=ドニ県のラ・クールヌーヴ公園の人びと。
同月のフランス国民投票では、条約が僅差で可決された。

27.1992年6月6日、セルビア人勢力の砲弾がサラエヴォ郊外の家屋を攻撃している。
4月に始まり、ほぼ4年続くサラエヴォ包囲の間、市民に数千人の死傷者が出た。

28.
1999年12月31日、
ロシア大統領エリツィンに
花束を手渡す首相のプーチン(左)。
エリツィンは突然引退を表明し、
2000年3月の選挙まで
プーチンを大統領代行に指名した。
プーチンは、エリツィンとその家族が
汚職によるいかなる訴追も受けないとの
大統領令をすみやかに発した。

29.
2004年3月13日、
マドリードで行われた大規模な反政府デモ。
200人近くが死亡、約2000人が負傷した
2日前の通勤列車爆破事件で、
スペイン政府がアルカイダではなく
バスク分離派の犯行を示唆したことに抗議した。
平和を要求するプラカードは、
スペインをイラク戦争に巻き込んだ保守政権に向けられている。
翌日の総選挙では政権が敗北。
社会労働党が率いる新政権は
4月末までにイラクからスペイン軍を引き揚げた。

PAZ
PAZ
PAZ
PAZ
PAZ
PAZ

30.
2010年2月24日、
アテネで行われた1日ゼネストで、
激しく衝突する警官隊とデモ隊。
このストは、深刻な財政危機を抑え、
経済崩壊を回避するために
政府が導入した過酷な緊縮政策に
抗議して実施された。

31.
2013年12月31日、
ウクライナ政府が予定されていたEUとの連合協定の締結を中止したことに抗議し、
キエフの独立広場での大集会で推定20万人が懐中電灯などを点灯した。

32.2015年9月2日、トルコ南部ボドルムで、シリア人の3歳の幼児アラン・シェヌを抱き上げるトルコの警官。
移民を乗せてギリシアのコス島を目指した船が沈没したのだ。
この写真は難民危機の恐ろしい人道的悲劇の象徴と、世界じゅうが受けとめた。

分断と統合への試練 ヨーロッパ史 1950-2017

Roller-Coaster:Europe,1950-2017
by Ian Kershaw

Original English language edition first published by Penguin Books Ltd., London

Japanese translation rights arranged with Penguin Books Ltd., London
through Tuttle-Mori Agency, Inc., Tokyo

分断と統合への試練　ヨーロッパ史 1950-2017　目次

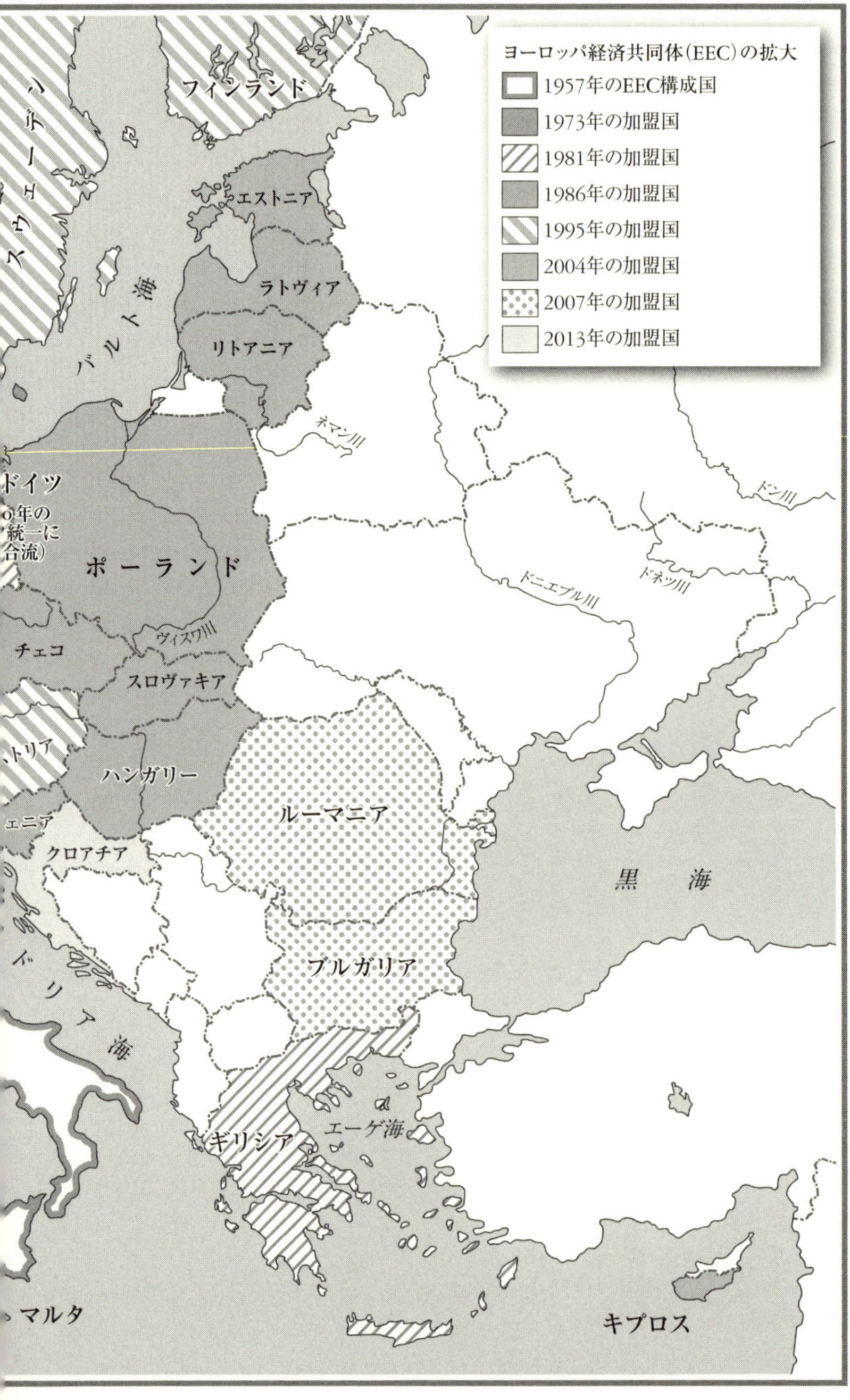
ヨーロッパ経済共同体（EEC）の拡大
1957年のEEC構成国
1973年の加盟国
1981年の加盟国
1986年の加盟国
1995年の加盟国
2004年の加盟国
2007年の加盟国
2013年の加盟国
フィンランド
スウェーデン
バルト海
エストニア
ラトヴィア
リトアニア
ネマン川
ドイツ
ポーランド
ヴィスワ川
チェコ
スロヴァキア
ハンガリー
クロアチア
ルーマニア
ブルガリア
ドン川
ドニエプル川
ドネツ川
黒海
ギリシア
エーゲ海
マルタ
キプロス

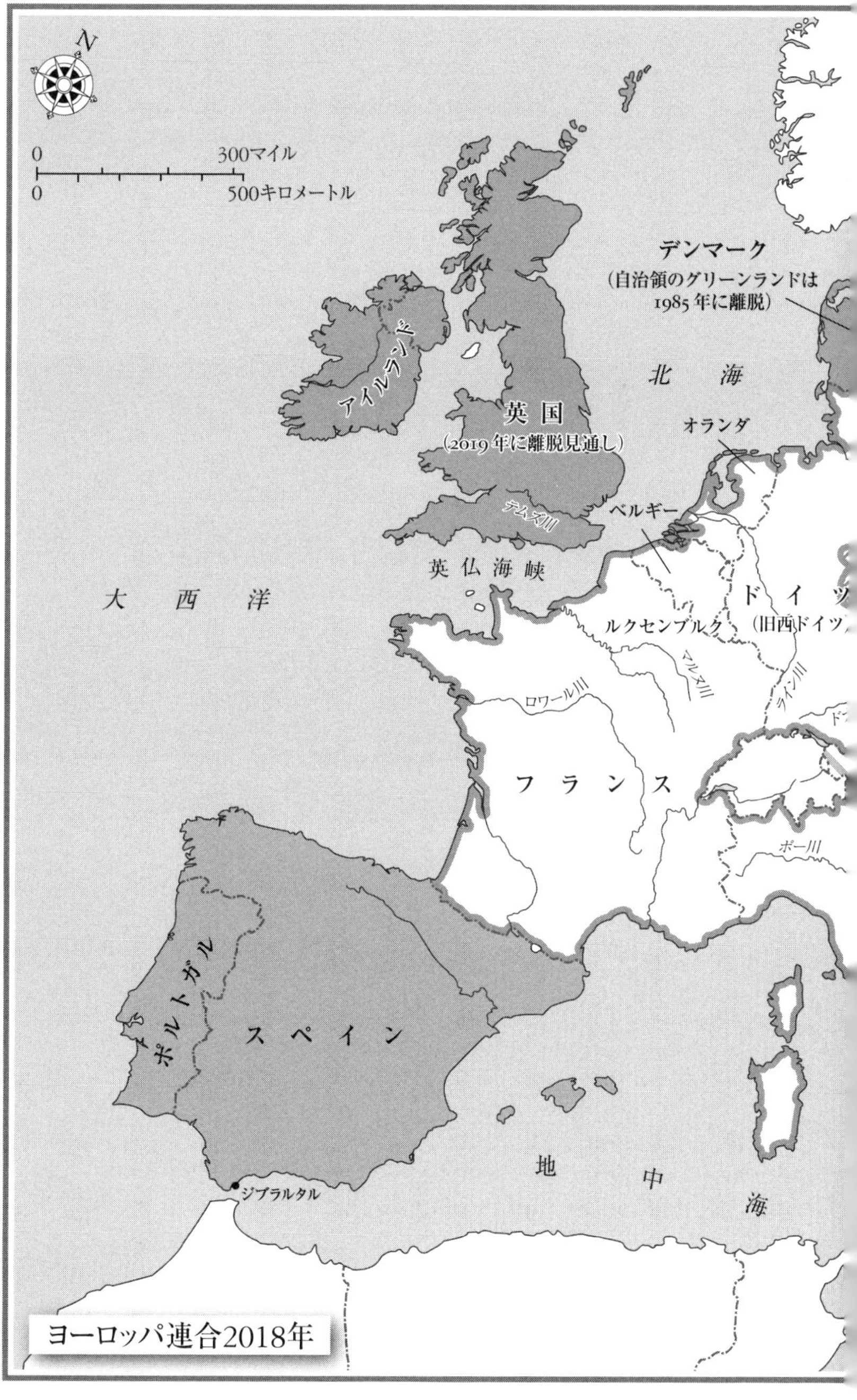

ヨーロッパ連合2018年

謝辞

議論の活性化と専門文献に関する助言、抜き刷りあるいは著書の入手、そしてわたしの冒険的な企てに対する興味関心など、さまざまな形で支援していただいた以下の方々に感謝している。パトリック・アージェント、ジョー・バージン、ジョン・ブリューイリー、アーチー・ブラウン、フランツ・ブリージマイヤー、デトレフ・フェルケン、クリスチャン・ゲッセル、マイク・ハナ、ジェフリー・ホスキング、トーマス・カーラウフ、トーマス・キーリンガー、フランシス・リンチ、フランク・オゴーマン、ポール・プレストン、コリン・スティール、アラン・スタインワイス、フランク・トレントマン、ハインリヒ・アウグスト・ヴィンクラー、シャーロット・ウッドフォード、ベンジャミン・ジーマン。また関係者を個人的には存じ上げないものの、英国とドイツ、それに米国の新聞の著名なジャーナリストたちにも記して感謝したい。とりわけ最終章については、政治、経済、外交に関する彼らの優れたルポルタージュや分析を随所に引用することができた。そして（これも面識はないのだが）、『ガーディアン』紙の傑出したコラムニスト、マーチン・ケトルにも大変感謝している。彼はわざわざ原稿を読み、多くの重大な事実誤認からわたしを救ってくれた。

トラウデ・シュペートに厚く感謝する。彼女はわたしのミュンヘン滞在中、夫ウルリヒとともに、いつも変わらず温かく接してくれ、ドイツ紙の切り抜きを頻繁に見せて、わたしが日ごろ英国メディアで目にしているものとは違ったヨーロッパ問題に関する視点に、常に気づかせてくれた。過去七〇年間のヨーロッパ史の気まぐれを表現するにふさわしいイメージを見つけようと苦労していたとき、トラウデが「ローラーコースター」のタイトル〔本書の原タイトル〕を考案してくれたことに、何よりも感謝している。多くの友人たちもまた、仕事上の責任以上の支援をしてくれた。ローレンス・リーズ、ニコラス・シュタルガルト、それにデイヴィッド・キャナダインはわざわざ時間を割いて原稿を読んで意見を述べ、多くの洞察と助言を与え、修正を加えてくれた。ローレンスはテレビ番組制作で一緒に働いたとき以来のすばらしい友人であり、彼との定期的な討論は貴重な刺激になった。妻のベティと長男デイヴィッドも原稿を読み、テキストの改善に役立つ数々の細かい質問をしてくれた。

サイモン・ワインダーはいつもどおり最高の編集者だった――うるさくせがむのではないが、必要なときは常にそばにいてわたしを陽気に励まし、貴重な提案をしてくれた。写真を選ぶうえでも大いに助けてもらった。以前の著書の場合と同様、さまざまな形で本書の制作に協力してくれたペンギン社のすばらしいチームの全員にも感謝している。とくに編集支援のエレン・デイヴィスと、地図製作担当のリチャード・ダギッドに感謝している。また、テキストのすばらしい校正作業で、今度も技術と知識と正確さを見せてくれたリチャード・メーソンにも、とても感謝している。デイヴ・クラダックは見事な索引を作ってくれた。わたしは今回もニューヨークのアンドルー・ワイリーとロンドンのワイリー・エージェンシーのジェームズ・パレンからの支援に、引き続き頼ることができた。

わたしの愛を込めた感謝は、いつものように、だれよりもわたしの家族――ベティ、デイヴィッド（とハンナ）、スティーヴン、それにベッキー、そしてわたしたちの孫であるソフィー（とポール）、ジョー、エリヤ、オリヴィア、それにヘンリー――に捧げる。わたしの最大の希望は、孫たちと彼らの世代にとってヨーロッパの未来が、戦後世代が建設に奮闘した、いかに不完全なものであれ、平和と自由と繁栄の礎の上にあることである。

二〇一八年一月、マンチェスター

イアン・カーショー

はしがき

"To Hell and Back: Europe, 1914–1949"〔邦訳『地獄の淵から ヨーロッパ史1914―1949』白水社〕はかつて取り組んだもっとも難しい書籍であった、とわたしは同書の「はしがき」で書いた。それは本書以前のことである。一九一四年から現在にいたるヨーロッパ史のうちのこの下巻は、解釈と構成のうえで一段と大きな諸問題を引き起こした。世界大戦の明白な重要性が一九一四年から四九年を扱う前巻を貫いているのに対し、一九五〇年から現在までのヨーロッパ史にはそのような単一の決定的テーマがないことに、少なからずその理由がある。『地獄の淵から』は戦争への突入と終戦、そして再び戦争への突入と終戦という直線的進行に従っている。一九五〇年以降のヨーロッパ史の複雑さは、単純に直線的な展開によっては十分に記述できない。さらに言えば、これは曲折と浮き沈み、きまぐれな変化、そして巨大で速度を加える変容の物語なのである。一九五〇年以降のヨーロッパはこれまで、スリルと恐怖に満ちた一種のローラーコースターだった。本書は、ヨーロッパがこの数十年、なぜ、どのように大きな不安定期を繰り返してきたのかを示すことを狙いとしている。

ローラーコースターの比喩はぴったりではない。スリルと興奮はあるけれども、ローラーコースターはしょせん固定された円周軌道を走り、決まった地点で停止するのだ。おそらくまた、戦争以降のヨーロッパ史がもつ深刻さ、重大さ、そして実に、しばしば悲劇を表すには、そのイベント会場のイメージはあまりにも平凡で、のんきすぎる。しかしその比喩は、凹凸と息をのむ瞬間、そしてこの数十年間に――異なる形ではあれ――事実上すべてのヨーロッパ人に影響を与えた制御不能の諸力に押し流される経験を、たしかにとらえてはいる。

この時期のヨーロッパ史の複雑さは、本書の「構造」に重要な諸問題を突き付けている。これらの問題は鉄のカーテンによる四〇年以上にわたるヨーロッパ分断と絡み合っている。この時期の数十年間、一つの文化的アイデンティティ

（宗教と国家、民族、階級によってばらばらになってはいたが）を共有するという観念のほかに、「ヨーロッパ」は、存在しなかった。西と東というヨーロッパの二つの片割れは、それ自体が純粋に政治的な構造物だった。この期間のヨーロッパ大陸のそれぞれの片割れの内的発展はあまりにも異なっており、一九八九〜九一年の共産主義の崩壊までは、それらを一貫した手法で統合することは不可能である。「東欧」と「西欧」はその後もかなり異なったままではあるが、急速に加速するグローバリゼーション——本巻の主たるテーマの一つ——の衝撃によって、今度はそれらを個別にではなく、まとめて扱うことが可能になる。

そした広範囲にわたる作業の性質のために、『地獄の淵から』の場合と同じく、わたしは他者の研究と著作に大いに頼らなければならなかった。実際、わたしはこの時期のどの局面についても専門的な研究をしていないので、なおさらである。この時期を生きてきたことが、その代用になるわけではない。わたしが執筆を始めたとき、この著作は簡単に違いないと言う人がいた。この時期がわたしの生涯とほぼ重なっているからである。しかし、歴史を生きることはたぶん役立つと同時に、物事を歪めたり、不正確であったりしかねない記憶を生み出してしまう。ごく一部の箇所に、脚注の形で個人的回想を付け加えた。だが、本文には入れなかった。個人的な逸話と歴史的評価は、分けておくにかぎるとわたしは考えている。記憶のもろさはさておき、日常起きる物事のほとんどは一時的な反響しかもたない。大きな出来事の重要性を評価するにはほぼいつも、細部にわたる知識だけでなく、それを消化するための時の経過が必要になるのだ。

だから他者の学術研究が不可欠になる。多くの著作は専門的な研究論文か、学術雑誌に掲載された小論である。『地獄の淵から』のはしがきで二〇世紀ヨーロッパに関する多数の優れた歴史書を挙げたが、今回はコンラート・ヤラウシュの“*Out of Ashes*”〔「灰のなかから」〕を加えたい。とくに二〇世紀後半については、もっとも感嘆すべき総合的研究はトニー・ジャットの“*Postwar*”〔邦訳『ヨーロッパ戦後史』上下巻、みすず書房〕である。ティモシー・ガートン・アッシュの著書は上質のジャーナリズムと現代史的洞察を見事に結びつけており、とりわけ中欧に関してはとても貴重だった。そして、ハインリヒ・アウグスト・ヴィンクラー、アンドレアス・ヴィルシング、ハルムート・ケルブレ、アンドレアス・レッダー、フィリップ・テールらドイツ人歴史家による多くの著作は、大いに助けになった。それらの著作は、とくに有益だった他の著作とともに、主要参考文献一覧に入れてある。これらは非常に巨大な氷山の一角にすぎない。上巻と同様、ペンギン・ヨーロッパ史シリーズの形式にしたがい、巻末注は付けていない。同じく、直接引用した著作には米印（＊）を付けた。

執筆手法は『地獄の淵から』のそれを踏襲している。同巻と同様、時には出来事に関する当時の見方を取り込むことによって、歴史が展開するドラマ、しばしばその不確実性を描くことを心がけた。そこで、本書は時系列的に各章で比較的短い期間を扱い、それにテーマによる節を付ける形で組み立ててある。短い「序文」は解釈の本質のあらましを述べている。初めの三章はヨーロッパの最初の戦後不安定期から始めて、冷戦の緊張から敵対する東西ヨーロッパ二陣営の形成に移り、六〇年代半ばに至る。第4、5章は長期にわたる戦後の驚くべき好景気とその社会的意味、次いで文化の分岐——一方には近い過去の悲しい遺産、片方には新鮮で現代的でエキサイティングな気分の意識的な創出——を扱う。これがどのように一九六〇年代後半の若者の抗議行動として爆発したか、そして学生反乱の時期のあとに残った社会的・文化的価値観の変化は、第6章で考察される。第7章は一つのカギとなる一〇年に焦点を合わせている。すなわち、七〇年代と八〇年代初期に起きた根底的な変化である。鉄のカーテンの東側では一九八〇年代までに、共産主義諸国の指導者を不安にさせるほど諸問題が山積しつつあったが、第8章は意図せずして、だが致命的に、ソ連支配を掘り崩すことにミハイル・ゴルバチョフが果たした個人的役割を強調している。一方、第9章は、下からの改革圧力が一九八九～九一年のヨーロッパの「ビロード革命」に果たした役割に光を当てている。東欧諸国にとって複数政党制民主主義と資本主義経済への移行が、いかに困難でしばしば幻滅を伴ったか、それと、民族紛争に至ったユーゴスラヴィアの解体が第10章の主題である。第11章では、二〇〇一年の米国の同時多発テロとそれに続くアフガニスタン・イラク両戦争の結果、変化したヨーロッパを検討する。最後に、第12章では二〇〇八年以降ヨーロッパを苦しめ、その揚げ句にヨーロッパ大陸の深刻な全般的危機を招来する危機の連鎖を考察する。「後記」ではヨーロッパの過去から未来へ、短期の展望と大陸が新たな不安時代に直面する長期的な諸問題へ、目を転じる。

『地獄の淵から』は明るい雰囲気で終わった。ヨーロッパが一九四五～四九年に、二度の破局的な世界大戦から立ち上がったとき、両超大国が手にする原子爆弾の雲の下のことではあるが、明るい未来への道標がはっきり見えていた。本書の終幕は——ヨーロッパの長期的な未来に関してはたしかに——もっと流動的である。

物事は急速にうつろう。歴史記述もそうである。エリック・ホブズボームは一九九〇年代初めの著作で、ヨーロッパを悩ませそうな長期的危機を暗い気持ちで眺め、資本主義の破壊力を強調して、悲観的な結論とした。しかしながら、大方のアナリストはヨーロッパの最近の歴史について、もっと肯定的だ。二〇〇〇年紀の前後に著された数々の二〇世紀史研究は、はっきりと楽観的な調子を奏でている。マーク・マゾワーは、「国際的展望」は「かつてのどの時期よりも平和的」に見えると考えた。リチャード・ヴィネンは「健全通貨の時代」を語った。ハロルド・ジェームズは「民主主義と資本主義のほぼ完全な優勢」について書き（その優勢に対する幻滅の高まりを指摘し、これに限定条件をつけてはいるが）、グローバリゼーションを「国際的社会・文化・経済の再生」として、ほぼ完全に肯定的な意味でとらえた。まだ初頭にある二一世紀に起きる諸事件は、ひょっとするとそうした肯定的な判断に疑問符をつけるかもしれない。

二〇〇〇年紀の五年後に書き上げられたトニー・ジャットのあの重要な著作もまた、概して楽観的な調子で終わっている。ヨーロッパで「ナショナリズムは登場し、消滅した」と彼は考えた。「二一世紀はまだヨーロッパのものかもしれない」というのが、結語だった。二〇〇八年以降のヨーロッパの混乱、多くの国での民族主義・排外主義の諸政党の登場、ヨーロッパが直面する長期の課題、それに世界的パワーとしての中国の地位と影響力の明らかに抗しがたい伸長を考えれば、こうした表現はかなり怪しい予測のように見える。

もちろん、短期の変化はおおむね予測不可能である。いまなおローラーコースターに乗っているヨーロッパの未来は、短期間に上昇と下降を繰り返す可能性がある。二〇一七年秋現在、占いの水晶球は依然として曇っているものの、兆しはわずか数カ月前より改善している。長期的変化は別問題である。そしてここで、ヨーロッパが（そしてその他の世界が）抱える諸問題は非常に厄介である。気候変動、人口動態、エネルギー供給、大規模移民、多文化主義の緊張、オートメーション、拡大する所得格差、国際的安全保障と世界的紛争の危険。これらすべてが来る数十年に大きな挑戦を突きつけている。いったいヨーロッパはこれらの問題に対処する用意がどれだけできているのか、それを言うのは難しい。大陸の未来を描くために、これらの挑戦にどう対処するのか。これはヨーロッパ人だけではないが、それでも大いにヨーロッパ人自身の手にかかっているのだ。危険な海域では、船団はばらばらに漂流するのではなく一緒に固まっているのが最善である。そのことは、不完全ではあるが戦後徐々に建設されてきた統一と協力、そしてコンセンサスの水準を増進、強化することを意味している。優れた航海術によって、だれもが前方の危険な海峡を横切って安全な海岸に到達できるかもしれないのである。

自分自身の時代の歴史を書くというのは、とても骨の折れることだった。しかし、やりがいのある仕事であった。わたしは自分の人生を形づくってきた出来事と変化について、以前知っていたことよりはるかに多くを学んだ。結果として、自分の住む大陸がどのようにして現在に至ったかについて、以前よりよく分かっていると感じている。わたしにとって、そのこと自体がこの企てを価値あるものにしている。未来のことはどうか。それについては、一歴史家の予測はほかのだれのものとも大差ないのである。

二〇一七年一一月、マンチェスター

イアン・カーショー

序文
ヨーロッパの二つの不安時代

過去であれ現在であれ、未来であれ、歴史については自然やすべての深遠な諸問題と同じである。すなわち、問題に深く、真剣に入り込むほど、生起する問題は一段と難しくなるのだ。
ヨハン・ヴォルフガング・フォン・ゲーテ

一九五〇年、ヨーロッパは史上最悪の戦争の暗い歳月から再び目覚めつつあった。物理的傷痕が大陸のいたるところで、爆撃で壊滅させられた建造物の瓦礫のなかに見られた。心と道徳の傷が癒えるには、大小都市の再建よりはるかに長い時間を要することになる。近い過去の残虐性は実際、その後数十年にわたりヨーロッパに濃い影を落とすのである。一九四五年の終戦以降、新しいヨーロッパの形成に向け重要な措置がとられてきていた。だが、終戦直後の世界に残されたもっとも顕著な戦争の遺産は、二重にあった。すなわち、ヨーロッパはいまや「鉄のカーテン」によって真っ二つに分断された大陸であるということ。そして、新時代は二つの超大国が破壊の超兵器を手にする核の時代だということである。

ヨーロッパはもはや戦時下にはない。しかし、遠い先のこととは思えない核戦争が、大陸が一つの文明として生き残る能力の土台そのものを脅かしていた。しかも、ダモクレスの剣のごとくヨーロッパの頭上にかかった核戦争の脅威は、ヨーロッパだけの情勢に左右されるのではなかった。というのは、ヨーロッパはいまや核超大国間のグローバルな対決に正面からさらされていたのだ。一九五〇年の朝鮮戦争の勃発と一九六二年のキューバ・ミサイル危機という、ヨーロッパの海岸から遠く離れた事件が、ヨーロッパにとっての冷戦の、もっとも危険な局面の始まりと終わりを画している(もっとも、短い二番目の脅威の高まりが一九八〇年代初めに起きてはいるが)。

この新時代に生を受けた戦後の「ベビーブーム」の産物である子どもたちは、自分たちの両親には想像すらできなかった変化を生きて目にすることになる。彼らはまた、以前の平和時の条件下では考えられなかった——政治、経済、社会そして文化の——急激な変容を体験することになる。彼らは、多くは戦争の直接的結果である厳しい耐乏の時代に生まれた。大陸の多くの地域、とりわけ中欧と東欧では、住居はたいてい仮住まいで、住宅計画によって数百万の避難民や被災家族のための住宅確保に努めていた。被災を免れて戦後も残っていた家屋も、おおむね修繕状態が悪い。住民の多くの衛生状態はお粗末だ。衣食の欠乏が蔓延していた。女性を家事から解放する洗濯機など重要な家事道具、あるいは電話、冷蔵庫、自家用車を持つのは裕福な家族だけ。その当時でも、テレビのある家庭はほとんどなかった。

戦後のベビーブーム世代は、生涯のなかで、驚くべき医療の進歩の恩恵を受けた。高水準の経済成長によって可能になった社会保障制度の確立と拡張に、計り知れず助けられた。鉄のカーテンの向こうの国々の生活水準はまもなく西欧よりはるかに遅れたけれども、手厚い社会福祉・援護制度は、（実践面では常に腐敗していたにせよ）共産主義体制のお家芸だった。これは初めての重要な大進歩であり、東西ヨーロッパで前の世代が知らなかった水準の社会保障を提供した。少なくとも西欧では、いくつかの点で、戦後の長期にわたる経済発展とそれが促す社会的進歩、そしてこれまた将来に対する楽観を助長する初期の旺盛な消費主義が、核戦争の可能性という危険にさらされた大陸から根源的な不安をそらせた。

当時からこれまでの物質面での進歩には驚くべきものがある。今日、ヨーロッパのどの国の普通のスーパーマーケットでも手に入るあり余るほどの食物は、それが一九五〇年であれば、いや以前のどの時期であっても、とても信じてもらえなかっただろう。風呂がなく、中庭に（他家族との共用で）トイレがある家を今の家族が見たらぞっとするだろう。ごく少数の人にしか手に入らなかった極端な贅沢品である商品が、いまではありふれている。ほとんどの家族が自家用車を所有している。一家に二台はけっして珍しくない。食物を保冷する冷蔵庫はあって当たり前。一九五〇年には裕福な人びとの特権だった海外旅行が、いまでは一般大衆の手に届く。ほぼどの家庭にもテレビがある。宇宙にある衛星のおかげで、地球の反対側のテレビ・ニュースを見たり、スポーツ行事をライヴで楽しんだりすることができる。比較的最近まで想像できなかったことだが、テレビはいまでは携帯電話で見ることまでできる。そして、外国旅行をすれば本国への電話は電話ボックスか郵便局からかけるしかなかったのに、いまや携帯電話はそうした電話を造作なくかけたり、世界中へ即席メッセージを送ったりするだけでなく、さまざまなサービスを提供するミニ・コンピューターとして役立っている。ニュースへの常時アクセスや、数千キロも離れた友人や親類に話しかけるだけではなく彼らをスクリーン上で見ることまで、こうしたサービスに含まれている。ますます小型化し、手に入れやすくなるコンピューターは、一九五〇年は言うに及ばず、ほんのしばらく前には考えられなかったような形で、生活を変容させてきた。

物質的富だけでなく、物の見方、考え方もこれまで劇的に変化してきた。一九五〇年のヨーロッパの大方の人びとは、七〇年後にはタブー視されることになる見解をいだいていた。第二次世界大戦時の破局的犯罪行為から生まれた「世界人権宣言」は、つい一九四八年一二月に国際連合に採択されていたが、それが実際には何を意味するか一般にはほとんど理解されていなかった。人種差別主義の考え方とはなはだしい人種差別が広く容認され、ほとんど特別なこととは見られていなかった。ヨーロッパ諸国には白人以外の肌色の人はほとんどいなかった。死刑がまだ存在しており、凶悪犯罪で有罪になった人びとに対し、処刑が日常的に行われていた。同性愛はまだ犯罪であった。中絶は違法。キリスト教会の影響が浸透していて、教会ミサの出席率はまだ比較的高かった。戦後生まれの子どもたちが老年に近づくころまでには、人権は（実践がいかに不完全であれ）当然視され、人種差別主義の見解をいだくことはもっとも忌まわしい社会的恥辱の一つになった（もっとも、東欧と南欧では西欧ほどでもないが）。多文化社会が標準になり、死刑はヨーロッパから消え、同性婚や合法的中絶が広く受け入れられ、キリスト教会の役割は大きく低下した（とはいえ、一九五〇年にはほとんど見られなかった現代ヨーロッパ都市の特徴の一つであるモスクの拡散は、イスラム系少数民族の間における宗教の重要性を証明しているが）。

こうした変化の態様――そして他の多くの態様――は、「グローバリゼーション」と名付けられるようになったプロセスの一環と見ることができる。これは資本と技術、情報の自由移動から生じる経済の統合だけでなく、社会と文化の発展形態が国境を越え、世界の先進地域にまたがって融合することを示している。グローバリゼーションは単に、不断によりよい物質供給へと向かう肯定的な軌道というにはほど遠かった。明らかな負の側面もあった。例えば、それは環境に対する甚大なダメージと貧富の差の拡大を引き起こし、（おおむね制御不能な）大規模移民と、技術革新で可能になった自動化による雇用の喪失を深刻化させてきた――そして、それはいまも続いている。グローバリゼーションを通じたこの変化は、この後に続く各章を一本の糸のように貫いている。それは紛れもない成功談からはほど遠い。ヨーロッパの新たな不安時代は、グローバリゼーションの深化と不可分に絡み合っているのである。

本書は一つの不安時代から別の不安時代へと――核戦争の脅威から、多層的で広く行きわたる今日の不安感へと――続いてきた曲折と起伏を考察する。一九五〇年から今日までの間にヨーロッパで起きた変化の、複雑かつ多面的態様の説明を試みる。時代を画する転換点――一九七三年、一九八九年、二〇〇一年、二〇〇八年――が道しるべになっている。前進と進歩と改善が、後退と失望、そして時として幻滅と並びあっている。

一九五〇年以来七〇年にわたるヨーロッパの変化を貫く一本の糸は、ドイツの中心的な重要性であった。二〇世紀前半にどの国にも増して大陸の破壊に手を染めたこの国の変化は、わけても深甚だった。第二次世界大戦の終結時に国民国家として破壊されたにもかかわらず、ドイツはヨーロッパの発展の中心にとどまり続けてきた——戦後の経済復興と冷戦、冷戦の終結、ヨーロッパ統合の拡大、単一通貨ユーロの創設、ユーロ圏の危機、移民危機、そして最近のヨーロッパ連合（EU）の深刻な危機を受けて緒に就いたばかりの改革措置の主役であった。一方で、ドイツは安定した自由民主主義の重要な柱となり、ヨーロッパ最強の経済を運営し、分断四〇年を克服して国家統一を達成した。そして、ヨーロッパ指導国としての衣鉢を不承不承ながら引き受けた。ドイツ自身の変容がヨーロッパの戦後物語で中心的役割を果たしてきたのだ——しかも、それは上々の役回りなのである。

ヨーロッパの変容については、どんな単純な説明も不十分である。政治と経済と文化の力学が緊密に絡み合っているため、変化の要因をきちんと腑分けすることはできない。変容の多くは、ヨーロッパだけに限らない「グローバリゼーション」の用語に要約される社会と経済の深い変化を反映している。第二次大戦後のヨーロッパの再建は、二〇年にわたって続いた前例のない（ヨーロッパだけでなく）世界的な経済成長の影響下で実現した。一九七〇年代にその成長が失速したことが、二〇世紀の残りの期間に響く発展の決定的な転換を画したのである。

終戦直後数十年のヨーロッパの驚くべき復興は、言うなれば「再生の基盤《マトリックス》」によって条件付けられていた。これはすでに、一九一四年から今日までのヨーロッパ史の上巻である『地獄の淵から』の結びの部分で概略を書いた。この基盤を成す諸要素は、ドイツの大国への野心の終焉と中欧及び東欧の地政学上の秩序再編、超大国の利益への国益の従属、前例のない経済成長の高まり、それに核兵器の脅威による抑止作用である。一九七〇年ごろまでに、この基盤のすべての点が、第二次大戦後の初期の歳月に比べはるかに重要性を失っていた。だが、もっとも重大な変化は、経済成長が明らかに減速しつつあったことだ。長期間の景気は終わった。戦後の経済秩序は根本的に変わろうとしていた。このパラダイム変化は、いまから見れば新たな基盤の萌芽として眺められる事態の始まりを示していた。その基盤は、その後二〇年間にわたって徐々に形を成していく。最終的に形成される「新たな不安定の基盤」は、自由化され規制緩和された経済と、止めようのないグローバリゼーション及び劇的な情報技術革命、そして一九九〇年の後は、多極的な国際的パワーベースの成長から成っていた。これらの要素の混合物は時の経過とともに、いろいろな肯定的意味でヨーロッパを変えた――しかしまた、一九五〇年代と六〇年代初期の核戦争の脅威がもたらした生存にかかわる不安とはまったく異なる性格の不安にもつながった。

鉄のカーテンの崩壊後、グローバリゼーションは目覚ましく速度を増した。これは、少なからず爆発的な技術革新とインターネットの急速な普及の結果であり、とくにワールド・ワイド・ウェブ（一九八九年考案）が一九九一年以来広く利用できるようになったあとのことだ。すでにそれ以前に、大きな文化的変化が本格化していた。これの中核になっていたのは社会的自由のための戦い、個人主義の重視とアイデンティティ・ポリティクス〔帰属意識に訴える政治運動〕の始まりである。一九六〇年代半ば以降、価値体系とライフスタイルは、ヨーロッパをより寛容で自由、かつ国際主義的にする方向に変化しつつあった。だが、以前の多くの確実性と規範は解体しつつあった。

こうした広範な非人格的力学のなかへ、個人と短期の政治的意思決定の役割を折り込まなければならない。少数の重要な個人――なかでもミハイル・ゴルバチョフとヘルムート・コール――による行動は、変革の構造的決定要因の単なる反映として矮小化することはできない。重要な節目では、そうした個人が一人の人間として、ヨーロッパの変容に決定的な役割を果たしたのである。

一九五〇年以降七〇年にわたるヨーロッパの変容のバランスシートが、あとに続く各章に示される。それは決して無条件の成功談ではない。ヨーロッパの近況はまったく穏やかどころではない。非常に前向きな発展がいくつかあった。だが、状況はまだら模様だ。

そして、重大な諸問題が前途に横たわっているのである。

第1章

緊張下の大陸分断

「平和にあらざる平和」を無限に引き延ばすという代償を払って、大規模戦争に終止符を打つ可能性が高い。

ジョージ・オーウェル、原子爆弾について（一九四五年）

第二次世界大戦の終戦直後の余燼が収まるにつれ、一九五〇年にもなるとイデオロギー的、政治的、そして社会経済的に二つに分断された新しいヨーロッパが姿を現していた。ヨーロッパ大陸の歴史上まったく異なった時代、前例のない不安の時代の始まりだった。その時代は本質的に、戦争がもっとも重要な遺産として残した分断によって――そして核による滅亡というぞっとするような脅威によって――形づくられていた。

冷戦は四〇年以上にわたってヨーロッパの二つの部分を分裂させることになる。しかしながら、おおむね別々の発展は、一つの重要な共通の特徴をもって進行した。軍事力優先である。鉄のカーテンの両側の、戦後ヨーロッパの目立った特徴である軍事力はいまや、たった二つの国、米国とソ連に支配されていた。両国とも安全保障にやっきだった。両国とも敵がヨーロッパを支配するのを防ぐ決意だった。両国の緊張関係の新奇さは、それが究極的には、おそるべき破壊力ゆえにいずれの側もあえて使用しない兵器に依存していたことである。その兵器は数年のうちに完全な破壊力になった。米国とソ連の両国――片やすでに超大国、片や超大国になる寸前――とも、一九四九年までに原子爆弾を製造していた。四年後、両国ははるかに強力な水爆を手に入れ、地球上の文明社会を数回滅ぼす能力のある核兵器庫を保有していた。

一九五〇～六二年の年月、冷戦はもっとも緊張をはらみ、もっとも危険だった。この時期の大半、ヨーロッパは冷戦の中心地であった――もっとも、核時代にあっては、地球上のどこであれ超大国が衝突すれば、ヨーロッパ大陸にもっとも恐ろしい影響を及ぼしていただろう。

冷戦の熱波

終戦直後の年月に形を現してきた米ソの対立は、時として険悪ではあったが、破局は避けられてきた。ところが、新たな一〇年間が始まるやいなや、重大な結果につながりかねない一つの剣呑な危機が起きる。その危機が遠方の朝鮮をめぐって勃発したことは、ヨーロッパが超大国間の世界的対決の一部にならざるを得ないことを表す明白な指標であった。一九四五年より以前は、米国は不承不承ヨーロッパ問題に巻き込まれ、二度の世界大戦を戦ったのだが、いまや西欧は本質的に米国外交政策の――重要ではあれ――一つの付随物になった。一方、東側ブロックは米ソの世界的対決で、一段と直接的にソ連支持に踏み込んだ（ユーゴスラヴィアは別で、戦争のあとモスクワからの自立に成功した）。

朝鮮は一九一〇年に日本に併合され、第二次大戦の終結まで支配を受けた。次いで朝鮮半島は、国の管理を暫定的に分割するという米ソ間の合意に基づき、北緯三八度の境界線でほぼ二分された。一九四八年までには、統一朝鮮の期待は消失していた。この分断は、事実上ソ連の衛星国家でモスクワがソ連の影響圏と見なす北の共産主義共和国と、米国の利害に支配された南の激烈な反共共和国になって固定化した。だが、一九四九年九月、蔣介石率いる国民党（同党は一九三七〜四五年の間、日本の侵略軍とおびただしい流血の戦争を戦っていた）との二〇年以上に及ぶ激しい内戦のあと、中国で共産主義が勝利すると、朝鮮半島は無防備状態になった。南部は共産主義の広大な支配地の中の、非共産主義の飛び地にとどまったのだ。一九五〇年六月二五日、北朝鮮が境界線を越え、分断された国の南部を攻撃すると、超大国の対決は危険なまでにエスカレートする。米国はソ連勢力の封じ込めを決意し、ヨーロッパと東アジア及び南アジアで共産主義が一段と拡張する見通しには極度に過敏になっており、南朝鮮を失うこと、次いで日本が直面することになる明白な脅威を静観することができなかった。

北朝鮮はスターリンの認可がなければ攻撃しなかったはずだ、という米国の仮定は正しかった。かのソ連の独裁者は事実、数週間前に許可を与えていた。もっとも、戦闘部隊を派遣する気はなく、もし必要なら中国が軍事支援を提供することを期待していた。ドミノ効果を防ごうとするなら、共産主義の拡張はいま、この場で制止しなければならない。米国の指導部はそう考えた。朝鮮の陥落が止められなければ、ソ連は「アジアを一つ一つのみ込む」だろう、と当時の米大統領ハリー・S・トルーマンは論じた。そして「もしわれわれがアジアを失えば、近東は陥落し、ヨーロッパで何が起きるか分からない」。またしても戦後のヨーロッパで、一九三〇年代の宥和政策の失敗が軍事行動の動機として挙げられた。宥和主義者はヒトラーを抑止し損じた。共産主義の前進をいまその進路で食い止められなければ、第三次世界大戦につながるだろう、と。

米国は一九四五年一〇月設立の国際連合から、攻撃を受けた加盟国を防衛するため武力を行使する支持を取り付けた。これは初めてのことであり、ソ連の誤解から生じたものだった。一九四四年二月のヤルタ会談で国連創設が合意されたとき、スターリンと米国指導部はいずれも、創設予定の安全保障理事会での評決で常に拒否権をもつことに満足した。安保理の五常任理事国には英国とフランス、それに中国が含まれることになっていた。国連は大国が差配する安保理を通して、国際連盟よりはるかに有効になると考えられていた。超大国のいずれかによる拒否権の行使はほぼ常に、安保理の行き詰まりを招き、そうした想定の誤算は冷戦期に繰り返しあらわになる。例外は一九五〇年で、この時はソ連が、共産中国への議席付与が拒否されたことに抗議して、安保理を一時的にボイコットした結果、南朝鮮への侵略を撃退し平和と安全を樹立するために必要な支援を認めることが可能になったのだった。スターリンはすぐさま誤りに気づき、ソ連は安保理に復帰した。しかし、米国を主力とする国連軍が韓国軍支援に派遣されるのを阻止するには遅すぎた。戦争が終結するころには、韓国軍を加えた国連軍はほぼ九三万三〇〇〇人に上っていた。その圧倒的主兵力は韓国軍（五九万一〇〇〇人）と米軍（三〇万二〇〇〇人）である。多くのヨーロッパ諸国――英国そして、はるかに小規模部隊だがフランス、ベルギー、ギリシア、オランダ、それにルクセンブルクからもごく少数――が戦闘部隊を送った。

米国が終始主導権を握り、北朝鮮軍を南から駆逐、次いで境界線を越えて北へ進撃した。スターリンは米国との直接の交戦を恐れ、ソ連の介入を求める北朝鮮の要請を拒否した。ところが中国の指導者、毛沢東は朝鮮がそっくり米国の支配下に陥って、将来、中国本土への攻撃の導入路になる可能性を座視するつもりはなかった（中ソ関係はすでに和気あいあいとはいっていなかった）。敗北した蒋介石の国民党軍が台湾に逃れ、米軍が中国から撤退したのは、まだごく最近のことだった。一九五〇年秋、毛沢東は最終的には約三〇万になる大軍を急派し、米第八軍を潰走させてしまった。それは西側が中国を軍事大国として勘定に入れなければならなくなることを示す最初の兆候だった。北朝鮮全土が二カ月以内に再び共産主義の支配下に入り、韓国の首都ソウルは陥落してしまった。おびえた米国政府は原爆投下を検討する。

米国はソ連に比べ、運用可能な原爆でなお大きな優位――ある推定によれば七四対一――を手にしていた。だが、正確には何が標的になるのか？　圧倒的に朝鮮の農村部で戦われている戦争では、これが不明確だった。それに、局地戦争だったものが大規模な報復に発展する可能性、ソ連による西欧への侵攻、場合によってはヨーロッパ諸都市への原爆攻撃にさえ拡大しかねないことを考慮しなければならない。一九五〇年の暮れ近くには、紛争の拡大が第三次世界大戦につながる可能性が現実味をおびていた。米軍指導部はロシアと中国の都市を標的とするリストを作成し、中国に鴨緑江の向こう側へ撤退するよう最後通告を突きつけることを考えた。必要なら、「すみやかな原爆使用」に訴える、と。

より賢明な助言が大勢を占めた。そして、一九五一年春までには中国の攻勢がおびただしい流血を伴って阻止され、米軍が主導権を奪回。国連軍は最終的に共産軍を押し戻していた。続く二年間、両陣営は恐るべき消耗戦の泥沼にはまりこんだ。一九五三年七月に結ばれた休戦協定の結果、朝鮮戦争は始まったときとほぼ同様に、双方が北緯三八度の境界線の後方へ下がる形で終結した。三年間の激戦は約三〇〇万人の戦死傷者を出した。その大多数は分断線の両側の朝鮮人である。米軍の損耗兵員はほぼ一七万人で、死者五万人以上、ヨーロッパ部隊の死者は八〇〇〇人を超え、大多数は英国人だった。

はるか遠方のことであり、当初はヨーロッパ人を含まなかったけれども、朝鮮戦争は米国の国防支出が激増したことから、ヨーロッパにとって重大な影響をもたらした。朝鮮戦争前の一九四九年八月、ソ連が現カザフスタンのセミパラチンスクの実験場で初の原爆実験に成功し、米国はソ連を引き離しておくために、すでに朝鮮戦争が始まる前に核技術開発を促進する必要性を念頭において いた。トルーマン大統領は原爆製造の加速だけでなく、一九五〇年一月三一日には「スーパー爆弾」の製造を指示していた。軍事支出は朝鮮戦争の勃発以前にすでに拡大が決まっていたが、戦争がそれを膨れ上がらせた。米国の国防予算は一年後には四倍以上に増えた。一九五二年にもなると、軍事支出は国内総生産（GDP）の二〇パーセント弱を消費していた。ほんの三年前の五パーセント弱からの急増である。その年の一一月一日、米国は「スーパー爆弾」の初実験を実施した。「水平線をすっぽり覆い隠し」、爆発が起きた太平洋の島（エニウェトック環礁）を全滅させた水素爆弾である。わずか九カ月遅れの一九五三年八月一二日、ソ連が中央アジアの砂漠でその実験でこれに続いた。ウィンストン・チャーチルはのちに、いみじくも「絶滅における平等」をもたらす「新たな恐怖」と形容した。

当然ながら米国は、ソ連の脅威が急速に増大する危険を見抜き、これを世界的に封じ込める政策に照らして、自国の軍事支出だけでなく、海外への関与も見直さなければならないと考えた。これは明らかにヨーロッパに影響した。米国はヨーロッパ支援をますます軍事的意味で考えるようになった。四年間にわたり約一三〇億ドルの供与によってヨーロッパの経済復興を刺激する目的で、一九四七年に発足したマーシャル計画は、終わりに近づいていた。だが、米国の対ヨーロッパ軍事援助は一九五一年末までに、ほぼ五〇億ドルに上っていた。朝鮮戦争の結果、兵器生産が増大するにつれ、米国の対西欧援助の最大八〇パーセントが一九五二年までに、民生部門の再建より軍事目的に振り向けられた。

一九四九年四月、西欧防衛の目的で北大西洋条約機構（NATO）が設立される。当初は米国、カナダ、英国、フランス、イタリア、デンマーク、ノルウェー、オランダ、ベルギー、ルクセンブルク、ポルトガル、アイスランドの条約だった（一九五二年にギリシア、トルコに拡大）。だが、NATOの軍事力が不十分であることは、米国指導部には当初から明らかだった。そこで米国は、ヨーロッパ諸国が自らの防衛費用にもっと拠出する必要があると考えた。つまり、自らを世界の警察官と見なしはじめている米国は、ヨーロッパ防衛のための極端に不均衡な負担を背負い続けることはできないというわけである。ヨーロッパのNATO加盟諸国は、相応に防衛支出を増やした。西ドイツは兵器製造は禁止されていたが、機械、工具、自動車を増産しており、鋼鉄の需要から大きな恩恵を受け、一九四九〜五三年の間に生産量を六〇パーセント以上伸ばした——これは急成長する「経済奇跡」を後押しした。支出は軍事力に振り向けなければならない。かくして一九五二年のリスボンでのNATO会議で、加盟諸国は二年以内に新たに少なくとも九六個師団を募ることを決めた。

しかし、だれもが内心では認める重要な問題を、いつまでも無視してはおけなかった。西ドイツの再軍備なくしてNATOの強化はまず進展しない。これを限りにという思いでドイツの軍事力を粉砕するために強力な連合を必要としたのは、ほんのしばらく前であってみれば、ドイツ軍国主義復活の可能性がヨーロッパの近隣諸国にほとんど歓迎されないのは（同時に、当然ながらソ連に恐怖心を抱かせるのは）驚きではなかった。米国は一九五〇年、朝鮮戦争の勃発から間もなくして西ドイツの再軍備問題を提起していた。米国は催促し続け、西欧のNATO諸国は米国の主張に理があることを認めざるを得なかった。ヨーロッパ諸国にそうする気がほとんどないのなら、なぜ米国がヨーロッパ防衛のための不当に重い勘定書を払い続けなければならないのか？　ヨーロッパ側の視点からすると、米国がヨーロッパから撤退さえしかねないとの不安は常にちらついていた。米国は一九一八年のあとそうしたし、第二次大戦後も当初はそういう想定があったのだ。そしてまた、西ドイツを確実に西側同盟につなぎ留め続ける必要もあった。それは、スターリンが一九五二年、ドイツ人の目前に中立の統一ドイツという誘惑をぶらさげる提案（西側指導者はきっぱり拒否）でもって、試練にかけるつもりの事柄だった。西側では、スターリンの構想はヨーロッパから撤退するよう米国に圧力をかける試みと解釈された。その構想にはまた、ドイツ連邦共和国が西側同盟にいっそう緊密に統合されるのを阻止するという、はっきりした狙いがあった（西側への統合は、首相コンラート・アデナウアー率いる西ドイツ政府が達成に懸命になっていた）。これが今では西ドイツの軍備問題と密接に結びついていたのである。

そうした措置に強く反対するヨーロッパ諸国を離反させずに、いかに西ドイツを再軍備するか。その難問に突破口をもたらす可能性があるように思える提案が、すでに一九五〇年に、意外かもしれないが、フランスから出ていた。首相のレネ・プレヴァンが一九五〇年一〇月に打ち出したこの提案は、西ドイツの参加を組み込みながらこれを統制するヨーロッパ防衛機関を創設することで、米国が追求していた同国のNATO加盟を回避する意図があった。それは、ドイツ自身ではなくヨーロッパの指揮下に（事実上フランスの指揮監督を保証する形で）、西ドイツを含むヨーロッパ軍を創設することを想定していた。この提案がもとになって、一九五二年五月にはヨーロッパ防衛共同体（EDC）設立の条約ができた。

そのタイトルは紛らわしかった。想定されていたEDCは、すべての西欧諸国を含んでもいなかった。それは当初から、その後数十年間にわたりヨーロッパ統合へ向けたあらゆる歩みを悩ませることになるあの根本的な問題にぶち当たった。すなわち、個々の加盟国の主権を尊重しつつ、いかに超国家機関をつくるかである。フランス外相ロベール・シューマンにちなんだ一九五〇年の「シューマン・プラン」がヨーロッパ石炭鉄鋼共同体の基礎をつくり、翌年に発足していた。これが共同市場とのちのヨーロッパ経済共同体の萌芽になる。加盟国はフランスと西ドイツ、イタリア、オランダ、ベルギー、ルクセンブルク。だが、英国は距離を置く選択をした。EDCは同じ加盟国による同様のモデルに基づいていた。ところが、フランスと並んでヨーロッパ最大の軍事力を保有する英国はEDCを歓迎し、NATOの一員としての立場を通じた緊密な協力を約束しながらも、EDCに参加していなかった。英国はヨーロッパ防衛のために無限定に部隊を送ったり、英外相アンソニー・イーデンの一九五二年の発言にしたがえば、「ヨーロッパ連邦への道筋をつける」目的のプロジェクトに参加したりする用意はなかったのだ。超国家的なEDCに加入すれば必然的に伴ったはずの国家主権の縮小など、考えられなかった。NATO加盟のスカンジナヴィア諸国も同様の見解だった。そこでEDCは、実は当初意図されていたとおり、経済政策の統合を始めつつある国々に限定された。しかし、その条約は批准を必要とした。そしてこの点で、条約は最初に提案した国、フランスで破産する。ここでも国家主権の問題が決定的だった。EDC批准が一九五四年八月三〇日にフランス国民議会にかけられると、きっぱりと拒否されたのである。これをもってEDCは死んだ。

だが、ドイツの再軍備は死ななかった。アデナウアーはEDCの破産を心底残念がっていた。それを西欧統合への重要な一歩と見ていたのだ。アデナウアーは当初、フランス国民議会での票決でドイツの主権回復の希望は砕かれたと考えていた。ところが、あにはからんや、その頓挫によって、アデナウアー（そして英米両国）が初めから望んでいたことの展望が開けたのだ。すなわち、NATOの正式メンバーとして西ドイツを再軍備し、主権国家として承認することである。いまやそうした一歩への好機だった。スターリンは一九五三年三月に死亡していた。朝鮮戦争は終わっている。西ドイツは西側同盟にしっかりと加わり、尾を引いていた同国の中立化とドイツ再統一という考え方（これはかなりの世論の支持を受けて野党、社会民主党指導部が抱き続けていた）は葬られたも同然だった。一九五四年九月と一〇月にロンドン、次いでパリで開催されたNATOの会合で、加盟国はドイツ占領の終了（ドイツの同意により連合軍は駐留を続ける）と西ドイツの主権国家としての承認、そしてNATOへの受け入れに合意した。一九五五年五月五日、西ドイツは国家主権を回復した。四日後にはNATOに正式に加盟した。ドイツ連邦共和国は、核兵器の所有は完全に禁じられたものの、いまや陸軍（五〇万人を超えないこと）と空海軍の保有を認められたのである。

　ソ連の立場からすると、西側の情勢展開は深刻に懸念させるものがあった。米国は戦争で実際に原爆を使用した唯一の国だ。最初に水素爆弾を開発している。朝鮮にも軍事介入した。展開しつつある軍備競争で先手をとっている。そして今度は、再軍備した西ドイツを加え、西欧に反ソ同盟を固めたのだ。ソ連はこうしたことが起きるのを防ごうと手を尽くしてきていた。「ドイツ軍国主義」復活の見通しに警戒心を抱き、一九五四年には同盟の決意を鈍らせるか分断しようとむなしく試み、自ら――西側にそっけなく拒絶されたが――NATOに加盟する用意を西側諸国に提案しさえした。

　ソ連の提案が案の定無視されたこと、そしてソ連に向けられた攻撃的な同盟という形で、NATOが米国指導部内のタカ派に支配されているとの認識があってみれば、西ドイツのNATO加盟に対する素早い反撃として、そのわずか四日後の一九五五年五月一四日にワルシャワ条約機構が結成されたのは、別に意外ではなかった。これはポーランドとチェコスロヴァキア、ハンガリー、ルーマニア、ブルガリア、アルバニア、それにドイツ民主共和国〔東ドイツ〕を軍事同盟によってソ連に結びつけた。同時にソ連は、ヨーロッパの戦略的に重要な「浮動」諸国、なかでもユーゴスラヴィアとオーストリアとの関係改善を図る措置を取った。これらの国が西側同盟に取り込まれないようにするためだ。一九四八年にティトーがスターリンとたもとを分かって以来、緩和されることがなかったユーゴスラヴィアとの不和は、独立・領土保全の相互尊重と内政不干渉をうたう一九五五年六月二日のベオグラードでの宣言で、少なくとも公式には終止符を打った。ワルシャワ条約機構の成立の翌日、五月一五日にはもう米英仏ソの戦時の四大国がオーストリアとの国家条約に署名して（発効は七月二七日）、オーストリア占領を終わらせ、独立主権国家として承認した。領土内にいかなる軍事基地の存在も許さず、いかなる同盟にも参加しないことをオーストリアが請け合うと、ソ連はこの措置を実現させる用意があった。オーストリアの中立は占領軍が同国から撤退した翌日、一九五五年一〇月二六日に公式に宣言された。そして、その前月にヘルシンキ近郊のソ連海軍基地が閉鎖されたのは、フィンランドが巨大な隣国ソ連から真に独立しながらもNATOとは組まず、一段と強固に中立を樹立することを認める用意を示すシグナルだった。

ヨーロッパの鉄のカーテン越しに対峙し、それぞれ想像を絶する破壊力をもつ兵器を保有する超大国に差配された軍事同盟がはっきりした形になった結果、冷戦をめぐる結氷が、溶けはじめないまでも、少なくとも厚さを増さない短い期間が到来する。米ソの指導部はともに緊張を緩和する用意があるように見えた。一九五五年七月一八日、米国とソ連、英国、それにフランスの政府首脳がジュネーブに会した。この一〇年で初めての会談だった。ヨーロッパで第二次大戦が終結した直後のポツダム会談が最後だった〔ポツダム会談参加国は英米ソ三国〕。頂上会談《サミット》（そうした会合はこう呼ばれはじめた）の議題は、とくに安全保障問題をめぐって多岐にわたった。会談は少なくとも平和的共存の基礎を据える一縷の望みを与えるように見えた。少なくとも、超大国の指導者たちは腰を下ろして話し合う用意があった。それが、この会談でつかまえるべき一本のわらだった。しかし、意味あることは何一つ現実化しなかった。米大統領アイゼンハワーは、米ソが相互に空からの領土偵察を認め合う「オープンスカイ」政策を提案した。ソ連は、米国に核施設をのぞかれることと、また自国の長距離爆撃能力の限界を知られることを警戒して、この提案を即座に拒否した。（これは米国にはどうでもよかった。米国は間もなくソ連上空に新型のU-2スパイ機を飛ばすようになり、ついには一九六〇年五月に一機が撃墜され、パイロットのゲーリー・パワーズが捕まって国際的事件になる）。「ジュネーブ精神」はたちまち霧消した。一年以内に冷戦が再び勢いづく。ソ連支配に対するハンガリー動乱の残忍な鎮圧は、一一月初めに最高潮に達したスエズ危機（英仏に対し「ロケット兵器」を使用するというソ連指導者ニキータ・フルシチョフの脅しもあった）と重なって、国際関係に新たな恐ろしい緊張をもたらした。

このころには核軍拡競争は本当に圧倒的な規模に達していた——もっとも、鉄のカーテンの両側の大方の一般市民が、核兵器の備蓄の大きさに本当に感づいていたということではないが。英国は（国際外交舞台での「上席」を保証するものとみられている）自前の核爆弾の製造を、すでに一九四七年に決めていた。労働党政権の首相クレメント・アトリーは早くも一九四五年八月にこの措置を強く支持していた。米国が広島と長崎に原爆を投下した直後のことである。戦後労働党政権の有力者であった外相アーネスト・ベヴィンは次いで翌年、アトリー自身を含む他の人びとが逡巡するなか、断固として英国の原爆保有を支持する論陣を張った。なんとしても「われわれはこいつを保有するべきだ」と彼は断言した。「その上に真っ赤な英国国旗をつけるべきだ」と。英国は一九五二年一〇月、初の実験を実施し、順当に三番目の核保有国になった。実験から二年後には、英国政府は水素爆弾の製造を決定。五七年には英国の爆弾が、増大する水素爆弾備蓄庫に加わる。それは世界の指導者の「上席に座るために、われわれが払わなければならない対価」だと、アトリーの首相後継者ウィンストン・チャーチルは主張した。フランスは英国と同様、自前の原爆（次いで水爆）保有を大国としての地位に不可欠のシンボルと見なし、一九六〇年二月、アルジェリアのサハラ砂漠のレッガーヌ近くで初の原爆実験、次いで六八年には水素爆弾を製造して「核クラブ」の次のメンバーになる。まだ第二次大戦の戦勝国に限られているとはいえ、こうした歩みは恐るべき核拡散につながった。だが、重大な展開は、一段と巨大な破壊能力を追及する超大国間の競争だった。

　一九五四年三月、米国はマーシャル諸島のビキニ環礁で、広島を壊滅させた原爆の七五〇倍の威力をもつ水素爆弾を破裂させた。その爆発による放射性降下物は一三〇キロメートル以上離れた地点で放射線被曝死をもたらした〔第五福竜丸事件〕。遅れまいとばかり、ソ連は同年九月、南ウラル・オレンブルグ州のトッコエ村近くで一段と巨大な水爆を、さらに翌年には最初の爆弾の一〇〇倍の威力をもつ初の爆撃機搭載型の水爆を破裂させた。このころには米国はミサイルの先端に取り付け可能な「戦術」核兵器の開発に取り組んでいた。一九五三年秋以降、米国はのちに大量にヨーロッパに配備されることになる戦術核の製造を始めた。米国で訓練を受けている将校たちはまもなく、ヨーロッパが核で破壊された戦場になるというシナリオを提示される。タカ派の米国務長官フォスター・ダレスは翌年、ＮＡＴＯ指導者らに対し、原爆はいまや西側同盟の防衛力の通常の要素とみなさなければならないと述べた（彼はソ連共産主義の「封じ込め」ではなく「巻き返し」という新たな用語で政策を考えていた）。ヨーロッパを戦場とする限定的核戦争が現実味を帯びた。米国はソ連に対する迅速な大攻撃を考えていた。米軍代表の状況説明会合で、戦略空軍司令官カーティス・ルメイ将軍（第二次大戦末期の対日都市爆撃の指揮者）は、大規模空爆計画の概要を述べ、「事実上、ロシア全土が二時間後には煙る放射性瓦礫以外の何物でもなくなるだろう」と予想してみせた。「第三次世界大戦を終わらせるには、三〇日あれば十分だと固く信じて」いたのだ。

　核戦力の拡大はすさまじかった。一九五〇年に米軍は二九八個の原爆を保有していた。一九六二年にもなると、二万七一〇〇個もの核兵器と、二五〇〇機以上の長距離爆撃機を保有していた。ソ連は米本土の目標に到達し得るいくらかの長距離爆撃機をもっていたが、数と能力の点で米国に後れをとっていた。だが一九五七年、ソ連は軍拡競争における二つの大躍進であらたな懸念を呼び起こす。八月、世界初の大陸間弾道ミサイルを打ち上げたのだ。さらに華々しくも、一〇月五日の早朝(モスクワ時間)、そのミサイルを使って「旅の道連れ」を意味する初の人工衛星「スプートニク」を打ち上げた。大方のヨーロッパ人は並大抵ではない業績、宇宙開発への第一歩として歓喜したが、米国の科学者と政治家がスプートニクのもつ意味を悟るのに時間はかからなかった。ソ連はじきに宇宙から米国への核攻撃を仕掛けられる立場に立つ可能性があるのだ。米国のある報告は、ソ連の技術に対する憂慮すべき劣勢を指摘し、米国ミサイル戦力の大幅増強を求めた――もちろん、資金投入の大増額が不可欠になる。一九五九年にもなると、軍事支出は米国連邦予算の半分に匹敵した。すでに前年、米国はエクスプローラーと(当初のやっかいな失敗のあと)ヴァンガードの打ち上げによって、衛星を軌道へ運ぶことでソ連に続いていた。この年、一九五八年七月に、大気圏外の科学的探査を行うため米航空宇宙局(NASA)が設立された。だが、その資金の一部はペンタゴン(米軍本部)から引き出されて、ミサイル研究に向けられ、急速に拡大する計画の軍事的重要性を際立たせた。米国の政治・軍事指導者は後れをとっていると信じ、ソ連との「ミサイル・ギャップ」にその後も妄想を抱かんばかりだったが、実は、ジョン・F・ケネディが大統領に選出される一九六〇年一一月にもなると、おそらくソ連の一七倍の使用可能核兵器を保有していたのである。

しかしながら、超大国のどちらがより大きな核兵器庫を保有しているかは、そのころにはおおむね無意味になっていた。というのは、一九六〇年代初めまでに、核軍拡競争はとっくに、いみじくも命名された相互確証破壊(MAD)の地点に達していたからである。大陸間弾道ミサイルは数分で破壊的な弾頭を運搬することができる。爆撃機編隊と潜水艦隊は、命令が下ればただちに発射できる核兵器を搭載している。世界は、一つの危機が核ボタンが押されるところまで拡大したり、あるいは核爆弾が偶発事故によって破壊をもたらしたりする可能性と背中合わせに生きなければならなくなった(例えば、一九五七年に米国爆撃機が核爆弾貯蔵庫に墜落し、東アングリア地方をあわや壊滅させるところだった)。核戦争がもたらすほとんど想像しがたい破壊を思わせたのは、一九六一年一〇月三〇日、北極海にある北極圏の北方、ノヴァヤゼムリャ群島で、ソ連が冷戦期最大となる爆弾を破裂させた時だ。キノコ雲が成層圏へ六五キロメートルも広がった。爆発の閃光は九六〇キロメートル離れた地点から見えた。怪物のような五〇メガトンのほとんど想像を絶するその破壊力は、広島と長崎に投下された原爆を合わせたより一四〇〇倍も強力で、第二次大戦の交戦国が使用した爆発物の合計よりもはるかに大きかったといわれる。

その時点まで三年の間、ベルリン問題をめぐって再び超大国間の緊張が高まっていた。すでに一九四八年にスターリンが市内から西側連合国軍を追い出そうとして、大きなベルリン危機があった。ベルリンは四カ国による占領下にあったけれども、ソ連支配地域の約一六〇キロメートル内側に位置している。西側連合国が、スターリンが強行した封鎖を破るべくほぼ一年にわたる「ベルリン空輸」を実行すると、このソ連指導者は一九四九年春、とうとう引き下がった。一九五八年、スターリンの後継者フルシチョフは、ベルリンをめぐって西側連合国に新たな圧力を加える好機だと判断した。これは西ドイツに中距離核兵器を配備するという、西ドイツ政府が促した米国の計画——これ自体、ソ連の人工衛星打ち上げとフルシチョフによるソ連核戦力の誇示に対する反応だった——に対抗するものだった。

フルシチョフは、一九五三年のスターリン死後二年以上続いたクレムリン内の権力闘争を勝ち抜いてきていた。首相兼共産党第一書記として——国家のトップの地位と極めて重要な党の指導を事実上結合して——ソヴィエト体制下で明白な優位を手にしていた。貧しく、教育のない出自で、スターリンの元取り巻きの一人（そしてスターリンによる粛清の協力者）として、フルシチョフはがさつだが目端が利いた。表向きの愛想の良さは、たちまち癇癪とあからさまな脅しに変わりかねなかった。一九五〇年代半ば、西側は彼の指導下で緊張が少なくよりよい対ソ関係が築けると、束の間期待した。だが、フルシチョフは気まぐれな人物で、外交問題ではスターリンよりも予測しにくかった。そのことが、超大国間の軋轢がたちまち制御不能に陥る危険を高めた。

ベルリンの地位は、東ドイツ指導部とソ連にいる彼らの支配者のいずれにとっても喉元に刺さったトゲだった。西ベルリンはソ連が管理する大洋に浮かぶ西側管理下の小さな島だ。しかし、西側占領軍のメンバーは東ベルリンへ自由に出入りする権利を有している（市全体が厳密には占領四カ国の管理下にあるので、ソ連軍の哨戒隊が依然として時には西ベルリンに入るのと同じである）。そして、東ベルリン市民は難なく西ベルリンへ渡ることができ、西ベルリンは繁栄した西側を誇示するショーケースの役割を果たしていた。彼らは単に出入りするだけではない。多くは西ドイツに仕事と住居を見つけ、より高い生活水準を享受するためにとどまるのだ。一九五三〜五六年末の間、一五〇万人以上の東ドイツ市民が足で意思表示し、去っていた。一九五七〜五八年にはさらに約五〇万人が続いた。移動のレベルは東ドイツ指導部の経済計画あるいは政治計画とは――すなわち東ドイツを資本主義の西側に対する防波堤として維持する計画とは――相容れなかった。経済上の考慮以上に、西ドイツの再軍備とNATO加盟、そしてその領土に米国核兵器が配備されるという最近の情勢展開があった。そのうえ、西ベルリンは西側の諜報活動とプロパガンダの温床だった（ますます多くの東ベルリン市民が西ベルリンから放送されるテレビを通じて、日々このプロパガンダにさらされていた）。この現状に挑む時がきた、とフルシチョフは計算した。そして、ベルリンの地位問題を再び取り上げたことは、ドイツ問題そのものを取り上げたことを意味していた。

一九五八年一〇月二七日、東ドイツ指導者ヴァルター・ウルブリヒトはある重要演説で「ベルリン全体がドイツ民主共和国の領土上にあり」、その主権の範囲内に入っていると述べた。これは占領四カ国の管理下の都市としてのベルリンの地位を、真っ向から否定するものだった。ウルブリヒトは明らかにフルシチョフから演説にお墨付きをもらっていた。というのは、わずか二週間後の一一月一〇日、このソ連指導者はモスクワで、ベルリンの占領を終わらせるときがきたと述べたのだ。フルシチョフは続いて一一月二七日、米英仏の西側連合国に対し、西ベルリンの六カ月以内の非軍事化を受け入れて「占領体制」を終わらせるか、さもなければソ連と東ドイツによるこの目標達成のための一方的行動に直面するか、という最後通告を発した。その場合、占領の根拠となっている戦時の協定は無効になる運命にある、と。

明らかに、その最後通告を受け入れていれば、西側連合国の深刻な弱体化を招いていたところだろう。しかも、それはベルリンだけにとどまらない。予想された決定的対決は、西側諸国による若干の（実質は何も譲らない）懐柔外交と、アイゼンハワー大統領がフルシチョフに一九五九年の訪米を招請したことで回避された。当初の最後通告の期限は何事もなく過ぎた。そして一九五九年九月一五日、フルシチョフは一二日間の訪米を開始。訪米は実のあることは何も生まなかったけれども、超大国の指導者がひざを突き合わせる機会となり、以前は冷え込んでいた雰囲気を暫時暖めることになった。

熟しつつあった危機は一時的に下火になった。ソ連が中欧の緊張緩和を望む理由の一つは、対中関係の悪化（それは毛沢東がフルシチョフにほとんど敬意を払わないことに凝縮されていた）であった。とはいえ、この緊張は再発するはずだった。というのは、その根底にある問題――西ベルリンへの東ドイツ市民の流出――は相変わらず続いていたからである。西側への人口流出が途切れないことから、東ドイツ政府はすでに一九五二年、連邦共和国との境界線を封鎖せざるを得なくなっていた。

だが、ベルリンの境界線は閉じられておらず、西側行きを望む人びとにとって東ドイツからの脱出口であり続けていた。

そのころには連日、数百人の東ドイツ市民が境界線を越えていた。難民洪水のピーク時には、一九六一年四月六日のたった一日だけで二三〇五人もの人びとが東ベルリンから西ベルリンへ殺到した。去っていくのは大方、若者だった。農民が多くいて、彼らは一九五八年六月に導入された農業生産の集団化から逃れる道を選んだのであった。熟練労働者や新たに卒業資格を得た学生、若手専門家はいずれも東ドイツ国家が失うわけにはいかない人びとだが、彼らもまた西ドイツでのよりよい暮らしを求める群衆のなかで目立った。一九六〇年には約二〇万人の東ドイツ市民が去った。その数は六一年にはさらに膨れ上がる恐れがあった。同年四月だけで、三万人が永久に去った。一九四九年一〇月のドイツ民主共和国の建国から一九六一年四月までの間に、二七〇万人（人口の一五パーセント）もの東ドイツ市民が東の社会主義体制を見限り、西ドイツへ移住したのである。

フルシチョフとケネディが一九六一年六月三、四日にウィーンで初会談したとき、ベルリン問題は厄介な討議の中心にあった。フルシチョフはこの未経験な米国の新大統領を半ば軽蔑していた。ケネディは「ピッグズ湾事件」で手ひどく傷ついていた。米中央情報局（ＣＩＡ）が後ろ盾になってキューバ共産政権の転覆を狙い、失敗した侵攻作戦である。フルシチョフは会談の先手を取り、新たな最後通告を突きつける。ベルリンを「自由州」にしてアクセス権を放棄することに西側諸国が同意しないなら、西ベルリンとドイツ連邦共和国を結ぶ空の回廊に関するソ連のすべての権利をドイツ民主共和国に移管し、西側の航空機は東ドイツ領に着陸せざるを得なくする、というのだ。ケネディはソ連指導者の脅しにひるまず、もしフルシチョフがその要求に固執するなら戦争になる可能性があると指摘した。

数週間後、西ベルリンへのアクセスルートの封鎖を防ぐため、ＮＡＴＯ理事会が軍事的措置を取ることに合意したとの報道を受けて、フルシチョフは戦争の深刻な脅威はないとする当初の考えを改めた。この時点で初めて、フルシチョフは西ベルリンとドイツ民主共和国領土の間の境界を閉ざすという、ウルブリヒトがすでに三月のワルシャワ条約機構のモスクワ会合で行っていた要請に同意した。（東からの往来を封じるため、西ベルリンを壁で囲むという、実は一九五二年までさかのぼる計画である）。一九六一年七月二四日、ドイツ社会主義統一党（ＳＥＤ、東ドイツ共産党）の指導機関、政治局は適切な準備を行うことを決定した。ワルシャワ条約機構諸国は八月初め、この措置を支持し、八月一二日、ウルブリヒトは午前零時以降、境界を閉鎖する命令を下した。翌八月一三日、東西ベルリンの境界は封鎖された。最初はすばやく設置された有刺鉄線で、しかし間もなく約一六〇キロメートルにわたる高さ約三・六メートルのコンクリート壁に監視塔と地雷原、警察犬、それに壁の両側に設けられた「死の通路」を越える者はだれであれ射殺せよとの命令をもって、封鎖されたのである。その後二八年間、この状態が続くことになる。

西側の反応は沈黙だった。実のところ、危機の沈静化はすべての西側連合国に都合がよかったのだ。伸びすぎた帝国である英国は、ドイツ占領のコストを削減したい。同様に伸びすぎたフランスは、アルジェリア植民地の深刻な危機にかかりきりになっており、「ベルリンのために死ぬ」(国防相の発言)つもりはなおさらない。そして、西側連合国で明らかに最強の米国は、ベルリンをめぐる戦争にはまったく関心がなかった。そこで、西側からは予想どおり言葉の上の抗議はあったが、それ以上のことはほとんどなかった。あったのは、境界の閉鎖から数日後、米副大統領リンドン・B・ジョンソンとベルリン空輸の元英雄ルシアス・クレイ将軍が西ベルリンを訪れ、象徴的に連帯を示したことだった。米戦闘部隊一五〇〇人の同市への急派も同じく象徴的だった。部隊はクアフュルステンダム大通りを行進した際、熱狂的に歓迎された。

事実、ワシントンからのシグナルはすでに、ソ連が西ベルリンの地位を変更する動きに出ない限り、米国は東ベルリンを遮断する邪魔はしないとほのめかしていた。七月下旬、大統領ケネディはベルリンに関する本質的な規定――西側連合国の同市駐留権、自由アクセス権、西ベルリン市民の自決権――についてテレビ演説しながら、東ベルリンやその住民のことには触れなかった。彼は中欧及び東欧におけるソ連の安全保障上の正当な懸念を認めていた(もっとも、主として通常兵器向けに三二億五〇〇〇万ドルの追加軍事支出の議会承認を求めると述べ、フルシチョフを激怒させた)。大統領は最側近の一人に対し、西ベルリンを守るため西側連合国を結束させることはできる、「だが、東ベルリンを開いておくために行動することはできない」と語っていたのである。そして七月三〇日、米上院外交委員会の委員長ウィリアム・フルブライトはテレビのインタビューで、東ドイツは境界を封鎖する権利があるとの所信を示し、封鎖を勧めんばかりの様子だった。フルシチョフとて戦争を望まないのは西側連合国と同じであり、自らが始めた危機を乗り切った。

八月一三日の境界線閉鎖は時間をうまく計算されていた。東ドイツ労働者が武装衛兵の監視下で一夜のうちに町全体に有刺鉄線をめぐらせたことに、ベルリン市民が目覚めて気づいたのは日曜の朝だった。ケネディがようやく知らされたのは、午前の中ごろ。ベルリン時間の午後遅くである。彼と補佐官たちは、その防壁は卑劣ではあるが戦争よりましだと結論した。「とてもすばらしい解決とは言えない」とケネディは述べた。「しかし、壁は戦争に比べればずっとましだからね」。国務長官ディーン・ラスクは内輪では、境界の閉鎖は「ベルリン問題の解決を容易にするだろう」と語った。

ほかの西側連合国がこれ以上に攻撃的な立場をとることは考えられなかった。ベルリン駐在の英国大使サー・クリストファー・スティールは、東ドイツが境界を閉鎖するのにそれほど時間がかかったことに驚きを表明した。ベルリン駐留フランス軍の司令官はパリからの指示待ちだった。指示がすぐに来るとは思えなかった。外務省の大方は休暇中だったのだ。フランス大統領シャルル・ドゴールはコロンベ・レ・ドゥ・セグリーズの別邸に悠然ととどまり、やっと戻ったのは八月一七日だった。英国では、ベルリンの境界が閉鎖される前日は「栄光の一二日」に当たった。毎年八月一二日は英国上流階級がライチョウ撃ちを楽しむ猟期の始まる日だ。首相ハロルド・マクミランは甥のデヴォンシャー公爵が所有するヨークシャーの邸に滞在しており、その楽しみの邪魔をすることはできなかった。

二カ月後の一九六一年一〇月、ベルリンをめぐるさらなる火種が起きた。些細な事件の危険かつ無用なエスカレートが原因だった。この事件が起きたのは、米外交官とその妻が東ドイツの国境警備兵にパスポートの提示を拒否し、その結果、境界を越えて東ベルリンの劇場へ行くのを拒まれた時だ。米国は東ベルリン入りする外交官を護衛する兵士の分隊を派遣することで対抗し、その後数日間、ほとんど挑発するかのようにライフルをかまえてジープに乗った兵士たちが文民を護衛した。次いで、タカ派のクレイ将軍は米軍戦車一〇両をチェックポイント・チャーリー検問所に配置させた。ソ連は自軍の戦車を投入し、そのうち一〇両を境界から一〇〇メートルの地点に並べることで対抗した。このにらみ合いのなかで、ほんのちょっとした挑発でも起きれば世界の平和を危機に陥れかねなかった。しかし、些細な事柄――マクミランの表現では「この子どもじみた愚かな行為」――がもとで核惨事を望むものはだれもいなかった。両陣営の指導部にとって、問題を沈静化しなければならないことは明らかだった。ケネディはすでに、いいかげんにしてくれと思っていた。彼はフルシチョフ（こちらも同じく、これ以上のエスカレートには関心がない）にメッセージを送り、米国はいつでも撤退に応じることを請け合った。一六時間のにらみ合いの末、双方が引いた。最初はゆっくりとではあったが、危機は去った。

これをもって、ベルリンだけでなくドイツとヨーロッパは、冷戦の震源ではなくなった。この先ほぼ三〇年間、ヨーロッパにおける超大国の均衡の達成に対する代償を払わなければならなかったのは、東ドイツ国民を筆頭とする東欧の諸国民だった。壁は西ベルリンを囲んでいたけれども、実際に囲い込まれていたのはドイツ民主共和国の人びとだった。大陸を旅する自由を奪われ、通信手段を制限され、しばしば家族・友人と引き離され、極端な抑圧と不断の監視にさらされ、西側にいる同胞たちの生活水準の急速な向上（それは西側のテレビで目にすることができるのだ）の恩恵に浴せずに、である。

西への人口の流入はもはやなくなった。去ろうとする東ドイツ市民はいまや、境界を越えようとすれば殺害されるリスクを冒すことになった。初期の殺害の一つが起きたのは、ベルリンの壁建設一周年の西ベルリンで重大な騒動が起きた直後。一八歳の少年、ペーター・フェヒターは一九六二年八月一八日、チェックポイント・チャーリー近くで逃走を試みたが、西ベルリンへの最後の有刺鉄線を跳び越えようとして自由の地から約一メートルのところで弾丸の雨を浴びたのだ。壁のドキュメンタリーを撮っていた西ドイツのテレビ・クルーがたまたま現場に居合わせ、苦痛に叫ぶ少年の死の苦悶を撮影した。東ドイツの国境警備兵は哨所にとどまり、何もしなかった。他の推計ではもっと多いが公式には、壁が存在した二八年間の死者数は計一三九人に上る（最初の死者は壁の建設から一週間後、最後の死者は壁崩壊の六カ月前）。

これは壁がもたらしたもっとも恐ろしい人的代償である。政治的には、壁には沈静効果があった。核惨事に発展する可能性を秘めたベルリンをめぐる危機が続くことは、すべての主要当事国にとって耐え難いものだった。だれも戦争を望んではいない。壁はソ連型社会主義に対する恐ろしい告発であった。だが、それがなければ東ドイツ経済の出費は耐え難く、同国の政治体制を掘り崩していただろう。そして、東ドイツがなければ、ソ連の衛星諸国ブロック全体が危機に陥っていただろう。ソ連指導部が手をこまぬいていたとは思えない。ベルリンの壁は冷笑的で非人間的ではあったが、ドイツだけでなく中欧全体に落ち着きをもたらしたのである。

とはいえ、それでも緊張が極限に達する時期があった——実際、四〇年以上にわたる冷戦で、世界が核戦争の瀬戸際に立った唯一の時である。それが約八〇〇〇キロメートル離れたキューバへの海路上で起きながら、ヨーロッパを核による虐殺に巻き込みかねなかったことは、超大国の対立がそのころにはいかに世界的対決になっていたかを示している。

フルシチョフが一九六二年一〇月、キューバへの中距離核ミサイルの配備を決めたとき、その危機は起きた。米国指導部は危機の間、キューバはベルリン問題にも関係している——西ベルリンに関して米国に譲歩を迫る方便の一つ——と考え続けた。たしかにこれはフルシチョフの危険な企ての間接的理由だったようだ。彼は、ベルリンの壁は実際には東の社会主義陣営にとって敗北であり、世界の目から見ればマルクス＝レーニン主義にとって屈辱だったことに気づいており、依然としてドイツ問題に心を奪われていた。しかし、ほかの動機もあった。この衝動的なクレムリン指導者は、ソ連が長距離ミサイル能力で米国にはるかに後れをとっていることを痛切に意識していた。それに、米国の中距離ミサイルが英国とイタリア、そしてトルコの基地からソ連を狙っている事実に神経をとがらせていた。彼が考えたことの一つは、ミサイルを向けられる恐怖を米国に味わわせることによって、現物で仕返しし、「ちょっぴり報復」することだった。とはいえ、キューバでソ連の威信を保ち（同国では米国による、共産党指導者フィデル・カストロ打倒の二度目の企てが予想されていた）、ラテンアメリカでより広範な革命を促す必要があると考えていたことも動機だったようである。

一〇月二一日、ソ連のミサイルがキューバへの運搬途上にあるとの衝撃的ニュースに対し、ケネディ政権がソ連船を阻止するとの脅しで対抗し、同時に米軍を戦争寸前の最高度の核警戒体制に置くと、世界はアルマゲドンの瀬戸際に立った。ケネディとフルシチョフの間の一か八かの瀬戸際政策は一週間続いた。耐え難い緊張が数日間続いたあと、フルシチョフは一〇月二八日、ついに折れ、ソ連へのミサイルの返送を命じた。世界は安どの息をつくことができた。米国は勝利を宣言できた（国防総省の一部のせっかち屋は、軍事行動に至らなかったことを残念がったが）。だがソ連も、得るものがまったくないわけではなかった。ケネディはこれ以上キューバ侵攻を試みないことを公約。トルコ国内のミサイル基地も撤去することに同意した。これらの基地は厳密にはNATOの基地であり、それを米国が一方的に解体する用意をしているわけだから、これは当時は秘密にされた取引の一つだった。ミサイルは翌年、トルコから撤去された――これがキューバ危機と関連していることを認めることなく。

冷戦期にこれほど核戦争に近づいたことはなかった。それが二度と起きないという保証はない。ワシントンとモスクワがこのことを悟った結果、米ソ両国の指導者は狂気の軍拡競争を終わらせるか、少なくともそれを制限する必要を理解した。一九六三年にホワイトハウスとクレムリン間に「ホットライン」が開設されたことは、核戦争にまで高まるリスクを冒すより緊張を緩和しようという意思の表れだった。そして六三年八月五日、モスクワで米英ソの三国は部分的核実験禁止条約に合意し、地下を除く核実験を禁止した（フランスは署名せず）。それはささやかな一歩だったが、少なくとも出発点になった。

一年余りのちの一九六四年一〇月、フルシチョフはクレムリン内の「宮廷クーデター」で解任される。キューバのミサイル危機を挑発した彼の行動が、国際社会でのソ連の立場を傷つけたとみなされ、解任理由の一つになった。ベルリンの壁の建設を許可したこともそうである。フルシチョフの退陣によって、奇矯で、怒鳴り立てる、予測不可能な要素が冷戦から消えた。二人の新たなソ連指導者が後を継いだ。共産党書記長〔当初はフルシチョフと同じ第一書記の呼称〕のレオニード・ブレジネフと首相のアレクセイ・コスイギンである。クレムリン内の権力移行で冷戦の新局面が始まる。将来、緊張の場面が幾度か生じるのはたしかだが、ベルリンの壁の建設とキューバ危機の沈静化、そしてフルシチョフの失脚で、冷戦の最悪の熱波は消えた。しばしの間、国際問題においてヨーロッパは平静が続く。

核爆弾との共生——恐怖かあきらめか？

「われわれはみな一種の神経過敏ヒステリーにかかっていた」。ヨーロッパのもっとも偉大な歴史家の一人、エリック・ホブズボームはほぼ五〇年後、「キノコ雲の黒い影」を回顧し、そう回想している。それは知識人の理解だった。だが、この一般化はヨーロッパの一般大衆にどこまであてはまったのだろうか？　大方のヨーロッパ人が永遠の恐怖を体験し、「神経過敏ヒステリー」にあったのだろうか？　それは回答の難しい問題である。

　戦争と流血、苦悩と破壊に明け暮れた一世代のあと、西も東も、ヨーロッパの大方の人びとは何よりも平和と「正常状態」を望んだ。先立つ数十年には語るべき「正常状態」はほとんどなかったのだが、これは本質的には、過不足ない物質的環境下で送られ、最悪の貧困と不安の侵襲から守られた、家族と仕事を中心に回る生活に戻ることを意味した。第二次世界大戦の恐怖が徐々に収まり、瓦礫のなかから新しいヨーロッパの輪郭が立ち上がってくると、大多数の人びとの関心は安全と安定、そして繁栄にあった。人びとはよりよき時代を夢見はじめる。だが、いまやヨーロッパを差配し、大陸を分断する鉄のカーテン越しににらみ合う新興大国の間の核戦争の可能性が、長い影を落とした。完全な破壊をもたらす核兵器の能力は、ヨーロッパの市民たちを無力にした。ヨーロッパじゅう（とさらに域外）の人びとは、核爆弾と共生することを学ばなければならなかった。恐怖とあきらめが併存していた。どちらにも十分な理由があった。

　生存そのものが脅威にさらされる新たな現実に、人びとがどう順応していったかは、もちろん、個人がおかれた環境、信仰と信念、社会階級、民族、地理、その他無数の要素によって異なる。それは何よりも、人びとが政党とその指導者、マスメディアと社会的コメンテーター、さまざまなレベルのオピニオンリーダーから受け取る情報によって大きな影響を受けた。一般化することが難しいとはいえ、逆接的なことだが、冷戦の対決がもっとも危険な状態にあった一九五〇～六二年、核兵器に対する反対は比較的なりをひそめていたのである。

冷戦の最盛期、反核運動は揺籃期にあり、広い大衆的反響を獲得できなかった。西欧諸国政府はおおむね、国民に深い反ソ的見解とその対比物――一般に西欧の救世主、将来の安寧の保証人と見られた米国が与えてくれる安全保障への信頼――を植え付けることに成功した。新たな核保有国として登場してきた英国とフランスでも、独自に保有する核兵器の抑止効果を了解する用意が国民の間に広くあった。したがって西欧では、核兵器への恐怖は、おおむね根拠不十分だったと言ってもあながち誇張ではない。恐怖の源はソ連の兵器だったのだ。そして、事実上米国（および英仏）を意味するＮＡＴＯの兵器は安全の源だったのである。反米主義はベトナム戦争への反発に大きく影響されて、一九六〇年代末以降、拡大する反核抗議運動へつながっていくことになるのだが、一九五〇年代における影響ははるかに小さかった。

一九五〇年代初期の核戦争の見通しに対する英国内の反応については、六〇歳代の下流中産階級の既婚女性、ネラ・ラストの日記から一連の印象を拾うことができる。イングランド北部バローインファーネスの郊外に静かに暮らす保守党支持者である。彼女は一九五〇年の元旦、将来の見通しに意気消沈した。何人かの友人から回された米国雑誌に掲載されたある記事を読んでいたのだが、その記事は一九五一年の後に戦争は不可避だと書いていて、「ロシアが力を入れている細菌爆弾に比べれば」原子爆弾など取るに足りないと示唆していた。新聞・雑誌を読み、ラジオを聴き、友人と話すことで、進行しつつある冷戦に関する彼女のはっきりした見方が出来上がり、固まっていた。五月には原子兵器の脅威について思い煩い、「約二〇メートルの放射線防護シェルター」がストックホルムで製作されたと聞いて、彼女は新たな戦争が起きそうなことを心配し、人類が地中深くでなんとか生き延びることについて深く考えた。六月下旬に朝鮮戦争が始まると、彼の地の出来事は「わたしたちの知っている文明を破壊する」かも知れないと「吐き気」をもよおし、ロシアは鉄のカーテンの背後に何をもっているのかといぶかしがる。彼女は「共産主義者の勢いと衝動を止めるために」、西側が行動に出ることを支持した。その月の下旬、民間防衛に関する講習に出席し、ガスマスクの装着の仕方を見ながら、原爆が爆発した場合のバローへの壊滅的影響のことと、自分の隣に座っていた男性が口にした「早く終わるほどそれだけ早く眠れるさ」という悲観論を聞いて、落ち込んだ。「市井の人びとはほとんど何もできないのだ」と彼女は結論した。「ただ祈るばかり」と。

七月末近く、彼女は「この恐ろしい水爆」の実験について虫の知らせを口にし、米国は朝鮮に原爆を投下するのかどうかいぶかしんでいる（そして、西側は「死と破壊」に組していると主張する正当な理由をスターリンに与えてしまうのか、と付け加えている）。弱体な英国がそうした決定に影響を与えることはできない、と彼女は考える。「そして、もしそんな恐ろしいことが実際に起きたら［と彼女は続ける］――それにロシアはそれ［原爆］を現にもっているのだ――すべての地獄がたやすく解き放たれてしまいかねない。ぞっとする展望だ」。ラスト夫人は「もう一つの原爆が投下されるという深い恐怖心」を抱き続け、「そんな見込みを抑える兵器はない」として、原爆投下の可能性が膨らんでいくのを眺めている。同年暮れ近く、彼女は「ヨーロッパを、そして次には全世界を併呑するというスターリンの深遠な計画の確実性」を考えれば、「かくも困難な状況に人間と国々が直面したことは、世界史上絶えてなかったと感じる」。ソ連に対する彼女の恐れと不安はとどまることがない。「スターリンに比べると」と彼女は書いている。「ヒトラーはボーイスカウトみたいだ。やつはアンチ・キリストだが、ヒトラーはそうじゃない」と。

しかしながら、ネラ・ラストが一九五〇年にはあれほどしばしば表明した原爆についての懸念は、朝鮮戦争のもっとも重大な局面が過ぎてしまうと、消えてしまったようだ。彼女は同時代の多くの英国人より政治的意識が高かったのかもしれないが、朝鮮戦争の勃発が新たな不安をかき立てたため、彼女の見解はおそらく同じ世代と社会階級にかなり典型的だったのだ。だが、だれの目にもあきらかな彼女の恐怖心が、国民のより広範な層の見解を代表していたかどうかは疑わしい。たしかに左派陣営には、軍備強化について強い反感があった。野党労働党の議員五七人が一九五二年三月、党指導部にさからって英国の軍備強化計画を非難した。同年秋、英国は最初の原爆実験を実施し、英国の核兵器保有に対する労働党左派の激しい非難は急激に高まりはじめた。英国が一段と破壊力のある水爆実験を行った一九五七年にもなると、労働党はこの問題をめぐって党分裂に近づいているように見えた。五七年の年次大会では、一二七件もの動議が軍縮を要求し、左派の扇動家アナイリン・ベヴァンが主導して、独自の核抑止力の保持を支持する党首ヒュー・ゲーツケルに対し、激しい攻撃が行われた。しかし、党指導部は大多数の党員に支持されて、英国の一方的核軍縮に断固反対しつづけた。

英国国教会の聖職者の一部も英国の核戦力に反対を表明した。しかし、聖職者五一人が署名した請願が、核爆弾の保有を拒否するよう国民に呼びかけても、国民は無関心だった。英国が核保有国になることに反対する声は、ごく少数派に限られていたのだ。労働党の元閣僚の一人が、大方の国民は概して無関であることを認めている。彼らの関心は社会・経済問題にある。核爆弾に対しては、

「みんなが肩をすくめる」だけだ、と。

国民は間違いなく、核爆弾は怖いと感じていた。だが、それは持たないより持った方がいいし、どのみち一般国民がそれについてできることはほとんどないというわけだった。ところが、五〇年代末ごろになると、核爆弾に対する恐怖心と、英国は核兵器保有をやめるべきだとする要求が高まってきた。その不安感はさまざまな文学作品や映画で直接的、間接的に表現された。もっとも、英国への核攻撃の衝撃をもっとも陰鬱に描いた『戦争ゲーム』（一九六五年）は、BBCが一般視聴者向きには恐ろしすぎると判断、放映禁止になった。

核兵器の恐怖は五〇年代末までに、初の組織化された大衆的反対運動を生む。一九五八年発足の「核軍縮キャンペーン」（CND）は多くの著名な左派知識人や有名人に支持されていた。そのなかには傑出した哲学者で長年の反戦活動であるバートランド・ラッセルや、英国国教会の有名な聖職者で、ロンドンのセントポール寺院の司祭にして熱心な平和運動家、ジョン・コリンズがいた。翌年、英国の一方的核軍縮を要求してロンドンで開かれた創立総会には、労働党支持者を中心に五〇〇〇人が参加した。一九五九年までに英国全土に二七〇の支部ができた。一九五八年から始まった毎年恒例の復活祭行進には、ますます多くの人びと――一九六二年ごろには推定一五万人――が加わり、初回の行進はロンドンから八〇キロメートル先のオルダーマストンにある核研究所まで、その後の行進はその逆のコースをとった。行進参加者は圧倒的に中流階層で高学歴、大多数は労働党支持者だった。彼らはあらゆる年齢層からきていた。三分の二は男性で、ほぼ半数はキリスト教信者、そして同様の割合が断固とした平和主義者だった。

なかには純朴な理想主義者もいた。ドーラ・ラッセル（バートランド・ラッセルの二番目の妻）は確信的なフェミニストで著名な社会問題運動家。ロシア革命から消しがたい影響を受けていた。彼女は運動用のおんぼろバスの後部から、行進参加者にお茶を提供した。一九五八年のオルダーマストン行進から、ソ連・東欧の女性を合同平和運動に結びつけることを思いついた。彼女が六四歳で組織した（実は彼女の古い四輪馬車とフォードのトラック一台から成る）「女性平和キャラヴァン」は、一九人の女性で構成されていて、中欧・東欧を通ってモスクワで終わる、一四週間という並大抵ではない反対運動の旅を実行した。モスクワでは、一行はソ連平和委員会と顔合わせし、農業協同組合への当局公認の旅に招かれた。列車でイングランドに戻った。ロンドンでは彼らが語ろうとした英雄談に、ほとんどだれも興味を示さなかったのだった。

差し迫る核戦争の恐怖が、一九六二年一〇月のキューバ・ミサイル危機のときほど激しかったことはなかった。*

ほぼ二〇年の間で、同危機はＣＮＤの抗議運動が最も盛り上がった場面だった。翌年の部分的核実験禁止条約で、ＣＮＤの支持は伸び悩んだ。ＣＮＤは始終、少数派の運動だった――たしかに重要ではあったけれども、労働党内でさえ多数派の支持を得ることはなかったのである。英国が核爆弾を保有していれば、万が一核戦争になった場合、米国から真に自立できるとする見解の誤りは、大方の人びとが気づいていた。万が一核戦争になれば、核爆弾を保有していようがいまいが、英国が攻撃を受ける可能性が高いことは、キューバ・ミサイル危機の不安のなかではっきりしていた。だから、核爆弾をもっても意味がない、と英国の核戦力に反対する人びとは論じた。だが、大方の人びとの反応はそうではなかった。過半数の国民は英国独自の核兵器を手放すことを支持しなかったのだ。核爆弾は攻撃――ソ連から受ける可能性が高いとの見方がほぼ一般的だった――に対する安全保障、抑止とみられていた。それがもし使われるとすればいつなのか、また、投入の決定は米国とは無関係に下すことができるのかが問われることはほとんどなかった。英国は戦勝同盟国の米国を頼みにできるという信頼がおそらく、まことにもって一定の確信、自己満足さえ生んでいたのである。

　その後、英国の核兵器に対する熱狂的支持が生まれることにはならなかった。そうではなく、国民はおおむね、自分では変えようのない物事をあきらめて受容する一方で、警戒しつつ未来を楽観していたのだ。水晶球をのぞいて一九八〇年までに起きそうな事柄を想像するという一九五九年実施の世論調査では、核戦争が起きそうだとする回答は全体の六パーセントで、四一パーセントは、ソ連と西側はその時までにおそらく「平和的に共存している」だろうと答えている。そして五年後、一九六四年の総選挙運動では、もっとも重要な関心は国防だとする有権者はわずか七パーセント。核アルマゲドンの心配より、日々のパンとバターの問題が大方の人びとの生活実感だったのである。

　一九五〇年代と六〇年代初め、冷戦が及ぼす脅威に対する反応で、英国と西ドイツは多くの点で対極にあった。英国は自らを、ヨーロッパ大陸から大きく離れ、第二次世界大戦の戦勝国で、今なお世界帝国を――そして一九五二年以降は独自の核兵器を――所有する大国だと認識していた。西ドイツは第二次世界大戦での完敗からくるあらゆる心理的、物的傷を背負っていた。さらには、西ドイツは分断されて、（一九五五年までは）占領統治下にあり、冷戦の東西対決の最前線にあった。万が一、超大国間の戦争が現実になれば明らかな戦場であり、対決が万が一制御不能になれば、核による破滅の可能性がきわめて高い。核戦争の危険に対する両国の人びとの反応の仕方にはいくつかの類似点もあったが、本質的な違いもあったのである。

戦後歳月の嵐の目のなかで、西ドイツはしばしば、国際的危機が及ぼす世界平和への脅威にとりわけ敏感だった。例えば一九五六年一〇月、ハンガリー動乱と英仏による頓挫したスエズ戦争は西ドイツで、英国では広く感じられることのなかった戦争の恐怖を引き起こした。英国に見られたソ連による流血と弾圧に苦しむハンガリー人への広範な同情は、概して、その蜂起が戦争につながるかもしれないという懸念と結びつくことはなかった。そして、英仏とイスラエルによるエジプト侵攻は、世論を鋭く分裂させはしたが、侵攻が起きている当時は国民の過半数に支持されていた（みじめな失敗に終わった時のことは別問題である）。対照的に西ドイツでは一九五六年一一月、優に半数以上の国民が再度の戦争を恐れていた。ほぼ同割合の世論が、スエズで停戦がなければソ連は英仏にミサイル攻撃を加えるとの脅しを実行していただろうと考えていた。一九五〇年代初めには西ドイツ国民の多数が、西側民主主義諸国と共産主義の東側は長期的には平和共存できないと考えていた。一九五一～六三年の間の世論調査では、ほぼ半数が再度の戦争勃発が差し迫っていると心配し、再度の世界大戦を想定しておかなければならないと感じていた。そして、国民の三分の一が、将来の戦争は核兵器の使用を伴うと考えていた。

たしかに、こうしたことは西ベルリンのある年配の下流中産階級の市民、フランツ・ゲルが抱いていた恐れだった。彼は独り暮らしで、自分の内省的分析をもっぱら日記で吐露している。一九五八年、ゲルは「われわれはもう、勃発に『時間単位で』備えなければならないほど第三次世界大戦に近づいている」と考えていた。ドイツ領内への核配備はドイツを将来の戦争の標的にするばかりか、もし超大国が対決したときドイツの選択肢を狭めてしまうため、これには絶対反対だ。西ドイツのNATO加盟によっても安心できず、なんらかの予測できない出来事が米国による核報復の引き金を引きかねない、と彼は恐れている。彼の見方では、兵器の備蓄が大きければ大きいほど、差し迫った脅威が「ボタンを押す者たちを誘惑する」可能性が大きくなる。したがって、再軍備と核兵器はドイツの安全を保障するより、むしろ脅かすと彼は結論している。

そうした明白な懸念にもかかわらず、冷戦のもっとも危険な局面が続く間、西ドイツでは反核抗議運動は比較的勢いづかなかった。カール・フリードリヒ・フォン・ワイツゼッカー、オットー・ハーン、ヴェルナー・ハイゼンベルクら西ドイツの著名な原子物理学者一八人が、新設されたドイツ連邦軍《ブンデスヴェーア》による戦術核兵器使用（連邦政府が検討していた立場）に反対するアピールに署名したとき、彼らの宣言は世界的には一定の反応があったが、ひざ元の西ドイツ国内では抑制された反応しかなかった。

とはいえ、この抗議と英国のCNDの例に刺激され、西ドイツの核兵器反対を指導する組織が一九五八年初めに発足した。社会民主党内の諸派や何人かの著名な知識人、多くの有名人、一部のプロテスタント神学者の支持を受けていた。この組織は「原爆死に反対する戦い」（カンプフ・デム・アトムトート）と称した。指導的な代表者のなかにはプロテスタント神学者のマルティン・ニーメラーとカトリック知識人オイゲン・コーゴン（両者ともナチの強制収容所経験者）、西ドイツのもっとも著名な作家の一人であるハインリヒ・ベル、それにプロテスタント教会を代表する論者で重要な政治家、グスタフ・ハイネマンがいた（かつて第一次アデナウアー政権のキリスト教民主同盟の閣僚だが、その後、社会民主党に加わり、のちに西ドイツ大統領）。

プロテスタント教会が、この問題では深刻に割れながらも、核兵器をめぐる議論に懸命に取り組んだのに対し、西ドイツのカトリック教会は公式には距離をおいた。同教会は、全体主義に対して武器を取ることは道徳的義務であるとする、一九五〇年にケルン大司教ヨーゼフ・フリングス枢機卿が表明した立場をとっていた。核兵器を使ってでも、「正義の戦争」の可能性を認めるのが、カトリック教会の立場であり続けた――ナチズム体験から引き出されてはいるが、いまやひしひしと感じられるソ連共産主義の悪に転嫁された立場である。イエズス会神学者グスタフ・グルントラッハが一九五九年に表明した（まったく珍妙というわけではないまでも）極端な見解は、核戦争による世界の破滅は全体主義支配の悪よりはましだというのであった。

「原爆死に反対する戦い」は、新たに創設された連邦軍が核兵器を手にする可能性に反対する国民感情を結集し、西ドイツからNATOの核兵器を撤去させようとした。ドイツ軍が核兵器実験をしたという前の冬の新聞報道を受け、オルダーマストンの先例をもとに反核の復活祭行進が一九六〇年に始まった。行進はその後数年、支持を集めた。一九六四年にはほぼすべての大小都市で開かれ、推定一〇万人の市民が参加した。知識人や聖職者、作家、芸術家、法律家、労働組合員が若者とともに目立った。だが、主要政党（キリスト教民主同盟、自由民主党、社会民主党）と大方の新聞は反核運動に冷淡なままだった。

世論に対する非常に強い影響力を考えれば、抗議運動がドイツ国民の多数にほとんど訴えることがなかったのは驚くまでもない。ひしひしと感じられる目前の共産主義の脅威が、明らかに、軍縮提案に対する支持を獲得する展望への主たる障害になっていた。しかも、抗議運動の開始は、フルシチョフによって使嗾されたベルリン危機の始まりと偶然一致していた。大方の人びとにとって、エスカレートする対立への懸念が核兵器への反対に転化することはなかった。軍縮のリスクを冒す時ではないと思われたのだ。それに、共産主義者が西ベルリンで「原爆死に反対する戦い」の指導部を握ったことも、プラスには働かなかった（もっとも、公式の西ドイツ共産党は一九五六年に非合法化されていたのだが）。「原爆死に反対する戦い」運動はきわめて限られた成功しか収められず、短命に終わった。反核運動が西ドイツで再び新たに勢いづくには、この先二〇年以上の歳月を待たなければならない。

西欧で二番目の自前の原爆保有国になるフランスでも、反核抗議運動は大きな困難に出遭った。フランスが自前の爆弾を製造することについて、一九五九年の世論は半々に割れていた。保守系新聞は支持、左派系新聞は反対である。その先数年間の世論調査では、多国間核軍縮を支持する人の割合が増えていった。しかし、フランス製の爆弾は威信のシンボル、フランスが大国である指標と見られていた。著名人の声はフランスの原爆所有に反対していた。しかし、大方の国民はフランスが核保有国になる見通しより、悲痛なアルジェリア戦争の方に関心があり、彼らの声は支持されなかった。ジャン＝ポール・サルトル、シモーヌ・ド・ボーヴォワールを含め数百人の作家や有名人、学者、科学者、宗教指導者らが一九五九年、前年にフランス第五共和政大統領になっていたドゴールに、核実験の放棄を訴えた。だが、最初のフランス核実験は一九六〇年二月一三日に実施され、翌月の世論調査によれば、広範な国民の支持を受けた。約六七パーセントの回答者が、原爆保有は国際問題におけるフランスの地位を高めると考えていた。とはいえ、部分的核実験禁止条約（フランスは署名せず）の翌一九六四年にもなると、フランスの核防衛戦力を支持するより、反対する人の方が多かった。この分裂は、あれやこれやの問題に関するフランス国内の政治的分裂を反映していた。非ドゴール派諸党は六〇年代半ばごろには、フランスの核爆弾保有に反対し、保守派は支持していた。

大方の西欧諸国でかなり共通のパターンが見られた。反核運動はとくに高学歴の中間層と急進左派の間で支持を獲得したが、既成政治支配層と軍部、そして大方の新聞の反対に遭った。オランダに見られるように、どの主要政党もたいてい反核運動を支持しなかった。オランダでは、オランダ労働党がＮＡＴＯの核兵器配備支持で保守党に同調した。カトリック諸国では、反核抗議行動は教会の反対と戦わなければならなかった。イタリアの場合がそうであり、教会は与党キリスト教民主党の核支持政策を支持した（もっとも、ローマ法王ヨハネ二三世が一九六三年に回勅『パーチェム・イン・テリス』（地上の平和）を発表、これが戦争と平和に関するカトリックの思考に国際的に大きな影響を及ぼすと、この状況は変わり始めるのだが）。

その結果、反核運動はどこでも国民の多数の支持を獲得できなかった。世論調査によれば、すべての国の完全核軍縮と、その一歩としての核実験禁止への支持は広く、かつ増えていた。だが、一方的軍縮となるとまったく別問題であった。

英国と西ドイツを除いて、反核運動に対するもっとも強力な支持の一部はギリシアに現れた（強力な平和主義の伝統はなかったので、いささか奇妙なことではあるが）。だがそこでも、政治と軍の支配層からの強い逆風に遭った。CNDのオルダーマストン行進が再び、大きな励みを与えた。そして、キューバ・ミサイル危機が呼びさました恐怖心が、とりわけ学生の間で活動家の隊列を膨らませた。一九四〇年代末の内戦以来、党が非合法化されていた共産主義者も支持勢力の一部だった。保守政権は反核運動のなかに革命の傾向を見て取り、厳しい弾圧に訴えた。一九六三年にマラトンからアテネまでの（オルダーマストンをまねた）行進を禁止したばかりか、抗議参加者二〇〇〇人を逮捕し、その他数百人を負傷させたのだ。この戦術は裏目に出た。支持は、はがれ落ちるより逆に増えたのだ。ギリシアの独立系国会議員グリゴリス・ランブラキスが（議員免責のおかげで）禁じられたマラトン行進をただ一人貫徹し、その後、右翼民兵に殺害されると、五〇万人もの人びとが葬送の行列に加わった。翌年、マラトン行進は許可され、最終段階の参加者は推定二五万人に上った。だが、この反核運動はいささかまとまりを欠き、政治目標がはっきりせず、多くのギリシア人を遠ざける共産主義者の支持に依存し、既成政治支配層と軍の無慈悲な敵対に遭った。マラトン行進の目覚ましい動員力にもかかわらず、ギリシアの反核運動に対する支持は誇張しないほうがよく、ギリシアはすべての西欧諸国と同じように、恐ろしい新兵器をめぐって分裂しながらも、新兵器を放棄することでソ連共産主義の支配にさらされることになるなら、おおむねその保持を支持したのである。

中立国スイスでさえ、原爆に対する恐怖心が、容易に反核抗議運動の支持に転化することはなかった。ここでも世論は、既成政治支配層と軍の核支持の立場を反映する新聞によって色濃く形成されていた。スイス国軍の戦術核兵器装備を阻止する草の根運動で、この問題をめぐる国民投票を余儀なくされたが、その提案は投票者の三分の二によって否決された。しかし、政府は国民投票で勝ったものの、こうした論争がらみの問題で反対派を刺激して国を分断することを慮り、軍に核兵器を装備する措置をとらなかった。

デンマークとスウェーデンだけは、核兵器反対が政府の政策に異を唱えるというより、それに同調した。核兵器反対デモは、政府がそれを持ったり国内に持ち込ませたりするのを阻止する狙いがあった。だが、デンマークの抗議者たちは概して無駄骨を折っていた。というのは、どの主要政党もデンマークへの核配備を支持していなかったからだ。議会が核配備を拒否していたノルウェーの場合も似たり寄ったりである。この措置は一般に評判がよかったが、このことを別にすれば、ノルウェーの反核運動は、明確な現実の目標を欠いていたために一部の支持しか集まらなかった。超大国間のエスカレートする軍拡競争の結果、スウェーデンでは核武装への反対の高まりが一定の成功を収めている。スウェーデン自前の核爆弾製造に対する支持は、一九五七年に核問題討論が始まったあと急落した。当初は国民の四〇パーセントが支持していたが、一〇年ほどのちには六九パーセントが反対に回っていた。一九六〇年代半ばにもなると、政府は非核国防政策を堅持していた。

西欧のどの国でも、当初は英国のCNDに刺激されて、それぞれ核武装反対運動が発展した。時には英国のように一方的核軍縮に力点がおかれたが、大方のケースでは目標は核兵器の世界的廃絶と核実験の即時禁止だった。そうした感情は平和主義をはるかに超えていたものの、それとない交ぜになっており、一九五七〜六三年の間に頂点に達し、一九六三年の部分的核実験禁止条約のあと緊張が緩むにつれて下火になる。CNDが与えた広範な影響は、この平和運動の国際的性格を示している。とはいえ、国柄による問題意識が表れていた。国の歴史的事情と文化的伝統が「大国」としてのものであったかどうか、概して中立・非同盟であったかどうかが、態度に強く影響したのだ。キリスト教会の影響の相対的な比重や左派諸政党に対する国民的支持の度合い、教育レベル、そして、共産主義の恐怖を宣伝し与党の政策を支持することによって抗議運動の足を引っ張るうえで、マスメディアが果たした役割も、同様に影響したのである。

西欧での核兵器に対する反対や恐怖、あきらめの気持ちの度合いを測るのは難しいのだが、東欧諸国民が抱いていた真の見解については、いささかでも明快なイメージを得るのは、絶対不可能である。核兵器や冷戦、西側に対するソ連の姿勢への反対は、公然とは表明できなかった。世論はソ連と衛星諸国の指導部によって決定され、体制の政策を支持して最大限の画一性を生み出すように組織化されていた。異論の声は公然とは聞かれず、いずれにせよ少なかった。容赦なく激烈なプロパガンダが、平和と民主主義、そしてソ連とその他社会主義諸国の社会主義を脅かす西側の「帝国主義者」「戦争屋」「ファシスト」に向けられた。「平和擁護の不寝番をしている」ソ連とは裏腹に、「原子爆弾を振り回している」米国を非難する毒々しい言い回しが使われた。

ソ連圏のこのスタンスは、一九四〇年代末に冷戦が深まるにつれて硬化した。一九五〇年にもなると、「西側帝国主義者」が手にする核兵器による専制からの自由と平和を求める一般大衆の広範な国際運動のリーダー――そんなソ連の自画像が形になっていた。この年三月、何よりも米国との戦争の恐怖に急き立てられ、親ソ派運動家の国際組織「平和パルチザン恒久委員会」が綱領策定のためストックホルムに会した。この会合から「無条件の核兵器禁止」を求めるストックホルム平和アピールが生まれた。次いで、ソ連圏内外でアピール支持の請願署名を集めるため、大衆集会や工場での大会とプロパガンダ、ワークショップや家庭を通じて人びとを集中動員する広範、かつ細心に組織された運動が発足した。

その請願は七九カ国の五億人を超える市民の署名を集めたとされた。共産主義諸国から四億人、残りはおおむねどこかほかの国のソ連シンパの署名だ。一九五〇年末までに一億一五〇〇万人を超えるソ連市民が署名した。ほぼ当時のソ連の成人人口である。ハンガリーでは九二〇万人の全人口(子どもも含む)のうち、計七五〇万人という考えにくい数が発表された。ポーランドの署名は一八〇〇万人。署名しなかった一九万人は(病気や多忙が理由だとする申し立てもあったのだが)、「富農、都会の投機屋……聖職者の反動的な部分、エホヴァの証人のメンバー」として中傷を浴びた。一九四八年の離反以来、つねにソ連に非難されてきたユーゴスラヴィアだけは異なる道を歩んだ。同国の平和運動は「ソ連帝国主義」を、西側諸国による侵略と同じく世界平和に対する脅威だとして攻撃した。

公式路線を逸脱した見解に対する最悪の抑圧は、一九五三年のスターリンの死とともになくなったが、体制の核兵器政策への反対は依然として、公然とは表明できなかった。多くの有力な科学者が、時には反核抗議運動に参加する西側の科学者と接触することで勇気づけられ、陰では核管理・軍縮を支持する発言をした。だが、高位の人物の場合でも、これはリスクを伴わずには済まなかった。核物理学者アンドレイ・サハロフはソ連の水爆開発で重要な役割を果たしたが、ソ連における人権と自由の抑圧に関する公然たる発言のために、一九七〇年代以前に迫害を受けていた。一九六一年にモスクワで開かれた政府指導者と科学者の会合で核実験再開計画に反対すると、その総会の場で、半時間に及ぶ弾劾演説でフルシチョフに非難されたのである。

もちろん、非公開会合で表明される反対意見が一般公衆に漏れ伝わることはなかった。体制の公式の立場が公衆の意見と完全に一致してはいなかったことを示す兆候は、三一人による一九六一年のめざましい長距離行進が多くの町や村で数百人の通行人に温かく迎えられた事実に垣間見ることができるかもしれない。一行はサンフランシスコからモスクワまで旅し、全長八〇〇〇キロメートルの行程の最終段階でソ連国内を通ることを認められた。しかしながら、人びとがエスカレートする核軍拡競争を内心どう思っていたのか、その不安がどの程度だったのかは、推して測るほかない。

大方の人びとの考えは事実上、ソ連に対する西側の恐怖心の鏡像に等しかったというのが、合理的な想定である。西側「帝国主義者」についての危険を煽り立て、米国とNATOが加える核の脅威(必ずしも根拠がないわけではない)を強調し、民間防衛のプロパガンダで核攻撃の脅威に注意を引きつけることは、おそらく、一般市民の不安を高める効果があっただろう。同時に、人びとが冷戦について(西欧とは正反対の観点から)語られることをほぼそのまま信じ、ソ連の軍事力はNATO主導の侵略に対する最善の安全保障になっていると確信していたことを疑う理由はない。したがって、ソ連圏の人びとはおそらく、(西側では脅威と認識されている)ソ連の軍装備と核戦力の誇示を、西側とりわけ米国からくる危険に対する自身の保証として、歓迎していただろう。

鉄のカーテンをまたぐ大きな溝はこうして、ほかの多くの物事の場合と同様、核の脅威に対する態度をわけ隔てていた。しかし、核による破滅の脅威は大陸の両側に共通していた――人びとの(あるいは彼らを代表する者たちの)その脅威への反応の仕方が異なっていたとはいえ、脅威は生活の背景として続いていたのだ。そして一定の重大な節目では、とくに一九六二年のキューバ・ミサイル危機がそうだが、その脅威はいつも短期間ではあれ、急激に強まった。収集と解釈が難しいのだが、人びとが核爆弾について「一種の神経質なヒステリー」状態のもとで生きていたとするエリック・ホブズボームの見解(前述)を支持しそうな証拠はない。

疑いもなく、軍拡競争の制限、望むらくは完全停止に対する支持はほぼ世界的にあった。大方の人びとはまた、すべての国による核軍縮を支持してもいた――一方的核軍縮となると支持率はまったく別だが。一九五〇年代末、水爆の恐ろしい破壊力が広く明らかになり、ヨーロッパがベルリンをめぐる剣呑な危機に直面すると、反核運動は英国に始まって事実上すべての西欧諸国で勢いづいた。しかし、国民の過半数の支持を得た国はない。反ソ政治宣伝とソ連が与える脅威の認識があれば、西欧諸国の国民の多数が冷戦における政府の姿勢を支持するのに十分だった。ソ連圏では、絶えず刷り込まれる米国とNATOの危険な好戦的野心のイメージをテコにして、体制による世論管理が核政策をいささかでも変更する可能性を消し去ると同時に、平和支持へのほぼ完全な公式的立場を定着させることに一段と成功した。

東側でも認められる限りでは、人びとは世界的な核軍縮と、少なくとも核軍拡競争の制限を望んでいた。東欧と西欧のいずれでも、異なる構造の平和運動の背景には相当な現実主義があった。完全な核なき世界が大方の人びとの理想だった。しかし、いったん発明された以上、核兵器が願ってなくなるものではないという認識もあった。核兵器は生活の現実、気に病んでしまうと恐ろしい現実だ。だから、核アルマゲドンの可能性についてあれこれ悩む向きはほとんどなかった。人びとはそれを心から締め出したのだ。キノコ雲の脅威を知りながらも、それによってヒステリー状態に陥らないのはもちろん、自分たちの生活を支配されることなく、淡々と生活を送った。人びとは恐怖に順応したのである。核戦争の恐怖は、差し迫った危険というより（目前の諸事件は別にして）、潜在的なものだった。これが人びとに恐怖との同居を可能にした。それによって人びとは、核戦争がなければ存在し続けるであろう世界で生き延びることに、おおむね宿命論的になった。その人数を計算するのは不可能だが、一部の人びとは冷戦の溝の両側に核兵器が存在することを疑いなく歓迎しさえした。そして、少なくとも西欧では、人びとは概してほかの物事――一番はっきりしているのは、生活水準に劇的な改善をもたらしつつある経済見通しの顕著な好転をどう精一杯生かすか――に気を取られていたのである。

＊　わたし個人がこの恐怖を感じたのは、冷戦期間を通じてこの時だけだ。大学に入ったばかりだったが、英国が核攻撃にさらされる可能性に不安がつのり、家族と一緒にいるため帰宅することを考えた。数日してその危険が去るとともに、わたしの恐怖心もなくなった。

第2章

「西欧」の誕生

戦後、大国間に――政治的にも経済的にも――結束が生まれるのではなく、あるのは一方のソ連及びその衛星諸国と、他方のその他世界の間の不統一である。要するに、一つの世界ではなく二つの世界があるのだ。

チャールズ・E・ボーレン
ソ連専門の外交官・トルーマン大統領の顧問（一九四七年八月）

一九五〇年代初めから、ヨーロッパの政治的動脈は朝鮮をめぐる超大国の国際的対立と核破壊力の恐るべき拡大のために悪化し、硬化した。東欧と西欧の政治体制間の溝は一九四五年以来、止めようもなく大きくなり、架橋不可能な亀裂にまで拡大した。

近代以前の旅行者は普通、正教信仰が始まる線に沿ってヨーロッパを南北に走る分断を目にした。そして第二次世界大戦のはるか以前、一つの明確な断層線が豊かで工業化の進んだヨーロッパ北部及び西部と、貧しく農業が主流の南部及び東部を分け隔てていた。だが、一九四五年のあとに立ち現われた分断は、まるで性質の異なるものだった。戦後間もなく下りた鉄のカーテンのために、東と西はいまや互いに敵対するイデオロギーによって駆り立てられる、和解しがたく相対立する政治体制によって分けられていた。これはひるがえって、経済と社会、そして市民のメンタリティがまったく異なる方向へ発展することを意味した。

その時代がより遠い過去に退いていくに従い、あの分断はますます現実離れしてみえる。西欧の人びとがワルシャワ、プラハ、ブダペストといった大都市から遮断され、東欧及び中欧の市民がパリやローマ、ロンドンへ旅行できないとはどういうことなのか、冷戦終結後のヨーロッパしか知らない世代には（抽象的に理解はできても）「実感する」のは難しい。ヨーロッパの二つのブロックは互いに物理的に分離されていただけではない。鉄のカーテンをいずれの方向に越えるのも、まったく異なる世界を経験することだった。威嚇的かつ不可思議な環境下での不安、孤立とない交ぜになった疎外感である。

冷戦は新たな地理を決定づけた。中立諸国は、超大国が支配するいずれの防衛組織（NATO、ワルシャワ条約機構）とも公式には「非同盟」であっても、実際には「西」の一部（オーストリアあるいはフィンランド）か、「東側ブロック」の一部（ユーゴスラヴィア）と見られるのは避けられなかった。ギリシアとトルコはその地理的位置とは裏腹に「西」と見なされ、バルカン半島の近隣諸国は「東」に属した。スペインとポルトガルもまた、独裁政権が歪んだ時空を超えて存続していたにもかかわらず、その強烈な反共主義と、大西洋と地中海の架け橋としての戦略的重要性のために、「西」に統合されていた。

鉄のカーテンで隔てられた二つのブロックは、けっして一枚岩ではなかった。ブロックの内側では、ヨーロッパは東西ともに国民国家の大陸のままであった。国民国家は政治機構と帰属意識《アイデンティティ》の正当な基盤だった。この意味では、第二次世界大戦は、その比類ない破壊性にもかかわらず、新時代の出発点では何も変えてはいなかった。だが、一つ重大な違いがあった。東側の国民国家のほとんどは、第一次世界大戦の終結時に新たに建国されていた。これらの国はたいてい、西方に政治的刺激を求めてきていた。西側のほとんどの国にはもっと長い——時には極めて長い——歴史があった。国民国家の大陸を形づくってきた国民的帰属意識と歴史、伝統、文化、そして政治的発展はきわめて深く根ざしており、国家を超えた陣営に所属することによっても容易に、あるいはすぐさま希釈されるものではなかった。ソ連共産主義は、生まれて一世代にしかならない国民国家であるユーゴスラヴィアを統制し得ないことを露呈していた。そして、東側ブロックのその他の国々、とりわけポーランドとハンガリーも、国益を守るために戦い、モスクワの要求に応じる圧力に抵抗する用意があることを間もなく示した——もっとも、権力は究極的にはソ連戦車の砲塔から生まれることを悟らなければならなかった。この軍事力が、ソ連支配への挑戦が勝利し得ない保証になった。ソ連による東欧支配は、一九五三〜五六年の間に緩むように見えたあと再び仮借なく引き締められ、その後三〇年以上、打ち破られることがなかった。

西欧の国民諸国家のさまざまな性格、その現代史と政治文化の支配的な特徴、これらすべてが決定要因となって、鉄のカーテンの東の場合に比べ、政治的発展の画一性ははるかに小さくなる結果になった。とはいえ、一定の特徴は国家の境界線を越えていた。大戦間期のさまざまな不安定化圧力はもはや存在しなかった。ファシズムとナチズムはもう、信用を失った少数派残党にしか支持されていなかった。冷戦が始まるにつれ、共産主義は人気を失い、自由民主主義に対するもう一つの革命的選択肢は少数の国を例外として、支持をなくしてしまったのだ——イタリアとフランス、フィンランドではかなり大きかったが、その他の国では無視できた。

政治的制約はソ連ブロックほどあからさまではないにせよ、主として冷戦に規定されて、存在はした。米国の影響力は、なによりも西欧を共産主義に対する堅固な堡塁に固める必要によって方向づけられ、重要な統合要因だった。国際的紐帯はＮＡＴＯ——かなりの程度、米国の対ヨーロッパ外交政策のテコ——における西側防衛同盟によって醸成、強化された。西欧諸国の政治体制がいかに多彩であれ、反共主義はイデオロギー的統合効果となったのである。

西欧諸国の一定程度の政治的収斂は、急速に成長する市場経済の要求によっても強いられた（第4章参照）。たしかに、東欧に比べると、個々の国民国家の特殊利害は、超国家的政治が国家主権にかかわる問題に優先する場合はおろか、それと競合する恐れがあると、大きな障害になった。戦前の二つの「大国」で戦勝国でもある英国とフランスは、そうした感知される国益への脅威にとりわけ敏感だった。にもかかわらず、西欧でも個々の国の政府は似たような圧力にさらされ、その目標と政策はかなり共通していた。一部の国は当初は少なくとも経済面で、より大きな統合の方向に向かいはじめつつあり、これが一九五七年のローマ条約で設立されるフランスとイタリア、西ドイツ、ベネルクス三国から成るヨーロッパ経済共同体（EEC）の発足となって、公式の形をとることになるのである。

戦後初めの数十年間、国際的圧力と経済的圧力が一体となって、国の違いがどうであれ、西欧をそれと分かる一つの政治的統合体に作り上げた。自由民主主義の確立された原則を共有し、ますます相互関係を強める資本主義経済に依拠し、戦前よりはるかに米国との結びつきが強い統合体である。統合体のなかの国民諸国家は、帝国主義列強たることをやめた（まだしばらくポルトガルは別として）。戦争はヨーロッパの帝国主義を守勢に立たせたが、無傷のまま残していた。かつての大国、英国とフランスは広大な植民地を手放すつもりはなかった。だが終戦から二〇年後、わずかな残滓を除いて、植民地はなくなっていた。帝国解体のスピードは驚くべき変化を見せ、それは新たに独立した国々だけでなく、元植民地列強の政治意識とその国際的地位への根本的な影響を伴った。それはまた、長期的には西欧が圧倒的に自らの政治的、経済的、文化的アイデンティティの強化を志向することも意味した。海外であれヨーロッパ内部であれ、領土拡張主義の思想はいまや過去のものになった。

民主主義の強化

一九五〇年代のヨーロッパ大陸の西半分は七つの立憲君主国（英国、ベルギー、オランダ、デンマーク、ノルウェー、スウェーデン、ギリシア）と一つの大公国（ルクセンブルク）、それに一〇の共和国（オーストリア、フィンランド、フランス、アイルランド、イタリア、スイス、トルコ、西ドイツ、ポルトガル、スペイン――最後の二カ国は一九七〇年代半ばまで続くことになる独裁国家）――から成っていた。加えて、いくつかの小独立国があった。封建時代から残った公国である。アンドラ、リヒテンシュタイン、モナコ、古い小国サンマリノ共和国（一九四五～五七年の間、共産党が政権参加）、それにヴァチカン市国（一九二九年のラテラノ条約で独立）である。マルタが英国から独立するのはようやく一九六四年。ジブラルタルは今日まで英国の特異な属領にとどまっている。

「西欧」は地理的にも、せいぜい国民国家の緩やかな集まりでしかないが、冷戦以前は政治的概念としても存在しなかった。「西欧」の誕生は徐々の漸進的過程だが、法の支配と、とくに防衛面での共通利害を通して組織的に結びついた国際協力を基礎とする自由民主主義諸国のグループとして、一九四九年までに形をとり始めていた。それは第一に、一九四九年のNATO創立で具体的な形になる米国主導の反ソ同盟への結束によって築かれたのである。

その同じ年、一〇カ国が民主主義と人権、法の支配（一九四八年一二月に国連で採択された世界人権宣言にもとづくもの）を促進するために設立されたヨーロッパ評議会に結集する。ベルギー、デンマーク、フランス、アイルランド、イタリア、ルクセンブルク、オランダ、ノルウェー、スウェーデン、英国の各国で、スウェーデンを除きすべてNATOの創立メンバーである。一年余りのうちにギリシア、トルコ、アイスランド、そして西ドイツが加わる。一九六〇年代半ばまでにオーストリア（一九五六年）、キプロス（一九六一年）、スイス（一九六三年）、そしてマルタ（一九六五年）にまで広がった。ヨーロッパ評議会が踏み出した最初の大きな一歩は、一九五〇年（批准は一九五三年）の「人権と基本的自由の保護のための条約」で、これにもとづき同年、加盟国による協定違反の申し立てについて、個人を支援するヨーロッパ人権裁判所が設立される。この条約の狙いは、第二次大戦中に起きた人道に対する醜悪な攻撃の再発を防止し、ソ連が支配下の東欧で展開しつつあるものとは違った社会的・政治的発展の枠組みを示すことにあった。

一九五〇年代～六〇年代前半の重要な発展は、米国の軍事的・財政的支援に直接的、間接的に支えられ、大方の西欧諸国で自由民主主義がしっかり樹立されたことである。この基礎がなければ、まもなく一九五〇年代と六〇年代のけた外れの持続的経済成長の恩恵を受けた自由は花開かなかっただろう。それは政治の優位を示す一つの明確な事例だった。

しかしながら西欧の南端の多くの国では、民主主義は存在しないか、確立に向けて苦悩していた。それでも、共産主義に対する防衛が優先され、ここでも米国（及びその他西側諸国）による援助が必要だった。もっとも、この援助は抑圧的体制や、民主主義とは実践より名ばかりの国々を支えることに回ったのだが。

南欧の民主主義の脆弱性には長い来歴があった。トルコとギリシア、ポルトガル、それに比較的ましだが、いっそう工業化の進んだスペインは、第二次大戦前はヨーロッパの最貧国だった。富は少数の権力支配層の手に握られる一方、国民の多数はまだ農業生産に大きく依存し、極貧のなかで生きていた。複数政党制は、存在しても縁故主義的だった。イデオロギー的に分断された社会の、和解不能なまでに敵対し合う勢力が争う政治体制下で、軍の役割がしばしば支配的な要因であることを見せつけてきた。政治的暴力はありふれていた。あれやこれやの独裁政治が支配的だった。あるいは、少なくともいつ出現してもおかしくなかった。ポルトガルとスペインでは、カトリック教会も抑圧的な右翼独裁政治を支持して、大きな影響力をふるった。ギリシアは戦時中、ドイツ軍による占領下で大規模な破壊と甚大な人的苦しみをこうむり、その直後、一九四六～四九年の破滅的で恐ろしく激しい内戦が続いた。トルコとポルトガルとスペインは第二次大戦中、中立によって破壊を免れていた。だが、これら三国はいずれも長年、それぞれの形態の独裁的支配の下にあった——トルコはムスタファ・ケマル・パシャ（アタチュルク）による国民国家の樹立後、一九二五年から続く一党体制下に、ポルトガルは軍が一九六二年に権力を掌握したあと、スペインは破滅的な内戦に続きナショナリストが一九三九年に勝利して以降のことだ。

　フランシスコ・フランコ将軍による時代錯誤的な独裁は、米国が西側の反共防衛の傘の一部としてスペインを受け入れる妨げにはならなかった。内戦時の社会主義者と共産主義者の敵に対するフランコのもっとも残忍な報復はたしかに、一九四〇年代半ばごろには収まっていた。だが、スペインは絶望的に貧しいままだった。ジェラルド・ブレナン〔英作家・スペイン研究家、一八九四～一九八七年〕は内戦前に住んでいたこの国に一九四九年に戻り、国民を苦しめる極貧に強い衝撃を受けている。この国は「腐敗堕落し、生活状態はあまりにもひどいため、少数の闇屋を除き、だれもが変革を望んでいる。だが、革命は起きようがない。警察と軍が目を光らせており、光らせ続けるだろう。彼らはこの無節操な体制にあって一つの確かで頼れる存在なのだ」と彼は見抜いている。依然として深く分裂した国を挙国一致というわべがおおっていた。そこでは敗北した左派が、とりわけカタルーニャとアストゥリアス、バスクの各州で、少数の支配階層と経済エリート、カトリック教会、それに肥大化した軍将校団に支えられた反動的・抑圧的な独裁の要求に、不機嫌に応じさせられているのだった。ほかのヨーロッパ諸国にはスペインのNATO加盟を阻止するに十分な左派の反対があった。しかし、米国が一九五三年、スペインに海空軍基地を配備する協定を締結。スペインは見返りに米国の軍事援助を受けた。一九五〇年代末にもなると、スペインはすでに世界銀行及び国際通貨基金（IMF）、関税貿易一般協定（GATT）の一員として受け入れられており、経済を自由化し、北部ヨーロッパの人びとを引き寄せて、増えた富の一部をスペインの太陽の下での休日に消費させる観光業の将来性を認識しつつあった。

　その体制はますます時代錯誤的になりつつも、当面は経済の急速な近代化と共存し、その恩恵を受けることができた。だが、余命は尽きつつあった。一九六〇年代末にもなると、経済成長率の上昇とともに、労働力が都市部とより繁栄した経済部門へ流れるにつれ、体制を支える伝統的な農村部の支持母体が衰退した。そして、産業労働者が抑圧的状況下にあっても自らの交渉力の強まりを自覚するにつれて、彼らの新たな戦闘性が独裁国家の厳格な管理体制に挑みはじめるのであった。

ポルトガルは西欧で最貧、最後進国の一つで、一九三二年以来、コインブラ大学の元経済学教授、アントニオ・デ・オリヴェイラ・サラザールの統治下にあった。サラザール体制のイデオロギー基盤はせいぜい、ポルトガル民族への信奉、強烈な反共主義、そして伝統的なカトリック的価値観への熱烈な献身、それに海外帝国（帝国主義国家のなかで最古）の維持にあった。圧政によって支配する帝国への執着は、米国が支持するうえで障害だった。だが、冷戦戦略の方が支障以上に重要だった。ポルトガルはマーシャル援助の受益国で、一九四九年のNATOの創立メンバーになった。ポルトガルをNATOに受け入れるカギは、新たに始まった冷戦のなかで、米国にとってアゾレス諸島がもつ戦略的重要性にあった。一九六〇年代初め、アゾレス諸島の重要性ゆえに、米国は原則上はアフリカの反植民地運動を支持していたものの、ポルトガルがアンゴラの抵抗勢力を弾圧するのを見逃す用意があった。

大統領トルーマンが共産主義に対して「自由諸国民」を防衛するために発表したドクトリンで、ギリシアとトルコへの軍事・財政支援を確約したことは、トルコの支配階層が民主主義と経済自由化へ動く強力な誘因となった。トルコは一九五〇年までにヨーロッパ経済協力機構（OEEC）に加わってマーシャル援助の恩恵を受け、ヨーロッパ評議会の加盟国になった。トルコ軍部隊は一九五〇年の国連朝鮮派遣軍に真っ先に加わり、二年後のNATO加盟への道をひらいた。NATO加盟はソ連の侵略に対する西側軍事支援の保証、そして米国による財政援助の出どころとして、大きな国民的歓喜を呼び起こした。

トルコで一九四六年に導入された複数政党制度は、見せかけだけの民主主義だった。そして、国が山積する経済苦に悩まされるにつれ、政府は反リベラル、抑圧の度合いを強め、ついには一九六一年に軍事クーデターで倒される。まもなく複数政党政治が復活したけれども、軍部の影響力が不断の脅威として潜在し、一〇年後にはより右翼的で強烈な反共の、二番目のクーデターが起きる。民主主義の適格性は疑わしかったものの、トルコの戦略的位置のために、米国の強力な支援が保証された。

両極に深く分裂し貧困にあえぐギリシアは、トルコと同じくNATOの冷戦期の防衛戦略上、重要な位置を占めていた。ギリシアは米国からの大幅な援助にどっぷり依存し、一方では米中央情報局（CIA）が強烈に反共的な軍と情報機関を支援していた。この国の複雑な内政に大きな影響を与えたのは、社会主義の左派（共産党は非合法化されていた）と保守右派の間の深刻な分裂、トルコとの歴史的敵対関係（一九五〇年代にはいくぶん関係が改善されたが）、そして英国の植民地キプロスで続く緊張であった。同地では住民の多数はギリシアとの統合を支持する一方、少数派のトルコ系住民は分割を望んでいた。ギリシアの議会制度はおおむね混乱、腐敗していて、一九六〇年代半ばごろには政府がひどく不安定化し、ついには一九六七年、この年に予定されていた選挙で予想される左傾化と、共産主義の影響に門戸を開くことを恐れた軍部指導者によるクーデターに至るのだが、政治指導者たちの強烈な反共主義が、米国の支持を確保する助けになった。

しかしながら、政治的、社会・経済的に遅れた西欧の南縁部を除く地域では、一九五〇年代、自由民主主義の統治形態が社会の異論のない枠組みとして、かつてなくしっかりと根付いた。当然ながら、民主主義の特徴は国によって異なる。多くの民主諸国、なかでもイギリス諸島とフランス、スカンジナヴィア諸国、それに低地帯諸国〔ベルギー、オランダ、ルクセンブルク〕は、その一部がドイツによる占領でいかに劇的な中断をこうむったにせよ、長い歴史のある確かな根を伸ばすことができた。だがやはり、ヨーロッパにとって肝要なことは、一九五〇年代にかつてはヨーロッパを破壊した旧枢軸諸国――イタリアとオーストリア、そしてわけても西ドイツ――で民主主義が固まったことである。

これは、騒然たる両大戦間期だけでなく、引き続く政治的大変動を経験した戦後初期の数年間と比べても大きな前進だった。政党の再編と複数政党政治の復興がどうなるのか、当時は不確かだった。当初は、戦時の抵抗運動の威信が左翼を利するように見えた。だが、鉄のカーテンが下りるにつれ、概して保守諸党が地歩を固め、一九六〇年代半ばまでは、保守主義が大方の西欧諸国で勝利したのである。

保守優位という一般的パターンの主な例外はスカンジナヴィアで、そこでは戦前に始まっていた独特の社会的・政治的発展が深まっていた。戦争は根本的な断絶というより一時の中断だったのである。戦前の要点は、共通の利益の認識から出発して労働と資本の間、労働系政党と農民政党の政治代表者の間に、協力の基盤に到達しようという姿勢があったことだ。この比較的高度なコンセンサス政治は、戦後の歳月も続いた。おそらく、ヨーロッパ大陸の大部分からの地理的距離が、スカンジナヴィアの例外的状況に一定の役割を果たした。比較的小さな人口規模（一九五〇年、スカンジナヴィア全体でせいぜい二〇〇〇万人）と大都市・産業センターの少なさが、社会的一体性の促進に与った。だが、何よりもそのモデルが機能したのだ。スウェーデンとノルウェー、そしてデンマークの内的発展は異なっていたけれども、コンセンサス政治の基底にある妥協に助けられて、スカンジナヴィア諸国はヨーロッパの比較的貧しい地域から、もっとも発展した地方に変わった。一つの踏石が一九五二年の北欧理事会の創設で、これは市民にパスポートなしの自由移動を認め、共通労働市場の枠組みを与えた（一九五五年にフィンランドが加盟）。スカンジナヴィアの繁栄は他の地域と同様、戦後期のヨーロッパ全体の並々ならない経済成長のおかげだった。しかし、スカンジナヴィアの発展の一つの特徴は（国ごとの形の違いはあるが）、充実した社会事業と福祉給付であり、これは高率の課税によってまかなわれ、戦後ヨーロッパで一般的だった保守政党ではなく、社会民主主義政党主力の安定した政府の手で実行されたのである。

　フィンランドは部分的に例外で、ソ連と近接するがゆえに慎重な道を歩まざるを得ず、他のスカンジナヴィア諸国と協力する一方、（スウェーデンと同様）中立を維持し、西側陣営に加わるのを避けた（フィンランドはNATOに加盟せず、ヨーロッパ評議会のメンバーになったのもようやく一九八九年のことだった）。フィンランドは戦後の数十年、スカンジナヴィアの最貧地域であり続け、有権者は主として四つの陣営（社会民主党、農民党、共産党、保守連合）に分裂。政府は不安定で（一九四五～六六年の間に二五の政権）、共産党が約二〇パーセントの高い支持率を誇った。これは、共産党の得票がせいぜい五パーセントの取るに足りない勢力で、約四五パーセントを占める社会民主労働党が戦後の歳月を通じて主たる政治勢力であり続けたスウェーデンとは、好対照である。一九六〇年代半ば以前は、ソ連の圧力が与って、フィンランドの社会民主党は政権に参画することがほとんどなかったのだ。とはいえ、社会・経済システムが他のスカンジナヴィア諸国のそれに近くなり、貧しい農業国から生活水準の高い技術先進国への転換が始まると、フィンランドは否応なく西側の軌道に移っていく。

　ヨーロッパの西縁では、アイルランドもいくつかの点で、このいっそう典型的な政治的発展の局外にあった。例によって階級は政治的忠誠の決定要因ではなかった。とりわけ南部では、政治は一九二二～二三年の内戦の遺産を反映していた。イデオロギー的には、統治を主導する政党、アイルランド共和党《フィアナ・フォイル》と主要野党の統一アイルランド党《フィナ・ゲール》（この党が短期間、政権に就いたのはひとえに少数諸党との連立によっていた）の違いはほとんどない。明確な政治ビジョンよりも地縁・血縁がしばしば政治権力のカギだった。労働党は存在したが、もっとも非妥協的にアイルランド統一の戦いを叫ぶシンフェイン党と同じく、少数派の支持しか得ていなかった。共和国で一番はっきりしているのは、カトリック教会の政治的・社会的優勢だった。カトリック教会は人口の圧倒的多数に迎えられ（礼拝出席者数はどの西欧国家をも凌いでいた）、おおむねいまだ農業国の社会福祉と教育、そして公衆道徳に大きな痕跡を残していた。経済成長を刺激する新たな施策が取られはじめた一九五〇年代半ば以降でも、この共和国は依然としてヨーロッパの孤立地域だった。

北アイルランドでも、分裂が一つの政治・社会生活の重要な決定要素だった。アルスター州の六つの郡は、英国王への忠誠心が堅実ないし狂信的でさえある多数派プロテスタントと、住宅や教育、職場、そしてほとんどの生活形態において差別され、己の帰属意識とより良き未来への希望を国境の向こうのアイルランド共和国に見る少数派カトリックの間で、アパルトヘイトに近い線で厳格に分断されていた。アルスター統一党（ＵＵＰ）は選挙では無敵で、常に投票数の三分の二以上を獲得、これによって同州におけるプロテスタントの優位を保証していた——一九六〇年代半ば以降、急変し不穏さを増す状況下でようやく腐食しはじめる優位である。

しかしながら西欧の大方では、民主主義の定着は社会主義と保守主義の間の、より一般的な分断線に基づいており、この分断はすでに終戦直後の歳月に出来上がっていたものであった。共産主義が一九四〇年代末期に冷戦の影響を受けて支持を失うと、社会主義とは現実には、主として産業労働者階級に軸足をおき複数政党制民主主義を支持する社会民主主義諸党のことを指した。保守主義は通常、キリスト教民主主義の形をとった。これは、具体的な形はさまざまだが、伝統的な宗教的価値観にかなりの重きをおくものだった。西ドイツでは、キリスト教民主主義は両大戦間期に非常に有害だった偏狭なまでに宗派的な政治を意識的に越えようとした。他方、オランダでは戦前の「支柱化した」下位文化（カトリックとプロテスタント、それに社会主義）が継続し、カトリック国民党の形をとったキリスト教民主主義は、宗派的支持層を越えて訴えることがなかった。イタリアのキリスト教民主主義もまた違った。大きな宗派的分断のない国にあって、キリスト教民主主義はカトリックの組織網に浸透し、かなりの程度カトリックの社会的・道徳的価値観に訴えたこと、そして共産主義に対する真っ向からの反対によって（また、政治的恩顧の施しによっても）、地方と都市中産階級の間に強固な支持基盤を築いた。イデオロギー上のいくつかの先行例と違って、キリスト教民主主義は、その形がどうであれ、民主主義の原則にはっきりとコミットし、社会の変化に抗うよりも、それを受け容れた（そして巧みに処理した）。選挙の観点では、たいていの場合、左右両派の間には小差しかなかったのだが、あれやこれやの保守諸党は一九五〇〜六〇年代半ばの間、戦後復興の初期に築いた足場に拠って優位に立つ傾向があった。

保守主義への信頼を強めたのは、戦争の期間とその直後に体験したとてつもない動乱と大混乱、そして甚大な苦悩が終わったあとに、「正常状態」、平和と落ち着き、そして安定した環境をだれもが願ったことである。大方の人びとには安定が最重要だった。冷戦に氷が張りはじめると、西欧のどの国も国内の安定を重視した。政府はこれを主要な目標に据え、安定を維持するための前提と見る福祉制度改革を支持する用意があった。善循環である。安定は人びとに安心感を与え、それがさらなる安定の可能性（そして保守の成功の持続）を裏打ちしたのだ。ドイツによる占領とそれが生んだ根深い国内対立のあと、政治制度が新たに樹立されたり、完全に再建されたりした国では、これは集団的記憶喪失——今の安定と繁栄を優先するために、苦痛に満ちた過去にこだわることを避ける用意——を必要とした。

これが前代未聞の繁栄を生んだ比類ない経済成長（第4章で検討）の歳月でなかったなら、「正常状態」への強い願いそれだけでは、おそらく十分ではなかっただろう。大方の人びとにとって生活水準が物質面で急速に改善したことは、順調に機能しているように見える現状に固執する気持ちを強めた。急進的な代替案を提案する政党は困難な仕事に直面した。その状況は、とくに戦後生まれの新世代の間で権威に対する敬意が低下し、またキリスト教民主主義を固く支持してきた教会の影響力が減退することによって、一九六〇年代半ばごろになると変化しはじめることになる。

西欧における自由民主主義の強化で、保守主義を支えていたのは冷戦である。一九五〇年代初めにもなると、共産主義に対する支持がどの国でも多かれ少なかれ低下するにつれ、冷戦そのものが政治の安定にかなり寄与していた。東欧におけるスターリン主義の残酷さに気づいたことと、共産主義の拡張に対する恐怖心は、たいていは米国が後援する反共プロパガンダが容易に利用するところとなった。米国の場合ほど妄想的ではないものの（米国では米上院議員ジョセフ・（「ジョー」）・マッカーシーによる魔女狩りに伴う「ベッドの下の赤」ヒステリーが一九五〇年代に絶頂にあった）、強烈な反ソ感情は、西欧の自由民主主義を固めることに役立った。一九五〇年代初めの朝鮮戦争が反共を強化し、反共の主たる受益者だったさまざまな種類の保守諸党を一段と後押しする一方、穏健左派の社会民主主義政党はソ連共産主義に対する完全拒否に同調したのである。

英国は保守主義への転換でヨーロッパ共通のパターンに当てはまった——一九五一〜六四年の間、保守党政府に統治されたのである。それでも、西欧諸国のなかでは多くの点で例外だった。英国は敵国による占領をまぬかれたヨーロッパで唯一の参戦国だった。疲弊し、ほぼ破産していたとはいえ、政治・経済・社会の組織は無傷のまま、戦勝国として戦争を切り抜けていた。戦争は深い階級分断を少なくとも一時的に乗り越えて、前例のない国民の団結を生んでおり、ナチズムに勝利したという国民的誇りがあった。王室は大人気を博した。英国の議会制民主主義は国民からほぼ完全な支持を得ていた。小選挙区選挙制度は、西欧のほとんどの国の比例代表制とは違って、小政党にきわめて不利に作用し、相当多数をもった安定政権を生む傾向があった。

実際、有権者は保守党と労働党の間でほぼ均等に二分されていたものの、選挙での明確な勝者が現われた。一九五〇～六四年の間の五回の総選挙で、保守党票は投票総数の四三・四～四九・七パーセント、労働党票は四三・九～四八・八パーセントの範囲だった。残りの大半は自由党に投じた。かつて強力だった自由党は、いまやわずか九パーセント前後まで下落していた（事実、一九五一年には二・六パーセントにまで低下）。急進諸党は、選挙の観点では無意味だった。英国では、ファシストは一九三〇年代でも一議席も取ったことがなく、取るに足りない存在で、完全に信用を失っていた。共産党には有権者の支持がほとんどなかった。すなわち、一九五〇年の選挙での一〇〇人の共産党候補の平均得票率は、二パーセント止まりだった。こうした要因のすべてが高度な安定の継続と、劇的転換よりは政策の調整を保証することに与った。

一九五一年選挙での保守党の勝利は、いまや七七歳近くになっていた戦争英雄チャーチルを首相に返り咲かせ、英国の多くの人びとにとって安心感を与えるものだった。実際は、労働党による前政権の諸政策から急激に離反することはなかった。保守党は社会の平安をきわめて重視しており、（ほぼ一〇〇〇万人が支える）強力な労働組合に対して融和的だった。一九五三年の石炭・鉄・陸運の非国有化を除けば、労働党政権が実行した産業国有化を巻き戻そうとはしなかった。社会保障制度は維持された。国民保健制度（ＮＨＳ）への支出は増えた。住宅建設計画は拡張された。前労働党政権蔵相のヒュー・ゲーツケルと後継の保守党Ｒ・Ａ・バトラー（「ラブ」）の経済政策の収斂を示すために、一九五四年には「バッケリズム」なる新語さえジャーナリストたちによって造られた。継続性は外交・安全保障政策でも目立った。労働党政権下で始まった帝国の清算は、アフリカとアジアで促進された自治と自由の英連邦への動きとして、拡大された。朝鮮戦争とＮＡＴＯ、「独自の核抑止力」の構築、あるいは米国との関係でも、公約の変更はなかった。保守党はまた、大陸ヨーロッパでの統合に向けた初期の措置から距離をおくことでも、労働党にそっくり従った。英国はなお自らを、国際問題で重要な役割を果たす大国と見なしていた。大西洋に架ける橋の方が、英仏海峡に架ける橋よりはるかに重要だったのだ。

英国の保守党政府は、実はそれを認めたがらないものの、戦後の労働党政権が耐えることを強いられた緊縮政策の受益者だったのである。一九五〇年代初めまでに、経済状況は著しく改善しつつあった。通商条件は英国を利していた。輸入品の支払いに必要な輸出は、より少なくて済んだ。国民所得は一九五五年までに、一九五〇年比で四〇パーセント増えていた。配給制はとうとう終わっていた。所得税は標準税率ベースで四二・五パーセントまで下がった。その後の二五年間、その水準にとどまることになる。一九五〇年代の残りの期間を通じた経済の上昇と消費物資の購買力拡大によって、肝腎の「好景気感」が持続した。それが、保守党が一九五五年と五九年の選挙で引き続き勝利した理由だ。首相のマクミランは一九五九年の選挙の三カ月前、この前向きな国民気分をうまくとらえていた。繁栄レベルは英国史上のどの時期をも超えている、と断言したのだ。一九五九年七月の演説で、彼は「それを率直に認めようではないか」と強調した。「大方の国民はこれほど安楽な時を経験したことはないのだ」と。

ところが一九六〇年代初めにもなると、経済の諸問題が積りはじめており、不人気な賃金抑制政策が導入される。政府は陸相ジョン・プロヒューモのセックス絡みの不祥事を含むスキャンダルに悩まされた。疲弊し破綻した政府のイメージは、一九六三年一月、フランス大統領ドゴールが英国の遅ればせながらのヨーロッパ経済共同体（EEC）入りの試みを拒絶したことで増幅した。一九六四年、策略家ハロルド・ウィルソン——国民に過去ではなく未来を志向させるかに見える庶民感覚をそなえた指導者——が率いる労働党が、薄氷の選挙勝利を収めた。保守党政権一三年は終わった。英国は新しい、そしてのちに明らかになったように、はるかに安定性を欠いた局面に入った。

英国の保守主義は独自の深い根をもっており、大陸の多くの保守諸党を支えるもっと公然と宗教的な理念、なかでもはっきりと「キリスト教民主主義」を標榜する重要な理念とは異なっていた。キリスト教民主主義諸党の現実化しつつある成功は、実は終戦直後の歳月の西欧の国際政治におけるもっとも重要な発展であった。一九五〇年代の安定した環境が、この初期の成功を固める枠組みを提供することになったのだ。

ベルギー、ルクセンブルク、オランダ、スイス、オーストリア、イタリア、それに西ドイツと、態様は異なるものの、キリスト教民主主義諸党（必ずしも名称によらないまでも、色合いだが）は、一九五〇年代と六〇年代初めの間、政治に重要な、しばしば支配的な役割を演じ、その重要性は六〇年代半ばごろようやく全般的に衰えるのである。スイスの政治は州への強い忠誠心と、しばしば行われる国民投票での国民の直接政治参加のために、いっそう複雑になった（国民投票は政党政治の妥協と協力に役立ち、実際には総じて保守主義を好む）。これらの各国では、比例代表制に基づく選挙制度のために余儀なくされた連立が標準だった。オランダではカトリックと社会民主主義、それにリベラル保守主義の下位文化という伝統的な「支柱」が、六〇年代半ばに腐食するまで共存し続けたが、ここに見られるように、安定と効率的統治をたしかにするために競合政党と協力する用意があった。

ベルギーの「支柱化した」下位文化の複雑さは、この国が言語上フラマン語とフランス語地域に分断されていることで増幅した。これは主要政党である社会党とキリスト教社会党の妥協をいっそう難しくし、持続する激しい対立を生んだ。君主制それ自体は、少なくとも戦後初期の歳月には、国民統合の要素ではなかった。レオポルド三世の戦時の功罪入り交じった履歴は、国民の多くから彼に不利な材料と見なされた。ドイツ占領軍に対し友好的すぎたとか、さらには国家に対する反逆とまで非難されたのだ。スイス亡命からの帰還が抗議の大ストライキを呼び起こし、国民投票で国民の過半数をわずかに上回る支持しか得られなくなると、彼は一九五一年に退位し、息子のボードゥアンに位を譲った。ここでも地域的分裂があった。社会党が優勢だったワロン地域では投票者のわずか四二パーセントしか国王を支持せず、一方、キリスト教社会党の牙城があるフランドル地域は七〇パーセントが彼を支持した。一九九三年に死去するまでベルギー王座にあったボードゥアンはたしかに、父親が与えられなかった国民統合の象徴を提供した。ともかくもこの国は崩壊をまぬかれた。結局、ベルギーを分かつ二地域は、とりわけ繁栄が行きわたると、分裂より同居する方が得るところが大きかったのだ。もっとも、言語上の対立はその先数十年の政治に影響し続けることになるのだが。

オーストリアの場合、ヒトラーに道を開いた有害な分裂を繰り返さないために、妥協と協力を探る用意がとくに重要だった。一九五〇年代と六〇年代初めは、選挙での支持はキリスト教民主主義のオーストリア国民党（戦前の保守系キリスト教社会党の後身）と社会党の間でほぼ均等に分かれていた。わずかな支持しかない共産党を含め、他の諸党は、取るに足りない存在だった。ナチ党はもちろん消滅したのだが、多くの元党員が沈黙とナチ時代の最悪の犯罪を除く恩赦の壁の背後で、自らのいかがわしい過去を隠すことができた。それは何よりも、オーストリアがうまい具合にヒトラーの「最初の犠牲者」だったと国際的に見なされ、その結果、一九三八年の「合邦《アンシュルス》」時にヒトラーを大歓迎したことや、それに続くヒトラー体制への完全吸収にほおかむりしてしまったためだった。戦後世界におけるオーストリアの政治で重要だったのは、一九三四年の短期間の内戦と疑似ファシスト的独裁国家（一九三八年のドイツの侵攻で終了）につながった一九三〇年代の激しい敵意が、やっと克服されたことである。

一九四七〜六六年の間、オーストリアの統治は二大政党の「大連立」によって行われた。この二党独占体制で、キリスト教民主主義の右派と社会民主主義の左派は、支持率（ほぼ同率）に応じたポスト配分によって、政府の省と行政を分け合った。これは必然的に、党への忠誠が地位や昇進、住居、職、営業免許、その他多くの物事への免状を与える一種の利益誘導システムを生み出す。だが、機能はした。経済成長と繁栄の広がりが、そのシステムとあいまって、ボートを揺さぶりかねない労働争議を回避する用意をもたらした。それに、共産主義の東側陣営への地理的な近さが（そして、一九五五年までソ連に国土の一部を占領された記憶が）、現実を見つめるうえで一定の役割を果たした。オーストリアは一九三〇年代に中欧の不安定と動乱の中心だった位置から、堅固な民主主義の柱の一つに変貌したのである。

キリスト教民主党は一九四〇年代末、イタリア政治における最大の政治勢力として登場し、一九五〇〜六〇年代初めの間、四〇パーセント前後の得票率を維持していた。社会党と共産党を合わせた左派は通常、約三五パーセントを獲得できた。もっとも、組織性に優れ、より急進的な共産党は分裂した社会党陣営を食って、とくに北部の工業地帯で支持を拡大する能力を示した。一九六〇年代初めごろには、キリスト教民主主義の主たる敵は共産党になっており、同党は有権者の約二五パーセントに支持され、北部の大工業都市の金城湯池を支配していた。残りの票は自由党、共和党、国民王党、ネオ・ファシストといった広範な小政党に流れた。キリスト教民主党（CD）と左翼諸党の間の政治的分裂は、この国の深い社会的・イデオロギー的分断を反映していた。立ち現われたのは、仕事や出世のためのパスポートとして政治的忠誠——政党の党員数は西欧で最大だった——を必要とするような個別の下位文化だった。

イタリアの政府は成立しては消え、一九四五〜七〇年の期間はどの政府も平均して一年と続かなかった。そしてキリスト教民主主義形成期の傑出した人物、アルチーデ・デ・ガスペリが一九五三年に首相の座を追われると、後継のジュゼッペ・ペッラは一九六〇年代末まで一二人続く首相の一番目になる（デ・ガスペリは翌年に死亡）。デ・ガスペリ本人は八代の政権を主宰していた。ペッラ政権は五カ月足らずの命。その後継のアミントレ・ファンファーニはわずか二一日間だ。だが、うわべの政権交代の水面下では、人と政策の両面で多くの継続性があった。政府閣僚たちは第一次世界大戦前と同じく、椅子取りゲームをしていたのである。ファンファーニは計五回首相を務めている。アントニオ・セーニは二回、ジョヴァンニ・レオーネは二回。そして、キリスト教民主党がどの政権でも主軸だった。極端に派閥化された党にあって、イデオロギーは権力の維持と、そして決定的なことに、利益分配——イタリア人が「ソットゴヴェルノ」(文字通りには「影の政府」)と呼んだ、たいていは腐敗したもの——に比べて二の次だった。貧困化した南部(メッゾジョルノ)では、キリスト教民主党の成功は、同党が国家資源の配分を通じて、深く染みついた縁故主義を引き継いだ手法に多くを負っている。さらに、キリスト教民主党はいくつかの最大の牙城をもつ北部では、支持を固めるために巨大なカトリック諸団体のネットワーク——そしてカトリック教会の重要な支援——を利用できたのだ。

一九五〇年代の弱体で短命な歴代中道連立政権の無能は、一九六〇年にネオファシスト右翼を政権に取り込む短期の試みにつながった。だが、これは広範な抗議行動を惹起し、警察が多数のデモ参加者を殺害。その結果、キリスト教民主党は方向転換を図り、反共の中道左派に誘いをかける。これは結局、一九六三年、社会党も含めたアルド・モロ率いる連立を生んだ。もっとも、多数の労組活動家を含むかなりの社会党内左派がキリスト教民主主義との協力の先行きを耐え難いと感じ、社会党は分裂する結果になった。

モロの三次の政権は五年間続くが、社会改革の公約のほとんどは実を結ばなかった。一九四八〜六九年の間に二倍に膨れ上がった肥大化した公務員組織は、改革されず、慢性的に非効率なままだった。裁判官集団はひどい遅滞ぶりで動く司法システムを統括し、その構成員の多くを南部イタリアのロースクールに不釣り合いに依存していたが、彼らは反左翼の偏見をもった非常に保守的な特権階級であり、何よりも立身出世と政府による介入からの独立を守ることに専心していた。たっぷり予算をあてがわれた巨大な軍部は、ほとんど役立たずだが、艦船ごとに二人の海軍将官と、対ユーゴスラヴィア国境の二〇〇メートルごとに一人の将軍を維持していた。これは社会と組織の停滞だった。だが、キリスト教民主党にとっては権力の維持そのものが目的だったのである。

イタリアの政治と社会の根本的改革への障害は大きく、また数多くあった。だが、そうした変革を実現しようとするキリスト教民主党の努力は、まったく生ぬるかった。同時にキリスト教民主党は、左派の改革勢力を妨害する能力があることを示した。キリスト教民主党支配の長い年月、イタリアは深く分裂した国であり続け、その分裂と国内の諸問題は、克服するのではなく、単になんとかやりくりされただけだった。キリスト教民主党の指導者にはそれで十分だったのだ。そして、イタリア政治の特質によって、政府の不安定ぶりは、実はシステムそのものの安定とまったく両立していたのである。

西欧の安定と民主化の点で肝要な国は、疑いなく西ドイツだった（これはドイツ連邦共和国と西ベルリンを意味する。後者はまだ旧首都に対する四カ国の占領下にあって、公式には連邦共和国の一部ではなかった）。一九四九年の連邦共和国創設の時点では、安定はまったく保証されていなかった。新国家は敗戦と分断の産物だった。外交での主権を認められた一九五二年まで、連邦共和国は法的には被占領国のままであり、一九五五年に初めて主権国家として完全承認されたのだ。軍隊はない。確たる政治体制はない。イデオロギー上の分裂は深い。直近のナチの過去のために、道徳的に深く傷つき、ヨーロッパの近隣諸国から（それに米国とソ連からも）強い不信の目で見られていた。そして、新生の民主国家に多数の難民と被追放民（この圧力団体は政府に影響力を行使する力があった）を統合するという問題を抱えていた。人道に対する罪に直接関与した者たちも含め、かつてヒトラーの独裁を熱心に支持した多くの市民も同様だ。

何にもまして、西ドイツは国境が画定していないがために、きわめて重要だった。それに、一九五〇年代の初頭では、国境問題はドイツ国民を分断していた。国民の多くは――主要野党である社会民主党の立場に応じて――、無期限に分断されて西側で行われているような冷戦政治の軌道へ統合されるよりは、早期の再統一と政治的中立を支持していた。

一九四九年八月の初の連邦総選挙では、いまはほとんどが新しい名称を帯びてはいても、さまざまな政党が多くの点でワイマール期に似ていた。コンラート・アデナウアーのキリスト教民主同盟（ＣＤＵ）は有権者の三一パーセントの支持を得て、二九・二パーセントを獲得した最大野党、社会民主党をわずかに引き離して首位に立った。アデナウアーはワイマール共和国時代にケルン市長を務め、すでに七三歳だったが、無理押しと厳しい交渉によって、とくに経済界寄りの自由民主党（ＦＤＰ）に頼った連立をまとめ上げた。もっとも、小政党も加えた。目立つフランクフルト（マイン）より、むしろライン川沿いの小さな町ボンが連邦共和国の首都に選ばれた。その町は皮肉交じりに「連邦村」とあだ名された。アデナウアーにとっては、ボンは自分のラインラントの故郷にきわめて近いという利点があった。アデナウアーは一票差（自分の一票）の多数で連邦首相に選出された。しかし、最終的に辞任する一九六三年ごろには、大方の西ドイツ市民は彼がビスマルクより偉大な政治家だったと考えていた。

ワイマール共和国の一四年間はヒトラーの権力掌握をもって終わった。「ボン共和国」の一四年〔アデナウアーの在任期間〕は、自由民主主義の定着を見たのである。ドイツの第一民主制があれほど無残に破産したのに、第二民主制はなぜそれほど完全に成功したのだろうか？

憲法改正が助けになった。だが、それが主たる理由ではない。「基本法」の立案者たちはワイマール憲法の瑕疵に間違いなく気づいており、それを克服する試みを成し遂げたのだ。連邦大統領は、今回はおおむね象徴的な機能を付与された。現行政府を不信任投票で倒すことははるかに難しくなった。さらに、小政党が不当な影響力を行使するのを防ぐうえで、おそらくもっとも重要なことだが、五パーセントを超える得票をした政党だけが連邦議会に議席を持てるようになった（当初は地方レベルだったが、一九五三年からは連邦レベルで）。

民主主義が西ドイツで順調に定着するうえで、とくに二つの要因が重要だった。一つは「経済奇跡」と呼ばれた、異常に速く、かつ力強い経済成長であり、それが連邦共和国の創立時には想像もできなかったような生活水準の向上を可能にした。これが一般市民に、新しい政治体制に対する大きな利害関係をもたせた。民主主義は物質的利点があることを彼らに示したのである。これはワイマール共和国がけっして達成できなかったことだ。

西ドイツは第二次世界大戦後の世界的好景気の恩恵を受けた点で、すべての西欧諸国と同様、幸運だった。成長のための特有の好ましい条件も多々あった。一〇〇〇万人を超えるおおむね資質の高い難民の流入がプラスになった。きわめて意欲的で、生活の向上に懸命で、低賃金で働く意思をもって国内に流れ込んできた人びとだ。国家そのものを再建する巨大な仕事が広い雇用機会を生んだので、難民たちは引く手あまただった。ドイツの侮りがたい産業力は戦争でひどく損傷していたが、完全に破壊されてはいず、実は部分的には近代化されていて、速やかに立ち直ることができた。朝鮮戦争は経済に予期せぬボーナスをもたらした。西ドイツ産業界は兵器製造を禁じられていたため、消費物資に目を向けた。それは国外でたちまち販路を見出し、目覚ましい輸出ブームを促進するとともに、急速に伸びる内需も満たすことになった。経済成長は、戦争と難民流入で生じた深刻な住宅不足に対処する新築需要によっても刺激された。一九五〇年代に五〇〇万戸以上の住宅が建設され、建築物資を供給する無数の関連産業を元気づけた。

世界貿易は一九四四年のニューハンプシャー州ブレトンウッズでの合意と、三年後の関税貿易一般協定（GATT）の下で自由化と管理がなされ、その復活は西ドイツの上向きの経済が繁栄する国際的枠組みとなった。総額約一五〇億ドルに上る西ドイツの通商債務を、一九八八年まで三〇年以上にわたって完全に処理できる低金利で返済するという、一九五三年にロンドンで合意された債務調整は、この国の債務能力をしっかり確立した点で、復興におけるさらなる重要な一歩だった。実際には、この債務は経済成長の規模のおかげで、一九五〇年代末にはもう、ほぼ返済された。だが、圧倒的に多くが東欧の共産主義諸国にいるナチの犠牲者への補償支払い問題は、平和条約の締結交渉まで延期された。（イスラエルその他各地にいるユダヤ人に賠償金「ヴィーダーグートマッフング」として、総計三四億五〇〇〇万マルクを支払う別個の協定が結ばれた）。

民主主義が一九六〇年代半ばまでに、西ドイツにしっかり根付くことが可能だった二番目の理由は冷戦である。朝鮮戦争は新たな世界大戦への恐怖を生み、西欧の他の人びとと同じく、多くの西ドイツ市民には共産主義の深刻な危険を確証しているように思われた。さらに「もう一つのドイツ」の存在が、イデオロギー上の凝固剤となった。アデナウアーとCDUに対する反対勢力にとってさえ、彼らのほとんどだれもまったく魅力を感じない共産主義東ドイツのモデルがかくも近くに存在すること――マスメディアによって間断なく強められるイメージ――が、ナチスによって執拗に刷り込まれた反共主義を増幅、拡大したのだ。

冷戦は米国への緊密な依存度を高め、他のヨーロッパ諸国、なかでも――長年の激しい敵対関係は脇におき――フランスとの統合の枠組みを追求しようとするアデナウアーの決意に拍車をかけた。ラインラント人のアデナウアーにとって、これは好ましいと同時に必要な措置だった。しかし西を向くことは、ある直接の必然的結果を伴うため、激しい論争を呼んだ。すなわち、東西ドイツの再統合は無期限の将来にわたって期待できないということだ。これは耐えなければならない苦痛であった。SPDの党首クルト・シューマッハー（その個人的名声はナチの強制収容所生活一〇年に拠っていた）は、再統一は自由が完全に保証されて初めて実現するとの見解を共有してはいたが、再統一優先を放棄する気はなかった。シューマッハーと、彼の党を支持する有権者の三分の一前後にとって、再統一した中立ドイツの方が、米国が支配する資本主義の（そして軍事化した）西側に連邦共和国を結びつけるより、はるかに魅力的な提案だった。

一九五二年三月一〇日、スターリンは統一・中立ドイツの創設を西側主要国に提案した。それは西ドイツが、ソ連に向けられた西側軍事同盟に統合される見通しに不安を覚えてのことで、西ドイツの主権の多くを回復する狙いの、西側主要国と連邦共和国の基本条約が調印される直前のことだった。スターリンの想定には、平和条約と「民主的諸党と諸組織の自由な活動」があった。米国は英国及びフランスと協議のうえ、頭から拒否はしないものの冷ややかな回答を与えた。次いで、四月九日のスターリンからの二通目の「覚書」はとくに、国防のための「独自の国防軍を持つ」統一ドイツでの自由選挙を提案していた。

アデナウアーは西欧統合の希望——彼にとっては絶対的優先事項——に対する危険をただちに察し、(当初、いささか躊躇したあとだが)内閣の支持を受けて、その提案を即座に拒否した。だが、多くのドイツ国民にとって、スターリンの提案にはいくつか紛れもない魅力があった。再統一より西欧統合を優先することが、激しい論争を呼ぶのは避けられなかった。アデナウアーは慎重に歩を進めなければならなかった。とはいえ、構えは不動だった。再統一は西欧の強靭さを通じてのみ実現できる、と彼は論じた。西側主要国は彼の主張を受け入れ、二番目の「スターリンの覚書」に返答しなかった。五月二六日、連邦共和国と西側主要国の間の「ドイツ条約」が、近い将来の関係を固めた。そのころには「スターリン覚書」は過去のものになっていた。

その当時、そしてそれ以降今日まで、これが好機を逸したのかどうかが問われてきた。そうではない。スターリンの条件を受け入れていれば、安定した自由民主主義を打ち立て、固めるのは、はるかに難しくなっていた可能性が大きい。提案された条件が真に守られていたと想定しても——疑わしい仮定だが——、国全体が徐々にソ連の影響圏に吸い込まれかねないリスクは、冒す価値がなかった。実際には、西ドイツは西欧への統合、分けても米国の防衛の盾に完全に傾倒し続けたのである。それは実を結んだ。ヨーロッパ防衛共同体という提案は一九五四年、それを最初に打ち出した当のフランスによって最終的に葬られたものの、その結果、(第1章で述べたとおり)当初は激しい議論を呼んだ、NATOの不可分の一部としての西ドイツ軍が創設され、連邦共和国の完全主権回復というアデナウアーの目標が実現したのだ。

再統一は当然ながら国民の多くに、情緒的に訴えるものがあった。西ドイツ国民の三分の二は一九六〇年代半ばでも、世論調査で問われると、ドイツ再統一が主要な政治目標だと答え続けた。にもかかわらず、これは何年も非現実的な期待にとどまるだろう、と大方の国民が認めていた。アデナウアー政権自身も究極の目標としての国家統一に固執し、ドイツ民主共和国を主権国家と認めることを拒否した。しかしながら実際には、一九六一年八月に始まるベルリンの壁の構築でドイツ分断がまったく文字通りに固定化するよりはるか以前に、再統一は空文化していたのである。

そのころまでにアデナウアーは、一九五三年と五七年の二度にわたり、圧倒的な選挙勝利を挙げていた。一九四九年の僅差は、彼の党に対する支持の大幅増に変わっていた。五七年の連邦議会選挙では、CDUとバイエルン州の姉妹政党、キリスト教社会同盟(CSU)が得票率五〇・二パーセントで絶対多数を獲得した。どの政党にせよ、これほどの大勝利を収めるのは連邦共和国史上、初めてだった。「実験せず」というアデナウアーの標語は、「経済奇跡」からくる富の増大への満足感を反映して、大衆のムードと完全に調和したのだ。尋常ではない成長の記録によって、首相は社会給付の大幅な拡大、すなわち生活コストに連動した年金の保証を提案することができ、それが選挙勝利の重要な要因になった。富はいまや高齢者に拡大しようとしていた。

富の増大する時代には、階級闘争という古い語彙はその共鳴度をほとんど失っていた。SPD指導部は自らの結論を引き出し、一九五九年、ボンに近いライン河岸のバートゴーデスベルクで開いた党大会で、マルクス主義の言辞——それは実際にはそれまでも言辞以上のものではなかったが——を放棄した。そのころには、その言辞はせいぜい工業地帯の固定票のなかの少数派にしかアピールしなくなっていたのだ。中産階級を取り込み、政治の中心領域を獲得する狙いで、SPDは資本主義への敵対に決別し、生産手段の国有という最終目標を放棄する。再統一に向けた外交政策に固執することは、すでにやめていた。翌一九六〇年には、西欧統合と(西)ドイツ再軍備、そしてNATO加盟の受け入れを確認した。SPD綱領の抜本的改正は、西ドイツがその歴史と冷戦下の分断からくる特殊性にもかかわらず、ヨーロッパの他の国のどことも本質的に似た政党政治システムをもつ近代的民主主義国に転換したことを示していた。いまや政策はおおむね、代替の制度を主張するより、むしろ調整の問題になった。

一九六〇年代初めにもなると、いまや八〇代半ばという高齢の首相の権威は衰えはじめる。一九六一年の総選挙で、CDU/CSUの支持率は初めて微減。翌年一〇月、時事週刊誌『シュピーゲル』が国防相フランツ=ヨーゼフ・シュトラウスを攻撃し、西ドイツの通常兵器防衛力の不十分さを浮き彫りにする記事を掲載したあと、同誌のオフィスに対するナチスの手法を思わせる政府の手入れへの反発が起き、アデナウアーの声望はひどく汚されてしまった。アデナウアーは、民主主義の堅固さに関する疑念と、恣意的国家権力へ逆戻りする恐怖を呼び起こす強圧的行動を支持したことで、大衆抗議行動に動員された多くの人びとからは法を無視するつもりだと見なされた。この「シュピーゲル事件」は長いアデナウアー首相時代の終わりの始まりになった。八七歳の年齢になってもアデナウアーは快く退陣することはなかった。だが、政権に長くとどまりすぎていた。彼は結局一九六三年一〇月、自分の党によって退陣させられた。これが、政治と社会におけるいっそう不安定な時代の幕を開けた。保守支配の歳月は終わった。

多くの西ドイツ国民、とくに左派リベラル知識人は、彼らが——いくらか正当な理由で——見て取ったアデナウアー時代の息苦しく、退屈な偏狭性に多くの批判材料を見つけた。彼らはしばしば、彼らが見るところの芸術的創造性や革新、そして躍動性の欠如を嘆いた。ワイマール共和国はこれらを豊富に生み出していた。だが、その慢性的な政治的不安定はヒトラーの出現に終わった。「ボン共和国」はたしかに、文化的興奮という意味では淡い影だった。それでも、永続する安定と繁栄をもたらしたことは確かなのである。

一部の文化人は、知識人の間にある批判は行き過ぎだと考えた。作家のヨハネス・ガイタニデスは一九五九年、「連邦共和国の脆弱性と誤りと欠点」を認めつつも、注目すべき業績を無視するのは誤りだと主張している。「連邦共和国に対するこの批判はどのようなものになるのだろうか」と彼は問うた。「仮に、それが経済奇跡と完全雇用、労働者の社会的地位の向上、東からの被追放者と中部ドイツ［彼はドイツ民主共和国になった地域を意味している］からの難民の社会統合、社会保障の一段の発展、労働時間の短縮、重工業における労働者の共同決定、そしてナチズムの犠牲者への損害賠償を実現していなかったら」と。彼はフランス（長年の「宿敵」）との和解や西ドイツのヨーロッパへの統合の進展、西との知的・芸術的交流の拡大、そしてカトリックとプロテスタントの間の垣根の解体など、達成された前進を無視する批判はほとんど重視しない。もう一人の作家カジミール・エドシュミットは一九六〇年一月に同様の論点を提示している。「もし一九四八年当時（路上で占領軍兵士のたばこの吸いさしを集めていたころから間もない時期）、今では自家用車を乗り回している一〇〇万人の貧しかったチビの一人に、君は豊かで、立派な体格になり、すっかり立派な人間として、ハードカレンシーのドイツマルクをポケットに入れて外国旅行に出かけることになるのだよと言ったら、彼は目をこすり、君のことを狂人だと思っただろう」と。

アデナウアーの国内外での幾多の成功、なかでも西ドイツに安定した民主主義を根付かせたのは注目すべきことだった。だが、それらは高い代償を伴っていた。これは悲痛なドイツ分断（それに、オーデル＝ナイセ線の向こうの旧東方諸州——東西プロイセン、シュレージエンの大部分、ポンメルンの多くとブランデンブルクの一部——の永続し恒久的に思える喪失）だけではない。道徳上の代償もあった。すなわち、最近のナチの過去の犯罪をヴェールでおおい、活動的な元ナチ党員を連邦政府に受け入れる用意があったのだ。国家主義的独裁政権への回帰の希望をいまだ抱いている者たちの政治活動は、厳しく制限された。約四万人の党員を擁した社会主義帝国党（ゾツィアリスティシェ・ライヒスパルタイ）は一九五二年に非合法化された。しかし連合国による非ナチ化政策は限定的であったため、そのほとんどは元に戻された。一九四九〜五四年の特赦で、ナチ時代のもっとも重大な犯罪で有罪宣告を受けたごく少数の公務員を除いて、全員が社会復帰し、年金を認められた。多くがいかがわしい過去をもつ裁判官や弁護士は、ポストにとどまることができた。アデナウアーの最側近の一人、ハンス・グロプケはヒトラー政権の帝国内務省に勤務し、一九三五年にニュルンベルクで導入された人種法に関する解説の主たる著者だった。一九五三〜六〇年の間、アデナウアー政権で被追放者・難民・戦争犠牲者担当の大臣を務めたテオドール・オーバーレンダーは戦前、ナチ支配下の将来の東欧のための人種計画にかかわっていた。戦争未亡人に払われた年金のなかに、リーナ・ハイドリヒの年金があった。彼女の夫ラインハルトは一九四二年六月、英国特殊作戦実行部隊に訓練されたチェコのレジスタンスグループに暗殺されたのだが、彼は帝国保安本部の長官だった。ナチの過去とのつながりは外務省の人員のなかにも痕跡を残していた。戦前と、とりわけ戦中の極悪非道行為に罪のある何人かを含め、多くの元ナチ党員が戦後のキャリアを再建し、最終的にベッドで安らかに死んだのである。

道徳的に見れば、元ナチ党員をすばやく社会復帰させたのは恥ずべきことだった――なかには治安警察のメンバーとして東欧で、人道に対する最悪の犯罪のいくつかに手を染めていた者たちまで含まれていたのだ。これは政治的に価値があったのだろうか、あるいはそもそも必要だったのだろうか？　連合国による非ナチ化はすこぶる不評だった。人びとは自分もその犠牲者だったと思っているあの破局の責任を、ヒトラーらナチ指導者に平気で押しつけた。世論調査によれば、当然ながら大方の人びとは、元ナチの役人が西ドイツの運営にかかわることを歓迎していなかった。しかし、独裁時代の一般人の行動を細かくほじくり出しすぎているという思いは、非常に多くのドイツ人にとって、過去の出来事に区切りをつけ、現在と未来に目を向けたい気持ちが広くあることを暗に意味した。国民の大多数にとっては、近い過去に必要以上にとらわれてボートを揺さぶることなく、「経済奇跡」の恩恵を最大化することが大事だったのだ。アデナウアーが行った特赦と社会復帰は、したがって、記憶喪失時代の国民の心情とかなりの程度一致していたのである。それらの措置は、例えばグロプケをめぐる論争のように、アデナウアーを激しい論争に巻き込んだ。だが、選挙結果が示すとおり、それが彼の人気を損なうことはなかった。元ナチを社会に再統合することは、おそらく非民主的勢力の無力化にも役立った。非ナチ化をもっと攻撃的に進め、ナチの犯罪者を訴追していれば、近い過去の分断と痛みを際立たせ続け、ことによれば、機能する民主国家をすみやかに安定させることを一段と難しくしていたかもしれない。もし目的が手段を正当化すると見られるなら、西ドイツ民主主義を強化するという政治的目標のための高い道徳的代償は、支払う価値があったのだ。とはいえ連邦共和国は、その先数十年間付きまとうことになる汚点を背負ったのである。

たぶん意外なことに、一九五〇年代に西欧で唯一統治システムが破綻した国はフランスである。ドイツによる占領と戦時のヴィシー政権という苦い遺産はあったけれども、一九四六年一〇月の第四共和政創設の時点でこれを予測することは難しかっただろう。だが一二年後に、特有の統治不安定と高まる国家の危機の渦中で、第四共和政は崩壊した。

少なくとも同じように慢性的な統治不安定を抱えながら、イタリア共和国がなんとか歩き続けたことと照らし合わせると、どう説明がつくだろうか？　第二次世界大戦末期の内戦から立ち現れた敗戦国として、イタリアの政治構造が、戦勝西側連合国の一員である解放フランスのそれより長く生き延びそうもないと思えたとしてもおかしくはなかった。ところが、生き延びたのである。

たしかに、フランス第四共和政の憲法は主要な障害だった。倒閣のたやすさのために、政治の不安定は保証付きだった（よく機能する公務員組織が相当程度の経済的安定を保証してはいたのだが）。国会に付与された行政府を超える権限は、弱体だった第三共和政のそれをおおよそ反映しており、国民議会議員の間に派閥主義と党規の欠如を促進した。それどころか、実はそうした傾向は第四共和政下でいっそう表面化したのだ。レオン・ブルムは一九三六年の人民戦線政府で首相を務めたが、彼は一九四九年に思案している。第四共和政は第三共和政の繰り返しであり、「まるでフランスの歴史は老人のように、新しい事柄を学ぶことを拒み、古い考えをどもりながら口に出しはじめたかのようだ」と。しかし、イタリア憲法もまた、（比較的安定した国家システムの下でだが）議会の派閥主義と、同じような倒閣の手軽さを促していた。イタリアとフランスの政治制度の運命が異なった主たる理由は、必ずしも憲法にあったのではない。

その理由は第一に、両国における保守右派の相対的な結束――あるいはその欠如――にあった。フランスでは、分裂した右派はイタリアのキリスト教民主党が達成した保守右派支配にわずかながらでも似た支配を及ぼすことができなかった。一九五一年の総選挙では、イタリアのキリスト教民主党にもっとも似通ったフランスの政党で、カトリックの利益を代表していると見られた人民共和運動（ＭＲＰ）は、わずか一三・四パーセントの得票率。これはさまざまな保守小政党の合計を若干下回り、主要な競争相手であるドゴール派（得票率二一・七パーセント）を大幅に下回る。中道と左派も、得票率一〇パーセントの急進党（小企業と農村部が基盤）と一五パーセントの社会党、それに、あらゆる連合の局外に立ちモスクワとつながった共産党（二六パーセント）に割れていた。（イタリアの場合と同様、戦後初期の共産主義の強さは、戦争末期の解放闘争で先鋭化された戦前の社会的・イデオロギー的分裂の深さの賜物だった）。国民議会の議席の五分の一を取った政党さえなく、あらゆる連立組み合わせがもろかった。結果として、政界はどうしようもなくばらばらだった。

フランスにおける右派の分裂と密接に結びついていたのが、第二の理由の、シャルル・ドゴールという独特の人物である。戦争はドゴールを国民的英雄、ナチ支配に対するフランスのレジスタンスの象徴に変えていた。戦争はまた、偉大なフランスの復活にとっては自分が不可欠であるというドゴールの意識を高めていた。うんざりする議会政治のいさかいと口論の局外に自分を置き、彼の自己イメージは出番を待つ国家救済者のそれだった。一九四六年に臨時政府首班を辞任し、四七年に新たな政治運動、「フランス国民連合」を創始したが、六年後、その運勢が衰え選挙で敗北を喫すると、それを捨て、一九五五年七月、表向きは回想録を書くため、再び政治から身を引いた。それ以後、ドゴールは第四共和政を蔑視し、フランスが再び自分を必要とする時が来ると確信しつつ、コロンベ・レ・ドゥ・セグリーズの自宅で隠遁の身となり、他人を寄せつけず、思いにふける人になった。

実際にドゴールを権力の座に戻した危機は、フランス第四共和政を害したあらゆる要因のなかで、もっとも重要な要因が表れたものだった。すなわち植民地問題、とりわけアルジェリア問題である（この問題は間もなく再度触れる）。もしイタリアがそのような重大な対外問題を抱えていたとしたら、その政治システムは緊張下でひび割れしていたかもしれない。フランスではアルジェリア問題は内政上の化膿した傷だった。この問題の深刻化する重大さは、国を分裂させ、最終的に第四共和政を破壊するに十分だった。

第四共和政下のフランスは統治するのがやっとだった。国土解放後にあった理想主義は何光年も遠のいて見えた。その停滞を表現するのに「イモビリスム」の用語が使われた。イタリアと同様、政府が次々に交代した——ドゴールの前に合計二〇の政府——だが、これといった効果はなかった。短期間でも生き残れる政府を樹立するのは難しい作業だった。ある時には、フランスは政府不在のまま数週間、ほぼ麻痺状態におかれた。一九五一年初めには、物価急騰に直面して大ストライキに悩まされた状態で、九日間、政府不在が続いた。七月と八月には、三二日間の政府空白期間があった。一九五三年春には、フランスは、パリに長く住む情報通の米国人ジャーナリスト、ジャネット・フラナーが政府不在の「記録破りの五週間の政治危機」と呼んだ危機を体験した。五七年秋には、再び五週間以上の政府不在があり、公務員によるストの波を繰り返した。産業は栄え、富裕者は消費ブームを持続させているのに、自分たちの給料は急騰する物価に追いつかないことに抗議するストだ。

第四共和政でもっともすばらしい首相、急進党の左派系党員であるピエール・マンデス＝フランスは、右派の敵に倒されるまで一九五四〜五五年の八カ月間、大胆な決断と見事な駆け引き術によって内閣をまとめておく能力があった。そのころには、フランスはその先数年にわたって同国を悩ますことになるアルジェリア内戦をめぐり、深まる危機に巻き込まれていた。だが、フランス政府はこの危機に対処する準備が足りなかった。一九五六年一月の国民議会選挙の結果、もうひとつの無力な議会が生まれた。しかも今回は、右派の新たな攪乱勢力、プジャード派が、彼らのイデオロギー上の敵である共産党やドゴール派とともに、やっかいな野党ブロックの形成に与って、議会の膠着状態と政治的混乱の継続を決定的にしたのだ。これは南フランスの商店主ピエール・プジャードが、当初は税制に対する抗議として始めた組織で、それが急速に小企業の支持を勝ち取ったものだ。得票率一一・六パーセントで議会の五一議席を占めた擬似ファシスト運動である。

一九五八年五月にもなると、四年間のアルジェリア内戦は軍将軍たちに率いられた白人植民者の蜂起に発展しており、将軍たちはドゴール将軍が新たな国民政府の国家元首として復権しないかぎり、フランス軍は全面的に蜂起すると脅した。ドゴールは長らくこの呼びかけを待っていた。それが今やってきたのだ。その月、彼は意気揚々と政治に復帰した。重大な危機の環境下にあって、満を持した救世主は、自分が考える神聖な宿命を遂行することに同意する。同年末までに、ドゴールは国民投票で新憲法に対する幅広い支持を取りつけ、事実上、大統領政権としての第五共和政を樹立する。とくに外交・国防問題は大統領の専権事項だ。一九六二年の憲法改正で、ドゴールはいまや内政の多くの領域にわたるさらに広範な権限を手中にした。対照的に、議会の権限は大幅に削減された。国民議会はいずれにせよドゴール派、つまり大統領の従順な支持者が支配し、それがドゴールの完全統制を保証する一方、左派の支持者は数を減らした。それは上からの保守革命を意味していた。

アルジェリアという大問題が残っていた。ドゴールがたどりついた驚天動地の解決は、彼の最大の業績の一つになる。しかしながら、一九五〇年代のフランス政治を毒したアルジェリア問題は、帝国からの切り離しというより広い問題——さまざまな形で多くのヨーロッパ諸国、とりわけ英国にも難題を引き起こす問題——の一部だったのである。

退却する帝国

第二次世界大戦はヨーロッパ帝国主義の終わりの始まりとなった。東欧におけるドイツの野蛮な帝国主義的野望は、甚大な損失を払って決定的に阻止された。イタリアは一九四七年九月の連合国との講和条約で、植民地に対する領有権を正式に放棄した。しかし、ベルギーとフランス、英国、オランダ、ポルトガルのヨーロッパ五カ国は、戦争が終わったとき、依然として巨大な海外領土を保有していた。それを手放すつもりはなかった。だが、戦争の終結から二〇年以内に、ますます時代錯誤になるポルトガルの植民地（これは一九七〇年代半ばにやっと清算される）と、かつて強大だった英国とフランスの帝国の残滓を除いて、ほぼすべてが失われたのだ。

民族独立運動は国連憲章で具体化された普遍的人権の理念によって励まされた。帝国主義支配が依拠していたイデオロギー上の基盤だった人種的優越の原理は、あらゆる正当性を失った。そして、弱体化する帝国主義列強の立場は、ますます負えなくなる帝国の維持コストと複合した。グローバル化が速度を速め、反帝国主義勢力が力を（そして類似の独立運動の成功から励ましを）獲得するにしたがい、帝国主義列強は独立の圧力に徐々に屈していく。

オランダが最初に消えた帝国だ。日本による占領は東アジアにおける西欧帝国主義列強の完全な脆弱ぶりを暴露し、民族運動の成長を促進した。占領が終わるや、その運動が、のちにインドネシアとなるオランダ東インド諸島での独立武装闘争を始めた。民族主義ゲリラ運動は反植民地闘争を四年間続けた。オランダはゴムその他の資源の豊かな供給源であるその植民地を立て直そうとするが、民族主義の叛徒たちによる一九四九年の独立獲得を阻止する軍事力はなかった。もっとも、オランダ領ニューギニアと呼ぶ東部二州は一九六二年までなんとか維持した。

ベルギーのコンゴの植民地は第二次大戦の間、直接の衝突には巻き込まれていなかった。おそらくこのことが、東アジア及び南アジアにおける同様の運動に比べると、独立運動の速度を緩めたのだ。積み重なる困難にもかかわらず、ベルギーは——初期の数十年はその領地をひどく残虐に扱い、遅ればせながらやっとより寛容で温情的な政策を導入したのだが——一九五九年に武装衝突が起きるまで、植民地を維持することができた。そのころには、反植民地主義の潮流は、国連に支持されて強力に盛り上がりつつあった。ベルギーは自らの弱さを認め、植民地支配を維持することの無益さに気づき、一年後にコンゴ独立を承認した。もっとも、間もなく内戦に行きつく国内分裂で荒廃した脆弱な国家をあとに残してしまった。

大英帝国の大きさと地理的広がりのために、その脱植民地化は、オランダやベルギーの場合より一段と複雑なプロセスになる宿命にあった。英国が帝国を建設したときと同じように、英国の代表者たちはたいてい、帝国支配の解体過程に民族指導者や地元の大物フィクサーを取り込もうとした。いつも成功したわけではないが、そのやり方はしばしば、移行プロセスをスムーズにし、植民地戦争への突入を避ける役に立った。だが、決定的なことは、高まる独立運動が一九五〇年代半ば以降、帝国への欲求の急激な減退と重なったことだ。

いろいろな意味で意外なのは、そんな巨大な海外帝国の解体が——独立のために戦った人びとや新継承国家の住民にとっては、まず違っていたが、英国の人びとにとっては——比較的苦痛を伴わなかったことだ。その理由の少なくとも一部はおそらく、旧植民地についての、なんらかの個人的あるいは直接の経験は言うまでもなく、詳しい知識を有する英国民がとても少なかったことだ。多くの家族がオーストラリア、カナダ、南アフリカ、ニュージーランドという白人系の自治領に親類をもっていたけれども、なんらかの実感できる意味での帝国は主として、将来植民地での公務か軍将校の任務、あるいは海外領土との交易を含む金融・通商での職業に任じられることを視野に入れて、英国のパブリックスクールで教育を受けたエリートの生活に関係していたのである。いずれにせよ、一九六〇年代までには自治領は英国との結びつきを緩めつつあって、帝国に対する国民の支持は急速に衰えだしていた。英国が世界のいかに多くを支配していたかを示す教室の地図を人びとが思い起こすとき、誇りの残滓が大変広くあったことは疑いない。とりわけ帝国の絶頂期を記憶している年配の人びとの間ではそうである。だが、戦後育ちの若い世代の多くの人、おそらくはほとんどの人にとって、帝国は歴史の遺物にすぎず、多くの場合、切手帳のカラフルな中身でしか知らない、奇妙な響きをもった一連のエキゾチックな場所だった。

帝国の解消が国内でそれほどトラウマの原因にならなかったのは、一枚岩にはほど遠かった帝国の性格と、諸国家による「連邦《コモンウエルス》」の形での自由連合へ徐々に変化していったプロセスの結果でもある。「英連邦」（*British Commonwealth of Nations*）という用語は一九一七年までさかのぼる——その当時でも、一八八〇年代にさかのぼる’*commonwealth of nations*’というさらに以前の表現を翻案していたのだ。自治領の公式の平等性は一九三一年に確立された〔ウェストミンスター憲章〕。一九四七年のインド独立で、さらに述語が変わる。一九四九年、呼称から*British*が落ち、今度は「連邦」（*Commonwealth of Nations*）になった。その年、英国王が連邦の元首として受け入れられ、その構成国は自由な連携関係にあると見なされ、（インドの場合のように）それ自身は共和国であってもよい独立国を含み得た。英国のすべての海外領土が構成国になる道を選んだわけではないが、独立の獲得に進んだほとんどの領土が構成国になった。領土の寄せ集めが漸次、従属的地位を失い、連邦を通した英国との連合を採用したことで、大方の英国民にとっては比較的スムーズな移行になったのだ――とくにフランスとは対照的に、国内の政治的動揺はほとんどなく、たしかに、かなり受動的に受け入れられた移行だったのである。

英国政府にとって、帝国の精算は通常、損切りを意味した。これはすでに一九四七年、英国が不可避な事柄に屈服し、インドとパキスタンとビルマ（そして翌年セイロン）に独立を認めたときの政策だった。インドはもはや古くからの常套句がいう「王冠の宝石」ではなかった。インドの国内産業、とくに繊維産業が発展するにつれ、英国の対インド輸出はすでに戦前から急速に減少していた。そのうえ、かつては主要債権国だった英国は、戦争が終わってみるとインドに対する巨額債務を負っていた。財政的に疲弊して支配の維持費をまかなうことができず、とくに大規模な政情不安及びヒンドゥー教徒とイスラム教徒の間で高まる国内暴力に直面し、英国はすでに戦前と戦中に声高に叫ばれていた独立要求に屈した。統一された平和的国家を引き渡そうという試みは、絶望的だった。制御不能な宗教暴力とすさまじい残虐行為に急き立てられ、英国は一九四七年初め、何が起きようと来たる夏までに撤退すると発表した。暴力を鎮めることができないことから、ほぼ完全にイスラム教徒が占める独立パキスタンをつくるため、この南アジアの亜大陸を分割することが決まった。インドとパキスタンは一九四七年八月一五日、独立国になった（東パキスタンは一九七一年三月、独自に別の国家バングラデシュになる）。

英国はインドを恐ろしい混乱のなかに置き去りにした。歴史家ピアス・ブレンドンが解説しているように、「名誉と尊厳」をもった撤退どころか、「英国は殺人の叫び声と死の悪臭につつまれて去ったのだ」。宗教暴力は英国の撤退以前にも大規模に起きていたが、その後静まるどころか荒々しく激化する。暴力は国内の多くの地に広がったが、とくに人口が密集する東のベンガル州と北のパンジャブ州がひどかった。イスラム教徒とヒンドゥー教徒、そしてパンジャブのシーク教徒は何世代もの間、共生してきたが、いまや新しい国境線がもろに彼らの州に引かれることを知った。人びとが新たな国々の辺境を越えて避難したり、避難を迫られたりするとき、恐怖と暴力が絡み合った。虐殺された人数は約一〇〇万人に上ったと推計される一方、約一三〇〇万人の難民がとてつもない「宗教浄化」の過程で、安全な避難場所を求めて新しい国境の双方向へ逃げた。数万人の女性がレイプされた。村落は放火された。インドとパキスタンの関係は数十年にわたり緊張が続くことになる。だが、インド・パキスタン両国民の悲劇と、二世紀間にわたった英国の海外領土の礎石とみなされてきた領土の喪失は、戦後の緊縮政策に悩まされ、もっぱらわが身の困窮と諸問題に気を取られる英国民の間では、なんら大きな動揺を生まなかった。

制御不能な暴力に直面しての損切りと引き揚げは、英国が一九四七年にパレスチナ委任統治領への関与から手を引いたことにも表れていた。第一次世界大戦の終結時、旧オスマン帝国の分割にともなって国際連盟によって樹立された「委任統治」は、正確には、自治へ移行する間の、宗主国による引き延ばし行為だった。英国はパレスチナとトランスヨルダン（のちヨルダン）、それにイラクの委任統治権を、フランスはシリアとレバノンの委任統治権を与えられた。英国は一九一七年のバルフォア宣言で、パレスチナにおける「ユダヤ人の民族的郷土」の樹立を求めるシオニストの目標を支持していた。この宣言の背景にある主たる動機は、人道的なものというより、戦争で連合国への米国の支援について、在米ユダヤ人の支持を取りつけること、そしてロシアのユダヤ人にドイツとの単独講和という考えをもてあそばないよう促すことだった。だが、いくぶん相手を侮るとともに単純素朴なこの戦略は、一世代のちにもなお除去される兆しの見えない地雷原を敷いてしまったのだ。

宣言はユダヤ人国家にははっきりとは触れておらず、当時の外相アーサー・バルフォアは、パレスチナの非ユダヤ人社会の権利を侵害することはない、とはっきり指摘していた。しかし、それは希望的観測だった。一九三〇年代のヨーロッパにおけるユダヤ人迫害の結果としてのユダヤ人入植者の急増に、アラブ人の敵意が増幅された。英当局は一九三六〜三九年のアラブ人の全面蜂起に至る騒動を残忍に弾圧した。だが、最初は領土分割という、次いでユダヤ人移民数を制限した単一国家という英国の提案は、アラブ人もユダヤ人も満足させなかった。米国が国際世論の後押しを受け、膨大な数のホロコースト生存者をパレスチナの安全地帯に受け入れるよう要求するなか、英国が第二次大戦後になっても移民割り当ての制限にこだわると、英国はシオニストによるテロ攻撃と戦わなければならなかった。だが、究極のジレンマに立たされていることは分かっていた。さらに大量のユダヤ人移民を受け入れよという米国の要求をのめば、アラブ人による新たな反乱の引き金を引くことはほぼ間違いない。そのうえ、パレスチナ委任統治の維持費——駐留軍一〇万人を維持するために年間四〇〇〇万ポンド——は、戦後の緊縮財政下にある英国には高すぎた。「そろそろ潮時だ」と、蔵相ヒュー・ダルトンは一九四七年初め、労働党政府に進言した。「パレスチナから軍を全面撤退させるべき時だ」と。

袋小路からの出口はなく、そしてまた国内での委任統治の不人気もあって、英国政府はギブアップし、一九四七年、解決策を見出す最善の努力を国連に委ねた。しかし、国連がパレスチナをユダヤ人とアラブ人の国家に分割することに合意すると、英国はアラブ人の無視しがたい反対があったため、その計画の履行を拒否し、委任統治を一九四八年五月一四日に終了すると予告した。ダヴィド・ベン＝グリオンが指導するユダヤ人指導部はその時点で、イスラエル建国を宣言した。米ソを含む多くの国がただちに新国家を承認した。世界の多くの目には、ナチ・ドイツが実行した集団抹殺《ジェノサイド》でヨーロッパのユダヤ人がなめた辛酸は、イスラエルにユダヤ人の祖国を創出する緊急の道徳的必要性を示すものとして映った。しかしアラブ諸国は、パレスチナの地の露骨な併合だと受け止めて完全に拒否した。イスラエルとアラブ諸国間の最初の戦争、一九四八〜四九年のアラブ・イスラエル戦争の舞台は整った。

アラブ陣営各軍の分裂のおかげでイスラエルは、一九四九年二月に一連の停戦協定が署名されるころには、国連による分割提案の想定以上に支配領土を広げることができていた。イスラエルは武力によってその存在を固めたのだ。だが、それは近隣諸国やヨルダン（旧トランスヨルダン）、シリア、レバノン、それにガザ地区で難民となった七五万人のパレスチナ人の間に、深くて消しがたい憎悪を植えつけてしまった。一九四九年の停戦協定は何の解決にもならなかった。実のところ、衝突の永久の繰り返しを請け合ってしまったのだ。パレスチナ問題はのちのち、英国と（世界の多くにとってと同じく）ヨーロッパ全体にとって、実に深刻な波紋を広げることになる。しかし当時は、かつての宗主国には、あれほど手に負えない問題から手を引いたという安ど感があった。英国の人びとはほとんど理解も関心もなかった中東の問題から解放されたことを喜び、日々の生活を生きたのだ。

インドとパレスチナからの英国の引き揚げは、ほかの海外領土の速やかな終焉を告げるものではなかった。英軍は一九四八年六月に緊急事態を布告、反乱を起こした共産派に対し軍事力を投入することによって、貴重なドル箱のゴム資源に富んだマラヤの民族運動を——当面は——抑え込んだ。また、一九五二〜五六年にはケニアで、凶悪なマウマウ団の残忍な制圧——数千人が殺害された——にも、軍隊が投入された。同団の反植民地闘争には恐るべき蛮行が含まれていた。植民地主義のダム壁はまだ決壊していなかった。とはいえ、間もなく決壊する運命にあった。しかも奇妙なことに、英国の旧植民地を最終的に一掃するうねりをもたらす出来事は、すでに独立していて公式には帝国の一部ではない場所、エジプトで起きるのである。

一九五二年七月、エジプト陸軍将校の一団がファルーク国王を打倒した。その贅沢三昧の生活スタイルが、統治者としての完全な無能と同居していたプレイボーイの君主だ。将校の一人、ガマル・アブドゥル・ナセルは、新たに宣言された共和国でたちまち頭角を現わす。二年後には大統領になっており、エジプトの海岸を越えてアラブ反植民地主義の闘士と見なされていた。ナセルの反西側姿勢と、ソ連ブロック（米国に拒否された武器の供給源）と友好関係を結ぼうとする動きは、英仏とともに米国でも高まる敵意をあおった。ナセルはそのような不安定な地域における西側の影響力への重大な脅威と見られ、西側経済にとってきわめて重要な豊富な石油資源を脅かした。英首相アンソニー・イーデンは一九五五年四月、老いて虚弱になったチャーチルの後を継いでいたが、彼は一九三〇年代にヒトラー及びムッソリーニの侵略に対抗する宥和政策の失敗をじかに目撃していた。このことが、イーデンのナセル評価に悪影響を与え、彼はナセルを、今回は阻止しなければならない独裁者だ、といくぶんヒステリックに見立てた。フランス社会党の首相ギー・モレはナセルの汎アラブ主義が北アフリカ・フランス領の住民に影響するのを懸念し、全面的に同意した。すなわち、ナセルの意図は『わが闘争』に著されたヒトラーのそれを思わせる、と述べたのだ。フランス人は「ミュンヘン・コンプレックス」でまとまり、ナセルを「アラブのヒトラー」と見なして、「汎アラブ主義」によって大戦争の火ぶたが切られるのを防ぐため「小戦争の危険を冒す」用意ができている、とジャネット・フラナーは報告している。

英軍は安価な石油の重要な供給ルートであるスエズ運河地帯を防衛するため、一九三六年にさかのぼる協定によって、エジプト駐留が認められていた。だが、英国は一九五四年、エジプトからは植民地占領軍以外の何ものでもないと見られている軍隊の撤収に同意し、英兵は五六年六月に運河地帯を去った。米国は、ナセルがソ連と米国を争わせようとしていることに怒りをつのらせ、七月一九日、ナイル川のアスワン・ダム建設のための資金提供を撤回する。これは国家の威信にとって重要で、エジプトの水供給には不可欠な大建設プロジェクトであり、資金提供は常にほぼ間違いなしと見られていた。翌週、ナセルはスエズ運河を国有化した。

ナセルを翻意させようとする外交努力が失敗すると、英国とフランスは問題を国連に持ち出すことを決めたが、国連では驚くまでもなく、ソ連の拒否権が解決の希望をつぶしてしまった。いずれにせよ、すでに舞台裏では、英仏の指導者は国連を無視する用意をし、軍事的解決を企てていた。驚くべきことに、両国は米国政府に意図を知らせないまま行動できると考えていた——植民地列強が土壇場で見せた外交問題での驕りである。極秘の策略はイスラエルを巻き込んで練られた。イスラエル軍がシナイ半島を占領し、次いで英仏が、拒否されるに違いない双方の撤退を要求したあと、空海からの攻撃を加え、「秩序を回復し」、かくしてスエズ運河に対する支配を取り戻す運びだ。

イスラエルによる侵攻は一九五六年一〇月二九日に始

まった。二日後、ナセルはスエズ運河を閉鎖。運河は翌年初めまで再開されないことになる。一一月五日、英仏軍が空からのエジプト上陸を開始した。ところが、両軍の初期の軍事的成功――あと一日か二日あれば運河を再奪取できていただろうと、のちに見積もられた――は、厳しい国際的圧力のために急速に膠着状態に陥った。ソ連は、侵略者に対するミサイル攻撃も辞さず、危機が核戦争に発展する可能性がある、と警告した。本気だったかどうか、いずれにせよ、これは米国にこの危機の早期収拾を促した。米国指導部は侵攻計画を知らされなかったことに激怒し、停戦が直ちに実現しないなら、英通貨の価値を弱めるとの米国の脅しが決定的になった。スエズ作戦の初日二日間ですでに膨大だった通貨準備の喪失が、危険な水準に達するにつれ、英国は万やむなしと観念し、フランスと協議もせずに停戦に同意した。国連の平和維持部隊がエジプトに派遣された。英仏軍の撤退は一二月二二日までに滞りなく行われた。外交上の大敗は全面的だった。

英国の左派は、この砲艦による植民地主義的冒険への回帰に怒った。右派はそれ以上に、スエズの失敗における政府のひどい無能ぶりに愕然とした。イーデンは、公式には健康上の理由で、首相を辞任した。彼はチャーチルが権力にしがみついている間、確実な後継者として何年も出番を待っていた。戦前と戦後、経験豊富で大変評価の高い外相だった。彼が外交問題でかくも深刻で有害な失策を犯すとは、それだけよけいに皮肉だった。だが内政面では、スエズ問題がこれほど無惨にその処理を誤った保守党政権に及ぼした害は、意外なほど小さかった。イーデンの後継者ハロルド・マクミランは一九五九年の選挙で勝ちを収め、一方、スエズで政府を激しく攻撃した労働党は停滞を続ける。一般の人びとの生活にとって何がもっとも大事かとなると、スエズ問題の順位は低かったのだ。とはいえ、スエズは英国の戦後史上の一つの転機だった。つい最近まで「三大国」の一つであった国の、世界における地位と国家の威信にとって、いつまでもこたえる打撃だった。

対米関係はまもなく修復された。喧伝された「特別な関係」が繰り返し強調され、英米関係は一九六〇年代初め、両国の対照的な指導者――英国の貴族的保守主義の権化たるマクミランと、若くダイナミックな米国指導部の顔であるジョン・F・ケネディ――によって宣伝されることになる。しかし、それはひどく均衡を欠いた「特別な関係」だった。スエズのあと、英国は「アンクル・サム」の支持なくして国際問題で重要な行動を起こせないことが、一段とはっきりしたのである。

英国政府はゲームが終わったことを悟った。英国は世界のそれほど多くの場所で軍事プレゼンスを維持する余裕はもはやない。植民地主義は過去のものであり、将来に向けもっとも重要な事柄は、帝国主義時代の終焉とともに登場してくる新たな独立諸国との友好関係を打ち立てることだ。この基本的な再評価がいったん行われると、帝国の終焉は急速にやってきた——しかも、国内では驚くほど嘆きの声がなかった。実際、一九五六年一月のスーダン独立はスエズより先だった。ガーナ（旧黄金《ゴールド・》海岸《コースト》）は一九五七年三月に独立を達成した。残っていたもっとも経済的価値のある植民地のマラヤは、一九五七年七月に独立。キプロスでは一九六〇年八月に（英軍基地を残したまま）独立が宣言された。もっとも、この場合、ギリシア人とトルコ系キプロス人の激しい国内紛争が表向き解決されたあとのことだったが。一九六〇〜六六年の間、さらに一九の旧植民地が独立を達成する。ナイジェリア、シエラレオネ、タンガニーカ〔ザンジバルと合併して現タンザニア〕、ザンジバル、ウガンダ、ケニア、ニアサランド〔マラウィの旧名〕、北ローデシア、ベチュアナランド〔ボツワナの旧名〕、バストランド〔レソトの旧名〕、西サモア、ジャマイカ、バルバドス、トリニダード・トバゴ、マルタ、シンガポール、ガンビア、モルディブ、英領ギアナ〔ガイアナの旧名〕である。

　マクミランが一九六〇年、ケープタウンでの演説でアフリカ大陸を吹き抜ける「変化の風」について語ったとき、彼はその雰囲気をとらえるとともに、当たり前のことを語っていたのだ。主たる抵抗は英国そのものからではなく、南アフリカ連邦及び隣接する南ローデシアの白人入植者から出てきた。南アフリカは人種隔離政策での妥協を拒み、一九六一年に英連邦を離脱。ローデシア政府は英国の反対をものともせず、他の連邦諸国の非難にもかかわらず白人少数派の支配を維持しようとして、一九六五年一一月に独立を宣言した。これはローデシアを一五年間の残酷な内戦に引きずり込んだが、ただ不可避な事態を遅らせたにすぎない。ローデシアは結局、一九八〇年四月に新生ジンバブエとして独立を認められた。

　そのころには、大英帝国は、一九六八年の「スエズ以東」の基地からの英軍撤退宣言が事実上の葬送となり——いつまでも残るつまらない残滓は別として——とっくになくなっていた。英国はもはや、金がかかり不要な、グローバルな関与をする余裕はなかった。そして、一九六〇年代初めまでに連邦との通商は急速に縮小しつつあった。旧自治領はますます独自の道を歩むようになり、かつては緊密だった英国とのきずなを緩めていた。将来の繁栄のためには、英国はその利害関心を、旧植民地領土より、経済が発展しつつあるヨーロッパの近隣諸国に転じる必要がある。多くの政治・ビジネス指導者はますますそう認識するようになっていた。英国はグローバルな帝国主義列強から、単なるヨーロッパの一国になる途上にあったのだ。米国の元国務長官ディーン・アチソンは一九六二年、「英国は帝国を失い、いまだ役割を見出していない」と述べた。その発言は数十年後も、まだ的を射ていた。

スエズ問題はフランスにとって、英国の場合のような重要性はなかった。英国の政治階級を消耗させたグローバルな役割に関する政治論議や省察は、フランスにはなかった。エジプトでの作戦行動については広範な支持があったし、その失敗の責任の多くはフランス政府ではなく、勝利を目前にして攻撃を差し止めたとする米国と国連に押し付けられた。首相のモレはイーデンとは違って、厳しい辞任要求にさらされることはほとんどなく、フランス国民議会で圧倒的な信任票を与えられた。帝国からのフランスの撤退を象徴したのはスエズではなく、インドシナと、何にもましてアルジェリアであった。英国が驚くほど簡単に帝国的関与から身を引く必要に適応したのに比べ、フランス帝国の精算はトラウマを伴う仕事だった。

フランスの植民地帝国――規模の点では英国のそれに次いで二番目――は、戦争によって大きな緊張下におかれていた。フランス植民地における政治的忠誠は、一九四〇年のフランスの破滅的な敗北後、初めはヴィシー政権にあったが、しばしば激しい衝突のあと、戦争半ばごろにはおおむねドゴールの「自由フランス」の方に転換していた。同時に、フランスがなめた軍事的屈辱は、中東及びアフリカの領土で反植民地主義感情を強めていた。レバノンとシリアの委任統治領は戦争の結果、独立国として立ち現れた。反植民地主義の運動はとくに北アフリカで勢いづいてきており、一九四五年にはアルジェリアの武装蜂起が武力鎮圧された。赤道アフリカ及び西アフリカのフランス領土は静かなままだった。だが、地理的に孤立したマダガスカルで四七年に起きた反乱は、最終的にひどく残忍に鎮圧された。いくつかの推計によれば、反乱が翌年つぶされるまでに一〇万人ものマダガスカル人が殺された。不安定なフランスの植民地支配が再び始まり、マダガスカルが一九六〇年六月に独立を達成するまで続く。

「解放」後のフランス臨時政府はアフリカ植民地に対し、政治・市民権上の数々の小さな譲歩をし、フランス議会における投票権と代表権の限定的な拡大を認めた。一九四六年の新憲法は、「帝国」の代わりに「フランス連合」の名称を採用し、英国が「連邦」を強調することでもってしたように、海外領土側の従属意識を取り除こうとした。植民地に対する極端な暴虐の事例は大幅に減少した。だが、表面上はフランスの植民地帝国はおおむね無傷のままだった。そして些細な改革のどれ一つとして、フランス本国の考え方に影響を与えなかった。フランス人は一般にその改革を承認しながらも、海外領土に独立を認めることは、まずだれも考えていなかった。たしかに植民地の改革を支持するリベラルな感覚は広くあり、左派には植民地主義そのものへの反対があった。だが、大方のフランス人にとって、帝国は国の威信の問題であり続けたのだ。

これがまさに、インドシナで痛々しい試練を受けようとしていた。フランスのヴィシー当局は戦争の末期まで、事実上は日本の傀儡としてインドシナ（今日のベトナム、カンボジア、ラオスから成る）の支配を続けていた。一九四五年三月、日本は忠誠がドゴールに移るのを恐れて直接支配に動き、帝国主義列強に対する武器として民族独立運動を促していた。フランスが戦後、植民地覇権を取り戻そうとしたことから、フランスを悩ませることになる問題が起きる。主たる困難が起きたのはベトナムで、同地では皇帝バオダイが退位し、第一次大戦直後のパリ滞在中に反植民地主義に強く目覚めていた共産主義指導者、ホー・チ・ミンが一九四五年八月、日本の敗戦から数日後に共和国を宣言していた。（注目すべきことに、ホーは戦争の最後の数カ月間、米国の戦略事務局〈OSS〉から供与される抗日ゲリラ部隊の訓練と武器供給によって、権力基盤の確立を大いに助けられていた）。フランスは国内世論の後押しを受け、支配の終了を受け入れるのを拒否、ホーの意思堅固な農民軍ベトミンを撃退するために三万人以上の兵員を送り込み、当時コーチシナとして知られた同国南部に傀儡政権を樹立する。フランスの頑迷さのために、ベトミンのゲリラ部隊に対する長期間の残忍な、だが勝ち目のない戦争へとエスカレートしていくことになる。

ますます多数の植民地兵士が戦闘に投入されたが、その総計は一九五二年までに五六万人に達したが、そのうちフランス人義勇兵はわずか七万人、残りはベトナム現地を中心に植民地から集められた。そのころにはインドシナ戦争はフランスにとっては耐え難いほど高くつき、国防予算の四〇パーセントをのみ込んでおり、米国からの巨額かつ膨らみ続ける財政援助によって、やっと維持できる有り様だった——米国では、毛沢東が中国で一九四九年に勝利し、また朝鮮戦争が勃発したあと、東南アジアに共産主義が広がる「ドミノ効果」が真剣に懸念されていたのだ。

一方、フランス国内では、ベトナム戦争はきわめて不人気だった。損耗は増える一方だ。ベトナムのフランス植民地軍の死者数は、最終的に九万二〇〇〇人に上った。一九四七年の世論調査では、五二パーセントがインドシナを植民地として維持するため、戦争を支持していたが、一九五四年二月にもなると、これが七パーセントまで低下していた。フランス植民地史上最大の災厄の前でさえこうだった。それは一九五四年五月七日、ベトナム北西部ディエンビエンフーで、八日間にわたる包囲戦ののち、ベトミンによってフランス軍がこうむった敗北である。フランスは包囲戦で一五〇〇人以上を失い、さらに一万一〇〇〇人が捕虜になった。ディエンビエンフーは国家的屈辱と見なされた。

これでフランスは懲りた。予想どおり政府は倒れた。新首相ピエール・マンデス＝フランスは就任にあたり、一カ月以内にベトナム和平を仕上げていなければ辞任すると公約した。彼は見事に目標を達成した。一九五四年七月二一日、停戦がジュネーブで合意され、国民議会で圧倒的多数をもって承認され、議会は首相に「割れるような拍手」を送った。ほんのわずかなフランス市民しか直接知らない僻遠の地での、犠牲が大きく費用もかさむ紛争に辟易したフランス国民の目には、マンデス＝フランスは「事実上の国家的英雄」になった。それはフランスがインドシナから手を引く急速なプロセスを示すシグナルだった。彼の地のフランス軍駐留を引き延ばす気はまったくなかった。一九五六年までにフランス軍は去った。フランス政府は喜んで毒杯を米国に引き渡し、ベトナムの難局を引き継がせたのである。

暫定的だったはずのジュネーブ合意にしたがって、ベトナムは北緯一七度線で分割された。国を統一するために、二年後に選挙が想定されていた。その選挙は実施されなかった。その取り決めはホー・チ・ミンの究極的勝利につながると見て、反対する米国がそう計らったのだ。米国は、ソ連と中国がホーに与えた支援の一〇倍の支援をフランスに与えていた。だが、共産主義が結局ベトナムで勝利するなら、そうした巨額の支出は無駄になってしまうだろう。そう米政府は考えた。そこで米国は同国南部の腐敗した傀儡政府へのテコ入れを続け、その傀儡政府は米国自身と同じく、選挙実施に関心がなかった――ベトナム全土がホー・チ・ミン指導下の共産主義国になってしまうことはほぼ確実だったのだから。無駄と分かった努力を素早く引き渡す前のフランスの頑なさが、それを見たとき無駄な努力だと気づきそこねた米国の近視眼に入れ替わった。その結果、ベトナム国民の最悪の辛苦はその後にやってくる。悲劇は一段と深まり、さらに二〇年間続くことになるのである。

フランスの一つの植民地戦争が終わったとき、もう一つ別の戦争が始まった。しかも、インドシナははるか遠方だが、一九五四年にアルジェリアで始まった新たな戦争は本国に近かった。実はある意味では、実際に本国だったのだ。というのは、一八三〇年以降植民地化されていたアルジェリアは、一八四八年以来フランスの不可分の一部として統治され、フランス帝国の他の地域と違って、数百万人の（フランス人だけでなく）ヨーロッパ系のコロン〔植民者〕あるいはピエ・ノワール〔黒い足〕（おそらく初期の入植者がはいていた黒い靴のために、その名で知られるようになった）による入植を引き寄せてきていたのだ。入植者による多数派イスラム教徒への政治的・経済的差別がひどかったために、一九三〇年代にはもう植民地支配に対する抗議が起き、萌芽期の民族運動は抑え込まれていた。改革要求は戦争半ばに再び持ち上がった。改革へのフランスの譲歩が限定的だったことに対する怒りが、戦争末期には暴力を伴う抗議の爆発につながるのだが、これは軍と警察によって容赦なく鎮圧され、数千人のイスラム教徒が殺害された。その後、フランスはアルジェリア議会を設置したが、多数派イスラム教徒住民には厳しく制限された公民権しか認めなかった。

表面の直下では緊張がふつふつ音をたてていた。いつかの時点で爆発が起きるのは不可避だった。それは一九五四年一一月一日に起きた。アルジェリア民族解放戦線（FLN）が植民地当局の多数の目標を攻撃、イスラム原理に基づく独立アルジェリア国家を目指す八年戦争の火ぶたを切ったのである。マンデス＝フランスはインドシナの戦争を収拾し人気を高めたばかりだったが、この度は、いかなる譲歩もするつもりはなかった。彼はフランスのデパルトモン〔県〕であるアルジェリアが分離し得るなどという考えは、即座に退けた。それは国民一般の姿勢だった。

実は、マンデス＝フランスは一九五四年、チュニジアとモロッコが五六年までに独立することになる措置に着手していた。これらの国の独立運動は植民者の暴力に出遭い、その反植民地闘争は流血と残虐行為を含んでいたのだが、フランス政府は、国際的圧力にもさらされ、悪化する状況を脱する賢明な道を選んでいた。だが、チュニジアとモロッコは植民地の扱いだった。これに対しアルジェリアは、フランスの不可分の一部と考えられており、植民省ではなく内務省の管轄下にあったのだ。フランス人の目には（アルジェリア人は違うが）、アルジェリアで深刻化する紛争は植民地戦争ではなく、内戦だった。これが、アルジェリアをめぐるフランスの硬直姿勢を決定づけ、おびただしい数の住民にとって長年月にわたる不幸を生んだ根本的な違いなのだ。

エスカレートする暴力と、過激な報復暴力という一つの型が定まった。一九五五年八月のある暴発事件では、一〇〇人以上の民間人入植者がFLNによる計画的行動で殺され、優に一〇〇〇人を超えるイスラム教徒が死亡する残忍な報復を招いた（はるかに多いという推計もある）。テロ攻撃と局地的な残虐行為、それに体制側が身の毛もよだつ報復行為で対応するというのは、果てしない災厄のスパイラルを生む処方箋だ。首相のモレは一九五六年に短期間、和解政策を試みるが、コロンの猛烈な反対に遭って、蜂起を鎮圧するという目標にそそくさと回帰してしまう。兵員の数が倍増された。FLNの容疑者に対し、拷問が広く使われた。膨大な軍事力が投入された。だが、FLNはさらなるテロ攻撃で応えた。世論は残酷な戦争への反対に変わり、左派の著名な知識人たち（なかでも傑出した人物はピエール・ヴィダル＝ナケとジャン＝ポール・サルトル）に率いられて、アルジェリアにおけるフランス軍の非人道的行為に対する激しい抗議が起きた。

ところがフランスの世論は、戦争の終結を渇望しながらも、アルジェリア独立を支持してはいなかった。いずれにせよ、独立承認を妨げる巨大な障害は、植民者たちがそんな結論を考えることをきっぱりと、暴力をもって拒否していることだった。一九五八年初めにもなると、フランスの政府だけでなく国家そのものの危機が熟しつつあった。同年五月一四日にピエール・フリムランが首相になったとき、その危機ははじける。フリムランはFLNとの交渉の方を選んだ。ピエ・ノワールからすれば、これはパリからの裏切りのにおいがした。彼らはアルジェの政府庁舎を包囲し、空挺部隊指揮官ジャック・マシュを、フランス政府に対する反乱に発展する行動の指導者に選んだ。その前年に容赦ない反テロリスト作戦を指揮した人物だ。軍部が反乱を支持していることは明白だった。これが、ドゴールの権力掌握を望む声の背景にあった。首相に就任したてのフリムランはその月の末、辞任に追い込まれた。それは、既述のとおり、第五共和政への前奏曲だった。

コロンたちは、ドゴールを自分たちの側の人物だと考えた。彼の威信がアルジェリア戦争を自分たちの満足のいく形で終わらせることができるだろう、と期待したのだ。だが、ドゴールが問題の厄介さをすぐさま悟り、交渉による解決の用意があることを示唆すると、たちまちひどく失望、激怒することになった。この結果、大統領は、独立要求で妥協しないFLNの急進派と、そうした要求に対しては武装抵抗に立ち上がることも辞さないピエ・ノワールとの間で、不安定な均衡状態に立たされた。不満を抱いた将軍連は、かつてドゴールの支持者だった将軍ラウル・サランに率いられ、「秘密軍事組織」(OAS)を結成。フランス政府に対し一度ならずクーデターの芽を計画し、フランスで爆弾作戦を実行し、ドゴールを暗殺しようとした。総計して、OASは約二七〇〇人の死に責任があり、そのほとんどはアルジェリアのイスラム教徒だった。

アルジェリア戦争は一九六〇年と六一年を通して、際限のない暴力のただなかで続いた。だが、ドゴールが勝った。彼は最終的和平はアルジェリアの独立によってしか実現しないことを十分理解したリアリストであり、その結論を受け入れる方向へ徐々に動いた。自らの絶大な声望と権威を使い、六二年三月一八日調印の停戦協定について、九〇パーセントの有権者の支持を得たのだ。それが七月五日のアルジェリア独立宣言につながる。苦しい立場に立ったピエ・ノワールの大方、八〇万人以上がアルジェリアに未来はないと悟り、アルジェリアのユダヤ人コミュニティと同じく、南フランスへ移住した。大方は下級官吏か警官ないし兵士として、植民地当局のために何らかの立場で働いてきたアルキと呼ばれるアルジェリア人たちは、戦争の末期にはFLNによる恐ろしい報復に直面した。彼らの一部は主に南フランスへなんとか逃げたが、そこでフランス当局によって最低の扱いを受け、社会的差別にさらされ、多数派住民から締め出されたり、蔑まれたりした。八年間に及んだ残酷な戦争の犠牲者総数は激しい議論になっているが、最小限に見積もっても約一七万人を下らない。数値はこの総計をはるかに超えていた可能性が大きいのだ。殺害された人びとの大多数はアルジェリアのイスラム教徒だった。フランスの法廷によって殺人罪で裁かれたフランス人はいない。フランスの「文明化する使命」――他民族支配を正当化するイデオロギー――は、野蛮の結果で終わったのであった。

　注目すべきことに、アルジェリアの汚い戦争の絶頂期に、ドゴールはアフリカにおけるほかのほぼすべてのフランス植民地を精算しつつあった。一九五八年の第五共和政憲法は「フランス連合」を「フランス共同体」に置き換えており、これは海外領土に完全独立を認めなかったものの、大幅な自治権を与えていた。当初はフランス領ギニアだけが共同体への参加を拒否した。しかし、これは他の旧植民地が急速に倣う模範になった。一九五〇年代末にもなると、反植民地主義の風が強く吹いていて、アルジェリアはとうてい、フランス統治を輝かしく宣伝するものではなかった。ドゴールは海外領土に選択権を提案した。海外領土は選択した。一九五八～六〇年末の間に、一五もの旧植民地がギニアに倣って独立した（マダガスカル、フランス領スーダン、セネガル、チャド、中央コンゴ〔コンゴ人民共和国の旧称〕、ガボン、モーリタニア、ウバンギシャリ〔中央アフリカの旧称〕、カメルーン、トーゴ、マリ、ダオメー〔ベニンの旧称〕、ニジェール、オートヴォルタ〔ブルキナファソの旧称〕、コートジボワール）。一九六一年までにフランス共同体は跡形もないほど縮小していた。ほかのどこでも明らかに止めがたい独立への希求を認めて、すみやかに帝国を整理解散したことと、アルジェリアでは長引く戦争による膨大な流血のあとにやっと不可避な事態を苦悶のうちに受け入れたことを比べると、その対照は際立っている。アルジェリアの特異な地位が本質的な違いだった。当局は否認するにもかかわらず、現実には一〇〇万人の入植者による現地住民九〇〇万人に対する差別に依存し続けた植民地を、フランスへおおむね名目的に組み入れただけの状態を終わらせるには、ドゴールの政治手腕とリアリズムが必要だったのだ。

　かつて強大を誇ったフランス及び英国の帝国は、一九六〇年代半ばまでにその断片を残すだけになっていた。帝国の時代が終わったのである。

一九六五年一月三〇日に執り行われた戦時指導者「三巨頭」のうちの最後の生存者、サー・ウィンストン・チャーチルの国葬は、国民国家の確かな基盤と帝国主義による支配、そしてヨーロッパの大国外交に結びついていた一世代の終わりを象徴していた。荘厳さと儀礼を尽くした葬儀に参列した一一二カ国の代表のなかに、フランス大統領ドゴール将軍と、ナチ・ドイツとの戦いでチャーチルと肩を並べた米国元大統領、ドワイト・アイゼンハワーの顔があった。二人は、二〇年前に戦争から立ち現れたヨーロッパとはほとんど似たところのないヨーロッパを目にした。

非常にはっきりしているのは、和解しがたく二分されたヨーロッパだったことだ。その分断は終戦直後の年月にすでに避けがたく形を成しつつあったのだが、外交儀礼を除けば大陸の東西間には接触がほとんど、あるいはまったくないところまで拡大していた。その間に、東西二つの陣営は結束を固めていた。一九四五年にはその観念さえ存在しなかった「西欧」が、このころには定義できる実在になっていた。本章で検討した二つの発展が、西欧の形成にとって死活的重要性を帯びていた。

なかでも、もっとも重要なのは複数政党制自由民主主義の定着だ。これは国によって形はさまざまだが、どこでも法と人権、そして個人の自由の原則のうえに打ち立てられていた。それはまた、再建された資本主義経済を土台にしてもいて、資本主義経済が経済成長と繁栄、そして万人のための社会保障の基礎を保証する福祉制度の土台を成していた。冷戦は西欧民主主義の安定にイデオロギー的推進力を与えていた。米国のプレゼンスがその発展のための安全基盤を提供していた。西欧民主主義はたしかに、どの発現形態においても完全には程遠かった。だが、両大戦間期の慢性的不安定と対立的政治、社会的貧困に比べれば、その後に続くすべての物事にとっての不可欠な基礎である民主主義が定着するうえでの前進は、ほとんど驚きと言っていい。

二つ目の大きな変容は帝国の終焉だった。これは西欧を本質的に似通った地位の国民国家群に変えた。とくに英国とフランスは、依然として国家の尊厳という観念に固執し、もはや大国ではないという事実に、容易になじめないことになる。両国は西欧でもっとも軍事力をもつ国家で核保有国、そして国連安全保障理事会の常任理事国であり続ける。しかし、いまや現実には、せいぜいヨーロッパの有力国にすぎなかった。帝国の夢はますます、縮小していく少数派の、衰えゆくたいていは屈折した感傷以上のものではなくなっていった。

三番目の展開は、検討課題として残っている。経済的には、そして萌芽期の形では政治的にも、西欧は戦後初期の年月には予想できなくないまでも、予想が難しかった方向へ動きつつあった。西欧は国民国家と共存しながらも、一定程度はそれを超える諸々の組織にまとまりはじめていた。これは長く、波乱に富んだ未完のプロセスであることが明らかになる。始終、内在する緊張と対立がつきまといながらも、同時に第二次世界大戦前の年月には考えられなかった協力と統合のレベルをもたらすプロセスである。それが、永続する平和の基礎を作るうえで大きな前進になったのだ。

東欧はこうした根本的変容パターンのまったく局外にあった。東欧でも変化はあったのだが、根本的というには程遠かった。東欧諸国の行動の余地は入念に制限されていた。その限界はソ連による支配の鉄のたがでがっちり管理されていたのである。

第3章

鉄のたが

われわれはワルシャワ条約機構軍総司令官のコーネフ元帥に尋ねた。

「ハンガリーの秩序を回復し、反革命勢力を粉砕するようわれわれが貴官に指示したら、どれほど時間がかかるかと。

彼は少しの間考え、「三日、それ以上ではありません」と答えた。

「ならば準備を始めよ。開始の時になったら貴官に知らせる」。こうしてそれは決まった。

『フルシチョフ回想録』（一九七一年）

「西欧」が米国の庇護のもとに一つの政治的実体として形を成しつつある一方で、ソ連は鉄のカーテンの向こう側で「影響圏」下にある諸国ブロックへの掌握を強めつつあった。かつて独立していたエストニア、ラトヴィア、リトアニアのバルト諸国は一九四〇年以降、ソ連の一部になっていた。そのほかアルバニア、ブルガリア、チェコスロヴァキア、ドイツ民主共和国、ハンガリー、ポーランド、そしてルーマニアがモスクワの傘下にあった。しかしユーゴスラヴィアは、ティトー元帥が一九四八年にモスクワから離反して以降たどった別の道に沿って発展し続けていた。

一九五三年三月のスターリンの死とともに、一つの大きな中間休止が「東欧」――「西欧」と同じく、厳密に地理的な表現というより一つの政治的構造物――で生じた。偉大な暴君の死が、一般に「雪解け」と呼ばれる一時期を招来したのだ。イリヤ・エレンブルグの一九五四年の小説のタイトルからとられた比喩的表現である。

「雪解け」は非スターリン化――スターリン下の体制とのはっきりした決別――を指していた。だが、この比喩には限界がある。スターリン主義体制自体は、「雪解け」が暗に意味するような「凍結」したものではなく、時とともに数度の局面で修正されてきていた。たしかに、「雪解け」期間中のいくつかの変化は、スターリンの晩年に高まっていた圧力に由来したり、以前の思い付きを取り入れたりしていた。エレンブルグ自身は「雪解け」を、一過性、不安定性、そして天候が何をもたらすか分からないという不確実性を暗示するものと解釈していた。雪解けがもたらすのは春ばかりでなく、大地が再び凍れば厳寒をもたらし得るのだ、と。だが、文字どおりの意味では「雪解け」はやはり、荒天をすっかり変えてしまうものである。それは、以前にあった氷と雪を、最後には水になって流れ去る形のないぬかるみに変える。しかし、フルシチョフ政権下の変化は、本物であり実体があったとはいえ、ソヴィエト体制の内側でのことであり、体制を骨抜きにしてほぼ消滅させることはおろか、解体してまったく違った形に変えることもなかった。逆である。一九六四年一〇月のフルシチョフ解任後、体制は彼の後継者ブレジネフの政権下で安定し、強化され、(よろめきながらとはいえ)一九八五~九〇年の転換まで、おおむね同じ形と内容のまま続いた。畢竟、雪解けとは、人間の営為が加わらない自然現象である。ところが、スターリン後のソ連の変化には、「自然な」ものはほとんどなかったのだ。

したがって、「雪解け」より「鉄のたが」ないし「万力」という別の比喩の方がおそらくふさわしい。鉄のたがは緩めることも締めることもできる。だが、鉄のたがが使われる目的は変わらない。フルシチョフ政権下で起きたのは、スターリンがソ連に押しつけた極端に厳しい鉄のたがを緩めることだった。しかし、体制の本質は無傷で残った。さらに、ソ連自身と東欧の国民諸国家のスターリン主義の間には、一つの重要な違いがあった。

一九一七年の革命以来、三〇年以上にわたり共産党支配がしっかり確立されてきたこと、また、広大な国にあって、政治機構の別の選択肢と近代の伝統を欠いていたことを考えれば、ソ連で体系的変化が起きる可能性は、ないも同然だった。これと対照的に、東欧のほとんどの国では、スターリン主義は一九四四～四五年の赤軍の勝利以降、モスクワの影響下で初めて外部から、最近押しつけられたものだった。ここでは、根底的変化が起きる可能性は現実的だった。ソ連の力による鉄のたがだけがそれを防いでいたのだ。ソ連の「影響圏」下のどの国にも、戦前の複数政党政治体制の体験があった。これがしばしば、せいぜい上辺の民主主義でしかなかったとしても、である。いくつかの事例（もっとも目立つのは東ドイツとチェコスロヴァキア）では、抑圧されながらも陰で生きている民主主義の長い伝統があった。なかでも非常に明らかなことだが、個々の衛星諸国には自立した国民国家としての一貫した帰属意識があった。これはとくにポーランドとハンガリーで顕著だった。

だから、スターリンの死後、当初鉄のたがが緩められたことが東欧の衛星諸国の一部で、共産主義体制の修正にとどまらず転覆の可能性をおびた深刻な動揺につながったのは、驚きではなかった。ソ連の反応が神経過敏かつ苛烈で、最終的に武力行使に転じ、鉄のたがが再び強く引き締められたのも驚きではなかった。

鉄のたがの緩和――ソ連

スターリンの晩年数年は、大方のソ連市民には悲惨な時期だった。ナチズムに対する赤軍の勝利の栄光は国じゅうに響きわたっていた。人的損失は想像を絶した――二五〇〇万人を超えるソ連市民が死亡したのだ。残忍な侵略者どもを撃破、殲滅するためにソ連が見せた並々ならない勇気と堅忍不抜の精神。プロパガンダによる潤色がどうであれ、生き残った人びとの間では、その偉業に対する大きな本物の愛国的誇りがあった。だが、愛国的誇りは胃を満たしてはくれないし、まともな住居を与えてもくれない。それに愛国的誇りは、生活に介入してくる警察国家の下で、法的保護もなく生きる危険に対し、防護手段にはならなかった。

戦争がソ連西部に残した物理的破壊の規模は、誇張しきれるものではない。全域が荒廃していた。戦闘による惨害、あるいは撤退するドイツ国防軍《ヴェーアマハト》による意図的な破壊で、一七一〇の町と七万を下らない村落が破壊されていた。約二五〇〇万人が家を失った。穀物生産は三分の二、民生向け工業生産は優に三分の一以上、それぞれ減少していた。そんな荒廃からの復興には並大抵でない働きを要した。

復興は実に目覚ましかった。とはいえ、それには戦前と戦時の経済に内在していた峻厳さと苛烈さ、残忍性がついてまわった。それでも西欧の場合と同様に、一般市民の側には多くの理想主義者がいて、復興を助け、自分たちの物質的状態を改善するため、懸命に働き困苦に耐えようという十分な覚悟があった。しかし彼らは、厳しい強制によってしか達成できないことを求められた。遅刻あるいは見とがめられたいかなる微罪に対しても、苛烈な罰を加える戦時の労働規則は残った。指令経済は管理の道具一式を持ち続けた。労働力は、国家が配置を適当と考えるところに動員された。その結果は、純粋に経済的な意味では、まちまちだった。しかし、人的犠牲は巨大だった。ほとんどの家族も無事にはすまなかった戦時中の死と困窮に、さらに輪をかけてである。

鉄と鋼鉄、石炭、石油、電力、それにセメントの生産は一九五〇年までに戦前の水準を超え、トラクター製造は一〇年前に比べ三倍になった（生産目標を超過したように見せるため、目標値を低く設定するという工場長の昔からの術策はおくとしても、ソ連のあらゆる生産統計には注意が必要なのだが）。しかし、実質賃金はやっと一九五二年に、一九二八年の水準に達しはじめた。消費財生産と住宅供給は、重工業における改善よりはるかに立ち遅れていた。生活水準は極度に低いまま。住宅はむさくるしく、多くは共同住宅である居住設備はひどい過密状態だった。住民の多くは赤貧のなかで暮らし続けていた。多くはまだ軍備向けの資本財生産は、一九四五〜五〇年の間に八三パーセント伸び、それに与えられた優先度は維持された。一九五二年には、一九五〇年比で四五パーセントの軍事向け生産の伸びが予算に組み入れられた。一九三〇年代のように、とりわけ農村部が産業復興の矢面に立った。一九五〇年代初めの農業生産は戦前より低かった——エーカー当たりの生産性は第一次大戦前に比べても低かった。ウクライナからは人肉食の事案が報告された。一九三二〜三三年及びその後再三起きたように、一九四六年には土壌の豊かさとは裏腹に、飢饉に苦しんだのだ。干ばつが深刻な打撃を与えたが、この一部は自然的な原因から起きていた。だが、一段とひどいダメージは、農民を飢餓に追いやるにもかかわらず、彼らから食物備蓄を取り上げた国家が招いたものだった。

不満と動揺は、戦後の年月に再び強化された圧倒的な抑圧によって制御されていた。強制収容所は再び拡張され、数十万人の新たな囚人が奴隷労働の年月の初めに収容所に流れ込み、荒廃した国の再建や軍事生産（間もなく核兵器生産を含むことになる）の維持を助けた。戦時中は減っていた囚人の数は再び、約五〇〇万人に膨れ上がった。ソ連の西部国境あるいは旧バルト諸国からの被追放者が不釣り合いに多数を占めていた。これら地域の住民は依然として、その忠誠に深い疑いをもたれていたのだ。ドイツ国防軍の捕虜になり、ドイツですさまじい条件下での年月を過ごした優に一〇〇万人以上の赤軍兵士が、帰国後、国賊と見なされ、あらためて収容所に放り込まれた。

戦時中にあった表現への規制のささやかな緩和や、党による介入の制限はすべて、その後廃止された。芸術からは、共産党の文化担当政治局員アンドレイ・ジダーノフが設定した厳格なイデオロギー上の指針に合わない要素は、何であれ締め出された。科学もまた同調を強いられた。わずかにでも逸脱の兆候があると、それ以上大事には至らないまでも、体制による徹底的な非難を招いた。動物園から逃げ出してソヴィエト生活の一日を観察し、檻の中へ戻る方を選ぶ一匹のサルの風刺的物語（『ある猿の冒険』）のために、作家のミハイル・ゾーシチェンコは、国家に対する姿勢を毒する「腐敗したイデオロギー的虚無主義」を非難された。

スターリンの晩年、ソ連の生活をおおった抑圧は、それを実行する用意のある人間の巨大な機構を必要とした。スターリンは党と軍と治安機関が特権と権力を十分与えられるようはからった。国民の多くがぎりぎりの生活を強いられる一方で、支配エリートは別荘やクリミア半島での特別休暇、特別な商店、十分な医療、そして子どものための教育上の便益を享受する。そして、この種の政治的賄賂はある程度、党・国家の下級職員と官僚、軍のメンバーや治安機関の工作員にまでしたたり落ちた。見とがめられた些細な失敗に対しても加えられる報復への恐怖と、物質的利益、昇進、地位そして他者に対する権力――このアメとムチの体制は、その体制を底辺で機能させる無数の子分と「小スターリンたち」への動機づけとして機能したのである。

互いに深く疑念をいだき、独裁者の恩顧を得ようと競い合う取り巻きたちを「分断支配」するスターリンの研ぎ澄まされた手練手管は、彼の死まで続いた。この体制では安全な者はだれもいない。だが、スターリンの気まぐれにもっともさらされた支配エリートたちは、己がどんな権力をもっていても、その地位が安定して続く保証はないことを自覚していた。軽率に話したひと言や、よかれと思った行為が独裁者の不興を買えば、予測できない結果を招きかねなかった。たしかに、一九三〇年代の大粛清の繰り返しはなかった。だが、党幹部の選別的な粛清は一九四九年にレニングラードで、また一九五一年にはグルジアの一部で行われた。スターリンが一三年間の空白のあと、一九五二年一〇月に第一九回党大会の招集を決定したことは、彼の従臣たちからはスターリンが再び最高指導部の粛清を意図していることを示す不吉な兆候と見られた。再度の大粛清はスターリンの死によってしか避けられない、とフルシチョフは思った。

事実、スターリンの妄想症は再び高じつつあった。「わたしはだれも信頼しない、自分自身さえも」。フルシチョフはスターリンが一九五一年にこう言ったと回想している。一年後、スターリンはバカバカしくも、もっとも古くからの二人の忠実な補佐官、ヴャチェスラフ・モロトフとアナスタス・ミコヤンが外国勢力のスパイだと疑いはじめていた。次いで五三年一月、ほとんどはユダヤ人の響きの名前をもつクレムリン医師団が突然、ソ連指導部の一掃を図ったとして逮捕される。スターリンの追随者たちには、彼自身の反ユダヤ主義は根深く、明らかであった。そして、おおやけには反ユダヤ主義を非難しながらも、ユダヤ人に対する偏見はソ連社会にまん延していた。一九四八〜五三年の間、数万人のユダヤ人が職からの解雇その他の差別に遭っている。もしスターリンが生きていたら、多数のユダヤ人逮捕の引き金を引いたこの「医師団陰謀」は、ソ連のユダヤ人にとって新たな重大な危険を招いていただろう。だが粛清は起きなかった。スターリンが死んだ直後、医師たちは釈放され、「陰謀」はでっち上げだったと認められた。

一九五三年三月一日、かなり長い間、健康状態が悪かった（この事実は厳秘だったが）スターリンは、発作を起こして倒れた。医療をほどこすために駆けつけた者はだれもいなかった――駆けつけていれば事情はおそらく違っていた、ということではないが。治安機関のトップ、ラヴレンチー・ベリヤはスターリンが万が一にも回復しないことを、とくに望んでいる様子だった。彼が死の床にあってさえ、独裁者への恐怖は相互の疑念や権力への野心と結びついて、彼の側近グループ（モロトフとミコヤンはおおむね外され、ゲオルギー・マレンコフとニキータ・フルシチョフ、ニコライ・ブハーリン、それにベリヤに絞られていた）の動きを麻痺させてしまったのであった。スターリンは四日間生き続けて、三月五日に死亡。彼の追随者たちは権力の獲物をめぐって争うことになる。

直後に続いた不可避の権力闘争では、マレンコフが勝者になるように見えた。彼はさまざまな高位の地位、とくに党書記局の運営を利用して、側近グループにおける対等者のなかの第一人者――事実上、スターリンの後継候補――になった。主要な味方――便宜上の同盟以上のものではないが――は、ベリヤである。スターリンが死ぬやいなや、マレンコフはベリヤの推挙で側近グループにより閣僚会議議長〔首相〕兼党書記局筆頭書記に任命された。次いでマレンコフは、ベリヤを第一副首相に推挙した。ベリヤはさらに、内務大臣に再任された。指導部のほかの面々は当初、この取り決めを受け入れざるを得ないと考えた。しかし、深い疑念が残った。一つの脅威は、マレンコフが握る党及び国家の権力が増大することにあった。この脅威は実際には、マレンコフが早くも三月一四日に党筆頭書記（事実上の党首）としての辞任を余儀なくされたことで緩和された。こうして、ソ連におけるもっとも重要な地位への扉が、いよいよ頭角を現わしつつあったフルシチョフに開かれた。

　側近グループが認識するところでは、マレンコフの脅威より、野心をほとんど隠さないベリヤのそれの方が大きかった。彼らは全員ベリヤを恐れた――それも故なしとしない。ベリヤは巨大な治安・監視網を差配しており、だれであれ内部の敵に仕立て得る人びとを、なんらかのでっち上げの罪状で無慈悲に追放してきた長い経歴があるのだ。とはいえ、この治安機関のトップは――かつての戦争英雄ジューコフ元帥を筆頭に――軍部の重要人物の間にも、自ら強力な敵を作ってしまっていた。一陣の風が凪ぐと、ベリヤは孤立していた。

　フルシチョフは間髪を入れず、ベリヤ打倒陰謀に合流するよう党幹部会（一九五二年に政治局から改組）のほかの有力人物らを説得した。スターリンの死からわずか三カ月後の一九五三年六月二六日、疑いを知らないベリヤは幹部会会合に出席し、元の同志たちに非難され、ジューコフら多数の将官の手で逮捕され、軍によって短期間拘留される。次いで一二月、秘密裁判で英国のスパイだったというばかげた罪状――治安機関トップが自ら考案したわなにかかったわけだ――で有罪を宣告され、即座に銃殺された。一九五四年三月、ベリヤの治安機関帝国は、一般犯罪を扱う組織と治安問題を扱う組織の二つの別個の組織に分割された〔内務省と国家保安委員会（KGB）に分離〕。

　続く数カ月、フルシチョフは党第一書記の立場を使って自らの権力を固める。州・地区レベルでおびただしい数の任命人事を行い、彼に恩義のある者たちの間に重要な支持基盤を作った。そして、カザフスタンとシベリアでの「処女地」開拓政策は、大成功と喧伝された（実際には、五四年と五五年の豊作の恵みにはほとんど寄与していないのだが）。マレンコフの運勢はこのころには傾いていた。フルシチョフが一九四八～四九年のレニングラードの粛清におけるマレンコフの役割を含め、一九三〇年代及び四〇年代の犯罪を調査する委員会を設置すると、なおさらそうであった。五五年二月、マレンコフは閣僚会議議長の地位を失う。じきに明らかになるように、後任のブルガーニンはいまやソ連を動かす二頭のうちの、より弱体な構成部分であった。

スターリンの鉄のたがが緩む劇的な瞬間は、一九五六年二月二五日のソ連共産党第二〇回党大会の際にやってきた。フルシチョフは二週間前、「個人崇拝とその帰結」に向けた演説を行うことを提案していた。スターリン主義者の中心人物であるモロトフは反対だった。スターリンの古くからの筋金入りの家臣、ラーザリ・カガノーヴィチとクリメント・ヴォロシーロフも同じだ。だが、フルシチョフは主張を通した。彼を支持した幹部会の面々は全員、フルシチョフ本人も含めて、スターリン下で行われた身の毛もよだつような抑圧に関与していた。すでに作業を始めている委員会が、過去に起きたことの少なくとも一部を暴露することになるのは分かっていた。彼らは長期間の刑務所・収容所生活から戻る多くの人が疑問を突きつけるだろうと予想し、すべての責めを独裁者本人に負わせることに決定的利益があった。そこで、リスクを伴う冒険を支持したのだ。

大会の非公開会議に向けた四時間に及ぶフルシチョフの演説は、一個の爆弾だった。カギを握る戦略は、レーニンの遺産とスターリンの権力乱用を切り離すことだった。後継者との溝を強調するため、レーニンは台座上に祭り上げられた。演説の初めの方で、フルシチョフは一九二二年にレーニンが行ったスターリンについての警告を引用した――スターリンは党書記長という強力な地位を与えるにふさわしくないという警告である。これは、スターリンがレーニンの教えを完全に投げ捨て、己の絶対権力と個人崇拝、そして恐怖政治を強化することで「党の集団指導というレーニンの原則を踏みにじった」ことを示そうとする不断の試みの一環だった。一九三〇年代以降のスターリンの犯罪に対するフルシチョフの痛烈な攻撃は（それ以前のことにはすべてふたをしながら）、完全にでっち上げられた罪状で忠実な党員を「人民の敵」としてテロをもって抑圧し、集団処刑したことについて――スターリンの明白な命令で行動する治安機関トップ（ニコライ・エジョフとベリヤ）という臣従する寵臣たちに補佐されてのこととはいえ――もっぱらスターリン個人を非難するものだった。「すべてのことが」とフルシチョフは断言した。「一人の人間の恣意によっていたのである」と。

言外の意味として、格下の党指導者たちは免責された。彼らは「こうした問題の状況について」何も知らず、「したがって介入できなかったのである」と、フルシチョフは（レニングラードの粛清に触れながら）付け加えた。スターリンはテロによる粛清を通じて党幹部層を破壊しただけではない。彼に集中した権力は国家の存在そのものを脅かしたのだ、と。スターリンは一九四一年、ドイツによる侵略が差し迫っているとの警告を無視するという破滅的誤りを犯したことに個人的に責任がある、とフルシチョフは述べた。フルシチョフはスターリンの死の直前数年の権力乱用――いわゆる「医師団陰謀」を含め――にまで及んで、スターリンの名声をぶち壊し続けた。長い演説を「マルクス＝レーニン主義とは異質な個人崇拝」の断罪で締めくくり、同志たちに「ソヴィエト社会主義的民主主義に関するレーニン主義の原則を完全に復興し」、「権力を乱用する個人の恣意と戦う」よう促した。

スターリン批判はしたがって、レーニンによって打ち立てられたところの、ソヴィエト体制のイデオロギー的純粋性と組織原則の両方を強調する役割を果たした。換言すれば、独裁者は去り、彼の犯罪にひと区切りをつけたのだ。だが、その体制はいまや新たな力を得て、継続することになる。フルシチョフが演説を終えると、「会場は深い沈黙がおおった」と、居合わせた代議員の一人はのちに回想している。「たったいま起きたことの唐突さのためか、あるいは不安と恐れのためか」、人びとは頭《こうべ》をたれ、互いの目を見るのを避けながら退出した、と。

演説は国外に漏れて、ただちに出版され、大騒ぎになった。ポーランドとハンガリーでは、演説が暴露した内容は政情不安の高まりの大きな原因となり、それが秋ごろにはソ連支配に対する公然たる挑戦を突きつけることになるのだった。ソ連本国では、演説の短い要約が公表されただけだった。だが、間もなくソ連でも演説のコピーが印刷、回覧され、党員に向かって読み上げられた。おそらくフルシチョフの指示によって、党中央委員会が自ら手配したのである。

スターリンの死がソ連市民の間にほとんどヒステリーともいえる悲嘆をほとばしらせたのは、ほんの三年前のことだ。「だれもが涙に暮れていた」と、ある女性は回想している。「次に何が起きるのか分からなかった。こんなことは経験したことがなかったのだ」。その悲嘆がどこまで本物だったのか、確認するのは不可能である。「スターリンは死んだ。そして、良いことでもある」。こう言い放ったカザフスタンのある女性のような個人的反応は、公には口にしない方が賢明だった。たとえそうであっても、長年の間に培われた偉大な指導者への個人崇拝は、効果がないわけではなかった。無数の人びとがスターリンを崇拝せんばかりになった。今度は、昨日までの偶像との関係をきっぱり否認するよう求められているのだ。したがって当然ながら、大きな混乱もあったとする演説内容を知ったとき、多くの人が衝撃を受けたのである。

反応はまちまちだった。ソ連各地でスターリンの肖像画や胸像が破壊されたり、撤去もしくは傷つけられたりした。スターリンの遺体を、クレムリン廟内の防腐処理をほどこしたレーニンの遺体と並ぶ栄誉の場所からほかへ移せという要求があった（これは実際には一九六一年まで実行されなかった）。しかし、フルシチョフが自分たちの偶像を台座から引きずり下ろしたことを許せない人びとも多かった。彼らはスターリンを擁護し、肖像画を撤去しようとする企てに抵抗し、自分たちを虐げた連中をスターリンが粛清してくれたことを高く評価するのだった。スターリン崇拝がもっとも熱烈に維持されたのは、彼の出身地であるグルジア〔現ジョージア〕で、かつての独裁者に対するフルシチョフの弾劾への四日間にわたる抗議が、没後三周年を飾った。生誕地ゴリでは三月五日、約五万人が集まりスターリンを追悼。三月七日には六万人を超える群衆がデモに参加し、首都トビリシにあるスターリン記念碑に献花した。続く日々には数百人が自動車を駆り集め、「フルシチョフくたばれ」「スターリン万歳」と叫びながら、スターリンの肖像画を掲げて市中を回った。高まる不安を鎮めるため軍隊が投入された。一連の出来事で二〇人が死亡、六〇人が負傷し、多数が投獄された。

ほんのしばらく前にはリスクが高くて行なわれなかったような公然たる批判が、ソ連全土でたしかにあった。強制収容所からの帰還者を含め、人びとは沈黙を破って発言する勇気を感じた。幹部会の他のメンバーはスターリンの所業を知らなかったのだという示唆に、党員たちは疑問を突きつけた。彼らは、スターリンの犯罪について語るのになぜこんなに時間がかかったのか、と問うた。「それに、フルシチョフ自身はどこにいたのだ?」と、スターリンを称賛する赤軍の退役大佐は問うている。「当時は黙っていて、スターリンが死んだ今、すべての泥をスターリンにかぶせはじめたのは、どういうわけなのか?」と。フルシチョフはなぜ非党員の犠牲者について語らなかったのかと問う人びともいて、彼らは体制そのものに責任はないのかとの疑問を呈した。とはいえ、そうした鋭い批判は例外だった。批判者は通常、ソヴィエト体制そのものではなく、レーニンの理想の誤用を攻撃したのだ。革命からほぼ四〇年、その欠陥がどうであれ、戦争で勝利の結果を出した体制に対し、別の選択肢を考えることは不可能だった。いずれにしても、たいていの人びとは大声で意見を表明することに、まだ慎重だった。それでも、中央委員会は一九五六年六月、批判を抑え込むための断固たる行動を求める回状を発出するほど懸念していた。

それはパンドラの箱のふたにクギを打ち込もうとするのに似ていた。フルシチョフ演説はとくに学生その他の若者グループに、改革への希望と熱狂を呼び覚ましていた。一九五六年と五七年には、とくにソ連の数カ所の大学の内外で、政治的異議申し立てが目立って増えた。数千の反ソのチラシがばらまかれた。モスクワの労働者街の住宅郵便受けに投げ込まれたいくつかのチラシは、「第二〇回党大会の精神による」改革や、真の「労働者ソヴィエト」の形成、工場ストライキ、そしてスターリンの犯罪に関与した者たちの裁判を要求していた。反ソ活動に対する一九五七年の二〇〇〇件近い司法審査報告で詳述されているように、匿名の反ソ書簡の発送、反体制文書類の所持、それにもっともよくある、口頭で体制を攻撃する個人的意見表明が、異議申し立ての一般的な形だった。その年七月、二週間にわたって行われ、一三〇カ国から三万人以上にソ連の門戸を短期間開放した「世界青年フェスティヴァル」は、一部の若いソ連市民が自国の政治体制を問う構えを一段と強める機会になった——もっとも、西側民主主義の受け入れではなく、体制を改善するためであるのはたしかだが。

一九五三〜五八年の間、一連の布告や特赦で四〇〇万人の囚人が囚人労働キャンプや流刑地から戻ると、フルシチョフ演説のようにスターリン時代の犯罪と巨大な不当行為にスポットライトを当て直すことは、ますます不安にさせる効果を生んだ。温かく迎えられた者はほとんどいない。大方はのけ者にされ、疑いの目で見られた。なんのいわれもない投獄だったなどとは信じられない、と多くの市民は思った。彼らは社会の危険分子と見られ、しばしば犯罪率の上昇の責めを負わされた。スターリン下の大量逮捕に直接影響を受けなかった人びとは、犠牲者たちに冷淡だった。いまさら犠牲者をそれほど気遣いそうもなかった。だが、犠牲者自身には、自らの苦難を語り、トラウマと向き合う用意があらためてできた。ある女性は一九五六年に流刑からレニングラードに戻り、フルシチョフ演説のあとで初めて体験を語りだした、と彼女の娘が回想している。「そして、わたしたちが話し合うほど、わたしたちの考えは変わっていった——わたしたちはいっそう懐疑的になった」と。しかし、犠牲者とその家族にとっては、新たな自由はきわめて限られたものだった。抑圧は、それが後退したときと同じように、あっという間に再来しかねない、と彼らは恐れた。たいていの人びとは警戒心を解かなかった——それはもっともだった。というのは、体制はスターリンの「個人崇拝」に対する批判は容認しても、ソヴィエト体制そのものへの批判は許す用意がなかったのだ。

ソ連社会内部の動揺の大きさは誇張しない方がいいだろう。動揺を望んだのは少数派だった。だが、保守派のソ連指導者たちを不安にさせ、フルシチョフに対する批判を高まらせるには十分だった。彼らはスターリンのもっとひどいやり方には慣れていたが、フルシチョフの傲慢で衝動的な統治スタイルを嫌った。彼らは自分たちが何よりも戦時の偉大な英雄として仕え、しばしば崇めもしてきた指導者を、フルシチョフがあからさまに攻撃することに反感をもった。フルシチョフは自分たちがかかわっていた過去を国民の詮索に任せることで、重大な誤りを犯した。少なくとも彼らはそう考えていた。フルシチョフが被追放者ティトーとの関係を再構築し、西側との「平和共存」を追求する用意を表明することで、スターリンの外交政策から逸脱しているのも気に入らなかった。彼らから見れば、ソ連支配の土台を掘り崩す危険があった一九五六年秋のポーランドのストライキとハンガリーの動乱は、フルシチョフがスターリンの遺産の扱いを完全に誤っていることを示す、さらなる深刻な兆候だった。

老練家のモロトフとマレンコフ、カガノーヴィチはいずれも頑迷なスターリン主義者だったが、彼らはフルシチョフ打倒を企て、一九五七年六月一八日の幹部会会合で彼の権力基盤である第一書記ポストの廃止を提案した。ところがフルシチョフは、首尾よく中央委員会の判断に訴え、自らの運命を中央委員の手に委ねた。中央委員の多くはフルシチョフの子飼い官僚で、地方の権力ポストへの昇進で恩恵を受けていた。彼らは六月二一日の中央委総会に駆けつけ、フルシチョフを支持。陰謀家たちは敗北し、幹部会を解任された。少なくともスターリン時代のやり方に戻ることはなかった。面目をつぶした指導者たちが、見世物裁判にかけられて処刑されるということはなかったのだ。代わりに、二度と災いの種にならないソ連の僻遠の地へ送られた。モロトフはモンゴル駐在大使、マレンコフはカザフスタンの発電所長になった。カガノーヴィチはウラル地方スヴェルドロフスクのセメント工場長にされた。ブルガーニンも陰謀に関与しており、閣僚会議議長の職を解かれた。フルシチョフ自身が、一九四一年のスターリンの例にならって、共産党第一書記と兼任する形で一九五八年にそのポストを継いだ。集団指導の実験は終わった。以後六年ほどの間、フルシチョフは党と国家の両方を指導し、ソ連の不動の指導者だった。

フルシチョフの在任期間中のバランスシートは波乱に富んでいた。彼がソ連指導者であった間、国民総生産（GDP）は五八パーセント、工業生産は八四パーセント、消費財は六〇パーセント伸びた。資本財と重工業、軍事（核兵器開発を含む）への偏重は続いたけれども、高度な経済成長が続いたため、大方のソ連市民の生活水準は（西欧に比べれば貧しいとはいえ）向上した。一つの指標は、食肉消費が五五パーセント伸びたことと、（まだソ連市民のごく一部とはいえ）ますます多くの市民が冷蔵庫やテレビ、洗濯機を持てるようになった事実である。農村部の極貧をいくらか緩和する試みがなされた。集団農場の農民に支払う供出価格が上がり、農民は個人の小耕作地からより大きな利益を上げることが認められた。農業への投資は大幅に増額された。スターリン時代に常態になっていたように、職場での些細な失敗に厳罰が加えられることはもはやなかった。社会福祉手当は拡大された。大規模な住宅建設計画が、悲惨な優良住宅不足の改善に役立った。大都市にアパート群が出現した。暖房費はわずかだった。教育と医療は無料。しっかりした教育改革措置がとられ、大学生の数は三倍に増加した。法は依然として、究極的には政治の命令に従属したが、かつて存在した極端な恣意性は司法改革によって取り除かれた。これらはたしかに、注目すべき改善だった。だが、フルシチョフがソ連市民から喝さいを浴びることはなかった。生活条件は相変わらず貧しかった。体制の権威主義と恣意性はいくぶん減ったけれども、除去されてはいなかった。

　フルシチョフはまた、いくつかの大きな失敗もした。もっとも高くついた失敗のいくつかは、農業生産性の改善運動にあった。大いに喧伝された「処女地」開拓政策は、当初はうまくいった。何十万人もの若者が党の青年組織「共産青年同盟《コムソモール》」によって動員され、収穫支援のためにカザフスタンやシベリアへ赴いた。数千台のトラクターが、以前はやせていた農村部の新たな広大な土地を耕作し、その土地は一九五六年ごろには五三年の三倍の収穫を上げていた。だが、最速のペースで生産を最大化したことのツケはまもなく、数百万ヘクタールの土地を深刻に害する土壌侵食となって跳ね返る一方、農村部の恐ろしい生活条件のために、初期の多くの理想主義者たちは帰郷してしまった。鳴り物入りの「処女地」キャンペーンにもかかわらず、その失敗が明らかになった。ソ連の農業生産は一九五八～六三年の間、実質的には減少した。

　フルシチョフは一九五九年、農作物栽培にはまるで向かない条件下で、牧草地をトウモロコシ生産に転換するという壮大な熱意をもって米国訪問から戻り、同様に手痛い失敗をおかした。その実験は著名な農業専門家の助言にさからって実行され、酪農品生産で米国を追い抜くという、これに付随したキャンペーンとともに惨憺たる失敗に終わった。一九六二年にもなると、食料品価格は値上げしなければならず（一部の都市では暴動につながった）、長らくソ連の穀倉地帯と見られていたウクライナでもパンを求める行列ができ、モスクワやレニングラードといった大都市では闇市が栄え、穀物を輸入するために外貨準備を取りくずさなければならなかった。一九六一～六二年の物価上昇と物資不足、その他の経済苦境は国民の気分を悪化させていた。一部の都市では騒動があった。ロシア南部ロストフ近郊のノヴォチェルカッスクでは六二年六月初め、物価上昇と賃金カットに怒ったスト労働者による暴動を鎮圧するために軍隊が投入された。兵士たちは無防備の労働者に機関銃まで向け、二六人を殺害、八七人を負傷させた。

　党内のフルシチョフの敵が再びナイフを研ぎつつあるのは、驚きではなかった。計画の失敗、手痛い経済諸問題、そして大衆の恨みの表出は、フルシチョフがほんの一年前にした途方もない公約と際限ない楽観主義――あっと言わせるような言質――との落差が大きかった。それはフルシチョフが、一九六一年一〇月一八日の第二二回党大会に向け、自ら立案した修正党綱領を提示したときのことだった。フルシチョフは合計一〇時間――ソ連の標準からしても長大だ――に及ぶ二つの演説をした。参集した五〇〇〇人の代議員に向かって、全国民が一〇年以内に「物質的に満たされ」、住宅不足は解消、消費物資は間もなく豊富になり、万人に「高品質の食事」を保証すると述べたのだ。幻想と現実のひどいギャップは、一年もせずに明々白々になり、フルシチョフの人気とともに権威を低下させただけだった。

その党大会の勝利感に満ちた雰囲気には、一つの基調があった。スターリン崇拝との最終対決である。五年前、一九五六年のフルシチョフ演説は党員の非公開会議で行われたものだった。その内容はたちまち知られるところとなったのだが、当時もその後も、公式の公然たるスターリン批判はなかった。ところがこの度は、かつての独裁者に対する批判の潮時だった。そして今度は、一九五七年にフルシチョフに対する「反党」陰謀を指導したスターリンの元腹心、モロトフとマレンコフ、カガノーヴィチ――公式紙『プラウダ』で「ヘドロと泥に慣れ切った沼地に生息する生き物」と表現された人物たち――に対する批判も併せて、である。大会の終幕近く、一九〇二年にボリシェヴィキに参加した老婦人が演壇に進み、前夜に見た夢のことを語った。レーニンが夢枕に立ち、「わたしは、わが党に非常に多くの災いをもたらしたスターリンのそばに横たわりたくはない」と言ったのだと。このことで、「廟内にJ・V・スターリンの石棺を置き続けるのは不適当」と断じる決議がうながされ、満場一致で承認された。その同じ夜、スターリンの遺体は撤去され、クレムリンの裏手の穴に投げ込まれた。トラック数台分のコンクリートが穴に流し込まれ、その上に御影石の板が置かれたと伝えられる。あたかも、ソ連の指導者たちが安全策をとって、あの大怪物を金輪際お払い箱にしたことを間違いなく確認しているかのようだった。

フルシチョフはスターリン崇拝を打ち壊した。だが、それに代えたのは、同じような自分自身の個人的統治への傾斜にほかならなかった。政策の失敗の度合いと、フルシチョフの統治に対する国民の不満が明らかになると、彼の評判はまもなく下がりはじめた。再び襲った一九六三年の凶作が彼の立場をいっそう弱めた。フルシチョフの農業政策は高くつく誤りだった。党と国家の機構再編は目立った改善につながっていなかった。「非スターリン化」が行き過ぎているのではないかという懸念の声があった。軍事支出と将校数の削減は、ソ連軍指導部に受けがよくなかった。それに、国際舞台でのフルシチョフの振る舞い――一九六〇年に国連で、気に入らない演説を妨害するためテーブルを靴でたたいたことや、一九六二年のキューバ危機の処理のまずさ――は、ソ連の評判を落としたと受け止められた。彼は党、軍、経済関係諸省、それに治安警察というあらゆる主要な権力ブロックの重要部門を、見事に疎んじてしまったのである。

一九六四年一〇月、フルシチョフは表向きは農業問題で、黒海沿岸での休暇を切り上げ、党幹部会会議に出席するよう要請された。その会議が自分を解任するために招集されたとは、のんきにも最後の土壇場まで気づかなかった。実は後継者は指名されていて、継承する用意をしていた。フルシチョフのかつての子分、レオニード・ブレジネフが次期共産党第一書記になることがすでに合意されていた。ブレジネフはまず、フルシチョフのキャリアを終わらせる会議を主宰しなければならなかった。会議はフルシチョフが自分自身の個人崇拝を作り出そうとしたこと、行政への的外れな干渉、そして外交問題処理のまずさを咎め、フルシチョフの指導の失敗を大胆に攻撃した。(党機関紙『プラウダ』の社説はそのあとすぐに、「軽率な計画、生半可な結論、そして現実から遊離した性急な決定と行動、自慢と空威張り、専断による統治への関心」を厳しく非難した)。一九五七年にフルシチョフを救った支持基盤は、この間に流失してしまっていた。だれも彼を支持する発言をしなかった。フルシチョフは従容として自分の運命を受け入れた。「わたしに何が言えようか。当然の報いを受けたのだよ」と、彼は同志たちに言った。しかし、スターリン風の報復はなかった。フルシチョフは公式には健康上の理由で、世間と没交渉の隠居生活に入り、その名前は一九七一年九月の死去まで、再び聞かれることはほとんどなくなる。

フルシチョフの解任によって、ソ連における躍動的な独裁は終わった——いまや集団指導を伴う退屈な独裁に取って代わられたのだ。一九六四年一〇月にはもう、いかなる個人も党と国家の長を同時に兼任することはできないことが決められた。そして、ブレジネフは権力のすべての手綱を自分の手に集めようとはしなかった。かくして、強いて言えばブレジネフに比べても躍動感に欠けるアレクセイ・コスイギンが閣僚会議議長(首相)になり、退屈さでは前二者といい勝負のニコライ・ポドゴルヌイが最高会議幹部会議長(国家元首)に任命された。この集団指導制にあって、同等者のなかの第一人者としてのブレジネフの地位は、一〇年以上かけて徐々に、明白な優位に変化していく。

スターリンの専制的支配と、それに続きフルシチョフが引き起こした大変動の数十年のあと、ブレジネフは安定をもたらした。彼の地味な個性はフルシチョフの移り気な感情のほとばしりとは鋭い対照を成している。それは何か「カリスマ的」支配に似たものに対する完全な解毒剤だった。体制は保守的、抑圧的権威主義に落ち着いた。壮大な(そしてリスクのある)実験は終わった。新党首は「書記長」に戻った。フルシチョフがそれを「第一書記」に変えるまで、スターリン時代から使われていた肩書だ。政治局（一九五二年に幹部会に変更）は昔の名称を取り戻した。党内では不安感が消えた。新たな安定は、足並みをそろえている限り権力のある地位と心地よい賄賂をおおむね享受するに任された党官僚軍団に依存していた。官僚たちはもはや在職資格や、あるいは生活のことさえ、心配する必要はない。厳しい労働規律はいくぶん緩和された。消費物資の供給はわずかに改善されたが、基本物資でさえまだ不足していた。人びとは食料を求めて行列をつくることに慣れた。だが、フルシチョフがわずかに開けた変化の窓は、いまや再び固く閉じられてしまった。

集団指導制下の新体制は過去のテロによる抑圧を真似ようとはしなかった。しかし、指導部がどう変わろうと、共産主義体制は本質的に無答責であり、異議申し立てはできないことを明確にした。国家治安機関はいまや国《K》家保安委員《G》会《B》（コミチェート・ゴスダルストヴェンノイ・ベスアパスノスチ）と呼ばれて、体制管理の決定的な手段として、なお存在していた。体制内に一種の「忠誠な反対」――権力乱用に異議は申し立てても、改革された共産主義の破壊は望まない――の余地があると考えていた知識人たちは、改革の希望を捨て去った。ソヴィエト歴史記述における自由の拡大と客観性に向け、フルシチョフ政権下で取られた暫定的措置は、制止されるか逆転させられた。アレクサンドル・ソルジェニーツィンはフルシチョフ直々の承認を受け一九六二年一一月に『イワン・デニソヴィッチの一日』を出版し、強制収容所の恐怖をセンセーショナルに暴露して国際的名声を得ていたが、三年後にはスターリン政権下の生活を描いた小説『第一圏にて』と『がん病棟』の出版を認められなかった（のちにソ連から追放され、市民権を剥奪される）。物理学者のアンドレイ・サハロフは公開での批判意見の表明を禁じられ、次いで特権を剥奪された。その後、国内流刑に追い込まれた。風刺作家アンドレイ・シニャフスキーとユーリー・ダニエルは「反ソ政治宣伝」を流布したとして、強制収容所に送られた。このあと数年の間に、政治的囚人、あるいは宗教的表現の自由をむなしく要求した人びとの数は、約一万人に増えた。巨大な密告者ネットワークに支えられた監視の目は、いたるところに光っていた。

スターリン時代への逆戻りというのではない。恣意的な逮捕、投獄、処刑は過去のものだった。おとなしくしていれば比較的安全だった。だが、公然たる批判と政治的逸脱は報復を招いた。抑圧はその体制に内在していた。フルシチョフ政権下でのように、鉄のたがが緩められることはあり得た。だが、取り外されることはあり得なかったのである。

ユーゴスラヴィアという「異端」

ソ連ブロックに属する東欧諸国の圏外に、一つの共産主義国があった。ユーゴスラヴィアは一九四八年にティトー元帥がスターリンと敵意に満ちた仲たがいをしたあと、ソ連の衛星諸国とは異なる道を歩んだ。衛星諸国では、絶妙に命名された「ティトー主義の逸脱」によって汚染される恐怖が、だれであれそれを支持しているとして告発された人びと――通常は政治的反対派――の逮捕と見世物裁判、そして陰惨な刑につながった。スターリンは当初、ティトーを抹殺するためにあらゆる手を打った。ソ連のプロパガンダにおける容赦ない痛烈な攻撃は、暗殺の試みを伴っていた。しかしティトーは、脅しにひるむ人物ではない。スターリンの死後、彼の机のなかに見つかった一枚の覚書にはこうあった。「貴殿が暗殺者の送り込みをやめないなら、わたしはモスクワへ一人送ろう、さすれば二人目を送る必要はないだろう」。フルシチョフは一九五五年、ティトーとの関係修復にいくらか動いた。そのころには、フルシチョフはユーゴスラヴィアが共産諸国のなかのはぐれ者であり続け、ソ連への服従を拒否し続けることを受け入れざるを得なかったのだ。

ティトーの主たる犯罪は、彼がソ連の覇権への屈服を拒んでいることにある、とスターリンは考えていた。イデオロギー的には、ティトーはソ連支配の中心的教義に真っ向から反する「異端的な形態の社会主義」を追求しようとしていた。ユーゴスラヴィアの共産主義では、権力は極度に官僚化された党国家によって管理されるのではなく、非中央集権化されていた。工業生産は中央計画の指令を押しつける峻厳な管理ルールによるのではなく、選出された六〇〇〇以上の労働者評議会の「自主管理」を通じてかじ取りされている。それに、ユーゴスラヴィアは外交政策で、ソ連に従うより「非同盟」――冷戦で超大国のいずれへの公式の傾斜も避ける事実上の中立――を追求していた。

ユーゴスラヴィア共産主義の限定的な民主的形体は、トップダウンではなく下から上へ展開するもので、当然ながら党の役割に関する重大な諸問題を提起した。ソ連の体制では、理論は明確だった。すなわち、党は「プロレタリアート独裁」の前衛なのであって、そのようなものとして国家を管理・運営するのだ。ユーゴスラヴィアでは、これがそれほど明確ではなかった。とはいえティトーは、党の役割をほとんど無意味なまでに薄めたがる人びとには強く反対した。党組織は労働者評議会の管轄下にある工場の技術的管理運営には干渉しない、とティトーは一九五四年に定めた。しかしながら、「党組織は企業でどのような一般政策が追求されているのかを監督しなければならず」、「労働者評議会の作業に基調を与えるのだ」とティトーは言った。境界線のあいまいさはあったが、最終的には党が管理することは隠していなかった。

その体制は機能した。工業生産は一九五三〜六〇年の間、毎年一三パーセント以上伸び、所得の六パーセント近い上昇と、初期の年月が経過したあとは、ソ連ブロック以上に消費支出への移行が可能になった。素晴らしい経済成長の多くは国家管理の銀行制度を通じた投資から生じていたのだが、経済成長はとくに米国がユーゴスラヴィアを、共産主義をさらに分裂させるくさびと見たので、外国からの金融支援——一九五〇〜五三年の間に五億五三八〇万ドル——が原因ではないにせよ、それに助けられた。一九六〇年代にもなると、ヨーロッパにおける団体外国旅行の始まりがユーゴスラヴィアの金庫をさらに膨らませ、体制の大幅な自由化は西側の目から見て、もっとも訴求力のある形の共産主義だった。しかしながら、六〇年代初めにはもう、経済成長は鈍化し、同年代半ばごろには失業とインフレ、そして貿易赤字が上昇しはじめていた——七〇年代のさらに大きな諸問題の前兆である。

五〇年代のユーゴスラヴィア共産主義に対する一般の支持はおそらく、どのソ連衛星諸国のそれをも超えていた。いくぶんか民主的な統治形態を根拠とする強い思い入れとは別に、二つの特異な要因がユーゴスラヴィア共産主義の相対的な成功の条件になっていた。その一つとして、初期の年月にはたしかに、スターリンの脅威がもたらす統合効果があった。侵略されるという恐れが統一をうながし、ユーゴスラヴィアのさまざまな民族間に「消極的統合」を生み出した。より積極的な面として、ヨシップ・ブロズ・ティトーという人物自身を核として、一種の帰属意識が形成されていた。一種のティトー崇拝の創出が、その指導者を新生社会主義ユーゴスラヴィアの擬人化、国家を建設したパルチザン・ヒロイズムの権化として描き出したのだ。大衆的人気と権威の結果、ティトーは党内のあらゆる派閥根性を超越した位置に立っていた。父親がクロアチア人で母親がスロヴェニア人であるという事実も、彼がかつては国を害した民族的分断を乗り越える助けになった。権力を伴う通常ポストの気前よい分配、昇進、特権、物質的恩恵と賄賂のうまみが、党活動家と治安警察が忠誠を保つ保証になった。なかでもティトーは軍隊——潤沢な資金、高い給料、出世の機会、国営住宅——が常に自分を支持するように気を配った。党と国家、そして軍のトップであるティトーが一九八〇年に死去するまで長寿を保った点、ユーゴスラヴィア共産主義は幸運だった。その体制の成功と安定には、彼の個人的資質と政治手腕、それに「カリスマ的」指導スタイルが不可欠だったのだ。ティトーがいなければ、彼の死後ほどなくして国を引き裂くことになる分裂は、ずっと早い時期に表面化していたことだろう。

ティトーの統治がソ連ブロックとの対照として、いかに魅力的に見えるようになったとはいえ、暗い側面があった。モスクワ派の共産主義者は一九四八年以降、厳しい迫害を受け、約一万六〇〇〇人が残酷な「再教育」収容所に収監された。そのうち最大三〇〇〇人が、多くは拷問の結果、獄死した。党内の粛清はスターリン時代の次元にはとても及ばないものの、反対派は追放され、そして――もっとも著名なのはティトーの最大の批判者ミロヴァン・ジラスだが――長期間、投獄された。体制に対する中傷が一線を越えてしまった知識人らも同様だ。そして、ソ連ブロック内で起きたのと同じように、農民が工業化政策を支える農業集団化に激しく抵抗し、一九五〇年にある地域で公然たる反乱（元パルチザンと党員を含む）を引き起こすと、体制側は武力に訴えた。数百人の農民が逮捕され、暴動の指導者らは死刑を求刑された。体制は教訓を学んだ。一九五三年、集団化政策は中止され、非生産的な協同組合に接収された農地は、農民に返還された。

ティトーのユーゴスラヴィアにおける共産主義の大きな柔軟性と民族的基盤は、ソ連の衛星諸国に比べ、失敗に対応する修正にはるかにうまく取り組むことができ、一九六〇年代の経済と文化活動の一段の自由化への動きを容認した。映画館はハリウッド作品（その輸入は米国の補助金付き）を含む西側のいくつかの映画を上映した。若者たちはビートルズやローリングストーンズ、ジミー・ヘンドリクスの音楽を楽しむことができた。ユーゴスラヴィアは個人的自由の余地を生み出す点で、ほかのどの東欧国家よりはるかに先を行っていた。だが、行動に対する限界ははっきりしていた。体制に異を唱えることはできない。文章あるいは口頭での根本的な批判さえできなかった。結局のところ、ソ連の体制のように、公然あるいは暗黙の強制が体制を支えていたのである。

締められる鉄のたが――ソ連ブロック

ソ連ブロックの国々は、西欧民主主義諸国より厳重に軛《くびき》でまとめ上げられていた。それでも、一枚岩ではなかった。マルクス＝レーニン主義イデオロギーという共通の画一性の下で、国の伝統と文化がさまざまな発展の形を与え続けた。ソ連による大君的支配への順応はまた、共産党支配が樹立され、固められるその仕方にも規定されていた。したがって、スターリン死後の環境変化への反応は画一的ではなかった。

ルーマニアとブルガリア、アルバニアのバルカン諸国では実のところ、鉄のたがが緩められることはまずなかった。チェコスロヴァキアでも厳重に締め上げられたままだった。しかし、一九五三年のドイツ民主共和国、次いで一九五六年のポーランドと、とりわけハンガリーでは、事情はまったく異なっていた。そこでは大衆抗議の大きさにソ連指導部が衝撃を受け、自らの権威に対する重大な脅威を抑え込むため、武力で対応したのである。ソ連ブロック内でのこうした違いは、どう説明すればいいのだろうか？

　根本的に重要なことは、それぞれの国の共産党指導部が権力機構に対する争う余地のない支配を維持し、国内からの異議申し立て、ないしモスクワからの「修正」を受けることなく、政策を指揮できたかどうかである。体制指導部の権力自体は治安機関による支えに大きく依存し、治安機関の忠誠は体制内での物質的恩恵の施しによって「買われて」いた。すると、極端な抑圧は反対派の活動を抑止する役に立った。抑圧がそこまで極端でなく、体制指導部を代えたり、政策を大幅に変更できたりするという心像が存在するところでは、政治的不一致が目立って表明される可能性がうんと高まる。これ自体は、抑圧的体制の下でも、種々の抵抗を組織できる教育程度の高い社会的・政治的下部構造（例えば労働組合）があるところでは、さらに蓋然性が増す。ポーランドやハンガリーのように、とくに強い国民意識が存在するところでは（それがソ連とのイデオロギー的「友好」によって粉飾された積年のロシア嫌いを解き放ちかねず）、抵抗が広がり、広範な支持を得る可能性があった。経済的に遅れたバルカン諸国では組織能力が低く、そこには大きな農村人口と比較的小さな産業労働者階級に基づく伝統的な社会的・政治的下部構造が生き残っていた。

守られた旧秩序

　もっとも狂信的で無慈悲な共産党指導者の一人が、ルーマニアの独裁者ゲオルゲ・ゲオルギュ＝デジだった。彼は権力をめぐる競争相手、ルクレチウ・パトラシュカヌとヴァシレ・ルカ、そしてアナ・パウケルを出し抜き、スターリンが死ぬころには首相兼党書記長として、完全に権力を握っていた。彼はスターリン下のソ連強制収容所の最悪の時期を思わせる収容所システムを動かす、巨大かつまったく残忍な治安機関を握っていた。社会のあらゆる層、とくに農業集団化（一九四九～五〇年に開始）への拍車がかかった時期の農民層から数万人のルーマニア人が収監され、多くは拷問を受けた。巨大建設プロジェクト「ドナウ―黒海運河」の建設で、さらに数万人が奴隷労働者になった。その過酷労働はひどく非人間的であると同時に無意味だった。すなわち、ソ連が経済支援を削減すると、一九五三年に作業が中止に追い込まれ、運河は未完成のままになってしまったのだ。作業が再開されるのはやっと二〇年後のことである。

　揺るぎない権力を握り、恐怖の警察国家を支配して、デジはフルシチョフがソ連に導入した改革に抵抗しやすかった。集団指導制を受け入れるしるしとして、五四年に党首を辞任するが、翌年には首相に追随者のシヴィウ・ストイカを任命し、再び党首ポストを取り戻す。そして、初期の失敗に対するスケープゴートを見つけ、かつての競争相手パトラシュカヌ、ルカ、パウケルを「スターリン主義者」として弾劾した――自分のことを棚に上げて他人を批判する典型的な事例だ。党と治安機関の掌握がデジの権力基盤を成していた。国内の不穏状態は封じ込められた。集団化に抗議して一九四〇年代末に始まった農民の抵抗は、無慈悲な弾圧をもってしても完全に鎮圧されたというにはほど遠かったけれども、山岳・森林でのおおむね散発的なゲリラ活動は、体制の存在を脅かす力はなかった。そして一九五六年秋、ポーランドとハンガリーの事件に鼓舞されて、諸大学で学生の抗議行動が火を噴くと、東欧最大でもっとも残忍な抑圧組織に数えられる悪名高い治安警察「セクリターテ」によって乱暴に弾圧された。ソ連が一〇月にハンガリー動乱を鎮圧したのを支持することで、デジはフルシチョフとの交渉の切り札を手にした。ルーマニアに対するソ連からの経済上の押し付けは減らされた。そして、デジの握る権力は無傷で残った。ルーマニアではスターリン主義の鉄のたがを緩めるどころか、引き締めたのである。

一九五〇年代末期までに、ルーマニアはおおむね因循《いんじゅん》なスターリン主義体制を有するばかりか、衛星諸国における「社会主義的労働分業」を求めるソ連の要請とは対立しながら、ある意味で一種の一国共産主義を発展させつつあった。とくに、ルーマニア指導部が優先する経済政策――国の強引な工業化――はソ連の期待とは調和しなかった。その期待とは、経済相互援助会議《コメコン》（ソ連ブロック諸国の経済を調整するため一九四九年に設立）を通じて追求されるのだが、ルーマニアを永久に農業国、そして単なる農業製品と原料の供給国にしておくことを狙っていた。しかし、まずもって問われていたのは、他国の内政問題に対するソ連の干渉という大枠の問題だった。ハンガリーで起きたような対決を避けようとするソ連の気遣いに救われはしたが、ルーマニア指導部は慎重に歩を進めなければならなかった。こうして、ルーマニアとソ連の付かず離れずの関係は続いた。デジが一九六五年に死んだとき、コメコン陣営内での準独立の追求はまだ初期段階にあり、同じように残忍なデジの後継者、ニコラエ・チャウシェスクに引き継がれた。

ブルガリアでも、スターリン主義の鉄のたがは厳重に適用された。ルーマニアでは、国民の間に長年染みついた反ロシア感情は、ただ共産党支配の押し付けによって隠されていただけだった（そして実際、ソ連による一九四〇年のベッサラビア・北ブコヴィナ併合はまだ恨み骨髄だった）。だが、そのルーマニアとは違ってブルガリアは、親ロシアと汎スラヴ感情という長年の伝統があって、戦後は東欧のすべてのソ連衛星諸国のなかでもっとも卑屈に忠実だった。ブルガリアの指導者ヴルコ・チェルヴェンコフもスターリン主義のクローンで、一九五〇年までに首相と共産党書記長を兼ねていた。だがデジと違って、スターリンの死後、大方の権力を失う。その前に、チェルヴェンコフは農民の小農地を破壊し、生産性が急落する非効率な集団農場の強制導入によって、国の農業基盤をあらかた壊してしまっていた。彼は非常に厳格な管理の一部を緩和し、住宅と消費物資の生産を改善することで、スターリンの死直後の時期のソ連の要求に従った。とはいえ、ブルガリアは相変わらず、生活水準が低く経済的にソ連に大きく依存する極度に貧しい後進国だった。

チェルヴェンコフはまた、党と国家の役職を分離するというソ連の主張にも応じ、一九五四年、党書記長の座をトドル・ジフコフに譲った。一九一一年に農家に生まれ、党の位階を上ったあと、いまやヨーロッパで最年少の共産党指導者になった人物だ。二年後、フルシチョフがスターリン個人崇拝を批判したあと、チェルヴェンコフは首相ポストからも辞任を余儀なくされた。しかし、ルーマニアの場合と同じように、ブルガリアは有害なフルシチョフ演説を公表しなかった。文芸上の表現が限定的に容認される短い合間があり、その後、鉄のたがが再びしっかりとはめられた。目障りなジャーナリストが追放され、出版に制限が加えられた。ソ連によるハンガリー動乱の鎮圧は、厳格な国家統制を再び押しつける好機として大歓迎された。スターリン主義は決してなくなっておらず、いまや再び強化されたのだ。

党上層部での派閥闘争は数年続き、一九六一年、フルシチョフが二度目の本格的なスターリン批判を行ったのを受け、チェルヴェンコフが政治局を解任される結果になった。ジフコフはこの時までに、いまや党書記長兼首相として、だれもが認めるブルガリアの指導者になっていた。彼の支持者は党上層部のあらゆる重要ポストに配された。ブルガリアは経済的にはソ連に依存し、スターリン主義の卑屈な衛星国——事実上ソ連のもう一つの共和国——であり続けた。六二年にフルシチョフが同国を訪問したあと、ジフコフが述べたように、ブルガリアの時計はモスクワ時間に合わされていたのだ。

ソ連ブロックの最貧国は最小の国、アルバニアだった。この国は両大戦間のほとんどの期間、君主制の独裁下にあり、第二次大戦時にはまずイタリアに、次いでドイツに占領された。ルーマニア及びブルガリアと違って、この地の共産政権の樹立にはソ連赤軍ではなく、ユーゴスラヴィアのパルチザンがかかわっていた。ところが、ティトーが一九四八年にスターリンとたもとを分かつと、すでにユーゴスラヴィアによる経済的搾取に敵意をつのらせていた共産党〔労働党〕指導部は、突然、ソ連側に寝返り、見返りに大規模な経済的支援を獲得する。一九四六年以来、党と国家のトップで、熱心なスターリン崇拝者であったエンヴェル・ホッジャは、容赦ない粛清で国内のあらゆる反対派をつぶし、きっちりと身内で固めた指導部に支えられて、アルバニアの絶対的支配権を握り、それが一九八五年の彼の死まで続いた。

隣国ユーゴスラヴィアからの脅威――現実であれ思い込みであれ、それが大きければ大きいほど、ホッジャは国家（自分が鉄の支配をする国家）を防衛する国民的指導者を装うことができた。現実の、あるいは想像上の数千人の敵対者を処刑するなど、過酷な抑圧が彼の体制の一つの特徴だった。ユーゴスラヴィアとの断絶に続く粛清では、党員の四分の一が追放ないし逮捕された。一九五〇年代半ばからの農業集団化は、例によって農民の間ではきわめて不評だったが、これは一段と厳しい抑圧を伴った。正真正銘のスターリン主義が定着した。だが、崇拝されたスターリンの死後、ソ連との諸問題が大きくなりはじめていた。ホッジャはスターリン後の改革には見向きもせず、フルシチョフによる一九五六年のスターリン批判に愕然とした。ハンガリー動乱の鎮圧を全面的に承認した。動乱の根本原因はティトーの修正主義にあると見たのだ。ところが、フルシチョフが大敵ティトーと和解したこと、またソ連がアルバニアの工業化計画を無視し、この国の将来を農産物の供給国と見ることに固執したことから、ホッジャは孤立した。

この孤立で、ホッジャは再び寝返る。一九六〇～六一年に中国がソ連と仲間割れすると、ホッジャは毛沢東の中国を支持する方に転じ、中国はモスクワから途絶えていた経済支援と、ホッジャ自身の個人崇拝になじみやすい指導モデルを提供した。アルバニアはますます独自の道を行くようになり、東西のヨーロッパからおおむね孤立。国民にみじめな生活水準しか与えられない経済停滞に一段と落ち込んでいった。しかし、このことは指導者としてのホッジャの堅固な立場を損ねるものではなく、彼の立場はいっそうの抑圧とあらゆる権力手段の掌握によって維持された。東欧の他の共産主義国と違って、アルバニアは断固としてスターリン主義を続けた。鉄のたがはまったく緩められることがなかったのである。

見かけ上、チェコスロヴァキアは、動きのないバルカン諸国の体制より、深刻な騒動がソ連による支配に異議を申し立てた国々――東ドイツ、ポーランド、ハンガリー――との方に共通点が多かった。民族独立の伝統は、とくにチェコで長く根を張っていた。ヒトラーがそれを破壊する以前、民主主義的複数主義の政治文化がしっかり確立されていた。近代化された産業経済は、スロヴァキアでの発展は遅れていたけれども、農業中心のバルカン諸国の恩顧主義とはほとんど似つかない社会の下部構造と、強力な労働者階級を生み出していた。大きな知識人層と相当数の学生人口があった。ではなぜソ連は、スターリン死後の年月にチェコスロヴァキアを源とする重大な騒動に出遭わなかったのだろう？

一九五六年のハンガリーの叛徒に対するソ連の攻撃は、ほかの国と同様に、チェコスロヴァキアで強力な抑止効果をもった。だが、それ以前に、ソ連がチェコ人とスロヴァキア人を源とする重大な問題に直面しなかったのは、なぜなのか？　実は一九五三年五月に、チェコスロヴァキアで深刻なストライキの波は現にあったのだ。翌月に大幅な通貨切り下げ（広く「大ペテン」と呼ばれた）を行うとの発表と、その後の物価高騰、そして生活水準の低下が引き金だった。プルゼニのシュコダ自動車工場のスト労働者たちはレーニンとスターリン、それにクレメント・ゴットワルト（スターリンの死から数日後に死亡したチェコ共産党指導者）の胸像を、占拠していた市役所の窓から放り投げた。しかし、この騒動は警察の手で無残に鎮圧され、間もなくドイツ民主共和国で火を噴くような体制への公然たる挑戦に発展することはなかった。

抑圧の程度そのものが、チェコスロヴァキアの動揺が比較的容易に封じ込めれた主たる理由の一つだ。しかしながら、抑圧だけでは完全な説明にならない。もう一つの要因は、チェコスロヴァキアにおける共産主義の訴求力にあった。ソ連ブロックのいくつかの国々と違って、共産主義は外部の力によって押しつけられた異質なイデオロギーではなかった。実際、自国で成長した大衆的支持基盤があったのだ。共産党ははるか一九二五年の時点で、どの政党より多い議席を獲得している。その支持率は第二次大戦の終戦直後に高まり、同党は一九四六年の選挙で投票総数の五分の二近くを獲得している。大企業の国有化と大農園の所有権廃止という、一九四八年のクーデター後に取られた初期の措置は広く受けた。共産党は多くの人びとに昇進の道を開いた。さらに、世論を操作することもできた。政治的ライバルを排除するばかりか、例えば青年組織やスポーツ組織の乗っ取りや、マスメディアの組織化とプロパガンダによって、党の支配と影響力を拡大することができた。とはいえ、抑圧とは決して無縁ではなかった――これは、共産党が社会に浸透する紛れもない背景にあった。

共産党支配の五年は事実、残忍な抑圧に特徴づけられていた。現実の、あるいは想像上の敵を粛清し、ゴットワルトが死ぬや、党第一書記として後を継いだアントニーン・ノヴォトニーへ切れ目なく移行した権力を固めるうえで、指導部は繰り返し徹底した冷酷ぶりを見せた。反逆や反国家活動というでっち上げの罪状による、かつての政敵に対する見世物裁判は四九年に始まり、必ず死刑か長期刑の判決が下された。この粛清の背後には、スターリンがチェコ及びスロヴァキアの共産党指導者と外国情報機関のつながりや、破門されたユーゴスラヴィアのティトー主義者との関係を疑ったことがあった。

こうした粛清の果てに一九五二年、元チェコスロヴァキア共産党書記長ルドルフ・スランスキーとそのほか一一人の指導者が、国賊・「人民の敵」として逮捕され、見世物裁判にかけられ、虚偽の自白（一九三〇年代のスターリンの粛清を思わせる）を強要されるに至った。不吉なことに、彼らは「ユダヤ人の出自」とされた。チェコスロヴァキアの粛清は、党指導部による人種差別主義的中傷にあおられて、反ユダヤ主義の急激な復活を伴っていたのだ。アウシュヴィッツの元捕囚ヘダ・マルゴリウス・コヴァーリは、自身がユダヤ人で、ユダヤ人と結婚していたが、彼女はのちに回想している。「最初に逮捕が始まったときは、告発された人びとは何らかの罪がある、と一般に考えられていた」と。これは彼女の夫ルドルフが架空のスランスキー陰謀に連座して逮捕され、裁判にかけられ、処刑される前のことだ。

壮大な見世物裁判は、チェコスロヴァキアにおける抑圧の、ほんの氷山の一角にすぎない。数千人の市民が、国家に対する犯罪とされる罪状で弾劾され、投獄あるいはもっとひどい刑を科された。とはいえ、ほかの東欧諸国の場合のように、泣く子も黙るラヴレンチー・ベリヤが一九五三年一二月に処刑されたことは、ソ連圏に新しい風が吹いているというシグナルを送った。チェコスロヴァキアも変化した環境に適応しなければならなかった。スターリンの死から、フルシチョフがスターリンの記憶を攻撃する一九五六年二月までの間に、チェコスロヴァキアでは多くの囚人が釈放された。もっとも、ソ連その他どこの釈放囚人とも同じように、これらの人びとは獄中から戻るやいなや、疑いの目と、そしてしばしば敵意をもって迎えられたのである。検閲が限定的に緩和され、ソ連による支配の様相について少しばかり控えめに批判することは許された。そして、以前のソ連とユーゴスラヴィアの対立に助長されて粛清を生んだ雰囲気は消滅した。だが、抑圧はその効果を現わしていた。抑圧に、一般大衆の支持がないわけではなかったのは確かだ。そして党の指導者たちは粛清の支持でまとまっており、改革には最低限の譲歩しかしなかった。

その死から二年後の一九五五年、農民と労働者、知識人を脇に配した巨大なスターリン像がプラハで除幕された。モルダウ川の上方に高々とそびえ立ち、幅一二メートル、長さ二二メートル、高さ一五メートルのその像は、市内のどこからでも眺められた。品薄の肉を求める行列みたいに見える。一般市民は、おおっぴらにではないが、そう話した。だが像は、スターリンの遺産が疑問視されつつあるまさにそのときにあって、継続を示す一つの際立った象徴だった。

フルシチョフによる一九五六年のスターリン批判は、チェコの指導部に難題を突きつけた。彼ら自身が行った粛清と見世物裁判は、つまるところ、ソ連の命令に従って実行したのだ。ノヴォトニーらチェコ指導者たちは、大きな改革は妨げながら、フルシチョフ指導下の新しい進路に口先だけの忠誠を示さなければならないと考えた。下級党員の間ではスターリン主義に対するいくらかの用心深い批判が行われた。はるかにかまびすしい改革要求がプラハとブラティスラヴァの学生、次いで全国のほかの大学から出てきた。要求のなかには、スランスキーらの裁判の調査と、「尋問の際に違法な手順」を実行した者たちの処罰を求める声があった。

学生の抗議は一九五六年五月に頂点に達し、爆発寸前になったが、それ以上エスカレートする前に、ポーランド、次いでハンガリーの出来事が反体制行動への明白な抑止効果を与えた。文化的異論は激しく攻撃され、チェコ知識人層の有力な声は批判の抑制を支持しさえした。自由化は行われず、党は支配力を維持。一九五六年には重工業生産の最大化と農業集団化の拡大という、いつもの路線にのっとった新五カ年計画を導入した。

党指導部はガードを固める。その秋の環境変化によって指導部は、発表されていれば打撃を与えかねなかった粛清に関する報告書をもみ消し、再び厳しい管理を課す好機をつかんだ。一九五七年一一月、大統領（国家元首）アントニーン・ザーポトツキー（スランスキーを治安機関の虐待にゆだねた責任のあった人物）の死亡に伴い、ノヴォトニーは大統領兼党第一書記になり、彼の立場は強まった。一九六〇年の新憲法はスロヴァキアの自治権を大幅に削減し、党とソ連との「兄弟的協力」の支配が特段に強調された。それによって、一九五三年と、ついで一九五六年に現実化した党権力への脅威はなくなった。隠然たる脅しは続いたものの、一九五〇年代初期ほどのテロによる抑圧はもはや必要としなかった。大方の国民にとっては、大きな変革の見通しははるか遠いように思えた。だから、チェコとスロヴァキアの多くの市民は順応した。たいていは冷めた態度で、時には怒りながら。だが、政治的安定を維持するには、それ以上のことは必要としなかった。差し当たって、体制はしっかり立ち続けるのである。

脅かされた旧秩序

ドイツ民主共和国（西側での通称東ドイツ）はモスクワのもっとも重要な同盟国とみなされるようになった。だが一九五三年には、ソ連の軍事力で暴動を鎮圧しなければならなくなった、鉄のカーテンの東側で最初の国である。東側ブロックでは珍しく、一九五三年に騒乱がそれほど目立って燃え上がったのはなぜなのだろうか？三年後に、ポーランド、次いでハンガリーがソ連の支配に反抗したときは、これと対照的に東ドイツが静かだったのはなぜなのか？　そして、東ドイツが紛争スポットから、ソ連ブロックでもっとも信頼できる追随国になったのはなぜなのだろうか？

一九五〇年代初期の東ドイツには、明らかなアキレス腱があった。同国は国家として新しく生まれた唯一のソ連衛星国、かつて一つだった国民国家の軍事占領と分割から生まれた国である。イデオロギー的に敵対する西ドイツの政治システムと繁栄する経済からこの国を区別するのは、幅の狭い国境だけだった。しかも、その国境は穴だらけだった。国境が全長にわたって封鎖されたあとでも、四大国の管理下というベルリンの特殊な地位のために、一つの重大な隙間《すきま》が残った。そこでは西側へ、そして異なった（多くの人にとっては、より魅力的な）生活スタイルへ越境するのは、困難を伴いはしても、依然として可能だった。まさにその事実が、東ドイツ指導部に一定の重圧を加えた。増える一方の脱出――一九五二年と五三年初めに三六万人――は止めようがなかった。脱出自体は生活水準の低さを映しており、それは経済がスターリン主義の路線に沿い、消費者需要向けの生産コストを犠牲にして重工業の発展に向けられた結果であった。

東ドイツ政権はもう一つの弱点にも対処しなければならなかった。モスクワの目から見て、東ドイツはある大きな目標――中立・非軍事化した統一ドイツ――を達成する代償としてなら、なくてもよかったのだ。その目標は一九五〇年代初めには放棄されていなかった。スターリンは一九五二年、西ドイツにそれをのませようと誘いをかけたが、即座の拒否に遭っていた。彼の死後、その構想が復活する。それが成功したあかつきには、東ドイツ指導部は自らの権力基盤の消滅を見ることになる。だが、スターリンの死後、ソ連の指導者たちが――実際にはマレンコフ、モロトフ、ベリヤによる短命の集団指導部が――、自由選挙と統一国家の中立化を含めてドイツとの平和条約を協議するため、四大国会議を開催するというウィンストン・チャーチルの提案に前向きな反応を示すと、東ドイツ指導部内に亀裂が走った。ドイツ社会主義統一党（SED、共産党と社会民主党の強制合併で一九四六年に結党するも、完全に共産党が支配）の書記長で、頑迷なスターリン主義者、ヴァルター・ウルブリヒトが率いる主流派は真っ向から反対した。ところが、ルドルフ・ヘルンシュタット（党機関紙『ノイエス・ドイッチュラント』編集長）とヴィルヘルム・ツァイサー（国家保安相）が率いる別の派閥は、国民の生活水準の向上（そしてソ連モデルへの依存の低減）を目指す経済改革を支持した。彼らは当初、ソ連の支持を得ているようだった。ソ連指導部はウルブリヒトの解任を考えた。ウルブリヒトの指導者の地位は揺らいでいた。

指導部内の派閥間論争と分裂はある意味で、スターリンが死んだ直後のモスクワの不透明感を映しているのだが、それが東ドイツの公式新聞紙上であらわになり、一九五三年六月の暴動にいたる動揺を醸成するうえで重要な役割を果たした。六月九日、党政治局は（ウルブリヒトら上層部がモスクワに召喚され、何が必要かを厳しく言い含められたあと）ソ連の「新コース」に従わせる圧力に屈し、生活水準を向上させるための限定的な経済改革に同意した。この決定は二日後に公表され、改革の理由をめぐる根拠のないうわさを生んだ。党指導部に対する反乱があったとか、ウルブリヒトが逮捕あるいは銃殺されたとか、SEDは分裂の瀬戸際にあるとか、国境が解放されるといった揣摩臆測《しまおくそく》が流れた。意外なことに、以前の政策の唐突な転換（不人気な数々の措置の必要性を忠実に擁護してきた党活動家を大いに不安にさせるもの）には、諸々の誤りをおかしたことを認めるという手痛いおまけが付いていた。さらに意外なことに、農民やホワイトカラー労働者、自営業者が少々得をする一方で、工場労働者――まさにマルクス＝レーニン主義イデオロギーの岩盤――は、生活水準の低下に直面した。当局はすでに五月二八日、国がかかえる厳しい経済問題に対処するために必要だとして、生産水準（「労働ノルマ」）を一〇パーセント上げるよう指令していた。その結果、労働者は同じ賃金でより多く働かなければならなくなる。事実上、賃金の引き下げである。驚くべきことに、六月九日のコミュニケは、労働ノルマの引き上げにはひと言も触れていなかった。

指導部内の分裂は間もなく明らかになる。六月一四日、労働ノルマの引き上げが『ノイエス・ドイッチュラント』紙上で、真っ向から批判された。ところが二日後、労組の公式紙『トリビューネ』では、正反対の立場が打ち出された。同紙は引き上げを支持したのだ。指導部が内部の基本的な不一致を表に出すことなど、前代未聞である。それは優柔不断と混乱をさらすことにしかならなかった。『トリビューネ』の記事が、煮えたぎる不満を公然たる抗議に変える引き金を引いたことが、のちに認められている。最初に声を上げたのは東ベルリンの建設労働者だった。

自然発生的な集会が開かれ、労働者らは生産性ノルマの引き上げを破棄するよう要求した。抗議行動はエスカレートし、六月一六日、一万人の怒れる群衆が政府中央ビル「閣僚館」前に集まった。指導部はまたもや混乱したシグナルを送ってしまい、一方で労働ノルマの引き上げの撤回を、他方では単に再検討を表明した。群衆は一段と急進化しはじめた。それらの示威行動は、改革は間近だという期待と指導部に関する憶測のなかで、数日間盛り上がってきていた大きな不安を反映していた。計画性も、系統立った指導や組織もない自然発生的な抗議の爆発だった。だが、一人の労働者が拡声器をつかみ、翌日のゼネストを告げると、たちどころに広範な支持が集まった。六月一七日、ストは東ドイツ全土の三七三の大小都市に広がった。一八六工場の労働者五〇万人が参加した。また、抗議行動はもはやストだけにとどまってはいなかった。他の社会層も合流した――その後五日間に、七〇〇カ所以上で一〇〇万人を超える人びとが参加した。約二五〇カ所の党事務所及びその他の公共の建物が襲撃された。約一四〇〇人の政治犯が刑務所から解放された（もっとも、大方は間もなく再び拘束された）。労働ノルマに関する抗議として始まったものが、体制に対する大衆的蜂起に転化していたのである。

SED指導部はショック状態にあった。抗議行動にはたちまち、予想しなかった勢いがついていた。さらに、警察がスト労働者に同調しかねないという懸念があった。ベルリン駐留のソ連軍司令官は六月一六日、支援要請を断っていた。ところが翌日、おそらく、抗議が制御不能になりつつあると判断し、また東ドイツ警察による秩序回復を当てにできないことから、ソ連当局は考え直した。正午に警告射撃があった。午後零時半、ソ連軍の戦車が東ベルリンの街路をガラガラと走りはじめた。その後まもなく、ソ連軍当局は市内に非常事態を布告、すぐにそれを東ドイツの大部分の地域に拡大し、七月一一日まで続けた。当初、ソ連軍戦車は威嚇によってデモ参加者を静めるねらいで、ゆっくり進んだ。戦車兵らは群衆に手まで振り、代わって群衆の側は、怒りの矛先をもっぱら東ドイツ政権にだけ向け、わずかにでも挑発するのを避けた。だが、不穏な膠着状態は長くは続かなかった。まもなく銃撃が始まった。デモ参加者は一目散に逃げ、散り散りになった。残った人びとの一部は戦車に石を投げつけ、ソ連の占領者に罵声を浴びせた。

六月一七日夜までには、ソ連の力の誇示がその効果を現わしていた。デモ参加者と警察及びソ連軍との激しい衝突が東ドイツの多くの大小都市――とくにベルリンのほか、ライプツィヒ、ハレ、マグデブルク、ビターフェルト――であったが、ソ連の軍事力と戦っても無駄なことは、多くのデモ参加者にたちまち明らかになった。ソ連の最初の戦車がデモ参加者を銃撃したとき、「自由の雰囲気がはかないものだったことは、だれの目にも明らかだった」。当時学校の生徒だったマグデブルク事件の目撃者は、そう回想している。不穏の兆候は数週間残っていたものの、蜂起は終わった。

さまざまな抗議グループが、目の前の経済的苦境の改善のほかに何を望んでいたのかは、必ずしもはっきりしない。大半の人びとが西側資本主義の自由民主主義を支持していたのかどうか、あるいはまた、別のなんらかの特定の政治モデルを考えていたのかどうかは、まったく不確かだ。多くの人がまだ社会主義を信じていた。彼らはただ、真の社会主義社会へのよりよき道を望んだ――そしてユートピア的に望み続けた――だけなのだ。とはいえ、「SED打倒」「政府退陣」「自由選挙」「再統一」「ドイツからの占領軍撤退」といったスローガンを含む諸要求は、東ドイツの存在そのものに、根本的に異議を突きつけた。政治綱領はいうまでもなく、ひとつのはっきりした野党的立場を取れる可能性を欠き、抗議はまとまりを欠いたままにとどまる宿命にあった――システムの根本的改革を求める要求を、よく考えて明確に表現するというより、怒りと深い不満が自然に爆発したのである。それでも、蜂起はSED政権を根本から揺さぶった。

衝突で党職員と治安部隊員一〇～一五人のほか、デモ参加者数十人が死亡した――推定は六〇人から八〇人まで幅がある。反乱への報復は容赦なかった。六月末までに、蜂起に参加した六〇〇〇人以上が、その後さらに七〇〇〇人が逮捕され、長期の懲役判決を受けた。首謀者と見なされた者のうち数人は、なんら公式の法的手続きもふまずに処刑された。波風を立てていると見られてきた党員は、徹底的に粛清された。続く数カ月間、数万人の党職員と一般党員が「挑発者」として糾弾され、地位を解任された。そして、体制が二度と再び統制を失うことがないように、警察と国家治安機関（シュタージ）が著しく強化され、一般市民をスパイすべく組織された周密な情報提供者網に支えられた。

体制に挑む高揚感がデモ参加者をとらえたのは、ほんの数時間だった。だが、ソ連の戦車が東ドイツの街路で抗議参加者に発砲したこと、そして暴動が残忍に鎮圧された記憶は長く残った。反乱は流血と弾圧をまねいた。西側の大国による介入という、一部人びとの期待は幻想だった。（東ドイツ指導部はばかばかしくも、暴動を「米国及び西ドイツの破壊活動組織とファシスト」のせいにした。事実は、国際的紛争に火をつける危険があることから、西側は介入をいささかでも示唆するのを控えたのだ）。当時の人びとが引き出した主要な、はっきりした教訓は、圧倒的な軍事力に対する抗議は無益だということだった。すなわち、ソ連の支えがあるかぎり、SED政権は倒せないということである。一九五三年の失敗した実験を繰り返す気はない。ポーランドとハンガリーが一九五六年に火を噴いたとき、この基本的な意識は、東ドイツに平静を保たせるには十分であった。

弾圧は暴動に対する反応の一面にすぎなかった。弾圧は譲歩も伴っていた。SED中央委員会は数日のうちに、混乱の直接の原因だった不人気な労働ノルマ引き上げを撤回した。そのほか地味ながらも実感できる生活水準の改善が続いた。五カ年計画（一九五一～五五年）の工業生産目標は、消費財への支出をある程度増やして重工業への支出を減らすように調整された。一方、小学校から大学までの教育改革も、労働者階級家庭の子どもたちに社会的進出の道を広げることを目指した。誕生以来、体制の価値観のなかで成長した新世代は、絶え間ない反西側プロパガンダにも影響されて、一九五三年当時よりもっと堅固な、将来の政治的支持基盤を形成していった。

大方の人びとは体制の要求に順応した。しかし、順応は同意とは違う。服従が奨励されただけでなく、強制された。体制による制約と服従の強制、西ドイツより劣る生活水準、治安警察の存在、そしていつどこで糾弾されるか分からないという脅し。こうしたことに対する途方もない恨みがあった。密告とスパイ行為、そして糾弾が社会を貫流し、体制にとっては社会管理の不可欠な基礎になった。協調しない人びとは、少なくとも自分と家族の生活水準に影響する重大な不利益——例えば住宅、仕事、教育で——をこうむる。非協調的行動に絡んで、もっと大きな障害に直面する人びともいた。まだ不満を公然と示す少数の人びとにとっては、暴力による威嚇が常にあった。体制の狭い限界の範囲内を除き、基本的に自由を欠いていることで、結局のところ、その体制は管理と抑圧のメカニズムに依存していたのだ。体制そのものを取り除かない限り、これを変えることはできなかった。

皮肉なことに、一九五三年六月の暴動はウルブリヒトを救った。大衆の抗議を前にして彼の指導は揺らいでいた。暴動直後のベリヤの逮捕は、モスクワで東ドイツの方向転換を支持してきた者たちに逆向きのサイが投げられたことを示していた。モスクワは体制を支える必要があり、党内の粛清が敵を排除しSEDが国家統治への支配を引き締めるにつれ、ウルブリヒトの立場ははるかに強まった。もしウルブリヒトを排除していれば、それは弱さと見られ、一層の要求を招いていただろう。ソ連指導部は、ベルリンの忠実な強硬派を排除しようとすることで、面倒事を増やす気はなかった。フルシチョフによる一九五六年のスターリン批判と、次いで、とりわけ同年秋のハンガリー暴動の後の東側ブロックの不安定化が、再びウルブリヒトを救った。それは、鉄のたがを緩めると何が起きかねないかをあらためて示した。その結果、ウルブリヒトは批判者を黙らせ、自らの立場を再び強化することができたのである。

西ドイツが再軍備に次いで国家主権を獲得したことで、モスクワが統一中立ドイツの追求を断念し、東ドイツの存続を受け入れたことによっても、ウルブリヒトは救われた。ソ連がこれ以上の賠償を放棄したのは、このことを示す一つの兆候だった。賠償は東ドイツ経済を大きく阻害していたのである。もう一つの兆候は、ソ連による借款の供与と東ドイツ駐留ソ連軍への経費負担の制限だった。国際的にも東ドイツはいっそう緊密にソ連に結びついていた。一九五三年六月の事件が示したとおり、その運命は完全にソ連の支えに依存していた。一九五五年五月、東ドイツは新設のワルシャワ条約の加盟国になり、その後の数十年間、国際問題ではもっとも確固として忠実なソ連の支持国であり続けるのである。

一九六一年八月に始まるベルリンの壁の建設は、東ドイツに対するソ連の接し方の変化と、一九五三年暴動の衝撃後の国内の変化が行き着いた結果だった。ソ連と東ドイツの政権にとって、壁は永続的な安定をもたらした。東ドイツの国民にとっては、壁は変えようのない現実を受け入れることを意味した。

東ドイツの劇的な事件ののち、ソ連はフルシチョフが一九五六年二月に行った世界を驚かせる演説の影響が出るまで、東欧の衛星諸国でその後大きな騒乱には直面しなかった。その間の年月は、共産党指導者たちがさまざまな形でソ連の「新コース」に適応しようと努めるにつけ、東側ブロック全域が落ちつかなかった。だがフルシチョフは、指導者としての自分の優位をいったん確立すると、東側ブロック諸国をより緊密に結合しようとした。一九五五年五月のワルシャワ条約機構の結成は、西ドイツの再軍備に即応したものだったが、これは重要な一歩だった。ソ連とユーゴスラヴィアの共産党の関係を復活する五六年のティトーとの和解もそうである。だがしかし、フルシチョフ演説直後の月日、今度は、ソ連は東欧におけるその権威への前例のない挑戦を受けることになる。五三年夏の東ドイツの暴動さえかすませてしまうような挑戦だ。

ポーランドとハンガリーで起きた問題は別個のものだったのだが、ソ連から見れば間違いなく、相互に関連していた。ポーランドの政情不安は一九五六年の秋、ハンガリーの反乱状況の高まりがもたらす一段と大きな脅威となって広がった。この二つの国の間には重要な相違点があったが、政情不安には共通の要素もあった。両国とも、党指導部に対する異議申し立てがそれぞれの政権を弱体化し、不満をいだく人びとに改革を要求する好機を与えた——東ドイツの場合と同じである。両国とも、長年の反ロシア（そして反ソ連）感情が、きわめて強い国民的帰属意識《ナショナル・アイデンティティ》とともに、共産党支配の覆いの下に根を張っていた。両国とも、知識人と相当数の学生人口が表現の自由に対する制約を息苦しく感じていた。さらに両国とも、消費財を犠牲にした重工業と資本材への優先的支出が、とりわけ労働者階級の間で極度の不満を生んでいた。最後に、いずれの国の場合も、とくに一九五六年二月のフルシチョフ演説のあと、ソ連におけるスターリン後の変化の空気が意識されたことによって、改革を求める圧力が強まってきていたのだ。

ポーランドは一九四四～四五年のヒトラー軍に対するソ連赤軍の勝利を通じて、事実上、共産党〔労働者党、一九四八年に社会党と合併して統一労働者党〕の管理に引き渡されていた。その後の一〇年で徹底的に「スターリン化」され、管理のための巨大な官僚機構と大規模な国家治安システムを作り上げた。一九五四年にもなると、保安省は成人人口のほぼ三分の一を網羅する「犯罪分子及び不審分子」に関する索引カードをもっていた——その情報の多くは、社会のあらゆるレベルに広がった八万五〇〇〇人の情報提供者による告発を通じて得られたものだ。ポーランドの有名な作家マリア・ドンブロフスカは日記のなかで、自国の「大きな苦杯」「失われた社会主義の機会」を嘆いた。

しかしスターリンは「ポーランドに共産主義を導入するのは牛に鞍をつけるようなものだ」と言っていた。スターリンの傀儡の指導者で大統領兼党書記長、ボレスワフ・ビエルートと、副首相兼国防相コンスタンチン・ロコソフスキー元帥（彼はソ連支配の保証として同国にいた）の下で、ポーランド人はモスクワの音楽に合わせて踊るのがまったく面白くなかった。スターリンが死ぬと、その嫌気は一段と目立つようになる。新時代に合わせるため、若干の試みが行われた。農業集団化の措置は党の命令で速度が緩められた。検閲が緩和された。そして一九五四年末、ビエルートの最大のライバルで、長く自宅軟禁下にあった元党指導者ヴワディスワフ・ゴムウカが解放された。次いで五五年、一一四カ国から推定三万人の若者を集めた「ワルシャワ青年祭」で、ポーランド人はより開かれ、統制の少ない外部世界を垣間見た。ビエルートはフルシチョフ演説に出席したあと、モスクワで突然死する。おそらくスターリン糾弾のショックによる心臓発作か脳卒中が原因らしい。ビエルートの死後、後継者のエドヴァルド・オハプは限定的な非スターリン化を継続し、四月には政治犯約九〇〇〇人を釈放・特赦した。彼はこの月、「わが国の政治・経済生活の新たな民主化」についても語ったが、高まった期待を満足させる具体的な政策はほとんどなかった。

六月、ポズナニの工場労働者たちが、それに見合う賃上げを伴わないまま生産性を二五パーセント増やすという、有無を言わさない要請に怒っても（三年前の東ドイツを思い出させることだ）、彼らの不満の訴えは無視された。改革と民主主義の片鱗も見られなかった。それが同月末までに、ポズナニおよび周辺の労働者数万人によるストの口火を切り、東ドイツと同じように、当初の経済的要求はまもなく政治的要求に転化した。「パンと自由」を求める声が、「ロシア人は帰れ」に変わった。囚人が労働者の手で地元刑務所から解放され、衛兵から武器が押収され、党と警察の本部が襲撃された。政情不安が他の都市に広がる恐れが出ると、政権は騒動を静めるためポーランド軍の兵一万人と戦車四〇〇両を投入した。軍部隊はスト労働者に発砲、七三人が死亡し、数百人が負傷した。軍部隊は二日のうちに暴動を抑え込んだが、その背景にある不満を解消することはできなかった。責任は主として、スト労働者への発砲を命じた国防相ロコソフスキー（ソ連人だがポーランド出自）と軍指導部内の多数のソ連人にあるとされた。結果として、軍へのソ連の関与を終わらせる（とくにロコソフスキーの退任）

圧力が高まった。ポーランドにおける共産党支配の民主化(例えば労働者自主管理や議会・地方自治体の再生)と、必須の改革の顔と見なされたゴムウカの復帰を求める要求もあった。

そうした措置に対しては、ポーランド軍と治安機関に影響力をもつ保守派による内部からの強力な反対があった。保守派はソ連とのつながりが少しでも弱体化するのを防ごうとやっきで、モスクワに強硬姿勢を促した。ゴムウカがポーランドを一段と自立する道へ導くのではないかというソ連の懸念は、ゴムウカがロコソフスキーの解任を要求していることによって強まり、一〇月一九日にフルシチョフ本人を含むソ連指導部と高級軍人の大型代表団が、ワルシャワを訪問することになった。続いて、ゴムウカとフルシチョフによる緊張した討議が行われた。ソ連側は両国関係の強化を強く要求。ゴムウカはロコソフスキーと、ポーランド軍にいる五〇人のソ連人軍事「顧問」の解任要求を繰り返した。交渉の進行途中で、ゴムウカはソ連軍の戦車と部隊がワルシャワに向け前進しているとの報を受ける。ポーランド軍戦闘部隊は同市を防衛するため守備位置につくよう命令を受けた。ポーランドとソ連の武力衝突が迫っているようだった。最初に腰を引いたのはフルシチョフで、部隊の移動を停止させるようにとのゴムウカの要請に屈し、目前の危険は去った。一〇月二一日、ゴムウカは滞りなく第一書記として返り咲いた。とはいえ、モスクワに戻るとフルシチョフは不吉にも、「出口は一つしかない――ポーランドの現状に終止符を打つことだ」と話すのを聞かれている。

フルシチョフは数日後、武力衝突の口実を見つけるのはたやすいだろう、「だが、あとでそうした衝突を終わらせるのは非常に難しい」として、即時の軍事介入を断念した。ポーランド人は介入に対し強力に武力抵抗し、そのために労働者民兵を動員するだろう、とソ連指導部は信じていた。差し当たっては「軍事介入を控え」、「忍耐を示す」べきだという合意があった。フルシチョフはその代わりに政治的解決を模索し、ロコソフスキーの解任に不承不承同意。ロコソフスキーは一〇月二九日に国防相の地位を解かれた。モスクワがポーランド情勢の沈静化を目指していることを示すもう一つの兆候は、ポーランド・カトリック教会の長、ヴィシンスキ枢機卿を一〇月二八日に、一九五三年以来の拘留から釈放したことだった。

大集会で大々的に示されたゴムウカへの大衆的支持――数カ所の主要都市で一〇万人以上、ワルシャワでは五〇万人――これがおそらくフルシチョフに全面的対決を思いとどまらせたのだ。ゴムウカの方では、ポーランドがワルシャワ条約の忠実な加盟国としてとどまることを請け合い、これに反対を表明する人びとを公然と非難した。彼は市民に向け、仕事に戻り、示威行動をやめるよう熱心に説いた。しかしながら、間違いなくもっともソ連側を熟考させ、フルシチョフに軍事介入を命じるより和解を探る気にさせたのは、ハンガリー情勢の悪化だった。情勢は一九五六年一〇月二六日までに、すでにポーランドよりもはるかに危険な危機にまで沸き立っていた。そして、それに対処するために、ソ連はポーランドを平穏にしておきたかった――それどころか、ポーランド指導部の支持がほしかったのである。

まもなく本格的な革命に発展する状況を解き放つうえで、ポーランドの緊張をはらんだ対立が一定の役割を果たした。ハンガリーは長らく、ソ連ブロックのなかの不安定要素だった。この国は厳しい抑圧によって管理されており、スターリン主義指導部に対する広範な不満は隠しようもなかった。ラーコシ・マーチャーシュは戦時のモスクワ亡命から帰国。長く激しい闘争の末、はるかに人気のある小地主党を粉砕し、自らの支配力を固めて、スターリン主義の流儀で、ハンガリー共産党による支配への道に自らの権威を刻みつけていた。次いで一九四九年、モスクワの路線に盲従して、(「ティトーの逸脱」を支持し、西側情報機関に関係したとして)元内相ライク・ラースローの見世物裁判と処刑に同意し、ハンガリーの「小スターリン」としての資質を見せつけた。だが、スターリン死後のソ連の「新コース」の導入で、ラーコシの時代は残りいくばくもなかった。

経済が危機に陥り、農民は集団化に抵抗、労働者は賃金低下のためにストを打ち、刑務所は満杯になるなか、ラーコシら党指導部は一九五三年六月、モスクワに召喚され、振る舞いをただすよう、きっぱりと申し渡される。ラーコシの「高圧的で傲慢なやり方は」とソ連指導部は彼に告げた。「数々の誤りと犯罪」を生み、ハンガリーを「破滅の淵にまで」追い込んでしまった、と。そんな告発にもかかわらず、ラーコシは党首にとどまりはしたが、首相の地位はナジ・イムレに明け渡さざるを得なかった。ナジは農業集団化の速度に反対したため一九四九年に政治局を追われたが、国民の間で人気があり、幻滅していた共産党員らの希望だった。

これによって、共産党指導部内に重大な亀裂が口を開けた。このことが同国で高まる政情不安を促進し、ラーコシに対するモスクワの信頼欠如をあらわにし、代わりとなる魅力的な指導形態を示唆するうえで果たした役割は、決して小さくない。ナジは間髪を入れず、消費財の供給を改善するための経済改革を提唱する。さらに急進的に、草の根での民主化によって共産主義を活性化することを提案した。彼は国民感情と民主的社会主義を織り交ぜる新たな「愛国人民戦線」に組織された大衆的支持基盤を思い描いていた。ナジの計画では、共産党は指導的役割を果たすけれども、単に上から支配するのではなかった。これは当然、ラーコシと党内強硬派にとってはタブーだ。一九五五年初めごろには、ナジに対するラーコシの策謀は奏功していた。ナジはイデオロギー的「逸脱」を非難され、党政治局から、次いで同年末には党そのものから追放された。

したがって、ハンガリー情勢は一九五六年二月のフルシチョフ演説が新たな、ひどく不穏な風潮を生み出す前に、すでに壊れやすくなっていたのだ。知識人や学生は、ナジが切り開いた共産主義への民主的な道筋の展望に刺激され、また抑圧と検閲に怒って、ハンガリーの将来についての激しい政治討論に加わった。労働者たちは「労働者の国家」であるはずの国での待遇に激怒し、「吸血鬼の政府」に搾取されていると感じていた。数々の労働者グループが若い知識人たちに会い、ますます多くの人びとが参加する討論に加わりさえした。討論の多くは「ペテフィ・サークル」（一八四八年にハンガリー独立を求めた革命闘士にちなんで命名）によって組織されていた。ラーコシを追放し、ナジを後継に、との呼びかけが飛び出したのは、一九五六年六月にブダペストの夜の集会に六〇〇〇人も集めたペテフィ・サークルからである。モスクワは反応した。ラーコシは七月に――公式には健康上の理由で――順当に辞任した。ところが、後任はナジではなくて、不運なゲレー・エルネーだった。イデオロギー的にはラーコシと似たり寄ったりの人物だ。

深刻な動乱は長く待つまでもなかった。「ブダペストの秋」の始まりは一九五六年一〇月六日、名誉回復されたライク・ラースロー――元は治安のトップだが、いまや思いもよらない自由化の希望のシンボル――の厳粛な再埋葬に集まった数万人のデモ参加者が、政府攻撃の声を上げたときである。一〇月二三日にもなると、ポーランド情勢に刺激されて、ブダペストその他の都市で学生が主導する示威行動が急進的な要求を突きつけた。要求のなかには、ナジを首相に再就任させること（党員資格は一〇日前に回復していた）、ソ連軍の撤退、テロによる抑圧の責任者の処罰、そして共産党の独占支配を終わらせるための自由選挙が含まれていた。ブダペスト市内の公園にあった巨大なスターリン像が引き倒され、市内をトラックで引きずり回された。その像には一枚のプラカードが張られ、ソ連人に帰国を勧告していた。「わたしを連れて行くのを忘れないで」の文句が付け加えられていた。治安部隊員がその夜、無防備のデモ参加者に発砲し、盛り上がる反乱に火をつけてしまった。ゲレーは自らラジオ放送に登場し、敵のプロパガンダにあおられたデモ参加者たちの排外主義とナショナリズムを非難した。政府はこのころには恐慌状態寸前だった。

ゲレーはすでに数時間前、ソ連大使館に緊急軍事支援を要請していたが、ブダペストのソ連当局者はモスクワからのお墨付きなしに承認したがらなかった。その夜、ソ連共産党幹部会が承認した。翌日までに数千のソ連兵がもうブダペストに入っていた。その日の午後までに少なくとも二五人のデモ参加者が死亡、二〇〇人以上が負傷していた。

しかし軍事力の誇示に、政情不安を静める効果がないことは明らかだった。非常事態が宣言された。党事務所が襲撃を受けた。ソ連のシンボルが破壊され、ブダペストは大規模ストで麻痺した。進行してくるソ連戦車は、ブダペストの街路に構築されたバリケードをなんとか突破して機動するが、「モロトフ・カクテル」(火炎瓶)や手りゅう弾、さらには軍の兵器庫から持ち出された二丁の対戦車砲のかっこうの標的になった。叛徒たちが武器を捨てれば罪に問わないとするナジ(彼はソ連への軍事介入要請を支持し、一〇月二四日に首相に返り咲いていた)の提案は、徒労に終わった。ゲレーに代わってヤーノシュ・カダル(彼自身、初期にはラーコシの犠牲者だった)が党首に就任しても、情勢の沈静化はできなかった。騒擾は一〇月二五日も続き、デモ参加者らが警察と党職員に撃たれ、今度は警官がデモ側に殺された。諸々の労働者評議会と革命委員会が、中央組織をもたないまま、地区の権力を握った。

平静がひとまず戻ったのは、ようやく一〇月二八日のことで、この日、ナジは彼がいう「国民民主運動」の主要な要求の受け入れを表明した(ナジはその前日、改革派による内閣を任命していた)。彼はソ連軍の撤退と治安警察の解体、大赦、それに農業改革のことを語った。翌一〇月二九日、ソ連軍部隊は実際にブダペストから撤収しはじめた。革命は勝利した、かに見えた。

モスクワでは、ナジの姿勢に当惑した不安なソ連指導部は、それでも一〇月三〇日、ブダペストから部隊を撤収し、大規模軍事介入による対決を避けることを決めた。しかし、ブダペストにいるソ連指導部の使者、ミハイル・スースロフとアナスタス・ミコヤンからの報告はますます悲観的になる。二人はブダペストの党職員に対するさらなる激しい攻撃について述べ、ハンガリー国軍が暴徒側につくことを恐れていた。彼らの見立てでは、どうやってもソ連の利益にかなう形でこの状況を政治的に打開することはできない。「この悪の温床を平和的に始末するのは不可能である」と彼らは結論した。「中立ハンガリー」を求める一〇月三〇日のハンガリー指導部の呼びかけと、ナジ自身がその日、ミコヤンとスースロフに全ソ連軍の撤退とハンガリーのワルシャワ条約脱退への同意を求めたことで、状況の重大さが確認された。新たな軍事介入はしないという決定が正しかったのかどうか、フルシチョフは一晩中考えた。介入の方を選択するのは、ブダペストの状況悪化もさることながら、ソ連が少しでも弱さの兆候を見せれば、西側帝国主義諸国(スエズ危機の渦中、一〇月二九日にはモスクワの中東の同盟国エジプトに攻撃を仕掛けている)に付け入られるという恐怖だった。さらに一段と真剣な判断として、ソ連の弱さが――すでに隣国のルーマニアとチェコスロヴァキアで報じられつつあるように――東欧のほかの地域への政情不安の拡散を促すということがあった。ソ連指導部が十分認識していたとおり、伝染は重大な危険だ。それが決定的な要素だった。その結果、フルシチョフの主導で、ソ連指導部は以前の立場を転換し、一〇月三一日、「反革命を撃退する」ため、ハンガリーに本格的な軍事力を展開することを、全会一致で決めた。

その日、ソ連軍の増派部隊がハンガリーに入った。一一月一日、ナジはハンガリーのワルシャワ条約脱退を表明し、中立を宣言する。夜にはソ連軍機がカダルをモスクワへ運んだ。数日後にブダペストに戻ったときは、「ファシスト反動」を粉砕し社会主義を防衛するため、ソ連の手で発足させられた「臨時革命労農政府」を率いていた。ナジは一一月四日、ユーゴスラヴィア大使館に避難する。この間、フルシチョフはマレンコフ及びモロトフとともに、中国とユーゴスラヴィアを含む他の共産主義諸国からの介入支持の取り付けに、急いで取りかかっていた。行動を起こす好機だった。うまい具合に西側列強はスエズ危機に足を取られている――もっとも、ハンガリーの暴徒への共感がどうであれ、西側にはソ連の影響圏に介入することで世界戦争の危険をおかすつもりがないことははっきりしていた。ソ連の観点からすれば、スエズは好都合に注意をそらせてくれる問題でしかなかった。ハンガリー動乱の粉砕を決定するうえで、スエズが決定的な役割を果たしたわけではない。しかしながら、フルシチョフが言ったとおり、西側列強が「エジプトで完全な混乱」に陥っているすきに行動に出る用意を、たしかに促したのである。

いまや終幕はすみやかにやってきた。ソ連軍部隊は一九五六年一一月四日の早朝、ブダペストへの攻撃を開始。ソ連軍は今回は、一〇月の時より介入態勢が整っていた。「街頭はソ連の戦車と兵器でいっぱいだ」と、あるフランス人ジャーナリストは記録している。「四つ角ごとに衛兵が配備されている。あらゆる方角から銃撃が行われている」と。ハンガリー国軍は出る幕がなかった。部隊はソ連軍によって兵舎に閉じ込められ、武装解除されたのである。続く三日間、ブダペストその他の都市での戦闘は激しかったが、一一月八日までにほぼ終わった。三日間の死傷者はハンガリー人が約二万二〇〇〇人、ソ連兵が二三〇〇人近くに上った――革命の規模を示す一つの指標だ。報復はただちに始まった。一〇万人以上が逮捕され、三万五〇〇〇人が「反革命行為」のために裁判にかけられ、二万六〇〇〇人近くが懲役刑、六〇〇人が処刑された。推定二〇万人のハンガリー人が長い国外亡命生活へと逃れた。ナジ本人は、安全を保証するとのうその約束でユーゴスラヴィア大使館からおびき出されて、ソ連治安部隊に捕まる。最初ルーマニアへ送られ、その後裁判にかけられて、一九五八年六月に絞首刑になった。

外交上の代償を支払わなければならなかった。非同盟諸国におけるソ連の威信は、少なくとも短期間、傷ついた。西欧の共産主義者は目から鱗が落ちた。それまではソ連を希望の星として眺めてきたのだが、いまや集団で各国共産党を離党した。共産主義諸国でつくる東側ブロックの崩壊を防ぐことがかかっているとき、このどれもソ連指導者にとってたいした問題ではなかった。ソ連ブロックの統合は、武力によってではあれ、維持されたのだ。それが万事を決する要素だったのである。ハンガリー動乱の粉砕は、ソ連の権力をくつがえそうとするいかなる試みも無益であることを、潜在的な反体制派にみせつける重要な出来事だった。いかなるそうした行動も、容赦なくつぶされるのだと。

紛争の再発を防ぐためには、東側ブロックの生活水準を何年もたち遅らせてきた政策を変えなければならないとの認識は、モスクワにはあった。その結果、資本財支出と消費財支出のはなはだしい不均衡は、少なくとも部分的には修正された。その後数年、ソ連ブロック全体で、生活水準はまずまず上昇する。しかし、一九五六年の嵐の真ん中にあった二国、ポーランドとハンガリーの描いた軌跡は同じではなかった。

「ポーランドの一〇月」がより自由な社会主義の到来を告げるだろうと夢見た人びとにとって、ヴワディスワフ・ゴムウカはひどく期待外れの人物であることが分かった。当初、諸々の兆候には期待がもてた。ゴムウカがフルシチョフとの間で結んだ妥協取り決めの環境が、彼にいくらか行動の余地を与え、彼は最初のうち、波風を立てることなく最大限それを利用した。ゴムウカ政権は前の政権より緩やかで抑圧的でなく、当初ははるかに人気が高かった。治安警察は規模を縮小、権限を削られた——もっとも、有名無実化にはほど遠かったが。ポーランドの知識人と学生は自由な雰囲気を経験した。農業集団化にブレーキがかけられ、農民は自営農地で作物を育てるいくぶん大きな自由を与えられた。ほかのどの領域でも限定的な私営企業が認められた。賃金が上がり、生活水準も概して上がった。そして、ポーランドの政権は物分かりよく、カトリック教会に対し柔軟な姿勢を取った。

とはいえ、ゴムウカは民主主義者ではない。党第一書記としての権力固めに余念がなかった。そして、表現の自由の危険を警戒していた。いずれにせよ、モスクワとの良好関係を維持する必要があることから、自由化には厳しい限界があった。一九五七年までに、芸術と文学における表現の自由に対する統制が再び引き締められた。その直後、国家によるカトリック教会批判が再び始まった。もっとも、教会に対する多くの国民の評価、あるいは反対派のサブカルチャーとして高まる教会の存在を傷つけることはなかったが。そして一九六〇年代初めごろにもなると、農産品自給運動が失敗し、生活水準がいまだ遅れている一方で、党幹部が目立つ贅沢を享受するにつけ、ゴムウカとその政権への幻滅が高まった。戦後一〇年間のようなスターリン主義への逆戻りはなかった。着実かつ永続する改善が成し遂げられてはいた。だが、依然として強制が体制を支えていた。許容される批判の狭い限界を踏み越える者はだれであれ、それを感じた。例えば、一九六四年に文化政策の自由化と検閲の緩和を求める書簡に署名した三四人の作家は、作品の出版や出国を禁じられた。そして、いつものとおり、多数の党職員と警察・治安機関・軍の関係者は、あれやこれやの賄賂によって忠誠を維持させられていた。体制の足場は非常に強固だった。人びとはおおむね体制の要請に合わせ、自分の生活を適当に調整した。ほかのどの国とも同じように、そのことは、変えようのない状況を我慢することを意味した。

ハンガリーでは暴動の規模とそれに続く残忍な弾圧、そして厳格な統制を維持しようとするモスクワの決意のために、当初はカダルの傀儡政権が意味ある改革のできる余地はほとんどなかった。それでも、生活水準を向上させる必要が、結局はカダルに有利に働いた。工業と農業の両分野での行政管理の非中央集権化が、より高い水準の生産を促した。ボーキサイトとウランの輸出も経済成長に与った。体制は安定した。生活水準は上がり、そうした向上が、ほんの数年前には共産党支配を脅かした社会的不満をやわらげた。一九六〇年代初めまでに、カダルは限定的な自由化を実現することができた。政治犯は釈放され、広範な特赦が行われた。文化活動と表現の自由に対する厳格な規制はいくぶんか緩められ、西側のラジオを聞くことも可能になった。知識人は西側と限られた関係を築くことができ、警察によるあからさまな抑圧は抑えられた。「グヤーシュ共産主義」――ほかのソ連ブロックの国より高い消費物資への関心を表わす用語――は、限られた市場経済さえ許した(もっとも、経済問題はまもなく山積しはじめるのだが)。おそらく、一九五五~七〇年の間に、年間の自殺率がほぼ倍増したことは、ヤーノシュ・カダルのハンガリーにはけっして完全な満足感がなかったことを暗示している。それでもハンガリーは、西側の目には、ソ連ブロックでは一番魅力のある顔になる途上にあった。

このように、ポーランドとハンガリーはいささか異なる道を歩んだ。前者の場合、鉄のたがが緩められ、次いで徐々に締め上げられていき、後者の場合は厳しく締め上げられたのち、いくらか緩められたのである。だが、いずれの場合も鉄のたがが完全に外されることはなかった。両国とブロックの他の部分を結びつけていたのは――フリードリヒ・エンゲルスが数十年前に経済について述べたことを言い換えるなら――「最後には」ソ連の権力が問題を決するという事実なのである。たしかに、一九五三年以前に通り相場であったような本格的なスターリン主義に回帰することはなかったけれども、いくらかの新スターリン主義の特徴は、どこでも根強く残ったのだ。

東欧のどの国も共産主義は、実はかつての革命的存在理由《レゾンデートル》を失ってしまっていた。西側の帝国主義的資本主義のそれよりはるかにすぐれた社会を建設するという皮相なプロパガンダがどうであれ、ソ連とその衛星諸国は、現実の目標といえば体制の維持以外のなにものでもなく、革命のダイナミズムも夢想的野心も欠いていた、単なる保守的独裁国家に変貌していた。体制から益を得る党官僚と、おそらく情熱家と真の信奉者を除けば、一般の人びとはどうやら変えようのない政治条件に無関心か、あるいは単にそれに身を任せて、毎日を生きていたのだ。もし選べと言われれば、大方の人はほぼ確実に、究極的にはソ連の力によって維持されるような「現存する社会主義」以外のものを選んでいただろう。現実は、彼らにはその選択権がなかったのだ。共産党支配は異なる衛星諸国ごとの国民的要請に多少合わせて、その鋭い刃先を鈍らせ、修正することもできただろう。だが、体制の根本的変更は問題外であった。

一九六八年にチェコスロヴァキアでさらにもう一つ、ソ連の支配に対する大々的な異議申し立てが起きる。それを別にすれば、一九五六年以降三〇年以上、東欧におけるソ連の権力は、完全かつほぼ無傷のまま存続するのである。

第4章

良き時代

……あなたが素晴らしい時代——「好況」の時代——に生きてきたことを悟るのに何年ものちまで待ってはいけない。

『クイーン』誌（一九五九年九月一五日）

ヨーロッパ諸国の団結のためには、フランスとドイツの積年の敵対を解消する必要がある。どのような行動を取るにも、まずこれら二国を関与させなければならない。

シューマン宣言（一九五〇年五月九日）

　繁栄が西欧の新時代の特徴だった。それは一九七三年の石油危機に伴う衝撃波まで続く前例のない経済成長率によって可能になった。戦争末期近くか戦後の「ベビーブーム」に生まれた世代は、実に幸運だった。最初は第二次世界大戦の精神的・物理的傷痕のなかで、戦後の緊縮の歳月に育ったのだけれど、大恐慌の窮乏も戦争そのものの恐怖も経験していない。そして次には、平和なヨーロッパで、両親や祖父母にはまず想像できなかったような物質的条件を享受した。すなわち、社会福祉制度のセーフティーネット、よくなった住居、完全雇用下の安定した職、教育の受益機会の向上、そして生活必需品だけでなく贅沢品に消費するお金や、他国へ旅行する機会の増加がそれだ。未来を楽観することができた。よき時代に生きていたわけである。

　西ドイツ国民にとって、これはほとんど信じがたい「経済奇跡」の歳月だった。だが、「奇跡」は決して一国に限られていなかった。イタリア人もまさに奇跡的としか言いようのない戦後の経済復興を経験した。フランス人は一九四六〜七五年の間の時代を——たとえ、経済以外の意味では、その歳月の一部は輝かしいというにはほど遠かったとしても——「輝ける三〇年」（レ・トラント・グロリユーズ）としてふり返った。英国人は首相ハロルド・マクミランに「こんな安楽に過ごした時はなかった」と言われ、「豊かな社会」について語った。もっとも、改善はしたものの、「豊かさ」は多くの英国人の生活状態にほとんど波及してはいなかったのだが。その後に実現することになる状況に比べると、国民生活の物質的向上は、もちろん、まださささやかだった。過ぎた過去に比べて、大きかったのだ。一九五〇〜七三年の時期が「黄金時代」と形容されるようになるのは、無理からぬことであった。

　ヨーロッパの南部では、話は違っていた。スペイン及びポルトガルにおける独裁的体制——過ぎた時代の政治的遺物——の重い制約のある、事実上閉じられた経済は、これらの国が北西ヨーロッパで遂げられつつある物質的発展の恩恵を十分に受ける妨げになった。スペインとポルトガルの生活水準は北欧の平均よりはるかに低いままで、顕著な改善が見られたのはようやく一九六〇年代になってからであり、両国が遅ればせながら経済自由化の措置を取り、スペインが国際観光の恩恵を受けはじめたときである（スペインを訪れる旅行者の数は一九五九〜

七三年の間に八倍に、旅行者が落とす金は二〇倍に増えた)。ギリシアでは内戦からの復興が遅く、またスペイン・ポルトガルと同様に人口のほぼ半数がまだ農業に従事しており、同国もまた立ち遅れていたが、持続する高成長が一九七三年までにいくらかの近代化と、生活水準のまずまずの改善をもたらした。トルコは経済的後進性の克服に邁進し、外国投資と米国からの借款に大きく依存しており、お粗末な経済計画と急速に膨らむ国家負債のために成長を妨げられてしまった。

ソ連と中欧及び東欧のイデオロギー的決定要因は、大陸の西側諸国に繁栄と消費社会の出現をもたらした発展を、著しく妨げてしまった。共産主義経済学と国家による厳重な指令・計画は、経済がインフラ整備プロジェクトと軍事支出の方にいびつに傾くことを要求した。その結果、東欧とソ連の諸国民は、西欧諸国の人びとが享受した物質生活面の急速な改善の多くを奪われてしまったのだ。

にもかかわらず、この地域でさえ――抑圧体制下の個人の自由の喪失はかけがえがないことを十分肝に銘じたうえでだが――、生活条件は西側には及ばないとはいえ、恐怖と破壊の戦時中はいうまでもなく、戦前に比べてもはるかによくなった。西欧が享受した「黄金時代」ではないまでも、経済学者はその時代を、少なくとも「銀の時代」とは呼べると考えている。西欧に比べるとささやかではあれ、生活水準は現に向上したのだ。すなわち、貧富差は大幅に縮小した。社会福祉(西欧のそれとは異なるが)は、戦前の大方の人びとが知らなかったような水準の安心をもたらした。住居が手に入るようになった(品質はほとんど並み以下で、選ぶのではなく、割り当てではあっても)。完全雇用が実現した(場所と職種は選択の余地がほとんど、あるいはまったくないが)。それに教育の機会があった(内容が狭く限定され、イデオロギー的品行方正ぶりと政治的後ろ盾によって選抜されるのだが)。西側の多くの人から見れば、ほぼ完全に指令経済の要求によって形成されるライフスタイルには、うらやましいものは何もなかった。東欧の若者たちも、ほかに選択肢がないからそれで我慢していたのだ。しかも、たいていは、つのる不満を抱きながらである。それでも、旧世代の多くの人びとは、明らかな欠陥や限りない制約があるけれども、共産党政権下の生活はたしかに、純粋に物質的な意味では、かつての生活を改善するものだと認識していた。

このあとに到来する時代ではなく、過ぎ去った時代のプリズムを通して見れば、ヨーロッパの多くの人びとにとって、これは前代未聞の「良き時代」だったのだ。一九五〇年代と六〇年代に速度を増した物質生活面のあらゆる広大な変化の背景には、並々ならない経済成長率があり、以前は悲惨と貧困しか知らなかった多くの人びとが、それを「奇跡」と見たのは無理からぬことであった。

「経済奇跡」

繁栄に向けた西欧の驚くべき躍進の主たる原因は、政治指導者の経済運営の手腕に帰することはできない。いずれにせよ、経済政策は国ごとに異なっていた。戦後経済の目覚ましい成長は、実は世界的なものだったのだ。世界のすべての地域（ソ連ブロックの東欧も含め）が、程度に違いはあるものの、恩恵を受けた。日本の成長はヨーロッパのどの国をも凌いだ。米国とカナダも、ヨーロッパよりわずかに低いものの、高度な成長を経験した。目覚ましい経済成長のおかげで、ヨーロッパは過去の破滅的な数十年に米国に譲り渡してしまった地歩を、ある程度まで埋め合わせることができた。世界貿易に占めるヨーロッパのシェアは上昇した。一九六三年までにフランスと西ドイツ、英国は三カ国だけで世界の製造品輸出のほぼ五分の二を占めた。米国は五分の一弱である。ヨーロッパその他の工業化が進んだ西側地域は、自国が輸出する製品の価格が上昇し続ける一方で、発展途上国からの食料・原材料の輸入コストが低下したことからも利益を得られた。

この並々ならぬ経済成長は世界戦争に続く特異な環境から生じ、繁栄と社会的利益を増進する好循環を引き起こした。部分的には、成長は二度の世界大戦と大恐慌の間に失われた地平からの、自然な景気回復だった。しかし、それは「標準的な」景気回復、通常の景気循環ではなかった。多くのファクターがその説明の助けになる。累積需要の解放、低コスト労働力の巨大な蓄積、それに何よりも、いまや民生用に利用できる戦時中に達成された大きな技術的進歩。これらすべてが、爆発的成長の理由の大きな部分を占めている。荒廃した大小都市を再建する必要が成長を後押しした。そして、重要な製造部門における技術と労働力への大規模投資が行われた国、例えば西ドイツでは、高い経済成長率がそのあとに続く傾向があった。英国のように製造部門への投資が遅かった国では、成長率はいつまでも低いままだった。投資の多くは、当初は巨大なインフラ開発プロジェクトへの公的支出によるのだが、これが成長をもたらし、それが景況感を促して、さらなる投資につながり、好ましい成長スパイラルを生んだのだ。大恐慌の教訓とケインズ経済学の発展が大型の経済刺激をもたらすにつけ、とくに復興の初期段階では、国家の役割がこのスパイラルの重要な部分だった。一般に、経済の公共部門と民間部門は、互いに対立し合うよりも、協力し合えると考えられていた。

持続する成長に大きく貢献した要素の一つは、国際貿易の大幅な拡大である。世界の輸出は、とくに工業製品の力強い伸びを受けて、一九五三〜六三年の間に金額ベースで倍増、次の一〇年間に三倍増以上になった。西欧の成長は初期の局面で、マーシャル援助の採用に伴う貿易自由化と国際市場の復興によって大いに促進された。終戦後最初の数年間の価格管理とその他の貿易規制が解除され、通貨が安定して市場経済が機能するにつれ（国家による計画と介入で自由市場の最悪の影響を調節しつつだが）、西欧諸国は拡大する国外市場へ輸出しはじめる。先導したのは西ドイツだ。同国の外国貿易は一九四八〜六二年の間に、驚異的な年平均一六パーセントの伸びを示した。そして一九五〇年代を通じて次第に――一九五七年のローマ条約によってヨーロッパ経済共同体（EEC）が結成されると、なおのこと――大陸の西欧諸国は相互に輸出し、五〇年代末までにヨーロッパ域内貿易を二倍増以上に押し上げた。

短期の小さな中断を伴いながら一九六〇年代末まで続いた高い成長率は、並々でなかったばかりか、歴史的にも特異だった――六〇年代末は、一九七三年のアラブ＝イスラエル戦争の結果、アラブ産油国が西側に課した石油価格急騰に直面し、経済状況の変化に伴って成長は次第に弱まった。資本主義の発展において、これはまったく例外的な時代だったのだ。利益を最大化する追求は、西欧諸国の社会福祉を犠牲にしてではなかった（とはいえ、発展途上国の原材料の低価格を食い物にしたが）。持続する高成長率のために利益が大幅に上昇して（投資の拡大を可能にし）、その一方で実質賃金・給料のアップが可能になり、生活水準の向上をもたらした。同時に、政府はそうした高成長率に伴う完全雇用から利益を得て、社会福祉計画の原資として追加税収を得ることができた。そして、この成長は全般的なもので、さまざまな政治・経済構造を横断していた。西欧諸国の経済はその期間、年平均四・七パーセントの率で成長した。一八二〇年以来の平均成長率二・二パーセントの二倍以上の速さだ。南欧（ギリシア、スペイン、ポルトガル、トルコ）は、低いベースからではあるが、さらに速い率で成長した（年平均六・三パーセント）。東欧とソ連の国家計画経済は、低いベースからではあるが、資本主義の西欧をわずかに下回る一人当たり国内総生産（GDP）の平均成長率を――そして現実に、それほど高くない歴史上の成長率の大幅改善を――示し、経済専門家が「追いつき」と呼ぶ余地を与えた。

成長はもちろん、均等に広がってはいなかった。西欧では西ドイツ――この「経済奇跡」はその国境をはるかに越えた復興にとってきわめて重要だ――と、近隣のオーストリア及びイタリア（とくに北部）で、もっとも大きかった（年率五パーセント前後）。一番低いのは英国で、年率二・五パーセント。アイルランドの成長はそれよりわずかに高かった。長期の平均成長率の三倍とはいえ、アイルランドは依然として経済後進国にとどまった。トルコはギリシア及び南欧のイベリア半島より遅れを取り、一方、ブルガリアとルーマニア、ユーゴスラヴィアは東欧諸国経済で最高の業績を上げた（これも低い起点からだが）。

前に述べたように、ソ連ブロックの成長は重工業に集中しており、生産高の伸びが、西側の経済成長が促進したような顕著に高い生活水準につながることはなかった。急成長する国際貿易からおおむね遮断され、鉄のカーテンの向こう側の国々は、消費ブームを経験することがなかった。そうではあれ、人口の大多数にとって生活条件は一九五〇年代半ばから、たしかに緩やかに改善しはじめた。ソ連では一九五三〜六〇年の間、とくに都市部における慢性的住宅不足と深刻な過密状態を克服しようとして、新しい住宅の建設がほぼ三倍になった。東欧の衛星諸国では、状況は多少ましだったけれども、ソ連ブロックのどこでも住宅供給は西欧の水準をはるかに下回っていた。

どの国でも成長は、農業より製造産業で目覚ましかった。だが農業も、長い繁栄の過程で変化した。農業の生産性は、初めは全般的に工業生産性より低かった。しかし、一九五〇年代と六〇年代、大陸全体で工業分野でのより多い収入を求めて労働力が農業分野から大量に流出すると、それが機械化と集約的農業手法、高収益の作物、それに生産性の急上昇をもたらす技術革新を促した。耕作農地が減り、農業労働力が縮小するなかで、ヨーロッパはより多くの食料を生産するようになりはじめていた。ますます大小都市に集中し、増加する人口を養うために、ヨーロッパはそうする必要があったのだ。ヨーロッパが戦後の「ベビーブーム」を経験するにつけ、人口減少にからむ戦前の病的な不安は、単なる悪夢のように思われた——これは「追いつき」の別の一面で、戦争と経済不況時代の出生率低下の反動だった。人口減は不可逆と思われていたフランスでは、戦後の数十年に三〇パーセント近い人口増加があった。大幅増加は東西のヨーロッパ諸国でも起きた。例外はギリシア、ポルトガル、アイルランドといった貧困諸国で、とくに農業関係の労働者が好景気に沸く他国の産業に雇用と高賃金を求めるにつれ、実際の人口喪失に見舞われた。繁栄した大陸の西半では、出生率は一九五〇年代半ばまで上昇し、戦前の減少を逆転させたが、貧しい南欧と東欧では出生率は低下した。幼児死亡率は事実上、東欧、西欧ともすべての国で顕著に下がった。

すでに戦前から広がっていた農村部からの人口流出が加速した。戦争直前には西欧の人口の三分の一以上が、東欧と南欧では人口のおおむね半数が、農業とそれに関連する職業に就いていた。当時、農業を専業とする人口の割合がごく低かったのは、英国とベルギーだけだった。一九五〇年代と六〇年代に、これが劇的に変わる。例えばイタリアでは、一九五〇〜七三年の間に、農業関係の雇用は四一パーセントから一七・四パーセントに、フランスでは三三パーセントから一二・二パーセントに低下する。これはど劇的ではないにせよ、大陸全体で同様の比率低下があった。農村地帯が過疎化するにつれ、都市化が深刻化した。都市はほぼどこでも規模が大きくなったが、とりわけ以前は比較的開発の遅れていたヨーロッパの周縁地域がそうだった。例えばベオグラードは戦後の数十年で人口が四倍以上になった。キエフの人口は三倍に増えた。イスタンブールも同様だ。その期間にソフィアとブカレスト、それにワルシャワは人口が二倍になり、レニングラード〔現サンクトペテルブルク〕の人口は二九〇万人から四三〇万人に、モスクワの人口は五三〇万人から七六〇万人に増えている。ヨーロッパ全体としては、一九七〇年までに人口の五八パーセント（一九五〇年は四五パーセント）が、人口七五万人以上の都市に住んでいた。その期間、増加率が最大だったのは南欧と東欧だった。

　工業地帯が磁石のように農村地帯から労働力を引きつけるのと同時に、戦前期と比較して、国境を越えた労働力の移動があった。終戦直後の数年は、大方の移民は政治的な動機によるものだった。戦争は東欧で約四〇〇〇万人の難民を生み、大がかりな民族浄化を引き起こしていた。ドイツ人はポーランド、チェコスロヴァキア、ルーマニア、その他の国々からの追放の主要な標的になり、数百万人単位で西方へ向かった。一九四五〜五〇年の間に推定一二三〇万のドイツ人が追放され、その数はその時までに西ドイツ人口のほぼ五分の一に上っていた。その後は、好況に沸く西欧経済の仕事とそれに伴う物質的報酬の魅力が、移民の主要な要因だった。

　一九六一年のベルリンの壁の建設が鉄のカーテンを通る最後の脱出ルートを閉じるまで、西ドイツはその東方の隣国からの労働力の大脱出の恩恵を受けることができた。東ドイツ経済にはきわめて有害な人口流出である。一九六一年以降、新たな労働力資源が必要になった。一九六〇年代初めの好景気の頂点で、年間三〇万人を超す移民が西ドイツへ、同数がフランスへ移動していた。イタリアとスペイン、ポルトガル、ギリシア、それにアイルランドが、仕事とよりよい生活条件を求める国外への移民をもっとも多く抱えていたのだが、間もなくトルコとユーゴスラヴィア、そしてアルジェリアとモロッコを中心とする北アフリカが安い外国人労働力の主要供給減になる。一九七三年にもなると西欧では約七五〇万人の移民が雇用されていて、そのうち二五〇万人が西ドイツ、二三〇万人がフランスだ。着いたとき、温かい歓迎を受けた移民はほとんどいなかった。次いで、大多数ではないまでも多くの移民が、困窮とあれやこれやの差別に直面した。西ドイツが呼んだところの「ガストアルバイター」〔字義通りには客人労働者〕は、単に一時的な居住者と想定され、市民権は与えられなかった。西ベルリンに住む中下層階級の年金生活者、フランツ・ゲルのような年配のドイツ人は、「ドイツ人がもはややりたがらない低賃金労働を引き受ける」トルコ人やユーゴスラヴィア人を見ると、戦時中にいささかの敵意をもって見た「外国人労働者」をしばしば思い出させられた。「ガストアルバイター」自身は、初めはいつも、最後には母国に帰ることになると思い、国外での労働ゆえに離れ離れになった家族を養うため、稼ぎのかなりの部分を本国へ送金する。こうして、彼らがあとに残してきた貧しい国へ間接的に、のどから手が出るほど欲しい外貨収入をもたらした。

英国は異なる道をとり、英連邦の旧植民地領土から安価な未熟練労働力を調達した。最後には国を去るつもりの西ドイツのガストアルバイターと違って、英連邦の市民は永住権と英国市民権を得る道があった――これは移民問題を重大な政治問題にしはじめていた一要因である。移民の数は一九五〇年代初めにはごく少数だった。一九四八~五三年の間にやって来たのはわずか二万八〇〇〇人で、その半数は西インド諸島からである。一九五〇年代で年間の合計が最大だったのは、一九五六年の四万六八五〇人。その当時、英国に入国するより出国する人の方が多く、それは主として旧白人系自治領のオーストラリアとニュージーランド、それにカナダに定住するためだった。五〇年代初めには年間五万人以上、一九六五年には八万人もの英国人が、オーストラリアに向けて国を去っている。一九五九年の移民数は計二万一六〇〇人(このうち約一万六〇〇〇人がカリブ海諸国からで、六〇年代に大幅に増えることになるインド亜大陸組を三〇〇〇人上回っている)。その後、年間移民総数は一九六一年になると、一三万六四〇〇人まで急増した。平均すると、六〇年代を通じ、毎年約七万五〇〇〇人の移民が新連邦から英国へやってきた――例えばフランスや西ドイツへの移民の流入より、はるかに低い数値だ。

成長する経済の需要を満たすために英国行きを促された移民は、全人口のほんの一部を占めたにすぎない。英国内にいる外国生まれの人の人口は、一九六一年で約二五〇万人。フランスとベルギー、それにスイスは人口のなかに相当高い比率の外国生まれの住民をかかえていた。これらの人びとの大方は、外国出身ではなくヨーロッパ人だ。もっとも、フランス在住のアルジェリア人の数は一九五二~七五年の間に、ほぼ二倍の約七〇万人に増えている。一九六二年にもなると、それまで一八カ月間に旧英国植民地から約二三万人の移民が到着し、英国政府は対応を迫る圧力の高まりを受けて、英国への定住許可数を制限する連邦移民法を制定。その後の年月に、さらなる制限措置が講じられた。

移民の規模に関する客観的現実は、いくらかしみ込んだ人種差別的偏見と衝突した。連邦からの移民に対して高まる敵意は、北西イングランドとミッドランド、ロンドンとその周辺の工業地域でもっとも広がっていて、矛先は圧倒的に非白人移民に向かった——明らかに人種差別の表れだった。一九五八年八月、ノッティンガムとロンドンのノッティングヒル地区で、重大な人種暴動が起きた。八月二九日から九月五日まで数夜にわたり、白人の若者数百人が西インド諸島からの移民の住居を襲撃したのだ。六年後、ミッドランドのバーミンガム大都市圏の一部、スメスウィックは、一九六四年の総選挙で、保守党候補ピーター・グリフィスによる恥ずべき人種差別的選挙運動のために、悪名をとどろかせることになった。ここの議席は労働党が確保してきていたのだが、この地区の白人労働者階級は工場閉鎖や住宅不足に苦しんでおり、シーク教徒の少数派住民は、経済的・社会的恨みを食い物にする極右グループの悪辣な人種差別に直面していた。グリフィスは保守党の議席を確保したが、のちに労働党の首相ハロルド・ウィルソンから「議会の鼻つまみ者」のレッテルを張られた。労働党は一九六六年の選挙で議席を奪回した。その間、地方の町議会は人種差別に基づく住宅政策を、公然と追求するようになっていた。

人種差別は一九六八年にも再び火種になる。当時、野党の影の内閣の国防相だったのがイーノック・パウエル。異常に教条的な考えをもった保守党員だが、かつてはすぐれた古典学者で、一九三四年にはなんと二二歳という若さでケンブリッジ大学トリニティー・カレッジの評議員に選ばれた。だが、一匹オオカミの政治家としての評判をもつ時代錯誤的な英国ナショナリスト・帝国主義者だった。彼はきわめて情動的かつ挑発的な言葉づかいで移民問題を取り上げた。一九六八年四月二〇日にある保守党集会で行った演説は、実際、その年の労働党政府による人種関係法に向けられていた。同法は住宅での人種差別の禁止を目的としていた。華麗なレトリックで知られるパウエルは、今後の年月に予想される激しい人種対立の見通しを開陳してみせた。彼は「顔面いっぱいにニヤつく黒人小児」に言及し、さらに——ここは元古典学者らしく——英国の未来を想像して、古代ローマのテベレ川に触れた詩人バージルの「おびただしい血で沸き立つ」という表現を引用したのだ。彼はただちに保守党の影の内閣のポストを解任され、政治キャリアは二度と回復しなかった。だが、その直後の世論調査は、英国民の四分の三がパウエルの考えに同意していることを示した。ロンドンの港湾労働者たちは議会へ行進し、彼を影の内閣に復帰させるよう要求した。人種的偏見は公式には批判されても、むろん続いたのだが、公然と表明するという意味では、その後は政治的には傍流の人種差別主義者とネオファシストの領分になった——彼らの標的になる人びとには脅威だが、支持者はほとんどいず、組織された反ファシスト諸グループと、すべての政党の主流派政治家の双方から激しい反対に遭った。パウエルが呼び覚ました興奮しやすい雰囲気は、じきに静まった。これは労働党政府による人種関係立法のあとの、新英連邦〔第二次大戦後に独立した非白人系の加盟諸国〕からの移民の減少――パウエルが「血の川」演説をしたときは、すでに進行していた――のおかげでもあった。

英国は（戦後の緊縮政策と国家負債にもかかわらず）、ヨーロッパをリードする経済国家として一九五〇年代のスタートを切ったのだが、このころにはもう、七〇年代に経済不振ゆえにちょうだいする「ヨーロッパの病人」というありがたくない評判に向かう途上にあった。戦後数十年の英国の成長レベルは、国際的に比較すれば中程度だった――とはいえ、実は一九世紀の英国の産業優位が絶頂にあったときの成長率の二倍以上ではあるのだが。六カ国グループ（フランス、西ドイツ、イタリア、ベルギー、オランダ、ルクセンブルク）は一九五七年にはヨーロッパ経済共同体（ＥＥＣ）を結成しており、その経済的潜在力が急速に拡大するにつれて、英国の立場は次第に危うくなりはじめていた。

英国の比較的弱い成長率は、逆説的だが、ある程度は戦時の勝利の結果だった。とりわけ高い成長率を記録したのは、おそらく驚くまでもないことだが、戦争の損害が甚大だった国々――ドイツ、オーストリア、イタリア、それにヨーロッパ以外では日本――、したがって、大々的なインフラ修復が差し迫って必要だった国々である。

ところが、大陸ヨーロッパと比べると、戦争が英国に与えた物理的ダメージははるかに小さく、その政治及び経済の構造はおおむね損傷を受けずに残った。そして、英国は戦争が終わっても、いまだ（おおむね）植民地帝国――一九三一年からは「（英）連邦《コモンウエルス》」と命名――を所有していた。世界列強としての地位が（現実には大いに縮小したにせよ）維持され、依然として比較的高い軍事支出水準を伴っていただけでなく、英国の経済エリートたちは英国の優位が続くと確信してもいた。だが、巨額の国家負債（完済はようやく数十年後）に加え、戦勝の結果、時代遅れの生産方式と、技術革新のリスクを冒したがらない自己満足した経営、そして経済効率上の障害であることが次第に明らかになる多数の労働組合が残ってしまった。決定的なのは、英国の投資が主要な競争相手国より少なかったことだ。さらに、経営の権威主義と労組の戦闘性という伝統をもつ英国の労使関係は、次第に競争的になる市場で必要な生産方式の革新を促さなかった。その結果は、英国の輸出の着実な低落である。英国の低落と西ドイツ――戦争の敗者で、戦後の経済成長レースの勝者――の興隆の対照はあざやかだった。

「経済奇跡」の範例たる西ドイツでは、経済再建の努力は、雇用者と従業員の対立を避けようとする試みと一体になっていた。ナチズムと戦争、そして戦後の安い労働力の大量流入は、諸々の構造だけでなく、戦前にあった階級闘争の発想も壊してしまっていた。第三帝国の時代に、「ドイツ労働戦線」は容赦なく破壊された個々の自立した労働組合を、単一のナチ化された巨大集団に置き変えてしまった。これは強制という苦薬を、レジャー施設の改善と「国民共同体」内部での労働者の地位の向上という砂糖で包み、職場の疑似的連帯を強制的に確立したものだった。法外に高い人的・政治的代償を払ってではあれ、真の労働組合運動が破壊されて一二年間存在しなかったことは、戦後に労使関係を新たに作る基礎を生み出した。瓦礫から再建する緊急性は、ナチスのプロパガンダ以上に、職場における協調を促していた。それに労働力そのものが劇的に変わっていた。戦時の損耗と、難民及び被追放者の大量流入の結果だ。拡大する経済の下で、賃金の上昇と生活水準の向上、そして雇用の安定におおむね満足した、より柔軟で個人主義的な労働力が姿を現していたのだ。労働組合は、英国の因循な多数の職能組合よりはるかに合理的な方針に沿って再編された。ワイマール共和国の例にならって労働者評議会が労使関係に労働者の声を反映させ、一九五一年の法規定が大企業の取締役会に対し、経営判断の共同決定（ミットベシュティンムング）に労働者代表を加えることを義務づけた。よりよい労使関係と、熟練労働力を生むための職業訓練への投資が、次第に大きくなる西ドイツと英国の経済業績の開きに大いに寄与した、と経済学者たちは考えている。

英国の相対的な凋落はまた、おおむね帝国主義の伝統とかつての経済的優位、それに大陸とのつながりより大西洋を越える協力関係と英連邦を優先する姿勢によって形成される政治判断の結果でもあった。瓦礫と化した大陸が戦時の荒廃からの復興に目を向け、経済協力を促進するために最初の措置を取ったとき、他の国々を鼓舞する英国の姿勢には、自らは距離をおこうとする決意が同時にあった。政治的優先課題はさておき、戦後の緊縮政策下にあっても、英国の政策立案者は経済的考慮から距離をおく方を向いたのだ。戦後の最初の数年、鉄鋼と石炭の生産はヨーロッパのほかのどの国をもはるかに凌駕していた。ヨーロッパの協力に加わるより、離れている方が理にかなっているように思われたのである。

英連邦は一九五六年時点で英国の輸出の四分の三を吸収しており、英連邦への英国の執着が大陸ヨーロッパから目をそむけさせたのだが、英国はそのために低落する市場に縛りつけられてしまった。連邦のさまざまな加盟国がヨーロッパの他地域や日本及び米国とのいっそう緊密な関係を発展させるにつけ、一九六〇年代半ばごろには、英国の貿易総量のうち連邦との貿易はわずか四分の一になっていた。だが、英国は拡大するヨーロッパ域内貿易の恩恵を十分得られないでいた。英国が対外通商と、そのころにはますます競争力がなくなっていた経済の自由化に手間取り、選択した道の不利を悟って結局、EECに加盟したいと判断したときには、すでに手遅れだった。

切れ目のない経済成長パターンが最初の行き詰まりの兆候を見せたのは、一九六〇年代半ばのことだ。そのパターンは画一的ではなく、各国経済の動きは異なっていた。例えばイタリアは景気低迷を経験しなかった。活況を呈する輸出と伸びる観光が、イタリアの「経済奇跡」に寄与した。しかし、それでも西欧の多くの国で、困難を示す経済指標が明らかになっていた。労働力不足と賃金インフレ、そして上昇する物価が陰を落としはじめていた。主として労働生産性の向上のために、賃金は急上昇していた。五〇年代の物価上昇よりも速かった。しかし六〇年代初め、過去一〇年間は比較的安定し、少ししか上がっていなかった物価は、西欧で平均して約二〇パーセント上がった。

完全雇用状態にある国の経済では、労働需要は大きかった。労働組合は、戦後数十年間で最大の組合員数を獲得し、実力をふるうことができた。労働争議は一段と日常的になった。デンマークとスウェーデン、ベルギー、フランス、そして――もっとも慢性的に――英国は、労働側の戦闘性にからむ諸問題を経験するようになった。労使関係の悪化はたいてい、過熱する経済のインフレ圧力を抑えようとする政府の試みのあとか、あるいはそれに伴って生じた。ヨーロッパ経済復興のエンジンである西ドイツは、一九六二年の後に成長の鈍化を見たが、インフレを恐れて、融資を削減し労働市場を引き締めた。一時的ではあれ一九六六〜六七年の急激な景気後退の一因となった措置である。ヨーロッパ諸国ではそのほかにスイスとスウェーデン、デンマークがインフレの高進と経済の過熱を抑制する措置を導入した。フランスはすでに一九六四年に抑制措置を取り入れ、それが一九六五〜六六年、新たな景気拡大の前に一時的に景気が後退する原因になった。

西欧全体を通じ、六〇年代半ばの経済の下降は、一九四八年以来続いてきた成長パターンの根本的な綻びというより、一時的な間奏曲だった。だがそれは、一九七三年の石油ショックの始まりが長期間にわたる戦後景気に突然、終止符を打つのを前にした、六〇年代後半のあの騒然とした歳月の前触れであった。

「経済奇跡」は西欧の人びとに計り知れない恩恵を、大陸の南と東の地域にも生活の改善を、もたらした。各種調査によれば、人びとは総じて、一九七〇年代初めには五〇年代よりも満足し、幸福で楽観的だった。高度経済成長にはしかし、当時は多くの人びとが気づかなかった一つの永続するマイナス面があった。それは環境を犠牲にして実現したのだ。環境は、産業革命以降そうだったように、生産性向上の努力、そしてとりわけ製造業の大成長によって取り返しがつかないほど傷ついてしまった。この時点では、引き起こされつつある長期的ダメージにいささかでも注意を払っている人はごく少数だった。「黄金時代」はヨーロッパ人の生活水準を大きく向上させたけれども、環境へのダメージが深刻に悪化する原因でもあったのだ。集約的な農業で農薬その他の化学物質の使用が急激に伸びたことは、作物収量を大幅に向上させたが、それは広く認識されるまでに時間のかかった害を環境に加えた。一九五〇年代以降のエネルギー消費のものすごい増加は、例えば車の所有や旅行の機会の拡大という形で、幸福の増大を反映していた。だがそれは、有害な炭素排出の新記録（例えばドイツでは一九四八〜五七年の間に倍増）にもつながり、その害の大きさはようやく、のちの世代の目に見えるようになるのである。ようやく一九七〇年代以降、環境は重要な政治問題になる——そして、その時になっても、大方の人びとの関心をかき立てるのにてこずることになる。

社会保障制度

経済成長がもたらす好循環の一つは、政府歳入が右肩上がりに増加し、国による福祉給付への支出を大幅に増やせたことだった。完全雇用と消費支出の大幅増に伴い、税収は前例のない率で伸びた。一九七〇年代の西欧の国家予算は五〇年代の二〇倍だった。その結果、各国政府は福祉プログラムにかつてなく多額を支出できる立場にあった。福祉給付と完全雇用は新しい社会の強い要求だった——これは大恐慌の明白な教訓であり、すべての国の戦後政府によって認識されていた。戦後の数十年間は、すべての政党が福祉給付を拡大する必要があるという認識で一致していた。けた外れの経済成長が両方の目標の実現を可能にした——東側では、高い政治的代償を払ってではあれ、かつてなく平等な社会を強制的に創出し、国家による福祉給付を大幅に拡大した共産主義政権の下で。西欧では、これもまた（東側に比べればはるかに度合いは小さいが）社会的不平等を減らして、市場の力とさまざまな形の社会福祉制度を結びつけた自由主義的資本主義の下で。

戦前の社会保障の進歩には多くの隙間《すきま》が残っていた。スカンジナヴィアとドイツ、英国は国民保険制度がもっとも進んでいたが、それでもまだ限界があった。一方、大方のヨーロッパ諸国では、大部分の国民が労災、失業、疾病に対しては最低限の保険（あるいは無保険）で、老齢年金の給付は些少か、まったくないかだった。その後、戦争の結果、寡婦や孤児、難民、そして何より、まだ大量にいる失業者を国が養う必要が大いに高まった。そこで、はるかに包括的な社会保障制度を展開することが総じて必要だった。これは、社会福祉を劇的に改善する必要があるという一般国民の信念、そして、より良くより公正な社会をつくろうとするすべての国の意欲と抱き合わせになっていた。それは愛他主義ではまったくなかった。近代的経済のために有能な労働力を確保するには、福祉給付が不可欠だと広く認識されていたのである。

英国で労働党政府が導入した社会保障の包括的改革の基礎になったベヴァリッジ・プラン〔経済学者ベヴァリッジが一九四二年に提唱した「揺りかごから墓場まで」の社会保険計画〕は、英国以外でも広く評価されていた。スウェーデンも、平等の原則に基づいて一九三〇年代に展開した国家社会保障制度を見事に拡大し、国際的な注目を集めた。スウェーデンは一九四六年に全国民に同レベルの公的年金を、翌年には児童手当を導入し、さらに一九五〇年の統一的包括的教育制度に向けて動きはじめる。続く数年の間に、ほぼすべての西欧諸国が全国民を対象にした制度を導入する。それらは細部は違っていても、それぞれ万人に差別なく物質的福利を保証する、国民のための広範な社会保障枠組みを提供することを目指していた。一九六〇年までには、ほとんどの国が国内総生産（GDP）の一〇〜二〇パーセントを福祉に支出しており、独裁政権のポルトガルとスペインだけが五パーセント以下だった。

基本的には、人びとは収入のなかから、国が管理する保険基金に直接払うか、総合課税を通じて保険料分担金を払い、分担額に応じて相応の給付を受けた。そうした制度の下では、失業という最悪の苦境や労災による身体障碍、そして老齢時の貧困から法的に保護され、一方、児童福祉は家族手当でまかなわれた。一九七〇年までに、西欧市民の圧倒的多数が健康保険と年金制度に加入していた。高齢者と若者、病人、そして働く能力を奪われた人びとが、労働人口の保険料分担金を財源とする社会保障のセーフティーネットに入るという原則は、もっとも弱い人びとを養うためばかりか、強者が弱者を助ける社会の枠組みを確立するうえでもきわめて重要だった。戦前の一〇年からの前進は巨大だ。一九五七年のベルギーは、国民一人当たりで一九三〇年の一二倍の額を社会保障に支出した。イタリアは一一倍、フランスは八倍、オランダは五倍である。すでに一九三〇年代に比較的大金を社会保障に投じていた国々も、いまや一段と多くを支出していた。スウェーデンは六倍、スイスは四倍、ドイツは二・五倍、一九三〇年に最大の支出国だった英国は三三パーセント増である。したがって、社会保障制度はどこでも国家歳出の主たる――そして拡大し続ける――構成部分だった。経済成長が続き、税収からの収入が維持され、社会保障に対する期待が比較的控え目である限り、社会保障制度は戦後西欧社会の最高の誇りとして、花開くことができたのである。

鉄のカーテンの背後のヨーロッパでは、社会保障システムは、戦前は不完全ではあれ西欧のシステムに似ていたのだが、いまや共産主義のイデオロギーによって作り上げられた。もっとも、実際には完全に統一化されることはなかった。社会福祉は国家が完全に管理した。西欧のような民間の保険制度や慈善組織はない。労働者階級に対する給付が決定的な特徴だ。完全雇用が福祉の基本原理とされていた。失業は公式には存在しないので、失業保険はなかった。非生産的と見なされた人びと――年金生活者、障碍者、主婦――は、労働に従事している人より扶助レベルが低かった。国営企業に雇用されていない人も不利だった。そして、平等の原則は現実には、肥大化する官僚たちと腐敗した政治家に高い給付が支払われることで、土台を掘り崩されてしまった。だがそれでも、戦前の東欧のひどい不平等や極端な貧困に比べると、戦後の共産主義体制は、個人の自由に対する厳しい国家管理と制限がどうであれ、国民の大多数への社会給付を改善することに、たしかに成功したのである。

消費社会

「混合経済」――自由市場競争が政府の介入で制御される修正資本主義（ドイツ人がいう「社会的《ソツィアール》市場《マルクト》経済《ヴィルトシャフト》」）――が生み出した繁栄は、包括的な社会変革への扉を開いた。まれに見る経済成長が、戦前のヨーロッパを悩ませていた階級対立の刃先を鈍らせた。恐慌の数年を苦しめた大量失業という妖怪は、永久に死滅したように思われた。完全雇用は間違いなくいつまでも続くように見えたのだ。労働組合は階級闘争の擬似的革命勢力から、徐々に国家による経済計画を支配するようになる政府・資本・労働代表による協調三本柱の一部に組み込まれた。賃金は名目上も実質上も――すなわち、相対的購買力という意味で――増えた。西ドイツ労働者の実質所得は一九五〇年代と六〇年代を通じ、国の「経済奇跡」のおかげで四倍に増えた。これは極端な例である。だが、西欧諸国の大方の人びとは暮らし向きがよくなったのだ。

多くの国で、累進課税が所得の適度の再分配につながった。上位一〇パーセントの所得が占める割合は、わずかに下がり（とくにスカンジナヴィア諸国とフィンランド及び英国の場合）、最低所得グループの所得の割合は少しばかり増えた――とはいえ、所得と富の不均衡が残ったことはいうまでもないが。富の分布という点では、不平等はさらにいっそう目立った。英国では富裕層一パーセントが、五〇年代にはまだ国の富の四五パーセントを所有、スウェーデンでは同じく三三パーセントを所有していた。もっとも、高度経済成長が続き、政府が穏やかな所得再分配政策を追求していた間は、この比率は六〇年代には英国で三一パーセントへ、スウェーデンでは二四パーセントへ向けて低下する傾向があった。ほかの国々についても、似たり寄ったりだろうが、統計的な比較は不可能だ。スイスでは一パーセントの富裕層が六〇年代には国の富の四三パーセントを所有。西ドイツでは六〇年代初め、富の三五パーセントが人口の一・七パーセントの富裕層の手中にあった。東欧の場合、そうしたひどい不平等は過酷な財産没収によって、事実上解消された。もっとも、新たな政治エリート階層は共産主義の基本原理を裏切るほどの富と特権をたくわえることができたのであるが。

繁栄が（あまねく経験されたわけでないのは確かだが）社会に行きわたるにつれ、家庭が所得を生活必需品に消費する必要額は減った。金が余っていることが分かり、少なくとも西欧では、商品を買える幅が急速に広がった。現代消費社会の誕生である。

一九五〇年のヨーロッパは――西も東も――貧しい大陸だった。住宅はおおむね低水準で、多くは温水や風呂、屋内トイレがなかった。どの家族も贅沢品を買う余裕はない。食料はまだおおむね配給制。そして、大方の男性はまだ、きつい肉体労働を課する仕事に就いていた。（賃労働に就いている女性は比較的少なかったが、ありには多数の女性を雇用していた）。方は一様ではなかった。例えば繊維産業では、減る傾向にはあったけれども、まだ多数の女性を雇用していた）。だんだん勢いを増す消費ブームは、西欧と大陸の東部地域を分けた。東部地域では、生活水準が緩やかに上昇しても、西側ではまもなく当たり前になるような家庭用品の種類と入手可能性には、イデオロギー優先からくる制約があった。おおむね低品質の規格化された製品は安価で購入できた。だが、西欧が経験しはじめていた消費ブームは、東側の閉じられた経済の下ではあり得なかったのである。

西欧では消費主義が生活スタイルや嗜好、余暇の点でさまざまな国の人びとを近づけた。これはますます強まる商品の画一性によって一段と容易になった。消費主義は物品の大量生産と製品の規格化を促し、それが生産コストを引き下げ、購買者にとっての価格を安くしたのだ。小規模生産者にとっては、巨大製造企業との競争はますます骨の折れる仕事になる。特定地方ないし地場の好みと違いは、ますます目立たなくなる。ようやく一九七〇年代以降に市場支配を広げるスーパーマーケットは、（供給側に値下げを迫る交渉力によって）大量に仕入れて豊富な品ぞろえを提供することができ、小商店を押しのけた。一方、食料生産は急速に伸び、数年以内に余剰が蓄積しはじめた。家計支出の大半を占めるのは、もはや生活必需品ではなくなった。食物に消費しなければならない金額は減っていった（もっとも、東欧ではまだ、西側に比べて所得に占める割合ははるかに高かったけれども）。深刻な栄養不足は過去のことになった。その代わり、砂糖と脂肪の過多という新たな形の粗悪な食事が、徐々にとって代わることになる。広告が、拡大する多彩な消費財の市場を開拓する波に乗り、新しい産業になった。西欧全域でのコカ・コーラの成功は、新たなマーケティング技術の席巻を示す道標の一つにすぎない。たばこ会社は自社製品のために広く世界をおおう広告を打ったが、その健康リスクはようやく認識されはじめたばかりだった。

繁栄とともに、国庫補助を受けて良質で安い住居が登場し、一九五〇年代には住宅建設戸数が二倍になった。当初は低品質だった。戦後の絶望的な住宅不足があってみれば、質より量だった。新しい住居（アパートと戸建て）が西ドイツでは年間約五〇万戸、イタリアとフランスでは四〇万戸、英国でもほぼ同じレベルで建設が進んだ。北西ヨーロッパの事実上すべての建物が、いまや電気と水道水を備えることになる。けれども、ポルトガルやギリシア、バルカン諸国では六〇年代になっても、半数の家庭しか電気を利用できなかった。一般に各国とも国民総生産（GNP）の六〜七パーセントを住宅建設に支出していた。そして住宅設備はよくなっていた――広くて、ゆとりがあり、快適で、いまや中庭ではなく屋内に風呂とトイレを備えていた。個人の尊厳にとってこれが何を意味したかは、ローマの南に住んでいたあるイタリア農民が生き生きと表現している。屋内トイレがあって野原へ出る必要がなくなったことで、自分が「以前みたいに動物のようにではなく、人並みの人間になったように感じる」と言うのだ。

六〇年代初めごろまでに、大都市ではスラム街が一掃されつつあった。都市計画担当者らにとっては、増大する労働力と急速に増える交通量に対応するため、多くは戦時中におおむね著しく破壊された大小の都市を設計し直す新たな好機だった。郊外地区が拡張され、新たな幹線道路が建設され、時にはまったく新しい町が造られた。古いものを投げ捨て、できる限り速やかに近代化しようとする熱望で夢中になった都市計画担当者もいた。その結果が、しばしば粗悪な建築計画であり、まもなく新たなスラムになり果て、いくつかの都市では市民による荒らし行為の格好の場所になるような住宅プロジェクトだった。産業優先がいくつかの醜悪な都市計画を生んだのは東欧諸国ばかりではない（東欧では一九五〇年代、社会主義リアリズムを基礎に組み立てられた四〇の新都市が建設された。ポーランドのノヴァフタと東ドイツのアイゼンヒュッテンシュタットが代表例）。だが、幸いなことに、戦災に遭わなかったプラハの歴史地区は保存され、完全に破壊されたワルシャワとグダニスク（旧ダンツィヒ）の中心部は華麗に再建された。

雇用のパターンが変わりはじめた。労働時間は一般に短縮された（余暇の時間が増えた）。農業に従事する人口が急減し、過酷な工場労働の従事者数は徐々に減り、「第三次産業」のホワイトカラー労働がかなり増えた。また、一九六〇年代ごろには、労働市場に加わる女性が増えつつあった。一九七〇年にもなると、西欧諸国の被雇用者に占める女性の割合は約三分の一で、デンマークが五分の二弱で筆頭だった。もっとも、働く女性の三分の一はパートタイムだった。一九六〇年代に東欧の共産主義諸国、とくにポーランドと東ドイツの女性の雇用レベルに近づいたのは、スカンジナヴィア諸国とフィンランドだけだった。しかも、東側ブロックでは、パートタイム労働は男女ともほとんど存在しなかった。

一九五〇年代には車の所有者はほとんどいなかったし、旅行はまだ金持ちの領分で、後の世代には当たり前になる家庭用品――電話機、洗濯機、冷蔵庫、テレビ――は珍しかった。五〇年代を通じて、繁栄の広がりのおかげで一般家庭でもそうした品物に手が届くようになりはじめ、さらに、持続する経済成長と急速な技術革新――例えばエレクトロニクス――にあおられて、続く一〇年のうちに手に入る可能性が高まった。五〇年代末ともなると、かつてのひどい欠乏をほとんど、あるいはまったく経験していない終戦直後の「ベビーブーム」の子供たちが一〇代に入りはじめる。彼らの多くが間もなく仕事に就き、自らの消費需要を発展させはじめ、例えば衣服やレコード産業の急速な拡大に寄与した。一方、富裕にはもっとも遠い社会層――急成長する大小都市へ流入した経済移民や海外の旧植民地からの移民労働者、あるいは「ガストアルバイター」――でも、拡大する消費ブームに寄与する（そしてその恩恵を受ける）だけの稼ぎをしつつあった。

家庭用品への支出は、家計のどの部分よりも急速に増えた。冷蔵庫と洗濯機は中産階級の家庭ではだんだん当たり前になり、二〇年のうちに、その価格が下がると、労働者階級の家庭にも買えるようになった。七〇年代初めには、ほとんどの家庭に冷蔵庫があり、食物を貯蔵しておとで使うために、初めてまとめ買いすることができるようになった。そのころには三分の二の家庭に洗濯機があり、女性が退屈な家事労働のかなりの要因からほぼ解放された。五〇年代の大きなステータスシンボルは、テレビがあることだった。英国が先鞭をつけたのだが、一九四六年にテレビ放送が始まったとき、受信契約者数は一七六〇しかなかった。六〇年代半ばにはテレビ台数が英国で一三〇〇万台、西ドイツでほぼ一〇〇〇万台、フランスとイタリアで五〇〇万台、オランダとスウェーデンで約二〇〇万台あった。六〇年代末には西欧のほぼすべての家庭にテレビがあった。家族の娯楽としては、テレビがラジオに取って代わっていた。しかし、小型のトランジスタ・ラジオの発明と廉価での大量生産の結果、六〇年代のうちにはほぼだれでも買えるようになり、一〇代の多くの若者に好まれる媒体になった。ラジオ聴取は、家族ではなく個人の娯楽形式に変わりつつあったのである。

なによりも、車をもつことが新時代の特徴だった。車は一部の人にしか買えない贅沢品から、比較的中程度の所得水準の家庭でも手に入る大量生産品になった。一九五〇年時点では、英国には所有率として、ヨーロッパのどの国より多くの乗用車があった（住民一〇〇〇人当たり四二台）。スペインは当時、西欧グループの最後尾にいて（住民一〇〇〇人当たり三台）、ポーランド及びハンガリーと同水準だった。一九七〇年にもなると、英国の車所有は、同じ測り方を用いるとフランス、ベルギー、西ドイツ、スウェーデン、デンマークに追い抜かれ、イタリアとオランダ、そしてノルウェーがすぐ後に迫っていた。この点、スペインは西欧諸国のなかではいまだ遅れていて、ポーランドとチェコスロヴァキアのすぐ前にいた。

一九五〇年以降の自動車産業の成長は目覚ましかった。ヒトラーは一九三〇年代、ドイツ人に「国民車」（フォルクスワーゲン）を約束していた。だが、フォルクスワーゲンがドイツの「経済奇跡」のシンボルになり得たのは、ようやく一九五〇年代のことであった。剣呑な独裁政治下ではなく成功した民主主義の下で、ついに自動車は多くの国民の手に入るようになったのだ。六〇年代までに、西ドイツはヨーロッパ最大の自動車製造国になり、年間三〇〇万台弱を生産、そのうち一〇〇万台を輸出していた。急速に拡大する需要を満たすため、イタリアとフランスの自動車生産が急増するにつれ、フォルクスワーゲンはやがて、わけてもフィアット及びルノーとの競争に直面して、市場占有率が低下する。イタリア中部の村人たちは五〇年代半ばでも依然、輸送手段として主にロバを使っていたのに、一〇年後には多くが自家用のフィアットを運転していた。主要な自動車産業国のうち英国だけが、労働者の戦闘性の高まりのために技術革新と投資が遅れ、かつては繁栄していた自動車産業を末期的衰退産業に変えてしまった。英国車が信頼性のなさとスタイルの悪さというありがたくない評判をちょうだいするなかで、すばらしく革新的なミニだけが、初期の年月にはロールスロイス、ベントレー、ジャガー、アストンマーチンという高級車市場にあって、全般的低落傾向に抗った。一九六五年までに自動車所有者は急増していた――フランスはほぼ一〇〇〇万人（一九四八年時点では一五〇万人）、西ドイツは九〇〇万人（同二〇万人）、英国は九〇〇万人（同二〇〇万人）、そしてイタリアが五四〇万人（同二〇万人）である。

大きく広がった車の所有は観光旅行の普及に大いに寄与した。だが、チャーター便とパッケージ旅行も登場しはじめ、比較的低料金で外国旅行をする機会を、初めて大量消費市場に向けて開いた。戦前は外国への観光旅行はお金持ちの領分だった。それがいまや万人に可能になったのだ。一九五〇年代半ばにもなると、三〇〇〇万人がヨーロッパ諸国の国境を越えていた。一〇年後にはこれが三倍以上に増えていた。毎夏の主要観光ルートの交通渋滞、鉄道駅と空港の雑踏はそれ以来、ヨーロッパの季節の風物詩の一つになった。観光旅行は、フランコ将軍による独裁政治の年月のあと、依然停滞していたスペインの遅れた経済を救いはじめた。六〇年代後半ごろには、一七〇〇万人の外国人観光客がスペインを訪れ、国庫に貴重な一五億ドル（同国の外貨収入のほぼ四〇パーセント）をもたらした。ヨーロッパの主たる観光目的地はイタリアで、二七〇〇万人が訪れた。フランスは一二〇〇万人、スイス、ドイツ、オーストリアが約七〇〇万人だった。もちろん、だれもが外国へ行ったわけではない。国内観光も栄えた。成熟した観光産業が登場し、ホテルやキャンプ場、ワゴン車メーカー、それに海浜リゾート地で営業する種々雑多な商売が繁盛した。

東欧へ行く観光客は比較的少なく、東欧はこの点でも西側からの消費の流入を阻まれていた。たしかに、ユーゴスラヴィアのダルマチア海岸は西欧からの旅行者を引きつけはじめ、ハンガリーとチェコスロヴァキアには旅行者がポツポツとあった。だが全体として、ソ連ブロックは域内の旅行者に頼らざるを得ず、これらの旅行者は西欧の旅行者に比べると比較的少額しか落とさず、移動には規制も大きかった。

外国旅行、さらには消費主義全般が広がるにつれ、西欧諸国間の違いは小さくなった。若い世代を中心とする人びとは旅行によって、異なる文化や習慣、食べ物、そしてライフスタイルに触れた。異なる国の「姉妹」都市間で友好関係が樹立され、毎年それぞれの都市から団体旅行が行われるようになる。学生・生徒交換が整備される。多くの人が外国語を学ぶ。他国に「ペンフレンド」をもつ人も出てくる。一般の若者が気軽に外国へ旅行できるようになったことで、彼らの両親の世代には克服しがたいと思われた障壁が崩れはじめた。若者たちは異なる国のヨーロッパ人との間に、しばしば音楽や服装、余暇の楽しみで似たような嗜好に出会った。ヨーロッパの国境は意味を減じはじめた。よくある偏見のもとである無知が減った。これらすべてが、一九五〇年代に徐々に始まって、六〇年代後半の大きな活力のなかで急速に勢いを速めるヨーロッパの文化規範の根本的変容を形作ったのである。

統合への踏み石

ヨーロッパがかくも短期間に、戦争の瓦礫と緊縮財政の遺産から繁栄の「黄金時代」へと目覚ましく復興したことで、統合へ向けた最初の試験的な歩みが踏み出される。ヨーロッパの連合へ向けた長い、うねった果てしない道中のどの一歩も、曲折に満ちたものになる。道路の穴は避けなければならないし、障害は飛び越えなければならず、回り道もしなければならなくなる。とりわけ、そしてそもそもの初めから、どのような歩みを踏み出したところで、それが最初は小さなものであっても、限定的な経済協力にさえ必要になる超国家的組織と、主権の維持で譲歩したがらない国民国家の立場を折り合わせるという、明らかな難しさがあった。

西欧の統合は最初から、経済的と同時に政治的なプロジェクトだった。第二次世界大戦の災禍につながった両大戦間期の破滅的な経済保護主義を克服する必要は、だれもが感じていた。この一般的な気分を、いささかためらいながらではあれ、統合へ向けた実際的な初期の歩みに変えたのは、三つの要素の組み合わせだった。すなわち戦略的関心と国益、それに先を見通した理想主義である。

戦争の暗黒の日々にも、対独レジスタンス運動にかかわっていた何人かを含む少数の理想主義者は、なんらかの形のヨーロッパ統合を思いめぐらしていて、そうした考えは終戦直後に勢いを得た。ウィンストン・チャーチルがその一人で、彼は一九四六年にチューリヒで行った演説で、破壊された大陸の統合を支持し、将来の「ヨーロッパ合衆国」に関心を示した（英国はそこに含まれないが）。一九四八年五月、ヨーロッパ一六カ国の代表七五〇人（それに米国及びカナダからの参加者）がハーグのヨーロッパ会議に出席。会議はヨーロッパの協力に関する諸々の構想と、一部の代表らによる政治・経済・通貨同盟への呼びかけを表明したが、目に見える成果はなかった。

ヨーロッパの政治・経済協力の方向への多くの重要な動きが一九四〇年代後半にあったが、理想主義者たちが望んだ統合の理念を大きく前進させることはなかった。新たに発生した冷戦が背景にあった。当初は動機がドイツからの脅威の再来に対する防衛にあったとしても、これはまもなく、ひしひしと感じられるソ連の新たな脅威に対する防衛メカニズムの問題に変わった。一九四八年のブリュッセル条約は、経済・社会・文化協力に関する規定も設けてはいたが、依然ドイツに向けて、英国とフランス及びベネルクス諸国の軍事協力を想定していた。一九四九年にもなると、スターリンは明白な危険と見られており、西欧防衛の規定に米国を含めるよう拡大した結果が、北大西洋条約機構（ＮＡＴＯ）の結成になった。

経済の領域では、一九四七年のヨーロッパ復興計画の下でマーシャル援助を分配する必要から、その翌年、ヨーロッパ一六カ国とドイツの西側地域によるヨーロッパ経済協力機構（ＯＥＥＣ）が創設され、これが経済システムの相互依存という理念を醸成する一助になる。ＯＥＥＣは一九六一年には多数の非ヨーロッパ諸国に拡大され、より広範な組織体、経済協力開発機構（ＯＥＣＤ）になる。一九四九年、ヨーロッパ評議会が創設され、多くの分野での協力のための広範な枠組みになった。なかでも重要なのは法的諸問題で、ここからきわめて重要なヨーロッパ人権規約（一九五〇年）が生まれた。少なくともヨーロッパ評議会では、単に個々の国ではなくヨーロッパ的価値意識が、組織の形を与えられたのである。こうした発展のどれも、実は、大いに歓迎されはしたけれども、さまざまなレベルでの協力以上のものではなかった。どれ一つとして、超国家的機関の樹立によって国民国家の権限を乗り越えるものではなかった。事実、どの段階でも国民国家の主権ははっきりと守られていた。米国はソ連の共産主義に対する堡塁として、統合された統一ヨーロッパを強く支持し、マーシャル援助をそのための重要な一歩と見なしていた。だが、英国は政治的・法的主権のほんの一部でも譲ることはおろか、ヨーロッパ諸国経済の統合を断固として拒否し、これがその目標への克服しがたい障害であることがはっきりする。

一九四七〜四九年の間、冷戦の緊張が容赦なく高まり、復讐心に燃えたドイツではなく、ソ連がヨーロッパの平和にとっての脅威と見られるにつけ、米国の戦略上の優先がフランスの外交政策を変えさせた。復興した西ドイツ経済がいまやヨーロッパの再建に不可欠となり、一方で、一九四八〜四九年に連邦共和国樹立のために取られた措置は、ソ連に対する重要な堡塁として、この新国家がヨーロッパの安全保障にとってもつ重要性を反映していた。当然ながら何よりも自国の安全保障を懸念して、まだ警戒心をいだくフランスから、新たな西ドイツ樹立への支持を取りつけるため、一九四九年、ルール地方の石炭・鉄鋼の生産管理がルール国際機関（IAR）の下に置かれた。

この機関はフランスとベネルクス諸国、英国、米国、それに西ドイツの代表による理事会を備えていた（理事会でのドイツの投票は連合国の承認が条件だったが）。当然ながら、西ドイツは連合国がドイツの工業生産を管理することに激しく反発した。朝鮮戦争で鉄鋼需要が高まっているときにあって、国際機関はうまく機能せず、一九五二年五月に解散した。それは新たな組織、ヨーロッパ石炭鉄鋼共同体（ECSC）に引き継がれ、このECSCが石炭と鉄鋼の管理問題をてこに、より包括的なヨーロッパ統合の萌芽を生み出すことになる。共同体の起源は二年前、一九五〇年五月九日のフランス外相ロベール・シューマンの演説にさかのぼる。彼の提案は現実的な国益及び戦略上の優先――フランスの鉄鋼業を拡大し、西欧で競争力をもたせること――と、明確なビジョンをもった理想主義を抱き合わせにしていた。それはヨーロッパ統合の波乱にとんだ道程上の重要な一里塚だった。

シューマンは「平和の維持に不可欠な一種のヨーロッパ連邦の、最初の具体的な基礎の実現につながる」新たな、野心的な超国家的計画を提案した。究極目標である

「統合ヨーロッパ」は、まず独仏間の積年の対立が除去されて初めて実現可能になる、とシューマンは述べた。彼は石炭・鉄鋼生産の共同管理を、出発点として見ていた。だが、石炭・鉄鋼の生産に関する技術的な問題は、さらに広い未来像の一部にすぎなかった。ほかの国々も一つの共同市場に加わって、それが他の生産分野に拡大し、ヨーロッパの平和共存とともに繁栄を促進する。彼はそんな展望を開いて見せた。

シューマンが提示した構想は、とりわけ彼の同国人でフランス計画庁を率いたジャン・モネのものだった。その手腕を中国政府（一九三〇年代）と米国政府（戦時中）に買われ、次いで一九四五年以後のフランスの経済再建の初期段階に重要な役割を果たした元銀行家で実業家だ。モネはいわゆる「シューマン・プラン」の理想主義的な着想のほとんどを提供した。モネは長年の確信的な連邦主義者だった。連続的な改革プロセスを通じ徐々に、漸進的に形を成していく民主的で超国家的な連邦を想定していた。早くも一九四三年一〇月、アルジェでシャルル・ドゴール（彼の独裁的傾向はモネを不安にした）が率いるフランス国民解放委員会、事実上、次期フランス政府の一員として、モネは、ヨーロッパの将来の社会的発展と繁栄には、自由貿易によって統合された一つのヨーロッパが必要だと断言していた。一九四四年には、「ある種の中央の連合」への「真の主権移譲」と、いかなるナショナリズムの復活をも防ぐ、関税障壁のない単一ヨーロッパ市場を通した戦後ヨーロッパの再建が必要だと語っていた。英国とフランスが主導することを期待していたが、英国が進んで参加するかどうかは明らかに疑っていた。四年後、ワシントン訪問の途上で、モネはシューマンにあてて書簡を書き、米欧関係を強化して西側を脅かす危険に対処するためには何が必要かについて、「深く根を張った信念」をこう語っている。「西欧諸国の努力は真のヨーロッパ的努力にならなければなりません。そして西側の連邦だけが、これを達成できるのです」。だがモネは、主権をプールすることがフランスの国家としての立場を侵食するとは考えなかった。逆である。モネは、大陸ヨーロッパにおけるフランスの経済的・政治的優位を回復する手段として、ヨーロッパ統合を見ていたのだ。戦後、モネがフランス経済を大々的に強化し、一方でドイツを永久に弱体化させておく目的で、ザールラントにあるきわめて重要なドイツの炭田地帯と、一段と重要なルールの石炭・鉄鋼をフランスが接収することを提案したとき、彼はフランスの国益を第一にしていたのである。

したがって、紛れもない理想主義の背後には現実的な国家の要請があったのだ。主要な決定要因は独仏関係だった――それはヨーロッパ共同体（ＥＣ）、そしてのちにはヨーロッパ連合（ＥＵ）の永久不変の基礎であることが明らかになる。フランスの優先課題は、西ドイツが再び大きな力を回復する前に、フランスが支配するヨーロッパの枠組みに取り込み、同時に最重要な工業基盤であるルールの石炭・鉄鋼の生産と分配におけるフランスの主導権を強化する(そしてこれを英国の支配から解き放つ)ことにあった。主要なパートナーである西ドイツも、統合には公然の国益があった。首相のコンラート・アデナウアーは連邦共和国を――経済的、政治的、戦略的に――ソ連共産主義に対する防壁としても、また、できる限り早い機会に領土主権を回復する足掛かりとしても、西側に結びつけようとやっきだった。西ドイツにとっては、ルールの石炭・鉄鋼に対する連合国の支配を取り除き、これ以上産業施設を解体するという考えを阻止し、ドイツと他国との対等の権利を確立し、最終的にはザール(一九四七年以降フランス占領下の「保護領」)の主要産業地域を完全にドイツに取り戻すチャンスだった(これは結局、一九五五年の住民投票のあと実現する)。ベネルクス諸国(ベルギー、オランダ、ルクセンブルク)は、実はすでに一九四八年に税関を廃止、共通の対外関税を導入しており、シューマン提案が暗に含んでいる市場の拡大と貿易自由化の国益を説得する労は、ほとんど必要なかった。もう一人のヨーロッパ理想主義者、イタリア首相アルチーデ・デ・ガスペリは自国の長年の経済的弱体と後進性(とりわけ南部、メッゾジョルノ)を克服するチャンスを見た。イタリアは新機構に参加することになる六カ国中の最貧国だったが、デ・ガスペリは、国内の鉄鋼業者からの強力な反対にもかかわらず、伝統的保護主義を終わらせる利点に目を向けた。彼は正しかった。一九六一年ごろには、イタリアの「経済奇跡」は同国を、経済後進国からヨーロッパの先進工業国の一つに変えていたのである。

シューマン・プランを実行に移すにあたっては、国内からの反対に出遭った。もっとも激しかったのは西ドイツ国内で、社会民主党は、西欧への統合は待望の国家統一への障害になると見なした。そしてフランスでは、ドゴール派(同プランは国家主権を制限するとの理由)と共産党(同プランを「資本主義者クラブ」と見なして)からの反対があった。それでもヨーロッパ石炭鉄鋼共同体は、六カ国に限定された形で、一九五一年四月一八日署名の条約によって創設され、五二年七月二三日に発効する。それはフランスと西ドイツ、イタリア、オランダ、ベルギー、それにルクセンブルクの重要な石炭・鉄鋼産業を単一の「最高機関」の下に統合した。ジャン・モネにとって、それは「誕生しつつある『ヨーロッパ』を初めて表現するもの」だった。英国はまだ石炭・鉄鋼生産での優位を確信し、超国家的機関に縛られるのを嫌って、参加の誘いを断った。

最高機関はすべての加盟国の代表九人で構成する政策

決定機関。関税の撤廃と共同市場（当初は石炭と鉄鋼だが、他の領域に拡大する予定）の樹立を目的とするプログラムを取り仕切る。その権限は、国益の保護を保証するため各国政府代表から成る閣僚特別理事会によって制約された。最高機関の行動から生じるいかなる争いをも裁定するため、司法裁判所も設立された。だが、最高機関は「トップダウン」の組織として入念に設計されていた。立法府も適切な議会もなかった。各国議会の議員でつくる共同総会は、単に監督権限があるだけで、立法権はなかった。実際には、総会は最高機関を縛るどころか、その超国家的経済管理への動きを促進したのだ。貿易障壁は徐々に撤廃されはじめたものの、この点での前進は速くはなく、ベルギーとイタリア、そしてどこよりフランスの保護貿易主義が前進を妨げた。シューマンが想定していた政治統合という一段と広い目標の面では、ますます相互依存を強める各国経済の管理のためには、それが明示されないまでも暗に政治的含みのある組織と法がどうしても必要だという認識が高まったほかは、見るべき成果はなかった。

一九五〇年代半ばまでには、ゆっくりではあれ、経済統合に向けたいくらかの現実の前進があった。だが政治的には、モネとシューマンが想定したヨーロッパ構想は行き詰まってしまっていた。これは主として、ヨーロッパ防衛共同体の失敗のためだった。これはフランスが（ドイツ再軍備の阻止を期待して）一九五二年に提案しながら、五四年に自ら議会で否決してしまった構想だ。ヨーロッパ防衛の統合が実現するには、共通外交政策が必要だっただろう。ところが現実には、ヨーロッパ軍の創設とそれを支える外交政策、そして必ずついてくる組織上の取り決めができないために、すでにその名称があった「ヨーロッパ政治共同体」の中核部分をつぶしてしまったのである。不運なヨーロッパ防衛共同体は、事を急ぎすぎたケースだった。フランス（そして、当初は参加が期待されていた英国）のように独自の強力な軍事的伝統をもつ多くの国々に対し、そんな主権の重要部分を、海のものとも山のものとも分からない超国家的事物のために手放すよう過大な要求をしていたのだ。ヨーロッパ統合に向けた順風満帆の前進に期待をかけてきた人びとにとって、手痛い挫折になった事実は隠しようもなかった。

たしかにヨーロッパ石炭鉄鋼共同体は、それを設立したパリ条約が二〇〇二年に失効するまで残存していた。それは気づく人がほとんどいない緩慢な死だった。だが実は、ヨーロッパ防衛共同体の挫折の結果、その勢いを失っていた。その重要性の衰えを示す一つの兆候は、設計の中心になったジャン・モネが最高機関の議長への再選を求めないと決断したことだった。西欧はたしかに、統合へ向けて進むよりも、統合から後退しているように見えた。西ドイツの再軍備、次いで、英国とフランスが過ぎ去りし時代の帝国主義列強のごとくにふるまったスエズでの大失敗は、ヨーロッパ諸国間の共通の大儀への大きな障害のように見えた。しかしながら不思議なことに、スエズの失敗と冷戦における二超大国の自明の優越性、そしてまたアフリカとアジアで高まる反植民地運動は、ヨーロッパの国民国家の国際的立場の弱体化を示すあまりにも明白な兆候だったので、ヨーロッパ諸国が緊密な統合から利益を得られる一つの領域——経済——が新たな勢いを得たのだ。英仏のスエズ侵攻が、英国に金融上の有害な影響があると米国から警告を受けただけで失敗したあと、フランス首相ギー・モレは、米国の優位に釣り合う力はヨーロッパ統合のなかにあるとするアデナウアーの主張を進んで受け入れた。モレとアデナウアーはその後、それぞれの政府内にあった疑念を抑え込み、両国の商品が互いに相手国の市場に自由参入することで合意に達した。それは、ヨーロッパ石炭鉄鋼共同体を形成した「小ヨーロッパ」六カ国の間で、共同市場の創設についてすでに具体化しつつあった一段と広い合意の核であった。

どのような政治的苦悩が一九五〇年代初めの西欧につきまとっていたにせよ、どの国の経済も活況を呈していた。まだ限られたものであるにせよ、ヨーロッパ石炭鉄鋼共同体の経済分野における成功と、かつてのヨーロッパ経済協力機構（ＯＥＥＣ）の使い勝手の悪い枠組みは、いずれも新たな構想への道筋、とりわけヨーロッパの通商のための共同市場の創出における道筋を指し示していた。モネはもはや最高機関の長ではなかったけれども、その着想を促進するうえで重要な役割を演じた。しかし、このプロセスを前に進めるうえでの中心人物は、ベルギー社会主義者の元首相で石炭鉄鋼共同体の共同総会議長、ポール＝アンリ・スパークだった。

英国は提案された共同市場にかかわりたがらなかった。さらに、スカンジナヴィア諸国は一九五二年結成の北欧理事会で、独自の緊密な協力関係を樹立していた。そのため、将来の緊密なヨーロッパ統合に向けた歩みは、最初から石炭鉄鋼共同体の原加盟国六カ国に限定された。六カ国外相は一九五五年、「ヨーロッパ建設に向けた新たな前進」の促進を目指して、メッシーナで会合をもった。具体的には、外相たちは、共同市場に至る関税同盟の創設と原子力の使用に関する統一政策を提言した。メッシーナ会談のあとは驚くほどとんとん拍子に進展し、一九五七年三月のローマでの決定的な時を迎える。ヨーロッパ経済共同体（ＥＥＣ）とヨーロッパ原子力共同体(Euratom)を創設する二つの条約に、六カ国の首相が署名したのである。三年前、ヨーロッパ防衛共同体を創設する試みが失敗し、ヨーロッパ統合は不首尾に終わってしまったかに見えた。それが一九五七年には全速前進していた。新組織の名称が示すとおり、経済統合が優先課題だった。だが、それは終点ではなく、出発点になるはずだった。長期の政治的目標はローマ条約そのものに組み込まれていた。すなわち、これは「ヨーロッパ諸国民の間の、ますます緊密化する連合の基礎を据えること」なのだ。

一九五八年一月一日に発効した条約の中長期的目標は、きわめて野心的だった。経済成長を通して、向上する生活水準を強化・促進することを目指した。労働及び資本の自由移動と貿易規制の撤廃に加え、社会福祉政策の調整とヨーロッパ投資銀行の設立が見込まれていた。その目的は、域内関税のない共同市場の創出である。対外関税は、おおむね引き下げられるけれども維持される。そして、まったく特別な困難に直面している農業は保護される。組織的な配置は石炭鉄鋼共同体を修正したものだった。九人の委員会が執行部を形成した。だが、その権限は各国政府から出される閣僚理事会と、立法権はないが勧告権限のある議員会議——まだ本格的な議会ではない——によって制約される。加盟国間の紛争を裁定するために司法裁判所が創設された。原子力共同体のために別個の委員会と理事会が設置された（最終的には一九六五年にEECのそれと合体）。これら諸々の組織には、一九六二年には約三〇〇〇人（さらに増加中）の公務員による官僚機構が仕えていた。

一九六〇年にもなると、EECは一億六五〇〇万人の人口をかかえ、すばらしい進歩を遂げていた。世界貿易に占める割合を大幅に拡大し、総工業生産は過去一〇年間に七〇パーセント増えていた。原子力共同体の進歩はやや見劣りした。こうした機微に触れる領域では、フランスが安全保障上の国益を守る決意で、西ドイツが原子力を手に入れるのを傍観していたくなかったため、発足当初から明らかな困難——ドゴールが一九五八年に政権に復帰すると一段と大きくなる困難——に出遭ったのである。

EECの早くも初期数年の成功によって、非加盟諸国は独自の組織を作らざるを得なくなった。ヨーロッパ自由貿易連合（EFTA）が一九五九年一一月二〇日に結成され、一九六〇年五月三日に発効したが、これは「周辺七カ国」——英国、デンマーク、ノルウェー、オーストリア、ポルトガル、スウェーデン、スイス（のちにフィンランドが加盟）——をヨーロッパで二番目の経済地域にまとめていた。しかし、EECに比べると、はるかに緩やかな組織で、（その名が示すとおり）純粋に通商のための機構であり、国家主権の希釈化を要求することもなく、究極の政治統合という目的もなかった。また、最重要メンバーである英国の経済業績が悪化したために、発足当初から弱体だった。

英国経済はこのころには、終戦後数年間に短期間享受したヨーロッパでの経済的優位を失っていたばかりか、急成長する大陸諸国の経済に追い越されつつあった。英国の通商力は減退しつつあり、英連邦とのきずなは衰えだしており、米国との「特別な関係」はおおむね片思いだった。したがって、一九六一年にもなると、英国が立場を再考し、EECへの加盟申請を決めようとしていたのは、驚きではない。EECの目下の加盟国にとっては、二つの大きな懸念があった。一つは英国の英連邦との通商関係で、これは引き受けられない。二つ目は、英国がもっぱら自由貿易にしか関心がないことが、EECの長期的政治目標を妨げたり、ひょっとすると損なったりするのではないかという不安だ。英国の加盟申請は実際、条件付きだった——英国農業及び英連邦とのつながり、そしてEEC加盟を希望する他のEFTA諸国との合意についての保証措置である。これは重大な障害だった。英国の加盟申請は、対立するフランスの国益という岩礁にもろに乗り上げることになる。一九六三年、申請はフランス大統領ドゴールの断固たる「ノン」に出遭い、六七年の二回目の申請の際も、ドゴールは英国の加盟に拒否権を行使する。

ドゴールの主たる関心は、英国がEECにおけるフランスの優位を奪い、共同体がもつドイツ＝フランスの基盤を毀損しに来る可能性を阻止することだった。ドゴールはまた、英国の米国との近い関係に不信感をいだいていた。彼の見方では、米国はヨーロッパにおけるフランスの主導権と、大国としての威信に対する主たる脅威なのだ。しかしながら、英国の加盟に対する否定的な立場を別にしても、ドゴールはよくいっても矛盾した性格のヨーロッパ人であり、彼がフランス大統領の地位にあった年月は、ヨーロッパ統合という大義にとって難しい時期だった。ドゴールは伝統的なフランス・ナショナリストで、その信念はフランスのかつての栄光を取り戻し、何よりも米国の優位に対抗して大国としての装いを維持することに凝り固まっており、限定的なヨーロッパ統合がフランスにもたらす利益は現実主義的に受け入れる用意があった。だが、彼が望むのは超国家的権力ではなく、「諸々の祖国から成るヨーロッパ」なのであった。ドゴール版のヨーロッパの連合とは、フランスが優位に立つ一方、ドイツは熱心ながら従属的パートナーで、米英両国の影響は封じられた連合なのだ。彼はフランスの国家主権が大きく侵害されることには猛然と抵抗し、EEC委員会のいかなる強化にも反対だった。共同体のそれをはるかに超えて、フランスの国益が第一だった。

結果として起きた緊張が、一九六五年には公然の対立を招いた。委員会の権限をめぐる問題が表面化したのだ。きっかけは複雑な農業問題だった。一九六二年、うんざりする交渉の末、固定価格と農民への補助金付きで、単一市場を伴う共通農業政策（CAP）の創設が合意されていた。ところが、CAPの財源を手当てする問題が、対外関税収入を握ろうとする委員会の権限拡大の提案、それに、ヨーロッパ議会に立法権を付与する提案と絡み合っていた。そのため、これが実現すればEECの超国家的権限が拡大することになる。これが農業問題を決着させる条件になったとき、ドゴールは——CAPはフランス農民の利益になるにもかかわらず——独自の条件を突きつけた。満足できる条件と超国家的権限の強化についての拒否権を与えられないかぎり、フランスはヨーロッパ諸機関をボイコットするというのだ。

ドゴールがフランス代表団に委員会の交渉からの引き揚げを指示したあと、フランスは七カ月間、これを実行した。その結果起きたいわゆる「空席危機」は一九六六年、不自然な「ルクセンブルクの妥協」によって最終的に解決された。これは「きわめて重要な国益」に絡む諸問題（未定義のまま）での拒否権と、農業問題に関する特定多数決制、それに委員会の弱体化（いくつかの領域における委員会の優先権は、加盟国を代表する理事会の承認を条件とする）を規定した。国益と超国家的組織の折り合いをつけるという根本的な問題は、なんら解決の方向へ向かうどころか、増幅されてしまったのだ。フランスでドゴールが権力の座にあるかぎり、これは変わりそうもなかった。

このころまでには、「ヨーロッパ構想」はいくつかの成功を収めることができた。組織面と行政管理面では、一九六五年にEEC・原子力共同体・石炭鉄鋼共同体の統合が合意され、一定の簡素化が図られた。そして、時として行き詰りながらも、経済面の前進が特に貿易自由化の面で達成された。最後の域内関税が一九六八年に撤廃され、統一対外関税が導入された。貿易の自由化は投資の増大と技術移転、競争の活発化、それに規模の経済とあいまって、ヨーロッパの経済成長を推定一パーセント押し上げた。マイナス面としては、共通農業政策が頭痛の種であり続け、通貨同盟への移行に進もうとする一九六九年の討議は、各国通貨の強さの不均衡（とりわけフランス・フランとドイツ・マルク間）のために、失敗に終わった。しかし政治的には、連合はかつてなく遠い目標に見えた。全方位での統合は一九五〇年以来、一種のヨーロッパ的フォックストロットで進んできていた。すなわち、二歩前へ、一歩横へ、そして一歩下がるのである。実のところ、統合への動きは最初から圧倒的に、国家の動機に突き動かされていた——当初はフランスの優位を確保するため、次いでドイツ国家再建の足場として、である。ますます緊密化する連合という目標は、実際には、ヨーロッパの国民国家によるシステムを補強してきたのであった。

EEC原加盟国六カ国の核は、一九七三年まで拡大されなかった。それ以前、ギリシア（一九六二年）とトルコ（一九六四年）が准加盟国の地位を与えられていた——ギリシアは、軍事クーデターが突然、民主主義を（一時的に）終わらせてしまった一九六七年四月に資格停止になった。マルタ（一九七一年）とキプロス（一九七三年）も准加盟国の地位を得る一方、アフリカの多くの発展途上国に対して、さまざまな工業製品の輸入に対する破格の条件が提供された。しかし、ドゴールが英国の加盟を二度にわたって拒否した結果、EECは一九五七年にそれを創設した元の六カ国「クラブ」にとどまることになった。とはいえ、フランスを除く五カ国は、英国の加盟にはるかに好意的だった。ドゴールが一九六九年四月に退陣し、七〇年六月に大いに親ヨーロッパの保守党員、エドワード・ヒースが思いがけない選挙勝利で英国首相になると、ヨーロッパ共同体（EC、一九六七年からの呼称）を拡大して英国を含める展望は急激に高まった。

フランスの新大統領ジョルジュ・ポンピドーは英国のEC加盟に対し、頑固な前任者よりはるかに寛容だった。理由の一つは、西ドイツの地位との対抗バランスを取る必要を見ていたからだ。西ドイツの経済繁栄と強力な通貨は同国を、疑問の余地のない経済大国に変貌させ、フランス人が当初は当然視していたフランスの優位を弱めてしまった。そのうえ、一九六九年一〇月に就任した社会民主党の西ドイツ首相ヴィリー・ブラントは、東方政策《オストポリティーク》によって東欧との新たな関係構築に乗り出しており、この政策はECとフランスに計り知れない影響を与えた。英国側からすれば、最後に加盟を試みる潮時だった。ヒースは米国には比較的冷淡で、根っからのヨーロッパ人だ。ノルマンディー上陸後、英国陸軍に勤務する間に目撃した荒廃に深く心を揺さぶられていた。同世代のほかの理想主義者と同じく、彼にとってヨーロッパ統合は恒久平和を確かにする唯一の道だった。さらに、国益の観点からして、EC加盟は魅力的な選択に思われた。英連邦との通商が急減するなか、ECに加盟すれば、高インフレにあえぎ労働争議に悩まされて不振状態にある英国経済に、西欧で発展したはるかに良好な共同市場の恩恵を受ける機会をもたらすのだ。一九七一年五月のパリでのポンピドー＝ヒース会談に続き、ブリュッセルで行われた詳細協議で、一九七三年一月一日の英国のEC加盟への道が開かれた。アイルランドとデンマークも同時に加盟した。しかし、ノルウェーの加盟申請は国内に激しい分裂を引き起こす。七一年の国民投票では五三パーセントが加盟を拒否し、ノルウェーのEC加盟期待に終止符を打ってしまった。

ECがいまや九カ国に拡大したことは、新たな、そしてのちに分かるように、いつまでも続く困難を持ち込んだ。すなわち、付かず離れずという英国の姿勢である。ヒースは英国ではごく少数派のヨーロッパ理想主義者に属した。彼の党内には（そして党外にも）、とくに旧世代を中心に、帝国の終焉と英国の地位が事実上ヨーロッパの中等国に成り下がってしまったという事実を受け入れられない人が多かった。大方の英国民はせいぜいのところ、ECには無関心。一方で左派は「金持ちクラブ」と見られる機構に反対した。ECを支持する人でも、たいていは経済的利益が考えられるからであって、それ以上ではない。「ヨーロッパ」は一つの損得勘定なのだ。ヨーロッパ共同体はその後何年もの間、いみじくも「共同市場」と呼ばれた。ECに入れば英国は豊かになるのか、それとも外にとどまるか？　大方の人びとにはこれだけが問題だったのである。

彼らは英国をヨーロッパの一部とは見ていなかった。そして事実、いくつかの重要な点で、英国の歴史的発展は英国を大陸ヨーロッパから分けてきた。英国の数世紀にわたる議会主権と伝統、往古の組織と法制度は侵略や占領によって中断することがなかった。その近代史は、ヨーロッパとのきずなより海外帝国にあった（最近の記憶として、二度ヨーロッパの戦争を戦うのを強いられたこと以外は）。十二進法の貨幣制度と計量制度は（多くの人には残念なことに一九七一年にヨーロッパ貿易の便宜のために十進法化されたが）、人びとに日々、自分たちは大陸ヨーロッパの国々とは違うことを思い出させた。特殊性の意識は、英仏海峡と同様に大西洋を視野におさめる大陸の端の島としての、英国の地理によって高められた。こうしたことすべてが何にもまして、その完全な独立が外部からのいかなる侵入も許さない、国民国家としての英国の長年の独立不羈の国力のなかに織り込まれている。だから、保守党、労働党を問わず政治家と一般市民の大半がその島嶼性を克服し、ヨーロッパという共同体の一員であることを、不承不承ではなく喜んで受け入れるには、大変な説得が必要だった。島嶼性は抜きがたい先入観を生んでいた。英国の南部海岸からわずか約三〇キロメートルのフランスが「外国」と見られたのに、約二万キロメートル離れたオーストラリアは違ったのだ。

むろん時が経つにつれ、とくに若い世代の間では、そうした態度は変化した。だが、英国が、この時まで当然至極にもその中核的加盟国に適合するように進化してきたヨーロッパ共同体に遅れて参加するという事実は、無視しようがなかった。共通農業政策は、英国で怒髪天を突かせざるを得ない領域だった。英国の消費者はいまや、競争力のない大陸の——とくにフランスの——農民に補助金を支給するために、これまでより高い食料品価格を支払わなければならないのだ。すでに効率的な英国農民もかなり利益を得るはずだと言っても、すでに猛烈なインフレに打ちのめされた英国の消費者にはなんの慰めにもならない。こうして「共同市場」は、英国ではいささか不運な形で始まったのだ。だが、加盟しない不利益が実業界と政府によって強調された。疑念がどうであれ、その議論は説得力があるようだった。一九七五年に国民投票にかけられたとき、三分の二の多数が、英国がECにとどまることを支持した。多くの人は一九五七年のローマ条約に正式に記入された「ますます緊密化する連合」の基本的な政治目標を無視し（あるいはそれに気づかずに）、「ヨーロッパ」にとどまるのは拡大された自由貿易地域に所属することを意味し、したがって経済的利益がある、そう考えてこれを支持したのである。にもかかわらず、それは、国の将来にとってはヨーロッパの近隣諸国との関係緊密化が最高の保証になると、大方の英国民が認識していることを示す印象的な結果だった。英国がヨーロッパの一員であるという意識は、とくに教育レベルの高い裕福な社会層の間で、定着しつつあった。とはいえ、「ブリュッセル」（ECの委員会所在地）に発し、それに関連するすべての物事への除去しがたい敵意は残り、経済統合をより緊密な政治連合に転換する目標を複雑化・希薄化させ続けることになる。

一九七三年にもなると、ECは、英国の特殊利害を受け容れるうえで後々起き得るいかなる困難よりも、はるかに懸念すべき問題を抱えていた。米国経済の諸問題、とくに増え続ける国際収支の赤字が、ヨーロッパの通貨の安定に影響しつつあった。英国は一九六七年に、フランスは一九六九年に自国通貨を切り下げていたが、一方で、ドイツ・マルクの異常な強さは、相互の固定交換レートの維持をますます難しくしていた。それがヨーロッパ諸国間の経済的不均衡を反映し、固定レートでの交換可能通貨にもとづく、一九四四年七月の国際合意にさかのぼるブレトンウッズ体制は、一九七一年に放棄され、柔軟な通貨フロート制に移行した。これは実際には、EC諸国間での西ドイツの金融上の優位を一段と強めたのである。

だが、西欧諸国経済への本当の打撃は、一九七三年の石油危機とともにやってきた。これは一九四八年と五六年（スエズの大失敗）、そしてイスラエルに広大な獲得領土をもたらした六七年の六日戦争に次いで、四番目にして最大のアラブ＝イスラエル戦争に続いて起きた。アラブ諸国は当然ながら、六七年六月のイスラエルによる先制攻撃がもたらした領土変更を受け容れることを拒んでいた。これは、以前はアラブ諸国が所有していた広大な土地を取り上げ、ゴラン平原とシナイ半島をイスラエルに組み入れる一方、エルサレム全体をイスラエルの支配下におくものだった。アラブ諸国は静かに報復を計画していた。イスラエルの祝日であるヨーム・キップール（贖罪の日）の一九七三年一〇月六日、エジプトとシリアはイスラエルに対し、初戦はきわめて成功した大規模な軍事攻撃を加えた。だが、イスラエルは強力に反撃し、超大国の介入が同月末に不安定な停戦を工作する前に、(大損害を受けたイスラエル経済を再建する米国の支援の大幅増とあいまって)、主導権をほぼ取り戻した。

　アラブ諸国は西側に対して使える新たな有力な武器として、石油に目をつけた。中東は一九四五年時点で、世界の石油生産のわずか七パーセントしか産出していなかった。一九七三年には、その比率はほぼ五分の二になっていた。戦争のさなか、アラブ諸国の石油相は石油輸出機構(OPEC)のカルテルを通じて、西側石油企業向け石油価格の七〇パーセント値上げと、生産量の二五パーセント削減、米国及びその他イスラエル支援国への石油禁輸に合意した。それは国際紛争における新機軸をしるすもので、石油消費に大きく依存してきた西側諸国の経済に大きな諸問題を引き起こした。西側が助成もし、そこから莫大な利益を得てもいた産油国組織は、劇的な効果をもって自らの利益を守る能力と覚悟があることを示したのだ。石油価格が四倍に跳ね上がることは、ほぼあらゆる経済予測ないし想定に壊滅的な影響を及ぼした。続いて起きたパニックに近い状態は、ECの個々の国が(域外諸国と同様に)独自の一国的解決を探るにつけ、統合の進展が限定的であったことをあらためて示した。

　石油危機は深刻な景気後退をもたらした。深刻さでは第二次世界大戦後初めての景気後退である。より広い意味では、それはヨーロッパにとって新しい時代の幕を開けた。戦後の好況の年月は終わった。良き時代は過ぎ去ったのであった。

第5章

破局のあとの文化

わたしはもはや何にも確信がもてない。

ジャン＝ポール・サルトル（一九五一年）

wop-bop-a-loo-bop-a-wop-bam-boom!

リトル・リチャードの「トゥッティ・フルッティ」（一九五五年）

文化は社会の精神をのぞく窓になる。それは多くのガラス板をもつ窓であり、それぞれのガラス板が異なる色合いに染められている。ある板は不透明だ——あまりに不透明なものだから、それを通しては何も見えない。どの自由な社会でも文化表現はかく変化に富んでいるため、簡潔に要約することはまず不可能であり、解釈の明確な基準線を求めることはきわめて難しい。だが、文化は実にさまざまな形で、戦後初期数十年のヨーロッパの性格を浮き彫りにしている。そして、鉄のカーテンの存在と東欧及び西欧の文化的発展の違い——主として異なる水準の政治的統制の反映——にもかかわらず、さらには文化に対する国民国家時代の紛れもないナショナルな影響があるにもかかわらず、多くの点で一つの共通する文化が、ヨーロッパ大陸を特徴づける主要な存在だった。

　経済がほぼ切れ目なく成長し、いっそうの繁栄がもたらされた一九五〇〜七三年の「黄金時代」には、ヨーロッパ文化はおおむね未来に目を向けていた。これは単に経済発展の前例のない速さを反映していただけではない。ナショナリズムがもたらした過去の深い傷の克服に向けた初期の政治的歩みと、軌を一にしてもいたのだ。ますます高まる楽観主義、すなわち、人類が望むものは何でも達成できるという感覚があった。これは、科学の力に対する宗教的ともいえる信仰とともにあった。ソ連と米国が先鞭をつけた宇宙旅行はそうした信念を裏付けているように思われた。より明るい未来への大きな希望をいだかせた、医学をはじめとするその他の科学もそうである。なによりも、一九六〇年代後半に全面的に表面化する青春礼賛と世代の反逆が、過去との自覚的な断絶を体現していた。ポピュラー音楽がそれを表現する普遍的なメディアだった。西欧各地、そして鉄のカーテンの向こう側でさえ、一九五〇年代半ばのエルヴィス・プレスリー、ほぼその一〇年後のビートルズやローリングストーンズは新たな時代、若者のものである未来を表していたのだ。今の時に目を向けた大衆文化と、さらに、より良き未来が来るという確かな期待のなかで生きることが、おそらく歴史上のいつの時代よりも急速に変わりはじめた社会的価値観の転換に影響を与える一助になった。

　だが、ヨーロッパは確信をもって未来に目を向けていたけれども、過去を忘却することはできなかった。科学者の楽観論は硬貨の一面だった。もう一つの面は、戦後初期の年月の、文芸知識人の間に広くあった——それも故なしとしない――悲観の気分だった。ジョージ・オーウェルは説得的なまでに暗い理由をこう説明している。「一九三〇年ごろからこの方、世界にはまったく楽観する理由がなかった。雑多なうそや残忍、憎悪、そして無知のほかは何も目につかない」。オーウェルは英国人だが、英国よりむしろ大陸ヨーロッパの知識人に特徴的であったそうした絶え間ない絶望はたしかに、経済復興が地につくとともに徐々に薄れ、新しい型の社会批判に道を譲る。批判の多くは憂鬱な過去ではなく、現代の物質主義的消費社会の浅薄さに向けられていた。だが、ヨーロッパが体験したことの恐怖は、折にふれ形を変えて戻ってきた。それは文化表現の避けられない一要素だった。「アウシュヴィッツのあと、詩を書くことは野蛮である」。ナチ時代を主として米国亡命で過ごしたドイツ人哲学者、テオドール・アドルノは一九四九年にこう述べている。これを文字通りに受け取るべきではない。実際、パウル・ツェランの力強い詩『死のフーガ』が、そうではないことを示している。両親を強制収容所で殺され、自身も戦争末期を労働キャンプで過ごしたルーマニア生まれのユダヤ人の手になる作品である。それは強制収容所の不気味な死のイメージを明確に描き、一九五二年にドイツで発表されたあと、広く知られるようになった。ツェランは自分の詩を「一つの墓碑銘、一つの墓」であるとして、アドルノの省察の本質を端的に言い表している。彼は両親の追放と死から完全には立ち直れず、繰り返し鬱の発作に見舞われ、何年ものちの一九七〇年四月、死体がパリ郊外のセーヌ川で見つかった。ヨーロッパが近年、残忍性の奈落へと破滅的に転落したことの意味を戦後の年月に理解しようとして、知識人や創造的芸術にたずさわる人びとが感じた困難を、アドルノは言語化したのだった。

大方の人にとっては、展望は異なっていた。戦時中あるいは終戦後に生まれた人びとは、戦後の緊縮時代を切り抜け、娯楽とすばらしい新世界の体験を望んだ。悲惨な運命に苦しんだ数百万の人びとを含め、二度の世界大戦を生き、戦った多くの人びと、おそらくほとんどの人びとは、過去のことをくよくよ考えたくなかった。無数にいた彼らもまた、より明るい未来を望み、過去の悲惨を思い出させられるのは望まなかったのだ。事実、二度の世界大戦とホロコーストに対する関心は、一九五〇年代と六〇年代には、二〇世紀の最後の四半世紀より低かったのである。それでも、直近の過去の影は、戦後初期の年月には容易に追い払うことができなかった。文化と知的潮流、大衆の思考方法のなかに、近い過去はいつも存在した。願って消えるものではなかったのである。

過去の影

創造的芸術の世界では、第二次世界大戦の影響は哲学や歴史学におけるほど目立たなかった。それは同じままだった。リヒャルト・ワーグナーの音楽に対する戦後の受け止め方が、明らかな一例だ。ワーグナー自身のイデオロギー的反ユダヤ主義、ヒトラーとワーグナー家の緊密な関係、そしてナチの文化の神殿としてのバイロイト（毎年のワーグナー祭の本拠）の利用は、ホロコーストを目撃した世界にあっては、この作曲家の作品を受容するうえで著しい障害になった。ワーグナーほど感情を分極化した作曲家はいなかった。彼の楽劇を天才と偉大さの比類なき作品として賞賛する人びとに対し、ワーグナーとその音楽のなかにドイツ・ナショナリズムと反ユダヤ主義、そして究極的にはナチズムと戦争とジェノサイドの決定的な文化的土台を見る人びとがいた。ワーグナーのバイロイトの劇場、フェストシュピールハウスが五年間、他の作曲家たちによってコンサートとオペラの公演に使われたあと、バイロイト音楽祭は一九五一年に復活し、この作曲家の孫ヴィーラントとヴォルフガングの監督の下で、まもなく再び盛況をきわめるようになった。芸術的な演出でヴィーラントが伝統からきっぱりと決別したのは、戦前のナチズムとの関係をはっきり断ち切るものだった。とはいえ、ワーグナーとナチズムの強い結びつきという汚点は、完全には消し去ることができなかった。

ドミートリイ・ショスタコーヴィチの作品もまた、クラシック音楽においては過去が現在の政治と公然と結びつき得ることを、はっきりと物語っている。彼の壮大な交響曲第7番『レニングラード』は、一九四一〜四三年のドイツ軍の恐ろしい包囲下で飢えるまさにその都市で初演されたのだが、ソ連では国民の計り知れない苦しみの記念碑として、象徴的地位を獲得した。この曲はそのことを越えて、「大祖国戦争」でのファシズムに対する勝利を通じて得られたソ連国民の希望を表していた。だが、ショスタコーヴィチの音楽の実験的形式は、戦前も戦後もソ連当局に激しく批判された。実は、この作曲家がスターリンによる一九三〇年代後半の粛清の、もう一人の犠牲者になるのを救ったのは、ひとえに彼の知名度だったのである。ショスタコーヴィッチは当局の不興を買うリスクを冒し続けた。フルシチョフの「文化の雪解け」の下でさえ、危ない橋を渡っていた。弦楽四重奏曲第8番『ファシズムと戦争の犠牲者を追悼して』は、一九四五年のドレスデン爆撃を追悼して一九六〇年に作曲されたのだが、「ブルジョア的形式主義」として非難されたかつての一連の作品のテーマを反復していた。そして、一九四一年にキエフ近郊であったユダヤ人三万三七七一人――この数字はナチの殺人者たちの記録によって正確に知られている――の虐殺を想起するエヴゲニー・エフトシェンコの詩をもとにした交響曲13番『バービイ・ヤール』は、ユダヤ人迫害をとくに取り出し、ソ連自身の反ユダヤ主義を暗に批判することによって、論争を呼び起こした。

　対照的に、西欧の戦後クラシック音楽界では戦時の破局についての省察はほとんど見られなかった。西欧では過去の意味が異なっていた。人びとはその災厄を思い出させられるより、正常状態への回帰を望んだ。ベンジャミン・ブリテンの一九六二年の『戦争レクイエム』は、その年の新しいコヴェントリー大聖堂――一九四〇年のドイツによる爆撃で破壊された大聖堂――の奉献式典で初演されたのだが、これは例外だった。また、聴衆も概して前衛的クラシック音楽――オリヴィエ・メシアン、ピエール・ブーレーズ、あるいはカールハインツ・シュトックハウゼンの実験的作品など――には共感をよせなかった。聴衆はおおむね現代的なものより伝統的なものを欲した。一般に聴衆は再び、一八世紀と一九世紀のクラシックのレパートリーを聴きに詰めかけたのだ。バッハ、モーツァルト、ベートーヴェン、ブラームス、あるいはオペラではドニゼッティ、ヴェルディ、プッチーニ、そして（ナチとの関係で汚点がついているにもかかわらず）ワーグナーもである。聴衆はアルトゥーロ・トスカニーニやオットー・クレンペラー、ブルーノ・ヴァルター、カール・ベーム、トゥリオ・セラフィンといった指揮者の復帰を歓迎し、ヘルベルト・フォン・カラヤン、ゲオルク・ショルティのような新しい巨匠に満足した。そして、マリア・カラス、ジョーン・サザーランド、ユッシ・ビョルリング、ティート・ゴッビ、ジュゼッペ・ディ・ステファーノら、きら星のごときオペラ歌手に感激した。古い時代のお好みのレパートリーを演じるけれども、すばらしい歌手たちである。一九六〇年代半ばごろには、異彩を放つ米国人作曲家兼指揮者レナード・バーンスタインさえ、クラシック音楽は魅力的な創作力を失ってしまったとほのめかしている。「ポピュラー音楽は」と彼は語っている。「堂々たる活力、創作の楽しみ、新鮮な空気感が見いだせる唯一の領域のように思われる」と。

　ほかの形式の創造的芸術も、過去と未来の間の緊張、伝統的なもの――あるいは少なくとも見慣れたもの――と、前時代の表現形式との決別を目指す現代的前衛芸術との間の緊張を反映していた。ヨーロッパが灰燼に帰したため、絵画における主たる刷新力はニューヨークに移っていた。ジャクソン・ポロックに象徴される米国の影響は、抽象表現主義という急進的形式への移行に目立った。これは大陸ヨーロッパより英国でいっそう歓迎された。とはいえ、その影響は、戦後のヨーロッパで優勢になった当惑するほど多彩な抽象絵画の広がりに見られた。一九五〇年代末までに登場してきた新しい実験的芸術形式は、しばしば常識的感性に衝撃を与えることを狙っていた。そうした形式の一つに、都市の貧困と消費商品のイメージを創造したパリのグループ「ヌーヴォー・レアリスム」があり、それはアンディー・ウォーホルに代表される、別個に発展した米国のポップアートに似ていた。

そうした刷新自体は戦前の芸術運動を参考にしていた。そのうえ、パヴロ・ピカソ、アンリ・マティス、マルク・シャガールらの巨匠はまだ現役であり、若手の急進的画家より多くの客を展覧会に集めていた。いつものとおり芸術の刷新は、伝統的表現形式――このなかにはいまや、戦前には革命的と考えられた形式の多くも含まれる――に対する反逆であると自己規定していた。だが、大方の急進的形式の抽象絵画は、あいかわらず古典派巨匠の作品を見に詰めかける広範な客の関心を引くのに苦労した。戦争はこうして芸術の一つの変化をしるしたが、過去と完全に決別するにはほど遠かったのである。

建築では、過去の影はヨーロッパの大小都市の瓦礫と破壊のなかに、あまりにもはっきりしていた。戦争は一つの明らかな断絶をしるした。再建が緊急に必要だった。だが、経済が破綻したなかでは高くつかざるを得ない。とくに住宅ないし複合商業施設、政府庁舎、次いで新大学のキャンパスに使用されたもっとも典型的な様式は、ブルータリズムだ。これはその材料のベースになる生コン（ベトン・ブリュット）を意味するフランス語から来ている。ブルータリズムは一九三〇年代の合理主義と機能主義を参考にしていたが、前時代の様式を新たに極端化していた。「進歩的」とされ、スイスの建築家で都市計画家ル・コルビュジエら何人かの著名な建築家とつながっていた。そして、急速に世界じゅうに広がって、国際的だった。西欧における影響はさまざまだ。イタリアの公共建築はほとんどどの国よりもすぐれていた。ルイジ・モレッティによる異例の片持ち梁設計のように、斬新な建築が試みられたが、終戦直後の年月にはまだ例外的だった。

ブルータリズムはイタリアにはほとんど浸透しなかった。ほかの国にも大きな例外があった。一つはフランス東部ロンシャンにあるル・コルビュジエ設計の超現代的なノートルダムデュオー礼拝堂。カトリック教会のために一九五三〜五五年に建造され、ニコラウス・ペヴスナー〔ドイツ生まれの英国の美術史家〕が「新非合理主義の記念碑」と呼んだ建築だ。もう一つはミース・ファン・デル・ローエの最後の作品である西ベルリンの新国立ギャラリー。ガラスと鋼鉄が生み出す光と空間の審美的効果を最大限化した一九六八年竣工の建物だ。他方、英国ではブルータリズムは不可避だった。それは視覚的には荒涼として殺風景――むき出しのコンクリートの建物正面、装飾を徹底的に排したガラスと鋼鉄――だった。その様式は戦後の緊縮財政の雰囲気を発散していた（もっとも、財政がそれほど問題でなくなっても、採用され続けたのだが）。それは現代の堅固で実質本位の集産主義的社会を表しているように思われた。とくに後年には、とりわけ「ブルータリズム」建築で生活したり、働いたりする必要のない人びとの間に、賞賛者が出てきた。しかし多くの人にとっては、そうした建物は、初めから美とは無縁のものだった。そしてのちの世代にとっては、都市の中心部にある有名な建物のボロボロのコンクリートは、おおむね魅力的なものではなく、目障りな代物と見なされたのである。

鉄のカーテンの向こう側でも（その名称はないが）一種のブルータリズムが、反ブルジョアの「社会主義的」建築として歓迎された。これは都市計画において、労働者階級向けの安い質素なアパートの建設に力を入れたものだ。深刻な住居不足に対処するための、大量生産、低コストで実用一点張りのくすんだ住宅は、社会主義建築の一面だった。もう半面は、労働者国家の偉大さを誇示することを狙った記念碑的な代表的建造物に見る「社会的古典主義」だった。例えば、ワルシャワの文化科学宮殿（一九五五年の竣工で、地元市民が揶揄する綽名の一つとして「ウェディングケーキ」と呼ばれた）や、東ベルリンの幅九メートル、長さ二キロにわたる堂々たる並木道、スターリン大通り（のちカール・マルクス大通り）がそれである。

演劇では、戦争は完全な断絶というより一つの中断になった。だが、演劇の戦後復興で、過去は避けられない一要素だった。反ファシズムと鋭いブルジョア社会批判が、偉大なマルクス主義劇作家ベルトルト・ブレヒトの全作品を貫いていた。ブレヒトは自らの演劇一座ベルリン・アンサンブルからの誘いに引かれて、亡命から東ベルリンへ戻った（一九五六年八月に同地で死亡）。ブレヒトは戦争のはるか以前から、ナチが破壊する前のワイマール時代ベルリン界のもっとも輝ける星の一人だった。重要な作品の多くは、彼が「叙事詩的演劇」理論を発展させたワイマール期に完成している。「叙事詩的演劇」は、ブレヒトがこの名称も概念もあみだしたわけではないのだが、つまるところ、過去との自覚的な絶縁を意味した。新たな概念化のなかで、ブレヒトは「錯覚の演劇」を拒否する。それは、観客に登場人物への自己投影をさせて、現実を経験しているという錯覚を生み、観客を舞台上の行為から孤立ないし「疎外」させることを通して、理性的省察を誘発しようとする演劇のことだ。

戦後、ブレヒトは劇作家としてより、演劇監督として活発に活動する。だが、彼が書いた演劇は西ドイツで大いに人気を博し――一九六〇年代の公演回数で測ると、シェイクスピアに次いで二番目で、シラーを抜いていた――東西を問わず、ヨーロッパじゅうで（さらにはヨーロッパ以外、とくに米国でも）よく知られていた。東ドイツでは、ブレヒトはドイツ民主共和国に居を定める道を選んだ国際的名声のある作家として、喝采を浴びた。
しかし、この非常に重要な市民も、問題がないわけではなかった。東ドイツ指導部は、ブレヒトを過度に露出させることには慎重だった。彼が一九五三年暴動の鎮圧を(いくぶんあいまいであるにせよ)公然と支持し、その翌年、スターリン平和賞(その収益の約三〇万スイス・フランはスイスの銀行口座に預けた)を受賞していたにもかかわらず、共産主義社会の現実にはあまり熱狂していないことに気づいていたからだ。

一九五〇年代と六〇年代、西側演劇でもっとも刷新的な潮流は、ともにパリで生活し執筆したアイルランド人のサミュエル・ベケット、ルーマニア人のウジェーヌ・イヨネスコの名と同義語になった「不条理演劇」である。彼らの作品の基底にある哲学は、人生には意味も目的もない、すなわち不条理ということだ。『ゴドーを待ちながら』(一九五三年)や『勝負の終わり』(一九五七年)など、ベケットの演劇中の対話は、明らかに動きを欠いた演技によって人間存在を茶化す人物たちによる、一見無意味な会話で成り立っている。不条理演劇が大きな反発を呼び起こしたのは、それほど驚きではなかった。だが、それらの演劇は広く上演もされ、大いに賞賛を浴びるとともに、逆説的ではあれ、無意味にはどのような意味があるのかについての、不可避の議論を巻き起こした。不条理演劇は第一次世界大戦後のダダイズムとシュールレアリズムにさかのぼる芸術上の系譜に連なっていた。おおむね、視覚芸術における積年の発展を、演劇によって表現したものだ。しかし、不条理演劇の背景にある思想は、もっと直近の過去から生じる問題にも関連していた。

それは戦後文学の第一人者で、一九五七年のノーベル文学賞受賞者アルベール・カミュの思想に近かった。ドイツによる占領の間、カミュはレジスタンスの地下新聞『戦闘』に主要論説を書いていて、一九四八年の同紙の廃刊まで書き続けた。戦後、ナチズムとホロコーストに遠回しに触れたもっとも重要な小説のいくつか——『ペスト』(一九四七年)、『転落』(一九五六年)——を発表している。カミュの作品を通して、不条理演劇は直近の恐ろしい過去との関連をもった。『ペスト』は一般に、ナチの占領下でのフランス人の経験の暗喩として解釈されている。この作品では、フランス領アルジェリアの町オランの市民たちが、時には諦めの気持ちで、また時には状況に日和見的に便乗しながらも、時にはペストの来襲との戦いを積極的に試みる反応を見せる。ペストの予測できない影響と不意に訪れる死が、人生の不条理を浮かび上がらせる。だがカミュは、「実存主義者」のラベルを張られることに抵抗し、もっとも同情的な登場人物たちを通して、外部からの苦悩と死の到来をただ受容するのではなく、それと戦う必要性——しかも一人ではなく、他の市民と連帯して共同体のために戦う必要性——を強調することで、意味なき存在への信頼を維持しようと奮闘しているのである。

文学は絵画や演劇以上に、近い過去の破局的諸事件の意味を探ろうとする欲求を反映していた。これがとくに西ドイツで顕著だったことは、おそらく驚くべきことではない。(東ドイツでは公式の教義が、社会にいきわたる反ファシズムの教義の道具としての文学に対して、かなり厳しい規制を決定的にした)。ドイツの大方の一般市民がつらい記憶を締め出そうとしているときに、有力な作家たちはその記憶と格闘しようとした。最初の一人がヴォルフガング・ケッペンである。「意識の流れ」の文体で書かれた彼の小説『草の中の鳩』(一九五一年)は、ある都市の一日を描いているが、そこでは東西対立についての懸念が未来への希望、そして瓦礫のなかに意味を見つけようとする試みと交じり合う。ナチの過去の継続は隠されるのではなく、より開かれた複数主義の社会への道と併存している。そして、第三帝国時代は少なくとも表向きは体制順応派だったケッペンは、一九五四年の『ローマの死』で、ホロコーストに絡むドイツの罪の問題を考察する最初の作家の一人になった。

まもなく著名な文人として名を成すことになる西ドイツの多くの若手作家たちが、ぎこちなく不安定な新しい民主政治のなかで、ドイツの近い過去との不可欠な文化的・芸術的決別を考察する一環として、その過去を直接的に、あるいは暗示的に扱った。彼らやその他の人びとの作品では、新たな始まりは近い過去と密接に絡み合っている。アルフレート・アンデルシュ(一九一四年生まれ)はドイツ国防軍で兵役を勤めたのだが、もっともよく知られた作品『ザンジバル—もしくは最後の理由』(一九五七年)で、ユダヤ人迫害、共産主義者のレジスタンスと軍隊からの脱走、そして「退廃芸術」(ナチスが前衛的芸術形式に押した烙印)の諸問題に触れた。それと同時に、相反する道徳的義務——被迫害者の逃走を助けることと、だが一方で迫害者の国ドイツへ自由意思で帰還すること——を暗示した。アンデルシュより三歳若いハインリヒ・ベルは自分の軍隊勤務を熱心なカトリック信仰の目を通して眺め、ヨーロッパに「新しい精神」が存在する必要がある、「『キリスト教を伝え広めること』は間違いなくわれわれの義務である」と、一九四〇年一二月に書いている。だが、彼はナチの非人道性と軍国主義には激しく反対した。『九時半の玉突き』(一九五九年)がナチの迫害と破壊性に真正面から焦点を当てているのに対し、それ以前の小説『そして一言も言わなかった』(一九五三年)は、経済優先だけで作られる新たに発展しつつある社会における文明の価値について、とても悲観的である。国際的に高い評価を受けた『道化師の告白』(一九六三年)は、これらのテーマをさらに発展させ、アデナウアーのドイツにおける戦後の道徳性、ナチの過去からの遺産、保守の偽善的価値観、そしてなかでもカトリック教会の反自由主義的な役割に焦点を当てている。

西ドイツの国外でもっともよく知られた戦後作家は――とくに小説『ブリキの太鼓』（一九五九年）が一九七九年に映画化され、彼が国際的名声を勝ち取ったあとは――ギュンター・グラスである。彼の処女作であるこの小説の独自性は、その二重の視野にあった。グラスが幼年期を過ごしたナチ時代のダンツィヒ（現在ポーランドのグダニスク）が、三歳のオスカル・マツェラートのよく見える目と、今では精神病院に閉じ込められている三〇歳のオスカルの目の両方を通して描かれる。精神的発達を阻害されて千里眼の力を身につけた子どもオスカルは、自分の大切な所有物であるブリキの太鼓を使って大人世界の出来事に介入する。彼がナチの行列に加わると、行列が彼の打つ音に合わせてしまうといった具合だ。グラスはこの複雑な構成によって、自分の故郷が残虐と破壊に転落する様子を描いている。二重の視野という仕掛けが、その邪悪な現実を大人になって初めて完全に理解できるような世界についての、彼の啓示的なまでに純粋無垢な理解を可能にしている。ブリキの太鼓そのものは、じっと観察し、大衆集会の軍隊的組織化と教条的イデオロギーは肌に合わないが、政治的抵抗とみなされかねないことには何も関与しないような個人に注意を引く一つの手法である。この作品は、おおむね息苦しいほど保守的で、支配的な価値観がきわめて宗教的である社会にあっては、大きな論争を呼んだが、若い世代にとっては、現在を問うことの一環である近い過去への批判的アプローチを象徴していた。

グラスはその長い人生（二〇一五年四月死去）と輝かしい文学的キャリアを通じ、作品と政治へのかかわり（社会民主党の著名な支持者）のなかで、ナチの過去についてのドイツ人の内省を体現していた。とりわけナチ時代を生きた人びとにとって、過去との関係がいかに複雑だったかは、グラスが一六歳だった一九四四年に武装親衛隊（ＳＳ）に加入し、六カ月間、戦車砲手を務めたことをようやく二〇〇六年の自伝で明らかにしたとき、あらわになった。

文学的内省の幅と奥行きの点で、西ドイツは例外的だった。それに匹敵する国はどこにもない。それでも、イタリアの重要な諸作品は、ファシスト支配と戦争を映していた。のちに映画化されるカルロ・レーヴィの感動的な『キリストはエボリで止まった』（一九四五年）は、ムッソリーニ独裁下、南部イタリアでマラリアが猖獗をきわめる僻遠の、発達が遅れ「神に見捨てられた」地方で送った流刑生活の回想記だ。一時はファシストで、のちにムッソリーニを批判して迫害されたクルツィオ・マラパルテは、『壊れたヨーロッパ』（一九四四年）で、東部戦線での戦争特派員としての経験を描くのに文学の形式を使い、『皮』（一九四九年）では、一九四三年以降連合軍が北進するにつれナポリで起きた道徳的・物理的破壊に焦点を当てた。一九五九年のノーベル文学賞受賞者、サルヴァトーレ・クァジモドの詩のいくつかは、ファシスト時代の不正と戦争の苦しみに関連している。一時はムッソリーニの政治をいくらか支持したことのあった共産主義者の知識人、エリオ・ヴィットリーニは小説『人間と人間にあらざるものと』（一九四五年）で、レジスタンスに光を当てた。そしてジョルジョ・バッサーニは『フィンツィ・コンティーニ家の庭』（一九六二年、のち映画化されヒット）で、フェッラーラのユダヤ人コミュニティがファシズムの下で遭った差別と迫害の経験を書いた。しかし戦後、たいていのイタリア人はファシスト時代を思い出したがらなかった。プリーモ・レーヴィは、自分のアウシュヴィッツ体験を描いて、のちに彼を世界的に有名にした本『これが人間か』の出版社を見つけるのに苦労した。やっと見つかったとき、一九四七年の出版はわずか二〇〇〇部で、それも全部は売れなかった。イタリアの出版大手エイナウディに引き継がれ、英訳に大いに助けられて、ホロコースト回想記の代表的古典への道を歩みはじめたのは、一〇年以上経ってからだった。

大陸ヨーロッパの文学に見られる絶望感と宿命論的ニヒリズムは、英国にはまったくといっていいほどなかった。国が貧困の淵にまで転落したにしても、結局、戦争には勝ったのだ。ナチズムという悪に対する道徳的勝利感が、戦争の犠牲はよりよき社会の創造につながるという期待と相まって、政治・経済生活と同じく文化生活における際立った島嶼性と同居していた。おそらくキース・ダグラスの詩、なかでも『フェアギスマインニッヒト』（忘れな草）を除けば、この戦争からは第一次世界大戦の痛恨に匹敵するような詩はほとんど、あるいはまったく生まれていない。戦争は深い内省にもつながらなかった。文明の崩壊について、抽象的思索にふける人はほとんどいなかった。知識人を含めて、人びとは戦時を振り返るのではなく、前を向きたがった。戦時体験に真正面から向き合った唯一のといっていい主要文学作品は、一九五二〜六一年に発表されたイーヴリン・ウォーの半ユーモア三部作『名誉の剣』である。これは凡庸と空疎の世界における伝統的な組織と社会の価値観の崩壊を、文化的に悲観に満ちた風刺をこめて描いたものだ。ウォーにとって戦争は不名誉の勝利、理想に対する裏切りだった。彼の視野の先には、人間性を攻撃するものとして戦争があった。

終戦直後の政治的・社会的著述の国際的反響という意味では、英国のもっとも重要な作家はジョージ・オーウェル、英国における倫理的社会主義の代弁者だ。オーウェルは英国の保守支配階層の価値観と欠点を辛辣に批判した。だが、長年の平等、公正、自由の伝統に根ざす強烈なイングランド愛国主義をもち続けた。彼は広範かつ根本的な社会変革への道を開くものとして、戦時体験に期待した。だが、最終的には、近い過去について自分が目撃した事柄のために、未来を深く悲観していた。ファシズムは打倒された。だが、何がそれに取って代わるのか？　オーウェルは共産主義の理想郷という空想をきっぱり否定した。スペイン内戦期間中のさまざまな体験によって、ソ連共産主義に固有の抑圧と冷酷さに目を開かされたのだった。彼を世界的に有名にした反ユートピア小説、『動物農場』（一九四五年）と、とりわけ『一九八四年』（このタイトルは完成した年、一九四八年を逆にしただけ。出版はその翌年）は、個人が全知全能の支配者に完全に服従する未来の全体主義社会を描いている。「ビッグブラザーは君を見ている」は、最高指導者の全的な権力を表し、日常の語法のなかに入ってくるスローガンだ。それは、言語そのものが虚偽を真実に変え、否定的なものが肯定的なものに変わり、不自由が自由として認識されるものに変えられてしまう世界である。全体主義はのちに、西側の冷戦分析に典型的なイデオロギー的定理になる。全体主義は、文学上の仕掛けとして、オーウェルの作家としての才能によって完璧に描かれたのである。

敵対する政治システムとイデオロギー間に分裂した大陸にあって、作家と知識人の企てがしばしば、冷戦の教義と重なることになるのは避けがたいことだった。ソ連は、知識人をはじめとする西欧の人びとの間に反米感情を盛り上げる努力を助成することに、資金と莫大なエネルギーを投じた。ヨーロッパの左派の一部、とくにフランスに広がる強い反米主義があってみれば、その努力は成功しないわけではなかった。

米国は独自のプロパガンダ戦略で対抗した。知的影響力の点で、もっとも重要なものは、一九五〇年六月に設立され、まもなく西欧じゅうに反共の考えを広める「文化自由会議」である。この会議は米中央情報局（CIA）によって密かに創設され、多数の有名な反共知識人に支えられていた。そのなかには哲学者のバートランド・ラッセル、ベネデット・クローチェ、カール・ヤスパース、それにA・J・エア、さらにアーサー・ケストラー（一九四〇年発表の優れた反ソ小説『真昼の暗黒』で知られる）と、フランスの傑出した政治著述家レイモン・アロン、オックスフォード大学の歴史家ヒュー・トレヴァー＝ローパーがいた。かつての共産主義者で、いまや転向者の熱意に燃えるケストラーは、ベルリンで行われた創立大会の基調演説者だった。だが、発足は必ずしも順調ではなかった。トレヴァー＝ローパーとエアは二人とも、戦時中は英国情報機関で働いており、ケストラーの偏執的な共産主義憎悪の激しさに気持ちをそがれた。それでも、同会議に関する英国人の不安は晴れ、文化の冷戦では反共主義が、知識人をはじめとする人びとの間で――すなわち、まだソ連に執着する少数派を除いて――主要なイデオロギーとして定着した。

第二次世界大戦前と同じように、一部の著名な知識人にとってはそれでも、マルクス主義がよりよき社会への唯一確かな道を提示していた――スターリンの犯罪に対する一九五六年二月のフルシチョフの攻撃で暴露された事実や、同年後半のハンガリー動乱の鎮圧があっても、である。ワイマール時代のベルリンの栄光が遠い過去の記憶となり、中欧の豊かな文化がホロコーストで破壊されて、国外移住で散逸したりソ連支配によって抑圧されたりするなか、フランス政府はヨーロッパの知的・文化的生活における自国の優位を再び主張した。だから、この戦後の雰囲気のなかでジャン＝ポール・サルトルの実存主義哲学――それは戦時中の主要著作『存在と無』(一九四三年)で詳しく解説され、戦後の小冊子『実存主義とヒューマニズム』(一九四六年)で簡潔に記述された――が、熱心に受け入れられたのは単なる偶然ではない。

サルトルはすでに戦前、ドイツの実存主義哲学者（そしてヒトラーの賞賛者）マルティン・ハイデガーから、――政治的学習の面ではないが――思索の面で大きな影響を受けており、人間の唯一の際立った特徴は「その存在の無を意識していること」だと論じた。存在は意味がなく、不条理である。個人のみが彼または彼女自身の人生の意味を選択することができる。選択はきわめて重大であり、哲学を補う特質がある。見た目の絶望的な荒涼は、個人がそれを通して彼あるいは彼女自身の価値観を創造するところの自由と選択によって立ち向かうことができる、というのだ。しかしながら、戦争はいくつかの点でサルトルの実存主義思想を改造していた。個人主義(かつ非政治的)哲学として出発した思想が、個人の自由は万人の自由のために働く責任を意味するという一種の積極的行動力に形を変えたのだ。これはとりもなおさず、社会の根本的変革を実現するべく努めることを暗に意味していた。サルトルの思想はいまや、社会変革とブルジョア社会に対する戦いの政治哲学であるマルクス主義に向かう。彼は(入党はしなかったが)フランス共産党とソ連を強く支持した。そして、ブルジョア社会を革命的に転覆するという目的のために、自由の究極の保証として、共産主義者の政治暴力を正当化した(もっとも、彼はソ連の人権侵害を攻撃し、一九五六年のハンガリー動乱の鎮圧を非難したが)。

サルトルは自分の思想がはらむ矛盾に気づいた。不条理と存在の「無」はそれでも、理性と不変の歴史法則に依拠するという政治哲学に導かれた大衆政党の手で創造される（そして押しつけられる？）はずの、新しいより良き社会（社会はそもそも存在するのか？）のために戦う目的をもっているのだ、と述べるのは、明らかな自家撞着だった。だがそれでもサルトルは、多くの人の目には、自然と人類の運命について絶望と楽観の間を揺れ動く戦後の気分をとらえているように見えた。一九五〇年代後半までに実存主義は魅力を失いはじめていた。だがサルトルは、フランスの典型的な著名知識人であり、とくに若者を引きつけ、彼らの支配階層への反発と革命的考えに影響を与え続けた。一九八〇年四月のサルトルの葬儀には、数万人がパリの街頭に列をつくった。

戦後初期の年月には、フランスに限らず、マルクス主義はファシズムに勝利した戦いと未来への希望を結びつけていた。その信奉者にとっては、トレント公会議〔宗教改革に対抗しカトリック教会の権威を立て直すために一六世紀に開かれた会議〕の決定にのっとったカトリック信仰が信者に対してもったのと同じ包括的な信念体系を提供した。しかし、スターリン主義の犯罪とソ連型支配の抑圧的性格に目をつぶったり、うまく言い抜けたりする姿勢は、ハンガリーへの侵攻によって傷つけられてしまった。その結果、多くの著名なマルクス主義知識人が共産党を去った。そして一九六〇年代にマルクス主義が再び知的影響をふるい、大学に広まるにつれて学生を興奮させはじめたときは、ソ連は概して、もはや主要モデルではなくなっていた（第6章参照）。

鉄のカーテンの向こう側では、ファシズムは過去と現在を結ぶイデオロギー的接着剤だった。ファシズムは中欧及び東欧の市民にとってはおおむねナチズムと同義語であって、彼らはその下で大変長い間、塗炭の苦しみを味わったのだが、これが「大祖国戦争」でソ連の軍事力によって敗北させられた。勝利は、社会主義社会を建設するにはナチの残忍な征服欲の背後にある力を粉砕しなければならないという不屈の信念に支えられていた。この信念は、今度はゲオルギ・ディミトロフが一九三三年に考案し、二年後に精緻化されたファシズムの定義に基づいていた（ディミトロフは戦前はソ連が運営する国際機関コミンテルンの議長を務め、戦後は一九四六年一二月〜四九年七月の間、ブルガリアの指導者だった人物）。これはファシズムを、「金融資本のもっとも帝国主義的な分子による公然たるテロの独裁」と定義していた。含まれる意味は明白だ。すなわち、ヒトラーの蛮行に対する戦いには勝った。だが、ファシズムを生んだ本質は西側の帝国主義的資本主義に内在したまま残っている。未来の展望——共産主義の理想郷——は、西側資本主義に対する戦いを継続することで初めて現実化することができる、というわけだ。過去と未来は、したがって、この展望によって結ばれていたのである。

第三帝国時代に国外移住を余儀なくされた何人かの有

名なドイツ人作家は、資本主義の西ドイツではなく、東ドイツへ戻る道を選んだ。既述のベルトルト・ブレヒトと妻のヘレーネ・ワイゲルがそうである。『第三帝国の恐怖と悲惨』（一九三八年）やヒトラーの権力掌握に対する辛辣な風刺『アルトゥロ・ウイの抑え得る興隆』（一九四一年）など、ブレヒトの作品は反ファシズムとマルクス主義の解放理念を見事に要約し、西側で人気を博すると同時に、東ドイツに存在する共産主義国家という別の選択肢を正当化する役割を果たした。シュテファン・ハイムは米陸軍に従軍し、戦時中の抵抗運動と迫害を書いたあと、彼が言う「良い方のドイツ」に住むことを選んだもう一人の作家だ。国家による厳格な管理と抑圧に次第に幻滅していくのだが、初期の東ドイツにとってはプロパガンダが大成功したもう一つの例だった。初期の東ドイツにとって一段と大きな収穫は、アンナ・ゼーガースが亡命から帰国したことだ。強制収容所に関する小説『第七の十字架』（一九三九年。ハリウッド映画化は一九四四年）で国際的に有名になった確信的な共産主義者である。

当初の熱意がどうであれ、その名に値する知識人で、政治の実際においては検閲と規制と窮屈な画一性を生むだけのイデオロギーに縛られることに、長く耐えられる人はほとんどいなかった。ソ連では、イリヤ・エレンブルグの短編小説『雪解け』（主要登場人物の一人は「小スターリン」タイプ）が一九五四年に発表されると、新たな知的自由の前兆のように思われた。しかし、スターリン主義の「氷結した」過去や、スターリンの戦後の文化監督官アンドレイ・ジダーノフによる息苦しい締めつけとの決別は、行き過ぎが許されなかった。ヴァシーリー・グロスマンの叙事詩的作品『人生と運命』（一九六〇年）は、あるソ連家族の第二次大戦中の年代記として、スターリン主義にきわめて批判的なのだが、一九六一年にKGBに差し押さえられてしまった。グロスマンは三年後に胃がんで死亡し、それが西欧で出版されて高い評価を受けるのを見ることはなかった。彼の本の「拘引」（グロスマンの表現）は、ソ連における文学表現には依然として狭隘な限界があることを示唆していた。反ファシズムという中心的な成句が、過去と未来に関するあらゆる思考を枠にはめ続けたのである。

とはいえ、ソ連の外では、知識人の非協調が一九五〇年代に姿を現しはじめる。かつてはスターリンの支持者だったアダム・ヴァジクは、消えてしまったポーランドへの力強い批評と挽歌である『大人のための詩』（一九五五年）で、スターリン主義のポーランドへの幻滅を表現し、二年後に共産党を離党した。ポーランドの作家で演劇批評家ヤン・コットは、一九五一年には鼻につくほどスターリンを称賛し、演劇が党のイデオロギーに従属することを支持していたのだが、彼もまた五〇年代半ばに立場を逆転させ、一九五七年に党を辞めることでヴァジクに合流した。にもかかわらず、体制への順応は一般に広がり、現状をいかに厳しく批判していても、大方の知識人はマルクス主義のイデオロギーを拒否することはなかった。マルクス主義そのものではなくマルクス主義からの逸脱が、その結果として起きた歪曲と抑圧を生んだのだ、とされたのである。

過去の利用・悪用

文化の冷戦は何よりも歴史上の神話と記憶、そして解釈という戦場で戦われた。この領域では、過去の影がもっともはっきりと見えていた。鉄のカーテンを挟んで対立する両側の間の衝突は一部にすぎない。もっと大きな意味では、その冷戦は、西欧内部での相矛盾する諸々の立場――それ自体、戦争に関する国民の経験と神話の投影――を反映していた。

ディミトロフによるファシズム定義のために、近い過去についての東欧での理解は比較的揺るぎがなく、一枚岩だった。それは明快な政治的メッセージとともに、近い過去の破滅的な歩み――ソ連共産主義の勝利によって逆転された歩み――についての、一定不変の単純な解釈を与えていた。ファシズムは資本家の利益に奉仕した。すなわち、ファシズムの指導者たちは大企業の手先だったというわけだ。そして、資本主義は西側で依然として栄えているので、その政治的メッセージ――過去を現在と未来に役立てる方法――を読み取るのは、簡単だった。過去は一つの警告なのだ。未来への戦いのガイドラインになるのだった。

そのメッセージは、ナチ支配に対する共産党の英雄的レジスタンスという心象を美化し、事実上他のすべての形態のレジスタンスを排除した。当然ながら、ファシスト侵略者を撃退、殲滅するうえでの赤軍とソ連人民の輝かしい功績が、あらゆる歴史著作物でたたえられ、西側連合諸国の戦争遂行にはほとんど注意が払われなかった。一九三九年のヒトラー＝スターリン協定〔独ソ不可侵条約と秘密議定書〕や、それに続くバルト諸国とポーランド東部の併合など、不都合な事実はあっさり無視されるか、西側列強がヒトラーの宥和に失敗したため、戦略的に必要だったのだと言い抜けされた。何よりも、人種主義とくに反ユダヤ主義は、のちの世代が認識することになるような、ナチの教義のイデオロギー的核心とは見られず、貪欲な資本主義による帝国主義の不可避の結果だったとされた。なるほどユダヤ人は極悪非道な迫害を受けた。しかし、スラヴ人をはじめその他無数の人びともナチの軍靴の下で同じ目に遭ったのだ、と。さまざまな歪曲がなされた（そしてその後、これまで歴史調査によって暴露されてきた）。だが、他の解釈を許さないイデオロギーに組み込まれ、独裁政党とその国家権力に支えられて、東欧ではこの解釈は不変だった。それは無数の歴史書で表現された。けれども、もっとも臆面もない形としては、一九五二年に東ドイツに開設されたドイツ史博物館で、一般大衆の「啓蒙」のために大々的に展示された。

しかしながら、西欧にも、直近の過去についての独自の神話があった。西欧自身の歪曲はソ連版よりさらに陰影と変化に富んでいたが、それでも確かに存在したのである。例えばフランスは、戦後の政治的正当性の基礎として、戦時のレジスタンスを利用した。レジスタンスの英雄的行為と苦難があらゆる機会に強調され、レジスタンスの効果が限定的だったことや内部対立、そしてイデオロギー上の衝突は軽視された。レジスタンスは国民的帰属意識の表現として、また、ヴィシー政権は真にフランス的なるものに対する裏切りとして、描かれた。ドゴール自身はレジスタンス精神と見なされた。この解釈は一九五〇年代にドゴールの戦時回想録の出版を通じて潤色された――回想録はレジスタンス崇拝と、とりわけフランスの救国者としてのドゴール自身のイメージアップの両方に大きく寄与したのだ。一九七〇年の時点でもなお、彼は第五共和政の創立者としてよりも、断然、一九四〇年の敗戦後の戦いの継続と四年後の「解放」の象徴と見られていた。

これと対照的に、ファシスト政権との協力の度合いには沈黙の帷《とばり》が下ろされた。フランスが「ヴィシー症候群」に真正面から向き合うまでには、数十年の歳月を要することになる。一九六九年のマルセル・オフュルス監督の映画『悲しみと哀れみ』まで、真剣な見直し作業は始められなかった。この長大な二部作のドキュメンタリーはフランス中部の町、クレルモン・フェランに焦点を合わせていて、ドイツによる占領期に行われていた日常の対敵協力のことを初めて知る機会を与えた。この主題はあまりにもデリケートだったため、ドゴール大統領の在任最後のこの年、国営テレビはこの映画の放映を許されなかった。これはこの映画がフランスで大評判になる妨げにはならなかったが、テレビでの「放映禁止」は一九八一年まで続く。そして、ようやく一九七二年、『ヴィシー時代のフランス　対独協力と国民革命 1940～1944』〔邦訳、柏書房〕で、ユダヤ人の死への追放におけるヴィシー政権自身の主導を初めて検討したのは、フランスではなく、米国の歴史家ロバート・パクストンであった。

イタリアでは、反ファシズムは戦後のイタリア国家と共和国憲法のもっとも重要な基礎の一部であった。反ファシズムは、さもなければ起きる激しい政治的分断をまとめる共通の紐帯だった。ムッソリーニがイタリア北部で占領ドイツ軍によって権力に復帰させられた戦争末期の二年間の、ファシスト・テロに対するレジスタンスの勇気は、新生イタリア共和国に国民的帰属意識を形成しようとする戦後初期の試みの基礎になっていた。広く読まれた歴史家ロベルト・バッタグリアが、一九五三年の著書『イタリア・レジスタンスの歴史』で述べている。レジスタンスはイタリアの「真の人民」、国民の心を表しており、また一九四五年の「国民蜂起」では、「ファシストによって下劣に汚されてしまったイタリアの名誉を回復した」のだと。

しかし、共産党員がレジスタンスで果たした決定的な役割は、過小評価された。というのは、新生イタリアの主要なイデオロギー的支柱は反共だったのである。冷戦が始まると、イタリアはマーシャル援助を受け、NATOに加盟し、米国から莫大な資金援助を受けて、主としてキリスト教民主党が牛耳る（そしてカトリック教会の強い影響を支えとする）国家の支配的イデオロギーとしては、対立を招きがちな反共主義が、国民を統合する反ファシズムにおおむね取って代わったのである。ファシストの過去は、今ではほぼ消し去られてしまった。一九五四年に放送を始めた国営テレビが、現代史に触れることはめったになかった。

歴史家によるファシズムに関する著作は、広い国民意識への浸透に関するかぎり、おおむね一九二二年のファシズムの権力掌握の原因とその抑圧的性格、そして戦争への準備に関心が向いていた。ファシスト支配下のイタリア社会の歴史や、ムッソリーニ体制に対する支持の度合いというテーマは、探求されないままだった。一九七〇年代半ば、レンツォ・デ・フェリーチェが浩瀚なムッソリーニ伝四巻本のうち、「同意の歳月」の副題のついた第三巻で、イタリア人の大多数はファシスト政権の目標と政策を支持していたと指摘するまで、この状況はほぼ変わらなかった。侃々諤々の論争のなか、これがイタリアにおけるファシズムへの支持に関する一連の問題の口火を切ったのである。その議論の真価がどうであれ、同書は反ファシズムを軸に作り上げられた国民的帰属意識という都合のよい神話を壊したのだ。

イタリアと同様、西ドイツでもレジスタンスの歴史は新たな民主制の正当化に役立った。ドイツ民主共和国ではヒトラー政権へのレジスタンスは、ほぼ完全に共産主義者の功績とされたが、ほぼ正確な左右対称像としてのドイツ連邦共和国では、国防軍をはじめとする保守派レジスタンスの愛国主義が強調される一方、共産主義者のそれは軽視された。ヒトラー暗殺を企て、間一髪の失敗で高価な代償を払った「一九四四年七月二〇日の男たち」――クラウス＝シェンク＝グラーフ・フォン・シュタウフェンベルク大佐を筆頭とする主に陸軍将校たち――に最高の栄誉が与えられた。彼らは個人的良心と倫理的潔癖性、そして専制打倒の道徳的義務感に導かれ、犯罪的体制を粉砕してドイツに法秩序と自由と民主主義を取り戻すために、自らの命をかけたというわけだ。この見方では、ナチズムへの抵抗は「別のドイツ」――ヒトラーの抑圧的体制が国民を全体主義の隷属状態に従わせる以前の、「真の」ドイツ——を代表していたことになる。このメッセージの場合、ナチズムは明るい進路を進んできたドイツ史を、不正に中断したことになるのだ。

保守的な知的主流の局外に立つ出版物は、たしかにいくらかあった。だが、ワイマール民主制の構造的欠陥を暴いたカール・ディートリヒ・ブラッヒャーを読む者は、専門家以外にほとんどいなかったし、歴史学界は彼の研究を、政治学の研究だとして相手にしなかった。ナチ時代に関するいくらかの優れた先駆的研究が、現代史研究所で行われた。この研究所はその目的のために設立され、驚いたことに、ヒトラーがベルリンの防空壕で自殺してわずか四年後の一九四九年には、すでに活動していた。しかしここでも、これが国民の意識にも、大学のカリキュラム(最直近の過去はほとんど扱われなかった)にさえも、浸透することはなかった。そのうえ、この国でさえ、ナチ以前の過去との継続性を強調すると、困難に出遭いかねなかった。一九五〇年代後半の同研究所の調査員、クルト・ゾントハイマーは、ナチよりはるか先にまで伸びて保守的思想を包括する一連の反民主的見解が、ワイマール共和国時代に存在したことを明らかにした。研究所は彼の研究結果に不安になり、研究所自身の研究論文シリーズに彼の著書を加えて出版することを断った。それはのちに単独で出版され、より好ましい環境の下で、標準的なテキストになった。

西ドイツの歴史学界における保守の優位は、第三帝国を生き延びた学者層と思想の継続を象徴するだけでなく、アデナウアー時代の空気に合ってもいた。過去を探求したり、不愉快な記憶を蒸し返したり、忘れるに越したことはない問題を明るみに出したりしようという欲求は、ほとんどなかった。ナチの過去はあまりにも最近のことであり、傷はまだ生々しく、戦争の終局での苦しみ——これはドイツ人に自分たちこそ犯罪的体制の主たる犠牲者だったという意識を残した——はあまりにも非道で、党と国家の仕事における共謀と協力はあまりにも広範囲に及んだため、過去を覆い隠す欲求である沈黙の共謀以上のものを国民に促すことはできなかったのである。

完全な沈黙がない場合には、暗黙の、あるいは公然たる弁明があった。「ドイツ国民はプロパガンダにそそのかされ、ヒトラーとナチの悪党仲間によって破滅させられたのだ」「大方の国民はその体制に反対だったけれども、全体主義の警察国家で行動するには無力だった」「ナチの指導者以外、だれも戦争を望んでいなかった」「ドイツ軍は堂々と戦い、最後まで愛国的義務を遂行した」(これは、やっと数十年後に修正された見方だ)「東欧での野蛮な行為はSS犯罪者による行為だった」「一般ドイツ人は関与しておらず、ユダヤ人の絶滅について何も知らなかった」……というわけだ。その名で知られるようになったホロコーストは、ほぼ完全に国民的議論から排除され、歴史研究の一部になることはまずなかった。一九八〇年代になってようやく、その時代に関する一般国民の、あるいは学術上の解釈のなかで、中心的な役割を占めるようになるのだ。ユダヤ人に対するジェノサイドは、東ドイツでは単にファシスト帝国主義による絶滅の野蛮行為一般に回収される一方、西ドイツでは――そもそも議論されるとして――もっぱらヒトラーとSS指導部による邪悪なたくらみのせいにされてしまったのである。心理学者アレクサンダーとマルガレーテのミッチャーリヒ夫妻は、その集団的反応を共著『喪われた悲哀』〔邦訳、河出書房新社〕に要約した。同書は一九六七年に初版が出版されると、ナチの過去の分析での新時代の始まりを告げ、さらにベストセラーになった。

大方のドイツ人は「経済奇跡」の恩恵を享受したいのであって、過去のことに思いをめぐらしたくなかったのだが、過去を完全に締め出すことはできなかった。一九六一年、一見しただけではあり得ないような書物、第一次世界大戦前のドイツの外交に関する数百ページの分析が、きわめて激しい論争を引き起こした――フリッツ・フィッシャーの『世界強国への道』〔邦訳、岩波文庫〕である。フィッシャーは通常の歴史解釈を逆転させた。彼はそれまで、歴史家仲間のほかではほとんど知られていなかった。彼自身が保守派で、一時はナチ党員でさえあった。だが、その著作は保守派支配階層を揺さぶった。というのは、フィッシャーは第一次世界大戦直前の時期のドイツ支配層の計画と信念、そして行動に関する研究に基づき、彼らがまさにドイツを世界列強の一つとして打ち立てようと狙っていたと論じたのだ。換言すれば、フィッシャーは、ヒトラーが一九世紀にさかのぼるドイツ史上の継続の産物であることを示そうとしたのだ。彼の研究は、多くのドイツ人には受け入れにくい解釈を打ち出した。ドイツ人はこの間、自国が第二次世界大戦に責任があることを認めるようになっていたのに、今度は第一次大戦にも責任があると言われたのだ――これは連合国がヴェルサイユで主張し、当時もそれ以降もドイツが断固否定してきたことなのだ。フィッシャーの研究に照らせば、ドイツは一九一四年よりずっと前に、ヨーロッパ諸国の間で「特殊な道《ゾンダーヴェーク》」を歩んでいたことになる。その道がヒトラーと戦争、そしてジェノサイドと国の不幸につながったというのだ。

これは、直後の論争がいったん下火になると、自らの過去に関するドイツ人の考え方に数十年にわたって影響を与える一つの解釈だった。それはいくつかの点で、一九六〇年代以降、ドイツの過去のもっとも暗い部分を探求する姿勢を強め続けるプロセスの端緒となった。前の世代が過去と向き合うのを怠ったことが、一九六八年の学生抗議運動に表れた疎外感、拒絶感を生んだ。しかし、国民の大部分がナチ支配時代に行ったさまざまな形の共謀について真剣な研究が始まるのは、そうした騒動から一〇年後のことであり、ドイツの過去の見直しでホロコーストそのものが注目されるのは、さらに先のことになる。そうではあれ、一九六〇年代初めには、ドイツ人がヨーロッパ・ユダヤ人抹殺の試みに完全に目を閉ざすことはできなくなった。ナチが言った「ユダヤ人問題の最終解決」の中心人物、アドルフ・アイヒマンが一九六〇年五月、アルゼンチンでイスラエルの工作員に捕まったこと、翌年のエルサレムでの彼の裁判と、それに続く一九六二年六月の絞首刑。次いでナチ最大の強制収容所アウシュヴィッツで働いた要員たちに対し、一九六三〜六五年にフランクフルトで行われた裁判。こうしたことはドイツの戦争と不可分だったジェノサイドに、暫時、世間の注目を集めた。「死はドイツから来た支配者だ」とパウル・ツェランは書いていた。国民意識からこの考えを締め出すのはますます難しくなりつつあった。

　英国の国民意識のなかで最近の過去が占める位置は、大陸ヨーロッパのどの国のそれとも違っていた。英国は征服、占領されることがなく、戦勝国として勝ち残った。英国の戦時史は、戦時の英雄的行為にもとづく国民の自画像を作り出すことを促した。このことは、英国は特別であり、大陸ヨーロッパからは超然としているのだという意識——すでに英国の歴史的伝統と慣習に起源のあった意識——を一段と強めた。歴史、記憶、神話がすべて相まって、「わたしたちの島の物語」〔二〇世紀初めの初版で今も人気がある子ども向け歴史本のタイトル〕という輝かしい挿話を発展させたのだ。勇敢と勝利の挿話、勧善懲悪の挿話である。英国はすでに、勝ちはしたが一つの対ドイツ世界戦争を戦わなければならなかった。嫌々ながら再度の戦争を強いられたのだ。西側の同盟国、米国と「肩を並べての」戦いによって達成されたナチの悪に対する勝利は、大西洋を越えた従弟同士の「特別な関係」という観念を、さらに潤色した。反対に、大方の人びとは英仏海峡の向こう側の事情にはほとんど関心がなかった。使い古された「海峡は霧、大陸はイングランドから遠い」という決まり文句は、ちょっとしたジョークを意図していた。だがそれでも、そこには英国の孤立主義を自己風刺する多少の真実が含まれていたのだ。

　戦後期の英国は、戦時最大の英雄であるウィンストン・チャーチルの戦争に関する見解になじんでいた。一九四八〜五三年に出版されたチャーチルの六巻本の戦史『第二次世界大戦』〔邦訳、河出文庫〕が、その解釈の道筋を確立した。それによると、宥和政策が国を大惨事の瀬戸際まで追い込んでしまった。その「栄光の時」の一九四〇年、英国は単独でナチの専制と戦っていた。一九四〇年の夏、ドイツの侵略は、形勢不利をはね返して「ブリテンの戦い」に勝った若きパイロットたちの勇気によって阻止された。次いで英国民は、ドイツによる「大空襲」で自宅が容赦なく爆撃される間、幾晩ももちこたえた。真っ暗な夜のあと、ゆっくりと曙光が差した。「砂漠戦争」での偉大な勝利と、甚大な犠牲の末の「大西洋の戦い」の勝利、そして、夜間にドイツ戦闘機の攻撃を浴びながら敵施設を攻撃した爆撃機乗組員たちの勇気によって、ついに危機は脱された。一九四四年六月六日のDデー〔ノルマンディ上陸作戦開始〕は勇気と勝利の究極の成果——信頼できる同盟国米国と肩を並べて、勝利が確定し、ナチズムの最終的粉砕への道が敷かれた瞬間だった。

この英雄談は、戦時回想記とフィクションの両方で、英国軍人の「勇敢な行為」を描くおびただしい物語と、『怒りの海』（一九五三年）、『ビスマルク号を撃沈せよ』（一九六〇年）といった人気映画によって強化され、一般大衆の意識のなかに埋め込まれた。一方で、続き漫画が無数の若者たちに、英国人は英雄的でドイツ人は「悪者」というイメージを刷り込んだ。

しかし、一九六〇年代までは、第二次世界大戦の歴史への真剣な関心はほとんどなかった。学校や大学の歴史の教程は、原則として、一九一四年で終わっていた。そして、「外国史」（オックスフォード大学の当時の教程名）が学ばれることは比較的少なかった。一握りの重要な例外——なかでも優れているのはヒュー・トレヴァー＝ローパーの『ヒトラー最後の日』（一九四七年）〔邦訳、筑摩書房〕とアラン・バロックの『アドルフ・ヒトラー』（一九五二年）〔邦訳、みすず書房〕——はあるが、ナチ時代に関する本格的な研究はほとんど行われなかった。これが一九六〇年代初期に、ようやく変わりはじめる。その時でも、英国でもっとも人気の歴史家A・J・P・テイラーの物議をかもした著作『第二次世界大戦の起源』〔邦訳、中央公論社〕では、反ドイツの固定観念が支持されていた。テイラーのこの本は、いつもの鋭い警句的文章とシニカルな洞察を使いたがる傾向で表現されているが、自意識過剰なまでに修正主義的だった。戦争の責任はナチの侵略者ではなく、英国の宥和主義者にあったと言わんばかりなのだ。この本は一九六一年の出版。フリッツ・フィッシャーが第一次世界大戦におけるドイツの狙いについて、大胆に解釈を修正したのと同じ年だ。テイラーは「国際情勢において、彼がドイツ人であることを除けばヒトラーには何も問題はなかった」（ヒトラーはオーストリア生まれで、ドイツ市民権を取得したのはようやく一九三二年）という自分自身の反ドイツ的解釈——すでに一九四四年に、反ドイツ色の強い短い著作『近代ドイツの辿った道』〔邦訳、名古屋大学出版会〕を出版していた——を補強するために、フィッシャーの研究結果を使った。

したがって過去は、著しく異なった形ではあるけれども、ヨーロッパ大陸に濃い影を投げかけ続けたのである。一九六〇年代以降、多かれ少なかれどの国でも進んだ高等教育の拡大が刺激となって、ヨーロッパを破滅的な戦争とジェノサイドに至らしめたイデオロギーと政治運動に関する研究が盛んになりはじめた。だが、注目すべきことに、第二次世界大戦とホロコーストがヨーロッパの人びとにはっきり意識されるようになるのは、それが時間的にはますます遠のきつつある一九八〇年代になってからのことなのである。

過去との決別

過去は、意識されようとされまいと、戦後の今を形づくった。一九五五〜六五年の間に、過去との大きな断絶に至る大衆文化の変化が起きる。それ以前は、大衆文化は戦前期からのなじみのある様式を踏襲していた。一九五五〜六五年の一〇年間が終わってみると、まるで革命が起きたかのように感じられたのである。

大方の人は過去ことを気にしていなかった。より良き時代を謳歌したがったのだ。とくに、戦争末期近くか戦後に生まれた若い世代は、現在のために生き、未来に目を向けた。「今を楽しむ」が彼らの暗黙のスローガンだ。そのプロセスはすでに、先立つ一〇年に始まっていたのだが、若い世代は一九六〇年代を通して、大衆文化の斬新な変化に消し難い痕跡を刻んだ。社会階級とともに世代が、おそらくかつてのどの時代よりも、社会を分ける重要な溝になった。その変化は徐々に、だが永久的に、社会の価値観と生活様式を変えた。「上位」文化と「大衆」文化の間の溝もまた、徐々に小さくなった。十代の若者たちがオペラ・ファンになったとか、年金生活者がハードロックをあがめたというのではない。そうではなく、嗜好が互いに重なり合う機会が、この世紀の初期より大きかったのである。中流階級の両親たちが子どもたちの嗜好に感化されて（あるいは嗜好に乗り遅れまいとして）、クラシック音楽とともにポップミュージックを楽しんだり、大学教授が、以前は主として工場労働者の領分だったサッカー試合を見に行ったりするのだ。その変化の規模と速度は過大評価しない方がいいだろう。変化は大陸全体で一様でもなかった。ベルリンの壁は華やかな西と、灰色の東の間の対照を明快に表していて――そう言われたのは、あながち誇張ではなかった――、東では鉄のカーテンの向こう側のすべての国で、国家による統制が「退廃的な」西側文化の摂取機会を制限しようと努め、かなりの程度成功していた。西欧の内部でも、カトリック教会の影響が強いところほど、文化の変化は遅かった。それでも、変化のプロセスは、いったん始まると止めようもなく続き、この世紀の残り期間とさらにその先まで、まるで浸透作用のように発展し、広がることになる。だが、変化の決定的な出発点は、一九五〇年代半ばから六〇年代半ばの一〇年間にあったのである。

若者の世界言語は音楽――つまり、大衆音楽――である。そして、ここに過去との激しい断絶を発見するのはそれほど難しくない。一九五四年の英国のヒットパレードのトップは、ヴェラ・リンの『マイ・サン、マイ・サン』。戦時中は「軍の恋人」として知られた歌手によるバラードだ。それが一年のうちに、トップの座はビル・ヘイリーとコメッツの『ロック・アラウンド・ザ・クロック』に占められていた。それはロックンロールの到来を象徴していた。米国から大西洋を越えて、瞬く間に一〇代の若者に大々的にアピールした新種の扇情的な音楽だった。かつては静かなクイックステップとフォックストロットの領域だったダンスホールが、あっという間に、熱狂的なスイングミュージックに席を譲った。ヘイリーのスピンオフ映画が一九五六年に登場すると、その反応はものすごかった。ファンが金切り声を上げて映画館に殺到し、通路でロックンロールを踊ったのだ。ロックンロールの魅力を見て成功するバンド・マネージャーの陳腐なストーリーが、若者の反抗精神をとらえ、西欧各地の大小都市でティーンエージャーによる騒動と破壊行為に火をつけた。この映画は英国では八〇の町議会から上映禁止を食らった。ヘイリーはまもなく舞台から消えた。彼のコメッツ〔彗星の意味〕のメンバーたちは空をよぎって消えた。だが、次に登場するのがエルヴィス・プレスリーである。

一九五〇年代半ば以降、エルヴィスは米国の多くの若者世代にとって事実上、神様のような存在になったが、徐々にヨーロッパでもそうなった（米軍の駐留と米軍放送網、AFNの音楽番組の影響もあった）。『ハートブレイク・ホテル』『ハウンド・ドッグ』『ブルー・スエード・シューズ』『監獄ロック』『ワン・ナイト』といった一連のレコードの大ヒットが、彼をロックンロールの初の超大スターに押し上げた。オールバックの髪、情熱的な表情、そして腰を思わせぶりに旋回させる演技スタイルで器量がよく、彼は数百万のティーンエージャーのセックスシンボルに――そして多くの年長者の目には、品行方正に対する脅威に――なった。多くの年配のヨーロッパ人がこの現象を、真の文化のさらなる危険な堕落と見る一方で、ティーンエージャーたちはエルヴィスだけでなく、他の一流の米国人ロックンロール歌手も崇拝した。ジェリー・リー・ルイス、リトル・リチャード、チャック・ベリー、エディ・コクラン、バディ・ホリーといった数々の歌手が、米国と同様にヨーロッパでも絶大な人気を博した。若者世代へのロックンロールの影響は爆発的だった。チャールズ・ホワイトはアイルランド西部のカトリックの禁欲的な学校で、息苦しくはないまでも隔離された教育を経験していたが、彼にとって「リトル・リチャードの『ロング・トール・サリー』（一九五六年のリリース）を聴くのは、四〇年後にバスティーユ監獄を出るようなものだった。「自由、自由、自由だ！」。

ホワイトら多くの若者にとって、ロックンロールはつまるところ、文化革命にほかならなかったのである。

一九六二年、この音楽文化革命の中心は英国へ移る。最初のレコーディング『ラヴ・ミー・ドゥー』の成功が、ビートルズの到来を告げた。端正な顔ともじゃもじゃ頭のリヴァプールの四人の若者（ジョン・レノン、ポール・マッカートニー、ジョージ・ハリスン、リンゴ・スター）で、翌年春までにはすでに一つの現象になっていた。「ビートルズ狂」が英国を席巻した。一九六四年には驚喜した群衆が彼らの米国公演ツアーについて回った。ビートルズの音楽は初期のロックの強調から、より洗練されたサウンドに発展し、おそらく一九六七年五月リリースの『サージェント・ペパーズ・ロンリー・ハーツ・クラブ・バンド』によって、「サイケデリック」期におそらく創造性の頂点に達した。彼ら自身がドラッグを試したことが、若者の間で増える快楽目的のドラッグ使用と響き合った。その年、『オール・ユー・ニード・イズ・ラヴ』は衛星を通して世界のテレビ視聴者、推定三億五〇〇〇万〜四億人に向けて演奏され、「フラワーパワー」平和運動とベトナム戦争に対する国際的抗議の主題曲の一つになった。ビートルズはそのころには若者の間で、因習的価値観の拒否と反既成秩序の抗議を体現しつつあったのだ。

英国のほかのバンドがビートルズの切り開いた道をたどり、以前のポピュラー音楽の米国優位をひっくり返した。そうしたバンドにはアニマルズ、キンクス、そしてデイヴ・クラーク・ファイヴがあったが、はるかに重要だった（そして長続きした）のはローリングストーンズで、その人気は一九六〇年代半ばでビートルズにそれほど引けを取らなかった。メンバーたちの「問題児」イメージ、ロックとブルースを融合した自然なスタイル、それに彼らの風貌——長髪にカジュアルな服装（当時のビートルズやその他バンドの当初の制服姿とは対照的——は、一九六〇年代の若者文化にぴったり合う反権威主義的魅力を彼らに与えた。

この文化は国際的であり、米国とヨーロッパを席巻し、国家当局の否認にもかかわらず鉄のカーテンの向こう側まで浸透した。若者のかっこうが似はじめた。似たようなタイプの服を着たのだ。一九五〇年代末のロック熱のなかで、若き反逆者たちは擦り切れた革ジャケットと「ドレーンパイプ」パンツ〔細いぴったりしたズボン〕を身につけて、自己主張した——それは時として、マーロン・ブランド（一九五三年の映画『乱暴者《あばれもの》』のオートバイ・ギャングのリーダー）、もしくはジェームズ・ディーン（一九五五年の映画『理由なき反抗』のスターとしてティーンエージャーの間で偶像の地位を獲得し、この年、二四歳の若さで自動車事故死した米国俳優）を真似たものだった。西ドイツやフランス、その他どこにもその変種があった。

テディーボーイ〔英〕、ハルプシュタルケン〔独〕、ブルゾン・ノワール〔仏〕は意識的に社会の他の部分とは違って見えようとした。しかし、彼らは反抗的な（時には暴力的な）少数派だった。一九六〇年代初めには、若者のスタイルはまだ一般に保守的で、おおむね彼らの両親のそれに似ていた。だが、六〇年代末にもなると、若者の姿は年配者とは異なっていた。彼らはたいがい長髪だ。服装はたいていカジュアル。もとは米国の労働者の服だったジーンズが、世相を直感したマーケティングを通じて若者のユニフォームになり、以前の事情とは逆転して、いまや彼らの両親のなかにも、着用するトレンディな人が出てきた。米国発祥でヨーロッパに根付いた「ヒッピー」姿は、しばしばドラッグと自由セックスを含む「反体制文化《カウンターカルチャー》」への支持を示していた。

若者のすべてが「ヒッピー」と思われたがったわけではない。両親の時代より服を買う金を多く手にした男女の若者をとくにターゲットにした服飾デザインが、魅力的で独特なスタイルを宣伝した。「若者」は巨大なビジネスになったのだ。カーナビー通りはまもなく、男女に最新の「流行服《ギヤ》」を提供するさまざまなブティックが林立し、「スイングする英国」の象徴になった。英国のファッション・デザイナー、メアリー・クアントはファッションにうるさいイタリアで、「世界で一番いかしたファッションの考案者……彼女がミニスカートを発案したのだ」と熱烈に支持された。ジーン・シュリンプトンと、ツイッギーの名の方がよく知られる路上生活者のようなレズリー・ホーンビー（イタリアの某雑誌で「そばかす人形」と形容された）は「スーパーモデル」、女性の服飾分野での国際的な流行仕掛け人になった。ファッションで奇妙な出来事は、多くの成人男性が戦後も長く着用していた帽子が消えたことだ。おそらく、若者が五〇年代にエルヴィス・プレスリー風の、後方へなでつけてポマードで固めた手の込んだヘアスタイルに関心をもちはじめたことが、このちょっとした服飾ミステリーの答えの一部である。

一九六〇年代の大衆文化の変化にもっとも大きな影響を及ぼしたのは、間違いなくテレビである。テレビはテレビ第一世代である若者の文化に大きな影響を与えた。だが、あらゆる国のあらゆる社会層に影響を与えたのだ。実はテレビの始まりは一九二〇年代にさかのぼる。しかし、大衆文化メディアとしての完全優位に向けた勝利の行進は、ヨーロッパでは三〇年後に始まった。英国がその前進の先頭に立っていた。テレビ所有数が初めに大きく増加したのは、一九五三年六月二日にウェストミンスター寺院で執り行われるエリザベス二世女王の戴冠式に備えてであった。数百万の家族が、新しく加わったエキサイティングな家具――小さなスクリーンの付いた光沢のある大きな箱――の周りに集まって、ロンドンの大イベントを映す粒子の粗い白黒画像に見入った。*

戴冠式は、英国だけでなくヨーロッパじゅうと、さらにそれを越えてテレビ中継された初の大イベントだった。ヨーロッパの一六のテレビ放送網が参加。共和国フランスにおいてさえ、戴冠式は一〇〇万人が見たといわれる。だが、テレビはヨーロッパではまだ草創期にあった。一九五三年のオランダでは、テレビは週三時間の放送で、受信者はわずか一万人。米国の家庭の三分の二が一九五五年までにテレビを所有していたが、イタリアでは受信契約者はまだ一〇万人に満たなかった。しかし、その後の伸びは急速だ。一九六三年にもなると、テレビ台数は英国が一二五〇万台、ドイツが八〇〇万台、フランスが三〇〇万台、そしてイタリアが約一〇〇万台である(とはいえ、スペインのテレビ所有率は一九六〇年でわずか一パーセント、ギリシアはやっと一九六九年にテレビ放送が始まっている)。それでも、テレビの普及は、管理の厳しい共産主義国でも止めようがなかった。例えば、一九六四年時点での東西ドイツの家庭のテレビ所有率の差はかなり小さい。それぞれ四二パーセントと五〇パーセントである。一九七〇年にもなると、スウェーデンには人口に比してヨーロッパで最多のテレビ台数(一〇〇〇人当たり三一二台)があったが、ハンガリー(同一七一台)もアイルランドやイタリア、オーストリアにそれほど水をあけられてはいなかった。

一九六九年七月二〇日の宇宙船アポロ11号の月面着陸と、ニール・アームストロング、バズ・オルドリンによる人類初の月面歩行は、世界中でかつて記録された最大の視聴者——推定五億三〇〇〇万人——が、衛星中継される尋常でない映像に見入った。このころには、スポーツのテレビ中継が大衆文化の欠くことのできない一部になっていた。国際オリンピック大会はいまや衛星回線によって世界中で見ることができる。サッカーが主要スポーツであるヨーロッパでは、一九五五年に創設されたヨーロッパ杯やヨーロッパ選手権、ワールドカップが大陸じゅうでますます多くの視聴者を引きつけ、空の旅が簡単で安くなるにしたがって、旅するファンを他国へ呼び寄せ、国に関する固定観念を壊すことに——時には強めることに——一役買った。

米国の商業テレビと違って、受信料(時には広告で補塡される)を財源とする国営テレビ網が、初期の年月の標準だった。例えばイタリア、フランス、西ドイツが一九五〇年代末までにそのような制度を有していた。英国放送協会(BBC)はもっぱら受信料だけを財源にしていた。どの国でもテレビは(ラジオと同様)公共サービスと見られていた。完全に広告でまかなわれる商業テレビは、一九五五年に英国でITV(独立テレビジョン)が国家独占を破ったときに始まる。しかし、一九八〇年代以前は、商業テレビが大陸ヨーロッパの国営部門に重大な挑戦を突きつけることはまずなかった。鉄のカーテンの東では、テレビはもちろん国家によって厳重に管理されていて、国家当局は公衆道徳の擁護者の役割をキリスト教会から引き取り、同時に西側からのいかなる影響も阻止することに努めた。西側でも国営テレビは、娯楽とドキュメンタリー及びその他の「教育的」番組のバランスを取ることに努めた。視聴者は、初めはただ一つのチャンネル、八〇年代まででもわずか二、三チャンネルに増えただけで、ほとんど選択の余地を与えられていなかった。しかし、視聴者が見たいのは娯楽番組であることは、初めから明らかだった。

そのころにはテレビは家族にとって娯楽の主力として、ラジオに取って代わりつつあった。何百万もの人びとが何より見たいのは喜劇、冒険物、気楽なドラマ、クイズ、それにスポーツだった。テレビ視聴は家庭生活と娯楽のあり方に影響した。家族は夕べにはしばしばテレビの前に集まる。ある番組は優先度が高く、見逃せない。食事時間はそれに合わされる。映画館やカフェ、パブ、レストランへ行ったり、単に友人や親類を訪問したりするのも、視聴の仕方に合わせなければならない。娯楽はラジオ時代以上に、家庭に入り込んでいた。テレビは新しい神様だった。

テレビの普及につれて、映画館への客足は減った。一九五〇年代末には、映画館の客はすでに減少しつつあった。七〇年代半ばまでに、フランスとイタリア、それにオランダでは一九五五年の水準のほぼ三分の一にまで減っており、ノルウェーも同じような急減ぶりで、英国ではもっとも劇的に同水準の一二分の一強まで減った。英国の映画館の三分の一は一九五七〜六三年の間に閉館。多くはボウリング場やビンゴホールに衣替えし、その他は往年の夢の城として、朽ちるままに放置された。鉄のカーテンの東では、態様はいささか異なり、いずれにせよ一様ではなかった。映画館来館者はポーランドでは半減したが、ソ連では微増。ブルガリアでは大幅に増えている。テレビの台数が比較的少なかったことが、もっとも考えられる理由だ。一九六〇年になっても、ソ連にはたった四八〇万台しかテレビがなかった。映画が（読書及び飲酒とともに）依然として、日常生活の退屈を紛らす、広く利用できる数少ない気晴らしの一つだった。

資本の欠乏があってみれば、戦後初期の年月に米国がヨーロッパ映画を支配することは避けられなかった。六〇年代初めになっても米国映画は依然として、ヨーロッパの映画館で見られる映画の大きな部分を占めていたが、フランスとイタリアは全体の流れに比較的抗っていた。とくにフランス人は自国製映画を好み、フランス映画の市場占有率は上昇しはじめる——これは一九五六年に新たなグラマー女優、ブリジット・バルドーを売り出したロジェ・ヴァディム監督の『素直な悪女』といった国際的成功作品で高められたものだ。西ドイツは、米国の軍事プレゼンスを考えれば驚くことではないが、米国からの輸入にもっとおおらかだった。それでも、ティーンエージャーのギャングを描いた『ハルプシュタルケン』(一九五六年)、ハプスブルク皇帝フランツ・ヨーゼフの妻の悲劇的生涯を描いた、ロミー・シュナイダー主演の『シシー』(一九五五年)など、一九五〇年代でもっとも人気のあった映画のいくつかは、ドイツの制作だった。

英国は米国と言語が同じであることから、とりわけ、常にハリウッドの優位にさらされていた。だが、英国の映画制作は戦後初期の時期、隆盛を続けた。当時の傑出した映画はキャロル・リードの『第三の男』(一九四九年)。戦争で荒廃したウィーンのすばらしく豊かなイメージと、ペニシリン密輸の中心にいるアンチ・ヒーロー、ハリー・ライム役の米国俳優オーソン・ウェルズの、記憶に残る演技が見どころだった。英国は戦争映画(とともに戦争小説、戦時回想記、そして戦争漫画本)を楽しんだ点で、例外的であった。過去の英雄的行為に対する誇りが、国の衰退を覆い隠した。一九四五〜六〇年の間に、一〇〇本以上の映画が制作されている。一九五五年公開の『暁の出撃』は約八五〇万人が、その二年後に公開された『戦場にかける橋』(英国人捕虜に対する日本の残虐行為を描く作品)は、一二〇〇万人以上が見た。戦争を映画で美化できるヨーロッパの国はほかになかった。大陸ヨーロッパで仮に戦争映画が制作されたとしても、レジスタンスや無辜の犠牲者の苦難という主題に集中しがちだった。だが、複雑でアンビヴァレントな戦争の歴史がある国々では、そうした映画が大評判になることは期待できなかった。人びとはおおむね、戦争の恐怖を思い出させられるのではなく、戦争からの現実逃避を望んでいたのである。

終戦直後、イタリアの映画館は米国作品に完全に支配されていた。一九五七年時点で、興行収入トップの上位一〇本のうち五本が、まだ米国作品だった。しかし、六〇年代末までに、これは変わっていた。映画の好みはおおむねマカロニ・ウエスタンと喜劇に移ったものの、人気の上位一〇本に入った米国作品はわずか三本、西部劇二本とディズニー喜劇一本だけだった。とはいえ、それは決して一方通行ではなかった。ジーナ・ロロブリジーダとソフィア・ローレンは、フランスのグラマー女優ブリジット・バルドーと同様、ヨーロッパ全域と大西洋の向こう側でもなじみの名前になった。そして数多くのイタリア人映画監督が、イタリア内外で高い人気を博する高品質の作品を作った。なかでも傑出しているのはフェデリコ・フェリーニの『甘い生活』(一九六〇年)。この映画は空疎で無意味で浅ましい「豊かな暮らし」を描いている。それは現代の道徳規範と、権力をもった退廃的なイタリア上流階級に対する批判だった。スウェーデン人女優アニタ・エクバーグを主役にし（成功の主要素）、まだカトリック教会の道徳規範の強い影響を受けていたイタリアのテレビが忌避するきわどいシーンをいくつか含んでいた。映画をめぐる論争はイタリアで、さらに国外ではなおのこと、大衆を引きつける助けになっただけだった。この映画の大成功は、親ファシストのローマを素敵な観光地に変える役に立った。さらに、作品の登場人物の一人の名前、パパラツォから、英語その他の言語に「パパラッチ」（でしゃばりで迷惑な写真家）という単語が生まれた。

ミケランジェロ・アントニオーニの受賞映画『情事』（一九六〇年）、『夜』（一九六一年）、『太陽はひとりぼっち』（一九六二年）は現代社会における情緒不安を探求して国際的評価を得る一方、彼の英語版映画『欲望』（一九六六年）は「スイングするロンドン」のファッション写真家の一日を描き、とくにその赤裸々な――当時としては、だが――セックスシーンのために、芸術的にも人気の面でも大成功を収めた。国際的に大いに認められたイタリアの映画監督としては、ほかにルキノ・ヴィスコンティがいる。彼の『地獄に堕ちた勇者ども』は、ある産業家一族とヒトラー政権の関係を描いて国際的評価を獲得し、フランコ・ゼッフィレリは、シェイクスピア劇の映画化『じゃじゃ馬ならし』（一九六七年、リチャード・バートンとエリザベス・テイラー主演）と『ロメオとジュリエット』（一九六八年）で大人気を博した。

とはいえ、イタリア映画はいくつかの点で例外的だった。イタリアにはヨーロッパ最多の映画館があったし、テレビが地位を確立するのが遅かった。イタリア人は六〇年代半ばでもまだ、演劇やスポーツ行事より映画に多くの時間を費やしていた。高踏的な前衛映画でも、イタリアでは多くの観客を集めることができたのだ。ヨーロッパのほかの多くの国では、事情が違っていた。しかし時には、芸術映画が通常の境界を越え、古典としても国際的にも、成功することもあった。十字軍遠征から戻った騎士が黒装束の死神と生死をかけたチェスをするという、スウェーデンのイングマール・ベルイマン監督作品『第七の封印』（一九五六年）が一例だ。

戦後復興が軌道に乗り、繁栄が広がるにつれ、映画や演劇、文学は西欧各地で徐々に社会批判に転じる。多くの芸術家から見ると、繁栄と安定は物質至上主義や偽善、息詰まるような保守的価値観と同義語になってしまった。中流階級社会の伝統的生活スタイルと価値観、あるは階級にもとづく不公正と機会の欠如が、しばしば標的になった。それに反抗するため、社会批判は過去に目を向けた。英国と西ドイツは、社会と文化の変化に対し、たいていの場合、対照的な反応を見せている。

一九五〇年代末の英国の文学、演劇、映画の「ニューウェーヴ」はイングランド産業労働階級の貧困、攻撃性、怒り、性的価値観に焦点を合わせた。ジョン・オズボーンの『怒りをこめてふり返れ』（一九五六年）はロンドンの舞台と、次いでテレビで大当たりし、三年後には映画でヒットして、事実上このジャンルの皮切りとなり、（若者がいかにして状況をよくするつもりなのかは言うまでもなく、何に怒っているのかだれもはっきりしないまま）「怒れる若者たち」という一般的呼称を生んだ。まもなくこう名付けられた「キッチン・シンク」ドラマ〔現実をありのままに描こうとする社会派リアリズムからの命名〕は、小説や演劇を矢継ぎ早に生み出し、それが大人気の映画——例えば『年上の女』（一九五九年）、『土曜の夜と日曜の朝』（一九六〇年）、『蜜の味』（一九六一年）、『或る種の愛情』（一九六二年）、『うそつきビリー』（一九六三年）——になって大衆の心に響いた。何よりも、あからさまな性的内容が、当時としては大胆だったことが理由だ。これらの映画は、失われる過程にある北部イングランドの労働階級の「真の」生活への郷愁を伝えていた。これはリチャード・ホガート著『読み書き能力の効用』（一九五七年）〔邦訳、晶文社〕の要点だったのであり、同書は学術書にしては驚くほど広い読者層を引きつけていた。ホガートは「自由が、セールスを最大に増やすものを用意する免許に等しい」ような社会の、快楽主義と青春崇拝を批判した。彼は「わたしたちは大衆文化の創造に向かって動いている」と論じ、その文化は現代の消費主義及び商業化された扇情的な娯楽のなかで、「それが取って代わりつつあるしばしば粗雑な文化よりも不健全」と見ていた。彼の見解では、それは結局、「『民衆の』都市文化」の破壊を招くというのだ。

一九六〇年代にもなると演劇や新聞・雑誌、テレビでは、政治的既成支配勢力と固定化された階級制度を揶揄するために、次第に風刺が使われるようになった。政治的風刺はもちろん、ジャーナリズムや演劇作品では何も新しいことではない。しかし、はるかに多数のテレビ視聴者が、一九六二〜六三年に放送された人気の週刊テレビ番組『ザット・ワズ・ザ・ウィーク・ザット・ワズ』〔土曜夜のBBC番組〕のように、権力をもつ人物と組織に向けられた往々にして痛烈なウィットに、いまやかつてなく頻繁に触れることになった。恭順性はあきらかに低下していたのである。

西ドイツでは、文化的創造性は依然として、たいていはナチの過去についての意識と結びついていた。ロルフ・ホーホフートの劇『神の代理人』（一九六三年）は、ホロコーストが行われていた間の、ローマ法王ピウス一二世の沈黙を攻撃し、論争の嵐を巻き起こした。文学による批判は通常、もっと微妙だった。例えば、ハンス・マグヌス・エンツェンスベルガーは一九六四年発表の詩『中産階級のブルース』で（ドイツではなく米国のミュージカルの伝統を思わせる形式を選んで）、近い過去にそれとなく触れ、一九六〇年代のドイツ人の精神構造を批判した。「ぼくたちは文句を言えやしないのだ／ぼくたちは失業していなのだ／ぼくたちは飢えてやしないのだ／ぼくたちは食べているのだ」。次に過去への遠回しの言及が続く。「草は生える／社会の産物／……ぼくたちは過去を食べているのだ」

「克服されない過去」――おおむね意識から締め出され、豊かな消費社会の物質至上の価値観に置き換えられて、多数の市民の共謀のうえに築かれた破局――は、あらゆる芸術形式において、途方もない文化的混乱と同時に「新しいもの」、前衛的なものの熱狂的な実験を生んだ。西ドイツの知識人がしばしば酷評するところの、過去を消し去ろうとする不快で浅薄な社会からの彼らの疎外感は、ヨーロッパのほかのどこよりも強烈だった。アレクサンダー・クルーゲ、あるいはエドガー・ライツ（そしてのちにはヴィム・ヴェンダース）の「ニュー《ノイエ》・シネマ《フィルム》」は、フランスのフランソワ・トリュフォー、ジャン＝リュック・ゴダールらの「ヌーヴェル・ヴァーグ」シネマと類似しており、伝統的な物語形式に完全に背を向け、映画のなかで内省的エッセーに近いものを創作した。故意に挑発的な実験的演劇と絵画において、文化と政治、そして社会の現存する価値観が異議申し立てを受けたのである。

しかしながら、文化的前衛の影響は誇張してしまいがちだ。「コカ・コーラ化」（米国製商業産品の全面的浸透を指す）からビートルズその他の一流バンドまで、大衆文化における国際的影響の方が、社会の価値観の静かな変化にとってはほぼ間違いなく重要だった。にもかかわらず、文化的前衛は若い世代の高学歴層に、不釣り合いなほどに大きな影響を与えた。「オルタナティヴの文化」という考え方が広がった――より民主的、よりコミューン的で、伝統的形式にこだわらず、より革命的であろうとする文化である。

過去の価値観との決別

さまざまな芸術形態、文学その他の創造的表現にみられる文化は、社会の価値観と精神構造を反映し、それに異議を唱え、またそれを形づくるものである。一九六〇年代、これらの価値観と精神構造はとくに若い世代の間で、永続的な、激化する変容の初期段階にあった。社会の態度と行動に対する重大な影響要因――なかでも大きいのは軍隊、労働、教育、宗教、家族――の役割は変わり、たいていは衰えつつあった。

ヨーロッパ各国の社会は、六〇年代までにはおおむね脱軍事化されていた。軍隊は社会の中心的な特質としての影響力を失っていた。軍国主義的価値観はもはや支配的ではない。国家は国防支出を減らし、福祉への支出を増やす。学校や教会はかつてのように若者に軍国主義的・国家主義的価値観を刷り込むことができない。国のために戦い、死ぬことが神聖な義務だという、第二次世界大戦の終わりまで若者に注入されてきた信念は、急激に衰えつつあった。たしかに、多くの若者はまだ二年かそこらの義務兵役に服さなければならなかった。だが、そうはしても熱狂的なことはまずなく、実はたいてい苦々しい気持ちだったのだ。兵役は、大戦争を戦うために大量徴兵による軍隊が必要だった時代の名残だ。核兵器の時代にあっては、ますます時代錯誤になっていた――もっとも、ほとんどの国はこの現実に屈服するのに長い時間がかかったのだが。まもなく独立することになる旧植民地での解放運動を相手にした、不人気になる一方の戦争では、やる気のない軍事の新米から成る巨大な徴兵軍は、おおむね過剰でもあった。大方の政府は徴兵に対する国民の反対を認め、六〇年代末までには、兵役に代わる選択肢を提示しはじめる。例えば、病院ないし学校での民生奉仕作業だ。そうした作業を引き受けるにせよ、二年間の無意味な軍事訓練と行進に耐えるにせよ、「国への奉仕」を強いられる大方の若者は、市民生活への復帰が待ち遠しかった。いまや軍隊ではなく、一般市民の世界が彼らの価値観を形づくったのである。

労働の世界も大きく変わりつつあった。事実上完全雇用の時代にあって、労働組合は増加した組合員のために労働条件を改善する強力な交渉力を手にした。大工場の組立ラインによる生産は、一九五〇～六〇年代にはまだどこにでもあったけれども、労働がそれまでほど単調ではなく、より人間的で、しかも労働者の発意を取り入れることで効率が上がるような、より柔軟に組織された働き方に道を譲りはじめていた。労働者と管理者の境界線さえ、もはやかつてほど確かなものではなかった。その格差を縮め、生産をより協調組合主義的な事業にする実験では、スウェーデンの自動車工場が先頭を行っていた。こうした変化は六〇年代末までは、それほど進展したわけではない。だが、労働現場でも、古典的資本主義生産の旧式の鉄の規律は弱まりはじめていた。

階級区分は概して、厳格なものではなくなりつつあった。六〇年代末にもなると、西ドイツの中産階級の三分の一は、労働者階級の出身ではなくなっていた。さらに五分の一は、中流の上の階級から転落してきていた。都会の真ん中のむさくるしいスラム街が撤去され、長年のコミュニティが崩壊し、時には仕事場から遠く離れた郊外の新興地区に、社会的に結びつきの少ない共同住宅街もしくは福祉住宅地区が造設されると、労働者階級の連帯感は損なわれた。「こうした大きくて清潔な階段には、仲間意識はなかった……こうした立派な新しいピカピカのドアはいつも閉じられていた」と、ある英国女性は回想している（もっとも、労働者階級の住宅がおおむねぞっとするほどひどく、はるかに清潔で健康的な新団地に取り換えられる運命にあった昔の日々を、暗黙のうちに美化しながらではあるが）。かつては政治的急進主義に引き寄せられた賃金のいい熟練労働者は、ドイツの社会学者ラルフ・ダーレンドルフが指摘するように、「個人の幸福追求」において自らの交渉力を利用しながら、「ブルジョア化」する途上にあったのである。「平準化された中産階級社会」に向かう傾向は、誇張されやすい。いずれにしてもその傾向は、ヨーロッパのほとんどどの国の場合より、繁栄した西ドイツ（この造語が生まれた国）で強い傾向であって、鉄のカーテンの向こう側にはまったく当てはまらなかった。しかし、それは広く生じつつある状況を示唆するものではあった。「サービス部門」が、ある時期であれば工場労働に向かっていたはずの人びとを管理・事務の仕事に引き寄せるにつれて、労働者階級の上層部とホワイトカラーの中流下部の間の格差は縮んだのだ。

一週間の労働時間が短縮されるにつれ、余暇の時間が増えた。余暇が関心の中心になる。一九七三年に西ドイツで行われた調査では、質問を受けた人の三分の二以上が、仕事より余暇と家族が重要と答えている。これまで以上に多くの人が休暇を――いまや、しばしば外国で――楽しめた。国内でも、仕事を離れて家族と時間を過ごす選択肢が増えた。（ホームガーデンないし家庭菜園をもつ人が増えるにつれ）庭で過ごすなど、退屈な雇用労働からの多種多様な気晴らしがあった。余暇の多くは集団的ではなく、個人的なものだった――これはまだ初期段階にあって、後の数十年にさらに進行することになる全般的傾向の一部である。しかし、これまで見てきたように、音楽・映画・テレビという大衆娯楽の重要な領域は、国の境界を越えて、多くの若者を結びつけ、ヨーロッパの国境をまたいだ共通の関心と精神構造を形づくるさまざまな形態の娯楽を提供し、鉄のカーテンの向こう側の国々にも浸透した。

戦後、多くのヨーロッパ諸国で中等教育が急速に普及し、以前は社会的エリートに限られていたさまざまな昇進の機会を与えた。西欧を平均して、一九七〇年に学校に通う一〇〜一九歳の生徒数は、一九五〇年に比べ二・五倍になっていた。国による（そして時として地域による）差異は根強く残っていたが、より多くの国民が複雑な仕事に就く訓練をするか、あるいは高等教育に進む必要がある、と広く認識されていた。東欧の場合、戦後の教育は戦前の教育とも、西欧の事情とも根本的に違っていた。私立学校と宗教学校は廃止。ロシアの言語と文学、歴史が重視され、科学と技術が強調され、すべてが労働運動の歴史の解説と、社会的・政治的発展のマルクス＝レーニン主義的解釈でおおわれていた。

大学教育の機会もまた、六〇年代に拡大しはじめる。新しい大学や工業専門学校が設立された。一九五〇年には二〇〜二四歳の三〜五パーセントしか大学に通っていなかったのに、その数値は一九七〇年までにおおむね一二〜一八パーセントになった。なかでもスウェーデンとオランダは二〇パーセントを超えていた。その傾向は鉄のカーテンの向こう側でも似通っていた。もっとも、ユーゴスラヴィアの一六パーセントを最高に、八パーセント(アルバニア)から一四パーセント(東ドイツ)まで、いくぶん低い水準ではあったが。高等教育はまだ主として男性の領分だった――東欧より西欧ではとくにそうだった。例えば、一九六五年のマンチェスター大学の卒業生のうち、女性はたった四分の一だ(そのうち科学と医学の卒業生はごく少数だった)。だが、かつてなく多くの若者が大学教育を通して、新しい、あるいは異なる思考方法に触れた。その結果、現存する社会慣習や政治的決定が、第二次大戦以降のどの時期よりも流動的になり、深刻な批判にさらされやすくなっているまさにその時、高度に知的な社会層がそれらに異議を申し立てることができたのである。

ヨーロッパ文化はかなりの程度、ほぼ二〇〇〇年のキリスト教の教えと、一八世紀以降は啓蒙主義の価値観の産物だった。ところが、科学・医学知識の普及が、社会問題への合理的な回答を見出せるという楽観主義の高まりと相まって、超自然的なものへの信仰を掘り崩してしまった。そのうえ、教会に対する忠誠は、無秩序に広がる都会という集合体や産業労働者階級の間より、濃密に結びついた農村部の共同体での方が伝統的に強い。だから、農村部から無定形な都市社会への人口流出が続いたことで、教会の直接的な社会的影響力が弱まった。都会でも、種類が増え続ける娯楽がもたらす宗教への対抗引力は明白だった。キリスト教の暦でもっとも厳粛な復活祭の間でも、若者は教会に行くより遊園地や映画、あるいはスポーツ行事を好んだ。宗教的行事の衰えは、他のすべての組織と同様に、教会に影響を与えている広範な社会変化の、原因ではなくて結果であった。とはいえ、それは宗教の教えの影響力だけでなく、教会の伝統的領分であった道徳的価値観の影響力が衰えたことも意味していた。

鉄のカーテンの向こうの共産主義諸国では、宗教的行事と公然の宗教信仰の急減は、かなりの程度まで政治的に強いられたものだった。実践的キリスト教徒(あるいはユダヤ教徒やイスラム教徒)であることは、著しい不利益になりかねなかった。教会自体は政治的迫害に耐えなければならなかった。ソ連の正教聖職者数は一九五九〜六五年の六年間で半減した。おびただしい数の教会やモスク、シナゴーグが閉鎖され、あらゆる宗教団体が国家当局によって厳重に監視された。内密に保持された信仰は表面下で残ったけれども、どれくらいの割合の国民が宗教信仰を維持していたのかは知りようがない。中欧及び東欧では、この傾向は一様ではないものの、おおむね似ていた。アルバニアは宗教にもっとも敵意をもつ国家だった。国内にある主要宗教の違いは何かと聞かれると、アルバニア人は即答した。「キリスト教徒は日曜日に教会に行かない、ユダヤ人は土曜日にシナゴーグに行かない、そしてイスラム教徒は金曜日にモスクに行かない」と。ポーランドはこの分布の対極に位置していた。カトリック教会は徐々にポーランドの国民的帰属意識《ナショナル・アイデンティティ》を象徴するようになり、公式の国家イデオロギーに取って代わるもう一つの信念体系になった。結果として、人びとの敬虔ぶりとともに、宗教的行事は衰退するどころか増加した。六〇年代には、日曜ミサに七〇パーセントが出席していた。一九八〇年代までに、定期的に教会に通う人の数が、とくに労働者階級の教区で、人口の九〇～九五パーセントと、実に驚くべき増加ぶりを示すことになる。それにしても共産党当局にとって、これは厄介なことだった。

西欧では、宗教的行事の長年の衰退は——カトリック教会よりプロテスタント諸派で目立ったが——、精神的ショックの大きい戦時とその直後の時期に、一時的に下げ止まった。だが、六〇年代を通じて教会との結びつきは著しく弱まる。二〇世紀の残りの期間とさらにその先まで継続し、加速することになる傾向である。

宗教的献身の希薄化は北西ヨーロッパでもっとも急速に進んだ。経済の近代化が進み、国民の教育レベルが比較的高く、リベラルな政治システムがもっとも発展し、文化的規範がこの最大の変化の影響を受けている地域である。プロテスタントが支配的なヨーロッパ北部に比べ、宗教が国民に対して支配力を維持しているカトリックの大陸南部では、衰退はゆっくりしていた。アイルランド共和国は北西ヨーロッパの例外だ。経済的に比較的遅れた国であり、カトリック教会の「特別な地位」が一九三七年の憲法に明記され、カトリック信仰が国民的帰属意識に埋め込まれていた。一九六〇年時点でもなお、国民の九〇パーセント以上が定期的にミサに参列していた。ヨーロッパには、これと張り合える国は、あったとしてもほとんどなかった。しかし、西ドイツ・バイエルン州のように豊かで近代化した地域でも、教会への忠誠は比較的強いまま残った。そして、いまだ多数の人びとがフランスのルルドやポルトガルのファーティマ、アイルランドのノック、ポーランドのチェンストホヴァ（民族の象徴である「黒いマリア」の在所）といったカトリックの聖地へ旅することが、カトリック信仰の変わらない活力を証明していた。

一般に、ヨーロッパ全域を通して、教会の礼拝に定期的に参列する信者はカトリックの方が、数は減りつつあったとはいえ、プロテスタントより多かった。諸々の調査が、多くの人がなお神への信仰を告白していたことを示している。大方の人びとが宗教への名目的な愛着を公言し続けてもいた。だから、洗礼や結婚、葬儀になると、依然として教会の事務所を訪ねるのが普通だった。にもかかわらず、諸々の指標が、そうし続けている人が減っていること、また宗教信仰そのものが収縮しつつあったことを示している。例えば、死後の生を信じるヨーロッパ人が減っていたことを示す調査がある。教会、とくにカトリック教会は、公衆の道徳規範の維持に大きな役割を果たし続けていた。しかし、それは骨の折れる仕事だったのである。

　教会は急速な社会変化に適応しようとした。キリスト教の統一を追求し、他宗派を受け入れようという教会一致運動《エキュメニズム》が前進しはじめた。英国国教会のトップであるカンタベリー大主教とローマ法王の一九六〇年の会談は、宗教改革のはるか以前以来のことだった。そして、来るべきことの前兆として、ヨーロッパ初の女性牧師がデンマーク（すでに一九四八年）の、次いでスウェーデン（一九六〇年）とノルウェー（一九六一年）のルター派教会から聖職位を授けられた。一部のプロテスタント神学者は、新たな方法で信仰を定義しようとした。ポール・ティリヒ〔ドイツ生まれの米国の神学者〕は、信仰は理性と対立するものではなく、それを乗り越えるものだと論じた。英国国教会のウリッジ主教ジョン・ロビンソンは、人間の想像を超えたところに実体としての神があるとする考えを拒否した。こうした神学者たちの複雑な著作は、プロテスタント教会内部の議論を引き起こすうえで重要だった。だが、教会に通う普通の人びとは存在論的神学の問題にはほとんど関心がなく、大方の人は神の存在は純粋に主観的なものだとする考えには引きつけられず、いずれにしても、教会から離れていく人びとが高尚な神学論争のために踵《きびす》を返す見込みはなかった。

　カトリック教会も画期的変化のとば口にあった。一九五八年に法王ヨハネ二三世が選出されたことで、前任者ピウス一二世の人を寄せつけない法王君主制との重大な決別が開始され、近代ではもっとも変革に満ちた法王時代が始まる。法王の重大な決断は――超保守的な法王庁（法王の統治機構）には歓迎されなかったものの――バチカン公会議の招集だった。一八七〇年以来であり、一六世紀以後でも二度目である。支持者の深刻な減少を防ぐために教会は改革と近代化が必要だ。法王は新世代の司教たちと、その下の聖職者及び信徒たちの間にあるそんな強い思いに応えようとしていたのだった。西ドイツの司教たちはすでに一九五〇年代末、「教導の問題」としての「日曜ミサの常習的軽視」と、実践するカトリック教徒の数が減っていることについての、多くの聖職者たちの「深刻な懸念」をはっきり自覚していた。教会改革と下からの刷新に関する討論はフランスでもっとも進み、それがオランダ、ベルギー、西ドイツ、イタリアへと波及したが、そうした考えはアイルランドと英国、それにイベリア半島ではなかなか進展しなかった。きわめて保守的な教会が改革にもっとも強く抵抗したのだ。

第二バチカン公会議(会議の通称)は、ローマ法王(ローマ司教)と並んで司教たちに、強化された「合議制」権限を付与した。もっとも、法王の優越性の縮小は、法王の不謬性教義を再確認することで無効化されたが。公会議は他の教会との和解を支持し、カトリック教会が教会一致運動を受け入れるうえで大きく前進した。キリスト教によってユダヤ人が受けた苦しみに対する謝罪が行われ(そして、聖金曜日礼拝でキリスト殺害を不快にもユダヤ教徒のせいにすることが撤回された)、ユダヤ教徒との対話入りが呼びかけられ、反ユダヤ主義が非難された。一九六五年には数世紀にわたる東方正教会との不和が癒された。教会に通う一般のカトリック教徒にとってもっとも明快な――そして伝統派にはきわめて不愉快な――公会議に発する変革は、古代から西欧の教会言語であったラテン語を、ミサを挙げる際にはその土地の言語に置き換えたことだ。教会と国民との距離を縮める狙いの措置である。

変革は大々的で、永続した。聖職者とともに信徒の間で、教会内部の討論を活性化し、新たな形での布教活動に参加することへ信者たちの熱意をかき立て、ヨーロッパ以外、とくにラテンアメリアの社会的貧困についての大きな自覚の地平を広げた。だが、歴史学者ディアルミャド・マククロッホは公会議の結果を、いみじくも「半分の革命」と呼んだ。パンドラの箱は開けられたが、司教たちはまもなく再び蓋をしようとしはじめる。教会を政治的急進主義とラテンアメリカの「解放の神学」に結びつけようとする動きは、阻止されてしまった。法王の優越性が再確認されるにつけ、「司教会」はせいぜいおしゃべり会になってしまった。そして、スイス人の神学者ハンス・キュング(助言者としてバチカン公会議に参加)は、法王の不謬性教義を公然と拒否したあと、とうとうカトリック神学の講義――彼は西ドイツ・チュービンゲン大学の教授――を禁じられてしまった。

第二バチカン公会議に起源をもつ改革が、社会変化の重要な潮流に著しく適応しそこねたのは、性行動の領域だ。公会議の多くの参加者は、少なくとも聖職者の婚姻を禁じた規則が緩和されるだろうと期待していた。ところが、ヨハネ二三世は自ら招集した公会議が作業を終えるはるか前、一九六三年に死去し、聖職者の禁欲は跡を継いだ保守派パウロ六世によって再確認されてしまった。これが聖職希望者数の減少――そして結婚目的での聖職離職者の増加――の一因になったのはほぼ確実だった。

さらに大きな問題は、法王パウロが一九六八年の回勅『フマネ・ヴィタエ』(「人間の生命について」)で、引き続き避妊禁止を宣言したことだった。これは信徒ばかりか聖職者の間でも激しい抗議を招いた。法王の禁止命令は実際には広く無視された。これが法王の権威に与えたダメージは別にしても、それはバチカン公会議が脱宗教化の進展とカトリック行事の衰退をしっかり正せるような形で、カトリック教義を変革する能力の限界を示した。避妊の禁止によって法王庁は、教会には止めようもない性生活及び家族の変化とはっきり対立したのである。

結婚と離婚、同棲、そして婚外出産に対する考え方は変わりつつあった。戦後の「ベビーブーム」は終わっていた。若い人びとはもはや、出産を結婚の主目的と見る教会には従わなかった。そして、戦後に一般的だった年齢より、遅く結婚するようになった。雇用の拡大によって、個々の人びとは第一に自分の生活と欲求、物資的条件を優先し、それに合わせて出産・育児を計画するようになった。その逆ではない。いまや多くの女性が有給雇用を求め、自分の人生をコントロールしたがった。女性の本分は子どもを産み、家庭を切り盛りすることだという伝統的な考え方に、ますます異議を唱えた。西欧の場合、女性の前進はスカンジナヴィア諸国がもっとも大きく、家庭での妻と母の義務が社会教育でもろに強調されるカトリック諸国が、もっとも遅れていた。アイルランドには、「母親は、家庭での義務を怠って経済上の必要から労働に従事することを強いられてはならない」とする憲法上の規定まであった。晩婚と少子化は、部分的には異なる理由からではあるが、東欧でも進んだ。女性のフルタイム雇用を可能にする母親支援制度は、西欧よりはるかに充実していた。しかし、経済繁栄がないことと、適当なアパートを待たなければならないことが、女性が早期に結婚し出産する準備の足かせになった。

そのうえ、優れた避妊法と中絶に関する法律改正で、女性はいつ子どもを産むのか、あるいは産まないのか、婚姻内か婚外かをこれまで以上に自ら決められるようになった。一九六〇年、米国における避妊薬——まもなく一般に「ピル」の名で知られるようになる——の画期的な発明が、女性の生活を根本的に変えた。いまや初めて、安心して自分で妊娠をコントロールできるのだ。ピルは性行動を変えた。六〇年代後半以降、男女ともに性の自由を享受する道が開けたのである。

世紀末ほど急速ではないまでも、性の解放は二〇世紀の最後の数十年に婚姻の劣化を加速させ、離婚率は目に見えて上昇しはじめた。スウェーデンとデンマークではすでに一九七〇年までに、結婚の四分の一以上が離婚に終わっていた。そのころには、スウェーデンとデンマークの二〇代初めのカップルのほぼ三分の一は結婚せずに同棲する道を選んでおり、スウェーデンにおける出産のほぼ五分の一は婚外だった。これらは他の西欧諸国の比率よりかなり先を行っていた。にもかかわらず、その傾向は、東欧の場合と同じ方向を指していた。もっとも、カトリック諸国ははるかに遅れていた。例えば離婚は、イタリアでは一九七〇年一二月まで、ポルトガルでは一九七五年まで、フランコ死後のスペインでは一九八二年まで、アイルランドではなんと一九九七年まで、そしてマルタでは二一世紀の二〇一一年まで、法律で認められていなかった。

こうした傾向の背景には、性生活の事実上あらゆる慣習に異議を申し立てるセックス革命があり、それは一九六〇年代後半には若者の反体制文化の中心部分になっていた。女性解放運動は、女性の性的独立を促進するうえで重要な役割を果たした。ジャン＝ポール・サルトルのパートナー、シモーヌ・ド・ボーヴォワールは運動の初期の先駆者であり、彼女の著作『第二の性』(一九四九年)は、イデオロギー的影響を与える活力あふれる作品だった。女性運動の主要かつ永続する成果である女性の平等が、徐々に――少なくとも理屈としては――受け入れられていったことは、その後の数十年でもっとも重要な社会変革の一つであり、それはピルの発明によるところが大きかったのである。ピルが使えることで、男女とも妊娠のリスクなく気軽なセックスを楽しめるようになった。「自由恋愛」――複数のパートナーを入れ替える性的自由――は、サンフランシスコのヒッピー文化から大西洋を越えた。同性愛も一九五〇年代にはまだ一般に、人目を気にする違法な異端行為の一つだったが、社会により広く受け入れられる方向への道を歩みはじめた――もっとも、深く刷り込まれた偏見という瓦礫はゆっくりしか踏み慣らされないため、その道は石だらけの長い道ではあった。

セックスに対する新しい考え方が徐々に社会に受け入れられるうえで、急速に発展するメディアが大きな役割を果たした。書物と映画がまもなく、伝統的なタブーに挑戦し、これを壊しはじめた。一九六〇年、D・H・ローレンスの『チャタレー夫人の恋人』の無修正版の出版が、猥褻物出版規制法違反に問われ、ロンドンの法廷で裁かれた。因習秩序の柱たる検察官、マーヴィン・グリフィスが陪審団に、同書が「みなさんの妻や使用人に読ませたい」本かどうかと尋ねたとき、彼は過ぎ去った過去から話しかけているように思われた。文学専門家の多くの証人が列を成して同書を弁護した。いささか奇矯なことに、論争好きなウリッジ主教、ジョン・ロビンソンは、ローレンスが扇情的に描いた性交は「霊的交わりの行為」だと示唆した。英国のこの事件は、社会の価値観が非常に速く変化するなか、以前は厳格だった性的表現の検閲を維持するのは不可能であることを示す最初の例だった。文学と映画、それに雑誌にとって――初期のテレビはまだ公衆道徳を守ろうとしていた――、セックスが大きなビジネスになることは明らかだった。

各国政府は変わる風潮への順応を迫られた。スウェーデンとデンマークが避妊法の解禁で再び先頭を切った。英国は一九六一年、医師の処方にもとづき既婚カップルに、六八年からは未婚、既婚を問わずすべての女性に、ピルの自由使用を認めた。フランスは、女権拡張論者からの圧力に押されて六五年に避妊禁止を撤廃した。カトリック諸国は教会の公式の立場に従って避妊に対する規制の緩和に抵抗し、イタリアではようやく七〇年に、アイルランドはさらに一〇年以上遅れて、規制が廃止された。ソ連とその同盟諸国では、中絶は一九五〇年代から合法だった。だが、中絶を認める法律が——通常はなお厳しい条件付きながら——西欧に広がるのは、ようやく六〇年代末から七〇年代初め以降のことだ。法案の通過には通常、激しい議論が付きもので、とくにカトリック教会の反対に遭ったが、カトリックが優勢な国々も徐々に中絶の合法化へ動いた。もっとも、マルタなどいくつかの国は流れに逆らい続け、二一世紀に至るまでなお禁止を続けることになる。

同性愛行為に関する法制も、社会の考え方の変化を反映した。同性愛に対するヨーロッパ各国政府の姿勢は、歴史的にさまざまだった。大方の（すべてではない）共産主義諸国では公式に禁じられていた。ほとんどの西側民主主義国は同性愛を犯罪としていた。しかし、フランスでは革命以来、合法であったし（もっとも、ヴィシー政権は他のファシスト諸国と歩調を合わせて禁止した）、デンマークとスウェーデン、それにアイスランドでは合法化して二〇〜三〇年になっていた（ノルウェーとフィンランドは別）。しかし一九六〇年代末以降、ヨーロッパ各国政府は現行法に対する反対の高まりに対応して、同性愛に関する法制の自由化を始めた。米国に始まる「男性同性愛者人権運動」が一段の圧力をかけた。合意した成人間の同性愛行為を犯罪とする規定は、西欧全域と脱ソ連後の東欧で、九〇年代までかかりはしたが、徐々に終止符が打たれた。それでも、同性愛に対する社会全般の差別は、ロシアを典型例として、続いた。

ヨーロッパでは戦後、社会の価値観が大きく変わった。西欧社会は一九六〇年代末までに総じて、五〇年代よりも自由主義的で寛容になった。もちろん、この全般的傾向とは反対の潮流もあった。人種差別的な考え方は、おおむね表面下ではあれ、広く残った。男女差別的な考え方は当たり前だった。女性はしばしば、数々の職業で権力的立場を利用する男たちからの不快な性的誘いと戦わなければならなかった。女性解放運動は女性に対する男の偏見を修正し、教育と職業の機会、そして職場での長年の女性差別を変えるための困難な闘いに直面した。

若い世代の一部にとって、その自由化はいずれにせよ速度が遅すぎ、徹底しているとはとてもいえなかった。彼らはもっと速く、もっと全面的な変革を志向した。一九六〇年代後半にもなると、彼らは鉄のカーテンの西でも東でも、社会と政治の秩序に挑戦しはじめるのである。

＊　わが家はほかと違っていて、戴冠式のためではなく、その一カ月前の一九五三年五月二日、ウェンブリー・スタジアムで行われたサッカー優勝決定戦を見るためにテレビを購入した。ブラックプールがボルトン・ワンダラーズを四対三で破った劇的な試合で、当時のもっとも有名なイングランド選手スタンリー・マシューズが三八歳で優勝メダルを手にした。街頭のほとんどの人がこの試合を見ようと、オールダムにあったテラスハウスのわが家の狭い居間に詰めかけてきたかと思われた。

第6章

異議申し立て

禁止することは禁止されている。
自由は一つの禁止から始まる。
すなわち、他者の自由を侵害することに対する禁止である。

パリの落書き（一九六八年五月）

燃える一個の身体によって未来の光が前進させられた日のことに無関心であってはならない。

ソ連軍によるチェコスロヴァキア占領に抗議してヤン・パラフが焼身自殺したあと、
一九六九年一月にヴァーツラフ広場の地面に書きつけられた文

一九六〇年代後半、ヨーロッパは東西ともに第二次世界大戦の終戦直後のどの時期にも増して、大きな政治的動揺期を経験する。鉄のカーテンの両側とも、まったく異なった形で、その統治体制への異議申し立てに直面するのである。それは西欧では、一九六八年の学生の抗議運動で頂点に達する。東欧では同じ年の「プラハの春」が、ソ連ブロック全域に衝撃波を送った。その動揺は七〇年代初めごろには再び沈静化に向かっていたが、その遺産は多面的で、長く尾を引いた。

その動揺は、短命ではあったけれども、このころ早期成人期に届いていたか、届こうとしていた戦後の「ベビーブーム」世代の間に、もっともはっきり表れた社会的・文化的価値観の大きな変容を反映していた。世界大戦の時代が強いる規律のなかで教育された旧世代の人びとの価値観と行動様式は、一九六〇年代半ばごろには根底的な挑戦にさらされるようになる。権力、服従、義務――こうしたことは、若者にとっては過去のにおいがする価値観だった。若者はとくに、身なりや習慣、ライフスタイルの点で個人主義的になり、年長者たちのおおむね旧弊な服従の態度や権威を受け容れる気はなかった。そして特定の状況下では、反抗も辞さなかった。

抗議と暴力

世代の反抗

米国の社会学者ダニエル・ベルは一九六〇年、「西側におけるイデオロギーの終焉」を表明していた。一九世紀に発展し、二〇世紀前半を支配したマルクス主義を筆頭とする諸々の偉大なイデオロギーは過去のものとなり、来るべきテクノクラート社会では大した役割は果たさないだろう、とベルは論じた。一九五〇年代は政治思想の(彼が言うところの)「疲弊」と、原理主義的イデオロギーの過剰を経験したというのだ。ヨーロッパ諸国にあった歴史的に例を見ない比較的高度な政治的コンセンサスを考えたとしても、これは米国人ならではの評価だった。そして、五年もすると、早くも奇妙な誤判断に見えだしていた。

というのは、一九六〇年代半ばにもなると、以前の比較的静かな国内状況は、マルクス主義と資本主義のイデオロギー対立が中心的役割を果たす政治の激動期に道を譲りつつあったのだ。また、この対立は単に、鉄のカーテンを挟む完全に相反する社会・政治体制に関連したものではなく、主たる関連さえなかった。実は大部分、それは西側社会の内側で起きた資本主義にもとづく自由民主主義と西欧型マルクス主義との間のイデオロギー対立だったのである。その対立は若者世代の多くが感じていた広範な疎外感を反映して、政治的抗議行動に明確な表現を見出し、その抗議行動は六〇年代半ば以降、さらに広がっていく。多くの参加者にとって、それは明確な世代の反乱だった。「われわれは権力を握りつつある新しい世代だった」。ある元活動家は酔わせるような雰囲気（そして内在していた幻想）を回顧して、こう表現している。六〇年代の米国公民権運動に大きな影響を与えつつあったデモと抗議行動に感銘を受けた人びともあった。米国とヨーロッパでも、米国歌手ボブ・ディランの詩的に抒情的な音楽、すなわち『風に吹かれて』や『時代は変わる』、『戦争の親玉』は、若者にとっての抗議行動賛歌になった。そのうえ、次々と明らかになるベトナム戦争――テレビ画面で眺めることができた初めての戦争――の恐怖が、抑制の利かない物質主義と帝国主義、植民地主義、そして米国の権力と西側資本主義に対する激しい非難を、新マルクス主義の無階級路線に沿って社会を再建するという理想主義的な考えに、国境を越えて結びつける大義を与えた。この抗議は、政治的暴力という新たな表現をとって、政治的既成秩序と見なされるものに対して感じられるしばしば漠然とした極端な疎外感の表れにも反映されるようになった。

抗議は一九六八年に劇的に爆発する。だが、不穏状態は沸騰点に達するまで数年にわたって沸き立っていた。「一九六八年」は、時代の基底にある価値観の拒絶と破壊という、その歳月全体にわたる一つの現象の象徴なのである。教育的に恵まれ、ますます外国と接触するようになり、吸収した急進的思想を諸々の集団行動に転換する機会のある学生たちが、世代の反逆の先頭に立った。今日まで「世界的な抗議行動」と評されてきた運動は、米国と日本、そして（フランコ政権下スペインの独裁的体制下まで含め）西欧各地に見られ、また東側ブロックの一部、とくにポーランドとチェコスロヴァキアでも――西側とは表れ方は違うけれども――ある点で共鳴していた。西欧内部では、この抗議運動はイタリアと西ドイツ、それにフランスでもっとも先鋭的、劇的であった。抗議運動はそれぞれいくつかの特殊な性格を帯びていたが、共通した特徴もあった。

抗議運動はおおもとでは、大学内の状況に対する学生の不満の爆発だった。一九六〇年代に学生数が急増した結果、講義室やセミナー室が大幅に収容人員を超過。そして大学教員数は十分というにはほど遠い。教授たちはそっけなく、尊大で権威主義的人物だった。イタリアでは教授たちが貴族《バローニ》として知られたのは故なしとしない。

イタリアの学生数は六〇年代に五〇万人へとほぼ倍増。学生数五〇〇〇人で計画されたローマ大学は、一九六八には五万人を抱えていた。多くの学生が卒業証書を得ずに退学した。卒業する学生でも職を得るのが難しかった。これは大方の西欧諸国に見られる一般的態様の極端な一例にすぎない。西ドイツの場合、五〇年代に比べてほぼ四倍の学生がいた――大学教員と利用できる施設の数は、拡大のスピードにまったく追いつけていなかったのにである。多くの学生の目には、大学の管理運営は反動的、束縛的に映った。新しい大学キャンパスの殺風景なコンクリートジャングルが疎外感を強める。社会に対する不満が時代病になった。一部の者たちにとって、それは現存する社会を完全に拒否する態度になった。「われわれはこの社会に居場所を見つけたくはない」。イタリアの学生の一人は一九六八年にこう語っている。「われわれは居場所を見つけるに値する社会を創造したいのだ」と。

抗議行動のそれぞれの表れ方は、国ごとの特殊条件を反映していたけれども、コミュニケーションと旅行がますます容易になったことで、不満が国境を越えてすばやく伝染しやすくなった。学生の身体内に怒りと恨みがくすぶった。この火薬箱は、フランスのダニエル・コーン=バンディ(「赤毛のダニー」)や西ドイツのルディ・ドゥチュケら、学生の特殊な不満を「ブルジョア国家」のあらゆる形態の権威にたいする異議申し立てに変える能力に長けた扇動家の学生指導者によって、容易に点火された。イタリアと西ドイツの場合がもっとも分かりやすいのだが、近い過去は、かつてのファシズム体制と現在の資本主義社会の間にある継続性を呼び覚ます手近な根拠になった。資本主義について語る気のない者はファシズムについても沈黙すべきだというマックス・ホルクハイマーの格言が、しばしば引き合いに出された。

反ファシズムは西ドイツにおける抗議の風潮の中心的な要素であり、イタリアでも重要だった。一九三〇年代のように抗議運動が大衆ファシズム運動に流れ込んでしまう可能性は、したがって、はっきりと排除されていた。ファシズムはダブーだったのだ。これは明らかに左翼からの反抗だった。マルクス主義が知的刺激になった。とはいえ、その信奉者が自称した「新左翼」は、モスクワとソ連モデルに目を向けることはまずなかった――ソ連のイメージは一九五六年暮れのハンガリー動乱の武力鎮圧で、修復不可能なほど汚されてしまっていた。代わりに彼らは、西欧工業国の若者としてはいささか不似合いに、極東とラテンアメリカの農民革命やゲリラ闘争の指導者に自らの英雄を見出す。彼らは(甚大な人道犯罪への彼の責任に気づかずにか、あるいはあえて黙認して)毛沢東と、北ベトナム指導者ホー・チ・ミン、キューバ首相フィデル・カストロ(米帝国主義への抵抗の顔)をうっとり眺め、そしてなかでも一九六七年一〇月にボリビア軍に射殺されたキューバ革命指導者、チェ・ゲバラを偶像化した。

　彼らはマルクスの初期の著作を探求し、レーニン主義の正統派から排除されるか、その信仰から破門されたローザ・ルクセンブルクや、なかでもレオン・トロツキーらを高く評価した。ムッソリーニ体制下の刑務所で獄死したマルクス主義のファシズム理論家、アントニオ・グラムシはとくに評価された。彼らはヨーロッパ内外のマルクス主義知識人の大御所との交流によって感化された。フランスの哲学者ジャン＝ポール・サルトルとルイ・アルチュセール（いよいよ奇矯な、精神に異常をきたした人物で、マルクス主義と人道主義の関連づけに反対した）、それに社会的組織や機関に抑圧力と管理的規制性があることを強調したミシェル・フーコーらである。急進派学生にもっとも影響力のあった著名人の一人が、ヘルベルト・マルクーゼ。「後期資本主義」批判で知られるドイツ生まれの米国の哲学者で、現代社会は人間性を奪っているとし、西側消費文化の邪神の完全拒否と革命を支持した。異なる装いをこらした諸々のマルクス主義思想が、より良き世界を作り、公正、平等な社会を生み出そうとする衝動に突き動かされた比較的教育レベルの高い、物言う社会グループの世代的反逆の想像力を燃え上がらせる役割を果たした。彼らの目には、政治革命では不十分だった。信念体系全体とそれが支えている社会構造を破壊し、社会を作り直さなければならないのだ。

　国境を越えて若者——彼らだけではないが——をもっともとらえた問題は、泥沼化するベトナム戦争だった。これは政治とイデオロギーの違いを分極化し、感情を燃え上がらせ、第二次世界大戦この方一般に民主主義的価値観と自由及び繁栄の手本に挙げられてきた国、米国に対し、多くの若者の立場を反発に転じさせた。

　フランスが一九五四〜五五年に撤退しはじめて以来、米国はインドシナ（ベトナム、ラオス、カンボジア）の拡大する厄介な紛争にいよいよ引き込まれてきていた。目的はインドシナ全域へ共産主義が波及するのを封じ込めることだった。この目的のために米国政府は、南ベトナムの首都サイゴンの腐敗した傀儡政権に依存するようになっていた。だが、六〇年代初めにもなると、米国はますます大量の兵器をベトナムに投入しはじめる一方、南部でゲリラ戦争を激化させるホー・チ・ミンの北ベトナム軍による民族独立の戦いを打ち破る見通しは立たないままだった。この戦いに敗北する危険が大きくなるにつけ、ジョン・F・ケネディ（一九六三年一一月暗殺）の後継大統領、リンドン・B・ジョンソンは一九六五年、ベトナムでの戦闘に米地上軍を投入するという致命的な決定を下す。

　この年の暮れには一八万四〇〇〇人の米兵がベトナムにいた。二年もすると、その数は四八万五〇〇〇人に増えていた。米国のベトナム介入に対する抗議運動はすでに一九六四年に、カリフォルニア大学バークレー校で始まり、その後の年々、新左翼の思想に鼓舞された組織「民主社会のための学生連合」（ＳＤＳ）に率いられて急速に広がっていた。一九六七年四月にはニューヨークで、米二〇万人の反戦集会が開かれた。その後の数カ月間、米軍によるナパーム爆弾の本格使用が戦争の恐怖を象徴するなか、ベトナム戦争はエスカレートする。ますます多くの米国の若者が、勝ち目のなさそうな——実際、なかった——戦争への従軍に徴兵されるにつれ、米国の世論は戦争反対に転じる。多くは貧しい白人家庭か黒人家庭出身の徴集兵だ。裕福な家庭やコネのある家庭はどういうわけか、しばしば息子たちが徴集されるのを逃れているようだった。抗議運動は規模と激しさを増した。そのメッセージは大西洋を越えた。まもなく西ドイツやフランス、イタリア、その他の西欧諸国で、米国のベトナム介入に反対する大きな示威行動が起きた。

ベトナム戦争に対する抗議運動が広がっていなければ、大学の状況を問題にした学生の騒動は、それがいかに当然至極だったとはいえ、単にそれだけにとどまっていただろう。ところが実際には、ベトナムは学生の不満を、時には警官隊との激しい衝突を含むはるかに広範な政治的・社会的抗議の示威行動に変えたのだ。ベトナムは不満を抱いた学生たちを——ともかくも彼らの一部を——革命家志望に変えたのである。

しかし、この役割の点では、学生たちは単なる素人評論家であり、本物ではなかった。既成秩序が深刻な脅威を受けているように思われたのは、約一〇〇〇万人の労働者がドゴール支配の国家に対する抗議形態として、ストライキと工場占拠を敢行した一九六八年五月のフランスだけで、それもほんの短期間のことであった。フランスの自然発生的なストの波が静まり、高揚した雰囲気がさめると、学生の抗議運動は激しさをなくした。具体的な成果としては、大学運営面での若干の改善をみただけで、抗議運動は徐々に立ち消えになった。だが、かかわった人びとの多くにとって、行動によるアドレナリンのみなぎりと行動の興奮が、彼らを感激させ、消しがたい記憶を残していた。

六八年世代は自らを「特別な」世代だと見ていた。だが、多くの国民は抗議運動に反対するか、無関心だった。ヨーロッパ諸国の若者の大多数は学生ではなかった。実は、若者の多くはすでに辛い低賃金の手仕事に雇用されており、学生を特権エリート——これは真実とはほど遠いのだが——と見なした。それに大方の学生たち自身、まずはわが身に直接関係することに関心があった。左派の抗議活動家が掲げる遠大な目標には、多くが反対した。一例を挙げるなら、西ドイツの保守系学生組織「キリスト教民主学生同盟」は、左派組織「ドイツ社会主義学生同盟」よりほんのわずかに小さいだけだった。一九六七年の世論調査では、西ドイツ学生の多数派は、政府が導入を目指し左派の学生活動家が激しく反対している非常事態法（非常事態宣言下で個人の自由を制限するもの）を支持していた。そして、保守系主導の連立政権に関する学生の見解は、批判派と是認派の間で真っ二つに割れていた。いずれにしても、資本主義を打倒する革命という空想的目標を抱懐している少数派学生は、定着し安定した民主的諸制度に根本的な異議を突きつけたり、完全雇用と前例のない繁栄を経験した――そしてマルクス主義に激しく反対する――広範な社会層を動員したりする能力を完全に欠いていたのである。

爆発する抗議

学生の抗議行動は一九六七年を通じ、大学での示威行動とストの波となってイタリア全土に広がった。大学の状況をめぐる爆発寸前の不満に弾みがついていたところへ、ローマで六六年四月、建築学徒パウロ・ロッシがネオ・ファシスト学生との乱闘で殺され、「ファシズムの新たな犠牲者」と宣言された。政府の高等教育改革計画（のちに撤回）に対する激しい反対もあった。学問を資本主義経済の要求に従属させるものだとして、学生の批判を浴びていたのだ。六八年初めにもなると、抗議の気運が高まっていた。二月末、ローマ大学の建物を占拠していた学生たちを、警察が強制排除した。学生側が三月一日、建物の一つを再占拠しようとすると、警察との全面衝突――「ヴァレ・ジュリアの戦い」――に発展した。警察は約一五〇〇人の学生集団を警棒で殴った。学生側は多数の車に放火することで反撃した。終わってみれば、警官四六人と学生数百人が負傷していた。その時まで、学生運動は比較的平和的だった。これ以降、警察との衝突はつねに暴力的になった。だが、学生の要求に対して若干の譲歩が行われ、不人気な改革法制が撤回され、学生への世論の支持が衰えるとともに、とくに大学内の諸条件に絡む衝突の激しさは弱まった。

「ヴァレ・ジュリア」のあと、学生運動は性格を変える。自然発生的な抗議行動が、組織化された革命的扇動に変わったのだ。諸々の革命グループに属していた少数派の急進的学生は、フランスで労働者と学生の関心が急速に分離したことから教訓を得ようとして、いまやイタリア労働者階級の不満を動員する方向へ転換した。多くの工場労働者は貧しいイタリア南部の出身で、下層労働者階級を形成していた。低賃金で、しばしば生産ラインで出来高払いの雇用。無情な労働条件と権柄《けんぺい》ずくの職場管理にさらされ、労働組合や政党による統制には慣れていない。意見をしっかり言える急進的学生たちは、工場に入って、抗議に立ち上がるよう労働者を鼓舞するにつれ、自分たちのメッセージにはたいてい耳を傾けてもらえることに気づいた。

一九六八年後半〜六九年秋の間、約七五〇万人の労働者が三八〇〇件前後の、たいていは「山猫スト」に参加した。このことは労組を行動に急き立て、「熱い秋」の終わりの六九年一二月までに、職場の大幅改善を交渉で勝ち取り、大幅賃上げを獲得することに成功していた――同様の生産性向上レベルとは釣り合っていないものの、その後数年にわたり、平均して他の西欧工業諸国の倍である。労働組合は足腰を強化し、イタリア労働者階級の労働条件の改善に関し、全国レベルで相当な力をふるうことができた。労働者の戦闘性はイタリアの生活の一部になった。イタリアはヨーロッパのストの中心地だった。一九七二年には四五〇万人の労働者が労使紛争に参加している。七三年は六〇〇万人以上だ。だが、労働組合が望んだのは空想的な政治理念ではなく、具体的な物質的改善だ。したがって、革命への弾みを求める急進派学生の期待は裏切られた。そしてこの間、政府は構成が頻繁に変わったけれども、一九六九〜七一年の間、多くの政治的・社会的諸改革――年金の増額、公営住宅の一定の拡充、離婚の権利を定める法制、州政府の整備――を導入した。これはせいぜい部分的な改善措置でしかなかったが、社会不安が革命の可能性をはらむのを防ぐには十分だった。

ところが、現実の革命の期待が消滅するにつれ、抗議行動は悪い方向へ向かう。左右両翼の急進的武闘派がイタリアの政治・経済システムを破壊しようとして、以前の学生対警察の衝突とはかけ離れた極端な暴力形態に訴えはじめたのだ。その目的は、ネオ・ファシスト右翼の連中からすれば確かに、民衆が権威主義的政権による力を通じた秩序の強制を求めるように仕向ける、恒常的動揺を生み出すことだった――そうして、憲法を破壊するのである。だれかがこれを「緊張の戦略《ストラテジア・デラ・テンシオーネ》」と名づけた。だれがこの呼称を発案したかは不明だ。だが、それは的を射ていた。

一九六九年四月、ミラノで二個の爆弾が破裂し、数十人が負傷した。八月には列車に仕掛けられた爆弾でさらに一二人が負傷。そして一二月、最悪の非道行為として、フォンターナ広場にある銀行に仕掛けられた爆弾で一六人が死亡、八七人が負傷した。この暴力の犠牲者に同情して推定約三〇万人の群衆がミラノ中心部に集まったことは、大方のイタリア人が嫌悪を感じていることを示していた。無政府主義者による犯行とすみやかに断定され、多数がこれらの事件の容疑で逮捕された。その一人、ジュゼッペ・ピネッリは――のちに犯罪関与の容疑は晴れるのだが――満足には解明されていない状況下で、ミラノ警察本部四階から謎の転落死を遂げた。のちに、無政府主義者ではなく、不気味なことに、イタリア秘密警察の大佐と関係があるネオ・ファシストのグループをかなりの確かさで示唆する証拠が出てきた。既成政治支配層と司法当局のひどい対応の鈍さにはばまれ、捜査は何年も長引き、事件は結局、未解明のままに終わった。急進的右翼グループによるテロ攻撃は一九七〇年代から八〇年代初めまで続き、計約六〇〇〇件、死者一八六人、負傷者五七二人に上った。なかでも最悪のケースは一九八〇年八月のボローニャ駅の爆破事件で、八五人が死亡、二〇〇人以上が負傷した。

テロリズムは右翼と同様、左翼にも現れた。一九六〇年代末の抗議運動の流れを引く無数の革命組織が、資本主義国家を打倒するという希望を明らかに果たせず、勢いを失いつつあった。この認識から、「赤い旅団《ブリガーテ・ロッセ》」が登場する。南米の都市ゲリラにならい、扇動運動に代えて武闘を採用した小規模ながら危険な組織である。赤い旅団は元学生活動家レナト・クルチョとマルゲリータ・カゴル、アルベルト・フランチェスキーニ（いずれも確信的反ファシストの共産主義者一家の出身）、それにマリオ・マレッティ（中産階級右翼の家柄の出で、六八年の学生抗議運動には参加していない）によって一九七〇年に創設された。旅団はまもなく爆破や暗殺、誘拐を実行するようになる。七四年末までの三三六件のテロ攻撃事件は、死者こそ二人と少ないが、諸々の左翼テロ・グループの犯行と推定されている。最悪の事件が起きるのはまだ先のことだ。一九七〇年代を際立たせる一連の軍事的活動のなかで、赤い旅団が犯したもっとも有名な蛮行は、七八年春に起きた前首相（キリスト教民主党）アルド・モロの誘拐と、五四日後の殺害だ。この事件で、政府は強硬措置に打って出た。厳しい反テロ法の制定と特別警察の創設により、一九八〇年までにテロリストは大方逮捕された。赤い旅団は八〇年代まで存続したが、その運動は社会的に孤立し、そのころには活動的メンバーがせいぜい一〇人前後と、明らかに衰退の道をたどっていた。

西ドイツの学生抗議運動はイタリアやフランスの場合と異なり、広範な動揺を誘発することも、産業労働者の支持を得ることもなかった。いかなる現実的な意味でも、階級対立とは関係なかったのである。にもかかわらず、かなりの程度ナチの過去の重荷に条件づけられて、ほかのどの国の場合よりイデオロギー的であった。「この世代全体がむろん、われわれの両親が支持していた事柄について懸念し、憤っていた」と、女性活動家の一人はのちに回想している。アデナウアーの政府が事実上、ナチ時代を封印したこと、またヒトラー政権の犯罪に深くかかわっていた多くの人物が、西ドイツの戦後の自由民主国家で羽振りを利かせていたことで、この政治体制とそれが依拠している資本主義経済は、実は、ファシズムが新たな仮面をかぶって続いているのだという見方が――ひどい誤解ではあるけれども――促された。ナチ体制の支柱であり、戦後再編されたとはいえ、ヒトラー時代の強欲な搾取と奴隷労働から利益を得ていた大企業と銀行が存在することが、この解釈を裏付けていると受け止められたのだ。アデナウアー流「宰相民主主義」がもつ明らかに権威主義的傾向と、一九六一年の「シュピーゲル事件」に見られる報道の自由への介入の試み、さらに不気味にも、一九三〇年代初めのナチ独裁への転落を思わせる非常事態法制計画――新左翼から見ると、これらすべてがファシズムとの継続性を示すものだった。

　アイヒマンとアウシュヴィッツ裁判はナチスの野蛮な非人間性を浮かび上がらせていた。学生抗議運動のある活動家に言わせると、これは恐怖感、恥辱感とともに「われわれが生まれ、育ってきた社会に対する無邪気な基本的信頼の喪失」をもたらした。だが、ホロコースト――この用語はまだ広く使われてはいなかった――そのものと、人種差別的反ユダヤ主義がナチのイデオロギーに占める中心的位置に焦点を当てるには、まだのちの世代を待たなければならなかった。差し当たり国家社会主義は、急進派学生と一般に「新左翼」と称されつつあるその他の信奉者からは、おおむね資本主義のもっとも極端な表れとして理解され続けた。（実は「国家《ナツィオナル・》社会主義《ゾツィアリスムス》」は、新左翼に一貫して批判された呼称だった。というのは、「社会主義《ゾツィアリスムス》」は純粋に肯定的な意味で考えられており、したがって第三帝国の邪悪と関連づけることが許せなかったのだ。代わりにナチズムは、資本主義に深く根差す共通の国際的現象がドイツ的に急進的に表れたにすぎないことを示すため、常に「ヒトラー・ファシズム」あるいは単に「ファシズム」と称された）。

　元ナチ党員のクルト・ゲオルク・キージンガーが一九六六年一二月に首相になると、ナチの過去との継続性はかつてなくはっきり確認されたように思われた。キージンガーは早くも一九三三年に入党、戦時中は外務省の連絡官としてゲッベルスの宣伝省に勤務していた。キージンガーはキリスト教民主同盟と社会民主党から成る「大連立」を率いた。アデナウアー時代のあとに続いた不安定な政治情勢の産物である。彼が首相に就任したのは、小幅な景気後退と失業の微増をもたらした経済状況に起因する不安が誇張されるという、ドイツにとって面倒な時期だった。こうした不安と不満はネオナチ政党、ドイツ国家民主党（ＮＰＤ）への支持の増加につながった。選挙での支持は人口のごく少数に限られていた。それでもＮＰＤは一九六六年一一月のヘッセン州議会選挙で八パーセント近くを獲得。六八年四月のバーデン＝ヴュルテンベルク州議会選挙では同党としては最高のほぼ一〇パーセントを得票するなど、一九六六～六八年の間に七つの州議会で議席を獲得した。これは、ドイツが暗い過去へ回帰しつつあるのかもしれないという左派の見方に、一段と養分を与えた。

新左翼から見れば、議会のすべての主要政党を代表する政府に対し、議会内で意味のある反対を展開できる可能性はまったくなかった。いずれにせよ彼らは、かくもたやすく互いに連立に入れる諸政党の間に実質的な違いがあるとは考えなかった。このことが、一九六〇年に社会民主党から排除されていた社会主義学生同盟が主導するいわゆる「院外野党」（ＡＰＯ）の結成をうながす。政府が、国家非常時に行政権限を拡大し市民の権利を制限する、きわめて異論の多い法制を施行する意図を表明したため、ＡＰＯは多くの新規加入者を獲得した。いまや議会では、法制のために必要な三分の二の多数派が形成できた。このほか、西ドイツと米国の緊密な関係が、学生の抗議行動を動員する働きをした。米国はベトナムで恐ろしい戦争を遂行しており、新左翼から見ればまさに資本家による帝国主義の顔であり、西ドイツはその庇護下にあって、超大国の衝突の際は核による絶滅の主要標的になるのだ。

一九六七年六月二日のイラン国王レザー・パーレビの西ベルリン訪問が発火点になった。この地域の米国の石油権益を確保するために、米中央情報局（ＣＩＡ）がけしかけた一九五三年のクーデターで権力が強化されて以降、国王は残酷なまでに抑圧的な独裁政権を主宰していた。彼の訪問当日にはもう抗議の示威行動があり、国王がその日夜、モーツァルトの『魔笛』を鑑賞するため西ベルリンのオペラハウスに到着する前から、緊張に包まれていた。国王は野次暴言に迎えられ、彼の従者は学生同盟が組織した約一〇〇〇人のデモ参加者が投げるトマトの雨を浴びるはめになった。西ベルリン警察はデモ参加者に強硬姿勢で臨むよう幹部から督励され、デモ参加者を容赦なく殴打した。次いで、群衆が散ろうとしたとき、一発の銃声が響き、ベンノ・オーネゾルクという一人の学生が倒れて死亡した。急進派活動家ではなく、見物人だった。抗議する側はいまや警察の弾丸に斃《たお》れた殉教者を手にした。

銃弾を発射した警官、カール＝ハインツ・クラスが東ドイツの秘密警察シュタージの情報提供者であることが明るみに出たのは、何年ものちのことだ。東ドイツがひょっとして西ドイツの不安定化を図り、クラスにデモ参加者の殺害を命じたのではないかということを示すいかなる証拠も、今日まで明らかになっていない（もっとも、文書資料の多くがこの間に消失したり破棄されたりしている）。射殺の動機はなぞのままだ。だが、抗議に参加した学生たちが考えたような、ファシスト体質の一警官ではなく、東ドイツ政権の確信的支持者によって実行されたのであった。

学生同盟のメンバーはせいぜい約二五〇〇人だった。しかし、約七〇〇〇人の学生と教員がオーネゾルクの葬儀に参列した。抗議行動はいまや、彼らが見なす擬似ファシスト国家の、あらゆる形の権威に対する攻撃に転化した。学生たちの攻撃の主目標は巨大新聞グループ、アクセル・シュプリンガーの西ベルリン本部だった。数ある発行物、なかでも広範な読者をもつ日刊紙『ビルト』紙を発行する企業で、同紙はデモ参加者らを左翼突撃隊と形容、かくしてナチによる権力掌握の記憶を巧妙に呼び覚ましていた。学生同盟は、カリスマ性のある社会学徒、ルディ・ドゥチュケが主要スポークスマンを務めており、シュプリンガー財閥の接収を要求。西ベルリンの「テロ」と権威主義に対する戦いで、「直接行動」を呼びかけた。だが、マルクス主義左翼と、批判的ないし敵対的意見に明らかに不寛容な学生運動の過激化を批判したのは、シュプリンガー系新聞だけではなかった。多くの点で学生に共感していた、ほかでもない著名な哲学者で社会理論家のユルゲン・ハーバーマスは、不寛容性を強める学生運動を「左翼ファシズム」と形容した。

続く数カ月、ドゥチュケは西ドイツでちょっとしたメディアの寵児になり、ほぼいつも脚光を浴び、大衆集会の嵐のなかで常に「革命的意志」の必要を説いていた。だが一九六八年四月一一日、ネオナチの青年に頭部を撃たれ、重傷を負う。なんとか一命は取りとめたものの、学生リーダー、扇動家としての経歴は終わった。この襲撃が暴力の一段の高揚を促し、ドゥチュケ襲撃を挑発したと思われたシュプリンガー社の西ベルリン本部は特別な標的になった。マルクーゼの思想に影響され、革命の目標を成就するために暴力を用いる問題が、すでに論議の中心テーマになっていた。ドゥチュケ暗殺未遂の数日前、西ドイツ商業の神経中枢であるフランクフルト（マイン）の二つのデパートが、「消費主義のテロ」に対する抗議として、放火された。放火犯のなかにアンドレアス・バーダーとグドルン・エンスリンがいた。のちに自称「都市ゲリラ」の極端な暴力をこととする組織、「赤軍派《ローテ・アルメー・フラクツィオーン》」の指導者になる人物たちである。

こうした雰囲気のなか、西ドイツ政府はいまや、かつて欠けていた必要な多数派の支持に自信をもち、きわめて異論の多い非常事態法制公布への地ならしを進める。一九六八年五月半ば、首都ボンに向けた行進には、学生同盟の「常連活動家」をはるかに超える数万人が参加した。しかしながら、フランスの状況とは違って、労働組合は学生の抗議行動からこれ見よがしに距離を置き、ドルトムントで独自の集会を開いた。無駄骨だった。五月三〇日、連邦議会の四分の三以上の議員が法案に賛成した――法案には、非常事態が宣言された場合の、郵便・電話通信の秘密に対する制限が含まれていた。

非常事態法の可決は転換点になった。学生運動の周辺にいた人びとは、重要問題で効果のないことが分かった院外野党運動への関心を失った。非妥協的分子が努力を続けても、多くの人にとっては次第に、あいまいな空想的目標のための究極の革命を目指す無意味な活動に思われ、ますます無視されるようになった。警察に対する激しい攻撃を単発的に重ねても、潜在的支持者を遠ざけるだけだった。そして、不人気な大連立のなかで保守キリスト教民主同盟に距離を置く社会民主党が、学生や若手研究者の間で大幅に支持を得はじめるにつれて、急進派の学生同盟はさまざまな派に分裂し、支持者のつなぎ止めに苦しみ、一九七〇年三月、ついに解散してしまった。

そのころになると、六九年九月の総選挙を経て、ヴィリー・ブラントという魅力的な人物が指導する穏健左派が一九二三年以来初めて、政権を樹立できる位置に立った――この度はリベラル派の自由民主党だけとの連立である。とはいえ、六〇年代末の騒擾が西ドイツの保守中産階級に影響を与えたことを示す兆候の一つとして、ブラントの連立政権はキリスト教民主同盟の圧力に譲歩し、七二年に「過激派排除条令」を導入する用意があった。これは憲法への忠誠を国家による雇用――公務員や教員とともに郵便局員、鉄道労働者を含む幅広い範疇――の前提条件とするものだった。実際に拒否される雇用候補者は二パーセントにも満たないほどだった。それでも、それは国家が市民を信用していないという重苦しいシグナルを送った。この条令は七六年に連邦政府が廃棄した（もっとも、いくつかの州政府はのちにようやく撤回したのだが）。そのころには、西ドイツにおける学生運動の高揚期は完全に終わっていた。

しかし、イタリアのように、西ドイツ学生運動ではなんら目立った役割を果たすことなく、一九六八年の争乱のなかから生まれた原理主義者の極小グループが、過激な暴力とあからさまなテロリズムに走る。「赤軍派」を名乗るが、一般には「バーダー＝マインホフ・グルッペ〔グループ〕」（もっとも有名な人物、アンドレアス・バーダーとウルリケ・マインホフにちなむ名称。両者とも他の有名メンバーと同じく、堅実な中産階級家庭の出）の名でよく知られる組織が、自らを「都市ゲリラ」運動の一部と位置づけ、西欧その他の諸々の革命組織、さらには中東の反シオニスト組織ともつながりを作った。彼ら武闘派は一九七〇年以降、米国のベトナム戦争を支持する西ドイツ国家に対する自称「反帝国主義闘争」に身を投じる。続く数年間、究極的には、彼らが見るところの抑圧的資本主義ファシスト国家の転覆を目指し、数々の強盗事件や爆弾事件を実行した。

一九七二年にバーダーとマインホフ、その他多数の赤軍派指導者が逮捕、収監されたあとも、散発的ながら深刻な暴力行為が続いた。それは七七年の「ドイツの秋」で頂点に達する。一〇月一三日、ルフトハンザ航空機がパレスチナ解放人民戦線（ＰＦＬＰ）にハイジャックされ、ソマリアの首都モガディシオに飛行させられた。ハイジャック犯たちは獄中の赤軍派指導者らの釈放を要求。

しかし、ドイツの反テロ警察部隊が同機に突入し、人質八六人は解放された。西ドイツ国内では、この年の複数の著名犠牲者の殺害に続き、同月、産業連盟会長ハンス＝マルティン・シュライヤー（元ナチス親衛隊員）が誘拐され、最終的に殺害された。バーダー＝マインホフの指導者たちは劇的な最後を遂げる。ウルリケ・マインホフは七六年五月にシュトゥットガルトのシュタムハイム刑務所の房内で首つり自殺。そして七七年一〇月一八日夜、モガディシオでハイジャックの人質が解放されたニュースが伝わると、アンドレアス・バーダーは銃で撃たれた状態で、グドルン・エンスリンは首を吊った状態で、それぞれの房内で死んでいるのが見つかった。もう一人の有名な指導者ヤン＝カール・ラスペは翌日、銃創がもとで死亡、四番目のメンバー、イルムガルト・メーラーは重い刺し傷を負って一命を取りとめた。疑問をもつ向きは多かったが、公式の報告によれば、自殺の申し合わせがあったという。

イタリアの場合と同様、七〇年代に武闘派小集団が展開したテロ暴力行為は、学生の抗議運動とはせいぜい間接的な関係しかなかった。とはいえ、それは社会的価値観や物質文化、それに西側世界の軍事力に対してヨーロッパの若者世代の広範な層の間にある深い疎外感が、もっとも極端な表現をとって立ち現れたものだった。世論調査によれば、四〇歳以下の西ドイツ国民の約四分の一が、バーダー＝マインホフに共感しているといわれた。とはいえ、もっとも若い層は他の社会構成層と同じく、西ドイツ国家を変えることができない無意味な暴力行為としか思えず、実際には秩序維持の措置に対する国民の支持を固める保証にしかならないやり方に、嫌悪感を抱いていた。おそらく大方の年配のドイツ人は、かつて下位中流階級の各種職業に雇われ、この時には年金生活に入っていたフランツ・ゲル（一九八八年生まれ）と同じ見解だっただろう。ゲルは、政治と社会の秩序を乱さない限りで、個人の自由を評価していた。赤軍派テロリストには厳しく対処することに賛成だ。「まるでウイルスが彼らの脳を侵し、正常な思考を妨げているようだ」と彼は日記に書いている。作家のハインリヒ・ベルが、赤軍派の運動は「六〇〇〇万人対六人の戦争」だと述べたのは、あながち誇張ではなかった。

フランスの一九六八年の諸事件は、ほかのどの国にも増して大衆の記憶のなかでその年の学生反乱を伝説的な地位にまで高めたのだが、不思議なことに、イタリアや西ドイツに匹敵するようなテロ暴力行為の痕跡を残さなかった。「ヴィシー」は、ドイツのナチズムは言うまでもなく、イタリアのファシズムの遺産のような役割をなんら果たしもしなかった。だがそれでも、ヴィシーは背景にあった。ヴィシー政権に順応もしくは共感した両親の世代に対する反感が、フランスの若い世代を刺激する知的興奮の一部になっていた。それはいつまでも続くレジスタンス崇拝、ファシズム打倒の戦いに積極的にたずさわった人びとに対する賞賛と絡み合っていた。ごく最近のアルジェリア戦争とは、さらに直接的な関係があった。学生活動家の一人はのちにこう説明している。「われわれの両親はファシズムに対して直ちに立ち上がらなかった。……われわれはすぐに戦ったし、われわれを訓練したのはレジスタンス世代だった」。さらにもう一つの要素は、ドゴールの独裁的な大統領政権である。一九六八年にもなると、空気は発火性を帯びていた。この年の五月、学生の抗議運動は、非常に短い期間ではあれ、ほかのどの国よりも国家権力の打倒に迫った。

フランスの「五月事件」は、数年間にわたって芽吹いていた情勢不安の到達点だった。爆発の引き金を引いたのは、パリ・ナンテール大学の近年の拡張（芸術学部、社会学部）での生活条件——フランスの首都北西部にあってほとんど何の公共施設もなく、魅力のないキャンパス——をめぐる紛争に、大学当局が高飛車な対応をしたことだった。工場のような建物とすし詰めの講義室、そして若者世代の姿勢変化を理解しない家父長的な管理形態が、三年間で四倍増とナンテール・キャンパスで急増した学生が急進化する下地をつくった。学生の改革要求の一つに、学生寮での男女区別の廃止があった。この要求の主導者、ダニエル・コーン＝バンディはドイツ系ユダヤ人家系の社会学部生で、西ドイツで高まる学生運動に強い影響を受けていた。彼を放校処分にするという脅しは、学生ストと放校の脅しの撤回につながった。だが、ナンテール大学の諸問題は続き、六八年五月、学生が管理棟を占拠し、結果的に五月初めにキャンパスが一時的に閉鎖されるに至る。このころにはパリが騒乱の中心になりつつあった。

ナンテールの教授たちを侮辱したとして責任を問われた八人の学生に対する懲戒ヒアリングが、ソルボンヌ大学で開かれていなければ、ひょっとすると騒乱はナンテールに封じ込められていたかもしれない。紛争の中心がパリに移ると、学生と警官隊の激しい衝突に火がつき、その結果六八年五月三日夜、同大は長い歴史上初めて一時的に閉鎖され、六〇〇人近い学生が逮捕された。翌週五月一〇日から一一日にかけての夜、学生側はパリのカルチェ・ラタンにバリケードを築く。事件を目撃したオランダ出身の米国の小説家ハンス・コーニングが、恐怖ではなく高揚感、「漂う熱狂的な興奮」を書いている。「催涙ガスや衝撃手りゅう弾、警棒、ピストル、ヘルメット、バイザー、盾、擲弾小銃、鉛入り肩マントを装備した警官隊を学生たちが恐れていないのを見るのは、驚くべきことだった……。戦いはあまりにも不公平、警官隊はあまりにも残忍だったので、非常に頑迷な『法と秩序』の人間でなくては当局側に共感できなかった……。

夜が明けると、最後のバリケードが警官隊の手に落ち、残っていた女性を含む若者たちは、多くは警棒で殴られ、警察のバンに引きずり込まれた」。別の目撃者は、若い女性が「裸同然で通りに飛び出し」、警察に乱暴な扱いを受け、「それから負傷したほかの学生と同様に殴られた」と報告している。大衆の共感は学生側に集まった。労働者、とくに若い労働者の共感はたちまち直接行動に転じた。抗議学生に対する野蛮な攻撃は、労働組合が五月一三日に二四時間の連帯全国ゼネストを宣言するきっかけになった。これがフランスの騒乱を単なる学生反乱以上のものに変えたのである。

当局との衝突は、学生や大学改革問題だけに限らず、何年かくすぶってきた怒り、失望、不満の高まりを浮かび上がらせた。騒乱はたちまちフランス全土での抗議の波に変わり、自主管理権を要求する数百万の労働者を巻き込むまでに拡大した。

一九六七年には、経済が一時的に減速し失業が増えるにつれ、労働紛争は増えていた。だが、六八年の労働者の行動は、組織的な革命への動きとはかけ離れていた。通常の労働争議とは違った自然発生性があり、いくつかの点で、一九三六年の人民戦線政府樹立時の高揚感を思わせた。抗議参加者たちの最終目標は、たとえそれがあったとしても不明だった。それに、学生と労働者の利害は当然、異なっている。彼らを一時的に結びつけたのは、伝統的権威の拒否だった――協議するより命令する雇用者と管理者の権威、学生に分を守らせることに熱心な大学管理部門の権威、神聖な殿堂で権力を譲りたがらない教授たちの権威だ。フランス共産党指導部は依然としてモスクワとの結びつきが強く、労働組合運動の支配権を維持したい。共産党指導部は、彼らが見るところの自称革命家たち――トロツキストや毛沢東主義者、アナキストの雑多なグループ――を非難した。彼らが強固な国家当局の転覆どころか、それに挑戦する一貫した戦略を欠いていたからだ。

だが、ドゴールの第五共和政はしばらくの間、実際にぐらついた。デモと暴動、ストライキ、そして職場占拠の盛り上がりが短期間、フランス国家の安定を脅かした。政治秩序が脅威にさらされているように見えた。ドゴール自身はこの月のほぼ終わりまで、傲然として騒擾から距離をおいていた。見かけは落ち着き払って、五月一四日にはルーマニアへの公式訪問に旅発つ。フランスが混乱を回避しようともがいているさなか、テレビはドゴールが民族舞踊を見物している様子を放映した。だが、ドゴールは五月二九日、首相に自分の行動を教えさえしないで数時間ドイツ国境を越え、姿をくらますほど狼狽していた。軍の支持を受けていることを確かめに行ったのだった。バーデンバーデンでドイツ駐留フランス軍司令官ジャック・マシュから軍の支持を確約され、ドゴールの決意は固まった。再び元気づいた大統領は翌日、不敵なラジオ放送で国民に向けて演説。総選挙の実施を表明し、すみやかに秩序が回復されないなら非常権限を行使すると脅し、フランスは独裁の危機に直面していると警告した。そのすぐあと、ドゴール支持者五〇万人による官製デモが、パリの中心街を行進する一方、ドゴール自身はテレビ演説で共産主義の危険を警告した。

こうした措置は、短期的には奏功した。潮目が変わった。首相のジョルジュ・ポンピドーから大幅賃上げその他の譲歩を提案され、大方の労働者は職場へ戻った（とはいえ翌月には大規模ストが再発し、六月の最後の二週間、公共サービスはほぼ麻痺したが）。警察は学生による大学建物の占拠を粉砕。そして学部運営への参加を広げる緊急の大学改革が導入され、学生の抗議運動の土台になっていた当面の問題の熱を冷ました。騒擾は沈静化した。反抗の熱気は雲散した。徐々に秩序が回復された。ほぼ五月の間じゅう続いた爆発的な抗議運動は終わった。一カ月後、選挙はドゴールに圧倒的な信任を与えた。

それはフランス大統領にとってピュロスの勝利だった。ドゴールは国家の非中央集権化への一歩として、統治の地方分権化を提案した。だが、この措置が裏目に出た。大方の国民はそれを、議会を犠牲にして大統領の立場を強化しようとする試みと解釈したのだ。一九六九年四月二七日の国民投票にかけると、この提案は拒否された。ドゴールはただちに辞任。ドゴールが敗北したら起きるとの予測もあった混乱は、現実化しなかった。フランスの「救世主」としてのドゴール将軍の時代は終わった。彼は過去の顔であり、未来のそれではなかったのである。

「一九六八年」がイタリアや西ドイツ、フランスが経験したほどの混乱を生んだ国は、西欧にはほかになかったが、情勢不安の背景にあった世代的、文化的反逆はたしかにほかの国にも見られた。アムステルダムの若者世代の間では、すでに六〇年代半ばまでに、きわめて反権威的、平等主義的で、既成の社会道徳規範に逆らう「オールタナティヴ文化」が強く現れていた。だが、アムステルダムのそれは色調が非暴力で、リベラルだった。ユートピア的政治変革を教条的に要求するのではなく、現実的な社会的改善のための運動と波長が合ってもいた。例えば、アムステルダムの交通問題との取り組みとして、市が無料の共用自転車を提供するとか、ホームレス問題に対処するため、無人の屋敷を占拠するといったことだ。オランダではベトナム戦争が学生動員に果たした役割は大きくない。一九六八年は特別に重要な年でもなかった。それなのに、大学における条件改善の圧力――そのもっとも直接的な表れは、六九年のアムステルダム大学の建物占拠――はおそらく、騒擾がはるかに大きかったイタリアや西ドイツ、フランス以上に具体的な成果を生んだ。政府は圧力にすみやかに対応し、七〇年には、オランダの大学を民主化し以前は支配的だった古風なヒエラルキーに終止符を打つ法律が可決された。

一九六八年の学生主導の大規模な抗議運動の背景を成していた大学内部の大きな騒動は、英国もほとんど経験していない。英国では他の国のように六〇年代に学生数が急増したのだが、数はまだ比較的少なく、制限的な入学制度によって、大陸ヨーロッパの場合に比べ、はるかに綿密に規制されていた。教員陣に対する学生の割合はきわめて低く維持されていた。オックスフォードとケンブリッジの学生は、不釣り合いに多い英国エリートのパブリックスクール出身者のための特権的高等教育を提供する大学で、まだ一対一の個人指導を受けられた。だが、ほかの大学でも講義とゼミナールは少人数で、学生と教員の接触は緊密かつ頻繁だった。したがって、大陸ヨーロッパが経験したような大きな不満を生む客観的理由はほぼなかったのだ。座り込みや大学建物の占拠、そしてあれやこれやの抗議デモはたしかに、いくつかの大学（とくにロンドン・スクール・オブ・エコノミクスと、おそらくもっと奇妙なのは新設のエセックス大学）で起きたけれども、それらはおおむね大陸ヨーロッパで起きつつあることの小さな余波の域を出なかった。若手講師たちは学部運営の民主化と教授の権限縮小を求める学生の要求に同調し、この点で抗議行動は一定の成功を収めた。全体として、大学内の騒動の規模は小さく、抗議のエネルギーはまもなく消滅したのである。

抗議行動がより顕著で重要だったのは、政治の領域である。ベトナム戦争に対する抗議行動は一九六五年以降、英国各地の大学で起きていた。ロンドン・スクール・オブ・エコノミクスははっきりと左寄りで、政治経済学と歴史学および社会学の研究で国際的に有名だったが、同大学は、ベトナム戦争に反対し、当時の呼称にいう「第三世界」の解放運動を支持する広範な学生運動の拠点になった。

しかし、ベトナム反戦は学生集団をはるかに越えていた。学生と宗教指導者、労働組織、それに大方が左派である政治活動家を結びつけていたのだ。一九六六年以降、はっきりとトロツキストの香りを帯びた「ベトナム連帯キャンペーン」が、北ベトナムの勝利のために運動した。六八年にロンドンで大抗議行動があった。三月、当初は平和的だったロンドン中心部でのデモに数万人が参加。そのうち数百人のデモ参加者が抗議行進を離れ、米国大使館があるグローブナー広場へ突入した。そこで、騎馬警官を含む警官隊の隊列が待ち構えているのに気づいた。「それはわたしの人生でもっとも興奮した瞬間の一つだった」と、当時は一三歳の少年だった『タイムズ』紙のコラムニスト、デイヴィッド・アーロノヴィッチは回想している。「しかし、いったん広場に入ると、高揚気分というより怖さが先に立った」と。結果として衝突が起き、ロンドンの街頭では過去数十年で最悪の暴力行為で、警官とデモ隊に数百人の負傷者が出た。「散っていくデモ参加者の話題は警察の蛮行でもちきりだった。人びとは頭を警棒で殴られ、馬で追い立てられ、例の鉄をはめた警官靴で蹴られた。ところが翌日、どの新聞も、デザートブーツをはいたデモ参加者が警官の顔を蹴り、体を屈して顔を歪める警官の写真が満載だった」。推定二五万人が参加した六八年一〇月のデモを含め、その後のデモでは、そうした深刻な暴力の繰り返しは避けられた。戦争への抗議は続いた。だが、六八年が頂点だった。そして、英国ではそこに含まれる暴力のレベルは、イタリアや西ドイツ、フランスに比べれば非常に低かったのである。

消えない一九六八年の意味

西欧の「一九六八年」は結局、どこに行きついたのだろうか？　抗議運動はとても多面的だったため、その影響について明確な結論を引き出すのは簡単ではない。

大学ガヴァナンスの構造面で、若干の民主化をもたらすいくつかの改革がたしかに行われた。教授の権力はある程度まで削減された――とても奇妙なことだが、これはおそらく、多くの大陸ヨーロッパより、学生の抗議が穏やかだった英国の方にいっそう当てはまる。講義室や図書館の過密状態を緩和する措置が取られ、学ぶ側の条件は改善された。学生たちは何よりも性行動――フランスの騒擾に火をつけることに与った問題――に関して、大人として扱われはじめた。多くのヨーロッパ諸国で一九六〇年代末から七〇年代初め、成年年齢が二〇歳から一八歳に下げられたが、大学はそうした一般的社会変動の一部として、学生に対する道徳的責任を引き受けるのをやめたのだ。

だが、「一九六八年」のドラマと興奮と記憶は概して、大学内のそうした穏やかな変化によって呼び起こされるのではない。世界を、あるいは少なくとも自分たちの社会を変えることが、抗議行動の背景にいた無数の人びとを刺激した大志だった。生産手段の労働者所有、工場民主主義、疎外ではなく満足を生む労働、資本主義経済の需要に合わせられるのではなく自己を充足する学び、そして何よりも暴力ではなく平和について語られた。

達成された成果は、こうした高遠な目標にははるかに届かなかった。抗議に参加した人びとはどの国でも、既存の国家制度の耐久性を過小評価していたことに気づいた。「六八年世代」はせいぜい夢想家、うぶなロマンチストであって、彼らのユートピア的希望は単なる幻想で、無駄に終わる運命にあったと、同時代の多くの人びとが考えた。そうした見方は理解できるし、まったく根拠がないわけではない。だがそれでも、その見方は過酷である。一九六八年の遺産は直接的であるよりは間接的だった。やはり、それは実在したのである。

ヨーロッパで起きたベトナム反戦の大波は、米国内でのより重大な抗議運動にとって、重要な国際的広がりの一つであり、米国の抗議運動自体は、米国政府が支持も勝てる見込みもないそんな戦争からの出口を探る構えを強める効果があった。より直接的に目に見える意味として、ヨーロッパ自体の内部では、イタリアとフランス（ドイツは除く）の学生抗議運動から飛び火した労働争議は、労働者の賃金と労働条件の向上をもたらした。その結果、労働組合の力が強化された。「新しい社会」を建設するという話は大げさだった。だが各国政府は、その色合いと成功度合いの違いがどうであれ、管理部門と労組を含む協調組合的交渉形態を導入することで、労使対決のガス抜きを試みた。また、経済の近代化・技術革新と、大半の市民の生活の質を向上させる社会的改革――年金制度の改善や住宅供給の向上――を結びつけることにも努め、これもたいていはある程度うまくいった。

「一九六八年」という年は、デモやストに参加した人びとにはたちまち叙事詩的地位を獲得し、ある一年の諸事件だけでなく、文化的価値観が変容する一時代を象徴するようになる。一九六八年の実際の騒擾はまもなく沈静化するものの、そのレガシーには明示的な終了日はなかった。「六八年世代」の反権威主義的、平等主義的、自由主義的な考え方の影響は長く続いた。その考え方は、いくつかの組織（すべてではないが）がこのあとに続く年月に経験する部分的民主化へと流れ込んだ。世代的な解放の衝動は一九六八年以前にすでにあり、そのドラマが沈静化してしまったあとも続くのだが、抗議運動はこの衝動をとらえ、それを際立たせたのである。抗議運動は、より権威主義的でない教育へ向かううえで有益だった。それはまた、性の平等への動きも切り開いた。教育、職場、そのほか社会的交流の大方の領域で、女性はまだまん延する差別に直面していた。フェミニスト運動はまだ未成熟であり、女性の解放は一九六八年の抗議運動では補完的な役割しか果たしていない。とはいえ、女性と――米国の公民権運動を参考に――人種的マイノリティの同権を求める圧力、そして性の自由（女性の中絶権を含む）及び同性愛者の権利を求める圧力は、これらの諸権利が徐々に（そして部分的に）しか実らなかったとしても、「一九六八年」が与えた刺激から小さくない恩恵を受けているのである。

米国ヒッピーのスローガン「戦争ではなく愛を」は、大西洋を越えた。平和運動は「一九六八年」以後の空気から新たな滋養を得て、再び勢いづく一九八〇年代の反核抗議運動の基礎になった。一九六八年の遺産は、二〇世紀後半に環境を守って徐々に声を上げるようになる新興の「緑の運動」を促進する助けにもなった。「六八年世代」の一部は「緑の党」の有力メンバーにさえなる。

ヨシュカ・フィッシャーはかつての戦闘的学生で、西ドイツ警察との街頭戦にも加わった共産主義革命の支持者だったが、彼は緑の党のドイツ連邦議会議員になり、なんと外相にまで上り詰めた。「赤毛のダニー」ことダニエル・コーン゠バンディは、ヨーロッパ議会議員、フランス緑の党の指導者になった。

六八年世代は、自分たちが既成秩序をくつがえしていると考えていた興奮の日々の、生き生きした、しばしばバラ色の記憶を持ち続けた。何年も経ったのちにもなお、自分たちは英雄的な闘いに加わっていたのだと感じていた。それでも、彼らの多くは普通の「模範的」市民になり、何人かは「既成支配層」の一員にさえなった。ヨシュカ・フィッシャーや、一九六〇年代のトロツキストで三〇年後にフランス首相になるリオネル・ジョスパンがそうである。とはいえ、一九六八年の若き抗議参加者と自称革命家たちは、年齢を重ねるにつけ、自らの価値観を日常生活と、おおむね平凡な職業に持ち込んだ。あの年、若者の反乱を形づくっていた考え方は、長く続く消し難い影響力を有したのだ。たしかに、自らの生活を意識的に脱政治化し、急進主義の過去から絶縁した人びともいる。革命を生まなかった革命運動に対する幻滅は、珍しいことではない。だが、就いた職業――時にはジャーナリスト、弁護士、人権活動家、ソーシャルワーカーとして――で改革の熱意を発展させることによって、なんらかの「闘い」を続けようと努めた人びともいる。さまざまな教育レベルの教員になった人びとはたいてい、自らが一九六八年に吸収した価値観を新たな若い世代に吹き込んだ。彼らは、価値観の変化が抗議運動そのものとともに死滅しはしないことを保証する「増幅器」なのであった。

もう一方の「六八年」

この間、既存の秩序に対する華々しい異議申し立て――ローマ、西ベルリン、パリその他の諸事件よりいっそう劇的で、大きな直接的重要性を帯びたもの――が、中欧におけるソ連の権力を脅かしつつあった。しかし、チェコスロヴァキア版「一九六八年」である「プラハの春」は、その年の西欧の学生抗議運動とはほとんど関係がなかった。原因と特徴、結果がまったく異なっていた。

それでも、西側で起きていることの反響は、鉄のカーテンの向こう側でも聞こえていた。学生の抗議行動が、多くの国で、異なる激しさで起きた。東側ブロックで抗議するには相当の勇気が必要だった。成功する見込みは皆無で、抗議参加者は国家による厳しい報復を覚悟しなければならない。チェコスロヴァキアの例外的な状況を別にしても、抗議参加者はまた、ひどい社会的孤立に直面した。すなわち、政治的な不同調の意思表示は大方の国民の反発を買うか、すくなくとも支持はされなかった

——大方の国民は当然ながら、体制に恨まれるリスクを冒したくはないし、雇用と教育の展望、住居その他日常生活の必需品で国家に依存しているのだ。抗議の動機も西側とはかなり違っていた。ポーランドの活動家の一人がのちに、肝心な違いを端的にこう述べている。「われわれにとって民主主義は一つの夢だった——ところが、彼らにはそれが牢獄だったのだ」。一九六八年のチェコの学生指導者の一人はのちに語っている。「われわれはただ自由が欲しかった……彼らは別種の社会のために戦った……わたしはいつもこう言っていた。『ああ、よしてくれよ、きみたちの貧困だって——われわれの貧困と比べたらどうなのか見てくれよ』と」。だから、個人的な魅力はあるにもかかわらず、ルディ・ドゥチュケが東ベルリンとプラハの活動家を訪問しても、意見の一致が見られなかったのだ。「愛着は続いたけれども、ドゥチュケの問題は、彼がたわごと、左翼的なばかげた六八年のたわごとしか語らないことだった」。一九六八年八月のソ連軍のプラハ侵攻に反対して逮捕された東ドイツの反体制派の一人は、のちにこう書いている。チェコの活動家の一人も同様の困難に出遭っている。「ルディ・ドゥチュケがこの春［一九六八年］にプラハを訪れたとき、（個人的には、わたしは彼が好きなのだが）自由で抑圧のない共産主義社会という彼のビジョンはそれほど成功しなかった。フランス人学生たちの議論と彼らの赤旗は、わが国の学生を興奮させないのだ」

一九六〇年代末、活動家たちは驚くほど頻繁に東欧を訪れ、一方でチェコスロヴァキアとハンガリー、ユーゴスラヴィアの共産主義政権による部分的自由化によって、少なくとも逆方向への一定の移動が許容された。一九六八年と六九年の初め、学生を中心とする七〇万人近い市民がチェコスロヴァキアから西側へ旅行した。六〇年代半ば以降のハンガリーの「西への窓」政策は、西側のポピュラー音楽と映画——それが資本主義への批判と見られる限りではあるが——に触れる機会を与えた。東ドイツははるかに制約を加えた。ベルリンの壁の建設後、政権は当初、比較的寛大な政策を試してみたが、一九六五年にはこれが誤りだったと決めつけ、次いで西側の文化的影響を及ぼす事物を厳しく締めつけた。大方の東ドイツ市民は西側へ旅行できなかったけれども、そのころには西側のテレビ・ラジオ放送を受信することができ、多くの若者——六八年には二〇万人——がプラハへ旅行し、同地の自由な空気のなかで西側のポピュラー音楽を聴いたり、西側の映画を見たりする機会に触れた。国家秘密警察シュタージは六八年三月、東ドイツの一部の若者が「西ベルリンの仲介者から提供される」西側スタイルの服やレコード、印刷物を定期的に受け取り、友人の間に回している、と報告している。

監視下に置かれていたグループの何人かがその年の後

半、ソ連軍のチェコスロヴァキア侵攻に抗議したことで逮捕された。フランスの「五月事件」や、西ドイツやイタリアの大学を揺さぶった騒擾の大きな反響よりもむしろ、これが東ドイツにおける抗議の自然発生的な爆発を促した。ビラがひそかにばらまかれ、方々の壁には「チェコスロヴァキアの自由」を支持し、ソ連を攻撃し、東ドイツ指導部を批判するスローガンが殴り書きされた。しかしながら、東側ブロックの他のいくつかの国に比べると、東ドイツでのそうした抗議行動は小規模だった。抗議参加者はおおむね若かった。だが、関与した学生は比較的少なかったようだ。合わせて一一八九人の東ドイツ市民（四分の三は三〇歳以下）が、チェコスロヴァキアを支持したために当局に処罰された。しかし、大多数は若い労働者である。学生や生徒は八・五パーセントにすぎない。この年初めの西ベルリンの学生の抗議行動は、壁の反対側にはいかなる痕跡も残していなかった。国家治安体制はあまりにも厳しく、締めつけがあまりにも大きかったのだ。しかし、これに加えて、大方の東ドイツ学生は、あるいは――出世の機会を念頭に――日和見的に、あるいは信念から、体制に絡めとられており、公然たる異議申し立てに加われなかったのである。それに、政権が一九五三年に直面したはるかに深刻な困難とは違って、この度は散発的で孤立した抗議行動が組織的抵抗に転化する兆しはなかった。なかでも重要なのは、党指導部内の分裂がなかったことだ。あったのは締めつけだけだった。

ポーランドは事情が違っていた。ポーランドの学生と知識人は、西欧における抗議の空気と、チェコスロヴァキアで高まる体制自由化の要求を感知し、すでに著名な作家たちが表明していた表現の自由拡大の期待を抱いた。一九六八年三月、ソ連大使が一九世紀初期のロシアの状況を批判した有名な国民的詩人、アダム・ミツキェヴィチの芝居『父祖の祭り』を上演している劇場の閉鎖を主張するに及んで、彼らの希望は決定的に打ち砕かれてしまった。この不器用な行為が怒りの抗議に火をつけた。抗議は三月九日に頂点に達し、二万人の学生が「検閲打倒」「チェコスロヴァキア万歳」を叫んでワルシャワ市中を行進。警察による残忍な弾圧に遭った。学生たちはこれにひるまず、二日後、党本部前でデモをした。警察が放水車と催涙ガスで応えたことで、数時間の街頭戦になった。抗議行動は他のポーランド各地の大学に拡大。クラクフでは労働者が学生支持の行動に出て、その後、警察犬によって蹴散らされた。だが、決定的なことに、学生は労働者の幅広い支持を得ることができず、一方で、世論は体制側の新聞にあおられて敵対的だった。あとは締めつけが片をつけた。ワルシャワ大学の一部は警察によって閉鎖された。多くの課程が廃止された。そして、逮捕者二七〇〇人の四分の一は学生が占めた（さらに一〇パーセントが教員だった）。数百人の学生が軍に徴集された。ポストを追われた学者のうち著名な人物の一人が、すでに名高かった（のちには世界的に知られる）哲学者で、ソ連の正統共産主義理論の批判的アナリスト、レシェク・コワコフスキ〔その後、英オックスフォード大に移る〕だった。

動乱は四月初めには沈静化していた。この政情不安の一つの副産物は、政権が反シオニズムの言辞を解き放ったことだった――「シオニスト」が政治的に未熟な学生の間に抗議行動を扇動したという主張だ。その結果、反シオニズム・キャンペーンの圧力の下に、知識人数百人を含む約一万三〇〇〇人のユダヤ人が事実上、国外移住を強制された――戦後ポーランドに残っていたユダヤ人の大部分である。政権は隣国チェコスロヴァキアの事件に促されて、一九六八年のポーランドの深刻な騒擾を鎮圧した。「プラハの春」がソ連の軍事介入でつぶされたことで、ポーランドは真剣になった。ヴワディスワフ・ゴムウカは――当面は――再び権威を回復することができた。だが、ポーランドが抱える諸問題はなくなってはいなかった。

チェコスロヴァキアでは、デモはすでに一九六七年秋に起きていた。学生寮の粗末な住環境が引き金で、警察の激しい報復をまねいていた。しかしながら同国では、学生の抗議運動は、民主主義と体制自由化を求める広い国民層から高まる圧力と融合した。西欧であれほど目覚ましい役割を果たした世代の反逆は、チェコスロヴァキアではそれほど重要ではなかった。同国の抗議運動は、主としてまん延する経済的不満に促されて、幅広い社会層と年齢層からの支持を集めたのだ。一九六八年四月の共産党自身の報告が、自らの惨憺たる業績に対する抜き差しならない非難になっていた。「破滅的な住宅供給状態」と生活水準の低迷、輸送手段の不備、そして物品とサービスの質の悪さを糾弾していたのだ。計画経済はみじめにも、基本的必需品の供給さえできていなかった――それも、東側ブロックでもっとも進んだ工業国の一つでだ。

もっとも重要なこととして、急進的改革を求める圧力は外部からではなく、支配政党である共産党の内側から、実にその中心に近いところから来ていた。改革要求の顔になるアレクサンデル・ドプチェクにとって、改革は不可欠事だった。そればかりではなく、（少なくとも当初は）こちらが主とさえ言えるが、理想主義的な信念から来ていた。ドプチェクは改革が党による支配の維持を保証する唯一の道だと、いよいよ考えるようになったのだ。西側の抗議参加者たち（少なくとも急進派の代表者たち）は資本主義社会を打倒して、ある種のユートピア的形態の共産主義に置き換えたいと考えた。「現存する社会主義」（通常彼らの独特の共産主義を指す呼称）の下で生きている東欧の抗議参加者たちは、概して、それを取り換えるのではなく、改良したいと考えた。西側の資本主義を好む向きはほとんどなかった。すなわち、彼らの目標は共産主義を民主化、自由化することだったのだ。「プラハの春」はそうした幻想にきっぱりと終止符を打った。「プラハの春」の究極の教訓は、自由と民主主義は共産主義国家の存在と両立しないということだった。自由と民主主義が支配政党、共産党の権力を脅かし、結果としてソ連ブロックの統一を危険にさらすなら、それを拡散する試みは武力でつぶされるということなのだ。

「プラハの春」に発展する動きは五年前、一九六三年のスロヴァキアの自治権拡大を求める圧力のなかにその背景があった。スロヴァキアの自治権は中央集権化する一九六〇年の憲法改正で、系統立てて削減されてきていた。スロヴァキア共産党は事実上、チェコ共産党に従属し、そのチェコ共産党は古参スターリン主義者の第一書記（一九五七年からはチェコスロヴァキア大統領）、アントニーン・ノヴォトニーに支配されていた。ソ連のフルシチョフによる非スターリン化措置の結果、ノヴォトニーはチェコスロヴァキアでも対応する手立てを取らざるを得ないと考えた。

空気の変化を象徴したのは、防腐処理をほどこされた元党首クレメント・ゴットワルトの遺体の撤去（のちに火葬）と、プラハを睥睨していた巨大なスターリン像の解体だ。一九六三年初め、ノヴォトニーは五〇年代のルドルフ・スランスキーらの見世物裁判を調査する委員会を創設しなければなるまいと考えた。その委員会の報告書は、有罪宣告された人びとの名誉を回復し、国家反逆罪の無実を晴らしたが、「ブルジョア民族主義者」と非難されたスロヴァキア人犠牲者の党員資格を完全回復することはなかった。だが、委員会の調査結果は、ノヴォトニーには暗黙の脅迫になった。というのは、アレクサンデル・ドプチェクは委員会メンバーとして、実はノヴォトニー本人が見世物裁判を支持していたことを知っていたのである。

ドプチェクはモスクワ仕込みで一四年間、充実な党員だったのだが、一九六三年五月以降、スロヴァキア共産党第一書記であり、スロヴァキアで表現の自由の拡大と出版物検閲の緩和を実現するために、この情報を利用したようだ。彼は改革に乗じてプラハに対するスロヴァキア人の不満を表明し、スロヴァキア人の粛清犠牲者を完全に名誉回復する新たな委員会の設置を要求した。チェコの作家やジャーナリストはスロヴァキアにおける管理統制の緩和に気づき、ノヴォトニーは目に見えて悪化する経済状況ゆえのプレッシャーにさらされ、チェコ人にも一定限度の文化的表現の自由をしぶしぶ認めた。ドプチェクはスロヴァキア人の不満を擁護し続け、その不満が引き起こす民族感情を暗黙裡に認めさえした。また、スロヴァキアだけでなくチェコスロヴァキア全体で改革が必要なことを暗に示唆することで、ノヴォトニーに圧力を加え続けた。もう一つ裏の意味は、ドプチェクがその改革を指導する人物だということである。一九六七年にもなると、党上層部における改革派と改革反対派との間の溝は、橋渡しが不可能になりつつあった。学生寮のみじめな生活条件をめぐり、プラハで学生デモが起きるのはこの時点、一九六七年一〇月のことであった。

学生に対して警察が武力行使したことへの批判は、党員のなかに深く浸透し、ノヴォトニーと反動的保守派を一段と弱体化させる一方、清掃するための新しい箒《ほうき》が必要なことを浮き彫りにした。党指導部内の派閥分裂が、ドプチェクとノヴォトニーの間で高まる権力闘争となって結晶化する。ソ連指導者ブレジネフがノヴォトニー支持を撤回すると、彼の命運は閉じられた。一九六八年一月、ドプチェクがノヴォトニーの後任に就任。二カ月後、ノヴォトニーは大統領職も辞任し、ドプチェクの指名によってルドヴィーク・スヴォボダが後任となった。戦時英雄で、自身も五〇年代の粛清の犠牲者として、広く人気のあった人物である。このころには「プラハの春」は満開になりつつあった。検閲はほとんどなくなり、党の指導的人物に対する新聞紙上での攻撃が増えた――これは、モスクワ及びソ連の衛星諸国の共産党指導者をますます狼狽させることになる。

党幹部会が一九六八年四月五日に承認した「人間の顔をした社会主義」を目指す「行動綱領」は、ノヴォトニー時代の失敗を手厳しく糾弾する根拠になった。今後、共産党は「権利、自由、利益」を保証し、国民の要求に応えるため諸指令、諸決定を修正する用意がある、とそれは述べていた。明らかに、そうした民主化の度合いは「プロレタリアート独裁」に関する正統派共産主義の信念とは相容れない。翌日、オルドジフ・チェルニークを首相とする新政府の樹立によって、ドプチェクと改革派同志たちは党と国家のすべての主要ポストを押さえる。

浮きたつような雰囲気だった。「突然、自由に息ができた。人びとは自由に交わることができ、恐怖は消えた」と、二〇年後に大統領になる劇作家ヴァーツラフ・ハヴェルは回想している。その年、ヴァーツラフ広場のメーデー行進では、演壇に向かって花が投げられ、その演壇ではドプチェクが歓喜して眺め、両手を丸めて口に当てて、行進する支持者に大声で挨拶を叫んだ。翌日の党機関紙『ルデ・プラヴォ』は、「これはわれわれの新しい生活の春だ」と伝えた。

しかし、ドプチェクは優柔不断でためらいの人、国民が社会主義をどこまで支持しているのか自信がもてず、自分がおおむねそれを解き放つ手助けをしてきた急進的改革への圧力を、もはや制御することができなかった。彼自身が、党から国民の多くに向かって外へと広がった改革の熱気の波に乗って運ばれてきたのだ。自分自身の人気がジレンマとなった。改革の勢いは維持しなければならない。同時に、ソ連及びその同盟諸国の利益を危険にさらしていると見られてはならない。共産党支配の弱体化は、容易にドミノ効果をもちかねないのだ。

そうなりかねないという不安が、チェコの改革派に重大な脅威を突きつけた。というのは、ソ連と東ドイツ、ブルガリア、ハンガリー、そしてポーランド――ワルシャワ条約加盟諸国――の指導者たちはこの間、チェコスロヴァキアの情勢展開に懸念をつのらせつつあったのだ。彼らは六月中旬、「社会主義共同体」を危険にさらしている、社会主義に対する「反革命」に終止符を打てという、プラハへの事実上の警告を発した。八月初め、検閲を再導入し、何人かの中心的改革派を解任し、チェコスロヴァキア党の党内秩序を徐々に整えるべきだとするブレジネフの要求で、「民主集中制」を回復する及び腰の措置が取られた。だが、ドプチェクがルーマニアとユーゴスラヴィアに支持を求めたことは、ワルシャワ条約諸国の神経を鎮める保証にはならなかった。これら二つの共産主義国の独立した立ち位置は、モスクワとの不安定な関係を生んできたのだから。八月一七日、ソ連共産党政治局は重大な決定を下す。すなわち、「プロレタリアートの国際的連帯」の名のもとに、他の社会主義国の内政に軍事干渉することを決めたのだ。一九六八年八月二〇日から二一日にかけての夜、五カ国のワルシャワ条約機構軍、最大で五〇万人が七五〇〇両のソ連軍戦車と一〇〇〇機の航空機に支援され、チェコスロヴァキア侵攻を開始した。

チェコ政府の指令によって、武力抵抗はなかった。だが、テレビとラジオは――放送局が統制下におかれるまでは――侵略者への抵抗とドプチェクへの大衆的支持を生き生きと伝えた。ドプチェクへの支持はまもなく、侵攻に抗議してプラハとブラティスラヴァに結集しはじめた大群衆となって表れた。ドプチェクとチェルニーク、その他四人の党指導者は身柄を拘束され、航空機でモスクワへ連行された（そこでドプチェクは神経衰弱にかかったようだ）。モスクワで合流したスヴォボダ大統領及びその他多数の党指導者とともに、彼らは自由化綱領を非難するよう激しい圧力を受ける。八月二六日、彼らは屈服し、占領軍の撤退（ほとんどは一〇月末までに引き揚げた）と引き換えに「プラハの春」の改革を元に戻すという、ソ連の最後通告を受け入れる同意書に署名する。「兄弟的関係」が――強制的に――回復された。この同意書は、のちに「ブレジネフ・ドクトリン」として知られるようになる一つの新しい不吉な前提のもとに出来上がっていた。「反革命勢力」に対して社会主義諸国を防衛する「共通の国際的義務」を定めていたのだ。これ以後、ワルシャワ条約諸国は、この路線を逸脱しているとみなされる加盟国があれば、介入する明確な義務を負ったのである。

「正常化」のプロセスには数カ月を要した。しかし、それは一方通行の道だった。モスクワでの「交渉」のチェコスロヴァキア代表団は、八月二六日から二七日にかけての夜、プラハに戻った。一般にモスクワでの屈服と見られた事態についての国民の幻滅は、やむを得ない「暫定的な例外的措置」を現実的に受け入れるよう、すすり泣きながらテレビを通じて話すドプチェクの感動的な訴えによってなだめられた――彼は他のプラハの春の改革派と同様、まだ絶大な人気があった。だが、「正常化」圧力は容赦なく強まった。プラハの春の指導者たちは全員、徐々にポストを追われる。そのプロセスは、引き続く大衆の不満の兆候ゆえに加速された。プラハの学生ヤン・パラフが自由化の逆行に抗議して焼身自殺すると、学生たちが組織した一九六九年一月二五日の葬儀には推定一〇万人が参列し、そのほか二〇万人が舗道からこれを見守った。そして、三月のホッケー世界選手権でチェコスロヴァキアがソ連に勝つと、大規模な反ソ示威行動が行われた。この騒擾はただちに、ソ連が介入してドプチェクの解任につながった（党第一書記の座を別の従順なスロヴァキア人、グスタフ・フサークに取って代わられた）。ドプチェクは一九七〇年には党を追放され、スロヴァキアの下級森林官として隠遁生活に追いやられた。プラハの春に関係したほかの面々も徐々に解任された。一九六九年九月～七〇年六月の間、三波にわたる大掛かりな党員粛清が行われた。労組職員や教員、研究者、マスメディアと文化部門で働くジャーナリストらが解雇された。

このプロセスが終わると、チェコスロヴァキアは「正常化」されていた。「ロシア人はついに彼らが言う正常化、すなわち、いかがわしく残忍な警察国家を実現したのです」。嫌気がさしたチェコ人外科医、パウル・ザルド博士は一九六九年、当局公認の西ドイツ旅行の途中、英国の共産主義者レスリー・パーカーにあてた手紙にこう書いている。秩序は回復された。プラハの春の前進は逆戻りさせられてしまった。検閲と旅行制限、そして共産党による揺るぎない支配が再び押しつけられた。国民は不機嫌に沈黙した服従を強いられた。政治的非協調は影が薄くなった。少数の作家、その他の知識人は多様な方法で抗議の意思表示を続けた。だが、そうした「異論派」（彼らはこう呼ばれるようになった）は、プラハの春の直後には、当局にとってほんの目障り以上のものではなかった。

西側から見れば、プラハの春の粉砕はソ連と「社会主義」統治体制の威信にとって、一九五六年のハンガリーに続く、さらなる手痛い打撃だった。その支配体制は、まったく明らかなように、武力によってしか維持できなかったのだから。西欧の多くの共産主義支持者から見て、ソ連はチェコスロヴァキアでの行動によって道徳的権威をすっかり放棄してしまった。ソ連指導部にとっては、こうしたことはどれも大した問題ではなかった。社会主義諸国の同盟を傷つけないでおくための小さな代償なのだ。ソ連の力が勝ったのだ。

東欧の流動

チェコスロヴァキアの自由化の流れがまねく脅威が除かれると、ワルシャワ条約諸国の政治体制の統治構造を根本的に変える可能性はなくなった。これらの国々の人びとにとって、それはあらゆる面で仕方なく全体に従い、政治的正統の閉鎖的空間と、監視国家及びその情報提供者網の詮索の目の届かないところにある私生活の限られた「隙間」領域を、黙って受け入れることを意味した。

それでも、共産主義国家体制のなかに動きはあった。完全なスターリン主義に回帰した国はなかった。西側の文化的影響に一定程度さらされ、大きな知識人層が存在し、(たとえ自由労組がなくても) 組織された労働者階級が存在する工業経済をもつ国々では、自由化改革への圧力は一般に高かった。プラハの春の鎮圧は、いかなる自由化も注意深く阻止される運命にあるという明確なメッセージを送った。だが、(チェコスロヴァキアの場合のように) ソ連ブロックの一体性に与える脅威がない限り、クレムリンは一定の自由裁量を認める用意があった。東側ブロックの一部諸国の指令経済は、時にはソ連による相当な援助を必要とする明らかな問題をかかえていることから、モスクワは制度の枠内での生産近代化の試みは放任した。とくに、経済の工業化が進んだ諸国では、スターリン主義型指令システム——これは言うまでもなく、もとは農業主体のソ連に導入された——は、西側資本主義の急速な経済発展と張り合うことはおろか、基本的消費需要を満たす準備はまったくできていなかった。そこで、独裁政党支配下の厳格に統制された政治体制と、経済的・社会的・知的資源を解放するために必要な刷新及び競争の間で、ある種の不安定なバランスをとらなければならなかったのだ——その手法はある程度異なり、成功の度合いもさまざまだった。

ソ連本国では、一九六〇年代後半の力強い経済成長のおかげで、フルシチョフ政権晩年の労働争議や大きな不満の再発はなかった。体制の締めつけは強められ、プラハの春のあとは、イデオロギー上の正統主義が強化された。チェコスロヴァキア侵攻のあと、小グループが赤の広場で抗議すると、参加者はただちに逮捕され、その後、三年間の労働収容所送りを宣告された。不同意の意思表示は引き続き存在し、西側でのソ連の名をさらにいっそう傷つけた。だが、それが市民に対する体制の厳格な支配を揺るがすことは、まったく不可能だった。

ブルガリアは、衛星諸国のなかでソ連にもっとも近かったし、いずれにせよ高度な経済的依存のためにモスクワの路線から大きく逸脱する可能性はほぼなかった。警察国家の強制力といまだ大半を占める農業人口、それに知識人層の薄さが、すべて、チェコスロヴァキアで起きた自由化を求める圧力に逆らう作用をした。うわべは経済改革について多言が弄されたが、実際はほとんど何も実現しなかった。それどころか一九六〇年代末には、六〇年代初めに導入された限定的経済改革と文化の雪解けから、厳格な新スターリン主義への一定の退行すらあった。

ハンガリーは反対方向へ進んだ。ヤーノシュ・カダルの「グヤーシュ共産主義」は、一定程度まで市場原理にさらすことを容認し、それが国民にソ連ブロックで最高の生活水準をもたらした。一九六八年一月一日に導入された「新経済メカニズム」は、ソ連衛星諸国の経済としては真の刷新だった。国家による中央経済計画は基本的に、長期投資計画と財政政策、それに基本的必需品の価格統制に縮小された。これ以外では、企業は利潤を上げ、商業ベースで活動できる。西側との貿易が増え、農業生産が刺激され、ソ連ブロックの他の国々では慢性化していた基本的物資の不足はなくなった。カダルはまた、モスクワとの緊張を引き起こさない程度に手綱を緩めつつ、一定の表現の自由と西側ポピュラー音楽の流入を認めるほどには開明的なところを――あるいは、少なくとも一九五六年の教訓を学ぶだけの用意があるところを――見せた。結果として、一九五六年にはソ連衛星諸国でもっとも反逆的だったハンガリーが、政治的異論のほとんどないもっとも満ち足りた国になった。

他方、ポーランドは、ヴワディスワフ・ゴムウカの指導下で、一九五六年には改革志向と見えた体制が頑迷な正統主義に変貌し、その過程で多くの国民を遠ざけてしまう典型的なケースになった。ゴムウカ政権は異論を厳しく管理し、学生の抗議運動を容赦なくつぶし、チェコスロヴァキア侵攻を熱心に支持した。しかし、同政権下の経済は急激に悪化。政権はおろかにもクリスマスの直前、一九七〇年一二月一三日発効で、食料価格を一二～三〇パーセントの幅で即時値上げすると発表した。これはすでに噴出しつつあった不満を、怒りの抗議の奔流に変えた。翌週、大規模デモがグダニスク、シチェチン、グディニャのバルト海岸造船所に始まり、たちまちワルシャワなどの都市に波及した。労働者をグダニスク造船所へ運ぶ列車が武装した国家警察に攻撃されると、地獄のふたが開いた。労働者たちは党本部へ行進。商店は略奪された。バルト海岸に近いスウプスクの警察訓練センターが焼き払われた。警察官は群衆から身体に及ぶ攻撃を受け、何人かが死亡。警官隊との大規模衝突が起きた。戦車が何人かのデモ参加者を踏みつぶした。死者数は四三人に上り、一二〇〇人が負傷、三〇〇人が逮捕された。グダニスクのスト労働者に警官隊が発砲したのは、ゴムウカのやりすぎだった。騒動の発生から一週間後、彼は辞任せざるを得なかった。

後任のエドヴァルト・ギエレクは元炭鉱労働者で、労働者の要求をよく理解しており、ただちに賃金と労働条件の引き上げを発表。次いで、ストが続くなか、ソ連からの借款に助けられて、一二カ月間の価格凍結を発表した。ギエレクは造船所を訪問し労働者に直接、率直に語りかけ、党の失敗を認めた。農民が嫌っている国への強制供出を廃止し、食料購入価格を引き上げた。非国有企業の雇員が無料の医療を受けられるようになった。検閲と外国旅行への制限がある程度緩和された。士気は高まった。ギエレク指導部の第一期は、ポーランドにおける共産党時代の「ベルエポック」〔美しき時代〕として歴史に残っている。一九七一年に所得は一一パーセント上昇。大規模な住宅供給計画によって、さらに一〇〇万戸のアパートが入手可能になった。十分な数ではないが、ゴムウカ時代からは大きな前進だ。以前の年月とは対照的に、経済近代化が消費者のニーズに向けられたので、事実上だれもがよりよい生活水準を享受した。だが、経済の諸問題がなくなったわけではなかった。必要な経済刺激をもたらし、ソ連からの借款を返済するために、ギエレクは西側から六〇億ドルも借り入れた。これで当面の問題は回避した。しかし、彼はただ将来の面倒事を積み上げていただけだった。一九七三年のあと、石油危機がポーランドに深刻な打撃を与え、それに対処するためにはソ連からの一段の支援が必要だった。七〇年代末までには、深刻な諸問題が再び山積しつつあった。

東ドイツはソ連ブロック諸国のうちの特殊ケースだった。ベルリンの壁と、資本主義の隣国〔西ドイツ〕と競争関係にある「現存する社会主義」のイデオロギー的ショーケースだという東ドイツの意識、そしてとくに強調された反ファシズムが、東ドイツ社会に独特の趣を与えていた。一九六一年の壁の構築は政権に新たな自信を与え、その権力を強化した。「内部の敵」に対するイデオロギー闘争が高まると、逮捕の波が続いた。嫌がらせ、抑圧、同調圧力はいまや東ドイツの生活の一部になった。しかし、指導者らが認めているように、体制は抑圧だけでは機能し得ない――一九八〇年までに西ドイツを経済的に追い越すという明言された目標を達成しようとすれば、なおさらである。

一九六三年に導入された「新経済システム」は、悪化する経済状況を克服する試みだった。経済状況は物資不足と、一〇年前を思い出させる不満の兆しを生んでいた。管理運営の一定の非中央集権化と生産増大のための刺激策――依然として中央から強制される経済計画の枠内でだが――と並んで、国民の積極的支持を動員するための教宣努力が強化された。技術と知識、合理的組織化が新たに重視され、それは高等教育人口を生み出そうとする懸命の努力によって支えられた。一九五一年には八年以上教育を受けた人口はわずか一六パーセントだった。それが一九七〇年にもなると八五パーセントにも増え、一方で高等教育への入学枠は拡大され、数多くの大学と技術専門学校が設立された。一九六四〜六五年には生産性は六〜七パーセント、国民所得は五パーセント伸びた。生活水準はかなり上昇しはじめた――期待されたほどの速さではなく、西ドイツのそれにはかなり遅れをとっていたが。それでも、テレビ、洗濯機、冷蔵庫はもはやごく少数の人びとだけの所有物ではなかった。経済改善の兆しは、文化面での一定程度の締めつけの緩和を伴っていた。スターリン像は姿を消した。また、一万六〇〇〇人の政治犯が特赦された。

とはいえ、経済に対する統制権の一部を手放すことは、党指導部には決して面白いわけではなく、経済は依然としておびただしい制約に阻まれ、制度に内在する競争の欠如を克服できなかった。そして、フルシチョフの改革熱がブレジネフの安定重視に道を譲ると、この控え目な自由化への流れは停止してしまう。一九六五年一二月には文化領域に対する厳格な統制が導入され、新経済システムはこの同じ月に修正される。中央集権化による計画が新たに重視され、電子工業と化学工業及びエンジニアリングに偏重した財政配分が行われた。軍と治安警察（シュタージ）を増強するための資源も増やされ、消費財産業は再びおろそかにされた。

「プラハの春」は東ドイツ指導部に、文化自由化の流れを抑え込んだのは正しく、放置していれば政治の不安定化を招きかねなかったという証明を与えた。だが、国家運営の全権を握る単独政党の手で管理される経済の、固有の問題があらわになった。西ドイツでは当たり前で毎晩テレビで見せられる消費財は言うに及ばず、基本的食料品の供給不足と滞りが再び政情不安を引き起こしはじめた。党幹部らはウルブリヒトの指導と、遠い将来にしか果実を生まない技術開発計画を優先して、緊急に必要な消費物資を無視することに、だんだん不安を覚えはじめていた。加えて、西ドイツとの緊密な経済協力を望むウルブリヒトの期待は、モスクワの意向とまったく相容れなかった。あとはウルブリヒトという人間の傲慢さが後始末をつけた。一九七〇年末、党指導部の多数は投票で経済政策の変更を支持。その後まもなく、ウルブリヒトの党首交代をブレジネフに要請した。ブレジネフはこれに応じ、七一年五月三日、ウルブリヒトは辞任した。後任のエーリヒ・ホーネッカーは長年の高級党員で、反ファシスト活動を示す非の打ちどころのない業績は、ヒトラー政権下の共産党レジスタンスへの関与と、ナチの刑務所での一〇年間の獄中生活にあった。ホーネッカーはいまや消費財生産優先の経済再建を指揮する立場になった。だがしかし、モスクワへの忠犬ぶりを変えることはなかった。

この間、バルカン半島諸国では共産党支配が違ったスタイルで発展していた。アルバニアは中ソ対立後、中国の方に賭け、イデオロギー的に自ら決定した政治的孤立と東欧最悪の経済的赤貧への道を歩み続けた。ソ連からの援助を欠いたアルバニアは、中国との通商協定によっては、失われた損失を埋め合わせることができなかった。中国が一九六〇年代半ばに耐え忍んでいた「文化大革命」のアルバニア版は、知識人や教員、そして宗教信仰に攻撃を加えた。ソ連との対立は、チェコスロヴァキア侵攻のあとアルバニアがワルシャワ条約を脱退するに及んで、決定的になった——もっとも、アルバニアは長らく名目上の加盟国にすぎなかったが。アルバニアはモスクワから離れて漂流し、さりとて北京との緊密な関係を発展させるには中国からあまりにも遠く、その硬直化した体制は自らが招いた袋小路にはまり込んで、ひとつの風変わりな存在であり続けた。

ワルシャワ条約加盟国のルーマニアも、徐々に独自の道を進んでいたが、モスクワとの関係を限界点にまで進めないよう気を配っていた。アルバニアがソ連より中国を選んだことが、ルーマニアを間接的に益した。クレムリンは、ユーゴスラヴィアが自立しアルバニアが欠けたところへ、さらにルーマニアが加わることで、バルカン半島におけるソ連の影響力をこれ以上低下させることはできないと考えていた。そこで、ルーマニアは準自立を認められたのだ。一九六五年に残忍なスターリン主義者ゲオルゲ・ゲオルギュ＝デジの後を継いだニコラエ・チャウシェスクは、チェコスロヴァキア侵攻に反対し、モスクワの旋律に合わせて踊りはしないと主張する一種のルーマニア「民族共産主義」——共産主義の枠内での一種の民族主義——を建設することによって、西側で喝采を浴びた。彼はソ連の方針に反して西ドイツ及びイスラエルとの外交関係を樹立するために、中ソ間の深まる分裂を利用できた。チャウシェスクはルーマニア人の民族的プライドを涵養した。そして経済成長によって食料品その他の必需品が十分供給され、初期の人気が持続した。当初は文化面の締めつけも一定程度緩和され、西側メディアへの接近がある程度可能になった（もっとも、これは彼が一九七一年に中国と北朝鮮、モンゴル、北ベトナムを歴訪したあと変わって、許容される表現への新たな厳しいイデオロギー的統制を伴う独自の文化革命の導入に逆戻りする）。ルーマニアはソ連の正統から逸脱し続けることになる。

ユーゴスラヴィア版共産主義は分権化と生産拠点での産業管理に基づいており、これを称賛する多くの西側の人びとにとって、だらけきったソ連体制に対するもう一つの選択肢であるように思えた。国民は東欧のほかのどの国より西側世界と多く接触することから大きな恩恵を受けた。ダルマチア海岸は一九六〇年代に観光地として宣伝され、国庫に数百万ドル——必要な輸入品を調達し、比較的よい生活水準を保証するのに役立つ外貨——をもたらした。一方、五〇万人のユーゴスラヴィア人が西ドイツで「ガストアルバイター」として雇用され、本国の家族への仕送りによって経済を支えていた。西側との頻繁な接触は、この国をその文化的影響にさらした。ユーゴスラヴィアは東欧の共産主義諸国のなかでもっとも自由だった。とはいえ、六〇年代末にもなると、経済的欠陥はだれの目にも明らかだった。生産性は平均所得の伸びにはるかに追いつかず、インフレが高進。失業が急増しつつあった。これが、ユーゴスラヴィア国家に分離主義傾向が現れた背景だ。

クロアチアはユーゴスラヴィアでもっとも繁栄する地域だった。だがクロアチア人は、外国人観光客から得られる収入の多くが発展の遅れた地域に分配されることに憤慨していた。自治権の拡大を求めるクロアチア人の運動が盛り上がり、新たにナショナリズムがよみがえる端緒になりはじめた。初期の表れの一つは、学校でクロアチア語（クロアチア人が国家による押しつけと見るセルボ・クロアチア語ではなく）を使用すべしとの、知識人一三〇人が支持した一九六七年の要求だ。逆にセルビア人は、経済繁栄はクロアチアを不均等に利していると考え、有力な派閥の目から見ると、クロアチアとスロヴェニアでもっとも進む自由化は、行き過ぎなのだった。ところが、学生たちにとっては、自由化は不十分だった。一九六八年六月初め、フランスの出来事に刺激されて、ベオグラードの学生たちが大学の過密化、党支配階級の特権、強まる消費主義、そして彼らの多くに雇用を求めての出国を余儀なくする経済状況に抗議し、戦後初の大衆的示威行動が起きる。ティトー元帥は政情不安の封じ込めにやっきとなり、学生要求の受け容れを約束した。ユーゴスラヴィア政府の強い抗議を呼び起こしたソ連軍のチェコスロヴァキア侵攻のあと、ソ連が介入してくるのではないかとの不安が当局に有利に働き、政情不安は静まった。それは七一年に再び、今回はザグレブで燃え上がり、ユーゴスラヴィアの統合にとって一段と大きな脅威を与える。

いわゆる「ザグレブの春」は、クロアチアの自治権拡大を求めて高まる民族主義的要求を土台にしていた。クロアチアの党幹部、メディア関係者、それに学生代表たちは独立支持の声を上げた。彼らは国民的帰属意識が——国外に仕事を求めて去った多数のクロアチア人の流出と、セルビア人などの流入のために希薄化され——危機にさらされていると見ていた。クロアチアの党指導者サヴカ・ダブチェヴィッチ＝クチャルは一九七〇年、

「クロアチアはクロアチア人自身より、セルビア人その他の民族の家になってしまった」との懸念を表明。一方、のちに独立クロアチアの大統領になるフラニョ・トゥジマンは、「クロアチア国民の実存」が同化の脅威にさらされていると主張した。クロアチア人は官僚機構や警察、軍将校団に占める数が少なすぎ、クロアチアはユーゴスラヴィアの他の地域によって経済的に骨の髄までしゃぶられ、セルビアの植民地的従属国と変わらないものになりつつある、という感情が広がっていたのだ。

一九七一年七月、自身もクロアチア人であるティトーは、クロアチアの指導者らをベオグラードに召喚し、彼らが民族主義の復活を許容していると叱りつけた。国内の混乱はソ連の介入を招く危険があると警告した。だが、民族感情が衰えることはなく、学生による一一月のザグレブ大学の建物占拠と、ゼネストの呼びかけとなって表面化する。数千人が「独立クロアチア国家は永遠に」のスローガンの下、大規模デモを行った。この時は、ティトーはザグレブ及びベオグラードの党指導部を粛清し、数百人を党から追放。約二〇〇人を逮捕させる行動に出た。スロヴェニア、マケドニア、モンテネグロ、ボスニア・ヘルツェゴヴィナでも、民族主義的傾向を疑われた者はすべて排除された。粛清は自由化の拡大を支持した人びとにまで及ぶ一方、一九七二年の新法は報道・出版の自由に一段と大きな制限を加えた。

こうした抑圧的措置によって、情勢の沈静化には成功した。だが、抑圧では不十分であることをティトーは認識していた。一九七四年の新憲法はよりバランスのとれた連邦制を樹立し、権力を非中央集権化、そして個々の共和国へいっそうの相対的自立を付与することで、改革派の要求を容れようとした。ところが実際には、新憲法は民族の違いを強調することで、民族主義と分離主義の流れを弱めるよりは、むしろ促進してしまった。ティトーの絶大な権威——戦争の英雄、国の救世主、そしてその後の国家統一の権化としての権威——は、ユーゴスラヴィア国家の揺らぐ一方の土台をまとめあげる唯一の、もっとも重要な本質だった。だが、一九七二年にはティトーは八〇歳。彼の死後、ユーゴスラヴィアの将来はどうなるのだろうか?

西欧社会民主主義の前進

一九七〇年代初めのヨーロッパでは東西ともに、過去数年間の混乱はおおむね収まりつつあった。ソ連ブロックはプラハの春の動乱のあと、再び「正常化」していた。異議は存在したが、たやすく封じ込められた。共産主義諸国の「現存する社会主義」は、まちがいなく永久に続くと思われた。西欧では、民主主義が軍部の支持によってやっと存在するか（トルコ）、まったく存在しない（一九六七年のクーデター後のギリシア、そしてポルトガル、スペイン）南部地帯（第7章参照）を除いて、統治体制は傷つくことがなく、総じて復元力があった。たしかに政治は不安定になりはじめていた。政治的暴力は第二次大戦以降のどの時期よりも公然化していた。イタリアの「赤い旅団」や西ドイツの「バーダー＝マインホフ・グループ」ばかりか、北アイルランドの民族主義者やスペイン・バスク州の分離主義者も、運動の本質的部分としてテロを用いていた。だが、革命派はいうまでもなく、急進派に勢いのある国はなかった。国民に福祉を提供し生活水準の不断の向上を保証するうえで、国家が中心的役割を果たすという、戦後発展してきた基本的な国民合意がまだ、本質的には生きていたのである。

事実、「大きな政府」を頑強に擁護する社会民主主義諸党が、一九六〇年代と七〇年代初期には概して支持を得た。大きな政府の下で、巨額の政府支出（それに高い税率）で社会福祉をまかない、社会の貧困層の生活水準を改善するのだ。しばしば他の左翼政党も社会民主主義諸党と並んで支持を得たが、これはたいていキリスト教系保守諸党の票を食った結果だった。

英国では英国版社会民主主義を代表する労働党が、一九六四年の総選挙で辛勝。ハロルド・ウィルソン率いる労働党政権が六六年選挙で与党票を大幅に伸ばした。しかし、経済問題の悪化と労働争議を背景として、七〇年の総選挙ではエドワード・ヒース率いる保守党が予想外の勝利を収めたが、いっそう大きな困難も待ちかまえていた。（第7章参照）

既述のとおり、西ドイツでは一九六三年に長いアデナウアー時代が終わって以来、改革への期待が高まるなかで保守主義は支持を失ってきていた。キリスト教民主同盟は六九年の総選挙で連邦共和国の創立以来初めて政権を失い、戦後期の傑出した人物の一人、ヴィリー・ブラントが率いる社会民主党主導の新連立政権が発足する。ブラントは大きな個人的魅力を備えた政治家で、社会主義者として非の打ちどころのない経歴をもっていた。ヘルベルト・フラームの名で婚外子として生まれ、ナチ時代の初期にスカンジナヴィアに逃れ、そこからヒトラー政権に対する労働者抵抗運動にかかわった（その過程で改名）。だから、元ナチ党員のキージンガー率いる政権からの転換は、新たな時代の幕開けを象徴しているようであった。ブラント連立政権は一九六八年の学生デモと政治情勢の混乱のすぐあとに登場し、むっとする部屋に一陣の新鮮な空気が流れ込んだように思われた。雰囲気が変わった。なによりも若者の間に、新たな期待と希望がわいた。

隣国のオーストリアも一九六〇年代後半、改革志向の社会民主主義へ向かう。六六年の総選挙結果には、来るべき事態を暗示するものはほとんどなかった。保守の国民党が同国の戦後史上初めて絶対多数を獲得したのだ。

保守の勝利の背景の一部として、社会党内の分裂と、同党が弱小の共産党と連携するつもりなのではないかという不安があった。だが、社会党党首が六七年に、並外れた人物ブルーノ・クライスキーに代わり、彼が壮大な社会・経済改革計画を打ち出すと、社会党は支持を得はじめる。七〇年の総選挙では第一党になり、クライスキーは少数派内閣を組閣。翌年の新たな選挙でクライスキーの党は絶対多数を獲得し、その後一〇年間にわたってオーストリア政治を支配する安定した社会民主主義政府を樹立した。

オランダでは、一九六〇年代の大きな変化は、伝統的にオランダ型の自由民主主義を形作ってきた「柱状化」(主に宗派に基づく縦割りの下位文化とそれを代表する政党)が徐々に消滅したことである。世俗化が一段と進んだ結果、カトリック国民党への支持が衰える一方、労働党が社会改革の公約によって地歩を固めた。労働党は七二年の選挙で第一党になり、翌年、党首のヨープ・デン・アイルが連立政権の首相に就任した。ベルギーではフランドル地域とワロン地域間で深まる言語・文化上の分断が、それに対応した主要政党の分裂につながり、社会民主主義は大きな問題にぶつかった。ベルギー政府を形成するまごつくほど無数の政党のなかで、社会党と保守のキリスト教国民党は悠々と最大政党になったが、いずれも支持は投票数の四分の一そこそこだった。それでも、一九六八年以後の「緑」の環境諸政党の登場に見られるように、反保守主義に向かう政治の大きな流れは、この国にもあった。

第二次大戦以降のスカンジナヴィアでは、社会民主主義が政治的安定と福祉制度改革の基盤になっていた。社会民主主義はスウェーデンとデンマーク、それにノルウェーで四〇パーセント前後の有権者の支持を受け続けたが、ノルウェー労働党の長年の優位は一九七〇年代を通じ、右からではなく左の社会主義人民党の支持の伸びのために徐々に衰えた。フィンランドの政治は、隣国ソ連とのまずまずの関係を保つ必要から、相変わらず複雑だった。歴代政府は常に多数の政党を含む連立だった。社会民主党(得票率四分の一強)が最大政党で、これに、より急進的な左派政党であるフィンランド人民民主同盟(フィンランド共産主義者が主軸)が迫っていた。両党合わせて投票総数の四〇パーセント以上を獲得していたけれども、一九六八年八月のプラハの春の鎮圧は、民主同盟に打撃を与えた。ソ連を支持し続ける人びとと、ソ連の行動を非難し西欧によりふさわしい共産主義思想・組織の形態——これはとくにイタリアとフランス、スペインで支持され、「ユーロコミュニズム」と呼ばれはじめていた——を志向する人びとに分裂させたのである。

イタリアやフランスのように、保守が政権を支配し続けた国でも、左派の要求を斟酌せざるを得なかった——

たいていは中身より口先だけではあったが。

イタリア政治の泥沼にあっては、遠大な改革の公約と実際の実行との間に大きな溝があった。一九六〇年代末の雇用法の一定の改正と健康保険制度の改善、それに年金給付の拡大は、より包括的な福祉国家に向かう措置だった。だが、それ以上は実行に移されなかった。多くの左派と新マルクス主義者、そして急増する学生にとって、達成されたことはまったく不十分だった。

社会党は一九六三年、アルド・モロ政権の「左派への開放」に取り込まれていた――同年の選挙で初めて得票率四〇パーセントを割ったものの、相変わらず最大政党キリスト教民主党がこの政権を主導していた。社会党は保守主導の政権への参加をめぐって分裂し、ついで六六年に再統一した。しかし、「左派への開放」の真の受益者は共産党であった。同党は、チェコスロヴァキア事件後はとくにモスクワに批判的で、政権から排除されることで利益を得、革命政党から改革政党への転換を図った。党員数と支持率は一九六〇年代初めに低下したあと、大幅に伸びはじめた。得票率は六三年の二五パーセント（社会党はわずか一四パーセント）から、七六年には三四・四パーセントに上がった。キリスト教民主党とも大差はなく、社会党を優にしのいで野党第一党になる数値だった。

フランスでは、一九六九年に国民的英雄シャルル・ドゴールが政治から退場しても（翌年に死去）、混乱も空白も生まれることはなく、後継者ジョルジュ・ポンピドーの下で保守支配が続く。ドゴールなきドゴール主義が地殻変動的な変化をもたらすことはなかった。だが、ポンピドーは六九年の大統領選挙で大勝利を収め、短期間の在任中――一九七四年四月に早逝――、少なくとも当初は、大方の人びとが思っていた以上に改革志向だった。一九六八年五月の事件はフランス、とくにフランスの保守にとって一つの衝撃だった。混乱が静まると、社会改革を求める衝動があとに残った。女性の権利拡大――政治的権利、そして自らの身体をめぐる権利――を求める要求は、長く続く帰結の一つだった。しかし、「新しい社会」という約束はまもなく、おおむね口先だけのものであることがばれてしまった。保守の抵抗がきわめて強かったのだ。ポンピドー政権下の近代化は、おおむね産業と技術の発展に向けられていた――そして、風前の灯火になっていた高い経済成長率の持続にも頼るところがあった。

一方、フランス左派は性格を変えつつあった。「一九六八年」から、トロツキストと毛沢東派を中心とする多数のマルクス主義分派が登場していた。彼らの扇動活動と改革への圧力は続いた。だが、彼らは左派陣営のなかでさえ主流から外れていた。共産党は戦後、有権者のほぼ四分の一の支持を受け、モスクワと緊密に提携していたが、一九六八年八月のソ連軍のチェコスロヴァキア侵攻で致命的な打撃をこうむった。同党は革命によって単独で権力は獲得できないことを認めて、改良主義的になり、時間をかけた社会変革を目指した。これは必然的に支持者の間の幻滅につながった。だが、共産党の改良主義への転換は、六九年の大統領選での惨敗（社会党の候補ガストン・ドフェールの得票率はわずか五パーセント）の傷口をなめている社会主義者の欲するところと一致した。新指導者フランソワ・ミッテランの下で社会党は改良主義的近代化の方向へ舵を切り、非中央集権化と国有化・国家計画の民主化という計画を立てた。一九七二年、社会党と共産党は社会の根本的変革にいたる改良主義的道程として打ち出した「共同政府綱領」を発表する。だが、風はミッテラン社会党の帆をはらませており、左派の主要政党としての共産党をむしばみはじめる。

西欧の複数政党制政治体制は一九六〇年代後半と七〇年代初め、どの国でも改革を求める圧力を受け容れなければならなかった。個々の国民国家の政治は内政上の課題に大きく条件づけられていたため、それらの体制はもちろん統一的な方法で適応したわけではない。しかし、明らかな多様性を考慮に入れても、類似の変化パターンが大方の西欧に影響を及ぼしている。それはとうてい正真正銘の調和などではなかった。にもかかわらず、西欧には広範囲にわたる安定があり、繁栄が続くという十分な期待がほぼどの国にもあったのである。

国際舞台には希望の光さえあった。一九七〇年、ヴィリー・ブラントは東欧に対する政策を逆転させることによって、影響が後々まで及ぶ新しい方向へと西ドイツの舵を切った。西ドイツはそれまで、ドイツ民主共和国の承認を拒否し、国家再統一のあかつきには一九三七年のドイツ帝国国境（一九四五年以降ポーランドの一部とソ連の西端部を成していたオーデル＝ナイセ線の向こう側の土地を含む）が有効になると主張していた。ブラントはこの大胆な独創的取り組みで、一九七一年にノーベル平和賞を受賞する。ブラントの「東方政策《オストポリティーク》」は、実は彼が嫌いな用語なのだが、当初は深い対立を生んだ――左派には賞賛され、保守派と戦後に東欧から追放された人びとの代表には激しく反対されたのだ。ブラントはまず、東ドイツとの関係で、疎遠を協力に置きかえることを目指した。東方政策は西ドイツが北大西洋条約機構（ＮＡＴＯ）にしっかりつなぎ留められ、西欧に完全に統合され続けて初めて成功する。彼はこう固く信じていた。ブラント自身の表現によると、「わが国の東方政策は『西』に始まらなければならない」というのだ。東方政策はソ連ブロックに対する危険な譲歩につながり、最終的には連邦共和国を西側への係留から引き離してしまうのではないかとする懸念が、国内外にあった。だが、東方政策はますます評価の高まる政治的大飛躍であることが明らかになる。

　新たな東方政策は続く三年間に、東ドイツとの公式関係を樹立し、チェコスロヴァキアとの関係を正常化。そして一九七〇年のワルシャワ条約で、オーデル＝ナイセ線に沿ったポーランド西部国境の現実を承認した。西部国境を武力によって変更することはできないことを受け容れ、したがって元ドイツ東方諸州を永久に失うことを事実上認めたのだ。（オーデル＝ナイセ線でのドイツ－ポーランド国境の最終的かつ無条件の承認は、一九九〇年の東西ドイツ統一の過程で初めて実現する）。この重大な方向転換は、一九七〇年一二月にブラントがワルシャワ訪問で、一九四三年四～五月のゲットー蜂起の記念碑前に自らひざまずき、個人的にユダヤ人殺害の罪に対する償いを示したことに象徴された。

　西ドイツ外交政策におけるブラントの方向転換は、米ソ超大国関係の明らかに有望な変化に合っていた。一九七二年五月、三年にわたる協議のあと、米大統領リチャード・ニクソンとソ連共産党書記長ブレジネフは、いわゆるＳＡＬＴＩ（戦略兵器制限交渉）に基づく合意に署名した。弾道弾迎撃ミサイル・システムを制限することで、相互の安全を高めることを目的としたものだ。これに続いて翌年には、「核戦争の危険と核兵器の使用」を完全に除去するという野心的な目標をもつ核戦争防止協定が署名された。こうした措置は両大国――米国と共産中国の和解（一九七二年二月のニクソン訪中で固まった）を懸念するソ連、ベトナム戦争を原因とする外交上のダメージを懸念する米国――のいずれにも都合がよかった。一般にその名で知られるようになる「緊張緩和《デタント》」は、超大国間の緊張を緩和し、核大国間の恒久的関係改善という大いに歓迎すべき可能性を提示した。ヨーロッパは――そして全世界は――少々楽に息ができるようになった。それは、一九七三年の石油危機に続いて、経済的・政治的反動が起きる前のことであった。

第7章

転換

工業民主主義諸国は高失業と続くインフレ、そして深刻なエネルギー問題を克服する決意である。

経済協力に関するG7宣言（一九七五年一一月）

危機だって？　どんな危機？

英首相ジェームズ・キャラハンの発言を誤って引用した『サン』紙の見出し（一九七九年一月一一日）

一九七三年の石油危機はヨーロッパ戦後史の一つの転換点である。それは政治と経済と社会の構造に深い痕跡を残す一連の変化の到来を告げた。一九八〇年代半ばごろには、戦後数十年の好況からのパラダイム転換にまで発展するこれらの変化は、大陸の姿を変えつつあった。すでに石油危機に先立つ数年間に、長期の好況が終わりに近づいていることを示す明白な兆しがあった。変化は進行していた。だが、石油危機が大きな触媒だった。アラブ産油国が課した供給削減の直接の結果として、一バレル当たりの石油価格は一年のうちに二・七〇ドルから九・七六ドルに跳ね上がった。一九七九年の第二次石油危機のあとの一九八〇年にもなると、一バレル当たり約五〇ドルに膨れ上がっていた。一九五〇年時点で、石油はヨーロッパのエネルギー供給の八・五パーセントをまかなっていた。二〇年後、その数値は六〇パーセントに上昇していた。石油に大々的に依存する国々にとって、石油危機の重大性は見紛いようもなかった。

石油危機は過去二〇年間を特徴づけた楽観主義の終焉をしるした。成長の持続がもたらした以前の有益な影響は、経済がもたらすマイナス心理的効果にとって代わられた。「経済奇跡」時代の特徴である、生活水準が上がり続けるという想定に突然、疑問符がついた。高インフレ率が、かつてなかった危険な連鎖で失業の上昇と結びついた。戦後数十年の時代には、永久に克服されたと考えられていた現象である。その結果は、大方の人びとの戦後の経験を超えた大きな経済不安だった。ヨーロッパが第二次世界大戦から復興するにつけ、安心感のまさに土台だった社会福祉制度そのものへの支出水準を維持することについて、まもなく疑義が生じた。戦後、西欧の政治経済学で支配的だったジョン・メイナード・ケインズの理論に依拠した経済モデルは、いまや根本的に挑戦を受け、だんだん退けられた。経済環境の変化が政治的不安定を高める一方、北アイルランドやスペイン、西ドイツそれにイタリアで、激化した対立は恐ろしいテロの残虐行為をもたらした。東西ヨーロッパの政治体制はこの劇的に変化した環境にどのように対応し、順応したのだろうか？　一九三〇年代の経済危機の時代には政治体制が崩壊したのに、いったいどのようにして無事に生き延びたのだろうか？

石油危機に続く歳月の全部が全部、憂鬱と悲観を引き起こしたわけではない。危機そのものは、すでに斜陽にあった古い産業と決別するため、経済の構造改革が必要なことをあぶり出した。有害なレベルのインフレはついに（大きな痛みを伴いながら）抑え込まれた。そして、ライフスタイルと消費主義における個人の嗜好が、社会の横並び主義をいちだんと侵食した。独裁政治は大陸の西半分から姿を消した。ポルトガルとギリシア、次いでスペインの独裁政権は数カ月の間隔をおいて崩壊した――それも、外部からの軍事介入なしに、平和的にである。だがしかし、不安にさせる新たな情勢展開として、好ましい軌道に乗っていると思われていた国際関係が急激に悪化する。一九七〇年代前半の緊張緩和は、核備蓄の制限と国際的な人権尊重の方向を指し示していたのだが、それが七〇年代の一〇年間続くことはなかった。一九八〇年にもなると、ヨーロッパはしばしば「第二の冷戦」と呼ばれる超大国による対決の危険な新局面に入りつつあった。

苦境の各国経済

一九七三年の石油危機がいかに急激に、一つの断絶になったかは、ヨーロッパの経済成長率にはっきり示されている。一九五〇～七三年の間、西欧、東欧とも平均年間成長率は四・七パーセント。遅れて追いつきはじめた南欧諸国の後発経済では、六・三パーセントにも上っている。石油危機後の二〇年間、成長率は半分以下に減少し、南欧では三・一パーセント、西欧では二・二パーセント、東欧ではマイナス〇・四パーセントとマイナスにさえなった。西欧ではノルウェーとアイルランド（これも追いつきはじめた後発国）、イタリア、オーストリア、西ドイツの成長率が高く、オランダと英国、スウェーデン、それにスイスは低かった。鉄のカーテンの向こう側では、石油危機による影響はハンガリーがもっとも小さく（この国では一人当たりの国内総生産の増加が、西側への一段の金融依存という問題を隠していた）、ルーマニアがもっとも大きかった。大陸の南方の国々のなかでは、低い水準からではあるが、トルコの成長率（二・六パーセント）がどの国よりも高かった。国による違いがどうであれ、すべての地域に共通する一般的な様態は、はっきりしていたのである。

二〇年間の繁栄を生み出した勢いは衰えつつあった。西側世界の各国経済は一九七一年まで、一九四四年七月のブレトンウッズ会議で合意された対ドル固定為替によって支えられていた――そのドル自体は金価格（一九三四年以来不変の固定値）に連結されていた。こうした制度を実行に移す複雑さのために、ブレトンウッズ体制が完全実施されたのはようやく一九五八年一二月以降である。そして一〇年もすると、この制度は困難に出遭っていた。ブレトンウッズは本質的には、米国と英国が策定した取り決めだった。それは、かつてのポンドの優位に代わる国際準備通貨としての、戦後のドル支配を反映していた。それ以来、西側諸国の経済はいっそう相互関係を深め、力強さには大きな開きが生じてきていた。絶えず変動する各国経済と固定相場の折り合いをつけることが、ますます難しくなった。通貨投機と、それが引き起こす金融の不安定は避けがたい。固定為替相場を維持するうえでの緊張が高まった結果、一九七〇年のウェルナー報告（これを作成した委員会の委員長でルクセンブルク首相のピエール・ウェルナーにちなむ名称）のなかで、ヨーロッパ通貨同盟への最初の動きが出てきた。（実は、フランスがすでに一九六四年、西ドイツに通貨同盟の最初の提議をしている。これはフランスの国際的立場を強め、ドイツの米国依存を弱めることを意図した動きだった。この提案はボンでは黙殺されてしまった）。それは時期尚早の構想だった。提案はまもなく始まった金融混乱のなかで吹っ飛んでしまった。

ドルの一強支配が続くことは、もはや当然視できなくなった。ブレトンウッズ体制の中心である米国経済それ自体が、難局に入っていた。六〇年代末にもなると、米国は増える国際収支の赤字と膨らむ貿易赤字を抱えていた――ヨーロッパ及び日本からの輸入増とジョンソン政権下での社会的支出の増大、それに何よりエスカレートするベトナム戦争への莫大な軍事支出の結果である。インフレの抑制は困難になりつつあった。米国の国際収支が悪化し続け、インフレと失業率が上昇するにつけ、ドルが過大評価されていることは明らかだった。ドイツ・マルク及び日本円買いのドル投機が不可避の結果だった。一九七一年五月、西ドイツ政府は現行の対ドル平価をこれ以上維持しないことを決めた。オーストリアとベルギー、オランダ、スイスがこれに続いた。これはマルクの急騰とドルからの逃避を促した。ブレトンウッズ体制は一オンス＝三五ドルの固定金価格を軸に構築されている。ドルの弱体化は、金価格が上昇するのではないかとの思惑を助長した。実際に上昇した。六〇年代末には金は公定価格の二倍以上の価格で取引されていた。ブレトンウッズはこれ以上維持できなかった。一九七一年八月一五日、リチャード・ニクソン大統領は突然、米国の政策の劇的変更を発表する。数あるインフレ抑制措置のなかで、ドルの金交換を停止したのだ。

その措置をもって、戦後経済の礎であったブレトンウッズ体制は死んだ。今後は変動相場制である。だが、それは国際経済にとってさらなる不確実性を伴った。変動相場をどう制御するかが新たな問題だった――そして、たちまちさまざまな難題を生むことになる。あっと驚くような解決策はない。成長を損ない、（結果として大きな社会的・政治的影響を伴いながら）失業を著しく増加させ、ひょっとして世界を新たな大恐慌に陥れかねないほど厳しい、古典的なデフレ政策に訴えることなく、この厄介なインフレ高進とどう戦うか。まったく強さの違う各国経済、とりわけ中心的な米国経済と向き合うなかで、あらゆる提案がこの問題で行き詰った。

一方、一九七一年一二月からヨーロッパの主要工業国は、各国通貨がいまや金と切り離されたドルに対して、狭い幅で変動する制度の構築へ動く。この制度がその名で知られるようになった「スネーク〔ヘビ〕」は、まもなく失敗が明らかになる。ヨーロッパ各国経済の発展レベルが異なり、インフレ対策と政府支出抑制の戦略が国ごとに違っている以上、失敗は当初からほぼ確実だったのだ。各国ともまずは自国の利益を考え、国ごとの政策によって国内の難題と取り組むことに関心がある。英国とアイルランド、それにデンマークは七二年にはもう「スネーク」から離脱し（デンマークはまもなく復帰）、イタリアも七三年、フランスも七四年に離脱した。「スネーク」は事実上、ドイツ・マルクに支配される北西ヨーロッパ諸国経済の小さな寄せ集めになった。最後まで残ったのは西ドイツとベネルクス三国だけだった。一九七九年には独仏両国政府の共同の主導で、この不十分な通貨の「スネーク」が、「ヨーロッパ通貨制度」に転換される。ドイツ・マルクはよりはっきりと、他のヨーロッパ通貨の為替を決める機軸になった。

「スネーク」の問題は、より全般的な変動通貨への動きを促した。同時に、最終的にはヨーロッパ通貨同盟を達成するという、すでに一九七〇年に検討に上っていた考えを促進した。これは、いまのところは夢物語の域を出ていなかった。西ドイツの経済的優位（そして大幅な黒字）は、それが各国の弱い経済をはるかに凌駕しつつあって、異なる通貨の調整はきわめて難しくなっていた。政治的に有害な通貨切り下げを検討せずとも内部調整が可能なほとんどの国にとっては、固定相場よりもむしろ変動通貨の方が都合がよかったのだ。

本質的には、通貨の窮状は、石油危機の影響以前からあった西欧諸国経済の深い低迷を反映していた。たしかに工業生産は一九七二〜七三年、約一〇パーセント伸びている。だが、これは同時に、輸入一次産品に対する需要が強めつつある一定の工業過剰生産能力を生じさせた。各国経済は過熱しつつあった。低金利とドル弱体化の結果としての国の通貨供給量の増大は、物価の急上昇につながった。石油危機の前年、原料価格は単年で六三パーセント増と、すでに急騰する一方、大方の富裕国の工業部門の収益性は低下し、大量生産に明らかな負担をかけていた。そして、石油危機の前でもインフレは厄介な水準に達しつつあった――一九二三年の超インフレにさかのぼって刷り込まれた記憶から、社会がインフレには強い被害妄想をもつ西ドイツの場合、七パーセントだ。

需要を刺激することで成長を促進するというケインズ的手法が、事実上すべての戦後経済思想の基本だった。

それは経済的困難と停滞、そして大量失業を克服する実証試験済みの方法として確立していた。しかしこの療法は、一九七〇年代初めの条件には適合しなかった。高度成長の二〇年は完全雇用を実現していた。目下の問題は高進するインフレにある。経済に金を注入することは、単にインフレ圧力を強めることにしかならない。需要を刺激するのは賃上げ要求を促すだけだ。生産性の上昇がなければ、それはいっそうのインフレにつながる。（なお上昇しつつある）高い比率の労働者が、とくに拡大した公共部門で、労組に所属していた――一九七〇年時点で、スウェーデンで三分の二、英国で半数、西ドイツで三分の一だ（もっとも、フランスは五分の一弱）。労組は事実上の完全雇用と労働力不足に乗じて、それに対応する生産性の伸びを欠いたまま、時として目を見張るような昇給――一九六九年のイタリア工業界では一九パーセント――を勝ち取ることができた。どの政府も公共支出、とくに福祉への支出レベルに耐えることがますます難しくなっていた。これは七〇年代初めには、西側諸国の支出の四〇～五〇パーセントに上っていた。戦争終結以来、西欧で平均して四倍増であり、とくにイタリアとフランスで急速に上昇していた。こうした環境下では、ケインズ理論はいかなる解決にもならなかった。

すでに悪化しつつある経済的諸条件のなかで、七三年の石油危機が与えた衝撃は巨大だった。各国とも概して国益にしたがって反応した。フランスはイラクと、英国はイラン及びクウェートと、それぞれ特殊な取り決めをしようとした。英国もフランスも、石油危機から最悪の影響を受けたオランダとは対照的に、深刻な影響は受けていなかった。実のところ、ヨーロッパ共同体が中東紛争でアラブの立場に比較的好意的と解釈される声明を発表したあと、七三年一一月までには（対米国は別だが）ヨーロッパに対する禁輸はすでに解除されていたのだ。だが、国益の違いを前に、政策調整の難しさはなくならなかった。七四年一一月、米国と一五カ国が国際エネルギー機関（ＩＥＡ）を創設したとき、それはとくに、新たな非常事態が起きた際に緊急の石油割り当て計画を練るための会議とみられたのだが、フランスはこれに関与しようとしなかった。フランスは参加が石油輸出国機構（ＯＰＥＣ）との関係を損なう可能性があると判断。一方で英国とノルウェーは自前の海底油田を発見していて、独自行動をとる権利を留保した。

石油危機の激しい衝撃は東欧でも感じられ、長期にわたる有害な影響をおよぼした。自身が主要産油国であるソ連は、実は石油価格の世界的な値上がりの受益国であり、東欧を越えて、先進市場経済諸国への輸出によって歳入を大幅に増やした。西シベリア油田の増産が西側からの輸入代金をまかなった。この予期せぬ幸運がしばし、ソ連経済の根底にある脆弱さを隠した。鉄のカーテンの向こう側にある他の社会主義諸国は、ルーマニアを除いて自前の石油供給を欠いており、はるかに不運な立場にあった。（ルーマニアの石油自給は七三年の危機の衝撃を緩和したが、七〇年代の石油需要の三倍増を満たすには不十分だった。その結果、この国でも石油を輸入しなければならず、七〇年代末までにルーマニアの対外債務を大幅に増加させた）。ソ連は独自の経済ブロック（コメコン）内の加盟国に対し、（国際市場価格以下ではあるが）石油価格を値上げし、外貨もしくは完成工業製品の引き渡しによる支払いを要求した。ソ連からの供給は、衛星諸国にとってはたしかに不可欠だった。それがなければ、衛星諸国の政治問題は封じ込めが難しかったかもしれない。それでも、石油危機がもたらした一つの重大な結果として、社会主義諸国は資本主義の西側に膨大な借款を求めざるを得なかったのである。西側諸国に対する国家負債は、出口のない悪循環となって危機的に増えはじめた。ハンガリーのドル建て負債は一九七〇年代と八〇年代を通して一八倍に、ポーランドのそれは二〇倍に、東ドイツのそれは四〇倍以上に増えた。七〇年代末にもなると、地域全体を通して成長は劇的に鈍化するか、マイナスに転じていた。

ユーゴスラヴィアはソ連ブロック域外だが、同様の問題を経験した。国の負債は一九七三〜八一年の間に、四六億ドルから二一〇億ドルへと膨れ上がった。初めは、一般市民にとっては、目立った面倒事の兆候はなかった。成長は続いた。国は新しいホテルやスポーツ施設、道路に大金を投じ続けた。生活水準は保たれた。ところが、他の社会主義諸国と同様、必要な経済改革と競争力の強化は、体制の枠内では不可能も同然。成長の鈍化と国の債務増加、失業、インフレ。これらすべてが足を速めた。一九八四年にもなると、生活水準は三〇パーセント低下していた。ユーゴスラヴィア連邦を構成する共和国間の経済格差が広がり——例えば七〇年代末にはスロヴェニアはコソヴォの九倍も豊かだった——、民族紛争の可能性を高めた。一九八〇年五月のティトーの死後まもなく、コソヴォのアルバニア人とセルビア人の間で民族抗争が勃発したのは、おそらく驚きではなかった——来たるべきいっそう深刻な事態の前兆である。

西欧では、石油危機の直接的影響を免れることができなかった。各国政府は石油不足に対処するため緊急措置を講じ、たいていはガソリンと暖房用石油の配給制を導入したり、不要な車両使用を制限したり（とくに日曜日）、ガソリン類の消費を減らす速度制限を課したりした。（人びとはガソリン代を減らすため、小型で燃費のいい車を買うようになった）。英国民は冬場の寒い月でも、暖房は一部屋だけにするよう政府から奨励された。オランダ市民は電力使用割当を超過しないよう、禁固刑をもって脅された。禁輸が解除されると、このパニックはまもなく収まった。

だが、石油価格が四倍に跳ね上がったことは、はるかに有害だった。一九七四年下半期には、それが深刻な景気後退につながり、工業生産を減少させ、国民総生産の下落をもたらした。国際収支問題は石油輸入価格の劇的上昇によってひどく悪化した。七四年にはヨーロッパ全体で商品価格が一三パーセント以上上昇し、すでに高進しているインフレをさらに加速した。消費者物価は一九七三〜八三年の一〇年間に、一九五〇〜七三年の期間に比べ倍以上に上昇し、地中海諸国ではこれが四倍以上だった。いつものように固定収入で生活する人びとが、とくにインフレの打撃を受けた。物価の上昇はつねに消費者にしわ寄せが行き、高くなった生活費をまかなうために不可避的に賃上げ要求が高まった。さらに、その要求が満たされたところでは――労組が強いためだいたい満たされるのだが――、インフレをいちだんと高じさせた。だが、人件費の上昇は余剰人員の解雇につながる。西欧の労働者七〇〇万人以上が、まもなく職を失った。失業率は一九五〇〜七三年の間の平均二〜四パーセントから、その後の一〇年間には、一二パーセントに上がった。もっともひどい打撃を受けたのは鉱業、製鉄、造船、繊維といった古い労働集約型の産業で、生産の激減と高失業に見舞われた。

インフレの高進と失業の増加が並行して起きるというのは、古典的な経済分析を混乱させる現象だった。需要をテコ入れするリフレ措置によって不況と戦うという初期の試みは、状況を悪化させるだけだった。いわゆる「スタグフレーション」は、経済の強さと産業構造によって、さまざまだった。もっとも浮揚力のある西ドイツ経済は、対応に比較的成功した。一九七三〜八一年の間、インフレは五パーセント以下に、失業は三パーセント以下に抑えられた。経済はまだ二パーセント前後の成長を記録しており、混乱は比較的小さかった。もっとも深刻な影響を受けた英国とイタリアでは、混乱ははるかに激しかった。イタリア経済はまだ手堅く成長していたが、インフレ率は一七・六パーセント。英国は一九七三〜八一年の間、成長率が最悪の〇・五パーセントしかなかったのに、インフレは平均して一五パーセント前後だった。

かつて世界の産業の原動力であった英国は、七〇年代初めまでには哀れな状態になっていた。長年の投資不足と古い労働組合構造、まずい経営、そして歴代政府による経済計画と政策の政治的失敗が、経済、政治の両面で英国を著しく弱体化していた。労働党政権による労組改革の試みは、みじめな失敗に終わっていた。エドワード・ヒース率いる保守党が七〇年に政権に復帰したけれども、経済運営と労働争議の処理の両方で、いちだんと不手際だった。物価と賃金は上昇スパイラルに陥り、ただインフレに油をそそぐだけだった。七二年には物価は七パーセント上昇したが、産業労働者の所得は一六パーセント上がった。政府は一九二六年以来初の全国炭鉱ストとなったこの年の炭鉱労働者ストに屈し、インフレ率の二倍以上の賃上げをのんでいた。この間、減税によって成長を刺激する政策が導入されていた。成長率は急激に（そして一時的に）上がったものの、このにわか景気は、ただインフレの火に油をそそいだだけで、次いで政府は、賃上げに制限を課すことでそのインフレを制御しようと空しい努力をした。しかも、これはどれも石油危機の前の話である。

高騰するエネルギー価格のために経済が揺らぐなか、高まる労使関係の危機は一九七四年、英国最強の労組「全国炭鉱労働者連盟」が、保守政権が最近導入した賃金規制をはるかに超える大幅賃上げを要求するに及んで、頂点に達する。これは電力使用の割当制と産業界の週三日労働という非常事態を招いた。パニック買いが発生した。人びとは停電を恐れ、あるロンドンの工場は一日に一〇〇万本のロウソクを生産した。驚いたことに、製造業の生産高はほとんど落ちなかった——これは、通常の週五日労働に労働生産性が欠如していることを如実に示すものだった。ついには、ヒースが「だれが英国を統治するのか？」を問うて打って出た七四年二月の総選挙で、政府と労組が力比べをすることになった。有権者は回答を出した。それは政府ではないと。

ハロルド・ウィルソン率いる労働党新政権は即座に、鉱山労働者の賃上げ要求に応じた。案の定、賃金の高騰が起きた。七五年には所得が二四パーセント伸びた。しかし、インフレは二七パーセントに達する一方、失業は五〇万人以上（過去二〇年以上の間の最高水準の年の二倍）に増えた。公共支出が国内総生産の四六パーセントに上るとともに、政府歳出は抑えが利かなくなった。石油危機の始まり以来、国際収支の赤字は三倍以上になり、過去最高を記録していた。イングランド銀行は貸出金利を上げていたが、ポンドに対して続く投機を止められなかった。一九七六年、英国政府は国際通貨基金（ＩＭＦ）に対し、ＩＭＦ史上最高額の三九億ドルの支援を要請するという屈辱を味わった。労働党政権蔵相デニス・ヒーリーがついに、主に住宅供給と教育にシワ寄せする形で、不可避の歳出削減を断行した結果、課税による歳入が減る一方、赤字はわずかに縮小し、インフレは減速した。だが、賃金上昇率を生活費よりはるかに低い五パーセントに抑制することは、生活水準の切り下げを意味し、それはとりわけ公共部門で有力な各労組の受け容れるところではなかった。労働争議で失われた日数は七九年までに戦後の最高値、世紀最悪の危険水域に達した。一九七八〜七九年の悪評高い「不満の冬」には、墓堀り人のストのため死体が埋葬できず、ごみ収集人のストのためごみが路上にたまり、管理人ストのため子どもたちが学校に入れず、病院の補助職員がストに入っているため、病人は入院できなかった。

これが、一九七九年五月三日の総選挙で、いまやマーガレット・サッチャーが率いる保守党が圧勝する背景にあった。それはまた、七〇年代に英国政府を悩ませた諸問題への根本的に異なるアプローチを告げる新自由主義への転換点でもあったのである。

少なくとも英国の場合は、一九七五年には北海油田の石油が流れはじめていて、一九八〇年にもなると、イランやクウェートの産出量を上回っていた。ところが、イタリアは石油を産出していないのに、石油がエネルギー需要の七五パーセントを占めていた。英国とともにイタリアは、スカンジナヴィア諸国や西ドイツ、オーストリア、スイス、オランダ、ベルギーの協同組合的システムとは対照的に、敵対的な労使関係の伝統があった。労働争議はお国柄だった。そして、七〇年代初期の厳しい経済問題は、「赤い旅団」その他の武闘派の運動による政治的暴力が増加する背景となった（第6章参照）。高インフレが続き、国際収支の赤字が急増するなか、イタリアは西ドイツと国際通貨基金から莫大な借金をすることを強いられ、その結果、厳しいデフレ政策と通貨供給量の制限を行った。その結果起きた不況で生産は停滞し、失業が増加。そして一九八二年にもなると、公共支出は対国内総生産比で五五パーセントにまで上昇した。ほかのどの西欧主要国より高い比率だ。イタリアのかなり大きな「闇経済」が、かろうじてそれ以上の落ち込みを防いだ。四〇〇万～七〇〇万人のイタリア人が、国家の経済生活のこの「非公式」面から利益を得ていたと考えられ、それは七九年ごろには経済の二〇パーセントに相当していた。

七〇年代後半の英国とイタリアは停滞を続けた。とはいえ、概して、緩慢かつ弱々しくも危機から回復した。これは西ドイツ及びスイスの、そして域外では日本の、強力な経済によって促された。また、たいていは主要インフラないし兵器の発注で、中東産油国から西側諸国経済に流れ込む「オイルマネー」にも助けられた。

七〇年代後半の一次的回復も束の間、一九七九年の第二次石油危機で頓挫する。この危機は、秘密警察の残忍さをもってしても制御できなかった数カ月間の大騒動を経て、イランのシャーが追放されたこの年一月のイランの革命に続いて起きた。シャーの権力は米国の傀儡にすぎず、民主的に選ばれた政府を追放する米国CIAと英国MI6の策動が一九五三年に成功したあと、強化されていた。その体制は大方の国民に嫌われていた。シャーに対するシーア派反対陣営の精神的指導者、アヤトラ・ホメイニは二月一日、フランス亡命から帰国するや、テヘランで歓喜する群衆に迎えられ、イスラム共和国を宣言した。これはこの地域だけでなく世界中での、新たな永続する政治的混乱の始まりだった。

この騒乱の一つの結果として、イランの石油生産が激減した。サウジアラビアが増産したけれども、前の危機の記憶は新たなパニックを引き起こすに十分だった。イラン、イラクの二大産油国が一九八〇年、八年間続く凄絶な戦争を始めるに及んで、両国の石油生産の大幅な落ち込みは、神経を鎮める役には立たなかった。石油価格は一九七九〜八一年の間に再び三倍に上昇し、いまや七三年の一〇倍以上になった。それは再び世界的危機となり、貧しい発展途上諸国がもっとも深刻な影響を受けた。西欧は、北海石油が相当量流れはじめ、原子力開発が速度を増したため、有利な立場にあった。だが、ヨーロッパ諸国の経済は、一九七三年危機の始まりのころほど強くなかった。したがって、第二次石油危機後の景気後退は、ある意味でいっそう深刻だった。士気はすでにくじかれていた。不安が高まっていた。どの政府も「スタグフレーション」の解決策を見つけられないことが明らかになっていた。第二次世界大戦の終結以降に支配的だったケインズ主義の原則を投げ捨てた新しい経済理論が、この不安と戦う唯一の道だと見なされつつあった。

とくに米英両国で新たな信奉者を獲得しはじめていた理論的著作が『資本主義と自由』。シカゴ経済学派の指導的人物で、著名な経済学者であるミルトン・フリードマンが一九六二年に著した著作である。それはつまるところ、ケインズ主義を真っ向から拒否するものだった。この思想では、需要を刺激するために国家が経済に介入することは許されない。国家が財政政策を通じて市場を規制することも同様だ。その代わりにフリードマンは、自由市場の原理によって自動調節される経済を推奨した。彼は通貨供給量が価格レベルを決定すると論じた。もし通貨供給量が国民総生産と緊密な関連を保つなら、インフレは問題ではなくなるだろう、と。ところが実際には、通貨供給量は生産をはるかに上回っている。したがって、インフレを制御するには、失業増加の犠牲を払ってでも通貨供給を引き締めることが必須の療法だというのだ。このマネタリスト理論は、一般にそう呼ばれはじめた「新自由主義」(その主唱者たちが好む、理論の正確な用語は「マネタリズム」だが)の核心だった。

「新自由主義」には長い知的血統があった。初期の主唱者にオーストリアの経済学者、ルートヴィヒ・フォン・ミーゼスとフリードリヒ・ハイエクがいる。なかでもハイエクの影響力は大きかった。ハイエクは一八九九年、オーストリアに生まれたが、一九三八年に英国へ移住し、最終的に英国の市民権を取得した。主に一九四四年に刊行した著作『隷従への道』によって、遅まきながら教祖の地位を獲得する。同書は社会主義(ハイエクによれば、平等を生み出すための強制的介入と不可分)及び国家計画を隷属と結びつけた。国家管理から解放された自由市場の競争性のみが、民主主義的自由と両立するという。ハイエクは力強い言語で書き、それはほかの経済学者ならずとも理解できた。同書は経済理論を本格的な社会的・政治的イデオロギーに変えた。このことは、福祉国家についての戦後のコンセンサスを支えてきた教義の総体に、根本的な挑戦を突きつけることになる。その教義は高率の課税と、一部国営化された産業及び公共部門を土台とした経済を、政府が中央集権的に管理することを想定していたのだ。

現実には、各国政府はケインズ主義の要素とマネタリズムを混ぜ合わせ続けた。だが、マネタリズムが英米両国で新たな正統学説として公認される転換点は間近だった。一九八〇年一月、ロナルド・レーガンが米国大統領に就任し、まもなく「レーガノミクス」の名で呼ばれるようになる彼の経済政策は、マネタリズムの焼き直しを組み込んでいた（とはいえ、軍事支出の天文学的な増額と国家負債の三倍増に関しては、新自由主義の教義は無視されたのだが）。

西欧の主要経済国のなかでは、英国だけが新自由主義への初期の熱心な改宗国だった。七〇年代には事実上すべての国が、経済を安定させるために徐々にデフレ措置の導入を余儀なくされた。インフレが制御不能に高進することへの不安が、政治の主要テーマになっていた。だが、デフレが一つの手段であるのに対し、新自由主義はイデオロギーだった。デフレは通常、国家の歳出と負債を削減するために用いられる武器の一つになってはいたが、実は新自由主義の目標ではない。むしろ、新自由主義は税率の引き下げと規制緩和、産業と公共サービスの民営化、そして公共部門の規模の縮小を通じて、長期的な成長を生み出そうとしたのだ。全体の目標は、経済を推進・管理する力としての国家を、市場と入れ替えることであった。

七〇年代初めに英国が抱えていた経済問題の厳しさ、政府を巨大で強力な労組と正面対決させた労使関係の悪化、米国の経済的・社会的自由主義の諸原則に対する英国の文化的親近感、そして何よりも、激しい反対に抗して新たな経済課題を貫徹するマーガレット・サッチャーの個人的役割。これらが、英国が新自由主義のマネタリスト的枠組みを受け容れた例外性を説明している。米英両国が「新自由主義への転換」を先導した――それは波及効果の広がりを伴って、無数の一般庶民の生活に多大な影響を及ぼすことになる。その他の西欧諸国では、新自由主義は抵抗に遭った。ほかの国では、非常に豊富な戦後の配当を生んだ経済と政治のコンセンサスの基礎を維持し、過酷で急激な構造改革が及ぼす非常に有害な影響から重要な自国産業を守ろうと、はるかに大きな試みがなされたのである。しかし八〇年代以降、民営化と規制緩和、公共部門の縮小、それに（必ずしも成功したわけではないが）労働組合と労働者の権利を抑える試みは、大方の政府の政策課題の一部になった。

不況下の政治

一九七三年と七九年の二度の石油危機に続く二つの深刻な不況の間に挟まれ、劇的に変化した経済状況は、鉄のカーテンの両側の国々の政治体制に衝撃を与えずにはおかなかった。しかし、両側の諸国の順応能力には根本的な違いがあった。経済管理は一九八〇年代半ばまでに西欧のいたるところで、ケインズ主義から新自由主義へ移行した。これは痛ましい結果を伴った。産業の不採算部門が閉鎖されるにつれ、多くの人びとが生計を破綻させられたり、ひどく損なわれたりする目に遭った。何万人もが失業した。紛争の可能性が高まった。だが、自由民主主義体制は、大きな圧力にさらされたにせよ、対処することができた。

東欧の社会主義諸国は、より深刻な難局に直面した。社会主義諸国の国営企業は非効率で競争力がなく、技術的に遅れ、重工業偏重が過ぎ、柔軟性を欠いていた。国営企業は、それを支配している政治体制とそうした政治体制を決定づけている頑固なイデオロギーを変えずして、根本的に変更することはできない。マルクス＝レーニン主義の政治形態の土台そのものを損なうことなく、修正を加えられる余地はほとんどなかった。共産主義諸国は大変苦労して七〇年代の混乱を乗り切った。続く八〇年代の初めには、その混乱がそれら諸国の歴史上、最後のものになろうとは思いもよらなかった。だが、七〇年代の危機を生き延びた共産主義諸国は、かなり弱体化していた。そして、その脆弱性は、ソ連自身のアキレス腱だった。仮に陣営内の一国が崩壊すれば、ドミノ効果の危険は現実的だった。ポーランドはしばしばその鎖のなかの最弱の環に見えた。そして、ソ連ブロック全体の安定への最大の脅威が表面化したのは、まさにポーランドにおいてであった。

ポーランドの一九七五年の対西側諸国債務は、五年前の八倍に膨れ上がっていた。食料品価格は莫大な国庫補助によってかろうじて低く抑えられていた――人口のほぼ三分の一が農業に従事している国なのにである。政府が一九七六年、食料品価格の大幅値上げ――バターは五〇パーセント、肉は六〇パーセント超――によって、急増する負債に対処しようとすると、何万人もの労働者によるストを招き、結局は値上げを撤回するはめになった。このあと抗議参加者に対する厳しい弾圧が起きた。だが、これは知識人の間で抗議グループが結成される結果になった。なかでも著名なのはヤツェク・クーロン。アントーニ・マチェレヴィッチと並んで、逮捕された人びとの法的代理人となり、裁判に関する報告の回覧を目的とした労働者防衛委員会《コミテト・オボロニ・ロボトニクフ》（ＫＯＲ）の共同創設者だ。

カトリック教会も、逮捕された労働者の釈放を要求し、体制に対する国民的反対を代表するいっそう重要な声になりつつあった。一九七八年一〇月にクラクフ大司教のカロル・ヴォイティワ枢機卿がヨハネ・パウロ二世としてローマ法王に選出されると、教会は大いに力づけられた。ポーランドの指導者ギエレクはただちに、体制にとっての厄介事を予見した。彼は正しかった。法王が七九年六月、母国に感動的な里帰りをすると、国民の三分の一に当たる約一二〇〇万人が歓迎に出向いた。クレムリンはギエレクに訪問を阻止するよう勧告していたのだが、ギエレクは、それはできないと考えた。歓喜した群衆は、ポーランド国民に対する共産主義のイデオロギー支配が今では非常に希薄になっていることを示す明白な兆候だった。著名なポーランド人作家で、体制と疎遠になるまでは共産党員だったカジミェシュ・ブランディスは、法王がワルシャワに来たときの高揚感を目撃している。「そのような瞬間には」と彼は日記に書いている。「だれもがヨハネ・パウロ二世に国の歴史の体現を見たに違いない」。法王のポーランド訪問は、その後の数カ月間に体制を揺さぶる諸事件の触媒になった。

翌年までに、ポーランドの経済危機は深まっていた。今では輸出収入のほぼすべてが、増え続ける負債の支払いに回るばかりだ。配給制と電力カット、そしてまたもや食料品の値上げが政府の対応だった。そしてまたもや、ポーランドの労働者階級は、この度は組織された全土の大規模ストライキによって怒りの反応を示した。三七歳の電気工レフ・ワレサに率いられたグダニスク造船所のストライキ委員会は一九八〇年八月、自由労組とスト権、それに報道・出版の自由を要求した。独立労組によって労働者階級の「真の」利益が代表されることも目指した――共産党が労働者階級の唯一の代表だとする前提への、真っ向からの挑戦である。ストが拡大するにつれ、政府は交渉に応じざるを得ないと――そして八月三一日には、スト労働者の事実上すべての要求をのまざるを得ないと――考えた。九月一七日、ワレサを議長として、独立労組連合が創設された。その組織には前月にスト労働者が採用していた「ソリダルノシチ〔連帯〕」の名が付けられた。数カ月のうちに組合員数は九五〇万人になった。官製の共産党系労組はそれまでに、八六〇万人を失っていた。「連帯」は現体制の転覆ではなく、体制内の改革を求めた。しかしながら、連帯がうっかりやってしまったのは、原則として結社の自由を導入することだった。これは共産主義国家体制とは本質的に両立しない事柄だ。

東ドイツの指導者ホーネッカーを筆頭に、何人かの共産党指導者はソ連に介入を促す。ブレジネフは思いとどまった。一二年前のチェコスロヴァキアのような侵攻をすれば、国民的蜂起を引き起こすことになる。ポーランドの新党首スタニスワフ・カニア(ギエレクは九月初め、健康上の理由で辞任）から、そう警告を受けていたのだ。ポーランド指導部は、自力で政治を立て直すよう勧告された。指導部がまさにその用意をしていることを示す一つの兆候は、一九八一年二月に国防相ヴォイチェフ・ヤルゼルスキ将軍――トレードマークの黒眼鏡でいささか邪悪に見える人物――が首相に昇任したことだった。食料不足と配給制、そして空っぽの商店に抗議する新たな運動が夏に起きると、ヤルゼルスキは、モスクワから行動に出るようにとの大きな圧力にさらされた。九月、連帯が他の社会主義諸国の労働者に向け、独自の自由労組の創設を呼びかける訴えを発すると、圧力は強まった。少々ためらったのち、ヤルゼルスキはついに八一年一二月一三日、戒厳令を布告する。連帯は非合法化され、約一万人のメンバーが逮捕され（ワレサは特別待遇の監禁とはいえ、一年以上獄中生活を送った）、認められていたさまざまな自由は撤回され、当初の自然発生的な抗議行動は、過酷な手段で暴力的に弾圧された。米国を筆頭として西側は経済制裁で対応したけれども、ソ連が軍事介入しなかったことには安堵感があった。ローマ法王が二度目の訪問を行い、またも数百万のポーランド人から感激の称賛を浴びたあと、戒厳令は最終的に八三年七月二一日に解除され（第一段階は八二年一二月に実施）、続いて西側の制裁も終結した。すべての規制がなくなったわけではない。連帯は依然として非合法化されたままだったが、CIAによる秘密の支援もあって、なお大きな潜在力を秘めた反体制運動として、非合法下で生き延びた。その最良の時節はまだこのあとに来る。

ポーランドの諸事件が、東側ブロックのほかの国に反響することはなかった。表面的には安定の装いが維持された。外部世界の目には、旧秩序は依然として安泰で、未来永劫続くように見えた。著名な反体制派の人びとは西側で大いに称賛された。作家のアレクサンドル・ソルジェニーツィン（一九七四年にソ連市民権を剝奪のうえ西ドイツに追放）、ノーベル賞受賞の物理学者で人権活動家のアンドレイ・サハロフ（一九八〇年にゴーリキー市へ国内追放）、シンガーソングライターのヴォルフ・ビアマン（西ドイツで公演旅行中の一九七六年、東ドイツ市民権を剝奪のうえ国外追放）、それにチェコスロヴァキアでは劇作家ヴァーツラフ・ハヴェルと作家のミラン・クンデラ（一九七九年にチェコ市民権を剝奪）、そして知識人の抗議運動「憲章77」の二四三人の署名者たちがそれである。抑圧的な共産党政権が彼らに加えた仕打ちは、声を大にして繰り返し非難された。だが、彼らの反対がそうした体制へのピンの一刺し以上のものであることを示す兆候は何もなかった。背後にある山積する経済問題の方が、はるかに深刻な難題だった。ただ、それがいかに深刻なのかは、外部からはほとんどうかがい知れなかったのだ。赤軍の力に支えられた一枚岩の堅牢感のために、大方の西側観察者は、東側ブロックの支配体制を維持するうえで深刻化する問題を理解できなかった。どの政権も賢明なアメとムチを使って、権力を維持する能力があるように見えた。差し当たって体制への危険は、ポーランドでさえ、封じ込められたかに見えた。

根本的改革は頂点から――ソ連指導部から――しか起き得ない。七〇年代末には、そんな可能性はとてもありそうになかった。ソ連経済は構造が硬直化し、改革と刷新ができず、一部の観察者の見方では慢性的衰退に直面し、軋み声を上げていた。しかし、ソ連の統治システムの存在を脅かす明白な危険はなさそうだった。それが永久に続くことはあり得ないのだろうか？　そして、改革が起きるとすればそれはどこから来るのだろうか？

西欧では一般に、危機が襲う前の経済が強ければ強いほど、また政治的国民合意の度合いが大きければ大きいほど、政府はよりよく難局を処理する能力があった。逆に、経済が不安定で国民合意がないところを危機が襲うと、政府が抱える仕事はいっそう厳しくなった。景気を刺激するためにケインズ流の方策を使う初期の試みは、社会民主主義政権の下でさえ次第に、緊縮財政とデフレ政策に道を譲っていった。経済の新たな方向が必要だということは、左派政党の支持者にまで、徐々に受け入れられていった。非常に重要なことだが、第二次世界大戦以来最悪の危機下で、民主主義は復元力を証明した。一九三〇年代の大恐慌の時ほど破滅的な脅威にさらされた国はなかったのだ。

これはある程度、大恐慌時には明らかに欠けていた国際協力のたまものだった。大恐慌当時、各国は孤立無援状態に置かれ、経済ナショナリズムが攻撃性の高まりの要因となり、それが戦争へと発展した。これと対照的に一九七〇年代には、協同して危機への対応を調整しようとする試みがなされた。ヨーロッパ理事会は一九七五年からヨーロッパ共同体加盟国の首脳による定期協議を創設。同じ年、経済回復と金融安定への共同の方策を探るため、独仏両国の共同提案で西側主要工業国六カ国（西ドイツ、フランス、英国、イタリア、米国、日本）の首脳が、フランス北部ランブイエ城に「G6」――七六年にカナダを加えて「G7」――として会した。それ以降、首脳会議《サミット》は国際的経済管理の標準的な構成要素になる。そして、厳しい付帯条件のために不評ではあれ、国際通貨基金（IMF）――むろん、大恐慌時には存在しなかった機関――からの大規模融資が、七〇年代末までにイタリアと英国、及びポルトガルの危機的経済を救済した。

国際協力は安定の維持にそれなりの役割を果たした。とはいえ、個々の国はおおむね、国ごとの潜在力と伝統にもとづいて危機に適応しなければならなかった。社会民主主義諸党は一般に、支持のつなぎとめに苦労した。社会保障制度と国家による経済規制の公約、そして平等を実現するための再分配課税の重視といったイデオロギー上の前提が、いまやすべて疑問に付された。これらの前提が長年支配的であったスカンジナヴィアの場合でさえ、社会民主主義諸党は石油危機に続く年月、圧力にさらされた。スウェーデンでは一九七六年、中道右派連立政権の発足に伴い、社会民主労働党が過去四〇年で初めて野党の立場に立った。ノルウェー労働党は一九七三年以降、少数派内閣にあって左派の社会党の支持に頼った。社会民主主義政党はデンマーク（同国では一九八四年に保守党が最高の選挙結果を出した）とフィンランドでも、問題を抱えていた。もっとも、新たな反対諸党が現れて、安定した連立の形成を一段と難しくするなかで、政権を維持したが。

西欧における時流は概して、保守右派へ向かっていた。一九六〇年代に至るまでオランダとベルギーの特徴だった「柱状化」の崩壊は続いた。この結果、多くの新政党が誕生したが、これは八〇年代までに、さまざまなデフレ政策によって経済問題に取り組む決意の中道右派連合政権の選出につながった。オーストリアでは八三年の総選挙で社会党が絶対多数を失うと、ブルーノ・クライスキーの一三年に及ぶ首相在任は終わった。経済は安定していたとはいえ、汚職スキャンダルが同党を傷つけていた。同党は当時はまだ小政党であったオーストリア自由党（F.P.Ö.）に支えられて、少数派政権として政権の座にとどまった。自由党はまもなく政治勢力分布の極右の方向へ舵を切ることになる。しかし、八三年選挙の主たる勝者は、保守のオーストリア国民党だった。スイスでは七〇年代の危機の間じゅう、政権は四大政党（社会民主党、自由民主党、キリスト教民主党、スイス国民党）の連立によって形成され続けた。財政の健全性と安定があったために、スイスでは右傾化の流れは他の国ほど目立たなかった。もっとも、八三年の総選挙では、社会民主党が一九二五年以降で初めて第一党の座を失った。政治的左派（及び労働組合主義）に対する社会的支持基盤が弱体化するにつれ、自由・保守の中道右派が足場を固め、市場原理の影響が強まるのだった。

急激に右旋回したのは英国だ。英国の特異的な危機体験がなければ、一九七五年二月にヒースに代わって保守党党首になったサッチャーが首相になることはなかっただろう。彼女の伝記作家の一人、ヒューゴー・ヤングはこう述べている。「保守党が彼女ときわめて相性のいい原理的保守主義に回帰する用意があったときに指導部に押し上げられたのは、彼女の幸運だった。同党は何か信じられるものを欲しており、彼女はそれを与えることで大いに満足だったのだ」。英国初の女性首相（とはいえ、明らかにフェミニストではないが）は、戦後のどの首相よりも統治に個人的な痕跡を残した。サッチャー夫人は労働党の弱体ぶりと党内分裂に大いに助けられた。労働党は一九八〇年一一月、どうしようもなく無能と見られている新党首マイケル・フットの下で、急激に左旋回した。八一年、党が少数の国民にしか訴えないマルクス主義者の牛耳る組織になる危険を感じた一派が離反して、社会民主党（ＳＤＰ）を結成した。致命的に分裂した野党を相手に、サッチャー政権は経済政策を急進化させる非常に幅広い余裕を手にしたのだ。

　サッチャー夫人は、一部の国民には訴えるものの他の多くの人びとの反発を買う際立った単純さを、自らの政策判断にもち込んだ。彼女に対しては賞賛と憎悪がほぼ半々だった。彼女は「一九六〇年代というあの下劣な一〇年」の自由至上主義《リバタリアニズム》を嫌悪し、まっとうな「ヴィクトリア朝的価値観」に回帰しようとした。経済に関する彼女の見解は、戦後の他の保守党指導者の「一国」保守主義より、むしろ一九世紀の自由主義を思わせた。政府の介入と規制ではなく、自由貿易と市場原理が国家の繁栄と強さへの道なのだ。主婦が家計をやりくりしなければならないのと同じで、政府はもてる財産の範囲内でやっていかなければならない。サッチャー夫人の見解では、社会福祉制度は個人の独立心と進取の気性を減少させてしまう。「社会」などというものは存在せず、あるのは個人と家族だけだと彼女は断じた。討論で彼女を説き伏せるのはますます難しくなった。初めから本能的に気に入らない考え方はおおむね受け付けず、自分のもともとの識見にぴったりする考え方には大いに共鳴する典型的な信念の政治家だった。

　サッチャー流経済の初期の年月は、およそ大成功とはいえなかった。インフレは落ち着いた。財政赤字もそうだ。だが、失業者は一九八三年までに三〇〇万人以上に増え、失業のほとんどは製造業だった。英国経済とその労働人口の際立った特徴だった要素は消滅した。公共支出は実際には増加した。保守党が望んだような減税ではなく、税収も増えた。一九八一年に英国の一二の大都市で起きた深刻な暴動の背景には、緊縮財政があった。サッチャー夫人は方向を変えることを頑として拒否した。『ガーディアン』紙は、いまや「サッチャー主義の追悼記事」を書く時が来たと予言した。

　一九八二年四月、アルゼンチンが、係争のあったはるか南大西洋のフォークランド諸島（長年アルゼンチンが領有権を主張していたが、住民は圧倒的に英国との結びつきが深かった）に侵攻したことが彼女を救った。侵攻は英国の国民的プライドに対する侮辱だった。サッチャー夫人は国民の多数を代弁し、ずうずうしい侵略に屈することを拒否した。ヨーロッパの大方を困惑させ、植民地型遠征部隊の有終の美に包まれて、八二年六月までに英国軍はフォークランドを奪回していた。サッチャーにとって、それは英国がもはや斜陽の国ではないことの証しだった。彼女自身は戦争指導によって新たな信任を獲得した。政治的には、彼女と政府の支持率は急伸した。失業率は相変わらず高止まりしていたものの、景気後退はこの間に終わり、成長が回復し、インフレ率は低下していた。峠は越えたようだった。八三年六月の総選挙では、保守党が大幅に議席を増やす一方、労働党は得票率わずか二八パーセントと、一九三一年以来最悪の結果に沈んだ。サッチャー主義は勝利した――そして勝利に酔った。

サッチャーの思いのなかでは、英国の偉大さを回復する決め手は労働組合の力を打破することだった。彼女は今度は、最強の労組である全国炭鉱労働者連盟と戦う用意を整えた。またもや敵の無能な指導部に大いに助けられた。炭鉱労働者連盟は戦闘的なマルクス主義の指導者、アーサー・スカーギルとミック・マガヒーの下で、政府との対決を渇望していた。八四年四月、スカーギルはすでに斜陽の産業でこれ以上の炭鉱閉鎖を阻止するため、炭鉱労働者にストに打って出るよう呼びかけた。だが、スト行為について炭鉱労働者の投票を求めるのは拒んだ。一部地方の炭鉱労働者が勤務を続けることを表決するに及んで、連盟は分裂する。二つ目の戦術上の誤りは夏場に、しかも政府が石炭備蓄を積み上げたあとに、炭鉱ストを試みたことであった。

そのストは尋常でない激しい対決だった。スト労働者と警察の間の暴力行為の大きさは、二〇世紀の英国ではかつてなかった規模に達した。ヨークシャー州南部オーグリーヴのコークス工場で八四年六月一八日、騎馬警官隊がスト労働者に突入するに及んで、全面衝突が繰り広げられた――警察はのちに暴力行使の行き過ぎを認めた。その日のテレビニュースは警官が警棒で労働者を殴る場面を放映したが、その過剰暴力の責任を問われた警官はだれ一人いなかった。数十人の炭鉱労働者が暴動容疑で逮捕されたが、容疑は警察側の証拠が信用できないとの理由で、のちに却下された。ストは八五年初めには徐々に下火になり、三月には数カ月の無給に苦しむ家族を抱えた炭鉱労働者たちが仕事に戻って、終わった。合わせて一万一〇〇〇人以上が逮捕された。ストは経済回復を妨げた。だが、政府の立場からすると、それだけの価値はあった。全国炭鉱労働者連盟は組合員の半数を失った。一労組の力が打破されたのだ。炭鉱業は急速に衰えた。一九八〇年には英国全土で二三万七〇〇〇人の炭鉱労働者が働いていた。一〇年後にはわずか四万九〇〇〇人になっていた。

炭鉱労働者ストはフォークランド戦争に続き、サッチャー時代における二番目の画期的事件だった。妥協はなかった。サッチャー夫人は戦後のどの首相よりも国民を両極化した。彼女は階級闘争の伝統に根差す英国社会の深い分裂をはっきり表現するとともに、それを映し出してもいた。中産階級の不満と、痛切に感じられる国家の衰退に対する恨みを言葉にしていたのだ。だが彼女は、保守党の階級分断政治の標的になっていると受け止める産業労働者階級の多くに、並大抵ではない疎外感と憎悪を生み出した。比較的裕福なイングランド南部が彼女の支持基盤だった。北部とスコットランド及びウェールズの工業地帯は、おおむね敵対する地域だった。サッチャーは選挙で有権者の半数の支持さえ獲得したことはない。そして大方の人びとは、彼女の一九世紀的価値観に嫌悪感をいだいた。貧しい人びとは自身の努力が足りないからだとする考え方は、圧倒的多数派に――実のところ、一九八〇年代の方が七〇年代よりも多くの人びとに――拒絶されたのである。

敵であれ味方であれ、だれもが否定しなかったのは、彼女が優れた決断力とともに個人的勇気を備えた政治家であること。両方の資質は八四年一〇月一二日に顕著に示された。閣僚らが保守党大会で滞在していたブライトンのグランドホテルで、アイルランド共和軍（ＩＲＡ）が仕掛けた爆弾が破裂。あわや彼女と閣僚の多くを殺しかけ、五人の党員を死亡させ、その他の人びとに一生の障碍を負わせた。サッチャー夫人はそれでも、いつもどおり大会を続行するよう主張したのだ。

ＩＲＡのテロ活動は、複雑な北アイルランド問題のもっとも暴力的な側面だった――多数派プロテスタント住民の大方が望むように、英国の一部としてとどまるか、それともカトリックが中心の共和派ナショナリストの少数派が主張するように、統合アイルランドの一部になるべきかという問題だ。その名で知られるようになる「ザ・トラブルズ〔紛争〕」は一九六〇年代後半に再発し、続く一〇年間には双方の民兵が犯す恐ろしい暴力が際立つ残忍なイデオロギー的非妥協性にはまり込んでいた。ブライトンの爆弾事件までに保守党、労働党の政府はいずれも問題を解決するか、少なくとも封じ込めようと虚しい努力をしていた。この問題は、サッチャー政権の手による解決をも拒み続けていた。

一九八〇年代半ばにもなると、不平等の拡大と社会機構の崩壊という大きな代償を払いながらも、インフレは抑えられており、労組は弱体化していた。サッチャー流新自由主義の政策課題で残っているのは、国家支出を切り詰め、国有化された産業を民営化し、福祉支出を削減することだった。議会で保守党が大多数を占めていることが、サッチャー夫人が自分の戦略の基礎にある目標、すなわち再び英国経済の平衡をとり、国家の威信を回復するという目標に取り組む足場になった。

英国を別にすれば、不況の政治的影響はイタリアでもっとも深刻だった。この国は同時に、劇的に悪化する経済状況と政府の慢性的不安定、引き続く労使紛争、広がる不満、それに諸々の革命組織（とくに赤い旅団）による不安なテロ暴力の発生に悩まされていた。ファシスト右翼へ逆戻りする不安が、共産党指導者エンリコ・ベリンゲルが共産党と社会党、そしてキリスト教民主党の間の「歴史的妥協」へ動く背景にはあった。そうした反ファシスト大連合は、同国特有の難題を克服し、国に新たな出発の機会を与えるだろうと彼は想像した。いやしくもそうした冒険的企ては、共産党自身が時代の変化に適応することにもかかっている。ベリンゲルはしたがって、ソ連モデルも社会民主主義による資本主義システムの受容も拒否する新たな形の（いささかあいまいだが）「ユーロコミュニズム」のために、モスクワに背を向けるよう党を引っ張った。しかしながら実際には、ユーロコミュニズムは社会主義社会へと至る民主主義の道をかじ取りするために、資本主義の枠内で働く必要性を暗に認めていた。それはとくに北部の都市の多くの人びとに訴えるメッセージだった。

外見的にはイタリアの最大政党になる過程で、共産党は一九七六年に大躍進した。そして、中道右派政権の可能性がないことから、キリスト教民主党は左派諸党に目を向けざるを得なかった。ベリンゲル自身は、なんとしても避けたい極右への揺れを促しかねないことから、共産党と小さな社会党との左翼連立という考えを退けた。また、イタリアにおける共産主義の前進を不安視する米国の敵意を招くことを警戒してもいた。そこで彼は、キリスト教民主党と非公式な政治連合に入る方を選んだ。これは緊張をはらみながらも、七八年五月にキリスト教民主党の前党首で首相だったアルド・モロ（彼は連合を支持していた）が赤い旅団に殺害されるまで続いた。

この連合の下で（雇用側と組合による高い水準の協力のおかげもあって）、経済は最悪を脱する兆候を見せはじめ、福祉給付で一定の重要な改善がなされ、実際には順調には機能しなかったものの、（以前のばらばらでまとまりのない規定に代えて）国民健康保険の枠組みが七八年に策定された。とくに、カトリック教会の反対を考えれば、なかなかの業績として、中絶が合法化された。

だが、キリスト教民主党との協力は、共産党にはほとんど益がなかった。一九七九年の選挙で大幅に票を失うと、共産党は野党に戻った。キリスト教民主党は代わりに左系の小政党、共和党と社会党に頼り、最終的に社会党の党首ベッティーノ・クラクシが八三年八月に首相になる。政権の不安定ぶりはイタリア政治の一つの特徴であり続けることになる。しかし、クラクシの強力な個性と戦術的な機略縦横ぶりのために、クラクシ政権は大方の政権よりも長く、四年間続いた。

そして、一九八〇年代半ばにもなると、イタリアの「第二の経済奇跡」が始まっていた。これは、インフレ率がまだ二一パーセントで経済成長がほとんどなかった八〇年代初めには考えられないことだった。だが、米国の急速な経済回復と石油価格の値下がり、テロ活動の衰退、それにクラクシの安定政権のために、目覚ましい経済好転が始まったのだ。一九八〇年に強力な金属労働者組合が、大規模ストの終結とフィアット経営側の攻撃的な戦術への屈服に追い込まれたあと、実業界が次第に安堵していったことも大きかった。経済成長が戻った。世界的な好況の広がりで輸出が伸び、不況の年月に人びとが「闇経済活動」でつくっていた貯蓄によって、内需が刺激されるにつれ、産業の損失は利益に変わった。ほかの国とも同じように、新自由主義の処方箋が導入された。産業の不採算部門の民営化が始まった。産業の構造転換が大規模な余剰人員整理によって労働コストを削減し、ビジネス精神の風潮が、以前の集産主義的価値観に取って代わった。とはいえ、イタリアの国家債務は依然、不健全なまでに大きく、北イタリアが経済成長から不釣り合いに恩恵を受け、南部は相変わらず立ち遅れていた。

西欧の他の二大産業国、西ドイツとフランスの政府は、英国やイタリアほどトラウマを伴わずにこの経済の嵐の波を乗り切った。両国ともエネルギー価格が高騰するにつけ、同様の問題に直面した。しかし、手際よく問題を処理した。両国は強い経済のおかげで、石油ショックの最悪の事態を緩和することができた。政府はまた、きわめて有能な新管理体制下にあった。西ドイツ首相ブラントの側近の一人、ギュンター・ギヨームが東ドイツ情報機関のスパイだったことが暴露されたあと、一九七四年五月一六日にヘルムート・シュミットが後継首相に就任した。わずか三日後、フランス大統領選挙で中道右派「独立共和派」の党首、ヴァレリー・ジスカールデスタンがフランソワ・ミッテランに辛勝した。シュミットは一九七二〜七四年にブラント政権の、ジスカールデスタンは一九六二〜六五年にドゴール政権の、いずれも蔵相を務めており、両者とも経済問題では確かな経験と専門知識の持ち主だ。シュミットはハンサムで気取らず、大の愛煙家。尊大と言っていいほど自信に満ちており、冷静な能力家の雰囲気を放っていた。ジスカールデスタンは貴族的な物腰でテレビ映りがよく、自分の任務を完全にわきまえた現代のテクノクラートのイメージそのもの。ドゴールとその後継者ポンピドーによる長期間の家父長的統治のあとで、未来の顔に見えた。

西ドイツ経済は一九七六〜七九年の間、年平均でほぼ四パーセントと、すばらしい成長を続けていた。とはいえ、多くはヨーロッパ諸国共通の構造的問題が明らかになりつつあった。石炭鉱業や製鉄といった古い産業は、世界市場で競争力を失いつつあった。炭鉱や製鉄所が閉鎖されるとともに、大規模な人員整理が行われた。工業地帯では抗議行動やストがあったものの、協同組合的な労使関係と、政府と建設的に協同しようという労組の姿勢、そして、もっとも深刻な影響を受ける地域への社会的影響を緩和するための十分な政府補助金のおかげで、英国やイタリアで起きたような有害な紛争は避けられた。

輸出型産業はドイツ・マルク高に苦しんだ。適応する一つの方法は、大量生産から特殊生産への切り替えだった。だが、現代のテクノロジーは技術と訓練を基礎とする専門的知識をきわめて重視する。その結果、未熟練労働者は労働市場で不釣り合いに不利な立場に立たされる。西欧のほかの国と同じく、サービス分野のホワイトカラーへ向かう雇用の流れは、工業における職の喪失の規模を埋め合わせたり、職を失った未熟練労働者の大部分を吸収したりはできない。また、サービス産業で新たに現れ、急速に発展する経済部門は、大きな労働力を必要としない。失業の増大が、避けようのない結果だった――とくに一九三〇年代の記憶も生々しい年配のドイツ人にとっては、心配事だった。ドイツ人はインフレをもっと恐れていた。だから、一九七〇年代半ばごろには年率六パーセント以上と、三倍増のインフレは、近隣諸国の水準から見れば低いとはいえ、不安の種だった。他国と同じく西ドイツには、「スタグフレーション」に対処する合意された処方箋はなかった。しかし、どんな新しい経済モデルもはっきり見えてこないとしても、古いケインズ流解決が時代遅れであることははっきりしていた。

一九七九年の第二次石油ショックは、西ドイツ経済にとって、七三年の第一次より有害だった。経済成長は八〇年にはわずか一・九パーセントに、八一年はマイナス〇・二パーセントに、そして八二年はマイナス一・一パーセントに落ち込む。失業は一九八三年までに二〇〇万人（労働者のほぼ一〇人に一人）と、戦後の記録的水準に達した。インフレは執拗に高止まりしたままで、八一年は六・一パーセント。賃金は、まだ職に就いている人びとの場合だが、購買力の点で下落した。高い失業率のコストを一因とする国家支出の増加と税収減のために、国の債務は増えた。すなわち、一九七〇年以降八二年までに、四倍以上に増えたのだ。シュミットはこのころには、党内左派からの圧力にさらされていた。急激な経済の悪化と失業の増加はその一因にすぎなかった。もっと重要なのは、石油依存に代わるものとして一九七〇年代に大々的に開発された原子力に対してつのる不安と、工業化がもたらした環境被害に対して高まる抗議の声、そしてなかでも超大国間の新たな緊張が緊張緩和《デタント》の終焉と「第二の冷戦」の幕開けをしるすにつけ、再び生じた核戦争の可能性についての大きな不安であった。

こうした風潮のなか、社会民主党（SPD）と連立を組む自由民主党（多くの産業界首脳を代弁する政党、FDP）内部で、経済の方向転換――そして政府の交代――を求める声が強まる。連立の限界点が到来したのは、自由民主党が事実上、新自由主義への転換の提案を意味する分析を発表したときだ。この分析には失業手当及び年金の削減、減税、規制緩和の促進、投資の強化、それに、国家の介入より市場原理に依拠することが含まれていた。これは国家の介入と政府による経済の緊密な舵取りにこだわり続けるSPD内の労組組織との衝突を招いた。明らかに連立は寿命が尽きていた。FDP指導部が連立相手の変更をお膳立てした。一九八二年一〇月一日、シュミットは仕組まれた動きにとらえられ、首相の座をキリスト教民主同盟の一〇年来の党首、ヘルムート・コールに明け渡す。支持率はごく少数ながら常に生き延びてきたFDPは、政権に残った。

西ドイツは――そしてヨーロッパは――一九七〇年代という深刻な混乱の歳月に「危機の首相」（歴史家のハインリヒ・アウグスト・ヴィンクラーが、二〇一五年一一月のシュミットの死後に贈った多くの熱烈な賛辞の一つで使った表現）、シュミットを指導者にもって幸運だった。気質において冷静かつ現実主義的なシュミットは、カリスマ性と先見性のあった前任の首相ブラントとは対極にあった。だが、二度の石油ショックと七〇年代末の高まる国際緊張への対処で、シュミットの専門的知識と判断力は非常に貴重だった――それも、単に彼の国にとってだけではなかった。

政治体制は実際のところ、七〇年代の経済混乱期を通じ、並みでなく安定を保った。社会民主党とキリスト教同盟（キリスト教民主同盟とバイエルン州の姉妹小政党、キリスト教社会同盟を表わす）という主要組織は、いずれも七〇年代に党員数を増やした。だが、一九八〇年ごろには、同盟に失望した支持者は自由民主党に鞍替えしていた。彼らは右派の首相候補フランツ＝ヨーゼフ・シュトラウス――カトリック保守主義の牙城バイエルンではきわめて人気が高かったが、他の地域では明らかにそれほどではなかった――を、魅力のない選択肢だと見なしたのだ。自由民主党はその年の選挙の主たる利得者で、得票率を一九七六年の七・九パーセントから一〇・六パーセントに増やした。同盟は敗者となり、得票率が四四・五パーセントに低下する一方、SPDは四二・九パーセントと安定を保った。シュトラウスの敗北によって、穏健派のコールが野党指導者として、対抗馬のいない地位を保った。この結果は、二年後に彼が政権を握る枠組みになる。

コールの政府は規制緩和と労働市場の柔軟化、税制上の優遇措置、それに民営化によって経済競争力を高める一方、政府支出を削減（とりわけ社会的支出の伸びを抑制）することで、第二次石油危機の影響を受けた西欧諸国政府の一般的針路に従った。これは当然、左派を遠ざけ、政治に対する抗議行動を生んだが、政府は進路の突然の変更を避けることに気を砕き、いかなる短兵急な方向転換もしないような舵取りをした。ブラントとシュミットの時代に実現した社会制度の改善を逆戻りさせたり、労働組合の権利に干渉したりしようとはしなかった。政府は国家補助金を徐々に撤廃する意向を表明していたのだが、ルールやザールラントのような伝統的な大工業地帯における社会的困窮を緩和するため、経営難の古い産業（とくに石炭鉱業と製鉄）向けの補助は、実際には増えた。たしかに、シュミット政権と断固として決別するよりも、同政権の後半局面との継続性の方が目立った。西ドイツは、サッチャー政権が英国で引き起こした強烈に激しい社会対立を回避した。そして、経済は改善しはじめた――石油価格の下落と米国経済の急成長に伴う世界的な景気回復に助けられるところが大きかった。

環境への強い懸念と原子力に対する強烈な不安の組み合わせ――ヨーロッパのどこよりも鋭い抗議の混合物――は一九八〇年代初めごろには、西ドイツでは終戦以来初の大きな新政治運動につながった。「緑の党」の誕生である。緑の党は早くも一九八三年の総選挙で頭角を現わし、いきなり五・六パーセントの得票で連邦議会《ブンデスターク》に二八議席を獲得した。以後、それまでの三党ではなく四党が、政治権力をめぐる競争のプレーヤーになる。より重要なのは、多くの人びとがなお不確かさを感じていた西ドイツの民主主義が、最初の大きな不況――失業とインフレがともに高進した不況　――を耐え抜いたことである。それは戦後の注目すべき成功談であった。

これに相当する戦後フランスの「輝ける三〇年」の成功談は、最初の石油危機が襲ったとき、困難にぶつかる重大な危機にさらされているように見えた。長年の続く好況が、当たり前で永久的なものと見られるようになっていた。一九七四年以降、ほかの国でもおなじみのパターンが始まる。インフレ率が一五パーセントを超える一方、失業は一〇〇万人に倍増し、成長率はマイナス〇・三パーセントに落ち込んだ。ジスカールデスタン大統領は七六年には、当初の社会改革（たとえば中絶及び離婚の自由化関連諸法）と、緊縮経済政策への切り換えを組み合わせた。彼は主要なライバルで不満をつのらせているドゴール派党首の首相ジャック・シラク（翌年パリ市長に選出）を、レイモン・バールに替えた。手腕の政治家というよりテクノクラートだが、経験豊富な経済学者である。バールの任務は予算の均衡と経済の近代化だ。彼はフランの安定化と政府支出の削減、労働コストの低減、それに増税に取り組んだ。

緊縮措置は当然、まだ一九七二年の「共同綱領」を軸になんとか結集している左派の社会党・共産党の怒りを買う。だが、ジスカールデスタンは、七六年にシラクが「共和国連合」（ＲＰＲ）として再編したドゴール派による右からの反対にも出遭った。ジスカールデスタンの社会改革に対しては、保守からの異議があったのだ。とはいえ、ジスカールデスタンの新生中道右派グループ「フランス民主連合」（ＵＤＦ）とドゴール派を分かつうえでは、イデオロギー上の分裂よりも、個人的ライバル関係と政治的対立の方が重要だった。ドゴール派とＵＤＦ

は合わせて、七八年の国民議会選挙で驚くべき大差をつけて勝利した。両党は左派陣営の新たな分裂に大いに助けられた。バールの緊縮政策が苦痛を与えはじめるにつれ、地方選は左派勝利の方向を指し示してきていたのだ。ところが、ジョルジュ・マルシェ指導下の共産党は、人気の点でミッテランの社会党に負けそうな形勢を懸念し、一段と強硬なマルクス主義に戻ってしまった。社会党は資本主義市場経済を頭から拒否するより、一段と改良主義の方向へ動いていた。七八年の選挙では、社会党の得票率（二三パーセント）は共産党（二〇パーセント）をわずかに上回っただけだが、風は社会党の方に吹いていた。共産党がその後、激しい党内抗争に陥ったので、なおさらである。

バールの改革はその間、経済安定に一定の効果を現していた。だが、選挙勝利に勇気づいたジスカールデスタンとバールは、経済的自由主義の方向へ一段と進んだ。競争と価格の規制緩和、そして自由市場に委ねることが奨励された。とはいえ、主要産業を民営化する方向への大きな進展は、相変わらずなかった。フランスの長年の伝統である経済の国家管理は維持された。航空機製造や電話網、鉄道、自動車産業、そして何よりも原発建設の計画にとって、莫大な国家補助は重要であり続けた。他の西欧諸国の場合と同じく、フランスの製鉄業は生産コストが格段に安いアジア及び東欧の一部からの輸出に直面して、競争力の維持に懸命だった。国が介入してその負債の一部を引き受け、再教育計画に資金手当てをしたが、北部とロレーヌ地方の疲弊した地域で抗議行動が激化するなか、膨大な失業を伴いながら、もっとも採算のとれない製鉄所を閉鎖した。

法人税減税と賃金引き下げ関連諸法のおかげで、事業収益性は回復した。だが、バールは回復の速さと力強さを過大評価していた。そのうえ、強いフランが輸出の障害だった。次いで、七九年の第二次石油危機がデフレ政策を完全に吹き飛ばしてしまった。インフレ率は一四パーセントまで再び上昇。失業も増加して一九八〇年には一五〇万人に達し、なおも上昇を続けた。最悪の影響を受けた工業地帯の困窮に対して、国民の大きな同情が寄せられた。バールはかつてなく不人気となった。社会党と共産党は互いに分裂していたものの、雇用の創出と経済を刺激するための国家介入を公約して地歩を固めた。国家管理型社会主義はむしろこれまで以上に、経済回復への道と見られていたのだ。

ますます不人気で分裂した与党連合が何年も続いたあととあって、そうした国家再生の公約は、一九八一年四～五月の大統領選でミッテランに得票率五一パーセントの勝利をもたらした。二三年間にわたって権力を握り続けたあと、ドゴール派のフランス政権支配は終わった。ミッテランの左派陣営の喜びようといったらなかった。ミッテランの勝利からわずか一カ月後、社会党が国民議会を制すると、その喜びは増幅された。新政権はただちにデフレ政策を逆転させる措置をとった。ケインズ主義が再び重宝がられた。賃金、年金、子ども手当が増額された。退職年齢が引き下げられた。週労働時間が短縮された。新たな住宅の建設と一五万人の職の創出に資金が投入された。若者の雇用計画が導入された。最富裕層への課税が強化された。大規模な国営化が計画された。フランの切り下げによって、輸出産業が促進された。

こうした政策は完全な失敗だった。成長率は期待よりもはるかに低かった。輸入が増えるにしたがい、国際収支は悪化。インフレ率は高止まりしたままだった(インフレ率が下がった隣国西ドイツとは際立った対照ぶりだ)。そして失業も増え続けた。ミッテランは二年と経たないうちに、公約した経済政策を逆転させることを強いられる。早くも八二年六月には、物価と賃金の凍結が導入された。翌年三月、一八カ月間で三度目のフラン切り下げが行われた。公共支出(特に社会保障費)の削減がこれに続き、国民の多くには増税が、企業には減税が行われ、国営産業民営化への最初の措置が取られた。この一八〇度転換の効果はささやかだった。二年以内にインフレ率は下がり、国際収支も改善した。ところが、失業率は依然として労働人口の一〇パーセントを超えており、一方で、成長率は一九八五年でわずか一・九パーセントだった。八六年三月にドゴール派が政権に復帰したとき、社会党の前政権はすでに新自由主義へ向けたさらなる措置のための下準備を整えていたのである。

西欧じゅうで常に繰り返されるサッチャー主義の呪文は、経済に関する限り「ほかに選択肢はない」だった。本当だったのだろうか? 二度の石油危機後のダブル不況を考えると、どの国でもデフレ政策は、痛みを伴うけれども必要な療法だった。政府の色合いがどうであれ、八〇年代半ばごろには、さまざまな形の新自由主義への転換が一般的だった。フランスにおけるミッテランの実験は、スタグフレーションを生んだ世界的不況に直面して、古いケインズ流の処方箋がもはや効き目がないことを、このうえなくはっきり示した。ミッテランの豹変は、国際的条件が国民国家の経済政策の選択肢をひどく狭めてしまったことを、同世代の政治家全体に見せつけた。だがそれでも、デフレ経済政策と不況下の政治の枠内でも、イデオロギーに突き動かされ紛争が頻発したサッチャー政権流の極端な新自由主義のほかに、選択肢はあったのだ。西ドイツとフランスが、そして不安定なイタリアも、そのことを示したのである。

民主主義の勝利

西欧の民主主義諸国が石油危機の影響に適応しようと苦闘している一方で、南方に朗報があった。ギリシアとポルトガル、それにスペインの独裁政権が一九七四〜七五年に、数カ月の間隔をおいて次々と崩壊したのだ。これは単に偶然の一致だったのだろうか？　それとも、その変化にはもっと深い理由があったのだろうか？

第二次世界大戦の前、複数政党による議会制民主主義の統治制度は、北西ヨーロッパの一群の国々を除けば、異議を突きつけられており、権力を握る支配階層（とくに軍部の）と広範な国民層の両方から拒絶されていた。それが一九八〇年代初めにもなると、西欧のあらゆる国で歓迎されていた――一部の例外は西側ブロックのもっとも外縁に位置するトルコで、同国では軍部が政治の決定要因であり続けていたが。議会制民主主義は、目覚ましく、かつ持続する変化、民主主義にとっての勝利を意味した。

ギリシアの政治的転換は、ほかの多くの西欧諸国と同じく一九六〇年代初めには、左へ向かっているように見えていた。一九四六〜四九年の内戦の終結以来、軍に支えられて、見かけの域をほとんど出ない民主主義の下でギリシアを支配してきた保守右翼は、ますます不人気になっていて、六三年の選挙で追い払われた。ところが、軍部は、新政権が提案している自由化改革は共産主義の復帰のためのトロイの木馬だと見た。国王コンスタンティノス二世が六五年に政府を退陣させると、それは憲法危機と世情不安の高まりを促した。ゲオルギオス・パパドプロス大佐に率いられた将校団が、六七年五月の選挙の先手を打って、四月二一日にクーデターを決行した。左傾の政府が軍を文民統制下に置き、軍指導部を追放し、軍費を削減して、ギリシアにおける米国のプレゼンスを終わらせる措置を取ることを恐れたのだ。

国王は、対抗クーデターで支配権を奪回しようとする稚拙な試みに失敗して国外亡命。結局それが、ギリシア王政を永遠に終わらせることになった。その名で知られるようになった「大佐たちの統治」が速やかに固まった。一二人の大佐による軍事政権「革命評議会」が樹立される。しかし、初めからパパドプロスが最有力者で、結局は首相その他の重要閣僚――とくに外相と国防相――ポストを、国王の対抗クーデター未遂後に樹立された摂政政治と結びつけた。政党は解散、数千人の左派支持者が逮捕され（そして多くが獄中で拷問を受けた）、市民権は停止。報道機関に対する厳しい検閲が導入される一方、おびただしい数の反対派が国外に逃れた。この体制は産業界の首脳と緊密に協力。農業を支援し、観光業にテコ入れし、大規模建設プロジェクトに着手した。当初、経済成長は力強かったものの、七〇年代初めにはひどく減速しはじめた。体制による人権侵害への批判が高まるにつれ、ギリシアの対外イメージは傷ついた。だが、この体制は米国の支持によって支えられていた。米国はその体制のぞっとするような人権侵害の履歴より、熱心な反共主義の方に関心があったのだ。体制に対して、西欧民主主義諸国による一致した反対もなかった。オランダとスカンジナヴィア諸国は敵意を隠さなかったが、英国と西ドイツは体制の残忍なやり方を批判しながらも、NATOの利益にとって重要とみられる国を暗に支持したのである。

大佐たちの統治の危機が高まるなか、より重要だったのは、抑圧によっても沈黙させることができない国内の抵抗だった。自由民主主義と人権の諸原則に結びついた西欧諸国グループのなかに、一つのネオファシスト体制を据え付けようとする問題が明らかになった。パパドプロスはちょっとした自由化措置の導入（検閲の一部廃止と一部政治犯の釈放を含む）によって、中途半端に混乱を封じ込めようとしたが、それは反対派を勇気づける一方で、体制内の強硬派を敵に回しただけだった。一九七三年一一月半ば、アテネ理工科大学の学生による大規模な反体制デモを鎮圧するために軍が投入され、多数の死傷者を出したが、この騒動の結果、恐れられた憲兵隊司令官、ディミトリオス・イオアニディス准将が数日後にパパドプロスを打倒し、戒厳令の再導入によって秩序を取り戻した。

イオアニディスの支配は短期間しか続かなかった。彼自身は、配下の連隊がキプロスのギリシアへの編入――ギリシア右派の長年の野望――を狙い、キプロスの民族防衛隊による大統領マカリオス首座主教打倒のクーデター未遂を支援したあと、失脚した。マカリオスはなんとか脱出し、最終的に英国へ向かった。ところが、このクーデター未遂は七四年七月、トルコによる北部キプロスへの侵攻と占領をまねくことになり、約二〇万人のギリシア系キプロス人が南部への避難を強いられた。ギリシア軍事政権は武力報復に軍を動員しようとしたが、すでに軍の支持を失っていたため、果たせなかった。大佐たちの政権はもはや重要な支えを失っていた。

一九六七年にギリシアの民主主義を打倒した軍部は、今度はそれを元に戻す措置をとった。将校の一派がイオアニディス支持を撤回した。保守派の元首相コンスタンティノス・カラマンリスがパリ亡命から呼び戻され、ただちに文民民主政権への回帰に着手した。カラマンリスの連立政権は一九五二年の憲法を復活させ、政治犯を釈放した。七四年一一月に実施された一〇年ぶりの選挙で、カラマンリスの率いる保守の新民主主義党が絶対多数を獲得した。大佐たちの政権が導入した措置が一つ、その政権の崩壊後も残った。というのは、軍事政権は七三年に王制を廃止していたのだ。七四年一二月の国民投票では、その復活が拒否された。以後、ギリシアは新憲法（一九七五年）と民主的統治制度をもつ共和国となる。過去との決別を裏付けて、軍事政権の指導者らはのちに裁判にかけられ、長期刑判決を受けた。

しかし、ギリシアは絶望的なまでに貧しく、経済はひどく非効率で、縁故主義的政治体制は汚職まみれだった。そんな明白な欠点があるにもかかわらず、西欧民主諸国の首脳は、いつか独裁政治に逆戻りしてしまうのを防ごうと懸命だった。大佐たちの統治の間、離脱していたヨーロッパ評議会にギリシアを再び受け容れるべく、速やかに動いた。ギリシアはヨーロッパ経済共同体（EEC）の準加盟国――軍事政権時代には資格停止――であり、経済近代化のための多額の資金援助を約束されていた。カラマンリスは政権復帰後、ギリシアの加盟に向け、新たな努力を始める。加盟は国の繁栄に不可欠であり、それはひるがえって、民主主義の強化に資すると考えていたのだ。ヨーロッパ共同体の首脳らはその議論の重要性を理解していた。加盟交渉は早くも七六年に始まった。五年後、予想よりも早く一九八一年一月一日に、ギリシアは一〇番目の加盟国になる。だが、ギリシアは経済的には他の九カ国よりはるかに弱体。加盟の背景として、経済よりも政治が優先されたのである。

大佐たちの統治が残した一つの長引く特殊問題で、まもなく解決不可能であることが明らかになる遺産が、キプロスの分断だった。情勢はたちまち膠着状態になった。ギリシアはNATOがトルコによる侵略を非難しなかったことに抗議して、NATOを脱退した（最終的に一九八〇年に復帰）。トルコは国連のトルコ軍撤退要求を拒否した。むろん、トルコは承認しなかったけれども、マカリオスはキプロス島のギリシア系地域に大統領として復帰。対照的に、島のトルコ系地域はトルコだけが承認した。国連平和維持軍が島を真っ二つに分ける「グリーンライン」を監視する形で、キプロスの分断は残りの二〇世紀と、さらにそれを超えて残る形勢になった。

イベリア半島では、長期独裁政権がポルトガル（一九二六年～）とスペイン（一九三九年～）で依然として、西欧の他の地域から半ば隔絶したままだった。だが、両政権とも支配者は老齢で衰えていた。ポルトガルの政治体制は最長の在任を誇る首相、アントニオ・デ・オリヴィエラ・サラザールの下、ほぼ煮凝《にこご》り状態で保たれていた。六八年以降はヨーロッパ自由貿易地域（EFTA）の一員として、通商関係の改善からほどほどの恩恵を受けはじめてはいたが、依然として経済的に立ち遅れていた。スペインと違って観光にはまだ、たいした実体はなかった。毎年数千人のポルトガル人が国外へ出稼ぎに行かなければならなかった（そして本国の家族に大事な援助金を送り、これが国内経済を支えていた）。だが、経済に対する莫大な負担は植民地帝国にあった――アンゴラ、モザンビーク、ギニアビサウで反植民地運動のゲリラ戦を撃退するために、ポルトガルの若者に不人気な徴兵を強い、軍事費を支出して、政府歳出のほぼ半分をのみ込むますます高くつく時代錯誤である。植民地戦争への反対が高まった。反対の声はカトリック教会の一部からも上がった。教会は伝統的に、独裁国家の非常に強固な同盟者だったのだが、いまや第二ヴァチカン公会議（一九六二〜六五年）以来発展してきた自由主義的な考え方を反映していた。

一九三二年以来首相の座にあったサラザールが一九六八年に重体になり、二年後に死去すると、それが終わりの始まりになった。体制は彼の後継者マルセル・カエターノの下で、わずかに自由化されるだけで、きしみ音をたてながら続いたものの、余命は限られていた。概して外国からの借款でテコ入れされた短期間の消費ブームは、まもなく先細ってしまった。経済不安が広がったのは低賃金労働者の間ばかりではなかった。石油危機後のインフレは、一九七四年ごろには三〇パーセントの高率に達した。体制にとってもっとも危険な情勢展開は、青年将校たちの間の不満で、彼らは給与の低さだけでなく、明らかに無駄と分かっている激烈で危険な植民地戦争を戦うことにも怒っていた。軍部は一九二六年に現体制を誕生させ、長らく政権の不可欠な支えになっていた。一九七四年四月二四〜二五日の夜の蜂起のように、将校団の一部がいったん体制に背を向けると、その命運は尽きた。

このクーデター成功後の展望は不透明だった。民主主義が揚々と出現するかどうかは、まったく分からなかった。当初、蜂起の指導者で元陸軍参謀次長アントニオ・スピノラ将軍の指導下、救国軍事評議会が権力を掌握した。だが、評議会は安定をもたらすことができなかった。結局、スピノラは失脚してスペインへ逃れた。軍と一般市民の双方に反乱が広がった。いわゆる「カーネーション革命」（反乱側の軍服と銃口に添えられた花からの命名）には、巨大な高揚感があった。「赤いカーネーションがTシャツや眼鏡を飾っている」。英国の政治家ユディット・ハートは七五年夏のポルトガル旅行の際、こう記している。「自由と民主主義、そして人民の権力をたたえるポスターがいたるところにある」と。動揺は二年間続いた。六つの臨時政府が登場しては消えた。そして、それぞれ右翼と左翼から、二度のクーデター未遂があった。ポルトガルは情勢不安に足を取られた状況が続いた。ストライキや工場占拠、土地収用は激しい政治的、イデオロギー的分断の表れだった。共産主義者が最強の政治勢力に見えた。ところが、七五年四月の制憲議会選挙の結果、共産主義に対する国民の支持は、実は弱いことが示された。マリオ・ソアレス率いる社会党が得票率三八パーセントと、最大の支持を集めたのだ。人民民主党は二六パーセント強。共産党はわずか一二・五パーセントでこれに続いた。

権力掌握の希望がしぼむと、軍内の急進左派は――多数の派閥に分裂していたが――七五年一一月、再度のクーデターを試みた。それは彼らの最期のあがきであった。

この蜂起はアントニオ・エアネス将軍麾下の政府支持派部隊によって鎮圧される。軍改革がすみやかに実施され、軍部の力が抑え込まれた。急進左派は軍内での影響力を失った。共産主義はこの間に政治の周縁部に押しやられていた。一九七六年四月の新憲法は文民政府の枠組みを樹立し、同月末の新たな選挙（社会党が再び勝利）を経て、混乱した政治情勢に一定の平静が訪れた。エアネス将軍は前年一一月のクーデターの試みを撃退して人気があり、共産党を除く全政党の支持で大統領に選出された。共産党は以後、権力から排除される。エアネスは国民統合の不可欠なシンボルになった。ソアレスは西ドイツの社会民主党に財政面で支えられており、ポルトガルが議会制民主主義へ移行する初期段階では、中心的な政治プレーヤーだった。だが移行の道はなお険しかった。

ポルトガルの植民地帝国は、「カーネーション革命」後一年の間に畳まれた。これをもってヨーロッパ最後の主要な植民地帝国が消え、植民地帝国主義の時代がついに終わった。しかし、それは流血を伴う幕引きだった。ポルトガルはかつての領土を悲惨な状態のまま放置した。脱植民地化のプロセスは決して平坦ではなかった。東ティモールはインドネシアが占領。アンゴラは内戦で荒廃した。モザンビークもまもなく内戦に陥る一方、ギニアビサウは革命勢力によって一党独裁国家に変えられ、その国家はかつての植民地体制の支持者にすさまじい報復を加えた。アフリカ各地から何十万人ものポルトガル人植民地入植者が、すべての資産を後に残して逃れ、帰国して、ポルトガルの苦しい経済の重荷を増した。

すでに導入されていた農地改革は、革命後に行われた土地接収を無効にし、非効率な集団農場に終止符を打ちはじめた。しかし一九七七〜七八年、続く情勢不穏と高失業率、莫大な国家負債を抱え、一人当たり所得がEC諸国平均の半分そこそこという状態のなかで、ポルトガルは国際通貨基金（ＩＭＦ）の金融支援を求めざるを得なくなった。支援は実行されたが、ひも付きである。緊縮政策が導入され、歳出削減と均衡予算によって莫大な国家債務を徐々に減らしたものの、高い失業率と経済の立ち遅れという犠牲を払ってのことだった。政権の不安定は続き、一九七六〜八三年の七年間に九つの政府が入れ替わった。ソアレスは七八年に失脚した。いまだ国軍最高司令官でもある大統領エアネスがもつ内政に干渉する行政権限（実際しばしば介入した）は、一九八二年の憲法改正でやっと制限された。権限の限られた真の文民大統領制は、一九八五〜八六年の二段階の直接選挙でマリオ・ソアレスが僅差で勝利して、初めて推進された。その段階で初めて、ポルトガルの民主制度はしっかり定着したと見なすことができたのである。

ソアレス自身が七七年に、翌年には正式加盟交渉に発展するECへの接近を開始していた。ポルトガルの経済問題ゆえに加盟を一夜で実現するのは無理で、込み入った交渉が八四年まで続く。一九八六年、ついに加盟措置が取られた。ポルトガルは周縁部からやってきて、EC加盟国になったのである。このころには安定した西欧民主主義国になっており、長年の独裁政治の記憶は次第に薄れつつあった。

フランコ将軍の長期支配が終末に近づくなか、「カーネーション革命」の進展は国境の向こう側、ポルトガルの隣国スペインから注視されていた。改革志向の人びとの間では、ポルトガルの動揺、とくに共産主義左翼の躍進に対する不安があった。

一九五九年に導入された大望の諸改革は、スペインの遅れた経済を国際市場に開放し、一九六〇年代には年率七パーセントを超える成長をもたらしていた。体制の屋台骨であるスペイン農村部は、労働力が都市部や急速に発展する観光地へ流出するにつれ、人口が急減しはじめた。また成長の結果、拡大する諸々の産業では、賃上げとよりよい労働条件を求める要求が起きた。労働者階級の不穏な状況が、とくにカタルーニャとバスク地方で強まった。労働組合は依然禁じられ、ストライキは違法だったが、それでも労働者は抗議行動やスト、デモを計画する集団組織を結成する。しかもその数は増える一方だった。スト件数は一九七〇年が一五九五件、七四年が二二九〇件、七五年が三一五六件である（結果として七五年には一四五〇万労働日が失われた）。バスク地方では、情勢不安が分離主義政治運動に流れ込み、それが今度は一九六八年に武装民族主義運動「バスク祖国と自由」（ETA）を生んでいた。ETAは現政権とその後継政権に対し、長期にわたる激しいテロ活動を始める。

フランコ政権が手に負えない抗議の高まりをはっきり突きつけられたとき、弾圧がほとんど唯一の対応だった。一九七四年になっても、約六〇〇〇人のスペイン人が政治的罪状により、獄中で呻吟していた。獄中では拷問は茶飯事だった。囚人は法的支援を奪われていた。軍事的弾圧の一手段として死刑も復活した。スペインは世界に向けて良い面を見せようとしていたため、一九六三〜七四年の間には死刑は執行されていない。しかし、一九七五年一一月のフランコの死のわずか一カ月前、五件の処刑があった。

一方、コスタブラーバの浜辺は陽光がたっぷりで、安いパッケージ休暇が、早くも一九六〇年代には毎年数百万人の観光客を引きつけはじめた。観光客はスペイン人を、カトリック・スペインの伝統的な価値観と衝突せざるを得ない外国の文化的影響にさらす。伝統的価値観はいずれにせよ、第二ヴァチカン公会議の余波で、むしばまれつつあった。事実、内戦以来フランコ独裁のイデオロギー上の堡塁であったカトリック教会さえ、政権に背を向けつつあったのだ。一九七〇年にもなると、国家のファシスト的公式イデオロギーより、社会主義に共感する聖職者の方が多く、一方では、教会上層部が人権を擁護し、政治的中立を支持する発言をしていた。

　とりわけ若者たちは、フランコ政権の道徳的厳格さを息苦しく思っていた。六六年に行われた検閲の若干の緩和は、まるで物足りなかった。六八年には教育レベルの高い少数の若者が、独裁的支配を受け容れるつもりがないことを意思表示した。マドリードなどスペインの大学都市のデモ参加学生は、他の西欧諸国で起きている事態に刺激を受け、ベトナム戦争とスペイン国内の米軍基地への強い反対を動機とし、さらに政治的抑圧に依存する独裁政治に反発しており、フランコ政権の怒りを買った。一部の学生は公然の反抗のために長期刑を言い渡された。自由化と民主化を求める社会の要求と、抑圧国家の間の隔たりは計り知れなかった。

　国家官僚の一部は、実は、自由化が必要であり、これがヨーロッパ経済共同体との関係緊密化へのドアを開き、ひいてはそれが後発国スペインに繁栄と近代化の展望をもたらすことになる、と認識していた。機能面では軍と治安機関、そして官僚界と実業界の頑迷な少数支配階層に頼った頑固なフランコ独裁体制は、そうした措置への障害になっていた。しかし、フランコ政権は、だれが、あるいはどんな政権がフランコの後継になるのかという明白な問題に直面していた。一九六八年一二月、フランコがトイレに行くため閣議を中断したとき、彼の側近はそれを独裁者の死が迫っている兆候と受け止めた——延々と続く会議の間、彼ほど丈夫な膀胱をもっていない閣僚たちの不快感を気にしなかったフランコが、ついぞしたことのないことだったのだ。それは「失禁に対する排尿抑制の勝利」だったと、閣僚の一人はのちに皮肉った。実際は、フランコはさらに七年間もちこたえたものの、一九七二年一二月に八〇歳の誕生日を祝った彼の長寿は、明らかに終わりに近づいていた。

　フランコは一九六九年、空席の君主制に向き直り、フアン・カルロス公を後継者に選ぶことで、後継問題に取り組んでいた——かくして、後継者に独裁体制を引き継ぐ準備をさせる間、権力を維持するというわけだ。七三年六月、長年にわたる頑迷なフランコ支持者の一人で、多くの権力の梃《てこ》を握るルイス・カレーロ・ブランコ提督を首相に任命したことで、一つの準備段階がはっきり予想された。カレーロ・ブランコなら独裁体制の継続性をたしかなものにしてくれるだろう、と思われたのだ。

　カレーロ・ブランコが七三年一二月二〇日、ＥＴＡのテロリストが仕掛けた爆弾で殺害されると、そんな計画は文字通り煙とともに消えた。たとえ生きていて国家元首としてフランコの後を継いでいたとしても、きしみ音を立てる独裁体制が長く存続し得たかどうかは疑問である。実際は、フランコも彼の支配体制も、死の苦悶に入っていたのだ。カレーロ・ブランコの暗殺後、予想通り公然たる抑圧に逆戻りしたことは、のけ者国家としてのスペインの国際的孤立を深めただけだった。しかも、この国の経済苦境はこの間、石油危機後の物価上昇によって深刻化していた。寿命末期のフランコの存在が唯一、不可避の変革への道を妨げているようだった。

ニクソン米政権の国務長官、ヘンリー・キッシンジャーは一九七〇年のマドリード訪問の際、スペインは「ヨーロッパの歴史に再び加わるために、一個の生命が終わるのを待っている」と所感を述べていた。五年後、その生命の終わりを待つことが終わった。フランコの健康は七五年に入って急激に衰え、一一月二〇日、戦前のヨーロッパの独裁者のうち最後まで残っていた一人は死んだ。肉体はもうボロボロだった。葬儀に参列した国家元首はチリの独裁者、アウグスト・ピノチェト将軍ただ一人だった（選挙で選ばれたチリのサルバドール・アジェンデ大統領政権を七三年に転覆したあとに続くピノチェトの抑圧体制なら、フランコの承認を得たことだろう）。ところが、外国の高官らは四日後のフアン・カルロス国王の戴冠式には姿を見せた。ピノチェトはこの時は招かれなかった。

国王の戴冠は新たな時代の始まりを象徴した。だが、それがどう展開するのか、だれにも分からなかった。国王は何らかの形で続く独裁政治を主宰するのだろうか？またも流血が起きるのだろうか？　それとも、民主主義を導入する動きが出るのだろうか？　何よりも、体制の権力の支柱であり国王に疑念をいだいている軍部は、独裁者の死にどう反応するのだろうか？　フランコ独裁政治の終焉はだれもが喜んだ。だが、将来に対する不安もあった。ごく最近に分裂し、いまもその帰結のなかで生きている国であってみれば、それは不確実な将来だった。予測するのは簡単ではなかったが、決定的なことに国王は、最初は用心しながらであれ、自らの君主としての国民的正当性の重みを、民主化を求める勢力の側にかけた。彼は天性の民主主義者ではない。だが、風向きは理解していた。フランコの死の直後に起きた大規模な示威行動と大衆的ストライキを見て、これが前へ進む唯一の道であることを確信していた。公式にはまだ禁止されていたが、ポルトガルの場合と同じように、さまざまな政党、党派、運動が形を現しはじめた。だが、決定的な変化は、旧体制の構造の内側から到来した。実のところ、フランコ独裁国家は自らの権力構造を徐々に解体したのだ。

民主勢力に対する国王の支持のほか、重要な一歩は国王が一九七六年一月、強硬派で不人気な首相アリアス・ナバーロをアドルフォ・スアレスに替えたことだった。民主主義の旗手への突然の交代というわけではなかった。だが、それは決定的な選択だったことが明らかになる。スアレスはフランコ政権で多くのポストを歴任したファランへ党員で、以前は反動派と目されていた。ところが、フランコ体制内の改革派グループとの接触の結果、スペインの未来は民主主義とともにあること、そして君主制の国民的正当性とファン・カルロス自身の関与が、その目標へのもっとも確かな道になることを確信するに至っていたのだ。体制と革命的に決別すれば、新たな内戦の危険を冒しかねない。移行については左派と交渉しなければならない。

フランコ派の既成支配層が反応を起こす前に、スピードが肝心だった。スアレスは政治改革と七七年六月までの選挙実施を提案した。体制の残滓を除去する最善の道は暴力革命ではなく、立憲政治であるとの認識で一致する社会労働党に巧みに取り入る一方、国王から得ている支持を利用して軍指導者を宥め、右翼の穏健派を中立化させ、強硬派のフランコ主義者を孤立させた。注目すべきことに、金銭的な誘いと将来の昇進の約束によって、スアレスはコルテス（国会）の唯一政党「国民運動」の議員たちを、深刻な衝突を避ける唯一の道として改革支持に投票するよう説得した。七面鳥がクリスマスに賛成票を投じるようなまれに見る出来事だが、コルテスの議員たちはその結果、自らの解体に賛成票を投じたのである。

七六年一二月一五日の国民投票では、九四パーセントという圧倒的多数の有権者が改革を支持。翌年六月一五日、四〇余年ぶりの複数政党選挙がスペインで実施された。共産党を含む旧政党がこの間、合法化されていた——これはスアレスが頑迷派フランコ主義者から憎しみを買うことになった。スアレスの民主中道連合——舞台裏のさかんな駆け引きでつなぎ合わされた中道と改革右派による連合——は、三四パーセントの得票率で勝利が確定したが、社会労働党は二九パーセントを獲得した。投票は全体として、議会制立憲民主主義を強力に承認するものだった。左右の急進諸党は振るわなかった。共産党は予想よりはるかに少ない九パーセント、ネオファシストの急進右翼諸派は、合わせて二パーセント以下しか得られなかった。一年余りのちの七八年一〇月三一日、新しい民主的憲法が国会で承認され、一二月六日の国民投票で批准された。

しかし、スアレスにはまもなく、様々な問題が山積しはじめていた。七七年にもなると、猛インフレと失業の急増、それにカタルーニャとバスク地方の声高な自治要求（これは、それほど強くはないにせよ、他の地方にも影響した）に対処しなければならなかった。限定的な分権を認めても、要求を鎮めることにはならなかった。とくにバスク人はマドリードからの独立を要求した。ＥＴＡによるテロ活動は、スペイン国民の間に恐怖と憎悪を引き起こし続けることになる。

重圧が高まり、人気が急落するなか、スアレスは一九八一年一月二五日に首相を辞任する。一カ月後、スペインの民主主義は、それをくじこうとする強硬派フランコ主義者の最後の試みに耐えなければならなかった。二月二三日、アントニオ・テヘロ中佐と約二〇〇人の治安警備隊員が国会に乱入。さらに、銃口を突きつけて議員らを人質にした。このクーデターの試みは、国王ファン・カルロスが国民向けにテレビで演説、憲法支持を宣言して軍隊に兵舎への帰営を命令し、ようやく破綻した。テヘロはこの大失敗への関与ゆえに軍刑務所で一五年間服役した。クーデター失敗の三日後、スペイン市民三〇〇万人が各地の都市で民主主義を支持するデモを行った。その数はマドリードだけで一五〇万人に上った。民主主義は安泰だった。

以前のマルクス主義的綱領を捨てていた社会労働党は八二年の総選挙のあと、一九三六年以来初めて政権に復帰した。その後一四年間、政権の座にとどまることになる。新首相フェリペ・ゴンサレスは公務員と軍の内部構造の改革措置を進めた。また、国民的支持と議会での多数を利用し、高インフレと政府支出の大幅赤字を抑えるため、金融・財政政策を駆使して経済緊縮計画を実行した。給与はインフレ率より低く固定された。労働市場の柔軟化が促進された。社会保障費は削減。国有産業の民営化に向けた若干の施策が導入されたが、一貫した民営化政策はなく、公営企業部門は大きいままだった（もっとも、民間部門が望まない多くの事業を所有していたのだが）。こうして新自由主義の要素が、社会主義政府の計画に組み込まれた。それは西欧全体の経済的潮流を示すもう一つの兆候だった。

政府は社会労働党による以前のNATO加盟反対を転換したが（一九八二年五月に加盟）、一方で、スペイン国内の米軍基地の削減も主張していた。この政策は、八六年三月の国民投票で国民の多数に支持された。その直前の一月一日、スペインはポルトガルとともにECに加盟し、一九七七年以来のプロセスに終止符を打った。これにより、スペインはついにヨーロッパの歴史に再び加わったのである。

ギリシアとポルトガル、そしてスペインに新たな民主国家が誕生したことで、戦後の西欧全域での複数政党による民主的統治体制の勝利が完結した。先行する三つの独裁政権のあいだ、およびそれらの壊れ方には、明らかに重要な違いがあった。そして、たしかに疑いなく偶然の一致の要素があった。ギリシアの民主主義がいかに不完全であったにせよ、大佐たちの統治は（その犠牲者にとっては長いように見えても）複数政党政治における最近の、短期間の中断だった。その崩壊はトルコによるキプロス侵攻という外的事件が引き金になった。対照的に、ポルトガルとスペインの独裁体制は数十年にわたって築かれ、ギリシアの独裁政治よりはるかに深い根を張っていた。両体制の命運は、ポルトガルのサラザール、スペインのフランコという長期にわたる支配者の個性およびイデオロギーと密接に絡んでいる。したがって、これらの独裁者の肉体的衰えと、次いで死が、体制の崩壊を招いたのは驚くまでもない。ポルトガルの体制は、その諸問題が植民地の解放闘争と密接に結びついていた唯一の体制だ。その崩壊は、他の二国の場合より長い混乱につながった。そして、この三つの体制のうちスペインだけが君主制を取り戻し、それ自体が——いささか予想外なことに——民主主義を固めるうえで、もっとも重要な安定要因になったのである。

しかしながら、三つの異なる独裁の終焉については、偶然的・偶発的な側面を越えて、もっと深いところに原因がある。決定的なこととして、これらの独裁体制はどれも一九六〇年代半ば以降、とりわけ若者の間に急速に広がってきていた一段と国際主義的、自由主義的かつ強烈に反軍事的な文化とまったく調和していなかったのだ。三つのうちどの国でも、若者の抗議が、独裁政治に対して高まる反対の重要な特徴だった。過ぎ去った時代のつまらない体面としか見えない国家主義的な文化的価値観を、厳しく抑圧的なやり方で守ろうとする試みは、支配者たちの願望に反して、尋常でない速さで国境を越えている解放の上げ潮を押しとどめることができなかったのである。

また経済も、もはや一国の自給自足という発想にもとづく一つの閉鎖システムとして運営することはできなかった。ギリシアとポルトガルおよびスペインは、西欧民主主義諸国以上に、グローバル資本主義の予測不可能な変動を免れることができず、石油危機に対処する備えでは劣っていた。三カ国は実は、すでに根本的な社会的・経済的変遷期を経験しつつあった。どの国も体制崩壊に先立つ二〇年ほどの間に速度を増した工業化によって——スペインは大量の観光によっても——、部分的に姿を変えていたのだ。これは農村の人口規模を大きく減少させ、家族と教会という伝統的構造を崩す役割を果たした。農村部はかつて、独裁政治の大きな支持基盤になっていた。経済における近代化の変化は、この支持を大きく弱体化させる一方、主として社会主義と共産主義にイデオロギー的基礎をおき、長年の抑圧にもかかわらずなお大衆動員力のあった産業労働者階級を強化したのだ。何よりも、ヨーロッパ共同体（ＥＣ）のなかで、西欧民主主義諸国は遅れた独裁政権に代わる、はっきりした、そして成功した選択肢になっていた——国際協力と自由民主主義に根差した選択肢である。それはヨーロッパの他の地域に、ギリシア人やポルトガル人、そしてスペイン人には独裁体制が存続する限り夢見ることしかできない繁栄をもたらしていた。いったん独裁が廃絶されるや、民主勢力の指導者たちがほぼ最初に手をつけたのは、Ｅ

Cへの加盟申請だった。ギリシアは一九八一年に、ポルトガルとスペインはその五年後に加盟した。新政府が予見していたように、それは以前には想像できなかったような繁栄と自由化への切符だった。

　文化と経済の変容のために、軍部に過大に依存する独裁政治はひどく非人間的であるとともに、時代遅れで機能不全の統治形態になった。大方の西欧諸国で安定した民主政治が定着し、この地域の通常戦争の可能性がほぼ消えるにつれ、社会はますます軍国主義的ではなく市民的な価値観に支配されるようになっていた。軍部は、二度の世界大戦を挟む期間にはたいてい、政治における非常に有害な勢力であり、常に独裁政治を支持していたのだが、それがこのころになると、内政で中心的な役割を果たしてはいなかった。ギリシアとイベリア半島でのみ（ヨーロッパの周縁部にあるトルコは別にして）、軍部はまだ有力な政治勢力にとどまっていた。しかしその権力はいまでは、おおむね独裁体制を支えるための国内の抑圧に向けられていた。スペイン軍は国外では何の役割もなく、ポルトガル軍は、消耗する植民地戦争を戦うことにますます及び腰になる軍にすぎなかった。一方、ギリシア軍は、トルコによる北キプロス占領を阻止する力がないことを露呈してしまった。どの場合も、軍部はかりそめにももっていた威信を、ほとんど失ってしまっていた。多くの国民が軍部を、自由と進歩の障害になる抑圧的、反動的勢力以外のなにものでもないと見なしたのは、故なしとしなかった。そして、大方の人びとが気づいたように、自由と進歩を獲得する最善の保証は、複数政党制の議会制民主主義にあった。一党独裁は内外の敵の脅威に対する国防の唯一の手段とされてきたが、繁栄した平和な西欧では、独裁の時代はもう盛りを過ぎていた。

　この三つのケースのいずれでも、独裁政治は重荷を抱えているにもかかわらず、簡単に崩壊したり消滅したりはしなかった。厳しい経済問題があったけれども、それによって簡単に吹き飛ばされることもなかった。強力な勢力が独裁支配を支えていた。彼らの優位は、増大した社会的・文化的圧力が体制の明らかな脆弱さと同時に生じ、改革と変化、そして民主主義に向けた前進を支持する媒介者を支配階層の内部に見出したときに、初めて終わらせることができる。まさにこの組み合わせが、一九七〇年代半ばごろにはギリシアとポルトガル、そしてスペインに生まれたのだ。これらの国がヨーロッパの枠組みに入るにつれ、劇的な変化がその国の人びとにとっての展望を永久に変えた。わずか数年後には、三カ国のすべてに民主主義が定着し、国民の圧倒的多数の支持を得ていたのである。

冷戦の再来

東西のヨーロッパが一九七〇年代を通じて経済危機に

沈んでいる間に、国際舞台は逆説的に、かなり明るくなった。米国がベトナムでの犠牲の大きい戦争――それは一九七五年四月の米軍撤退と北ベトナム軍のサイゴン入城で終わることになる――に足をとられ、ソ連が米中間の親善が深まるのを防ごうと懸命になるなか、核兵器の危険なエスカレートに歯止めをかけることで国際緊張を低減させる展望が生まれるのである。一九七二～七三年の一連の米ソ合意が始まりだった。国際関係に確かな基礎を与えようと、七五年七月いっぱいから八月一日にかけヘルシンキで開かれた全欧安全保障協力会議（ＣＳＣＥ）の試みもそうである。米ソの両超大国及びカナダと、アルバニア（参加を拒否）を除く全ヨーロッパ諸国の計三五カ国が代表を送った。ソ連は東欧の戦後の領土処理に承認を得ることを期待し、この会議を主導した。七五年のヘルシンキ最終合意文書（ヘルシンキ協定）は、国境の不可侵を受け容れ、国際法の下で領土併合を禁じたので、こうした期待を完全には満たさなかった。とはいえ、国境の平和的変更は認めた――これは一般にソ連の外交的勝利と見られた。

　しかし、ソ連のちょっとしたオウンゴールになってしまったのは、「人権と基本的自由」を尊重するという公約が合意に盛り込まれたことだった。ソ連指導部はこの公約をあなどって眺めていた。これがソ連国内でもつ意味は、自分たちで決めることができるのだ、と。「われわれの家の主はわれわれだ」と、ソ連外相アンドレイ・グロムイコは同志たちに請け合った。これは、ソ連と衛星諸国が口先だけで人権に同意しながら、数千人の反体制派を拘留しているとき、国際的に道徳的足場を失うことを過小評価するものだった。それでも、ソ連の政治的・軍事的強さは、道徳的非難に耐えることができた。そして、ヘルシンキ合意が寄与した国際緊張の緩和は、その強さを損なうよりも、むしろ増強した。

　しかし、緊張緩和《デタント》は中途半端としかいえないものだった。それは実際には、両超大国の軍部が優位を求めて核兵器計画を続けるためのイチジクの葉になった。米大統領ジミー・カーターはたしかに、七六年の選挙運動中、核備蓄の削減を追求すると公約していた。だが、カーターが――ソ連反体制派をホワイトハウスに招くなど――人権を強調したことで、当然ながらブレジネフは、核備蓄を制限する七二年の当初の第一次戦略核制限交渉（ＳＡＬＴⅠ）合意を、計画どおり補強することに二の足を踏んだ。結局、ＳＡＬＴⅡは核兵器の削減と制限を目的として七九年六月、ウィーンで華やかな式典につつまれ、カーターとブレジネフによって署名された。カーターはそれを「世界平和への歴史的な貢献」であると宣言した。しかし、それは最初から空文だった。米議会はその条約のいくつかの個所が気に入らなかった。次いで、一二月のソ連軍のアフガニスタン侵攻が批准のいかなる希望も打ち砕いてしまった。「SALTⅡが消えていく」。侵攻のニュースが届くと、カーターはそう述べた。この年末までにデタントは崩壊していた。

ソ連は七七年に、新型中距離核ミサイルSS-20のソ連国内及び東ドイツへの配備を始めていた。射程五〇〇〇キロメートルのこのミサイルは、SALT合意の基準には当てはまらない。だが、西欧には明白かつ直接的な脅威を与えた。西ドイツ首相ヘルムート・シュミットは大胆な対応を考案する。米大統領カーター（シュミットは彼に対する軽蔑をほとんど隠さなかった）は当初、この措置に反対したが、最後にはドイツの圧力に屈した。七九年一月、西側首脳たちは米国の中距離ミサイルを、西ドイツを中心とする西欧に配備することで脅威に対抗するというシュミット提案に同意。一二月、NATOは「二重決議」を採択する。主として西ドイツと英国に数百基の巡航ミサイルとパーシングⅡミサイル（一〇分でモスクワに到達可能）を配備し、同時に核兵器管理に向けてソ連との協力を続けるという内容だ。

このころにはすでに、暗雲が立ち込めはじめていた。一九七九年にシャーが廃位され、アヤトラ・ホメイニが帰還すると、イスラム革命がたちまちイランを席巻した。その影響は二〇世紀の残りの年月とさらにその先まで、ヨーロッパと世界で感じられるようになる。

イラン革命からの遠い波に洗われて、アフガニスタンで起きたこともそうだった。アフガニスタンの共産党指導者ムハンマド・タラキーが七八年四月にカブールの政権を掌握し、共産政権を樹立していた。タラキー自身は翌年九月に政敵ハフィズラ・アミンに殺害された。しかし、共産政権に対する支持は底が浅かった——ほとんどが読み書きできない国民のうちの、せいぜい少数の教育ある層に限られていたのだ。イランの出来事は、世俗教育や女性の権利を含む改革計画に対するアフガン人の抵抗をあおった。部族支配され近代化の勢いが届かない後進地域では、宗教指導者たちが「不信人者」への抵抗をあおる役目を果たした。内戦に近い状況のなか、共産政権の樹立を手助けしたこともあって、ソ連指導部は秩序を回復するため、介入を検討した。ソ連の南部国境を守り、ソ連の中央アジア諸共和国にある巨大なイスラム人口にイスラムの影響が及ぶ結果として、いささかでも国内が不安定化するのを防ぐには、この措置が必要だと考えられたのだ。

一九七九年一二月、軍部隊を派遣する致命的な決定がおこなわれる。ソ連指導部は、介入が続くのは一カ月程度だろうと考えていた。歴史をざっと読んでいたならば、いつの時代にも侵略者が手に負えないアフガニスタンの地に、いかに容易にとらえられ、何世紀にもわたって撃退されてきたかが分かったことだろう。かつてカーター大統領のタカ派の安全保障担当補佐官だったズビグニュー・ブレジンスキーが、ずっと後に語っているところでは、ＣＩＡはソ連がまさに彼ら自身の「ベトナム」に引き込まれるよう仕向けることを期待して、七九年七月以来密かに対立をあおっていたのだ。まさにそれが起きた。ソ連はその後の九年間、ますます泥沼の深みにはまっていく――兵員と資源を消耗し、国内ではますます評判が悪くなり、勝つことのできない泥沼である。同時に、ソ連の占領に対する抵抗が、主にサウジアラビアの資金提供を受け、ＣＩＡからも経済的・軍事的に支援されて、アフガン人とともにイスラム戦士《ムジャヒディーン》として戦う聖戦戦士《ジハーディスト》を、アルジェリアからパキスタンにまでわたって引き込んでいくにつれ、のちの戦慄の種がまかれる。

　米国は冷戦を再び加熱することで応えた。カーター大統領は反ソ連言辞を徐々に強め、アフガニスタンのことを、第二次世界大戦以来最大の脅威だ、と目立った誇張表現で呼んだ。ハイテクを含むソ連への部分禁輸が実施された。ＳＡＬＴⅡ条約は批准されなかった。そして米国は一九八〇年のモスクワ五輪をボイコットした――これは、何年も練習してきた多くのアスリートたちが、自らの競技人生の頂点になったはずの大会を経験するのを妨げただけで、おおむね無意味な行為だった。禁輸も大成功とはいかなかった。大方の西欧諸国は実際、ボイコットを無視した。フランスと西ドイツは独自の制裁を科さず、実際は米国が残した貿易の空白から利益を得た。それでも、デタントが片鱗も残っていないことだけは、はっきりしていた。「第二次冷戦」が始まっていたのである。

　続く五年間、超大国の関係は悪化した。米国の新大統領ロナルド・レーガンが基調を定めた。元Ｂ級映画の俳優で、確固たる保守主義と結びついたその庶民的な振る舞いが、だれもが認めるカーター政権の失敗を受けて、一九八〇年大統領選挙での勝利の方程式になった。レーガンは非常に自己主張の強い同盟者、マーガレット・サッチャーに熱く支持された。ベトナムの大失敗後の威信を回復する手立ての一つが、ソ連と対決する姿勢によって米国の強さを誇示すること。八三年にもなると、レーガンはそのソ連を「悪の帝国」と呼んでいた。その年、核軍拡競争がエスカレートする。一一月には最初のパーシング・ミサイルが西欧に配備された。ソ連は長距離ミサイルに関する新たな交渉の打ち切りで対抗した。戦略核削減交渉（略称ＳＴＡＲＴ）は、始まりもしないうちにストップした。この年、これに先立ちレーガンは、新たな核計画「戦略防衛構想」（ＳＤＩ）を発表していた。宇宙配備の包括的ミサイル防衛システムを目指していることから、「スターウォーズ」とも呼ばれた計画だ。それは核のバランスを決定的に米国に有利にしかねなかった。ソ連はこれに対抗する手段をもっていない。しかし、ソ連がそれを制限することを核兵器制限交渉に含めようとすると、米国は拒否した。相互確証破壊（MAD）はほぼそのまま残った。それは一種の倒錯した安全保障になっていた。

しかし、一般の人びとはそうは考えなかった。恐怖が再来した。新たな冷戦は、核ホロコーストに関する新たな不安を生んだ。この不安は一九六二年一〇月のキューバ・ミサイル危機の時ほどのレベルではなかった。それでも、不安は現実的かつ深刻だった。平和運動が、とくに英国と西ドイツで、一九五〇年代以上に一段と勢いづいた。英国では「核軍縮キャンペーン」（CND）が、一九七九年にはわずか五〇〇〇人だったメンバーを、八五年までに二〇倍に増やしていた。女性たちがグリーナムコモンの米軍基地の脇に「平和キャンプ」を設営し、これは英国内とともに国際的にも、パーシング・ミサイル及び巡航ミサイルの配備と、ヨーロッパでの核戦争の脅威の高まりに対する新しい抗議運動のシンボルになった。大部分のミサイルが配備される予定の西ドイツが、抗議行動の中心になった。ヨーロッパにおける核兵器廃絶を要求し、八〇年一一月に起草された請願「クレーフェルト・アピール」には、二五〇〇万人が署名した。八三年一〇月には、ミサイル配備に反対してドイツ諸都市で開かれた示威運動に、約一三〇万人が参加した。それでもミサイル配備は、西ドイツのコール政権と英国のサッチャー政権の支持を受けて進んだ。

核軍拡競争には、想像を絶するような財政負担がのしかかった。米国は国家負債が急増しつつも、対処できた。ソ連にとってははるかに荷の重い負担だった。米国の国内総生産（GDP）の約六分の一しかないソ連のGDPのうち、約一五～一七パーセントが防衛に費やされたと推定されている。米国のGDP比のほぼ三倍だ。この水準の軍事支出を無限に続けることはできなかった。ソ連は内部崩壊の淵に立っていたわけではない。不採算な経済と高齢化した指導部、衛星諸国の深刻な諸問題があっても、その先数年はよろめき進むことができただろう。だが、国内の改革と再編が緊急に必要だった。そして、それを実現する先見性のある指導部を必要とした。それがどこからやってくるのかは、容易には知れなかった。

ソ連は三年の間に三人の非常に病弱な指導者を経験した。ブレジネフは何年間も睡眠錠剤（その中毒になっていた）とアルコールとたばこという食生活に頼っていた。何度も発作を繰り返したあと、ほとんど動けず、目に見えて舌が回らなくなっていた。一九八二年一一月にブレジネフが死亡すると、元国家保安委員会（KGB）議長のユーリー・アンドロポフが党書記長になり、いくらかの必要な改革を導入したが、根本的改革の希望を提示するには、あまりにも伝統主義者だった。いずれにせよ腎臓病のために健康がすぐれず、必要なスタミナを欠いていた。なんとか一年余り在任し、八四年二月に死亡する。

書記長として後を継いだのは、重い肺気腫を病んだもっと高齢で無能、病弱な人物だった。コンスタンチン・チェルネンコは明らかに埋め草だった。地位の維持と計画されている汚職調査の阻止に汲々とする長老政治の他の面々に、党首として支持された小物だった。チェルネンコは八五年三月一〇日に死亡する。どうしても必要なソ連国内の刷新と対外的な強さは、比較的若く、エネルギーにあふれ、才覚があって精力的な指導者にかかっているという全般的な合意が、党上層部にはあった。

舞台の袖に控えていたのは、まさにそのような人物だった。政治局の満場一致で次期共産党書記長に選ばれたミハイル・ゴルバチョフは、まだ五四歳だった。先任指導者三人に比べればほとんど青二才である。彼はアンドロポフの庇護を受けていて、チェルネンコが名目上党首の地位にあった間、事実上、諸事万端を取り仕切っていた。ゴルバチョフは舞台袖から舞台の真ん中へ歩み出そうとしているところだった。ソ連国内だけではなく、国際問題の舞台にである。

第8章

変化の東風

わたしたちは道が困難なことは分かっています。

しかしながら、すでに選択はなされ、わたしたちはペレストロイカへの地ならしをしたのです。

ミハイル・ゴルバチョフ、新年のソ連国民向け演説(一九八九年)

わたしたちはいまフランク・シナトラ・ドクトリンをもっています。

彼の歌に"I Did It My Way"(自分流にやったのさ)がある。

だからどの道を行くかは、どの国も自分で決めるのです。

ソ連外務省報道官ゲンナジー・ゲラシモフ(一九八九年一〇月)

何が起きようとしているのか、それを予見した者は東欧にも西欧にも、ほとんどいなかった。明らかに硬直化したソ連ブロックでの急進的改革など、考えられないように思えた。それがソ連自身の内側から起き得るとは、想像もできなかった。一九八五年三月一一日にソ連共産党書記長になったとき、ミハイル・ゴルバチョフも、まさか自分の行動が六年のうちに世界史をすっかり変えることになろうとは思っていなかった。ゴルバチョフはソ連を改革したいと考えた。ところが、ソ連を壊すことになってしまったのだ。これはもちろん、彼だけの仕事ではない。だが、ゴルバチョフがいなければ、それは起きなかっただろう。一九八五年の権力継承から八九年春までの間、ゴルバチョフ政権下の強い変化の東風は徐々にハリケーン級の勢力に成長し、しまいにはその進路上にあるあらゆるものを破壊し、東欧の旧秩序を根こそぎにするばかりになっていた。

ペレストロイカ

その単語は翻訳されずに世界を駆け巡った。それは「建て直し」を意味し、ゴルバチョフが八五年五月にレニングラードで行った演説とともに、循環しはじめた。共産党の新書記長はそこでこう言明した。「明らかに、わたしたち全員がペレストロイカを受けなければなりません……。だれもが新しいアプローチを採用し、わたしたちにはほかに道がないことを理解しなければならないのであります」。「ペレストロイカ」とは、厳密には何なのか、その意味と結果が時とともにどう変わるのか、そして、それが出遭う抵抗の大きさ、それらすべてがはっきりしていなかった。それがゴルバチョフと、彼に熱烈な支持を与えた党内の人びとにとって当初意味していたのは、彼らが一九一七年の革命の理想の復活に欠かせないと考える刷新と再活性化であった。

ゴルバチョフは内側の人間である。彼は体制内で名を上げてきていた。彼がどんな改革を導入しようとするにせよ、それがその体制——ソ連国内におけるその権力構造、あるいは東欧に対する支配——を害するなどと心配する必要はなかった。ゴルバチョフ自身、生粋の共産主義者であり、そんなことをするつもりはなかった。ソ連は経済面及び非ロシア系民族との関係で、深刻化する諸問題に直面していたけれども、ゴルバチョフが書記長職を引き継いだ時には安定していた。対外債務は少なく、深刻な国内の混乱はなく、軍と治安機関の忠誠に頼ることができた。必要な改革の導入を望むごく少数の人びとの間にも、また、改革を阻止したがる政治局内で優勢なウルトラ保守派の間にも、政治の不安定化についての懸念はなかった。ペレストロイカの破壊力がなかったならば、ソ連は予見できる将来、間違いなく硬直化したやり方ではあれ、差し迫った崩壊を恐れることなく、よろめきながら存続できただろう。

一九三一年三月、ロシア人が多数派ながら多民族が入り交じる北カフカス地方、スタヴローポリの農民一家に生まれ、ゴルバチョフはスターリン主義の下で貧困と家族の迫害を経験し、その後、一九八〇年に政治局入りするまで、党内で急速に昇進しはじめた。組織手腕と精力と決断力には定評があった。ゴルバチョフは新生の注目すべき才人と見られていた。短いアンドロポフ政権時代に頭角を現した。アンドロポフは（狭い範囲内での）改革の必要を認識しており、多数の忠実な若手党員を昇進させようとした。ゴルバチョフを自分の子飼いの筆頭とみなして、経済分野の多く、とくに農業に対する広範な責任を委ねた。病気のアンドロポフがいないと、ゴルバチョフは時々、政治局会議を司会した（通常はコンスタンチン・チェルネンコの任務だった）。アンドロポフが死に、すでに病気のチェルネンコが保守派による選択で跡を継いだのは、一時的な後退にすぎなかった。

チェルネンコの病気ゆえに、たいていゴルバチョフが党政治局と書記局を仕切ることになった。彼はこのころにはソ連指導部のナンバー2になっていた。チェルネンコが八五年三月一〇日夜に死亡すると、ゴルバチョフはその夜遅く政治局会議を招集したが、政治局はすでに、彼が翌日には反対なく書記長に選出されることを事実上決めていた。ゴルバチョフが選ばれたのは、急進的な改革理念をもっていたためではない。ゴルバチョフ自身には明確な計画はなかった。改革が必要だと感じていたにすぎない。保守派が大勢を占める政治局の同志たちが、自分たちに報酬と特権を保証している体制を脅かしかねないような徹底した改革に関心がないのは確かだった。決して全員がゴルバチョフを買っていたわけではない。だが、ほかにめぼしい候補がいなかった。半ば老衰状態の三人の指導者が相次いで死んだあととあって、若く精力的な指導部が必要不可欠だとする雰囲気があった。そして、ゴルバチョフのエネルギーと気力は強い印象を与えた。

だがそれでも、ゴルバチョフが保守派に完全に包囲され、政治局内でただ一人の改革派であってみれば、彼がいかにして徐々に急進的な改革を導入できたのか、ただちにははっきりしない。一つの理由は、ゴルバチョフには非常に説得力があり、言葉に力があったことだ。前任者たちとは対照的に、地位の権威にではなく、議論の力に頼った。政治局会議は以前より長くなった。長時間の討論があった。時には当初の立場を変えることもあった。だが、ゴルバチョフは説得力のある議論と個性の力によって、自らの政策に承認を取り付けるすべに長けていることを示した。そして、とりわけ初期の段階では、政治局の保守派が自分と歩調を合わせてくれるよう気遣った。

ゴルバチョフは、保守派が改革の代わりに提示できる明確な代替戦略をもっていないという事実に、大いに救われた。一九七〇年代後半から八〇年代初めにかけて悪化していた経済の貧困状態を強調するのは、難しくなかった。経済成長は鈍化してきていた。予算は大赤字だ。物資が不足し、闇市が繁盛。生産性は低く、強要と汚職がはびこり、社会主義諸国のなかでさえ生活水準は最低だった。軍事支出はいつもどおり維持されてきたが、生活水準を犠牲にしてのことだ。ゴルバチョフは山積する農業問題を自分の目で見ており、工業生産の欠陥と極度の投資不足は十分わかっていた。そして、増える対外債務の重荷も認識していた。保守派は改革を望んでいないかもしれない。だが、事態をこのまま放置するだけでは、彼らはこの経済苦境を打開する道を見出すことができない。それ故にゴルバチョフは、改革を強く求めるうえで、優位にあった。ほかに明確な選択肢がないのだから。保守派は当初から守勢に立たされていたのだ。

外交に関してもほぼ同様だ。ゴルバチョフは技術開発面でますます開く米国との溝を指摘することができた。八三年に打ち出されたレーガン米大統領の戦略防衛構想（「スターウォーズ」）に対抗せざるを得なくなると、これはよりいっそう明らかになった。ソ連の反応はいつもどおりだった。軍事支出の積み増しである。ゴルバチョフも最初は、軍事支出を大幅に増やさなければならない、それによってとりわけ情報技術でソ連が米国に追いつき、欠陥を克服することが可能になると考えた。だが、この問題に取り組むもう一つの道は、米国との国際関係を根本的に変える努力をすることだ、とまもなく理解した。彼は大々的な核軍縮を思い描いた。そうすれば、米国は高価な戦略防衛構想がまったく不要なことを納得するだろうと。民間経済にすでに負担がかかっているときに、防衛予算を大幅に増額すると、ソ連国民の生活水準を改善する可能性が厳しく制限されてしまうという問題にぶつかり、ゴルバチョフは彼の考えるもう一つの取り組み方を試すよう、政治局を説得することができた。保守派は問題をさらに悪化させるような政策――試し済み、試験済み、失敗済み――にこだわるよりほかに、ゴルバチョフの議論に対抗する手立てがなかった。そのうえ保守派は、当時はまだKGB議長の座にあったアンドロポフがほんの数年前、レーガンの無謀な予測不可能性として力説したことを気にし、レーガンがソ連への電撃攻撃を計画しているのではないかと恐れていた。ソ連の情報機関が八三年に、NATOの軍事演習を切迫する核攻撃の兆候だと誤解したとき、彼らはパニック寸前に陥ったことがあった――当時は秘密にされたのだが、これは一九六二年のキューバ・ミサイル危機以来もっとも危険な一触即発の状況だった。やっと彼らは気づいた。SS‐20ミサイルを東欧に配備したのは間違いであり、それは――法外なコストは別にしても――西側を挑発して、ソ連が有効な防護手段をもたない優れたパーシングⅡミサイルの対抗配備に追い込んでしまったのだ。こうして、保守的な軍指導部は改革を受け容れた。この場合も、保守派の弱さがゴルバチョフの強みだった。

　自分自身の雄弁な説得力と保守派の弱さのほかに、ゴルバチョフは政治局その他の指導的党機関での自分の立場を強化することによって、改革課題を推進することができた。彼の改革志向を共有しない政治局内の多数派に常に立ち向かわなければならなかったけれども、ゴルバチョフは自分の立場を強化する人事異動を、とくに外交分野ですみやかに実行した。残っている保守派を切って、かつてアンドロポフの庇護下にあった改革支持の多くの仲間を昇進させた。このなかにはゴルバチョフがスムーズに書記長に選出されるよう、彼のために舞台裏で工作した人びとが含まれている。すなわちニコライ・ルイシコフは経済の責任を委ねられ、閣僚会議議長〔首相〕に任じられた。一方、アンドロポフ政権下で党組織局を差配していたエゴール・リガチョフは政治局員に格上げされ、書記局でイデオロギー問題の責任を委ねられた。急進的改革を支持する重要な同盟者がアレクサンドル・ヤコヴレフで、いまや党書記局入りした。グルジア共産党第一書記のエドゥアルド・シェワルナゼは、改革が必要だとするゴルバチョフの見解を熱烈に共有していて、外相に任命され、一方で保守頑迷派のアンドレイ・グロムイコは、最高会議幹部会議長（国家元首）に祭り上げられることによって、地位を解かれた。ルイシコフとリガチョフは、のちにゴルバチョフから距離をおき、批判に転じる人びとに加わることになる。スヴェルドロフスク（のちに帝政時代の名称エカチェリンブルクに戻る）州の党第一書記で、いまやモスクワ市党委員会第一書記に任命されたボリス・エリツィンも同様だ。しかし、改革の初期段階では、彼らはいかなる改革の展望にも及び腰な伝統主義者に対抗する重要な同盟者だった。ゴルバチョフは組織下部でも、改革に賛同する意思のある党職員を登用した。硬直化したブレジネフ体制の表面下で、教育のある経済管理者や専門技術者の新しい層が、改革の必要を理解するようになっていた。彼らや中級の党職員たちは、慎重に振る舞わなければならなかった。けれども、彼らの多くが改革主義の理念に柔軟であり、上から指針を与えられれば、その理念を受け容れる用意があった。

一九八六年半ばごろには、地方の党書記の三分の二が新任になっていた。

最後にもう一点、自らの立場が強化されるにつれ、改革に関するゴルバチョフ自身の見解が根本的に変化したため、彼は改革の道をますます急進的な方向へ向けることができた。ゴルバチョフは共産主義者として出発し、西側流の社会民主主義者に行き着いた。改革では不十分だと徐々に気づくようになった。八八年にもなると、ソヴィエト体制は完全にオーバーホールし、構造転換しなければならないと認識するところまできていた。自らが個人的に変容する過程で、ゴルバチョフはソ連指導部を道連れにした――より自発的に従った者もあれば、暴走トラックを止めようとするかのように、虚しくブレーキを踏もうとする者もいたが。諸々の改革が速度を増すにつれ、ゴルバチョフの敵たちには、それを逆戻りさせることはおろか、妨害することもますます難しくなった。全国的テロというスターリン方式に訴えるのは、とうに手遅れだった。極端な抑圧を実行しようとしても、一九三〇年代よりはるかに難しかっただろう。ソ連社会は当時からは変わってしまっていたのだ。国民はおおむねゴルバチョフが好きだった。一九八五〜九〇年の間、この共産党書記長は絶大な個人的人気を博していた。ゴルバチョフは知識人層からも、急進的提案に対する大いなる支持を受けた（もっとも、地方の党官僚たちはたいてい腰を上げなかったが）。

過ぎ去った過去の全面的な指令経済に時計の針を戻すこともできなかった。ソ連の深刻な経済問題は、そうした手法では対処できはしない。それにこの間、手綱を引き締めるのではなく、緩めよという圧力がソ連周縁部の非ロシア系諸民族の間で高まりつつあった。こうして、改革は自力運動をしたのだ。保守派の一人、ヴィタリー・ヴォロトニコフはのちに、ゴルバチョフの議論の力に夢中になったことを悔やみ、「擬似民主主義の列車はあまりに速度をつけたものだから、それを止めるのはわれわれの手に余った」と嘆いた。彼は正しい。すなわち、ゴルバチョフがソ連指導者である限り、改革圧力は止められなかったのだ。改革を止めるか、それとも急進化させるかという問題に直面すると、ゴルバチョフの答えは分かり切っていたし、一貫していた。「わたしは前に進むよう運命づけられている、ただ前にのみ」と語ったといわれている。「だから、もし後退すればわたし自身が滅び、この大義も滅ぶだろう！」と。だが、「前進」が意味する急進的改革は、容赦なく一つの方向に進んだ。すなわち、ソヴィエト国家の権力構造をむしばみ、ついには完全に掘り崩す方向に、である。

ゴルバチョフが党首になったとき、ソ連がかかえる諸問題がいかに深刻であったとしても、その先数年間はそれに耐えることもできただろう。ソ連は、一九七九年に鄧小平指導下の中国で採用された、経済改革と強力な独裁的政治統制の継続を組み合わせる模範に、うまくならうこともできただろう——当時、そしてその後も、たしかにこう論じる人びとがいた。経済改革を実行し、しかるのちに初めて政治的転換を試みるという、そうした戦略をとっていればソ連は永久に存続していただろう、と言うのだ。ゴルバチョフの意見は違った。そんな見方は無邪気すぎる、と彼は批判した。大々的な政治改革を伴わない経済改革をソ連で行っていても、失敗する運命にあったと言うのだ。(鄧小平の側では明らかに、ゴルバチョフを「愚か者」と考えていた)。実際のところは、構造的諸問題があったために、ゴルバチョフは、急進的改革に向かう止めようのない勢いをつけることができたのである。しかし、ゴルバチョフの自己投入、つまりソ連の硬直化した権力構造を改革しようという抑えようのない欲求の高まりがなければ、その勢いはそもそも生じなかっただろう。改革へのこの純粋な意思が、ソ連とその衛星諸国、そして究極的にはヨーロッパ全体が変容するうえで、「ゴルバチョフ・ファクター」になったのである。

経済改革が党書記長としてのゴルバチョフの当初の関心の的のようだったが、数カ月間は言辞が具体的な措置をほとんど伴っていなかった。彼の最初の出発点は、実際は——かなりの程度、ほぼ保守一色の政治局を懐柔する狙いで——ブレジネフ体制下で定められた戦略的枠組み内での改善に努めることだった。自分の政策は「国家の社会的・経済的発展を加速し、社会生活のすべての局面で改善を追求する」政策だ。書記長への選出後、最初の演説でゴルバチョフはこう述べた。非常に漠然とした意図表明だった。改革が緊急に必要だと確信しているものの、ゴルバチョフの頭には明確な計画はなかった。経済管理を非中央集権化しなければならないと、保守派に言い聞かせることはできる。だが、その目標に向けて、改革を実行し、意図表明を実際の現実に変える明確な措置となると、別問題だった。ゴルバチョフは政治的地雷原を歩いているのだった。改革への焦燥感はあるのだが、一夜にして実現することはできない。改革のプロセスが根を下ろし、速度を増す前に、熱心な説得、抵抗勢力と改革志向の人びととの入れ替え、そして改革の環境づくりのための大胆な手立てが必要だった。その間、ゴルバチョフ自身が常に変化していた。彼は急進的改革の可能性について、徐々に確信を強めていった。また、自分がすでに使嗾《しそう》した改革の流れに、押し流されてもいた。

多少なりとも意味のある経済改革は、政治的構造改革がそのあとではなく先にあって初めて実現できることに、ゴルバチョフはまもなく気づいた。そこで、まもなく政治の改革を強く求めるようになった。そして政治改革は、その後に続く経済・社会改革の足掛かりとして出発しながら、徐々にそれ自体が目的になってしまった。「政治闘争のなかで、われわれは経済を見失った」とゴルバチョフはのちに認めている。

一九八五年夏、ソ連のさまざまな地方を訪問して、ゴルバチョフは経済状態についての厳しい評価をいっそう強めた。だが、彼に本当に衝撃を与え、この低迷を脱するには限定的な改革と行政上の調整では不十分だと確信させたのは、八六年四月二六日、キエフの北一〇〇キロにあるウクライナのチェルノブイリで起きた恐ろしい核惨事だった。原子力発電所の原子炉の過熱が、破滅的な爆発につながったのだ。一九四五年八月に、原爆が日本の広島と長崎を破壊したあとよりもはるかにひどい放射性降下物が、強風で東欧と中欧及び北欧の広い地域に運ばれた。数百万人を放射線に被曝させ、それはただちにソ連だけでなく、国際的な大惨事と認められた。それは西欧諸国における反核・環境運動に、大きな痕跡を残した。

爆発事故の中心地にいるウクライナ人にとっては、正真正銘の大惨事だった。しかし、この惨事の規模も性格も、ただちには分からなかった。正確に何が起きたのかについて、当局が当初、地元住民に情報を与えなかったからだ。一人の目撃者が混沌とした恐怖の情景を説明している。消火作業にあたって死亡した消防隊員の、妊娠中の妻だ。

> 高く燃えあがる炎。すす。ひどい熱気。……炎をたたき消し、燃えている黒煙を足でけりおとした……。夫たちは防水服をきないで行きました。シャツ一枚のまま出勤したのです。警告はなかった。ふつうの火事だと呼び出されました。……夫は「でていってくれ、赤ん坊を救うんだ」と頼みます。ラジオで告げられました。「町は三日から五日の予定で疎開します。森でテント生活をしますので暖かいものとスポーツウェアを持って行ってください」（訳文はスベトラーナ・アレクシエービッチ『チェルノブイリの祈り』岩波現代文庫）

少なくとも二〇人が死亡した。爆発事故の結果として、のちに死んだ人の数は数万人に上ると推定されている。高濃度の放射線被曝を原因とする健康障害が何年も続いた。大気は汚れ、大地は汚染された。その地域に居住することは不可能だった。約一三万五〇〇〇人が強制移住させられた。

ゴルバチョフにとって、その惨事は時代遅れの技術ばかりか、「古いシステムの欠陥」も暴露していた。「チェルノブイリはわれわれのシステム全体の病弊の多くを浮き彫りにした」と、彼はのちに語っている。無能、重要情報を隠そうとする試み、悪いニュースの隠蔽、無責任、気の緩み、酩酊の蔓延、意思決定のまずさがあった。これは「急進的改革のための説得力のある議論」を、さらに強めることになった。「われわれはペレストロイカを前に進めなければならない」と。

その後まもなく、二つ目のロシア語の単語が国際語彙集に入った。グラスノスチ――「透明性」ないし「公開性」である。自分の改革に関する大衆討論を促し、こうして改革の評判を広め、後戻りできなくすることが、ゴルバチョフの念願にあるきわめて重要な要素だった。西側流の自由民主主義はいうまでもなく、無制限の言論の自由や情報への自由アクセスが意図されていたわけではない。だがそれでも、ソ連の観点からすれば、その施策は尋常ではなく、グラスノスチが招く結果は予測できなかった。ゴルバチョフが異論の抑圧に終止符を打とうとしていることを示す兆候は、一九八六年一二月に、ソ連のもっとも有名な反体制派原子物理学者、アンドレイ・サハロフをゴーリキー市への追放から呼び戻したことだった。

翌年一年を通じ、ペレストロイカについてのゴルバチョフの考え方はさらに進化する。八七年六月に提出した国営企業法案は、工場長の選挙制や生産の一定の非中央集権化、それに――一九二〇年代のレーニンの新経済政策を思わせるが――サービスと工業における小規模な私営部門の存在を想定していた。当初は小規模だった分野が、二年後には、小規模ながらも、かなり拡大していた。依然としてははるかに巨大な国営部門では、労働者の解雇や不採算企業の閉鎖が可能になった。国家管理型指令経済から一段と離れる施策として、農地及び公営企業までもが、五年を限度に賃貸できるようになった。この間、ゴルバチョフは八七年一一月、ソヴィエト社会の基盤として、法の支配と新たな政治文化を導入するよう主張した。驚くべきことに、これもまたレーニン主義の階級イデオロギーとの完全な決別なのだが、ゴルバチョフは他の国々との「共通の人間的価値観」にもとづく外交を望んだ。

核軍拡競争をやめるのは、ずばり、ソ連の利益になることを受け容れるよう、政治局の同志たちをうまく説き伏せた国際問題における政策変更に沿って、ゴルバチョフは時を移さず、合意を追求する狙いでレーガン大統領と会った。書記長に就任する前年、ゴルバチョフは「魅力振りまき攻勢」でレーガンの第一の同盟者、マーガレット・サッチャーにすでに好印象を与えていた。サッチャーが強硬な反共主義者であることはよく分かっていたが、彼女のことを「ワシントンにメッセージを送る最短の道」と見ていた。一九八四年一二月一六日、妻のライーサとともに英国首相の別邸チェッカーズで昼食を共にした際、ゴルバチョフはサッチャー夫人に、自分は「共産党に入党するようあなたを説得せよとの指示を政治局から受けてはいません」と念押しすることで、場を和ませていた。サッチャー夫人はこのジョークで、見た目にもくつろぎ、彼女の顧問の一人の言葉を借りれば、あとでこう語っている。「ゴルバチョフ氏が気に入ったわ。わたしたちは一緒に仕事ができます」。

ゴルバチョフとレーガンはまた、八五年一一月にジュネーヴで会った際、良好な個人的関係を築いた。八六年一〇月一一～一二日の、アイスランドの首都レイキャビクでの二回目の首脳会談で、ゴルバチョフは双方が戦略核を五〇パーセント削減するとの提案をし、さらに、レーガン大統領が躊躇していると、ヨーロッパの中距離核全廃を提案して、彼の度肝を抜いた。レーガンが戦略防衛構想（SDI）の実験の制限を検討することを拒否して、この提案は挫折した。三度目の首脳会談は八七年一二月七～一〇日にワシントンで開かれ、より大きな成功を収めた。この時はゴルバチョフとレーガンは、米ソ双方に射程五〇〇～五五〇〇キロのすべての地上配備ミサイルの破壊を義務づける中距離核戦力（INF）廃棄条約に署名したのである。ゴルバチョフとレーガンは八八年五月二九日～六月三日に再び会った。この度はモスクワで、二人は人権とソ連軍のアフガニスタン撤退について話し合った。アフガン撤退は四月に発表されていた――ゴルバチョフはソ連の「ベトナム」という惨憺たる出来事に終止符を打ったのだ。おそらくもっとも重要なこととして、この会談は一つの環境変化を反映していた――大いに改善された超大国間関係の環境であり、それは少なからずゴルバチョフとレーガンの間の個人的相性と、書記長が取った核戦争の可能性を低減するイニシアチヴに促されたものだった。

一九八八年一二月七日、ゴルバチョフは国連総会で演説し、ソ連軍を一方的に五〇万人削減し、九一年までに東ドイツとチェコスロヴァキア及びハンガリーから六個装甲師団を引き揚げると発表した。ゴルバチョフは平和な世界を築くうえでの人類の「共通の目標」に言及した。階級闘争には触れなかった。彼はマルクス＝レーニン主義の教義に背を向けつつあった。短い間に遠くに来ていたのだ。

だが、ソ連国内の問題はこの間、懸念すべき様相で山積しつつあった。グラスノスチは人びとに、何よりも地方官吏の汚職についての不満を表明するよう促してきた。汚職は政府の宣伝活動自体が批判してきたことだった。非ロシア系共和国では、これは容易に民族的次元を帯び、外部の目には地元官吏より優遇されていると映るロシア人官吏への恨みの形で表れた。カザフスタンとアゼルバイジャンで民族騒動が起きたが、モスクワからの自立を求める分離主義的民族感情の高まりを示す不吉な兆候が、ラトヴィア、リトアニア、エストニアのバルト諸国に見られた。ゴルバチョフはパンドラの箱を開けてしまったのだ。そのふたは二度と閉じることができなかった。

八八年暮れにもなると、経済が破綻しつつあることも明らかだった。ゴルバチョフの改革は状況を改善するのではなく、悪化させていた。あらゆる指標が経済業績の急激な悪化を示していた。ソ連の財政赤字は不安なまでに増大しつつあった。ウォッカ販売が不安定な予算を支える税収として、きわめて重要だった。石油と天然ガスを中心とする輸出収入は減少していた。ソ連のように天然資源に恵まれた大国としては、西側への輸出で得られる外貨のかなりの割合を、食料輸入に使わなければならないのは異常なことだった。八八年末までには、肉と砂糖を含む基本食料品の配給が一般的になっていた。病院は薬剤不足を訴えた。一年後には牛乳、茶、コーヒー、石鹼、肉といった多くの日常物資が店頭から消えていた。当然、無数の一般市民の怒りがひしひしと感じられた。国内の数カ所でストが起きた。そして、拡大する経済危機と国民の大きな不満のなかで選挙を迎えた。

　ソ連史上初の自由選挙となった一九八九年三月の人民代議員大会（二二五〇人から成り、旧最高会議に代わる新設の最高立法機関）選挙は、世間をあっと言わせる結果になった。西側民主主義国のような複数政党選挙ではない。候補者は共産党員でなければならない。しかし、一議席を複数候補が争えるのが新しい点だった。これは、一党支配を維持しつつ一定の選択の自由を導入するという、保守派を宥めるために必要な妥協だった。不完全な制度ではあれ、民主主義に向けた重要な動きだった。驚いたことに、党公認候補の約二〇パーセントが有権者に拒否された。モスクワ、レニングラード、キエフというソ連の各大都市で、党公認の候補が敗れた。モスクワでは、八七年に政治局を辞任していたボリス・エリツィンが、党機構全体の反対を受けながら、ほぼ九〇パーセントの票を獲得した。

　共産党にとっては一九一八年以来、最悪の選挙での敗北だった。これはさらなる政治的動揺への道を開く。その人民代議員大会では、エリツィンを筆頭とする約三〇〇人の改革派が、一段の民主化と急進的改革を強く要求した。同時に、バルト諸国はよりうるさくモスクワからの独立を求め、一方、グルジアでは民族独立を求める抗議行動が流血に発展した。暴動と暴力をはらむカフカス地方での反抗と民族間紛争は、非ロシア系共和国の紐帯のほつれを反映していた。しかも、これがすべて経済危機の継続と高まりを背景にしていたのだ。ゴルバチョフは依然人気があった。一九九〇年夏までは人気が続く。だが、彼の人気と権力は頂点にあった。それはまもなく衰えはじめる。

　だが、ゴルバチョフ自身には後退はあり得なかった。漸進的改革として始まったものが、目に見えて革命的変革になりつつあった。そして、その内側へ向けての爆発の影響が及んでいたのはソ連だけではなかった。それは、それまで東欧のソ連帝国を形成してきた衛星諸国にとっても、否応なく重大な含みを帯びていたのである。

変化の勢い

ソ連ブロックの崩壊で、「ゴルバチョフ・ファクター」はどれほど重要だったのだろうか？　この問題は社会主義諸国を痛めつつあった構造的脆弱さに光をあてて検討しなければならない。それはまたもや、一つの主要な解釈問題を提起する。大きな歴史的変化に影響を与える点で、個々の行為主体の役割はどこまで重要なのだろうか？　そして、その役割自体はどの程度まで構造的決定要因に左右されるのだろうか？

ソ連衛星諸国の構造的諸問題は、一九七〇年代の石油危機で深まっていた（第7章参照）。ソ連ブロックと西側諸国経済の成長レベルの開きは、縮むのではなく拡大する一方だった。東欧の国家債務は八〇年代半ばごろには警戒すべき水準に達しつつあった。外貨収入の大きな部分が西側銀行への債務返済に使われており、この悪循環から抜け出すのはほぼ不可能になった。ゴルバチョフの側近らは彼に、東欧はソ連にとって、戦略上必要な存在ではなく、経済的重荷になっていると話した。

ルーマニアは、国家債務から脱却する道がまったく閉ざされているわけではないことを示した。しかし、それはほとんど推奨できるような道ではない。国際通貨基金（IMF）は一九八二年、ルーマニアの巨額（しかもなお増加中）の債務を繰り延べる見返りに、厳しい条件を課していた。これに応え、ニコラエ・チャウシェスクは債務をきわめて短期間に完済するという極端な戦略を採用した。事実、債務は八九年までになくなった。しかし、これは消費支出のすさまじく過酷な削減によってはじめて可能になったのだ。その削減にはカロリー摂取を最大一五パーセント減らす「合理的食事計画」が含まれており、市民に絶望的貧困を強いた。輸入は極端に切り詰められ、もっとも基本的な食料品の慢性的不足につながった。電力消費は八五年ごろには、七九年のわずか二〇パーセントの水準まで落ち込み、八七年冬のブカレストのガス消費は一日当たり二時間に固定された。

国民が飢え、凍えている一方で、チャウシェスクはますます晩年のローマ皇帝ネロに似て、恥知らずな浪費の生活スタイルを（妻エレナとともに）楽しみ、独裁体制の基準からしてもまれな追従とばかさ加減におぼれる個人崇拝を享受した。誇大妄想狂の兆候は見紛えようもなかった。威信をしめすための数々の壮大なプロジェクトは、信じがたい金をのみ込んだ。様式としてはスターリン建築の醜悪の極みを思わせるブカレストの「共和国宮殿」の用地のために、約四万人が家を追い出された。八八年、チャウシェスクは「農工業コンビナート」を建設するため、八〇〇〇カ村の破壊を含む計画を発表した。

自宅を壊そうとしない村人たちは、なんの補償も受けなかった。ハンガリー系少数民族は「ルーマニア人化」されることになっていた。避妊と中絶は禁止され、結婚年齢が一五歳に引き下げられたため、女性たちはとくに辛酸をなめた。数万人の子どもたちが貧困家庭から取り上げられ、孤児院に入れられた。

チャウシェスク体制は本当に怪物的だった。だが、支配エリート層の縁故主義と、とてつもないスケールの腐敗、そして「セクリターテ」——おそらく数十万人の情報提供者の巨大な監視網に支えられた恐怖の国家治安機関(推定要員二万四〇〇〇人)——による恐ろしい抑圧は、体制にいかに本当の人気がなかったとはいえ、口に出さない反対を生む働きをするだけだった。だがそれでも、内輪で批判的な国民でさえ、チャウシェスク支配からのいかなる出口をも考えることは、まずできなかった。しかし、ルーマニア版共産主義の特異な性格がどうであれ、ルーマニアは、共産圏全体に影響しはじめている変化の風潮を逃れることはできなかった。

ルーマニアの横暴な専制体制は事実、社会主義ブロックのその他諸国からはっきりと突出していた。ワルシャワ条約に加盟していながら、チャウシェスクは一九六八年八月のチェコスロヴァキア侵攻以来、徐々に独自の道を歩んできていた。彼がルーマニア型の一国社会主義を発展させるなかでソ連から距離をおき、結果としてワルシャワ条約諸国の内部に亀裂を生じさせたことで、西側諸国はそうした反抗的な独裁者に接近する気になった。七八年には、チャウシェスクは英国公式訪問に招かれ、女王エリザベス二世と食事までしている。ルーマニアはソ連の経済援助を必要とすることから、チャウシェスクはゴルバチョフに諸々の提案をしたが、意見の一致は不可能だった。実際、八七年五月の二人の会談は、ソ連指導者からの強い批判を引き起こす。ルーマニアとソ連の道は、一段と隔たる宿命にあった。だが、ゴルバチョフがワルシャワ条約諸国内部で、改革への急進的アプローチを明確にすればするほど、ルーマニアにおけるチャウシェスクの絶対支配は危機にさらされるようになる。

その他のワルシャワ条約諸国は、ゴルバチョフの改革に対する姿勢で、鋭く分裂していた。ブルガリア(モスクワへの忠誠では伝統的にぶれなかった)と東ドイツ、それにチェコスロヴァキアはソ連で進行する変化を、不承認と不安と不吉な予感をもって眺めていた。ゴルバチョフ政権下の新しい風潮に抵抗することは、彼らの権威が依存している自国の権力構造を守ることだった。

一九五四年以来ブルガリア共産党書記長で、七一年七月からは国家元首も兼ね、いまだ権力にしがみついているトドル・ジフコフが、ソ連のゴルバチョフ改革に感銘を受けることはなさそうだった。低迷する経済をテコ入れし、とりわけ消費物資の供給を改善しようとする八二年の試みは、失敗していた。ソ連が石油輸出の収入減に直面し、ブルガリア（とその他東欧の衛星諸国）への石油供給を削減すると、この国の経済問題は悪化した。ゴルバチョフがのちに述べているが、ブルガリア経済は外国資本という「人工呼吸」によって生命を維持されていたのだ。対外債務の膨張と「心臓マヒ寸前」と判断される経済を抱え、ジフコフは人口の約一〇パーセントを占めるトルコ系少数民族への差別を強めることで、注意を外に向けた。ソ連で「ペレストロイカ」が進むにつれ、モスクワとの関係は一段と緊張した。ジフコフは一九八六〜八八年に中途半端な「ブルガリアのペレストロイカ」を取り入れ、改革に上辺だけの賛同を示した。八七年には、ブルガリアにおける共産党の権力独占を究極的に脅かしかねない路線を採用したこと、また西側志向を好む側近を周囲に集めたことを理由に、ゴルバチョフに非難されるほどだった。だが、ジフコフの姿勢は偽善に満ちていた。というのは、自分が保持する権力を譲ることはおろか、弱めるつもりはなかったのだ。ブルガリア共産党政治局は、八七年には、ペレストロイカはブルガリアには適用できないとして、明確にこれを拒否してしまった。

東ドイツの場合、一九七一年から指導者の座にあるエーリヒ・ホーネッカーも同様だった。西ドイツからの借款と、西ベルリンへの通過ルートの使用料、それに西から東へのベルリンの壁の通行料によって、東ドイツはまずまずの生活水準を維持することができていた——西欧の水準よりははるかに低いが、東側ブロックとしては高い水準である。とはいえ、この国でも公式の楽観論の表面下で、経済は衰退し、国の負債は急増していた。政治的異議が数年前より広がっていた。公開の討論は制限され、国家の強制機関が日常的に処罰の脅しを加えたにもかかわらず、政治的異議は西ドイツの場合と同様、エスカレートする「第二の冷戦」での、ドイツの地への核兵器配備によって促された平和運動の形をとった。一九八六年にもなると、東ドイツには推定二〇〇の平和運動グループがあった。プロテスタント聖職者が核問題ではっきりと反対を表明し、とくに若者の間に環境被害に関する強い感情をかき立てるうえで大きな役割を果たした。このどれも体制の安定にとって、存在を脅かすような脅威を与えはしなかった。体制はいつものとおり、公然たる不満の表示には断固たる力を見せつけて抑え込む構えだった。ホーネッカーは進路を変更する必要があるとは考えていなかった。当然ながら、ソ連を掃除している箒《ほうき》は歓迎されない。改革は当初、せいぜい上辺だけのものと誤って受け止められていて、東ドイツにはまったく不要と見なされていた。ホーネッカーは八七年一月、ペレストロイカの道は東ドイツには合わないと明言した。政権のイデオロギー担当書記クルト・ハーガーが表明したように、「隣人が壁紙を替えようと決めても、わたしが同じことをしなければいけないということにはならない」というのが、東ドイツの立場だったのである。

チェコスロヴァキアでは、ゴルバチョフの登場は、ルーマニアは言うまでもなく、東ドイツやブルガリアの場合よりもはるかに、体制と広い層の国民（とくに知識人）の間の溝を広げた――一九六八年八月のプラハの春がつぶされて以来、はっきりとは目につかないまでも、癒されることのなかった断絶だ。英国の現代史家ティモシー・ガートン・アッシュのうまい比喩を使うなら、チェコスロヴァキアは「永久に厚い氷の層に閉ざされた湖」だった。氷の表面下には動きがあったのだ。大方の国民は長年、商店の比較的豊富な商品によって買収されていた。ところが八〇年代半ばにもなると、経済成長は止まり、国の負債は増加。経済見通しは陰鬱な数値を示していた。政治的安定は、多くの人びとの表面的な服従と容赦ない抑圧、そしてまつろわぬ少数派に対する監視によって保たれていた。だが、迫害によって反体制派を完全に黙らせることはできなかった。事実、「憲章77」の署名者たちは自分たちの目標を、積極的に反対することではなく、ただ沈黙を拒否することによって不同意の声を保持することだと考えていた。八〇年代半ばごろには、署名者の数は当初の二四〇人から一二〇〇人に増えていた。数百の非合法出版物が国内外の、いまだ少ないとはいえ広範な読者に届いていた。


「憲章77」の支持者やその他チェコスロヴァキアの多くの市民は、ゴルバチョフを新鮮な息吹と見て、ソ連における初期の変化の兆しを心から歓迎した。このソ連指導者は一九八七年四月にプラハを訪問すると、約五万人の群衆から熱狂的に歓迎された。プラハの春以来チェコの指導者だったグスタフ・フサークらチェコ指導部にとって、それはひどく不安にさせる兆候――ふたたび一九六八年を思わせるもの――だった。彼らはソ連共産党書記長ゴルバチョフの改革プログラムに対し、気乗り薄な支持の声を上げてはいたが、書記長は彼らが権力保持を弱めるいかなる改革にも頑として反対であることを疑っていなかった。一九八七年一二月のフサークの党首退陣――国家元首にはとどまった――が、大きな変化への戸口を開くというかすかな希望も、たちまちかき消されてしまった。後任のミロシュ・ヤケシュもまた強硬派だったのだ。

ゴルバチョフ改革に対するブルガリアと東ドイツ、それにチェコの姿勢は、ポーランド及びハンガリーの状況と鋭い対照を見せた。両国はすでに一九五〇年代に、衛星諸国のなかでもっとも従順度が低いことを見せつけていた。ソ連による一九五六年一一月のハンガリーへの軍事介入と、ポーランドに対する同様の行動の脅しが、当時は両国に無理矢理足並みをそろえさせた。だが両国は、モスクワに対する綱渡り的な忠誠を続ける一方で、独自の共産党支配の発展のなかで、限定的な逸脱を追求していた。とくにハンガリーは、「グヤーシュ共産主義」という変種によって、指令経済の重い制約から部分的にわきへそれていた。そして七〇年代末、ポーランドで高まる情勢不安は独立労組「連帯」(ソリダルノシチ)を生む結果となり、立ち上がってきた自由化の兆しは、一九八一年一二月の戒厳令の布告によってかき消されていた。

ポーランドとハンガリーの両国とも、体制への強いられた同調の表面下で、それぞれの形の「市民社会」の誕生をすでに経験していた。表面下では知的議論が花開いた。諸々の独立団体や討論グループ、出版物が両国で支持を得ていた。八〇年代を通じ、数千の出版物がハンガリーの土壌からキノコのように芽を吹いていた。同じことが、ポーランドについては、どちらかと言えば一段と当てはまった。実際、ポーランドでは、急成長する民主的抵抗は、ハンガリーでその岩盤になっていた知識人層をはるかに越えて広がった。「連帯」に対する労働者の支持は、八一年一二月の戒厳令によって抑え込まれた。だが、決して破壊されてはいなかった。ストライキやデモ、非合法出版物の回覧、その他さまざまな市民の不穏の形をとった抵抗は、数千人が逮捕されたにもかかわらず、(一部はCIAの資金援助を受けて)続いた。そして、カトリック教会は、国家に代わる国民的正当性と忠誠のもう一つの選択肢を提供し、国家に対するイデオロギー的抵抗を表す組織になった。

ポーランドの勇気ある知識人らは、「党は統治の負託を自ら失った、そしてだれもこれを変えることはできない」という見解に耳を傾けてもらうために、抑圧に抗し続けた。反体制派の著述家アダム・ミフニクは一九八二年、拘留キャンプから小説家・詩人のチェスワフ・ミウォシュ(三〇年前に共産党とたもとを分かち西側へ亡命)の表現を引用した。ミウォシュは、抑圧を一掃する雪崩は「転がる雪崩の下の石に左右される」と論評していた。ミフニクはこれに、「だから出来事の流れを変える石になりたいのだ」と付け加えたのである。

ゴルバチョフが舞台に登場したことは、いまや両国で改革派の抵抗運動に正当性を与える一方、すでに弱体化していた体制指導部の足元を大きく揺るがした。この二国の変化の軌道は異なっていた。ハンガリーでは、改革の動きはおおむね上から、共産党自身の内部から生じた。一方、ポーランドの場合、体制指導部は下からの、「連帯」にはっきりと表れた改革を求める大衆運動の圧力を受けて動いた。両国とも、改革勢力は増大する構造的諸問題に呼応して形成されていた。だが、改革の流れを、増大しついには抗えない体制転換への圧力に変えた原因は、モスクワで吹いている新しい風であった。

いったんゴルバチョフがソ連で権力を打ち立てると、ハンガリーでは、国内の経済的締めつけの軽減とイデオロギーの緩和の見返りに、モスクワとワルシャワ条約に揺るぎない忠誠を示すという長年の定石は、必要でも妥当でもなくなった。ハンガリーの経済問題が八〇年代半ばから悪化し、八七年ごろには国家債務がソ連ブロック内で最高水準に増加すると、政府の人気は衰えた。モスクワの情勢に刺激され、党内改革派はこれまで可能であった以上に急進的な改革を推進するチャンスを見た。一九五六年の動乱後に権力を継承して三〇年、いまなお党首であるヤーノシュ・カダルは、長年、国内改革へ向けたハンガリー独自の用心深い道を舵取りしてきていた。だが、変化した環境の下で、彼はゴルバチョフの急速な改革努力がはらむ危険を恐れた。一九八八年五月、改革の受け入れを躊躇しない人びとによって、新設の――儀礼だけの――党議長に「昇進」させられた。健康の悪化が書記長ポストからの強制退任を正当化する都合のいい口実になった。すでに八七年から首相ポストにあったカーロイ・グロースが党首を後継したが、長続きはしなかった。経済の自由化改革とともに党の権力独占も支持する、現実主義的保守派である。グロース自身も八八年一一月、複数政党制の必要性を公言する改革派内閣の支持を受けたミクロシュ・ネーメトに首相ポストを襲われる。

反対派諸グループはすでに何カ月も前から、政治的複数主義と出版・報道の自由を公然と要求していた。一九八七年九月〜八八年三月の間に、それらのグループは「ハンガリー民主フォーラム」「自由イニシアチヴ・ネットワーク」「青年民主連盟（FIDESZ）」といった数々の組織を結成した。こうした組織はどれも、力点の置きどころは違っていても、共産党独裁国家を拒否し、複数政党政治と市場志向経済、それに、むき出しの国益追求を支持した。変化のペースが速まった。一一月には、自由イニシアチヴ・ネットワークを母体に、自由民主連盟が政党として創立された。いったんは廃れた戦前の諸政党が復活した――独立小地主党（八八年一一月）と社会民主党（八九年一月）である。八八年一二月には、労働者の支持はわずかだったけれども、独立労組組織が結成された。八九年三月のキリスト教民主国民党の結党がこれに続いた。そのころには、支配政党である共産党は――重要な象徴的動きとして――一九五六年の蜂起は独立を求める真の戦い、「国家を衰退させた寡頭支配に対する人民蜂起」だったと認めていた。数週間前の一九八九年一月、それまでにかなり進行していた事態を正当化するある措置がすでに取られていた。国会がハンガリーは複数政党国家になると宣言、そして共産党は一党支配の終焉を正式に受け入れたのである。ハンガリーの革命は完了にはほど遠かった。だが、一九八九年初めの年月にもなると、革命は押しとどめられなくなっていた。

ポーランドでは八〇年代半ばにもなると、急速に悪化する経済状況のため、ヤルゼルスキ将軍政権は「連帯」

とのなんらかの和解の模索を迫られた。ハンガリーの限定的市場経済モデルに倣う試みが失敗し、対西側債務は増え続け、生活水準は八〇年代初期を通じて低下していたのである。ある重大な火種によって、妥協の用意はさらに促された。すなわち、一九八四年一〇月に起きた治安当局者によるイェジ・ポピエウシュコ神父(三七)の誘拐・殺害事件だ。労組による反政府運動への支持を公言し、体制にとっては目の上のこぶになっていたカトリック聖職者である。殺害に続いて全国に広がった怒りの波は、反政府運動を後押しし、政権を不安にさせた。一一月三日のポピエウシュコの葬儀には「連帯」指導者ワレサを含め、推定二五万人が参列した。このあと、怒りを押し殺した表面上は平静な時期があった。だが、雰囲気は緊張したままだった。警察国家の触角の長さは、スターリン主義の絶頂期と変わらなかった。とはいえ、体制側は国民感情に譲歩せざるを得ないことを悟った。一九八五年一一月、「連帯」メンバーへの部分的特赦があり、続いて八六年七月には、八一年以降に逮捕されたすべての政治犯に対する全面的特赦が行われた(戒厳令自体は八三年七月に正式に解除されていた)。釈放された人のなかには、声高に「連帯」支持を叫ぶ活動家で国際的に知られた知識人、アダム・ミフニクがいた。しかしながら、政治状況は一時的、部分的に安定化しただけだった。

生活条件は悪化し続けた。一九八六年の初め、政府は週労働時間の延長と食料品価格の値上げに追い込まれた。政権による情勢調査は、政府に対する信頼が五〇年代以降で最低の水準に落ち込んでいることを示していた。国家指導部は時間稼ぎをした。経済をかってなく私企業に開放する急進的経済改革の実施によって、共産党支配を維持することに望みをつないでいた。しかし、八七年一一月末の国民投票では、この改革に対する十分な支持が得られず、すでに実施されていた価格値上げに対する根強い不満を残すだけの結果に終わった。政府は情勢に対するコントロールを急速に失いはじめていた。

一九八八年の春から夏ごろにもなると、その後に続いた政情不安はグダニスクのレーニン造船所と炭鉱地帯での新たなストの波を生んだ。これらのストが、ひるがえって政府に、彼らがいう「建設的反対派」との八月の協議入りを促した。「連帯」の支持者自体も割れていた。運動の一部は政権との交渉を支持し、一部は急進的な姿勢を取った。夏のスト参加が一部に限られていたことが示すとおり、内部分裂はこの節目で「連帯」を弱体化させ、「連帯」を政府と妥協する気にさせた。政府側も、ワレサを官製労組の指導者アルフレッド・ミョドヴィッチとのテレビ討論に「私的立場の個人」として招き、ワレサが討論に楽勝すると、公衆の前に恥をさらすことになった。このメディア戦略の大失敗のあと、政府は再び

「連帯」指導者との協議に入る構えになった。

　一九八八年一二月一八日、ワレサは政府への民主化圧力を結集するため、「連帯市民委員会」を結成する。ヤルゼルスキは、国の安定のためには「連帯」との新たな了解の基盤が必要であることに気づき（ゴルバチョフの支持を受けた動き）、八九年一月、辞任も辞さない構えを示して、自主労組を再合法化する承認を取り付けた。これによって、二月に始まる公式の「円卓」交渉への道が開かれた。内相チェスワフ・キシチャクはこの段階でもなお、国民に向けテレビで「社会主義は統治体制であり続ける」と述べた。これに応えて、ワレサは「国民に対する一党の政治的・社会的独占の時代は終わりに近づいている」と断言した。円卓協議が四月に閉幕するときには、六月の選挙実施と下院（セイム）の議席の三五パーセントを独立候補に割り振るとの妥協が成っていた。新たに創設される重要性の低い上院（セナト）には、完全自由選挙が実施されることになり、一方では、国家元首としての大統領職が復活した――これまで国家評議会議長だったヤルゼルスキが就任することになっているポストだった。その時になってもまだ政府は、共産党支配の継続が保証されると考えて、取り決めに満足していた。これはまもなく、もう一つの誤算だったことが判明する。八九年春ともなると、民主化改革への高まる圧力に抗するのは、押し寄せる上げ潮をせき止めようとするのに似ていた。

　ヤルゼルスキ将軍はゴルバチョフ改革の強力な支持者だった。実のところ、ゴルバチョフは、経済改革に向けたポーランドの動きは一九八一年の後の戒厳令下でさえ、ソ連の立場よりはるかに進んでいると認めていた。ヤルゼルスキはゴルバチョフと同様、改革は必要だが、共産党支配を壊すのではなく維持するために、現存する体制の枠内で実施するものと見ていた。ゴルバチョフと同様、中身のある改革の結果として、体制が止めようもなく弱体化するとは予想していなかった。しかし、改革の急進化とともに目標が進化したゴルバチョフと違って、ヤルゼルスキは自分と体制に強要された政治改革を、不承不承受け入れるようになっただけであった。

　ゴルバチョフが一九八五年三月に権力の座に就いたころには、ソ連ブロックのどの国でも構造的危機が顕在化していた。悪化する経済状態は、体制の枠内では根本的に克服できない現実が深刻化し、衛星諸国それぞれの政権の正当性の危機となった。これらの国は異なる方法で問題に対処した。大方は（ブルガリアのように）実施する改革を最小限にとどめ、ほかの国（とくにポーランドとハンガリー）は、改革意欲を見せながらも共産党支配という本質は維持しようとした。この間、改革を求める体制内からの圧力がハンガリーと、とくにポーランドで著しく強まり、知識人サークルの内部に（そしてポーランドでは弾圧された「連帯」運動の一部に)、共産党の権力独占を脅かす大幅な経済的・政治的自由化を求める急進的要求が生まれた。

しかしながら、共産主義諸国の崩壊が不可避となった時期は、のちに起きた諸事件に照らし合わせて、早い時期に定めがちである。内部に抱える問題がいかに重大であろうと、ソ連ブロックは、ゴルバチョフが権力を継承した一九八五年三月の時点では、とても崩壊の淵にあるようには見えなかったのだ。もっと以前であれば、ソ連指導者たちはまったく違う方法で困難に対処していたかもしれない。なんといっても、一九五三年の東ドイツと一九五六年のハンガリー、それに一九六八年のチェコスロヴァキアでは、鉄槌が回答だったのだ。モスクワは体制の基盤総体を掘り崩しかねない、帝国のどの国の内部の脅威に対してもアレルギーがあった。「プラハの春」の弾圧直後に定式化された「ブレジネフ・ドクトリン」は、公式には表明されなかったにせよ、介入のイデオロギー的根拠を定義していた。「社会主義共同体を構成する他の国々から成るシステムのなかにある社会主義国は」と、それは断言していた。「その共同体の共通の利益から自由ではあり得ない」と。言い換えれば、共通の社会主義的利益が、それを脅かす物事はなんであれ弾圧するための軍事介入を正当化するのだ。

ソ連の衛星諸国の指導者は、八〇年代初めにはまだ、消えやらない軍事介入の暗黙の脅しを十分意識していた。ソ連指導部がそうした戦略に背を向けたとは確信できなかったのだ。たしかに、この可能性から慰めを得た指導者もいた。事実、ヤルゼルスキ将軍はのちに、一九八一年一二月の戒厳令布告を、まさにそうした結末を防ごうとしたとの理由で正当化した(もっとも、ソ連政治局の会議録は、当時KGB議長だったアンドロポフが、仮にポーランドで「連帯」が権力を獲得したとしてもその可能性を無視し、介入しないようブレジネフを説得したことを示唆している)。したがって、ゴルバチョフが「ブレジネフ・ドクトリン」を放棄したことは、決定的に重要だったのである。

一九八五年三月、チェルネンコの葬儀後にクレムリンで行われた最初の短い会合で、書記長が参集したワルシャワ条約諸国の指導者に対し、将来の関係は各国の主権と独立を尊重することになると伝えたとき、彼らがこの宣誓を額面通りには受け取りたがらなかったことは理解できる。介入の恐れは徐々にしか小さくならなかったのだ。ゴルバチョフは一カ月後、ポーランドで開かれたワルシャワ条約機構首脳会議で自らの意図を繰り返した。「だれも強制しないでおこう。各々の国に何をなすべきかを決めさせよう」という彼の内輪の発言は、広く知られるようになった。しかしながら、ポーランド人観察者にとっては、これから起きる事柄を示唆するものは何もなかった。ゴルバチョフの訪問の儀式は、過去数十年のそれとなんら変わるところがなかった。八六年一一月、ゴルバチョフはモスクワで東欧の首脳らに対し、もっと公式に「ブレジネフ・ドクトリン」が時代遅れであることを意識させた。八七年四月にはプラハで、ソ連は各々の社会主義国が国益に照らして自らの未来を決める権利があることを認める、と宣言した。翌年、ゴルバチョフは再び、ソ連ブロックの諸国には「選択の権利」があるとはっきり保証した。ソ連外務省報道官ゲンナジー・ゲラシモフはのちに、「ブレジネフ・ドクトリン」は「シナトラ・ドクトリン」に置き換わった——東欧諸国が我が道を行くことを認める——と、しゃれた言い方をした。

そうなると、将来、ソ連が東欧で武力に訴えることはなくなる。衛星諸国の首脳たちは、自国民の要求を満足させそこねても、ソ連から救援は来ないことに気づかないではいられなかった。このメッセージを自国民に伝えるのは気が進まなかった。というのは、彼らの権力は国民がソ連の介入の可能性を信じ続けることにかかっていたのだ。実のところ、八八年六月にワルシャワで、ポーランドの一知識人に迫られても、ゴルバチョフ自身は「ブレジネフ・ドクトリン」をおおやけに放棄することはなかった。一般大衆にとっては、光はただ徐々に差すことになる。一九八九年が経過するなかでその光が差したとき、たちまち共産党支配の終焉が続いて起きるのだった。

ソ連と東欧の衛星諸国の関係に対するゴルバチョフのまったく新しいアプローチは、もはや一国をなにがなんでも引き留めることを絶対的優先事項とはみなしておらず、国家の独立と複数政党制民主主義の導入へ平和的に漸進するための足場を組むうえで、決定的だった。ゴルバチョフが共産党書記長に選出された一九八五年三月には、東欧諸国を貫く構造的危機のことを一般大衆よりはるかによく知る専門家も含め、これらの国が五年以内に崩壊するとはだれも想像できなかった。ゴルバチョフがソ連指導者になって一年半余りの一九八六年一〇月、第一級の中欧専門家の一人であるティモシー・ガートン・アッシュは、ヴァーツラフ・ハヴェルの長年の「自由かつ独立した国々の友好的共同体としての民主的ヨーロッパの理想」を引き合いに出し、こう論評した。「そのことに異論を差しはさむのは難しい。けれども、その実現を想像するのはもっと難しい」と。八九年一月になってもまだ、ガートン・アッシュはヨーロッパの分断が克服されることについては、きわめて懐疑的だった。しかしそのころから、ソ連ブロック全体の政治的危機——もはや単なる経済的危機にとどまらない——は、加速度的な速さで制御不能に陥りはじめていたのである。

ソ連本国だけでなく、東欧全域の劇的変化に寄与したゴルバチョフの個人的役割の大きさは、いくら誇張してもしきれない。人はたしかに自らの歴史をつくるが、それは「彼らの前にある環境下で、なのだ」（さらに、彼らが予測しなかった結果を伴って、と付言することもできよう）。ゴルバチョフの役割は、カール・マルクスのこの断言の典型的なケースだった。もちろん、ゴルバチョフがあのように行動できたのは、東欧の構造的諸問題の重大さゆえだった。そしてもちろん、ソ連国内と同様、すべての国にゴルバチョフ改革を支持し、急進的改革を強く要求する構えの改革派が多かれ少なかれ存在した。だが、どんな障害があれ改革を受け容れる用意が、ゴルバチョフ個人になかったなら、歴史は違ったものになっていただろう。どう違ったかを言うのは不可能である。その体制はおそらくある段階で内部爆発していただろう。しかし、異なる条件の下では、それは仮に起きたとしても、起きるまでに何年もかかっていたかもしれない。崩壊があれほど速やかに、あれほど決定的に、そしてあれほど暴力と流血を伴わずに起きたのは、かなりの程度までゴルバチョフの個人的功績なのである。

変わらない日常――西欧の関心事

大陸の東半分の基盤を揺るがせつつある重大な変化に、西欧ではほとんどだれも、はっきり気づかなかった。鉄のカーテンの背後にある国々の国内情勢に対する強い関心は、知識人界を越えてはそれほど広がらなかった。「ゴルバチョフ」の名は、しかし、国際問題にいささかでも注意を払う西側のだれにとっても、まもなくなじみになる。実際、このソ連指導者はまもなく、国内よりも西欧世界で人気になった。ゴルバチョフ改革が東欧とソ連の諸国民に大きな自由を約束していることが、人気の一部を説明していた。だが、ゴルバチョフ人気は何よりも、彼が提示した冷戦終結――数十年にわたってダモクレスの剣のように全世界の上にぶらさがってきた核による滅亡の脅威の終焉――の展望のためだった。

ゴルバチョフが政権初期に西側首脳――レーガン米大統領と西欧諸国首脳――に会ったことが、高まる人気の下地をつくった。イデオロギー的には対極にあったけれども、サッチャー英首相との親密さは、初会談のときに始まっていた前向きな線に沿って発展し続けた。クレムリンの新指導者の真意について、西欧首脳の間にあった当初の疑念は徐々に薄らいだ。西側首脳の懸念への対処と個性の力によって、ゴルバチョフは核軍縮と、ヨーロッパを東西「共通の家」にする考えを実現しようと真剣であることを、彼らに分からせることができた。ミッテラン大統領及びサッチャー夫人との初期の会談は、それほど順調というわけではなかった。だが、深刻な違いの表面化とともに、互いの評価と理解の基礎――冷戦期の東西関係では珍しいことだ――がつくられた。

ゴルバチョフは一九八六年一〇月にレイキャビクでの米ソ首脳会談が失敗したあと、NATO諸国――デンマーク、オランダ、ノルウェー、アイスランド、イタリア、英国――の主要人物との複雑な軍縮についての協議を通じて、さらに信頼を築いた。八八年一〇月の、モスクワでのコール西ドイツ首相との初会談もまた、きわめて前向きな調子になった。全ヨーロッパの平和のための緊密な協力を真摯に望むコールの姿勢は、ゴルバチョフに感銘を与えた。経済・科学・文化・環境での協力に関する諸協定が調印された。この二人の指導者の間の良好な個人的関係は、建設的な長期的関係のための土台をつくるうえで、重要な役割を果たすのである。

テレビ時代にあっては、主要な政治家の会談は広い聴衆に届く。ゴルバチョフは権力を握ってまもなく、フランスの生放送のテレビで西側ジャーナリスト団との重要なインタビューに登場していた。ソ連指導者がこのような形で進んで公衆に向き合うのは初めてだった。彼の顔はまもなく、ニュース番組を通じて西欧じゅうの無数の人びとに知られるようになる。人びとはかつてのソ連指導者たちのいかめしい表情とはまったく対照的な、ゴルバチョフの率直な個性に共感した。そして、平和と核軍縮、ヨーロッパの一体性を強調するゴルバチョフに好意的な反応をしめした。

一九八九年四月にゴルバチョフと妻のライーサがロンドンを訪問すると、歓呼する群衆が彼らを迎えた。それどころか、この年六月にゴルバチョフがボンを訪問すると、歓迎ぶりはさらに盛大だった。万が一核戦争になれば最前線に立たされる西ドイツ市民は、ゴルバチョフが軍縮に向けて打ち出していた提案に、当然ながら、ことのほか歓喜していた。「わたしは市公会堂前広場でのボン市民との出会いをけっして忘れることはないだろう」と彼は書いている。「歓呼する群衆が支持と連帯を表わすなか、われわれは善意と友好の発露に文字どおり圧倒されたのである」と。

この段階に達するまでには時間がかかっていた。こうした出会いの前向きな調子や、徐々に積み上がった相互信頼にもかかわらず、協調的な関係、とりわけ核軍縮という核心の問題では、重大な障害があった。核論争の主役たる英国、フランス、西ドイツの西欧三大国――英仏は自身が核保有国、西ドイツはヨーロッパで核対決が起きた場合の前線――が、ゴルバチョフの提案に対する対応に、自国の国益を直接持ち込んだのだ。サッチャーとミッテランはともに、レーガンの「スターウォーズ」計画の長期的有効性についての懐疑と、それが核抑止の概念そのものを毀損するとの恐れから、そして何よりもその結果として、もし核軍縮が行われれば、きわめて限定された「核クラブ」の一員としての自国の国際的地位に直接影響するため、同計画が気に入らなかった。

ヨーロッパの大地からすべての中距離核を撤去することについての、一九八六年一〇月のレイキャビクでの米ソ首脳の協議は、サッチャー夫人にはまったく受け容れられなかった。その翌月のワシントンでは、核軍縮の考えを受け容れようとするレーガン大統領の姿勢が、サッチャーを不安にさせた。それが英国で、一方的軍縮を求める運動を勢いづけることを恐れたのだ。「人びとが核兵器は悪、不道徳で、まもなく防衛システムの開発によって用済みになるなどと教えられるような状況に陥ってはなりません」と彼女は論じた。ヨーロッパで巡航ミサイルとパーシング・ミサイルの配備への大衆的支持を維持し、英国自身の保有核を現代化することが肝要だった。米国はモスクワに対し、ソ連が核兵器を削減しないなら「スターウォーズ」計画は進むと警告すべきだ、そうサッチャーは主張した。彼女はNATOの抑止戦略は変わらないという保証を勝ち取った。

ミッテランの立場は本質的に、サッチャーのそれと違いがなかった。異なる観点からではあるけれども、コールも「スターウォーズ」に対する歓迎を口にしなかった。そのシステムが機能するとは思えない。技術的にも財政的にも、実現の可能性は疑わしい。そして、何よりも恐れたのは、ヨーロッパを核攻撃に対し無防備にしたまま、現実には米国を守るために核の盾が配備されることだった。この懸念は、ゴルバチョフとレーガンが現実に軍備管理で進展を達成してもなお、完全には鎮められなかった。というのは、両首脳が八七年一二月にワシントンでついに到達した中距離核に関する合意は、それ自体としては重要な飛躍的前進だけれども、射程五〇〇キロメートル以下の短距離核――超大国が戦場で対決した場合、まさにドイツの地で使用されることが懸念される型の兵器――を含んでいないのだ。

同時にコールは、核軍拡競争を終わらせようとするゴルバチョフの真剣さを信じるようになった。コールの当初の立場はそうではなかった。西ドイツ政府はクレムリンの新指導者の本当の狙いについて、疑念を抱いていたのだ。コールは八六年一〇月のインタビューで、ぶしつけに（そして愚かにも）ゴルバチョフのメディア操縦術をナチの宣伝相ヨーゼフ・ゲッベルスのそれになぞらえることまでしていた。ソ連の新聞の反応は、当然ながら厳しかった。軍縮協議が初期の慎重に扱うべき段階にあった西側でも、コールの不器用さは不評を買った。しかし、この無作法にこだわることは、ボンにとってもモスクワにとっても利益にならない。コールは新聞に責任を押し付けて、ゴルバチョフに謝った。経験豊富で外交巧者の外相、ハンス＝ディートリヒ・ゲンシャーは、ゴルバチョフ提案を支持して積極的に動くことが西ドイツの直接の利益になる、とすぐさま悟った。コールはゲンシャーに感化されて、緊密な協力のための新たな好機だと確信するようになった。コールが八七年一〇月、西ドイツの地からパーシング・ミサイルを撤去することを決断したのは、ドイツが新しい環境に可及的速やかに適応しようとしていることを示すものだった。

そのころまでには、西側とソ連の関係改善が永続するという希望が目に見えて高まっていた。とはいえ、その時になっても、この先一年の情勢展開のスピードを予測できたり、冷戦の象徴であるベルリンの壁が一九八九年末までに崩壊していようなどと考えられたりする西側首脳はほとんどいなかった。レーガン大統領が八七年六月一二日、西ベルリンのブランデンブルク門前に立ち、「ミスター・ゴルバチョフ、この壁を取っ払ってくださ い」と求めたとき、その心情は拍手喝采を浴びたけれども、その要求自体はせいぜい修辞上の麗句にすぎないようだった。壁は未来永劫存続する定めにあるように思われたし、実際のところ、壁は「ドイツ問題」を永久に保留しておくことで、歓迎すべき安定の源であり続けるという議論もあった。一カ月後、ゴルバチョフが西ドイツの優れた大統領、リヒャルト・フォン・ワイツゼッカーに会い、ワイツゼッカーがためらいがちにドイツ統一問題をもち出したとき、ゴルバチョフは「一〇〇年後に何が起きるかは歴史が決めるでしょう」と述べたのだった。

希望のもてる国際関係の展開は別にして、西欧諸国の人びとはおおむね自らの関心事に心を奪われており、その関心事は鉄のカーテンの向こう側で起きている劇的変化とは完全にかけ離れていた。ヨーロッパはまだ真っ二つに分かれた大陸だったのである。

一九七〇年代に西欧で根付いた社会と経済と文化の変容は、続く一〇年間に一段と強まった。この時代の精神をとらえていると思われる用語は「ポストモダニズム」である。それが正確に意味するところは、だれも定義できなかった。一般的には、産業優位の社会から情報技術によって形づくられるコンピュータ化された世界への移行、また、西欧化された「高級」文化からグローバルな大衆文化への移行を意味していると受け止められていた。それはまた、相違、不一致、解釈の多元性、権威ある意見・文化的優位もしくは支配に対する権利の不在を表してもいた。おそらく概念のあいまいさ自体が、その用語の魅力の一因だった。哲学から視覚芸術、文芸批評、歴史理解にいたるまで、それは懐疑、相対性、不確定性、分裂という感覚の広がりを表現していた。進歩、理性、真理の観念、社会がどこから来てどこへ向かっているのかを分かりやすく理解する唯一の方法があるという観念は、ポストモダンの批評のレンズの下では消滅してしまう。いかなる「客観的現実」をも拒絶することで、文化の意味解釈が、どれも他に対して優位を主張できない無数の個人的、主観的アプローチあるいは「ディスコース」に細分化することを促した。文化的統一は常にキメラではあったのだが、それでも、ポストモダニズムが一九八〇年代とその後の知的理解に浸透した度合いは、社会における集団的なものがますます分解し、個人的なものが優勢になることを間接的に反映していた。

個人の選択と個人主義的生活スタイルにいっそう焦点が集まるにつれ、集団的関心と責任としての社会の意味の後退が促進された。商業テレビの拡大を通じて毎晩多くの人びとの注意を引く、消費者が選ぶ魅力的な商品と、広告代理店がこのトレンドのなかで大きな役割を果たした。七〇年代の不況の間も、消費支出は大きくは妨げられていなかった。そして各国経済がかつての苦境から立ち直るにつれ、消費主義は新たな高みに達した。米国からの輸入であるショッピング「モール」が町の中心部や、あるいは巨大な消費の殿堂として、郊外に現れはじめた。人びとはそこで密かに心ゆくまで買い物ができ、そこには無料の駐車場とたくさんのカフェがあって、再び雑踏に加わる前に、自分が何を買ったのか、何が買い足りないのかを思案する安らぎのひとときがもてるのだ。クレジットカード使用の普及は人びとに、いま消費して後で払うことを奨励した。「ショッピング」は、もはや日々の必需品を手に入れるという問題ではない。それ自体が娯楽——最新のバーゲンあるいはファッションを探す楽しみ——になったのだ。デザイナーのロゴをつけた流行服もある——その着用者を歩く無料広告塔にする見事なやり方だ。服装の選択それ自体が、新しい個人主義を示すもっとも典型的な指標の一つになった——みんなに見てもらうように個人の趣味を誇示し、着用者をおしゃれの模範として目立たせる一つの方法なのだ。

余暇もまた一段と個人化しつつあった。パーソナル・コンピュータ——大西洋を越えてきたもう一つの大きな影響力——がヨーロッパ社会へ入り込んだ。コンピュータの機能はまだ限られていた。だが、その機能はこのころには大いに拡大しつつあった。八〇年代を通じ、マイクロチップ（発明は一九五〇年代）の開発は飛躍的に進歩し、微細な電子集積回路のメモリー容量の一段の拡張が可能になった。八〇年代末にもなると、一個のマイクロチップが相互に連結した一〇〇万個以上のトランジスタを組み込み、メモリーの大幅拡張と、多くの日用品へのコンピュータ技術の応用を可能にした。各国政府は、将来はコンピュータ技術が重要になることに気づき、それを学校教育の場に導入しはじめる。もっとも、いまや自宅の居間でテレビゲーム——病みつきになる際限ない個人活動になりかねないゲームで、撃ち落とした「スペースインベーダー」の多さを競う——ができるようになったおかげで、若者たちが真っ先にコンピュータを受け容れた。米国のアタリ社と日本の任天堂、それに英国で創業したバイナトーン社が、八〇年代を通じてテレビゲーム人気を引っ張った。

ポピュラー音楽（もっとも広い意味での）もまた、断片化を反映していた。ポピュラー音楽の依然として大きく広がる商業的可能性は、ますます多様な技術革新を生んだ。パンクロック、ヘビーメタル、ヒップホップといったポピュラー音楽のサブカルチャーは、一九七〇年代に米国から広がり、八〇年代にずっと入っても派生産物を生みながら、熱狂的ファンを獲得した。ニュー・ウェーブ、シンセポップ、ダンスロックといったその他のサブジャンルもまた、若者の間で人気を競い合い、熱心な常連ファン層を確立した。世界じゅうに数百万人のファンを持ち、さらに広範なアピール力があったのはデュラン・デュラン、スパンダー・バレー、カルチャー・クラブ（その人気歌手ボーイ・ジョージは自力で有名になった）など英国のバンドや、才能に富み独創的なデヴィッド・ボウイのような個人アーチスト、あるいは結成は古いもののなお活躍中の西ドイツのバンド、クラフトワークだった。コンピュータ革命は、あれやこれやのアーチストたちの音楽的実験と大ヒットに大きく貢献した。彼らは電子シンセサイザーの急速な発達の恩恵を受けられたのである。あるテレビ局がポピュラー音楽に寄与した。MTV（急速に普及しつつあったケーブルと衛星放送網で視聴できる米国の局）、それにビデオ録画が提供する新しい可能性のおかげで、あれやこれやのミュージシャンが若者をもっぱらとする巨大な聴衆に聞いてもらえるようになった。しかし、ライヴ・コンサートは別として、音楽を聴くことはますます個人化された経験になった。一九七〇年代末に日本で考案されたウォークマンは、次の一〇年間、ティーンエージャーたちを象徴する携帯品になった。この小さなステレオ式カセットレコーダーによって、人びとはどこへ行くにも音楽を携え、バスや地下鉄、車の中、あるいは自分の部屋でヘッドホンで音楽テープを聴きながら、外界から遮断されて好きな音楽に没頭した。

一九六〇年代からそうだったように、若者世代が自由化する社会的価値観の先頭に立っていた。女性にとっての平等権は、何より職場ではなかなか届かない目標だったけれども、男女同権の価値観は男女双方から、以前よりはるかに広く尊重された。性の自由はわずか数年前に比べても、社会的にはるかに受け容れられた。一九八〇年代にはしかし、拡大した性の自由には恐ろしい、予期しなかった側面があることが分かった。八一年に米国で発見された新たな致死的病気は、性交渉によって拡散することが突き止められた。たちまちエイズ（ＡＩＤＳ）として世界的に知られるようになった「後天的免疫不全症候群」には、治療法がなかった（もっとも、やがて薬物療法によって、その名が暗示するとおり人体の免疫系を強烈に攻撃し、ついには破壊するこの病気の進行を遅らせることができるようにはなった）。エイズは同性間セックスとともに異性間セックスからも――また、一見無害な病院での輸血によっても――感染するのだが、八〇年代には同性愛行為と強く連想され、この致死的な病にとりつかれたゲイの人びとへの差別と非寛容が強まる結果になった。ヨーロッパでは九〇年代半ばごろには、エイズ関連の死者数が年間でほぼ二万人という高い水準に達した。世界の他の一部地域、とくにアフリカはさらにひどいダメージを受けていた。治療しなければエイズを発症するＨＩＶ（ヒト免疫不全ウィルス）が、全世界では八〇年代以降、これまでに約三五〇〇万人の命を奪ったと推定されている。

一九八〇年代に急激に加速した国有産業の減少と民営化への動きは、ある意味では集団的価値観からの転換と軌を一にしている。一九六〇年代と七〇年代には散発的に行われていた民営化が、当たり前になった。西欧諸国は九〇年代末までに、民営化によって――少なくとも短期的には――約一五〇〇億ドルの収益を上げた。

英国は、レーガン政権下でとくに強まった規制なき資本主義という米国の理念にもっとも近いヨーロッパの国で、その先頭に立った。マーガレット・サッチャーは実は、米国大統領よりも規制緩和への熱意が強烈であり、民営化は国家のサイズを縮小しようとする彼女の決意の中心を占める要素だった。英国の金融部門は一九八六年までに大幅に規制緩和された。これは英国経済におけるロンドン金融街シティの優位を強め、ヨーロッパのどの国よりもサービス分野、とりわけ金融部門への英国の依存度を高めた。半面で、英国の製造基盤は急速に収縮した。

むろん、労働運動は民営化政策に強く抵抗した。だが、労働党は一九八三年と八七年の選挙で手痛い敗北を喫する一方、労働組合は弱体化し、組合員数を減らしていた。熱心な労働党支持者のほか、労働者階級の多くの人を含め、実は民営化は人気があった。国有資産が売却されると、国営企業の従業員数千人を含め数百万の個人が、民営化された企業の株主になった。むろんのこと、ほとんどの株がそれらの企業を実際に支配する大物投資家――多くはやがて非英国人になる――に吸い上げられるのは避けられなかった。伝統的な貴族階級の保守人士は時として、とりわけ上昇する中産階層の若者――左派が軽蔑的に呼んだ「ヤッピー」〔若い都会派の専門職業人を意味する造語〕――に大いに歓迎されたこのトレンドを嘆いた。元首相のハロルド・マクミランはこの時にはすっかり高齢になっていたが、「家宝を売り飛ばしている」と述べて、後継者のサッチャー夫人を批判したのは有名な話だ。批判は無駄だった。かつて国有だった英国産業の三分の二が、九二年までに民間の手に渡り、そのなかにはガス、電信・電話といった産業の基幹部分が含まれていた。

民営化と並んで脱工業化が進んだ。これは一九七〇年代に始まったヨーロッパ全体の流れである。だが、英国ではもっとも徹底して、もっとも急速に進んだ。西ドイツは新たな産業を保護し、巨大な製造部門を守り、高度な技術的・工学的スキルを維持するとともに、古い石炭・製鉄産業の消滅がコミュニティに与える打撃を緩和するため、七〇年代に多くの手を打っていた。片や英国は、次の一〇年間、古い製造基盤の多くを猛烈なスピードで閉鎖した。数万人の労働者が主要な生活の糧を失うことで生じる社会的ダメージを緩和する手立ては、ほとんど講じられなかった。かつてはコミュニティ全体に仕事を与えていた工場の最終的な閉鎖を十分に、もしくはそこそこ償えるような別の雇用口はなく、一方で、町はいまや経済上の存在理由をなくして活気を失ったまま見放され、地元の諸々の組織や社会的結合は破壊された。国の工業地域全体――南ウェールズとスコットランドのクライド・バレー、そしてイングランド北部にある古くからの産業の中心地――が、商業とシティを中心とした金融業の利益しか念頭にないとしか思えない政府の政策によって、疎外されてしまった（そして、遠い将来までその状態が続くことになる）。

英国の工業地帯にはサッチャリズムに対する恨みが広がっていたにもかかわらず、労働者階級の多くの人びと自身は、所有権を国から個人に再分配する政策の恩恵にあずかろうとした。低所得者向けに数十年にわたって国費で建設されてきた公営住宅の賃貸居住者約一七〇万人が、自分の住む物件を破格の補助金付き価格で買い取るという、政府の案を受け入れた。それは「不動産所有民主主義」への道として喧伝された。そして、その売却によって国庫に二四〇億ポンドがもたらされ、減税の条件整備に寄与した。だが、これは一回限りの収益だ。公営住宅は、一度売却されてしまうと、国が再売却することはできない。そして、もし国に公営住宅の供給を補充するつもりがなければ――明らかなとおり、サッチャー政権にはそんな関心はなかったので――長期的な結果としては、住宅が不足し、賃貸収益が民間の家主の手に渡ることになりそうだった。

一九八〇年代の英国の脱工業化と民営化のやり方は、極端だった。大陸の従業員は労働法があるおかげで、英国の場合よりたいていよく保護されていて、労働慣行の変更は達成しづらかった。産業の現代化と資本及び職業訓練への投資は、とりわけ西ドイツとフランスでは、はるかに大きかった。国の役割と国による公共サービス支援に対する信頼も、英国よりはるかに強かった。だから、主要な公共サービスが脅かされていると思われるようなケースでは、民営化への抵抗はかなり大きかった。しかしそれでも、英国政府にあえて民営化という火中の栗を両手で拾う動因を与えた経済の力は、程度の差はあれ、すべての国に影響した。フランスでは、社会党出身の大統領ミッテランは一九八六年まで、保守系の国民議会（及びドゴール派の首相ジャック・シラク）と「共生」しなくてはならず、銀行といくつかの産業部門の民営化は、英国の場合と同様、一般の人びとに株主になるチャンスを与えた。株式に対する需要が供給を上回ったことは、この措置の受けの良さを示していた。西ドイツでも八〇年代半ばには、金融サービスとエネルギー、それに商業テレビ・ラジオ局の規制緩和が進行していた。八〇年代末までには、郵便事業の営利部門も民営化されていた。ヨーロッパの経済大国のうちイタリアは、八〇年代には民営化が部分的にしか進まなかった国である。たしかに、アルファロメオとか、商業銀行メディオバンカをはじめとする国有銀行など、いくつかの巨大企業は公共部門から民間部門へ移行した。しかし、重工業の大部分や保険会社、ラジオ・テレビ、公共医療サービスは（九〇年代の民営化第二波以前は）公共部門にとどまった。だが、かつては繁栄していたイタリア経済は、そのころには技術革新を欠き、非効率で人員過剰となり、ますます競争力をなくしていた。

工業部門の被雇用者数が減少するにつれ——経済先進国では一九七九～九四年の間に、平均して工業部門の職の五分の一以上がなくなった——労働者階級の性格が変わり、それとともに階級の利害関係も変化した。古い一枚岩的な産業は姿を消したか、消しつつあった。これらの産業が生み出していた結束の強い階級的帰属意識は死滅しつつあった。労働者階級出自のますます多くの若者が、個人的な利害関心と、以前の世代には手に入れられなかった仕事をもつようになった。彼らは同じ型の仕事や似たような考え方、似たような生活スタイルを共有することから生まれていた集団的利益をほとんど、あるいはまったく体験していない。彼らは民営化とともに成長し、父や祖父にならって炭鉱の地下や製鉄所で働くことは想定（あるいは希望）していない。ホワイトカラーの仕事を見つけるために、沈滞したコミュニティを離れて繁栄した地域へ（あるいは時には外国へ）移住したり、急速に拡大する大学教育の機会の恩恵を受けて、出世街道を歩んだりしたのだ。

変わりゆく雇用構造と社会的文化の漸進的変化はたしかに、女性たちに新しい展望を与えた。男女平等の価値観はわずか一〇年前に比べても、とくに若い世代の男女双方から広く支持された。たとえ女性の同権がとりわけ職場と職業機会、昇進あるいは賃金の面で、手の届かない目標であるにせよ、女性たちは急速に変化する状況の恩恵に浴することができた。もはや家庭あるいは近隣の事務所や町での仕事に縛られず、多くの女性が新たに発展しつつある都市に移り、行政やホテル、保健衛生関連職、マーケティング、あるいは、少数ながら増えつつある大学教育を受けた人の場合は、専門職や管理業務に職を見つけることができた。子どもをもつ女性たちが、近年にくらべても、もっと頻繁に労働市場へ入りつつあった。雇用される男性の比率がいくぶんか下がるにつれ、女性の比率が上昇した——もっとも、増加の多くはパートタイム労働ではあったが。平等を求める女性たちの戦いは続くことになる。だが、女性の生活と機会を変えつつある変化は、男性の場合と同じように、より大きな自己主張と個人主義の方向へ向かい、古い集団的な生活スタイルと帰属意識、利益からは離れる方向へ作用した。

この過程で、ヨーロッパの社会民主主義・労働諸党の屋台骨は弱体化した。社会主義の伝統は解体していった。そして若い人びとの間では、左派の人びとの間でさえ、社会民主主義による福祉国家の支柱であった高率税制に対する大きな支持はなくなった。高率課税によって公共サービスの財源を手当てするより、個人の好みに応じた消費支出のために賃金、給与の手取り額を最大化する低率課税の方がますます支持されるようになったのだ。ところが、社会民主主義諸党は合理化とグローバル市場における競争の高まり、そして民営化という広く採用された政策に対する、実現あるいは持続可能なもう一つの選択肢をなんら示せなかったため、多くの人びと——たいていはグローバル化と脱工業化で不利益をこうむった人びと——の目には、本質的には保守・キリスト教民主主義諸党とほとんど変わらないように見えはじめた。

階級を基盤とする政党の衰退は、まだ部分的で限られていた。たしかに、そのことがまだほとんど感知されない国々もあった。まだ序の口だったのだ。だが、民族単位、地域単位の帰属意識へ向かう流れが、まだ重要なものではないもののヨーロッパの一部の国には、たしかに認められた。民族主義諸党がスコットランドとカタルーニャ、それにフランドルで支持を得はじめた。どのケースも、拡大する経済的繁栄——スコットランドの場合は、主としてまだ拡大が続く北海油田に関連している——が、ロンドンであれマドリードであれブリュッセルであれ、人びとの間で中央政府の政策によって自分たちが不利益をこうむっているという感情を高めた。オーストリアでは、戦後この国を支配してきた国民党と社会党の二党による権力独占に対する不満が、オーストリア自由党（FPÖ）の右翼ナショナリスト的綱領に対する支持の三倍増（一九九〇年までに得票率ほぼ一七パーセント）をもたらした。指導するのは大胆な党首イェルク・ハイダーで、彼のポピュリズムは第三帝国を評価する発言をにじませていた。フランスでは国民戦線が、幻滅した保守的中産階級の有権者の支持に依拠するとともに、労働者階級にも食い込んで、八〇年代の選挙では常に一〇パーセント前後の票を獲得し、ポピュリストで人種差別主義の党首、ジャン＝マリー・ルペン（アルジェリア戦争の兵役経験者）が、ミッテランと社会党が勝った一九八八年の大統領選で、一四・四パーセントも獲得した。

産業と現代の消費者需要がもたらす環境被害への意識の高まりは、変化する政治の布置のなかに、もう一つの新たな要素を形成する。グローバル化経済が世界のあらゆる部分に与える衝撃についての、グローバルな懸念と反省がこれだった。一九七一年にカナダで設立された国際組織、グリーンピースは一九八〇年にライン川の船舶通航を三日間にわたって止めるなど、メディアの注目を集める目を見張らせる行動で、環境破壊に世界的な注目を集めた。おそらく修復不可能な大きなダメージが環境に加えられているとの認識は、人びとの意識のなかに一段と深くしみ込んでいった。起きつつある事態の深刻さは否定すべくもなかった。たとえば冷蔵庫やヘアスプレー、その他の家庭用噴霧器に由来する炭素がオゾン層（これは太陽の紫外線を遮る）に及ぼすダメージ。工業化学物質の垂れ流しによる漁場の汚染。植物を破壊し飲料水を汚染する化学物質の排出が原因の「酸性雨」。石油に含まれる鉛の危険性。先進国向け木材を生産するためのアマゾン熱帯雨林の減少。それに、走り回る石油タンカーからの大量の石油漏れが野生動物に与える甚大な被害（たとえばエクソン・バルディーズ号が一九八九年三月にアラスカで起こした事故では、原油一〇〇〇万トンが漏れ、おびただしい数の鳥が死んだ）。さまざまな報告がこうしたことを示していた。西側諸国の政府は、その警告を無期限に無視することはできなかった。環境は政治問題化していった。

環境被害に関する懸念の広がりを反映して、諸々の緑の党が増えはじめた。一九八〇年代半ばには、大方の西欧諸国で緑の党が創立されていた。西ドイツでは環境派が一九八〇年に政党を結成し、三年後、連邦議会進出に十分な票を獲得していたが、西ドイツを除くと、まだ政治の主流には入っていなかった。それでも、勢力を伸ばしつつあった。八四年にはヨーロッパ議会初の緑の党員が選出された。八六年四月のチェルノブイリ原発事故の衝撃は、とくに北西ヨーロッパで環境政治運動に大いに弾みをつけた。一九八一年に創立されたスウェーデン緑の党は、八八年には過去七〇年で初めて、国会に進出する新政党となった。フィンランドでは八七年創立の緑の党が、四年後には一〇議席を獲得した。その他の国では、環境運動は議会政治では周縁部にとどまっていたけれども、伝統的諸政党に徐々に影響を与え、環境問題への関心を高めることができた。

一九八〇年代の環境問題に対する意識の高まりは、人種差別に対する感度の高まりと足並みをそろえていた。ネオファシスト及び人種差別主義の諸政党・組織は、大方の人びとから忌まわしいものと見られていた。人種に対する寛容性は一般に、文明社会のもっとも分かりやすい特質と見られるようになりつつあった。ゆえに、人種憎悪は人間性のあらゆる規範を絶対的に否定するものと考えられていた。むろん人種差別はなくならなかった。しかし、政治的、文化的、社会的にタブーとなり、そのあからさまな表明は、容認できないものとして抑え込まれた。ほとんどの西欧諸国への移民が増えるにしたがい、社会は多文化主義の難題に適応すべく、努力しなければならなかった——そして実際、成功の度合いは異なるが、努力したのである。だが、人種に対する敏感度を条件づけるのは、今ある懸念ばかりではなかった。

　過去の亡霊がよみがえり、現在に出没しつつあった。一九七〇年代末までは、ホロコースト——この用語はドイツによるヨーロッパ・ユダヤ人の計画的絶滅の意味で、ようやく使われだしたばかりだった——に行きついた第二次大戦中の恐ろしい諸事件が、一般大衆の意識に深く浸透することはなかった。歴史家たちはむろん、それについて書いていた。しかし、彼らの学術的分析が広く大衆に届くことはなかった。これがまさに変わろうとしていた——もっとも、初めは、歴史家による研究の結果としてではないが。ホロコーストは西欧における歴史意識の試金石になろうとしていた。

　この変化の一部は、ホロコーストを核とした帰属意識を醸成しようとする米国のユダヤ人社会内部の意識的な試みから生まれている。それは単に歴史的記憶を保存するという問題（これは重要ではあるが）ではなかった。「道徳資本《モラル・キャピタル》」が「集団的記憶」を統合し、イスラエルにとって好ましい政策に対する支持を促進する助けになり得る、と考えられたのである。環境変化の兆候は、一九七七年、ロサンゼルスにナチ狩りで有名なサイモン・ウィーゼンタール（本人もホロコーストの生存者）にちなんだサイモン・ウィーゼンタール・センターが開設されたこと、さらにもっと重要なこととして、その二年後、首都ワシントン中心部にホロコースト記念博物館の建造が決まったことだった。ホロコースト記念碑や追悼の日が増えはじめた。米国の学校や大学でホロコーストに関する授業が普及しはじめた。一九七八年に米国市民の一般意識を大きく変えたのは、ずばり『ホロコースト』と題された四回シリーズのテレビ番組がゴールデンアワーに放映され、約一億人に視聴されたことだった。あるユダヤ人家族の生活を追ったこの創作ドラマは、ホロコーストの恐怖を最大限に描き出し、ユダヤ人絶滅計画の実行で指導的地位に昇進する一人のナチ親衛隊員が、学術書では絶対できないような仕方で、視聴者の心をとらえた。ホロコーストに関する認識をユダヤ人社会と非ユダヤ人社会の両方にさらに広めるため、諸々のユダヤ人組織が、このシリーズの成功の結果として開けた広報機会を最大限に利用した。

　一年後、西ドイツでこのシリーズが放映されると、大評判になった。『ホロコースト』は約二〇〇〇万人（西ドイツの視聴人口の約半数）の視聴者が見て、ユダヤ人迫害と絶滅を人格化し、きわめて感情的、劇的に描いた作品にくぎ付けになったのである。人びとは犠牲者に感情移入し、その犯罪の途方もなさをこれまでになく認識した。「国民総体がショックを受けた」とは、この映画のインパクトについて、ある学者の分析が下した判断だ。広く読まれている週刊誌『シュピーゲル』は、「『ホロコースト』はドイツ知識人ができなかったような仕方で、ヒトラー後のドイツを揺さぶった」と論評した。ユダヤ人の絶滅を「昼メロ」のレベルに矮小化しているとの批判もあったけれども、戦後三〇余年にして、一つの映画が国民的罪の意識を促したのであった。翌年、連邦議会は戦争犯罪に対する時効の法規を廃止し、ホロコーストの加害者に対する法的訴追の継続を認めた。この決定には、この映画が大きな役割を果たしたと広く見られているのだ。

この時点以降、西ドイツの大衆の意識と歴史著作は、かつてないほどホロコーストに集中した。*一九八五年には、第二次世界大戦終結四〇周年（以前のどの周年よりメディアで喧伝された）で、ホロコーストその他のドイツの戦時残虐行為が世間の注目を浴びた。一九八五年五月、戦争終結記念式典の一環として、レーガン大統領が西ドイツ首相コールの招きでビトブルクの戦没者共同墓地を訪れたが、この墓地にはナチ親衛隊員の墓もあることが明らかになると、訪問は裏目に出た。コールはこのころ、戦争終結以来のドイツの肯定的な変化を強調し、ドイツが過去の足かせを断ち切ったことを知らしめようとする試み――西ドイツと最重要同盟国である米国との前向きな関係を維持するためには重要だと見られた――によって、ホロコーストに対する責任を中和しようと努めていたのだ。

このことはホロコーストをめぐり、西ドイツの事実上すべての権威ある歴史家を巻き込んだとげとげしい論争に一役買い、論争は一九八六年の何週にもわたって主要紙のページを埋め尽くした。論争の核心にあったのは、ナチの過去が――そしてとりわけホロコーストに対する責任が――、現在と未来の西ドイツの人びとの意識とどう折り合うのかという問題だ。著名な歴史家でコールのスピーチライター、ミヒャエル・シュテュルマーが強力に論じるように、ナチズムの犯罪に対する罪の意識は、もっと肯定的な国民的帰属意識《ナショナル・アイデンティティ》に道を譲るべきなのか？それとも、傑出した社会哲学者ユルゲン・ハーバーマスが主張するように、アウシュヴィッツは西ドイツのアイデンティティにとって必要不可欠なのか？　ホロコーストは、実はスターリン主義の犯罪ほど悪くはなかったのか？　こうした諸問題が――そして、とりわけホロコーストの特異性の問題が――八六年には、西ドイツ知識人の心を奪った。一般国民の多くは当然ながら、歴史家論争にはほとんど関心がなかった。多くの人びとにとっては、ナチの過去へのこだわりと自分自身がまったく関与していない出来事に対する罪の意識を捨てて、前進するべき時だった。とはいえ、論争の反響は、ホロコーストが西ドイツの人びとの意識の焦点になったことを示していた。

一連の個別の出来事が重なって、西ドイツだけでなく、西欧全域とさらに西欧を越えて大衆の想像力をとらえ、ホロコーストに国際的注目が集まった。一九八五年に封切られたクロード・ランズマンの『ショアー』は、犠牲者の目撃証言にもとづく力強いドキュメンタリーで、絶滅収容所の恐怖を活写した。フランスでは、リヨンの元ゲシュタポ長官クラウス・バルビー（八三年、亡命先のボリビアからフランスへ引き渡し）の裁判が、レジスタンスの英雄ジャン・ムーランの拷問と二〇〇人以上のユダヤ人の追放で彼が果たした役割を暴露し、ホロコーストが注目を浴びた。さらに、一九八六年の「ワルトハイム事件」によって、オーストリアがナチ時代の大惨事への関与を認めたがらないことに国際的脚光が当たった。この事件では、前国連事務総長で大統領に選ばれたクルト・ワルトハイムが、ユーゴスラヴィアとギリシアにおける戦時中の軍役に関する真実――彼の部隊は重大な残虐行為を犯していた――を隠していたことを認めざるを得なかったのである。このころになると、ホロコーストがなんらかの形でマスメディアの――したがって、人口のかなりの部分の――注目を集めないことはほとんどなくなる。第二次世界大戦はいよいよ人種政策、東部戦線におけるナチの野蛮行為、とりわけユダヤ人に対する集団抹殺《ジェノサイド》に力点を置いて、別の光の下で眺められはじめたのである。

社会と文化の風景がどう変わろうと、経済と政治の面では、一九八〇年代後半の西欧は安定を保っていた。前の一〇年の経済混乱は乗り越えられていた。政治面では大きな継続性があった。西ドイツのコール政権は一九八六年に、英国のサッチャー政権はその翌年に再選された。そして、ミッテランは――経済政策は初期の社会主義的綱領から大きく後退していたが――、八八年にフランス大統領として二期目を勝ち取った。八七年のイタリア総選挙の結果、キリスト教民主党が政権に返り咲いて、ベッティーノ・クラクシの社会党主導政権に取って代わり、一方で共産党の得票は不調だった。舞台裏では汚職と急増する国家債務が懸念すべき状況になっているものの、イタリアでも一九八〇年代末は楽観の時期に見えたのである。

ヨーロッパ共同体（ＥＣ）もまた、楽観気分を新たにして未来を見つめていた。「ヨーロッパ硬化症」と呼ばれた数年の経済停滞を経て、一九八六年の「単一ヨーロッパ議定書」――一九五七年のローマ条約の初の大幅修正――が、共同体に新たな生命を吹き込んだ。議定書はヒトとモノ、サービス、資本が国家の障壁もしくは制限なしにEC域内を自由に移動できるようにする単一市場を、一九九二年までに創設することを目標にしていた。この革新を支える推進力は、新たにヨーロッパ委員長に任命された精力的なジャック・ドロールだった。しかし、ドロールはこの議定書を政治連合の達成に向けた一歩として使いたいと考えていた。八八年夏、ドロールはヨーロッパ議会で、一〇年以内に「一つのヨーロッパ政府の萌芽」を見たいと述べた。これはドロールを、サッチャー夫人及び多くの英国民との正面衝突針路に立たせた。実は、サッチャーが単一市場の推進に果たした役割は小さくなかった。だが、彼女は英国の政治家層の多くや、それにつられた大方の国民と同じく、ヨーロッパの連合をせいぜい一つの経済単位、自由貿易地域としてしか見ていなかった。ドロールとは対照的に、ヨーロッパの政治連合は根本的に排除していたのだ。「わたしたちはヨーロッパ超国家がブリュッセルから新たな支配を振るい、国境がヨーロッパ・レベルで再び押しつけられるのを見るために英国の国境を後退させたのではありません」。英国首相は九月二〇日、ブルージュでの演説で、こう声を張り上げた。この演説はサッチャー夫人を先頭にして、英国で長く続く「ヨーロッパ懐疑主義」――英国がヨーロッパ共同体の一員になることへの反対――の端緒になった（彼女はブルージュで、英国の「宿命は共同体の一員としてのヨーロッパにある」とはっきり述べていたのだが）。一九九〇年ごろには「ヨーロッパ」は彼女の党、さらに政府を分断しつつあった。「ヨーロッパ」は、九〇年一一月二二日にサッチャーが首相を辞任する大きな原因になった。そして、英国政治の心臓部に巣食う腫れ物になるさだめにあった。そのうえ、ドロールとサッチャーの衝突は、ヨーロッパ連合に内在する重大な緊張――一九五〇年にジャン・モネが将来のヨーロッパ統合を構想して以来、つねにあった緊張――を反映していた。すなわち、超国家的目標と国家主権の間の緊張である。それはヨーロッパ政治に付きまとい続けることになる問題だった。

サッチャー夫人が失脚するころには、ヨーロッパそのものが変容を遂げていた。一九八〇年代の東西ヨーロッパは、異なる軌道を歩んでいた。一九八九年にはこれが劇的に変わる。その年の春以降、このころにはハリケーンとなっていたゴルバチョフの改革の風が、四〇年以上続いた共産党支配の構造を根こそぎにしていくなか、西欧は新たな関心と興奮と驚きをもって、鉄のカーテンの東で起きている事態を眺めていた。

＊　わたしは一九七九年に開かれた独仏の歴史家による

大規模な会議に出席した。意外なことに、ホロコーストに充てられた論文は一本もなかった。数年後だったら考えられなかっただろう。ホロコーストに特化した

西ドイツ初の会議は、戦後四〇年近い一九八四年まで開かれなかった。

第9章

民衆パワー

国有化財産と計画経済、それに民主的・複数主義的政治構造を併せもつ社会は、いまだだれも見たことがない。

アダム・ミフニク *Letters from Prison and Other Essays*, 1985〔『獄中書簡及びその他のエッセー』〕

一九九一年までに冷戦は終わり、鉄のカーテンは過去のものになっていた。「一時代の終焉」が決まり文句だった。この場合、この用語は正確である。一九八九〜九一年に起きたことは、ヨーロッパ革命にほかならなかった――しかも、驚くべきことに、過去の諸々の革命と違って、流血を伴わなかった。どうしてそんなことが可能だったのだろうか？

ミハイル・ゴルバチョフがいなければ、それは起きなかったかもしれない。今ふり返れば、ソ連と東欧衛星諸国の崩壊の背景として、構造的理由を見ることは可能だ。しかしゴルバチョフがいなければ、その崩壊があの時期に起きたとか、あのような経過をたどったとか、あのような結果になったなどと推定する理由はまったくない。ゴルバチョフの役割は不可欠だったのである。

とはいえ、東欧に革命をもたらすにはもう一つの力、民衆パワーが必要だった。東方の諸国民はソ連で起きているることに勇気づけられ、自分たちを四〇年以上にわたって隷属状態においてきた共産党の支配者たちに反旗を翻した。前奏曲は一九八〇年にポーランドで起きていた。それは、共産党支配に対する国民の反抗が「連帯」運動の形成につながり、現体制の根幹を揺るがせたときである。しかし翌年、ポーランドの支配勢力は巻き返していた。「連帯」は非合法化され、抵抗は抑え込まれ、改革を求める声は阻まれた。八〇年代後半にソ連で新しい風が吹くと、「連帯」は再び勢いづく。ポーランドでもどの国でも、共産党支配の終焉がすぐにやってくるとは予期されていなかった。だが、一九八九年末、雪崩のような変化のなかで、各国の現体制がひっくり返る。どの国でも民衆が自由を求め、そして勝ち取ったのだ。ゴルバチョフが使嗾した上からの改革は、民衆が支配者たちの足場の揺らぎに気づくと、下からの改革に転化した。各国で民衆が相次いで権力を握った。ついには、東欧で始まった変化は、止めようのない勢いで逆に、ソ連そのものをのみ込んだ。一見頑丈にほぼ七〇年間立っていたものが、真っ二つ壊れたのである。

軌道を脱する衛星諸国

一九八〇以降そうだったように、ポーランドが先頭を切った。一九八九年六月四日に実施された総選挙は、「連帯」に地滑り的勝利をもたらした。このころには「連帯」は――実は組合としては、一九八〇年時点より弱体だったのだが——事実上、労働組合から政党に変わっていた。たった六二パーセントという低めの投票率はおそらく、選挙では何も変わらないと考える多くの人の不信感を反映していた。だが、これほど明白な結果はなかっただろう。第一回投票で、「連帯」は上院一〇〇議席のうち九二議席を、セイム（下院）で在野勢力に割り当てられた一六一議席のうち一六〇議席を獲得したのだ。高揚感には恐怖が交じっていた。まさに選挙当日の午後、戦車が北京の天安門広場に突入し、民主化を求めて示威運動をする数百人の学生が、政府軍によって無差別に殺される映像がテレビで放映されたのだ。ポーランド政府は選挙での野党の勝利にどう反応するのだろうか？　実際は、体制側は民衆の評決を——全面的にではないが、ほぼ——受け容れたのだった。

政権は依然として共産党の手にあったし、ヤルゼルスキ将軍は予定どおり新設の大統領に選ばれた。しかし、六月一八日の第二回投票で、共産党権力機構の壊滅的敗北が確認された。投票率はわずか二五パーセントと惨めなほど低かったものの、投票総数の約六五パーセントが「連帯」に流れた。「連帯」に大連立への参加を呼びかけたヤルゼルスキの提案は、拒否された。八月七日、「連帯」議長レフ・ワレサは、かつては共産党（いまや上院では少数政党）の傀儡にすぎなかった諸々の小政党を加えた「連帯」主導の政府を提案した。八月二四日には、ポーランドは「連帯」の指導的メンバーで、政治的反対派としての長い経歴をもつ知識人タデウシュ・マゾヴィエツキを首相にした（国会による承認）——共産党の大統領ヤルゼルスキが任命し、上院の共産党議員ほぼ全員が承認したのである。続く数カ月間、共産主義国家の基礎は組織的に解体された。ポーランドはもはや「人民共和国」ではなく、単なる「共和国」になった。すなわち、警察と軍は脱政治化された。憲法から共産党の指導的役割が削除された。そして、党は自ら解散した（一九九〇年一月に社会民主党として再建）。だが、共通の敵がいなくなると、野党勢力内の統一も消え失せる。

一九九〇年を通じ、大統領ヤルゼルスキへの辞任圧力が強まった。ところが彼が辞任すると、「連帯」の指導者たちはその運動の名に背いてしまう。「連帯」議長に再選されたばかりのワレサは、かつてもっとも身近な顧問の一人だったマゾヴィエツキに真っ向から対抗し、自ら出馬を宣言した。ワレサは改革の加速を求めてじりじりし、振る舞いは尊大だけれども、広がる不満を代弁するまれな人物としてのたしかなポピュリスト的感覚を備えており、マゾヴィエツキやアダム・ミフニクら運動の知識人が自分をないがしろにしたと受け止め、そのやりかたを恨んでいた。一一月の選挙（第二回投票は一二月）は、知識人が破れ、元労組指導者の電気工が圧勝する結果に終わり、ワレサは一二月二二日に就任する。

「連帯」自体はこの時までに分裂し、新たなポーランド民主主義のなかに登場してきた諸々の新党に支持を奪われていた。ポーランドは急速に、それと分かる複数主義的社会に変わりつつあった。目覚ましい政治的変化が民主的に、血を流さずに起きたのである。

経済面では、複数政党制民主主義の初期の経験は、それほど上々ではなかった。新蔵相レシェク・バルツェロヴィッチの名を取り「バルツェロヴィッチ計画」として知られる「ショック療法」が、国家管理経済に適用され、経済は一九九〇年の初めからいきなり市場原理にゆだねられた。大々的な規制緩和と通貨切り下げの結果、たちまちインフレが高進した。他の東欧諸国の輸出が停滞するのをしり目に、ポーランドの輸出は伸びた。だが、ワレサが大統領に選出されるころには、インフレ率はほぼ二五〇パーセントに達していて、商店には買うべき物がなく、生産は激減し、失業が急増した。平均実質所得は三分の一減った。対外債務の多くの免除と国際通貨基金（IMF）による支援の見返りとしての厳しい条件が、徐々に、その後の年月の経済回復の基礎になった。そのころになると、ポーランド経済の民営化はかなり軌道に乗っていた。政治と同時に経済でもポーランドは、「西側」の国であるとはどういうことなのかを、すばやく学びつつあった。

ポーランドに共産主義の終焉をもたらした総選挙から二週間と経たない一九八九年六月一六日、今度はハンガリーの決定的瞬間がやってきた。約二〇万人という大群衆が、ブダペストの英雄広場で開かれた一九五六年動乱の英雄、ナジ・イムレ（五八年に処刑）のテレビ中継された再埋葬式典に集まった。その前年、警察はナジの処刑の年忌集会を暴力的に解散させていた。一年後のこの度、英雄広場はもはやハンマーと鎌の垂れ幕ではなく、国旗で飾られていた。ナジを追悼して最後に弔辞を述べたのは、青年民主連盟のヴィクトル・オルバンだった。「自分の精神と力を信頼することができれば、われわれは共産党独裁に終止符を打つことができる」。こう宣言すると、オルバンは割れるような喝采を浴びた。その終止符への歩みは急速に、次々と続いた。しかも、ポーランドと同じように、その歩みは平和的に進んだのである。

ナジの処刑に責任のあるヤーノシュ・カダルは、八九年七月六日にがんで死亡し、自分がかくも長きにわたって差配してきた国家の崩壊を生きて見ることはなかった。その一カ月前、共産党は三月に発足した野党グループの「円卓会議」との協議に同意していた。だが、夏の間はほとんど野党グループ間の不一致に時間を取られる一方、共産党が——党自身、分裂していたが——政府を動かし続けた。混乱した紛らわしい状況のなか、それでも軌道は明白だった。九月一八日、国会の自由選挙で合意した。もっとも、民主主義への移行のほかの側面、とくに議会選挙は大統領選挙の前にすべきかどうかという問題はまだ、野党グループ間で論争になっていた。翌月初め、共産党は党を解体し、党名――公式にはハンガリー社会主義労働者党だった――を単に「ハンガリー社会党」に改称した。一九五六年革命の記念日、一〇月二三日には、ブダペストの国会議事堂前に集まった大群衆に向け、新生「ハンガリー共和国」が宣言された。ポーランドと同じように、もはや「人民共和国」ではない。長らく延び延びになっていた国会選挙――複数政党政治への回帰――は、ついに一九九〇年三月と四月に実施され、自由派・中道右派の保守諸党を中心とする巨大な連立が生まれた。

ベタ凪のような夏がこれに続き、その間にも経済状況は急激に悪化する。ハンガリー経済は長年、ソ連ブロックの他のどの国よりも限定的な形の私営企業を容認し、最近は一段とその方向へ進んでいたけれども、市場の気まぐれに完全にさらされることで、ハンガリー人は西側資本主義の厳しい現実に接した。しかし、重い対西側債務と制御不能になる恐れのあるインフレのために、ポーランドと同様、その過渡期がいかに困難であれ、西側の支援を求めるしか、選択肢はほとんどなかった。IMFによる金融支援が困難な過渡期を乗り越えるのを助けた――もっとも、九〇年七月に新たな緊縮策が導入されたあとのことだが。その秋にも、政府は大規模な民営化計画を導入した。旧ソ連ブロックのどの国とも同じように、主として米国から輸入された新自由主義的経済思想が幅を利かせていた。世論調査によれば、そのころには、かつての共産党政権に比べ、最近選出された民主的政権に対する国民の信頼は小さかった。この間、かつては約一〇万人を数えたハンガリー駐留ソ連軍は引き揚げつつあり、最後の部隊は九一年三月に去った。これはハンガリーが事実上ワルシャワ条約を抜け、西側へ向かっていることを示すもっとも明白なしるしだった。その決定的な瞬間は、実はすでに一九八九年の夏に起きていた。

その年の八月、ハンガリーは西ドイツからの相当な金融支援の見返りとして、東ドイツ市民のためにオーストリアとの国境を開放することに同意していた。この一事でもってハンガリーは、だれであろうと社会主義の同盟国を去ろうとする者を、その出身国へ送還するという義務に背を向けただけではない。決定的なことに、それは鉄のカーテンに一個の穴を開けたのだ。九月一〇～一一日の夜に国境が開放されると、数千人の東ドイツ市民が西側行きを選択し、ハンガリー経由でオーストリアへ入り、まず収容施設へ入って、そこから西ドイツへ向かった。一〇月末までに五万人が国を離れていた。

東ドイツ市民はブダペストとプラハ、それにワルシャワの西ドイツ大使館にも逃げ込んだ。九月三〇日、西ドイツ外相ゲンシャーはテレビで、東ドイツ市民六万人の西ドイツへの移送について、ソ連及び東ドイツ政府との交渉をまとめたと発表した。各地の駅のホームに立っていた数千人、さらにテレビを見ていた無数の人びとが、難民を西へ運ぶ封印列車を歓喜して迎えた。

目の肥えた東ドイツ観察者でも、ここまで急速な、あるいは急激な変化は予想していなかった。東ドイツ指導部に、急激な変化への備えがなかったのは間違いない。東ドイツの指導者エーリヒ・ホーネッカーは、ベルリンの壁がこの先一〇〇年は立っていると想定できると言明したばかりだった。たしかに、夏の期間を通じ、体制に対する抵抗の盛り上がりはあり、その多くはプロテスタントの牧師たちによってはっきり表明されていた。だが、知識人たちはポーランドやハンガリーの知識人と違って、おおむね体制側の手中にあった。この時点に至るまで、政治的非協調が体制に重大な脅威を与えることはなかった。体制の指導者たちの方では、譲歩する用意を見せなかった。一九八九年五月の地方選挙は、露骨に不正操作されていた。党の強硬派は、天安門における中国の学生虐殺を支持した。残念だが、社会主義を守るためには必要。これが正当化の趣意だった。そして恐怖の国家治安警察シュタージは依然として、社会を万力のように絞めつけていた。

外目には体制は自信を放ち続けていた。一〇月七日のドイツ民主共和国建国四〇周年の祝典準備が佳境に入っていた。だがしかし、仮面の下ではパニックが高じていた。ゴルバチョフが東ベルリンの祝典に参加すると、歓声を上げる群衆がソ連指導者を熱烈に歓迎した。東ドイツの指導者たち、なかでもまったく頑迷なホーネッカーは、自らとゴルバチョフを隔てる巨大な溝を取り違えようもなかった。「遅れてくるものは人生に罰せられる」。ゴルバチョフが東ドイツ指導者らに話しかける際、内輪で使ったこの言葉が、またたく間に公になった。

反体制デモは、毎週月曜日の夜、ライプツィヒの聖ニコラス教会の平和祈願者たちに鼓舞されて、その規模は九月初めには数千人、一カ月後には約二万人、一〇月九日の月曜日までにはおそらく七万人と、膨れ上がっていた。その二日前の四〇周年記念式典の際、警察はデモ参加者に対しいつもどおり残忍にふるまった。ライプツィヒの月曜デモに対し、治安警察は武力に訴えるのではないかとの揣摩憶測が広がった。天安門広場がまだ人びとの脳裏にあった。体制側は抗議行動を力で粉砕するつもりだ、といううわさが広がった。衝突が予想された。地元の党役員三人を含め、暴力の回避を訴える人びとのなかに、ライプツィヒ・ゲヴァントハウス・オーケストラの国際的に知られる指揮者、クルト・マズアがいた。その訴えに説得力があるかどうかは不確かだった。ホーネッカーは一〇月八日、シュタージに対し、いかなる混乱も防止するよう指示していた。それは不吉に響いた。そこで、モスクワが介入した――ライプツィヒで流血があってはならない、と。このメッセージは同市の党と警察に届いた。だがそれでも、デモ参加者らは確信がもてなかった。警察が実弾を使ってくる可能性を考慮に入れなければならない。その夜の行進は勇気が要った。結局、示威行進は何事もなく終わった。それは決定的な瞬間だった。警察はもはや介入しない、デモをしても安全だと人びとが気づいたのだ。一一月四日、約五〇万の市民が、東ベルリン中心部のアレクサンダー広場で開かれ、テレビで実況中継された大デモに参加した。彼らは自由選挙と表現の自由、政府の退陣、野党グループの合法化、そして国家に対する共産党の主導権の放棄を要求した。「われわれが国民だ」と彼らは叫んだ。

大衆の反逆は頂点に達しようとしていた。東ドイツ当局は一〇月三日、自国民が西へ逃亡する具合の悪い光景に憤慨し、ビザなしでのチェコスロヴァキアへの旅行を禁止していた。したがって、ハンガリーへのルートは閉ざされている。だが、体制への抗議が高まるにつれ、このきわめて不人気な措置を維持するのは不可能になった。それは事実上、国民全体を壁のなかに閉じ込めることなのだ。一一月一日、この規制は撤回される。一一月三～五日の間に、一万人以上の市民がチェコ国境を越えて西ドイツへ向かった。パスポートを見せるだけで西へ向かうのを事実上許可することで、ベルリンの壁は実際にはすでに無意味になっていた。とはいえ、東ドイツを去るにはまだ、旅行の理由を説明する面倒な手続きを済ませなければならなかった。いずれにせよ壁は――そう長くはないけれども――まだあったのだ。

旅行制限は大きな不満になっていた。体制側は一一月九日の時点では、いかなる手続きもせずに西ドイツないし西ベルリンへ向かうあらゆるルートへの旅行を、永久に許可する政令を準備していて、翌日に公表されることになっていた。党の新任の広報担当、ギュンター・シャボウスキは一一月九日のその夜、記者会見で新しい政令を読み上げたとき、明らかにその内容を咀嚼していなかった。その政令がいつ効力を発するのかを記者たちから質問され、ためらいなく「直ちに」と答えた。さらに質問されて、これはベルリンにも適用されると述べた。驚いてテレビに見入っていた数千の東ドイツ市民がこの時点で、トラバントやラーダ、ワルトブルク〔ラーダはソ連製、その他は東独製の乗用車〕に飛び乗り、さっさと西へ向かった。真夜中までに、ベルリンのすべての境界検問所に、西ベルリンへ入ろうと巨大な群衆がひしめいた。数十年にわたってあたりを威圧していた国境警備隊員は、規則の変更をまったく知らされておらず、最初は群衆を制止しようとし、次いでパスポートに、その所持者が東ドイツを去り、戻ってこないことを示すスタンプを押そうとした。しかし、すっかり勢いに押され、どうすればいいのか思案するのを、まもなくあきらめてしまった。しばしば頬に口紅の跡をつけ、制帽を斜めに歪めて、ただ手を振って群衆を通すだけだった。「ついに自由だ」と叫ぶ人びともいた。

西ベルリン市民たちも熱狂的に歓喜して、壁の西側に駆けつけた。彼らはまもなく歌い、踊り、見知らぬ他人を抱きしめ、喜びながらもまだ戸惑っている東からの同胞ドイツ人に、花やチョコレートを――そしてバナナを(東ドイツでは容易に手に入らないあらゆる新鮮な果物も同様)――、しきりに勧めた。翌日、国境警備兵が壁際に並んだ。だが、まもなく、三〇年近く分断と抑圧の象徴であった壁の上によじ登る数千の若者が、これに取って代わった。*壁の破片がノミで削り取られていた――土産でもあるが、専制の憎き記念物の破壊でもある。その後数日間は、西ベルリンは終日大騒ぎだった。東西のベルリン市民の群衆が中心部にひしめいた。コカ・コーラの地元重役は、西ベルリンへ入ってくる東ドイツ市民にコーラ缶を渡すよう指示。これがテレビに映って無料で大いに商品宣伝になり、この発案でその後まもなく、特急昇進した。地下鉄は時々満員になりすぎ、電車は停車せずに駅を通過した。一〇〇マルクの「歓迎金」をあげるために、銀行は土曜日の朝、例外的に営業した。東ドイツ市民はその金の使い道には困らなかった。西側の消費物資にながらく飢えており、しばしば新たに買ったラジカセやバナナの房、あるいはバッグに詰めたオレンジを持ち歩いている姿が見られた。

そのころには、東ドイツの体制は明らかに破産寸前だった。壁の開放時の混乱は、もはや統制のとれない政府の姿をさらしていた。国民に対し軍事力によって権力を維持することをソ連が支持するという選択肢がなければ、その体制は事実上、無力だった。そして、もし武力を行使していれば、西ドイツからの金融支援の見込みを完全に失い、それなしでは東ドイツ経済は瀕死状態に陥っただろう。実は、東ドイツの政治的解体は差し迫っていたのだ。ホーネッカーは一〇月一八日、すべての党・国家の職務から――公式には健康上の理由で――解任された。だが、いささか人相の悪い大幹部である後継者のエゴン・クレンツは、解任された指導者の追随者で、天安門広場の虐殺を擁護するところまでそっくりだった。新しい型の改革派のふりをしようとする試みは、初めから失敗する宿命にあった。一一月初めまでには、シュタージ長官〔国家保安相〕エーリヒ・ミールケを含め、大方の東ドイツ指導者は去っていた。(このあとシュタージ組織の骨組みがすみやかに解体した)。一二月一日、東ドイツは社会主義統一党によって統治される社会主義国である、と宣言した憲法の重要な条項が削除された。二日後、クレンツその他の政治局及び中央委員会メンバーが辞任した。そのころには民衆パワーによって、東ドイツは複数政党制民主主義の全面受け容れへ向けた道――その道は数か月間混乱し続けることになるが――を歩んでいた。民衆の勇気のたまものだが、ゴルバチョフによる外部からの支援も大いに手伝って、民衆による平和的革命が勝利したのであった。

一九八九年夏と秋に出現した反対派グループが革命を先導した。「新フォーラム」、「民主的覚醒」、「民主主義を今」、その他多くのグループだ（ほとんどはせいぜい二〇人程度のメンバーではあるが、合わせて三〇〇〜三二五団体）。すべてのグループが自由選挙を手始めに、民主主義を求めた。それ以外のことになると、グループの指導者たちの多くは、プロテスタント信仰に根差した主義主張をもつ知識人、ないし理想主義者であり、当然ながら、厳密な目的が――それがある場合でも――異なっていた。疑念が多くあるのは自然だ。彼らは、みなが経験してきた抑圧的な国家共産主義を脱したかった。そして、膨れ上がる支持者大衆の間には、社会主義的平等を説きながら奢侈と特権を享受している指導者の腐敗に対する激しい怒りがあった。それはとんでもない権力乱用であり、指導者たちが彼らを信頼する人びとに求めた犠牲に対する裏切りなのだ。「現存する社会主義」は嘘だったと見られていた。だが、抗議者のなかには、一部の党員だった人びとを含め、まだ理想を失っていない共産主義者も多く交じっていた。急進的改革の主な主唱者のだれ一人、西側資本主義をモデルとしては見ていなかった。資本主義の西ドイツとの統合を望む者もいなかった。

こうした考えは、東ドイツの人びとのそれを広く反映していた。壁の開放直後の世論調査によれば、国民の八六パーセントは「より良い、改革された社会主義への道」を支持していた。まもなく幻想と分かる「第三の道」――一九六八年にプラハでソ連軍によって潰された「人間の顔をした社会主義」のようなもの――への期待を抱いていたのだ。だが彼らはまもなく、まさに自分たちが最初は求めていなかった事柄に対して急速に高まる一般国民の要求に、自らの希望が乗り越えられつつあることに気づいた。すなわちその要求とは、西ドイツと統一し、西ベルリンの短期滞在で垣間見た消費物資への欲求を満足させることだ。秋には「われわれが国民だ」だった叫び声は、年末までに「われわれは一つの国民だ」に変わりはじめていた。さらに印象的だったのは、定着しつつある新たなスローガン「祖国統一ドイツ」だ。各種世論調査は、東ドイツ国民の八〇パーセント弱が、いまでは統一を望んでいることを示していた。政治指導者たちの外交イニシアチブと並んで、数カ月後にはドイツ統一となって実を結ぶことになる国民大衆の圧力が高まっていた。

ベルリンの壁の開放は、世界にソ連ブロックの終わりを告げる象徴的な事件だった。すでに他のドミノ牌が倒れつつあった。チェコスロヴァキアとブルガリア、それにルーマニアに残っていた共産体制の終焉はすみやかにやってきた――もっとも、どの場合もポーランドやハンガリーと違って、権力者たちは権力を手放す用意はなかったが。

チェコスロヴァキアの知識人はヴァーツラフ・ハヴェルを先頭にして、多数の学生に支持され、過去数カ月間、体制に対する反対の声を一段と大きくしていた。一九一八年のチェコスロヴァキア建国の記念日にあたる一九八九年一〇月二八日には、約一万人がデモを行っていた。ハヴェル（彼は五月に釈放されていた）と多くの仲間がとりまとめた『数行』と題する請願は、民主的諸権利を要求しており、一一月までに約三万七〇〇〇人の署名者を集めた。改革を求める圧力は急速に高まった。プラハの西ドイツ大使館の劇的な出来事は、改革が可能であり、現に進行していることを示した。壁の崩壊がそのことのもっとも目覚ましい表れだ。しかしチェコスロヴァキアの政権は、要求を容れる用意がなかった。一一月一七日、こん棒を振るう警察機動隊がデモ学生を容赦なく襲撃した。この警察の暴力は、デモ参加者を制止するどころか、さらに一段と大規模なデモを誘発する。共産党独裁の廃止を求めるデモ参加者の数は、数日のうちに二〇万人にまで膨れ上がっていた。一一月二四日にもなると、七五万人の抗議参加者がヴァーツラフ広場に集まった。その後に続いた二日間のゼネストは、同国の労働者の半数が支持した。この間、反体制派グループは一一月一九日、民主化改革を要求するため、ハヴェルを指導者とする「市民フォーラム」を結成している。プラハのラテルナ・マギカ劇場にあるフォーラム本部での討論は、しばしば不完全で、まとまりを欠き、混乱していた。だが、「市民フォーラム」は国民大衆の抵抗の大きなうねりを駆り立てると同時に、それに後押しされる形で、共産党支配のぐらつく残滓を一掃する「ビロード革命」を組織化するのである。

一一月末までに党指導部が総退陣し、党の優越的地位が憲法から削除された。政府は一二月三日に大改造を行うことで、共産党による支配を維持しようとする。それには遅すぎた。ゼネストの脅しを受けて、市民フォーラムのメンバーを中心とする新内閣が一二月一〇日に発足した。一九六八年から生き残っていた大物、グスタフ・フサークはついに敗北を認めて辞任。重大な出来事に満ち満ちた一年が幕を閉じる直前の一九八九年一二月二九日、ハヴェルが新国家元首として就任宣誓した。きわめて象徴的な措置として、一九六八年の英雄、アレクサンデル・ドプチェクが一日前に、本質的には名誉職である連邦議会議長に選出されていた。ソ連軍は一九九〇年二月末、チェコスロヴァキアからの撤退を開始した。同年六月の総選挙（それに翌月のハヴェルの大統領再選）によって、チェコスロヴァキアは順調に自由民主主義国に移行することがはっきりした。

「市民社会」は共産党支配の間隙に、党による権力独占に反対して複数主義的政治思想と討議を発展させるのだが、その市民社会の基盤が、ブルガリアにはほとんどなかった。だから、現状打開は下からではなく上から、党指導部内のクーデターによって起きた。民主主義を求める国民大衆の圧力は、トップの交代に先立つのではなく、むしろそのあとに続いて起きたのだった。トドル・ジフコフは一九八九年一一月、遅ればせながら、改革を受け容れるそぶりを見せて、党指導部内の批判派を抑えようとするが、無駄だった。スターリンの死の翌年に権力を握った東欧最長在任の党指導者は、内側から倒され、八九年一一月一〇日、党と国家のポストを追われた。しかしながら、そのナイフを隠喩的に振りかざした人物、そして党首としてのジフコフの後継者ペトゥル・ムラデノフは彼自身、保守派の一員であり、一九七一年以来外相の地位にあった。そして、のちに明るみに出るのだが、八九年一二月の時点でも、デモ参加者に戦車を差し向けることを考えていた。彼自身も一九九〇年七月に国家元首の地位を追われることになる。

とはいえ、その前にムラデノフは、ゴルバチョフがソ連で初期に行ったように、（本人の期待によれば）共産党権力の破壊ではなく維持に向け、長らく遅れていた措置として、最初の大きな改革を始めた。八九年一二月末にもなると、改革計画について反対派グループと交渉する用意があった。いくつかの反対派グループはその月の初め、「民主勢力同盟」として結集していた。国家の変容は一九九〇年を通じて起きた。その変容は他の旧東側諸国ほど劇的ではなく、困難に満ち、断片的だった。だが、もはや止めることはできなかった。一月に党と国家が公式に分離された。三月にはストが合法化された。四月には共産党がブルガリア社会党に衣替え。そして六月に総選挙が実施され、旧共産党が四七・二パーセントと最大の得票率を挙げる。政情不安が広がるなか、深刻化する経済問題との取り組みをめぐって分裂する弱体な連立政権は、九〇年の後半を通じてよろめき続けた。無党派の法律家ディミタル・ポポフが九〇年一二月七日、主要三政党による「民主社会への平和的移行を保証する合意」に基づき、臨時政府の組閣に同意し、やっと終わりが見えはじめた。経済回復の効果はなかなか現れなかったものの、破綻した経済の再建を——他の国と同様、IMF及び世界銀行の支援を受け、市場改革と民営化を基礎に——やっと真剣に始めることができた。

ソ連ブロック六カ国のうち五カ国では、一九八九年の革命は驚くほど平和的であった。体制側は初めのうち、暴力的手段を使うか、少なくとも使うことを考えたのだが、ソ連の支持が得られないと考えて思いとどまった。「ゴルバチョフ・ファクター」が決定的だったのだ。次いで体制指導者らは、実は権力維持を目的として、遅ればせながらの断片的な改革の試みによって、国民を宥和しようとした。だが、勢いを得た反対派は、ソ連の支えがなければ自国の指導者が裸の王様のように無防備であることに気づき、ますます大胆に民主化改革を求める声を上げた。民衆パワーは一九八九年秋には幾何級数的に増大した。共産体制の指導者らは信を失い、無防備で、無力になる一方だった。

だが、平和的革命が通常のパターンであったとすれば、革命が血なまぐさい終幕を迎えた国が一つある。もし気球がどこかでドカンと破裂するとすれば、それがルーマニアで起きそうなことは予想できた。ニコラエ・チャウシェスクの専制の奇怪さからすれば、他の国で実現したような交渉や妥協、漸進的改革、平和的移行は問題外だった。反対派はゴルバチョフが開始した改革の雰囲気によって元気づけられ、たしかに水面下で動き出していた。だが、体制側による厳しい抑圧と野蛮性が続くなかで、一九八九年秋までほとんど影響力をもたなかった。隣国ハンガリーの革命的変化がルーマニアの反対派を勇気づけたけれども、体制はハンガリー国境を通る国外脱出――八七年以来二万人が去っていた――を防ぐため、八九年夏には鉄条網を設置することで対応した。

数週の間、体制は他の中欧全域を襲った嵐を切り抜けつつあるように見えた。ところが、一九八九年一二月一二日、洪水がルーマニアに迫りはじめる。恐怖の国家治安警察セクリターテはその日、体制にとって久しく目の上のたんこぶだったテケシュ・ラースロー牧師を、ルーマニア西部ティミショアラからハンガリー国境の向こう側へ追放しようとして、数百人の抗議によって行動を阻まれてしまった。続く数日間、抗議は劇的にエスカレートする。体制は例によって、過剰な暴力に訴えることで応えた。一二月一七日、軍が群衆に発砲し、数人の抗議参加者を殺した。だが、そんな暴力にもかかわらず、抗議はそのころには止めようのない勢いをつけつつあった。チャウシェスクがイラン訪問を切り上げて帰国し、一二月二一日の昼食どきにブカレスト中心部の集会で演説したとき、テレビ中継は中断せざるを得なくなった。動員されたサクラによるいつもの割れんばかりの喝采の代わりに、考えられないことが起きたのだ。「指導者」がブーイングと不満の口笛を浴びたのである。その夜、軍と民兵、セクリターテは大群衆に対してこん棒や放水車、実弾を使ったが、そのころには本格的な革命に発展していた事態を鎮めることはできなかった。

一二月二二日の朝、チャウシェスクは党本部のバルコニーから、敵意をもった群衆に演説しようとするが、またも身を引かなければならなかった。群衆がいまにもビルに突入してくるのではないかと恐れ、チャウシェスクと妻エレナは屋上からヘリコプターで逃げる。しかし、安全な場所へ避難できるという期待は、束の間のことだった。二人はその夜、ほど遠くないルーマニア南部トゥルゴヴィシテで、いまやブカレストで権力を握った「救国戦線」の命に従う軍部隊の手で逮捕される。クリスマスの日、チャウシェスク夫妻はあわただしく設置された即席の軍事裁判で、有無を言わせず死刑判決を受け、戸外に連れ出され、銃殺隊によって処刑された。かつての独裁者の死が知れわたって、五日間続いて一〇〇〇人以上の死者を出した戦闘は、やっと沈静化した。総計して、ルーマニア革命の間に約一万人が殺されたと見積もられている。

ルーマニアは、民主政治へ素早く移行することはなかった。小規模な知識人層と中産階級がおおむね体制側に買収され、また厳しく抑圧的な警察国家である国は、独裁体制が終わるまでは、たとえ秘密の形であれ、機能する「市民社会」をつくれる状況にはなかった。ポーランドやチェコスロヴァキアと違って、出番を待つ政権は存在しなかった。ルーマニアの暫定政権でいま権力を振るっている者たち自身の大部分が、かつての支配政党の一員だった。彼らは一二月の混沌状況のなかで、去りゆく独裁者が落とした手綱をあたふたとつかむチャンスをものにしたのだ。

その頭は、暫定国家元首に任命されたイオン・イリエスク。かつてチャウシェスク体制の有力メンバーだった人物だ。複数主義への譲歩が行われた。だが、多くは見せかけの域を出なかった。おびただしい数の新政党が現れ、いくつかの旧政党も復活した。しかし九〇年五月の総選挙が示したとおり、救国戦線に身を置く新・保守派があらゆる権力のテコを握っていた。セクリターテは社会統制のすべての重要ルートに浸透した。反対派はだれであれ、政府が異論派、敵、「逸脱者」あるいは外国人と見なす相手に対し、わざとけしかけた群衆の暴力に出遭った——警察はどこにも見当たらなかった。経済的貧困で助長された政情不安のため続くルーマニアのとてつもない騒乱は、一九九〇年を越えてやっと徐々に静まりはじめた。九一年暮れにルーマニアは、広く承認された民主的憲法をついに手にした。そのころには、国有財産は民営化への開放が始まりつつあった。しかし、機能する複数政党制政治制度と資本主義経済への移行プロセスは、緩慢なままであった。ルーマニアの民主主義は長く続く未完の作業であり続けた。

ドイツ統一へ予想外の急進

ポーランドとハンガリー、チェコスロヴァキア、ブルガリア、そしてルーマニアでは民主主義への移行は本質的に、それらの国の市民の要求を満たすという問題だった——むろん、ソ連との結びつきを緩めるという、まず無視できない要素は別として。この目標への道は曲がりくねり、おおむねいばら道だった。だが、それは確立された国境の内側で起きた。チェコスロヴァキアを除いて、これらの国境は不変であった。それに、その後、チェコスロヴァキアがチェコとスロヴァキアに二分した一九九三年の「ビロード離婚」のあとでも、対外国境は以前の統一国家の国境であることに変わりなかった。ここでも、共産体制から自由民主主義国家への転換は、劇的ではあったけれども、ヨーロッパの地政学の大きな変化を承認・確認するための、諸大国の介入を必要とするような問題は引き起こさなかった。非常に有害だった両大戦間期のような領土要求や領土紛争――例えばドイツとポーランド間、あるいはハンガリーとルーマニア間のそれ――の復活を見なかったこと自体、一九四五年以来、中欧の国境がしっかり定着したことを示していた。

東ドイツのケースは違っていた。ドイツ民族の二つの国家のうちの一つとして、東ドイツの存在そのものが、より大きな繁栄する隣国に対して同国が提示する根源的な別の選択肢にかかっていた。さらに決定的なことがある。すなわち、二つのドイツの創設は、第二次世界大戦末期の戦勝連合国が押しつけた条件の直接の産物だったのだ。東ドイツの地位のいかなる変更も、したがって、大きな国際的帰結を伴う。

壁が開いたあとでは、東ドイツ、とくにベルリンで起きている変化の速さについていくことは、ほとんど無理だった。ベルリンは公式には依然として分断されていて、依然として戦時連合国に管理されていた。ところが実際には、ベルリンは現実的な意味では市の分断を終わらせつつある変化を、日ごとに体験していた。高圧的な境界検問所はすみやかに解体された（公式に廃止されたのはようやく一九九〇年七月一日だったが）。壁の残り部分はすみやかに消えはじめた。もう一つの象徴的な瞬間は一二月二二日、ブランデンブルク門の開通の際、歓喜する大群衆が西ドイツ首相コールに歓声を送ったことだった。過去四半世紀余りで初めて、ベルリンの象徴であるブランデンブルク門をくぐることが可能になった。門はその時まで「死の空き地」に囲まれて壁の東側に立ち、市の分断を具現していた。その夜、群衆はしのつく雨のなか、ブランデンブルク門を通り、浮かれた気分で華麗なウンター・デン・リンデン大通りを下って、東ベルリンの中心部へ向かった。資本主義の西側では、数十の行商人がたちまち現れて屋台を設営し、人の群れの金ばなれの良さの恩恵を受けた。だが東ベルリンでは、ウンター・デン・リンデンで営業する屋台とカフェ、あるいはパブが不足していた。ブランデンブルク門の初めての通行を祝う祝賀は、どうしても地味だった。西ベルリンの目ぬき商店街クアフュルステンダムから、東のウンター・デン・リンデンまで移動するのはまだ、経済的に分離した二制度の間を移動することだった。だが、これも急速に変化しつつあった。

かつては同じ国であった二つの地域の間の経済的不均衡は、決定的な要因だった。東ドイツ国民を囲い込む壁がないために、繁栄する西ドイツへの労働力流失に対処できなくなって壁が建設される前から、経済的不均衡はあった。西側の消費主義の魅力を宣伝する西ドイツのテレビ番組が、多くの東ドイツ国民に視聴可能になるにつれ、西の物質的魅惑はますます目につくようになるのだが、三〇年近くにわたって高根の花だった。いまや壁の開放によって、東ドイツ市民は、少なくとも理論上は、西ドイツのはるかに大きな繁栄の益を受けはじめることができた。東ドイツの抗議参加者らの「ドイツ人の統一祖国」という高まるコーラスは、彼らの大方が西ドイツを外国とは考えていないことを示していた。すなわち、(とくに年配者の)記憶の限りでは単一の国だったドイツの、より大きな西側部分との一体感を感じていることを示していた。西ドイツの人びとの間では、この感情はさらに強かった。一九八九年一一月末の世論調査では、東ドイツ国民の六〇パーセント、西ドイツ国民では七〇パーセントが、ドイツ再統一を支持していた。

しかし、東ドイツの人びとは西側の水準から見れば貧しい。彼らの通貨、(東独)マルクでは、西側ではほとんど何も買えない。そして、一〇〇(西独)マルクの「歓迎金」はすぐなくなってしまった。東ドイツ通貨の価値が変わらないままだと、国民生活の水準を改善したり、傷んだ経済の構造基盤を立て直したりすることは不可能である。だが、いやしくも通貨価値を変えるのは、東西両ドイツの関係にかかっている。経済構造改革より政治改革が先でなければならない。重大な決定が必要だった。そして、これはかつての戦時連合国の関与を意味した。戦後の超大国である米国とソ連(とくに後者)の立ち位置が、きわめて複雑な方程式における決定的要素だった。

だがそれでも、決定的な役割はドイツ人自身によって果たされた。主要な構想は西ドイツから出た——とりわけコール首相から。いつも過小評価されているようだったけれども、自らの国とヨーロッパの形の変化に大きな個人的役割を果たした政治家である。壁の崩壊によって両ドイツ関係の新たな基礎がどうしても必要になったあとでも、コールを含めだれ一人として、すみやかな国家統一を考えはしなかった。また、統一の見通しが浮上したときでも、それほど急速に実現するとは思いもよらなかった。その後に起きた事態は予想されていなかったのだ。コールも不意を突かれた。だが彼は、ほかの人びとより素早くチャンスを見て取り、それに対応した。コールは諸々の出来事の大波にどんどん押された。しかし、その大波に乗り、その水塊を——時には重みのある助言に反して——ただ一つの方向へ流れる水路に向けたのである。

東ドイツ政府は当初、統一構想にはかかわろうとしなかった。新任の首相ハンス・モドロウは以前、党ドレスデン地区委員会第一書記を務めていた穏健改革派なのだが、彼は八九年一一月一七日、統一に関する「非現実的かつ危険な投機行為」をきっぱり拒否した。モドロウは、彼が名づける両ドイツ国家の「条約共同体」を提案した。それが何を意味したにせよ、長くはもたなかった。一一月二八日には新たな用語「国家連合」に取り込まれてしまった。コールが連邦議会での演説でこの用語を使い、ドイツ統一への道筋を発展させる「一〇項目計画」の概要を述べたのだった。コールは話そうとしている内容を閣内にも伝えなかった。彼は東ドイツの民主化を前提として、いくつかの緊密な協力分野を挙げた。コールは、両国関係のいかなる根本的転換も「全体としてのヨーロッパの将来の構造」に適合するものでなければならないと強調し、西ドイツ政府の政治目標は「再統一」――ドイツの単一国家への回帰――であり続けると述べて、締めくくった。だが、それはドイツが分断されて以来の、西ドイツの願望の繰り返しにすぎなかった。コールは一二月初めの段階ではまだ、「一〇項目提案」で語った「国家連合」でさえ、機が熟するのに数年かかるだろうと示唆していた。ところが、一二月が経過する間に、東西両ドイツにおける国民の圧力が、統一へ向けて急加速するプロセスに拍車をかけていることが一段とはっきりする。これは、コールとしては喜んで舵取りしたいことであり、ヨーロッパの他の指導者としては、そう願ったところで、ほとんど防ぎようのないことだった。

「わたしはドイツがとても好きだから、それが二つあるのがうれしいのだ」。これはフランスの作家フランソワ・モーリヤックの古い名言だが、当時、その思いが脳裏をよぎった政治家は一人ではなかったに違いない。いずれにせよ、ドイツ統一の展望は最初、西ヨーロッパと、そして当然ながら、モスクワの指導者たちに大きな狼狽を引き起こした。八九年にレーガンの跡を継いだ米大統領ジョージ・ブッシュ〔父親ブッシュ〕だけが最初から、統一ドイツがNATOの枠内にとどまることを条件に、早期統一の展望について前向きな発言をした。だが、まさにそうした考えがモスクワに警戒心を呼び起こし、モスクワでは、当初、いかなる統一をもきっぱり拒絶したのである。

一九八九年一二月二〜三日、しけのマルタ沖合のソ連艦船上で行われたブッシュとゴルバチョフの首脳会談で、両超大国間の友好・協力関係を強化するきわめて歓迎すべき合意が生まれた。超大国首脳による会談は、冷戦に象徴的な終止符を打つうえで重要だった。しかし、記者会見では、どちらの首脳も早期のドイツ統一への期待を表明しなかった。統一プロセスの「いかなる人為的加速」も東欧の変革を妨げるだろう、とゴルバチョフは指摘した（そして、ソ連の命令で一九四五年に確定されたオーデル＝ナイセ線がドイツの東部国境として残るべきかどうかという、とくにその後ポーランドの一部となった旧ドイツ東部諸州からの被追放者の目から見れば、今でも機微に触れる問題に間接的に言及した）。ブッシュ自身はドイツ統一を受け容れる当初の姿勢とは裏腹に、「永久的国境という観念」が依然として存在する、とほのめかした。どうやら領土上の現状維持を示唆しているようだが、ドイツ国内でのかかわり方そのものによって、異なる解釈が可能な発言だった。

続く数日間、フランス大統領ミッテランとイタリアのアンドレオッチ、英国のサッチャー両首相はオランダ首相ルード・ルベルスと同様、ドイツ統一に反対の声を上げ続ける。サッチャー夫人はだれよりも強硬だった。八九年九月初め、ミッテランはサッチャーとの会談で論じた。ドイツ統一のあと、どの西欧国家よりかなり多い人口を抱えることになる拡大ドイツの勢力を封じ込めることができるのは、共通の通貨をもつヨーロッパ連合だけだと。サッチャー夫人は、ドイツ統一と単一通貨の両方を受け容れるのは「耐えがたい」と返答した。彼女や同世代の一部の英国政治家にとって、第二次世界大戦はドイツの勢力を破壊するために戦われたのだ。統一はそれを復活させる恐れがある。他のヨーロッパ諸国首脳は、現存する国境（ドイツ領内の境界線以外）と安全保障上の取り決めが保証される限り、ドイツ統一の展望を受け容れる姿勢だった。これを前提として、それが分断国家の両地域の人びとの自由に決定された意思であるならば、民族統一に反対するのは難しいという考えだった。

状況の突破口は、当初からヨーロッパ統合に向けた動きの核になってきた二つの国、フランスと西ドイツの間の了解の基盤のなかに（ある意味では生まれるべくして）生まれた。一九八九年一二月八〜九日に開かれたヨーロッパ共同体のストラスブール首脳会議で、ミッテランとコールが会ったとき、合意はありそうもなかった。ミッテランは他のヨーロッパ首脳と同じく、ほんの一週間ほど前にコールが「一〇項目計画」を、相談なく高飛車に発表したことに仰天していた。ドイツ統一は機微に触れる問題である。ヨーロッパ諸国首脳の間に懸念があるのは明らかだった。コールは、ドイツ統一がヨーロッパ統合へ向けたさらなる動きに組み込まれることを確約することで、事態を打開にしようと努力した。一九九〇年末には、首脳による会合で、ヨーロッパ経済・通貨同盟に進むというミッテランの希望を満たすための具体的な措置を講じる用意があると表明したのだ。九〇年四月にもなると、ミッテランとコールは、ヨーロッパ共同体を九三年一月一日までに、政治的実体を伴った一種のヨーロッパ連合に転換するという野心的な計画について、合意に達しさえしていた（もっとも、これはコールが創設したかった本格的な政治連合にはほど遠いものになるのだが）。

ミッテランはドイツを、統合された西欧にどうしても縛りつけたかった。アデナウアーの真の弟子たるコールは、どのような国際的緊張をも緩和するとともに、ドイツ・ナショナリズムによる修正主義的傾向のいかなる兆しをも阻止するため、西側に縛りつけられ続けることに、ドイツにとっての明らかな利益があると見ていた。その代償として、またヨーロッパ通貨同盟を実現するため、戦後西ドイツの繁栄と経済的地位のまさに象徴であるドイツ・マルク（DM）を犠牲にする用意さえあったのだ。

情勢はいまやコールとモドロウ、そしてすべての主要国首脳をその後流に巻き込み、まもなくドイツ統一を遠い夢ではなく、差し迫った目標にしてしまった。下部からの圧力の兆候の一つは、一九八九年一二月一九日、コールとモドロウの話を聞こうとドレスデン中心部に集まった大群衆から、コールが熱狂的な歓迎を受けたことだ。群衆を熱狂させたのは、「条約共同体」という漠然とした考えではなかった。それはドイツ統一の見通しであった。西ドイツ国旗の海のなかで、群衆は「統一祖国ドイツ」と叫んだ。コールはこれに応えて、自分の目標は「もし歴史の時が許すなら、民族の統一」だと宣言した。首相は「歴史の時」がいまや近いと確信して、ドレスデンを離れた。

このころには、東ドイツが取り返しのつかないほど崩壊していることを示す兆候が、はっきり目についた。一二月初め、社会主義統一党（共産党）の指導的役割を定めた条項が憲法から削除され、ホーネッカーほか旧体制の重要人物は党から追放（そして汚職と権力乱用で訴追）。政治局は総辞職し、名目的にのみ独立していた翼賛諸政党は西のキリスト教同盟、自由民主党と提携した。新たに結党された東ドイツ社会民主党は同様に、西ドイツの姉妹政党との緊密な協力関係に入った。複数政党制による新議会の選挙は、一九九一年五月に想定されていたが、結局、情勢の圧力に押されて三月に前倒しされた。この間、末期的に疲弊した国家からのかなりの規模の脱出が進行している。壁の開放から八九年末までの間に、ほぼ一二万人の東ドイツ市民が西へ去った。

ゴルバチョフはモスクワでモドロウと会談したあと、九〇年一月末にはドイツ統一に関する考えを変えていた。これは決定的なことだった。ブッシュ大統領は最初から、本質的に賛成の立場。だがゴルバチョフは、自国内で違った微妙な問題に直面していた。統一されていたドイツのために、ソ連があまりにも悲惨な苦しみを味わったのは、ごく最近のことなのだ。統一ドイツが、西欧とともに東にも再び目を向けるのは不可避ではないか。したがって、ソ連の指導者がドイツ統一という考えを受け容れるためには、政治的勇気が必要だった。それでもこれ以降、ゴルバチョフは東西両ドイツ人が一国にまとまる権利を認めた。東ドイツ国内の状況に関するモドロウの報告が、ゴルバチョフの考えを変えた。国民の大多数はもはや二国家という考えを支持していないと、この東ドイツ指導者はゴルバチョフに語った。統一支持の圧力は非常に強く、東ドイツを維持することは不可能。「もし、われわれがいま先手を打たないなら」とモドロウが言った、とゴルバチョフは回想している。「そのプロセスは制御不能になり、われわれはどのみち情勢を左右することができなくなります」と。ゴルバチョフは同意した。ゴルバチョフとその最側近たちは、すでに同じ結論に達していたのだった。「ドイツ統一は不可避と見なければならない」

このころには現実化していた早期統一の見通しは、再び、新たに統一したドイツがNATOに属することは可能かどうかという、当然至極の疑問を生んだ。ソ連はかねてそうした考えを断固拒否していた。ゴルバチョフは九〇年二月でもこの立場を変えていなかった。だが、状況は急変しつつある。これはもっとも重要な単一の争点だった。その月の外交交渉で最重要だった。交渉の基盤として、「2＋4」――東西両ドイツと旧占領四カ国――が合意された。英国とフランスはこの交渉では事実上、数合わせである。東ドイツも同じだ。主要プレーヤーは西ドイツと米ソ。主役はコールとゴルバチョフで、準主役がブッシュだった。

東ドイツは、両ドイツが国家連合へ進む際、双方が軍事的に中立化することを望んだ。旧西側占領諸国からすれば、それはあり得ない。西側諸国は当初、西ドイツ外相ゲンシャーが打ち出した提案を一般に了解していた。NATOは従来どおり西ドイツに基地を維持するが、旧東ドイツ領土には拡張しないとするものだ。ゴルバチョフの回想によれば、これは米国務長官ジェイムズ・ベイカーが二月九日にモスクワを訪問した際、米国の立場としてはっきり表明された。ゴルバチョフはまだ、この取り決めでも認める用意がなかった。ところが二月末近く、米国は言葉遣いを変え、ドイツ全体としての安全が保障されるには、やはりNATOは旧東ドイ領土まで拡大しなければならないと――コール首相との合意のうえで――主張するようになった。以前、NATOを拡大しないとの公式の約束がなかったことは確かだが、この修正は明らかに以前の双方の了解に反している。そのことはのちに、ロシア側に（そして一定程度は西欧にも）悪感情を生むことになった――西側は誠実に行動せず、約束を破ったという感情である。

いずれにせよ、ゴルバチョフはまだワルシャワ条約の急速な崩壊を予期しておらず、完全に裏をかかれたというのが現実だった。一九九〇年五月、ゴルバチョフは米国の圧力を受けて、統一ドイツ自身がいずれの同盟に属したいのか選択することを認めた。それはゴルバチョフ以前のソ連なら、受け容れはいうまでもなく、考えることさえあり得ない動きだった。ゴルバチョフがいまそれに応じたことは、ドイツ及びヨーロッパの変容プロセスへの彼自身の比類ない貢献だけでなく、ソ連の急速な崩壊ぶりも示していた。ソ連経済は西側の金融支援を緊急に必要としていた。ドイツは、再統一をめぐるソ連の協力の見返りとして、必要とされる金融支援を供与する用意があった。

一九九〇年七月にコールがモスクワを訪問すると、統一ドイツが自由にNATOに帰属することが確認され、ソ連の公式の政策になった。見返りとして、ソ連はドイツが核・化学・細菌兵器を永久に放棄し、三七万人以上の兵力を持たないという保証を与えられた。ソ連軍の東ドイツからの撤退と、ソ連国内への再配置にからむ費用をどう賄うかという脇筋の問題もあった。一二〇億マルクに上る高額な勘定書きと、さらに三〇億マルクの融資がそれで、コールは九月、ゴルバチョフとの電話での長い値切り交渉の末、結局支払いに同意した。コールにとっては、数カ月前ならまず夢見ることもできなかったような決着だ。ゴルバチョフにとっては、ヨーロッパの将来のために極めて重要と彼が見る、ソ連とドイツの長期の友好関係を固めることになる取引だ。急速に数を増やしているゴルバチョフの国内の敵にとっては、ソ連の国益への許しがたい裏切りであった。

「2＋4」交渉を手間取らせたもう一つの微妙な問題は、東ドイツ国境の問題だ。西ドイツは、一九三七年の国境を回復するという究極の目標を――それがいかに非現実的になっていたとはいえ――公式には放棄していなかった（この国境は戦後にできたポーランド国土の西部を含んでいた）。終戦直前と直後にそれらの諸州から避難を余儀なくされたり、追放されたりしたドイツ系住民の代表者たちは、主としてキリスト教民主同盟・同社会同盟内にかなり大きな圧力団体を形成していて、これは無視できなかった。それに、一九一九年の場合と違って、戦争を公式に終わらせる――そしてポーランド西部国境を確定する――国際条約は存在しないのだ。一九八九年七月段階でも、西ドイツ蔵相テオ・ワイゲルは、シュレージエンからの非追放者の大集会で、オーデル＝ナイセ線以東の失われた東部諸州は依然として「ドイツ問題」の一部だと考える、と語っていた。これはごく少数派の見解を表していた。この段階までに、実は西ドイツ国民の九〇パーセントはこの線を永久の国境として受け容れていたのだ。だが、コール自身は被追放者団体をなだめるため、この問題については九〇年の春まで態度をはっきりさせなかった。結局、この問題はゲンシャーの提案により、三月初めに連邦議会で取り扱われ、議会は旧東部諸州に対する一切の領有権主張を厳粛に放棄し、オーデル＝ナイセ線を東ドイツ国境と認めた——これはのちに、ポーランドと全ドイツを代表する政府との間の条約で承認されることとされた〔一九九〇年一一月にドイツ・ポーランド国境条約調印。九一年一〇、一二月に両国で批准完了〕。

このころには、統一は差し迫った可能性として浮上しつつあった。つい先ごろまではまだ、せいぜい中期的展望として見られていたのに、情勢の圧力に押されて時間の枠が明らかに収縮していたのだ。西ドイツの強靭さと東ドイツの脆弱さが、いまやあまりにも明らかになりつつあるため、最終的な帰結はもはや疑いようがなかった。西ドイツはすでに引力を発揮していた。それはあからさまな経済の形をとった。一九九〇年二月半ば、西ドイツはこれ以上東ドイツに財政援助しないことが明らかにされた。その援助がなければ、すでに瀕死の東ドイツ経済は破滅する運命にある。ほぼ同じころ、コールは東ドイツとの通貨同盟を承認するよう自分の政府を説得した。言い方を変えれば、両国家間の経済力に明らかに巨大な不均衡があるにもかかわらず、西ドイツのD‐マルクが両方の通貨になるのだ。

こうした条件での通貨同盟は明らかなリスクを含み、大きな経済的不利益を伴っていた。西ドイツは、計り知れないが明らかに巨額の費用をかけて、事実上破産した東ドイツ経済をいつまでも救済することになる。反対の立場からすると、猛烈な経済的・社会的影響が出る。まったく非能率な国営産業が閉鎖されると、多くの東ドイツ市民が職を失う。（実際、工業生産は一九八九年八月～九〇年八月の間、五一パーセント減と驚くほど減少した）。D‐マルクと東ドイツ・マルクの交換比率を気前よく一対一とすることを支持する人びとは、主として社会民主党と労働組合のなかにいた。ドイツ連邦銀行から蔵相ワイゲルにいたるまで、専門家の助言は、東ドイツ経済の潜在的競争力を壊し、西ドイツ財政に重い負担を負わせるのを避けるには、二対一の比率が必要だというものだった。コールは当初、同意した。だが、政治が優先した。秋に選挙が迫り、コールの人気が西で低下しながらも東では高まるなか、首相は一対一の比率に同意する圧力に屈することに利点を見出すようになる。政治的には、それは抗いがたい提案だったのだ。

このころには、西ドイツが完全に主導権を握りつつあった。三月八日、政府は統一ドイツのまったく新しい憲法ができる前に基本法（一九四九年の西ドイツ憲法）を失効させることはしないと決定した。基本法一四六条は実際、そうした事態に備えた規定を設けていた。その代わり、東ドイツが基本法二三条にもとづき、（一九五六年のザールラントのように）新たな五州として西ドイツに直接統合されることが決まった。これは間違いなくもっとも容易で、手っ取り早い道だった。しかし、それは対等合併ではなく、乗っ取りを意味する。そして実際、統合が終わってみると、旧東ドイツは西ドイツの植民地同然に扱われているとする不満が聞こえはじめる。いかに根拠がなかろうと、その感情はある意味では理解できた。シュタージと関係があったとか、東ドイツの体制に密接にかかわっていたと判定された教員や科学研究者、大学講師、その他専門職の中産階級の人びとが集団解雇されると、その感情は一段と声に出されるようになった。あるいは、政治の再編と経済の再建の指導に西ドイツ人が送り込まれたときがそうだった。多くの東ドイツ人が自らを、自国内の二級市民と感じるようになった。

しかしながら、当初の五月六日から前倒し実施された九〇年三月一八日の「人民議会」(東ドイツ国会)選挙は、西ドイツ提案の構想と基本法二三条にもとづく統一への近道に承認を与える国民投票になった。東ドイツ国民は自らの国家の廃止に、賛成票を投じたのだ。D-マルクの魅力が決定的な要因だった。選挙運動ではコール、ブラント、ゲンシャーら西ドイツ政治家が主役を務めた。なかでもブラントの個人的人気は絶大だった。にもかかわらず、結果はコールの勝利。本当はD-マルクの勝利だった。保守系の「ドイツ連合」(事実上、新たに結党された東ドイツ版キリスト教民主同盟)は、D-マルクの導入と早期統一を公約し、投票総数の四八パーセントを獲得する勝利を収めた(投票率は九三・四パーセント)。社会民主党は二一・九パーセントと後れをとった。社会主義統一党(共産党)の後身の民主社会党(PDS)は一六・四パーセントで、なんとか三位につけた――もっとも、旧共産党の牙城である東ベルリンでは、見事に三〇・二パーセントを獲得した。

この結果によって、より良き社会主義への「第三の道」という、前年秋に東ドイツで国家に対する民衆蜂起を指導した多くの知識人が抱いていた消えやらぬ希望は、息絶え、葬り去られた。一九八九年秋に多種多様な抗議運動の先頭に立っていた勇気ある人びとはいま、西ドイツの資本主義的自由民主主義の既成政党と諸組織によって、ないがしろにされたと感じていた。「社会主義は約束したものをもたらさなかった」。これは、大衆が自分たちの期待を四〇年間裏切ってきたと考える体制を、しばしば腹立たしげに振り返るとき、間違いなく彼らの気持ちを代弁していた一労働者の峻厳な評決である。彼やほかの多数の人びとは、未来が見えると考えた――そして、その未来は、彼らが東ドイツにおいて、その下で生きてきたマルクス=レーニン主義による破綻した社会主義ではなかったのだ。進歩的な自由と何より成功した経済を備えた西ドイツが求心力であった。

三月の東ドイツ総選挙から国家再統一までは、短くてかなり真っすぐな道のりだった。その重要な一歩は、一九九〇年七月の通貨同盟の発足、つまり両ドイツの唯一の法定通貨として、西ドイツのD-マルクを導入することだった。東ドイツ・マルクとD–マルクの実勢交換レートはおそらく八対一（以前の闇レート）と、はるかに高かったので、一対一という合意された交換レート（実は以前のベルリンの境界検問所での強制交換レート）は、けた外れに気前のいい取り決めだった。このレートは東ドイツの被雇用者の賃金と年金、あるいは一人四〇〇〇東ドイツ・マルクまでの預金（六〇歳以上の年金生活者は六〇〇〇マルク）に適用された。それ以上の預金と企業の負債の交換レートは二対一だった。短期的には、預金のある人びとはいまや外国旅行を楽しんだり、以前は手に入らなかった商品を買えたりするようになる。たしかにドイツ東部地域ではあっという間に、西側生活の目新たらしい高価な物品が、だんだん見慣れた光景になっていった。だが、多くの人にとっては、共産主義体制によって与えられていた質素ながらも保護された生活スタイルは、西ドイツからの莫大な補助金にもかかわらず、突然終わってしまったのである。

例えば、共産主義の下ではいかに非生産的であれ、雇用は保証されていた。だが、被雇用者とその家族は、今度は市場の気まぐれにさらされていた。三年もすると、三〇〇万人の東ドイツ市民が失業していた。そして、東ドイツの企業はほとんどまったく競争力がない。一九九〇年五月時点での評価によれば、補助金なしで成り立つ産業は、たったの三分の一だった（これさえも楽観的だったことが判明する）。続く四年間に、かつて国有だった東ドイツの数千の企業が民営化された。最初は民営化を実施するために設立された機関「信託基金《トロイハント》」に移管され、同基金は四〇〇万人を雇用する一万三〇〇〇以上の企業を引き継いだ。大方の旧国有企業は西ドイツ企業の支社になった。しかし現状では、その多くはほとんど価値がない。売却価格は相応に安かった。そうした企業に収益性をもたせるのは、気の長い仕事だった。信託基金は結局、二五〇〇億マルク以上の損失を出してしまった。個人投資はほとんどが西ドイツ側からのものだが、これが振るわなかった。しかもまったく不十分。西ドイツが統一の財政コストの多くを負担しなければならなかった。大型の投資計画が必要だった。道路や鉄道、橋梁、そして老朽化した電話システムなどのインフラは、緊急の刷新が必要だった。加えて、失業手当と福祉給付の巨額の社会的コストがある。ドイツ政府は統一後の三年間に、東ドイツに推定三五〇〇億マルクを費やした。これは当然、西ドイツの国家負債が大幅に増え、借入コストが——ドイツにとってだけではなく——増加することを意味した。

ポーランドによく似て、東ドイツの転換は激しい経済的ショックを招いた。これは通貨統合の条件と、民営化の規模及び速度のために避けようがなかった。旧東ドイツ経済は国家統一のあと、旧ソ連ブロックのどの国よりも急激かつ徹底的な民営化にさらされた。だが、少なくとも、東ドイツ市民は他の旧ソ連ブロックの国と違って、ずっと裕福な隣人からの巨額の補助金をあてにすることができた。実際、東ドイツの転換を財政援助する目的もあって、九一年から「連帯付加税」が、ドイツの人びとの給料袋から控除された。(連帯付加税は最初の湾岸戦争のコストに対するドイツの分担金の一部にも充てられ、連邦政府の歳入をとても有益に増やしたため――最終的には年間で計約一五〇億ユーロ――、無期限に維持され、大方の国民がいら立ちをつのらせる結果になった。)

両ドイツ統一の経済的・社会的な複雑な諸問題は、統一の前でも実に厄介なことと認識されていた。順応という心理的問題は時とともに、おそらく一段と難しいことになるだろうと。だが、後戻りはできなかった。パリとロンドンには懸念があるものの、ドイツ国内にも国際社会にも、後戻りしようという意思はなかった。九月末ごろには、最後の政治的難題が克服されていた。統一に伴う法律上・行政上の専門的事項を解決する両ドイツ間の条約が、一九九〇年八月三一日に調印され、九月二〇日の東ドイツ人民議会と西ドイツ連邦議会の批准を経て、同月二九日に発効した。九月二四日、東ドイツはソ連との合意のうえでワルシャワ条約を脱退した。一週間後、占領四カ国はかつての権利及び責任を終わらせた(もっとも、批准――四〇年遅れとはいえ、第二次世界大戦を終わらせる事実上の条約――は、その後数カ月間にわたり段階的にしか行われなかった)。一九九〇年一〇月三日午前零時きっかりに、ベルリンの路上大祝賀パーティーにつつまれて、連邦大統領リヒャルト・フォン・ヴァイツゼッカーはドイツ統一と、統合ヨーロッパのなかで世界平和のために働くという同国の希望を表明した。「統一の首相」ヘルムート・コールにとって、尋常ではない勝利だった。

それは間違いなく、ドイツだけでなくヨーロッパ全体にとって、さらにはその含意の点で広く国際関係にとって、稀有な歴史的重要性を帯びた節目だった。それはドイツという国民国家が、初めはヨーロッパに想像を絶する苦しみと破壊を加え、次いで四〇年間の分断を経て、少なくともその西側部分は平和と繁栄と安定にもとづく新たなヨーロッパの基礎の建設に大いに貢献した、一時代の終わりを象徴していた。将来がどうなるかは不確かだったかもしれない。しかし、当面は――ドイツの隣国の間にはまだいくらかの悪い予感があったにせよ――ドイツには歓喜が広がっていた。

ソ連の長い断末魔

中欧とバルカンの旧衛星諸国でドラマが展開している間、ソ連自体が内部爆発しつつあった。ゴルバチョフは一九八五年に――共産党権力を壊すのではなく、維持しようとして――構造改革計画に乗り出したのだが、本質的にはその年に始まった内部爆発の進行過程は、四年の間に大洋の嵐のように勢いを強めていた。一九八九年の春から二年余りの間、その嵐は荒れ狂い、九一年夏にはハリケーンのような強さに達して、ついにはソ連を吹き飛ばしてしまうのだ。

この間、ゴルバチョフの国際的スター性は、ソ連国内での権力の衰退と対照的だった。九一年の夏まではまだ、間違いなくソ連政界の重鎮だった。だが、ゴルバチョフは自らが解き放った改革の強風をますます浴びるようになった。もはや情勢をコントロールしていなかった。逆に情勢の囚われ人になっていた。旧衛星諸国がそうだったように、ソ連国内では民衆パワーが存在感を示しつつあった。とくにバルト地方とカフカス地方の非ロシア人共和国で、独立を求めて大きくなる民族主義的要求と深刻な政情不安に、それはもっともはっきり表れていた。しかし、ロシア本国でも九〇年以降、かつて絶大無比だったゴルバチョフの人気は低落しつつあった。旧衛星諸国の喪失、国内の生活水準の悪化、周縁部諸共和国の分離主義圧力、最近まで超大国だった国の見紛いようのない凋落――ゴルバチョフはますます、かつて強力だったソ連を悩ますこうしたすべての苦悩の元凶と見られるようになった。政治的には、ゴルバチョフをソ連のあらゆる偉大さを破壊した責任を負う裏切り者と見る強硬反動派と、ゴルバチョフ本人より遠く、早く進みたい急進改革派の双方から攻撃されたのである。

後者のなかで一頭地を抜いていたのは、ゴルバチョフのもっとも危険な敵として登場し、ついには彼にとって代わることになる人物だった。直情的で傲慢、大胆不敵、予測できないほど身勝手だが、抜け目なく有能な策士、ボリス・エリツィンである。一九八〇年代にはモスクワ市党委員会第一書記だったが、改革の遅さに業を煮やして一九八七年に政治局を辞任するという前例のない挙に出て、ゴルバチョフを激しく批判し、数週間後にモスクワ党委トップを解任された。エリツィンはこの降格で、ゴルバチョフを決して許すことはなかった。八九年三月、ソ連人民代議員大会に非党員代議員として、民衆の大々的な支持で選出されたことにより、ゴルバチョフに歯に衣着せない攻撃をしかける足場を得た。エリツィンの過度の飲酒は官製メディアに、彼を中傷する格好の機会を与えた。だが、その攻撃が彼の人気を陰らせることはなかった。ロシア人にとっては、ゴルバチョフではなくエリツィンが、未来への希望を与えてくれるように思われたのだ。そして次第に、このことは一般の人びとにとって、西側の人びとには当たり前の物資や商品を手に入れることで生活をよくするチャンスと映った。来るべき時代の一つの兆しが、九〇年一月三一日のマクドナルドのモスクワ第一号店のオープンだった。この日、虎の子のルーブルを「ビッグマック」の初の味見に費やそうという数千人のモスクワっ子が、街区角を曲がる長蛇の列をつくった。一方、大方の非ロシア人にとっては、未来はモスクワからの独立にあった。彼らはロシア人が支配するソ連からの完全自立を求める民族主義運動に、ますます目を向けるようになった。

いまや遠心力が、極度に中央集権化されたソ連の国家体制を分解させそうだった。周縁部が中央を危険にさらしていた。体制は、外側から内へ向かって腐食が進んでいたのだ。一九八九年四月初め、グルジア〔現ジョージア〕の首都トビリシで、警察と軍兵士が約一〇万人の独立支持派の集会を攻撃し、抗議の市民一九人が死亡する騒ぎが起きた。同様の示威行動の可能性を防ぐため、エストニアとラトヴィア、それにウズベキスタンに軍隊が派遣された。だが、自治権拡大を求める圧力は、単なる強制だけではもはや抑えることができなかった。

急速に高まる反ソ連ムードは、とくにバルト地方に目立った。年配の人びとはエストニアとラトヴィア、リトアニアが一九四〇年にソ連に併合される前の、独立時代を今でも思い出せる。ロシア人の流入には恨みがある。そして、スカンジナヴィア諸国のテレビを視聴することで、人びとは自分たちにはない西側の繁栄を肌で感じていた。バルト諸国では、八九年三月の人民代議員大会選挙で、独立を支持する候補が強い支持を受け、いまや代議員大会に席を占めた。三月一一日、リトアニアは独立を宣言するところまで歩を進めた。昔の国旗が復活し、鎌と金槌のソ連旗は一夜にして消えた。モスクワはリトアニアの独立を無効だとして拒否した。二週間後、ソ連戦車が投入され、ビリニュスのリトアニア国会ビルの前をガラガラと走ったが、この武力の示威による威嚇のあと、銃口を開かないまま数時間後に撤退した。一九五六年のハンガリーの繰り返しはなさそうだった。だが、リトアニアは経済封鎖を受け、しばらくの間、石油供給を止められた。しかも、ソ連政府がリトアニアの分離独立を阻止しようとしたのは、これが最後ではなかった。

ほかの地域でもソ連は厄介な問題に直面していた。ソ連は一九二〇年代から、地域の主要民族を核につくられた名目的には独立した諸共和国によるロシア主導の連邦である。いま民族的緊張は、その連邦を編む繊維がほつれていることを示している。ウズベキスタンでは六月、ウズベク人の若者集団がトルコ語系少数民族メスヘティ・トルコ人を襲撃し、深刻な民族不安が広がった。公式の数値によれば、九五人が殺害され、数百人が負傷。多くの財産が破壊され、数千人がウズベキスタンからの逃避を余儀なくされた。その夏の間じゅう、中央アジアの複数の共和国でさらなる暴力事件が発生、グルジアでは独立を求める示威行動があった。ソ連統治の弱体化は、西シベリアとウクライナの炭鉱労働者が生活状態をめぐって七月に起こした大規模スト（推定三〇万人）にも表れていた。これは一〇月の最高会議によるスト権承認につながった。共産党とその官製労組だけが労働者の利害を判断できるという原則の大転換である。八月には、翌年のソ連によるバルト諸国併合の露払いをした一九三九年のナチ＝ソ連協定〔独ソ不可侵条約と秘密議定書〕に抗議して、一〇〇万人規模の途方もない人間の鎖がエストニアとラトヴィア、リトアニアをつないだ。九月にもなると、ウクライナ独立を求める運動「ウクライナ人民戦線」がキエフで創立大会を開き、連邦分解の兆候はソ連の中心部に迫ってきた。

一九九〇年にカフカス及び中央アジアの諸共和国で続いた緊張と暴力は、ソ連軍の展開によっても防ぐことができなかった。アゼルバイジャンの首都バクーでは九〇年一月、アゼルバイジャン人とアルメニア人の間で、帰属争いのあるナゴルノ＝カラバフ州をめぐって深刻な民族衝突があり、約五〇人が死亡した。騒擾を鎮めるためソ連軍が投入されたが、アゼルバイジャン人民戦線の活動家からの激しい抵抗に出遭った。軍が秩序を回復したころには、市民約一三〇人が死亡し、数百人が負傷していた。

バルト地方でも少数派ロシア系住民への敵意が高まる兆しのなか、自立へ向けた動きは弱まらなかった。九〇年五月、エストニアとラトヴィアの民族派優勢の国会は、一年前のリトアニアの例にならって独立支持を表決した。その夏の間、ソ連の多くの地域で自立への動きが起きた。さらに、もっとも重要なこととして、ウクライナとロシア自身が、当面はソ連の構成共和国としての地位と両立するとしながらも、主権を宣言した。しかし、ソ連がまだ存在しているとしても、もはや救命装置を装着していることはほとんど疑いなかった。

バルト諸国の独立闘争は、とりわけ重大な問題を突きつけた。だが、ソ連はまだ敗北を認める用意がなかった。リトアニアとラトヴィアの首都、ビリニュスとリガに駐屯するソ連軍部隊は九一年一月、選挙で選ばれた政府を倒して独立への動きをつぶそうとした。しかし、ソ連軍のすさまじい武力の誇示は、両国で民衆抗議に出遭った。流血があった。その後の騒乱のなかで、リトアニアで一四人、ラトヴィアで四人の一般市民が死亡した。膝元のモスクワでは、その暴力行為に対するすさまじい抗議が起きた。エリツィンは自立への動きを公然と支持した。不可避になった事態を暴力で止めることはできなかった。二月初めのリトアニア国民投票では、九〇パーセント以上が独立を支持した。三月初めにラトヴィアとエストニアで実施された同様の国民投票では、有権者の四分の三が独立を支持した。おそらく以前の時代なら、そうした国民感情の圧倒的な表明でも、ソ連の軍事力が粉砕していただろう。だが九一年にもなると、ソ連には、ほぼすべての住民の意思に逆らい、バルト諸国を単に武力で抑え込もうとする覚悟はもはやなかった。

体制の腐食はこの間、ソ連政治の中枢部まで広がりつつあった。単独政党に支配される国家が掌握力を失うにつれ、諸党派が主導権を争った。改革派と反動派の間の溝はかつてなく広がっている。ソ連を解体してゴルバチョフ本人よりさらに先へ、もっと早く進みたい人びとからすると、ゴルバチョフはとうてい急進的ではなかった。改革派は目標に統一がなく、いずれにせよ彼らの目標はまだばらばらだった。資本主義市場の導入を望む者もいた。共和国の大きな権限と独立を望むナショナリストもいた。エリツィンは両グループにまたがっていたが、まだ自分の立場を明確にしていなかった。これと対極にいるゴルバチョフの保守派の敵たちは、ゴルバチョフと彼がソ連に押し付けた(彼らの目には)破滅的な軌道をたどる有害な改革をますます恨んでいたが、ゴルバチョフを倒すほど強くはなかった。それでもゴルバチョフは、用心深く進まなければならなかった。彼は相変わらず戦術的には機略縦横だった。だが、両翼の重大な批判者のいずれをも満足させられなかった。実際には、ソ連の土台を掘り崩す政治・経済改革を受け容れ、さらには歓迎さえする一方で、ソ連の一体性を維持したいというゴルバチョフの願望が、一つの基本的な弱点だった。彼はまだ本当に、当初の目標だった改革された共産主義を望んでいたのだろうか? それとも、西側流の社会民主主義と資本主義経済を望んでいたのだろうか? 彼は疑いもなく後者の方へ歩んできていた。だが、何を公言するのが戦術的に賢明なのかの配慮はあるにしても、内に秘めた立場はそれほど明確ではなかった。改革派がゴルバチョフに離党を促し、また彼が行った政治的選択が明らかに社会民主主義者のそれであるのに、依然として党にとどまり、まだ党書記長だった。ソ連体制という政治的束縛の枠内で根本的改革を試みることの矛盾に、ゴルバチョフはまだ向き合っていなかった。彼の立場はますます危険になった。彼は両翼から危険にさらされていた。

とはいえ、一九九〇年の春段階では、ゴルバチョフはまだ、内側からのいかなる挑戦も乗り越える強さがあり、最高会議と人民代議員大会の巨大な改革諸派の支持を当てにすることができた。代議員大会は九〇年四月までに、共産党の政治的独占を廃止し複数政党政治を認めるという、ゴルバチョフが二月の最高会議で巧みに仕上げた劇的な憲法改正を承認していた。三月半ばに新設のソ連大統領に選出されたあと、ゴルバチョフの立場は表面的には強化されたようにさえ見えた。最高会議議長として、すでに事実上の国家元首だったのだが、代議員大会が政治局の権限を奪う決定をしていたため、新たなポストはゴルバチョフに大きな執行権限を付与した。ところが現実には、彼の立場は著しく弱体化しつつあったのだ。とくに、エリツィンが一九九〇年五月、ソ連構成共和国のなかで優に最大かつ最重要な共和国の元首であるロシア共和国最高会議議長に選出されると、なおさらだった。エリツィンはソ連の利益より、ロシア共和国の利益をはっきり優先した。ソ連の歳入へのロシアの分担金の大幅削減は、ゴルバチョフの立場を著しく弱めた。エリツィンはロシア・ナショナリストの間の大衆的人気と、自由市場に関する新自由主義的な思想（そして米国による大規模援助への期待）に引かれる経済専門家ら、エリートの支持を獲得した。ロシア・ナショナリストは他の共和国（ベラルーシとウクライナを除く）のことを、周縁部の非スラヴ国で、その独立はロシアそのものを向上させ、強くすると考えていた。ゴルバチョフ個人に責任があると見なされた破滅的な経済状態の結果、ゴルバチョフの人気が急落するにつれ、ロシア国民のために戦う闘士としてのエリツィンの株は、明らかに上昇していた。

続く数カ月、差し迫る経済の全面崩壊を背景として、ソ連の解体劇が演じられるのを見ることになった。困窮の年だった一九九〇年と比べても、九一年には生産が急落し、財政赤字は同じく危機的に増加した。消費物資と燃料が欠乏した。食料品価格は二倍に。経済復興計画は惨めな失敗に終わり、当然ながら、大衆の支持はいよいよ不運なゴルバチョフから離れていった。九〇年秋のある世論調査では、ソ連市民の優に半数以上がゴルバチョフ政権下で生活状態が悪くなったと答えている。良くなったと考えているのはわずか八パーセントだった。

ゴルバチョフを憎む保守派の敵たちはこの間、九〇年一〇月創立の「ソユーズ」（同盟）と名乗る組織にエネルギーを結集しつつあった。そして、ゴルバチョフに対するもっとも明白な脅威は、依然として、エリツィンの不気味な台頭だった。エリツィンはその夏、共産党を離党し、翌年六月にはロシア共和国大統領選挙で個人的信任を勝ち取った。ゴルバチョフがますます破綻したソ連を統べる敗者に見える一方で、エリツィンはロシアで難攻不落の支持基盤を築きつつあった。一九九一年三月、二五万人近いモスクワ市民が治安警察の大々的な配備をものともせず、エリツィン支持のデモを行った。かつての巨大な殿堂の基礎がぐらつくなか、彼らはロシアの未来への信頼をにじみ出させる言辞に共感し、エリツィンが伝える強さのイメージが気に入ったのだ。

エリツィンはまだ、最高権力をめぐってゴルバチョフに挑む立場にはない。事実、九一年の春には、ゴルバチョフとは立場が違うものの、八月二〇日に調印されることになる新たな連邦条約を提唱するうえで、彼と協力することに戦術的利益を見ていた。条約は、表向きはソ連構成諸共和国の権限を強め、経済政策と軍事問題以外はほとんどソ連の権限に残らなくなる「主権国家連合」を創設する狙いだった。実のところエリツィンは、ロシア自体の権限を拡大すること――そして、それによって自分自身の立場を強化すること――にしか、本当の関心はなかったのである。

一方、ゴルバチョフの保守派の敵たちは、活発に動いていた。九一年七月二三日、ソ連の著名人士一二人――主として、高位ではないまでも党幹部とソユーズ指導者、それに将軍二人――が、新聞で発表された「人民へのことば」に署名。これは、「歴史と自然とわれわれの祖先によって負託された祖国、われらの国、偉大な国家」を襲った「巨大な前例のない不幸」のために、その国家は「滅びつつあり、解体され暗黒と忘却の淵に追い込まれつつある」と激しく非難していた。ゴルバチョフのほかの敵たちは陰に隠れてはいたが、ほぼ間違いなくこの書簡の文面を知っており、その心情を支持していた。米国は六月、ゴルバチョフに、反ゴルバチョフ陰謀がもくろまれていると警告していた。だがゴルバチョフは、そんなことは国内の改革派から前にも聞いていた。彼はひるむことなく、しかしその危険をひどく過小評価し、エリツィンにモスクワを任せて八月初め、待ち望んでいたクリミアでの休暇に出かけてしまった。

陰謀者たちは八月一八日にクーデターを決行する。ゴルバチョフは休暇先の別荘で、電話回線が切断されていることに気づいた。共謀者のうち三人が現れ、権限を暫定的に副大統領ゲンナジー・ヤナーエフに渡すよう勧告した。ゴルバチョフはきっぱり拒否した。一方モスクワでは、クーデターの指導者たち――ウラジーミル・クリュチコフ上級大将（治安機関KGB議長）、ボリス・プーゴ（内相）、ヴァレンチン・パヴロフ（首相）、ドミトリー・ヤゾフ元帥（国防相）、副大統領ヤナーエフ――が、一九日に計画している非常事態宣言後に国家を運営する予定の「国家委員会」を設立した。

実のところ、彼らは事実上すべての行動でへまをし、電話回線網を遮断することも、衛星テレビ放送を阻止することも、依然としてゴルバチョフに忠実なエリツィンその他を逮捕することもしなかった。さらに、モスクワでの軍事行動の責任者にソ連空挺軍司令官パーヴェル・グラチョフをつけるという誤算をおかした。彼はクーデターをまったく支持していないことが判明するのだ。グラチョフの暗黙の支援によって、エリツィンは八月一九日の午前中、支持を結集することができた。勇気と大胆さを要した。たちまち世界じゅうにテレビで伝えられた劇的事件のもっとも記憶に残る瞬間として、エリツィンはロシア共和国最高会議本部（通称ホワイトハウス）前で戦車上に上り、クーデターを非難した。翌日と翌々日午前は緊張していた。国家委員会はまだあきらめておらず、戦車にホワイトハウスへの進撃を命じていた。だが、再び民衆パワーが重要な役割を果たす。多くは若いモスクワ市民の群衆は二〇日、勢いづく反クーデター・デモでもって、軍事力の誇示に立ち向かった。三人の抗議参加者が殺された。しかしその日の夜には、クーデターは破綻しつつあった。陰謀者たちは行動の手順について割れており、軍指揮官たちは彼らの命令を拒否していた。二一日午後の早い時間までにクーデターは終わっていた。陰謀者たちは逮捕された。二人は自殺した。翌朝、ゴルバチョフはクリミアから戻った。彼は危機の間じゅう、毅然としていた。だが、当然ながら、クーデターによって深刻に弱体化していた。このあとの日々は、ゴルバチョフの権力のあまりにも急速な衰えぶりをはっきり見せつけることになる。時の英雄はエリツィンになっていた。

ソ連時代の終わりが足早に近づいていた。ゴルバチョフが思い描いた新条約による再生の見通しは、もはや完全に失われていた。八月二三日、エリツィンはロシア国内におけるソ連共産党の活動を停止した（さらに、のち一一月六日には完全に非合法化する）。そして、自らを首相とする新内閣を発表。この内閣が自由市場経済の原理にもとづく全面的経済改革の計画を推進することになる。

この間、他の共和国もわが道を進んでいた。ほぼすべての共和国がクーデターに反対した。クーデターが失敗するや、他の共和国は自らの独立要求を実現するため、息も絶え絶えのソ連の明らかな弱さに付け込んだ。バルト諸国が先頭に立った。八月二四日、エリツィンはロシア共和国の名においてバルト諸国の独立を認めた。続く三日間にウクライナと白ロシア（いまやベラルーシを自称）、モルドヴァ、アゼルバイジャン、ウズベキスタン、それにキルギスのすべてがソ連からの独立を宣言した。他の多くの共和国が九月に続いた。ソ連を構成するのはロシアとカザフスタンだけになった。ソ連への最後のとどめは、一二月一日のウクライナ国民投票で、九〇パーセントが独立宣言を支持したことだった。一週間後の一二月八日、ロシアとウクライナ、そしてベラルーシはソ連を解体し「独立国家共同体」を結成することで合意した。統一の外観はせいぜい、経済・軍事問題に限定される緩やかな組織体である。さらに八カ国が一二月二一日に加わった。バルト三カ国と、リトアニアと同じく早くも九〇年三月に独立を宣言していたグルジアは、独自の道を進むために、加盟の招きを断った。

ゴルバチョフはすでに八月二四日に、ソ連共産党書記長を辞任していた。スターリン以来、ソ連における権力の源泉であった重要ポストである。当面、大統領にはとどまったけれども、これはもはや、真の権限も目的もないポストを表す空虚な肩書だった。ゴルバチョフは一二月二五日のテレビ演説でこのポストからも辞任した。その夜、すべての権限をロシア共和国大統領エリツィンに移譲。エリツィンは二日後の早朝、クレムリンに入り、近い支持者らとウイスキーを飲んで祝った。

最後の国民向けテレビ演説で、ゴルバチョフは自分の業績を擁護した。自分が行った諸々の改革は、歴史的必然であり正当化される、と断言した。改革は国民に貧困を押しつけてきた全体主義を解体し、民主主義と進歩的自由への転換をもたらしたのだと述べた。そして、冷戦を終わらせることによって、新たな世界戦争の脅威が除去されたのだ、と。このメッセージは消滅するソ連の市民の間でより、むしろ西側での方が温かく歓迎されそうな内容だった。ソ連市民の間では、ゴルバチョフは意見を鋭く分断した。ゴルバチョフは彼らの新たに手にした独立と民主的複数主義、そして共産党が権力を独占しているかぎり考えられなかった自由への道を切り開いた。だが、彼の批判者の多くから見れば、民主主義の原理と願望がいかに立派であっても、ゴルバチョフは彼らの生活水準を悪化させてしまった。それに、冷戦を終わらせたと言っても、西側に降参し、かつては強力だった超大国を屈辱的な劣等の地位に引き下げただけなのだ。「彼がクレムリンを引き継いだとき、われわれには帝国があった」と、モスクワのタクシー運転手の一人は後年、苦々しく語っている。「六年後に彼が去るまでに、すべてが消えていた。彼はわれわれを西側に売り飛ばしたのだ。ただ降伏しただけなんだ」と。ゴルバチョフ自身はソ連の崩壊に対して慙愧《ざんき》の念を感じ続けた。「無限の可能性と資源をもった偉大な国が消滅したのは残念だ」と、ずっと後にインタビューで語っている。「わたしの意図は常にそれを改革することであって、断じて破壊することではなかった」と。

一九九一年一二月三一日、その創立から六九年、その誕生につながったロシア革命から七四年にして、ソヴィエト連邦は解体された。ファンファーレはなかった。劇的な終焉ではなかったのだ。最期はろうそくのように消えたのである。それでも、それは時代を画する日付――歴史上の一つの重大な出来事の終わり、近代におけるもっとも目覚ましい政治的実験の破断点であった。ソ連は、第二次世界大戦の恐ろしい流血に行き着いた破滅的闘争の時代の中心にあった。ヒトラー・ドイツとの大決戦での膨大な人命喪失と、筆舌に尽くしがたい破壊という代償を払ってではあれ、戦勝国として登場して以来、ヨーロッパの東側半分に対する支配を手に入れ、超大国に成長、ヨーロッパだけでなく世界の問題の成り行きに消し難い影響をあたえてきた。一九一七年のロシア革命期の、レーニンとその追随者たちによる激しい闘争とその後の身の毛もよだつような内戦の上に築かれた殿堂は、平等と正義の上に築かれる来たるべき理想郷を約束していた。

しかしそれは、ナチ・ドイツとの四年にわたる恐ろしい戦争に耐え、次いで膨大な核兵器を保有する超大国に成長するとはいえ、極度の強制を通じて強大国に転換された広大な後進国家の内側でしか――それも、想像を絶するような人的犠牲を払ってしか――機能しない建造物であることが明らかになった。そのモデルは社会・経済・政治・文化の構造がかなり異なるヨーロッパの他地域には移植できなかった。ソ連本国でも、戦後の中欧・東欧の衛星諸国のどの国でも、国民の多数が自由選挙で共産主義を選択したわけではなかった。ソ連支配は多くの真の理想主義的な共産主義信奉者（その数は時とともに減ったが）と、さらに多くの日和見的追随者に支持されたけれども、ますます底が見えるようになる虚しい約束を維持するには、極端な強制と自由の抑圧という固い鉄のたがによるほかないことが明らかになった。ゴルバチョフはソ連の諸民族がそれを完全に強制分解できるところまで、その鉄のたがを緩めたのだった。そして、そのたががなくなったあとには、何も残らなかったのである。

新時代

左派の一部はソ連の消滅を悔やんだ。かつては未来の楽観的展望に見えたもの、資本主義の有害な不平等に対する別の選択肢、それが破綻したことが残念だったのである。喪失感は以前の党官僚や体制の受益者、あるいは帝国の喪失と大国の凋落を嘆く人びとだけに限らなかった。偉大な歴史家エリック・ホブズボームは若いころからの確信的マルクス主義者だが、ソ連体制のシステム上の欠陥に気づき、その下に住みたくはなかったものの、それでもその消滅を嘆いたのは、左翼知識人のなかで彼一人ではなかった。ホブズボームはゴルバチョフを高く評価した（もっとも、「あれほど野心的ではなく、現実主義的な改革者」がいればよかったというのだが）けれども、「ソ連後」の将来には悲観的だった。ソ連が崩壊したとき、ホブズボームは、「短期的・中期的には、敗者は旧ソ連の諸国民だけではなく、世界の貧困者たちである」と書いた。

しかし、慙愧の念は、西側では――西側共産主義者の間でさえ――ソ連体制の優越性を最後まで信じ続けたごく少数派以外には広がらなかった。自由主義者と社会民主主義者が涙を流すことはなく、保守右派の人びとは西欧で、そして米国ではいっそうのこと、冷戦に勝ったことを祝った。彼らは共産主義に対するレーガン大統領の強硬な姿勢（英国の随伴者である「鉄の女」サッチャーに支持された姿勢）を賞賛し、西側の経済的優位を見せつけてソ連の弱さをさらした「スターウォーズ計画」と、莫大な軍事支出の正しさが証明されたとして、歓喜したのである。彼らは自由主義的資本主義が国家管理型社会主義に勝った、自由が農奴制に勝ったのだという勝利感を隠さなかった。

しかし大方の人びとは、あからさまに勝ち誇ったような態度をとることを控えた。安堵感の方が目立った――冷戦がついに終わった、したがって核戦争の危険がなくなったという安堵感である。これは抑圧と不自由の上に築かれた体制が崩壊したという満足感、それに西側の価値観が勝利したという気持ちと交じりあっていた。中欧と東欧の安堵感は、同様の気持ちを反映しながらも、音調が異なっていた。同地の人びとは何にもまして、ソ連の利害によって支えられた鉄の共産党支配への長年の服従が、ついに終わったという安堵感を感じていた。自らの国民的帰属意識《ナショナル・アイデンティティ》を再び取り戻すことができる。そして、そのうち、西欧が享受している繁栄の恩恵を受けることを期待できるのだ、と。

それでも、喜びの気持ちは長くは続かなかった。旧ソ連衛星諸国はすでに、足を踏み入れたすばらしい新世界《ブレイヴ・ニュー・ワールド》に適応するという困難な諸問題にさらされていた。束の間の喜びはたちまち、新たな苦難によって薄められてしまった。そして西欧の人びとにとっては、イデオロギー上の旧敵の死に喜びを爆発させるには、ソ連の崩壊はあまりにもだらだら続き、実際の終焉はあまりにも劇的ではなかった。他の諸々の問題に注意が向きはじめていた。第一に、イラクによる隣国クウェート侵攻によって引き起こされた危機の結果としての、一九九〇年の湾岸戦争である。西側では、共産主義の崩壊に絡む真の歓喜の瞬間はもっと以前、一九八九年一一月のベルリンの壁の崩壊時だった。それは東欧に対するソ連の鉄のたがが壊れたことを象徴する瞬間だった。その後の出来事は、要するに長い最終章だったのだ。

それでも、ソ連の消滅が一つの歴史的な中間休止、歴史上の大きな転換点であることは、広く認識されていた。英紙ガーディアンの記者マーティン・ウーラコットは九一年一二月二七日付の紙面で、「二〇世紀はモスクワ時間で一九九一年一二月二五日午後七時に終わった」と、一般的な受け止め方を表明している。ゴルバチョフがテレビでソ連指導者としての辞任を表明した時のことだ。「あたかも今世紀の仕事が、暦より先に終わったかのようだ。この世紀を特徴づけた二つの巨大な闘い、すなわち資本主義と共産主義間の闘い、そして旧帝国諸国と新興大国の間の闘い——数十年にわたって影響を及ぼした闘争——が終わったのだ。『ボリシェヴィズム』は、ウィンストン・チャーチルが一九一九年に要求したとおり、ついに『自死』したのだ」

三年後、エリック・ホブズボームもまた、世に知られた『20世紀の歴史　極端な時代』〔邦訳、三省堂〕で、ソ連の消滅を「短い二〇世紀」の終わり、終わった一つの時代、資本主義と共産主義の間の競争に定義づけられた時代の終わりとして描いた。保守派の観点から、米国の政治学者フランシス・フクヤマはさらに歩を進め、それが「歴史の終わり」をしるしたとまで論じた。一九九二年刊行の『歴史の終わり』〔邦訳、三笠書房〕で、彼は三年前、東欧で劇的変化が根付きつつあったころに発表し、広く読まれて論議を呼んだ論文を利用した。フクヤマは、一部の批判者が単純に想定したように、事件は続かないとか、この意味で歴史は停止するといった明らかにばかげた議論をしているわけではなかった。むしろ、一九世紀初期のドイツの著名な哲学者ヘーゲルが概略を示した観念に部分的に依拠し、哲学的な意味で論じていたのだ。ヘーゲルはフランス革命後に広がった自由と平等の原則の勝利を、歴史の最終段階と見ていた。唯一の重大な挑戦者である共産主義に対する自由民主主義の勝利によって、イデオロギーの発展は進化の頂点に達し、そのことによって「歴史」は終わった、とフクヤマは論じたのだ。共産主義の消滅後は、とフクヤマは書いた。「自由民主主義が世界じゅうの異なる地域、文化に広がる唯一の一貫した政治的願望として残る」と。「個人の自由及び国民主権の教義」である自由民主主義は、「普遍的有効性を秘めたイデオロギーとしてリングに立つ（唯一の）競争者」として残ったという。続いて起きた大論争のなかで、この大胆な論文は当然ながら厳しい批判を受けた。単に誤りと見られただけではない。勝ち誇った米国の新保守主義を反映したものと、広く見られもしたのである。

実際、その後の世界史の経過は、ほとんどフクヤマの議論を支えることにはなっていない。世界の広い部分で自由民主主義の原理が文化的、政治的に拒絶されていることは、「『歴史』の終わり」という目的論的仮定に疑問を投げかけている。経済は自由主義、政治は独裁政治という中国モデルは、中国でけた外れの成長を成功裏に生み出し、市場経済が必然的に自由民主主義につながると長らく想定してきた人びと――ただ西側だけではない――に重大な挑戦を突きつけてきた。未来は、ヘーゲルが最初に「歴史」は終わりに達したと判断したときと同じように、予測不可能である。ソ連と、ソ連がほぼ四分の三世紀にわたって体現していた資本主義的自由民主主義に代わる選択肢の崩壊で終わった一九八九～九一年のヨーロッパの大変動は、フクヤマの哲学的意味でも、「歴史」の終わりには行き着かなかった。にもかかわらず、その大変動は世界と、とりわけヨーロッパにとってけた違いな帰結をともなう政治上の地震だった。一九九一年のあと、ヨーロッパは新しい世界になっていた。

新しいヨーロッパはもはや鉄のカーテンで真っ二つに分割されていない。だが、数十年に及ぶ大陸の二分が終わったことは、統一が近づくことを意味しなかった。むしろヨーロッパは、今度ははっきり区別のつく四グループに分かれていた。たしかに、根本的なイデオロギー上の分裂はなかったけれども、それらのグループ間の違いはとても無視できなかった。

第一グループは、ソ連崩壊の末期に形成された独立国家共同体諸国――ロシア、ウクライナ、ベラルーシ、その他旧ソ連の八カ国――である。これらの国には複数政党制民主主義や法的自治、あるいはヨーロッパの他の多くの国では、国家の支配を受けない広範な市民的自由の領域を、時間をかけて創出してきた諸々の組織（教会、労組、独立した新聞など）の伝統的基盤がない。ヨーロッパのこの部分を約七〇年にわたって支配してきた体制が瓦解したあとの混乱のなかで、これらの旧ソ連諸国がうわべは秩序維持のために、大統領として強い人物に関心を向けるのは驚きではなかった。ロシアのエリツィン、ウクライナのレオニード・クラフチュク、あるいは一九九四年以来ベラルーシの独裁的大統領であるアレクサンドル・ルカシェンコらがそれだ。地理とともに歴史が、ヨーロッパのこの部分を大陸の他の大部分から隔てた。この地域は別の道をたどり続けることになる。

その対極には、西欧諸国がある。これらの国にとっては、ドイツ統一に続くソ連の消滅は、西欧の伝統的な境界とヨーロッパ共同体の現在の領域を越えたヨーロッパ統一の可能性が突然開けたことを意味した。ヨーロッパ統合の問題は、再検討しなければならなかった。ドイツが西側に不可分に結びつけられるようにするためだけでなく、ソ連の支配から解放された国々の切望を考慮するためにも、これは必要なことだった（もっとも、統合がロシアや旧ソ連のその他の地域にまで拡大するなどと、いかなる点でも真剣に考えられることはなかったが）。中欧及び東欧の新しい、だが貧しい民主主義諸国をいかにヨーロッパ統合の事業に取り込むことができるか？そしてその新しいヨーロッパの地政学的意味合いは？例えば、西側の防衛同盟であるＮＡＴＯは、東欧のどこまで拡大すべきなのか？あるいは、もはや鉄のカーテンがなく、ワルシャワ条約（一九九一年に解体）が存在を停止したので、ＮＡＴＯはいまやそもそも不要なのだろうか？

第三の緩やかなグループは、統一されたブロックにはほど遠いものの、西側の目からは、以前は「東欧」とひと括りにされていた国々である。そのうちいくつかの国、とくにポーランドとチェコスロヴァキア、それにハンガリーは、はっきりした国民的帰属意識と、波乱含みだったにせよ、複数政党制民主主義をある程度経験した共産党政権以前の過去に、思いを致すことができた。また、共産党支配下でも、国家の触手の届かないところに存在する文化の重要な諸要素を、創造したり育んだりしていた。そのうえ、チェコスロヴァキアとハンガリーは（ポーランドは幾分違っているが）、自らを「東欧」の一部と考えたことはなかった。常に「中欧」の中心部と見なしてきたのだ。これは地理的には漠然としているけれども、オーストリアとドイツとの強い文化的紐帯――おおむねモスクワの方向より、西方に広がる紐帯――を享受してきた実体である。これらの国はいま、国民的帰属意識と民主主義の伝統、そして文化的活力を再建する好機を見ていた。また、何よりも西欧の繁栄の強い引力を感じてもいた。中欧の国々は、長らく切り離されてきた一つのヨーロッパに再び加わることを目指した。

地理的には東欧の一部なのだが、エストニアとラトヴィア、リトアニアのバルト諸国も、両大戦間期の脆弱な民主体制が短命であったとはいえ、民族独立の長い伝統を中欧諸国と共有していた。一九四〇年のソ連への併合に深い恨みを抱き、消滅寸前のソ連の残り火のなかで、独立を再建すべく懸命に戦ってきていて、ロシアによる将来の侵略に対する保護を求めて西側――NATOとヨーロッパ共同体――と、西欧民主主義と深く結びついていると見る繁栄に目を向けていた。当然ながらロシアは、NATO領域がそのようにわずかでも拡大することに疑念を抱く。

南東ヨーロッパでは、「ソ連後」の世界は、さらにもう一つの組み合わせを残した。ブルガリアとルーマニアにおける共産党支配の崩壊は、結局は見せかけの民主国家と変わらない体制に取って代わられていた。まん延する腐敗と根深い貧困があり、そして良く機能する自由民主主義へのスムーズな転換を可能にする市民社会の媒介構造がほとんど発達していなかった。大混乱のあと、埃が収まってみると、権力は依然として旧体制の一翼を担った人びとの手にかたよっていた。これらの国もヨーロッパ共同体の繁栄をうらやんだ。しかし、共同体加盟はせいぜい遠い願望にすぎなかった。これはアルバニアにいっそう当てはまり、この国では共産党政権がよろめきながら、一九九二年三月に最終的に倒れるまで続いたが、旧共産主義諸国の最貧国とあって、腐敗と犯罪、そして数十年間の独裁支配の遺産ゆえに、真に民主国家らしき体制――そしてヨーロッパ共同体への統合の希望をいだき得る体制――への転換は、長いプロセスになる。

ユーゴスラヴィアはソ連ブロックに属したことはなかった。この国では深刻な経済困難が深まるなか、一九八〇年五月のティトーの死以来高まっていた緊張が、新たに発生した民族紛争を悪化させていた。そして、一九八九年にユーゴスラヴィアが分解しはじめると、こうしたことが行きつくところまで行き、恐ろしい結果を招いた。

最後に、ソ連と冷戦の終焉はヨーロッパの姿を変えただけではない。世界政治も変えたのである。ゴルバチョフはソ連がその末期の年月、アフリカ大陸――エチオピア、モザンビーク、アンゴラ、ナムビア――で続く長年の数々の激しい紛争を鎮めるため、米国との協調行動をはかっていた。また、南アフリカのアフリカ民族会議（ANC）に、長年戦ってきたアパルトヘイト統治体制と妥協する新たな用意があることを印象づけるよう促した。ANCがソ連の支えをなくし、南アフリカにおける共産主義革命の脅威が結果的に後退すると、アパルトヘイト国家、南アフリカの最後の大統領F・W・デクラークもANCと交渉する用意ができた。一九九〇年二月一一日、南アフリカの人種主義アパルトヘイト体制に対する抵抗の顔として、国際的に賞賛されたネルソン・マンデラが二七年ぶりに獄中から釈放されたのは、未来への新たな希望を象徴する瞬間だった。だが、ソ連の消滅にともない、多くのアフリカ諸国が――そしてラテンアメリカではキューバが――（名ばかりの）庇護者と財政援助源を失った。それらの国々の前途は速やかな繁栄の道ではなく、急拡大するグローバル化経済の貪欲な要求に一段とさらされる道であった。

とくに、戦後の二超大国のうちの一つの崩壊は、米国の世界支配、国際問題における一極権力の見通しを（そして、しばらくはその現実性を）開いていた。時とともに、再興したロシアと、同じく中国がその支配に挑むようになる。しかし、この間、米国の新保守主義者は覇権の見通しに欣喜した。米国は冷戦に勝利した、米国による平和《パクス・アメリカーナ》の下の未来は明るい、と。ソ連後の新時代の最初の数年はまもなく、この判断を試練にかけることになる。それも、ヨーロッパそのもので。というのは、戦争がヨーロッパ大陸に再来しようとしていたのである。

＊　一九八九～九〇年のわたしの西ベルリン滞在期間中、一緒に住んでいた一〇代の二人の息子デイヴィッドとスティーヴンはこの群衆の中にいた。わたしは前夜の世界史的事件をすっかり見逃してしまっていた。ある米国人学生が博士論文のことで会ってもらえないかと電話してきたのだ。だから、わたしは一一月九日の夜を西ベルリンで過ごし、一マイル先で起きていることに気づかなかった。アパートに帰ると、壁が倒れたとスティーヴンが教えてくれた――彼が言うには、母さんが英国から電話してきて、BBCの『ニュー9時』で全部見たと言っていたとか。一一月一〇日の朝、西ドイツの友人から電話があり、何が起きているのかを見に東ベルリンへ行かないかという。わたしたちはまだ通常どおり機能していたフリードリヒ通りの厳しい検問所を通って行ったが、たいしたことは何も起きていないことが分かり、西ベルリンへ戻ることに決めた。わたしが動物園駅でSバーン（郊外電車）を降りると、一人の男性が走り寄ってきてわたしをがっしり抱きしめた。「ヘルツリッヒ・ヴィルコンメン・イム・ヴェステン」（西側へようこそ）と彼は興奮してわたしに挨拶した。「ヴォー・コンメン・ズィー・デン・ヘア？」（どちらから来ました？）。わたしが「英国のマンチェスター」と答えると、彼はまるで腺ペストにかかっているかのようにわたしを離し、別の到着客をがっしり抱き締めに駆け出していった。

第10章

再スタート

ユーゴスラヴィアにおける暴力の可能性を、
しかもそれがいつなんどきでも始まりかねないことを、
ヨーロッパが本当に分かっているとは思わない。
スルジャ・ポポヴィッチ、ユーゴスラヴィア人権法律家（一九九一年六月）

かつての歴史上、ポーランドがこれほど優位な位置にあったのはいつだったかと、
わたしはポーランドの歴史家イエジ・イエドリツキに尋ねた。
彼はほとんどためらうことなく「おそらく一六世紀後半」だと答えた。
ティモシー・ガートン・アッシュ（一九九五年一一月）

冷戦の終結は大きな期待を生んだ。それはヨーロッパの再スタートの時だった。これは自由経済体制と民主的統治が形成されはじめた旧共産主義諸国について、いちばんよく当てはまった。しかし西欧も、ヨーロッパ連合（EU）の樹立と単一通貨創出の方向への動きのなかに、重要な新たな出立を見ていた。一方、一九九一年三月のワルシャワ条約軍事機構の解体によって、永遠平和の希望が強まっていた。そして政治指導者たちがヨーロッパ統合の強化に関心を向けるにしたがい、民主的統治によって強化され、共栄によって保証される平和への共通の利益で一つに結びついたヨーロッパの可能性が、実現できるように思われた。どこにもまして中欧と東欧では、共産主義の崩壊のあと、大陸の西半にはすでに広く行きわたっている繁栄を、まもなく享受するようになるのだという期待が高かった。

だがしかし、一九九〇年代前半の移行の年月は、初期の歓喜のなかでだれもが予想した以上に、難しいことを思い知ることになる。状況が明るく見えるようになるのは、やっと九〇年代半ば以降のことである。そして、九〇年代の初めに人びとが、よりよい世界は間近にあるとあえて夢見ているときでさえ、大きな陰が再び大陸に差しはじめていた。九〇年代のまさに初っ端で、戦争がヨーロッパに戻ってきたのである。

民族紛争

一九九一～九五年のユーゴスラヴィア紛争は――というより一連の紛争は――、新しいヨーロッパには大きな衝撃だった。その戦争の性格を表現するために、「民族浄化」というおぞましい用語が使われるようになる。解体するユーゴスラヴィアを民族的に同質化するための強制追放と大量虐殺は、ほかのヨーロッパを震撼させた――ヨーロッパ連合（EU）は気をもんだが、複雑な問題を解決しようとするその試みは、恐ろしい紛争を止める役には立たなかった。国連は平和維持軍を派遣したが、同軍は平和を維持しそこねた。結局、ヨーロッパはさらにもう一度米国の介入に頼らなければ、紛争を終わらせ、永続する戦後処理を確立する力がないことをあらためて露呈してしまった。

ユーゴスラヴィアの民族紛争は、西側の多くの人が漫然と想像したように、バルカン諸国が積年の紛争の現代版として、ただ先祖返りしたということだけではない。

にもかかわらずその紛争には、最近のものとはいえ、決定的な歴史的背景があった。これは一九八〇年代のユーゴスラヴィア共産主義のますます大きくなる欠陥への不満が、民族ナショナリズムに転化したものだった。ティトー（一九八〇年五月に死亡）は長期に及ぶ統治のなかで、民族的怒りを容赦なく抑え込み、複雑な国家の微妙な利害バランスを維持するために、圧政と強力な個人的権威によってユーゴスラヴィアを支配していた。だが、増大する全面的な経済的・社会的不満に共産主義が対応しそこねるにつれ、恨みは第二次世界大戦以来尾を引く深い敵意とあいまって、表面下で泡立ち、強力に立ち現れた。ユーゴスラヴィアの民族的分断は、この国の悲劇が展開する坩堝《るつぼ》を形成した。

　戦後の共産主義国家は六つの共和国――ボスニア・ヘルツェゴヴィナ、クロアチア、マケドニア、モンテネグロ、セルビア、スロヴェニア――から成り、人口規模はさまざまだった。セルビア人（約八〇〇万人）がクロアチア人（五〇〇万人弱で二番目の民族グループ）を大きく上回った。その対極のモンテネグロは、人口わずか約六〇万人。人口分布は、ユーゴスラヴィアを構成する諸共和国の国境とほとんど重なっておらず、異なる文化的伝統と言語、宗教を反映した民族混住を残していた。北西部のスロヴェニアがほぼ完全に単一民族である一方、連邦国家の他の地域ではセルビア人とクロアチア人、イスラム教徒、その他の民族がきちんとした国境によって分けられてはいなかった。多くのクロアチア人がセルビアに住んでいた。クロアチアにはセルビア人の集住地があり、ボスニア・ヘルツェゴヴィナではセルビア人とクロアチア人の両方が数百年間そうしてきたように、おおむね平和的に二〇〇万人のイスラム教徒とひしめき合って住んでいた。モンテネグロ人とマケドニア人、それにアルバニア人も、他の少数民族とともにユーゴスラヴィアの民族モザイクの要素になっていた。ティトーが容赦なく押しつけた民族均衡策は、各共和国が急成長する戦後数十年間の経済の恩恵を受け（平等にではないにせよ）、そうすることで、潜在する民族間の緊張の除去に役立つようにしていた。

　ところが、一九七〇年代以降の経済停滞のために、高まる不満が文化的差異と帰属意識に絡めて表明されはじめる。ユーゴスラヴィアが八〇年代半ばまでに全面的経済危機――返済不可能な巨額の対外債務、急落する生活水準、高進するインフレ、大量失業――に突入し、もっとも豊かな共和国と最貧共和国の溝が広がると、これらのことが一段と強調された。民族のレンズを通して、二重の歪みがあった。すなわち、貧しい共和国は豊かな共和国から寄生虫と見られ、豊かな共和国は貧しい共和国から、富裕国の利益を温存するために作られた連邦体制の受益者と見られたのだ。

スロヴェニアはすでに八〇年代初めには、もっとも西欧化が進んでおり、文化的に寛容で経済的に進んだ共和国だったが、八九年ごろにもなると、経済的に苦しむユーゴスラヴィアでは群を抜いて繁栄しており、これにある程度の距離をおいて、クロアチアが続いていた。反対の極には、ボスニア・ヘルツェゴヴィナと、さらに最貧のコソヴォ自治州があった。増大する社会的・経済的不均衡が不満を醸成し、これが今度は民族的偏見と憎悪をあおる。スロヴェニア人とクロアチア人は、自国の相対的繁栄の一部が国の非生産的地域を潤すために吸い上げられていくことを、ますます恨むようになった。セルビア人は、クロアチア人とスロヴェニア人の高い生活水準を妬みの目で眺めた。コソヴォのセルビア人は、セルビアがアルバニア人による差別から自分たちを守ってくれることを期待した。外国で働いているか、あるいは亡命を余儀なくされた国外在住の民族主義者たちが、母国での民族的恨みの助長に一役買った。

　ソ連ブロックを苦しめている衝撃的体験にはっきり気づいて、ユーゴスラヴィアの人びとも改革を望んだ。共産主義体制が国の苦境に対する治療法をなんら提供することができず、正当性を失うにつれ、政治的危機が不気味に迫ってきた。一九八六年にもなると、スロヴェニア人の八八パーセント、クロアチア人の七〇パーセントが共産党〔共産主義者同盟〕に入党したくないと表明していた。連邦国家のなかの支配的共和国であるセルビアでさえ、その数値は四〇パーセントにも上った。共産主義イデオロギーの把握力の弱まりは、宗教信仰の復活をもたらした――正教のセルビア人とカトリックのクロアチア人、それにボスニアのイスラム教徒が宗教を民族帰属意識《エスニック・アイデンティティ》の象徴と見はじめるなか、これは決定的な要素だった。

　民族ナショナリズムが急速に、主要な代替イデオロギーになりつつあった。一九八五年のある調査によれば、十代後半の若者の大方は（クロアチア人とスロヴェニア人はそれほどでもないが）、まだ民族帰属意識よりユーゴスラヴィア人としての帰属意識の方がまさっていた。だがそれでも、他の複数の調査は民族間関係の悪化を示していた。大衆文化のいくつかの要素もそうである。サッカー・ファンたちはゲームを、攻撃的な民族対立を象徴する見せ場に変えてしまった――自分たちの民族帰属意識を誇示する旗を振り、第二次大戦時のセルビア民族主義者「チェトニク」の古いメロディを歌ったり、あるいはクロアチア人側では、筆舌に尽くしがたい戦争犯罪を行った「ウスタシャ」のファシスト式敬礼をしたりするのだ。サッカー暴動はヨーロッパの多くの国（とくに英国）で、八〇年代の一つの特徴だったが、ユーゴスラヴィアではむき出しの民族的特質を帯びた。一九九〇年にディナモ・ザグレブとベオグラードのツルヴェナ・ズヴェズダ〔赤い星〕が対戦したとき、一五〇〇人のクロアチア人とセルビア人が大乱闘に加わった。ツルヴェナ・ズヴェズダ側の「急進派」リーダーはアルカン。まもなく、もっとも悪名高いセルビア民兵を率いることになる凶暴な犯罪者、ジェリコ・ラジュナトヴィッチのニックネームである。

新たに出現した民族分断に対応して、歴史は解釈し直された。八〇年代の半ば以降、より自由な環境のために、長らくタブーだったテーマについて書籍や文学、映画、それにマスメディアでの公開討論が可能になった。ユーゴスラヴィアの伝統的なパルチザン軍礼賛を超えて、第二次世界大戦が一つの討論テーマになった。ティトー自身も批判を免れなかった。以前は批判が許されない国民的英雄だったものが、徐々に、奢侈に満ちた生活スタイルが本人の公言する社会主義の原則と著しく異なる享楽的な独裁者として、描かれるようになった。長らく公式には（むき出しのファシストではないにせよ）王制派・反動派として非難されてきたチェトニクが、セルビア人によって名誉回復されるにつれ、ティトーの戦時の役割が修正された。これは本質的に、ティトーの共産党パルチザンが果たした役割を割り引くことを意味した。九〇年代の初めにもなると、ティトーをたたえる通りや広場は改名されつつあった。ティトー廟は閉鎖された。

攻撃的かつ非寛容な民族帰属意識を増進する点で、歴史が利用・悪用された一つの決定的な要因は、第二次大戦中に「クロアチア独立国」のファシスト民兵、ウスタシャが犯した残虐行為をめぐるものだった。ウスタシャはしばしば野獣のように数十万人の（主として）セルビア人とユダヤ人、それにロマ人を殺害していた。しかし殺された人数については、それを大いに誇張するセルビア人と、うんと低く言うクロアチア人の間に激しい争いがあった。フラニョ・トゥジマンは、間もなくクロアチア大統領になる人物だが、彼はウスタシャの殺戮の規模を軽く見る一人だった（そして突飛にも、セルビア人に対する迫害をおおむねユダヤ人のせいにし、ホロコーストで殺害されたユダヤ人の数についても、乱暴に誇張されているとトゥジマンは主張していた）。クロアチア人は、クロアチアが戦争末期に降伏したあとにセルビア人パルチザンのために味わったひどい苦難を強調した。他方で、ウスタシャについてのセルビア人の集団的記憶は、セルビア人はセルビア人国家のなかにいて初めて、再発の脅威から解放されるのだという、急速に広がる見方を支えた。

戦争の英雄で国家統合の象徴であるティトーの後継者のなかには、根本にあった民族間の緊張の高まりを乗り越え、国家を統合できる人物は一人もいなかった。不格好な一九七四年憲法は、地方分権化によってユーゴスラヴィア統治に民族バランスを持ち込もうとして、高まる分離傾向と政治問題をかえって複雑化してしまった。ティトーの健康が衰えていく晩年、制度上の権限は八人の幹部会（六共和国とセルビアのヴォイヴォディナ、コソヴォの二自治州を代表）の間で共有され、そのうち一人が一年交代で国家元首兼軍最高司令官を務めた。ユーゴスラヴィアには連邦議会と六つの共和国議会と、セルビアの二自治州議会、そして一〇の共産党（ユーゴ全体の党と軍の党を含む）があった。当然ながら、この複雑な綱渡りにおいては、地方の党と政府が連邦組織より重要になる。主たる例外は、大きな組織である軍と治安機関で、これは連邦の管理下にとどまった。

それでも、爆発が差し迫っている兆候はまだなかった。これはスロボダン・ミロシェヴィッチ——自信満々で出世の階段を上り、セルビア共産党党首になる熟練した政治的策士——が共産主義の促進ではなく、民族ナショナリズムを利用することが自分自身の権力とセルビアを拡大する道だと気づく前のことである。

ミロシェヴィッチは一九八七年四月二四日、コソヴォで扇動的な演説を行い、民族紛争を拡大させるいわば導火紙に火をつけた。セルビア神話のなかで、コソヴォは特別な位置を占めている。セルビア民族の揺籃の地とみなされていて、トルコとの戦いで消えるセルビア貴族層がコソヴォで一三八九年、降伏するよりは雄々しく死を選んだ。二〇世紀末にもなると、コソヴォのセルビア人は深い恨みをいだく少数民族を形成していた——自らの土地で多数派アルバニア人に悲惨に迫害されている、そうセルビア人は認識していた。ミロシェヴィッチは、共産党高級幹部としてコソヴォに赴いた。そして、尊敬されるナショナリストとして帰還したのだった。アルバニア人のコソヴォ警察に暴行を受けたと訴えるセルビア人の群衆に応えて、ミロシェヴィッチはテレビ中継された演説で、「この土地は諸君の土地だ」「諸君を殴るなどという不逞は許されない」と話し、これがただちに反アルバニア人暴力の一夜を燃え上がらせることになった。コソヴォに限らず、セルビア民族主義の炎に油をそそいだのだ。それはまた、彼がそれから間もなく、まんまとセルビア共和国大統領になる機会を与えた。それはユーゴスラヴィアの長い断末魔の苦しみの始まりとなったのである。

ミロシェヴィッチの復讐心に満ちた演説から三年のうちに、事態はさらに悪化する。経済が崩壊するなかで、連邦国家は構成共和国の掌握にますます四苦八苦した。中欧と東欧の各地で進行している情勢を反映して、ユーゴスラヴィア国内の民主化と自治を求める圧力が高まった。一九九〇年、ユーゴスラヴィアの共産党支配は幕を閉じる。だが、この年実施された四〇年来で初めての複数政党制による選挙では、各地で民族主義政党が勝利し、セルビアとモンテネグロ（セルビアの傀儡同然）だけが例外だった。しかし、両国でも共産党はそのころには事実上、セルビア民族主義の媒体になりつつあった。連邦国家ユーゴスラヴィアはすでに、生き残りをかけてもがいていた。

フラニョ・トゥジマンは、一九八九年に民族主義のクロアチア民主同盟を結党し、翌年の選挙のあと大統領になるが、このころにはクロアチア国境の内外のクロアチア民族集団を引きつけていた。不吉にも、トゥジマンはボスニアのことを「クロアチア民族の国民国家」であり、イスラム教徒はイスラム化されたクロアチア人にすぎないと考えられる、と語った。彼の党は、ボスニアとセルビアを分かつドリナ川がクロアチア防衛ラインだとした。トゥジマンは大統領として（当初は緩やかなユーゴスラヴィア連邦という考えを支持するそぶりを見せながら）、徐々にクロアチア独立を要求するようになる。クロアチアの民族主義的自己主張は、このユーゴスラヴィアで二番目に大きな共和国に住む少数派セルビア人にとって、たちまち不安材料になった。ほとんど一夜のうちに、ここかしこのビルに翻った紅白の市松模様の旗は、恐怖のウスタシャが支配する戦時のクロアチア国家を想起させた。クロアチア語が行政手続きにおける唯一の公用語になった。標識類は、セルビア人が使うセルビア語のキリル文字を排し、クロアチア語のラテン文字だけを使用するように書き換えられた。（ベオグラードでは逆のことが行われた。ラテン文字は格下げされ、あらゆる場所でセルビア語のキリル文字に換えられた）。セルビア人が解雇されクロアチア人に入れ替わると、国家行政における慎重に配慮した民族バランスが混乱した。最悪なことに、セルビア人は警察からも排除され、間違いなくファシスト・ウスタシャ復活の亡霊を呼び覚ました。

クロアチアのセルビア人少数民族の不安は、四年の長期にわたるユーゴスラヴィア紛争の口火を切ることになった。紛争は多くの局面に分かれ、その複雑さは部外者を困惑させる。一九九一〜九二年の第一局面、それはスロヴェニアが一〇日間の「擬似戦争」のあと、ユーゴスラヴィアからの分離を認められたあとのことだが、この時、クロアチアのなかのセルビア人多数地域から、クロアチア人がひどい残虐行為をもって追い出された。二番目の局面は、この紛争の中心部分の第一幕だ。すなわち九二〜九五年のボスニアでのセルビア人、クロアチア人、イスラム教徒の間の三つ巴の残忍な紛争で、セルビア人とクロアチア人がイスラム教徒――恐ろしい民族浄化の展開の主たる犠牲者――を相手に、民族紛争をしかけた。この時点ではセルビア人の素行が一番悪く、もっとも大きな利益を手にした。しかし三番目の局面――ボスニア紛争の後半――では、クロアチア人はすでに独自の軍隊を作り上げており、イスラム教徒と結ぶことが利益になると考え、今度はセルビアに対して形勢を逆転し、かつての居住地域からセルビア人を追い出す。この最後の局面では、セルビア人が主たる敗者で、クロアチア人とイスラム教徒による大々的な残虐行為の犠牲者であった。

当初、セルビア人の不安の声は、とくに彼らが人口の一二パーセントを占めるクライナ（辺境ないし国境地帯を意味する古語で、ボスニア・ヘルツェゴヴィナの西部から北部の国境に沿った長い周縁部）で上がった。ミロシェヴィッチは「大セルビア」のなかに保護されるという希望を彼らに吹き込み、隣り合うクロアチア人に対する彼らの攻撃性をあおった。深刻な内紛は、すでに一九九〇年に醸成されつつあった。クロアチアがスロヴェニアと同じ日の九一年六月二五日に独立を宣言すると、内紛は制止しがたくなった。この段階での主役であるミロシェヴィッチは、スロヴェニアのユーゴスラヴィア連邦離脱（若干の死傷者を出しただけの短期の武力衝突のあと実現）は、大セルビア実現の野心にとってたいした損失ではないと見ていた。もっと大きな獲物があった。彼はいまや、クロアチア領内に住むセルビア人の問題に注意の矛先を向けることができたのだ。

ミロシェヴィッチはすでに九一年三月、「ユーゴスラヴィアは終わりだ」と認めていた。何がそれに代わるのかは、はっきりしていなかった。だが、その月の下旬、秘密会談のためにトゥジマンと会ったとき、ボスニア・ヘルツェゴヴィナの分割でクロアチアとセルビアの双方が利益を得ることが討議された。クロアチアとセルビアの領土拡張が、ともに議題に上っていたのだ。ところが、ボスニアに注意を向ける前に、民族的に同質のクロアチア国家を樹立するというトゥジマンの野心と、ミロシェヴィッチの大セルビア計画は、クロアチア領内のかなりの規模のセルビア人少数民族の問題をめぐって、衝突する運命にあった。

英国のジャーナリスト、ミーシャ・グレニーは、クロアチアの独立宣言の前でさえ、クライナを旅して出会ったクロアチア人とセルビア人の間の相互憎悪の大きさに衝撃を受けている。「クロアチア人とセルビア人は際限なくわたしと議論した」と彼は記している。「なぜセルビア人は、あるいは逆にクロアチア人は、生来の怪物なのかと。彼らは理由として、いつも歴史、宗教、教育、それに生物学を引き合いに出すのだった」。その心底からの憎悪は、これまでなかったもの、死にゆくユーゴ共産主義国家の残り火のなかでの民族主義の巨大な高まり――ベオグラードとザグレブの国営メディアが意図的にあおった炎――の産物という印象をグレニーに与えた。民族混住地域や国境地帯の若者が、男の心意気に燃え、民兵部隊へ――さらにそこから、煽り立てられた民族憎悪と暴力賛美がまん延する環境へ――引き寄せられていったのだ。昔からある恐怖と、伝承された記憶が今度は、最近燃え上がった憎悪のなかに組み込まれた――第二次大戦時のチェトニクが帰ってくるのではないかというクロアチア人の恐怖と、セルビア人がいだくウスタシャ復活の恐怖である。暴力が対抗暴力を生みながら広がるにつれ、残忍な精神が、かつては平和を愛好していた人びとにまで拡大した。

一九九一年五月、セルビア人がユーゴスラヴィア南東部ヴコヴァル近郊の村で数人のクロアチア人警官を殺害、死体を切断すると、クライナ全域での暴力爆発の導火線に火をつけた。暴力は主として、きわめて有能な――そしてまったく無慈悲な――ラトコ・ムラジッチ大佐（間もなく将軍に昇進）麾下のユーゴ連邦軍（実はほとんどセルビア人）部隊に支援されたセルビア人民兵が犯したものだった。九一年八月～一二月の間に、クロアチア人約八万人が、セルビア人多数の地域から追い立てられ、逃避を余儀なくされた――続く数カ月、さらに多くが、これに続くことになる。暴力が広がるにつれ、クライナ以外の地域も襲撃された。ダルマチアの美しい保養都市ドゥブロヴニクは――軍事上の理由はほとんどないまま――砲撃され、包囲され、あらかた破壊された。アドリア海岸のスプリト港も被害を受けた。こうしたすべてのことが、ジャーナリストとテレビカメラの見ている前で起きたのだ。最悪のケースは、ドナウ川岸のきれいな町ヴコヴァルにおける恐ろしい暴力行為で、数千人の民間人が三カ月に及ぶ包囲と砲撃のなかに閉じ込められた。世界が恐怖して見守るなか、町が九一年一一月二〇日にセルビア人の手に落ちて包囲が終わる前に、数百人が殺され、多数が負傷した。

戦争のこの局面は九二年一月に終わった（国連特使の元米国務長官サイラス・ヴァンスによって行われた交渉の結果）。約一万二〇〇〇人の国連平和維持部隊が監視する休戦が合意された。だが、追放されたクロアチア人が指定された「防護地域」へ戻れるほど安全と感じたり、その後数カ月にわたって撤退する連邦軍が大量の武器をセルビア人民兵と治安部隊の手に残したりするのを防ぐ役には立たなかった。このころには、クロアチアのほぼ三分の一が反逆するセルビア人の支配下に落ちていた。

ユーゴスラヴィアの混乱を包括的に政治解決する希望は、かすかながらも、元英国外相でのちにＮＡＴＯ事務総長となるキャリントン卿の努力にかかっていた。この努力は、ドイツが――国内の強い反セルビア世論を反映して――ヨーロッパ共同体（ＥＣ）の他の国々にクロアチアの独立を承認するよう強い圧力をかけたことで、台無しにされてしまった。ボスニア・ヘルツェゴヴィナにとっては直接的な影響があった。

ユーゴスラヴィアの中央に位置するこの共和国は、人口の四四パーセントがイスラム教徒、三三パーセントがセルビア人、そして一七パーセントがクロアチア人だったが、いまや困った選択に直面してしまった。すなわち、自らも独立を宣言するか、それともセルビア人が支配するユーゴスラヴィアに残留するかである。ボスニアのセルビア人はラドヴァン・カラジッチに率いられていた。一九八〇年代半ばに横領と詐欺の罪で有罪判決を受けた元精神科医で、そのライオンのたてがみのようなもじゃもじゃの頭髪のために、まもなく世界のテレビ視聴者には即座に彼と知れるようになる。カラジッチはボスニアの独立など、考えることも拒否した。それは、すべてのセルビア人を大セルビア国家に統合するという目標とまったく相容れない。カラジッチとその追随者たちにとって、ボスニアが独立宣言すれば、それは戦争を意味した。三分の二が独立を支持した九二年二月二九日〜三月一日の国民投票に続いて三月三日、イスラム教徒の法律家の知識人であるボスニア大統領、アリヤ・イゼトベゴヴィッチはまさにその宣言を発したのだ。

ECがボスニア・ヘルツェゴヴィナの独立を承認した翌日の四月七日、ボスニアのセルビア人は彼らがほどなく「セルビア人共和国《レプブリカ・スルプスカ》」と呼ぶ地域の独立を宣言した。これに先立つ数週間、すでにイスラム系民間人が北東ボスニアでセルビア人民兵によって理由もなく殺されたり、襲撃されたりしていた。四月の末にもなると、ボスニア・ヘルツェゴヴィナの美しい古都で、数世紀にわたり民族と宗教の入り交じった住民をかかえたサラエヴォは、ユーゴスラヴィア連邦軍（圧倒的にセルビア人）とボスニアのセルビア人警察及び民兵から成る数千人の部隊に包囲されていた。一一歳の少女ズラタ・フィリポヴィッチの日記に、包囲下のサラエヴォ市民の日常の恐怖を垣間見ることができる。「町を歩き回るのは危険だ。わたしたちのところの橋を渡るのはとくに危険だ。狙撃手が撃ってくるのだ。走って渡らなければならない。「母さんが」出かけるときはいつも、父さんとわたしは窓辺に行って彼女が走るのを見る。……走って、走って、走って、それでも橋は終わらない」。包囲はほぼ四年続き、民間人数千人（うち子どもは一五〇〇人以上）を含む一万四〇〇〇人近い人びとの命を奪い、五万六〇〇〇人（うち子どもは一五〇〇人近い）が負傷することになった。

民族憎悪がだれをものみ込んだわけではない。二五歳の恋人同士の二人が、九三年五月にサラエヴォを脱出しようとして殺されたのだが、彼らは学校時代から愛し合っていた。男の方はセルビア人、女の方はイスラム教徒だった。だが二人は数が減っていく少数派に属していた。というのは、エスカレートする民族紛争における残虐行為の恐ろしいスパイラルが、いまや地域全体をのみ込んでいたのだ。ミロシェヴィッチとトゥジマンはそれぞれ、ベオグラードとザグレブから模様を眺めていた。九一年の秘密会談で約したとおり、二人は利益を得る立場にあった。彼らには戦争は道理にかなった事業だったのである。

いずれの側も残虐行為をはたらいた。しかし、もっとも被害を被ったのはイスラム教徒だ。殺害、強姦、殴打、強盗行為、それに財産（家屋、店舗、モスクその他の公共建物）の破壊も、イスラム教徒をまずは彼らの家から追い出し、地域全体を「民族的に浄化」することに成功した組織的テロのうちだった。怯えたイスラム教徒の婦女子が、ボスニア北部のバニャルカで貨車に押し込まれ、運び去られた。半世紀前、アウシュヴィッツに強制送還されたユダヤ人と同じである。男たちは一網打尽にされ、第二次大戦の恐怖を思わせる現代版の強制収容所に放り込まれた。テロから逃れるために避難民の列が何日間も山岳道を通って歩いたが、彼らも逃亡の途次、暴行、脅し、略奪、そしてしばしば殺害という恐ろしい暴力にさらされた。少なくとも二万人の女性が強姦されたと推定されている。

もっとも信頼できる見積もりによれば、一九九五年にボスニア紛争が終結するまでに、死者は一〇万人を超えている。その六〇パーセント強はボスニアのイスラム教徒で、イスラム教徒はまた、民間人死者の圧倒的多数を占めた。彼らの運命は、イスラム世界で過激化プロセスが進行する一因になった。セルビア人は死者の二五パーセント、クロアチア人は八・三パーセントである。約二二〇万人が家を捨てて逃げなければならなかった。第二次大戦以降、これほど多くの死者や避難民を出した戦争はなかった。

単独では最悪の行為が、最後に起きた。ボスニア東部の町スレブレニッァは、九三年までに——近隣の村落での残忍な民族浄化を逃れてくる難民で超過密化し——セルビア人の支配領域のなかのイスラム教徒の飛び地になっていた。この町はその年四月に「安全地帯」として、国連の管理下に置かれた。それでもセルビア人は、この飛び地を占領する肚だった。セルビア人が食料と医薬品供給を止めると、状況は危機的に悪化した。セルビア人部隊が九五年七月六日、町を占領するため攻勢を開始するころには、国連防護軍の一部である四〇〇人足らずのオランダ兵が「安全地帯」の防衛にあたるしかなかった。セルビア人部隊はムラジッチ将軍の指揮下、ほぼ四倍の兵力だ。五日後、スレブレニッァはセルビア人の手に落ちていた。セルビア人は七月一二日から、成年男子及び少年を女性から分けはじめた（彼女らはボスニア人の領域に無理矢理移送された）。成年男子及び少年の約八〇〇〇人が森林のなかへ連れて行かれ、組織的に虐殺された。それは陰惨なこの紛争全体のなかでも、もっとも陰惨な出来事であり、ヨーロッパ文明の汚点の一つだった。ヨーロッパ、そして世界は永久になくなったと思っていた恐怖を思い出させられた。ついに欧米は、紛争解決のための努力で協調する気にさせられたのである。

数々の試みがなされていた。もっとも有望な（としばらくは思われた）試みは、サイラス・ヴァンスと元英国外相デイヴィッド・オーウェンによるものだった。だが、あれこれの領土分割提案は常に、交戦陣営のいずれかと衝突した。とはいえ、九五年にもなると、この紛争はセルビアにとって逆効果になりつつあった――国連制裁の深刻な影響を受け、国際的には孤立、そして――ヨーロッパは乗り気がしなかったが――ボスニア・イスラム教徒に武器を供与するという米国の脅しを受けていた。そのうえ、イスラム教徒とクロアチア人は九四年三月、互いに戦闘を停止している。したがって、セルビアは味方がなく、孤立していた。ミロシェヴィッチはいま手中にあるものを確保しておく時がきたと判断した――それも、セルビア本国の外に住むセルビア人、すなわち大セルビアに包摂することで彼が保護を約束していた人びとを切り捨てて。ミロシェヴィッチにとって、非妥協的なボスニアのセルビア人は障害以外の何物でもなくなっていたのだ。

一九九五年には、二つの決定的な動きが連動していた。米国の圧力下で、クロアチア人がイスラム教徒に対する攻勢を停止したこと、そしてボスニア紛争に、ヨーロッパ（と国連）が達成できなかった領土的解決を見出そうと、米国が新たに決意したことがそれだ。ヨーロッパが傍観するなか、おびただしい流血と甚大な破壊がヨーロッパの一角で起きていた。スレブレニツァでは国連のオランダ部隊がなすすべもなく見守るなかで、イスラム系の成年男子と少年が処刑に連れて行かれた。九五年にボスニアを訪れたティモシー・ガートン・アッシュは、「つい四年前には明るく、有望に見えた『ヨーロッパ』の対外政策」を酷評した。「ヨーロッパの時代が明けた」というルクセンブルク外相ジャック・ポースの一九九一年の主張は、血にまみれた四年のあとではブラック・ジョークのように思える、と。

米国はついに、新たな切迫感をもって和平調停の模索に乗り出した。トゥジマンがイスラム教徒との戦闘を止め、セルビア人を犠牲にして領土上の獲物を獲得するためのエサとして、クロアチアと米国間の軍事協力が提案された。このニンジンに対応するムチは、もしクロアチアが応じないなら、同国は国際的孤立と制裁、それにおそらく戦争犯罪による指導者の訴追を覚悟しなければならない、というものだった。トゥジマンは何が得かを悟り、応じる用意があった。九五年の晩春から夏、この間に軍事力を強化していたクロアチアは、クライナでセルビア人に矛先を向け、セルビア人居住地域で民族浄化を強行した。クロアチア支配に対するセルビア人の蜂起は、一九九〇年にダルマチア海岸から約六〇キロ内陸に入ったセルビア人居住の町クニンで始まったのだった。九五年には、「民族的に浄化された」この町は、クロアチア人のものになっていた。かつて三万七〇〇〇人のセルビア人が住んでいた町は、住民わずか二〇〇〇人の抜け殻になっていた。

このころまでに、パワーバランスは完全に変わっていた。一九九一年には敗者だったトゥジマンは、勝者になっていた。戦争の初期には勝ち誇っていたミロシェヴィッチは、いまや守勢にある。そして、ミロシェヴィッチの支援がなければ、ボスニアのセルビア人自身もすべての獲物を失う可能性に直面する。紛争を終わらせるチャンスは、勃発以来かつてなく大きかった。しかし、紛争当事者が持続し得る合意——すべての当事者が不承不承の妥協を求められる——に達するまでには、まだある程度の道のりがあった。

実現できそうな取り決めをめざす多難な道は、生真面目でしたたかな米国の交渉役リチャード・ホルブルックが歩んだ。豊富な外交経験を有する元米国務次官補だ。ボスニア・ヘルツェゴヴィナは主権国家として存続するものの、ボスニアのセルビア人が半分弱(「セルビア人共和国」のほぼ全域)を、クロアチア人が約五分の一を支配する連邦として存続する——ホルブルックは九五年九月下旬までには、こうした合意の基礎をトゥジマンと、不承不承のイゼトベゴヴィッチに強いて、受け容れさせていた。これは九五年一一月に米オハイオ州デートンで開かれた会議で、最終的に合意(のち一二月一四日、パリで正式署名)された取り決めの根幹だった。この合意は六〇万人のNATO兵力によって履行されることになっていた。それは——全当事者が不備を認めるように——不安定で、壊れやすい協定だった。だが、この現実的な解決は、緊張は続いたものの、驚くほど持ちがよいことが分かった。

コソヴォ問題はある意味で紛争全体の発火点になったのだが、これは依然未解決だった。深刻な風土病的民族間抗争は止んでいなかった。その多くは「コソヴォ解放軍」が実行していた。コソヴォ独立を目指して武力闘争に転じたこのアルバニア人のゲリラ組織は、筋金入りの犯罪者をメンバーに抱えていたが、大方のメンバーはセルビア警察に虐待を受けて急進化したものだった。コソヴォのアルバニア人がデートン合意から引き出した教訓の一つは、暴力は割に合うということだった。欧米はボスニアで武力の現実に屈したが、コソヴォで圧倒的多数を占めるアルバニア人の自治要求は忘れてしまっているようだった。暴力に対するミロシェヴィッチの回答は、アルバニア人村落に対する民族浄化作戦の発動だった。続く二年間に推定一万人のアルバニア人が殺害され、五〇万人以上が近隣諸国へ逃避した。ゲリラ軍の支持者に対するセルビアの残忍な報復が一九九八年に強まると、結局はコソヴォのアルバニア人による武装蜂起を促した——彼らはアルバニア本国の武器庫から略奪した兵器に支えられていた。欧米にとっては、アルバニア人四五人の死体——九九年一月一五日にセルビア警察が州都プリシュティナ南方の村で起こした行動の犠牲者——の写真が出回ったことが、決定的な出来事だった。それはスレブレニツァを思い出させ、もう一つのボスニアが進行中なのかという不安と、今度は手遅れになる前に行動しようという決意をもたらしたのである。

ボスニア紛争は、欧米がリベラル（あるいは人道）介入として知られるようになる政策——体制から脅威を加えられている人びとを守るため、欧米民主諸国は悪政に対抗して行動しなければならないとする信念——の受け入れを納得する一因になった。以前、ボスニア和平をむなしく追求した米ロ英仏独の「連絡グループ」（自称）は二月六日、パリ近郊ランブイエに再び会したが、軍事行動の脅しにもかかわらずミロシェヴィッチは、同グループの和平案がNATO軍部隊のセルビア領内駐留を含んでいるため、これを拒否した。三月一九日に協議が最終的に中断した翌日、ユーゴ連邦軍——ユーゴスラヴィアはこのころまでにセルビアとその傀儡国モンテネグロだけに縮小していた——は、コソヴォ北西部で大量の武力を投入した攻勢を始めた。ミロシェヴィッチは依然、交渉を拒否した。三月二四日、米国が主導するNATOのユーゴスラヴィア大空爆が始まる。一〇〇〇機を超える航空機が同国のインフラに甚大な損傷を加え、首都ベオグラードの多数のビルを破壊、民間人数百人を殺害した。空爆は国連安保理からの承認をなんら得ないで実行され——実は、ロシアと中国は拒否権行使を示唆していた——、空爆の合法性には疑問符がついた。欧米の多くの人が動転した。しかし、欧米の新しい人道介入政策を支持する人びとは、人権が踏みにじられているのに政治的利害によって安保理での拒否権行使が確実な場合、より高度な道徳性を優先すべきだ、と主張した。過去の教訓が呼び覚まされた。ドイツ人はユーゴスラヴィアの最近の過去ばかりではない。ドイツ人はコソヴォにおける非人道的行為をヒトラーの犯罪になぞらえた。英国人は独裁者を宥和する危険について語った。

コソヴォのセルビア人部隊は、空爆に対する報復として攻勢を強めた。このころには一〇〇万人のコソヴォ・アルバニア人のうち約七五万人以上が、主にアルバニアとマケドニア方面へ避難していた。ミロシェヴィッチが九九年六月九日、ついに屈するまでに一一週間を要した。翌日、空爆は停止。コソヴォはNATO平和維持部隊に守られたユーゴスラヴィア内の国連保護区になった。コソヴォの最終的地位は未解決だった。だが、セルビア人は、かつての英雄ミロシェヴィッチにはうんざりしていた。疑義のあった大統領選挙後の巨大な民衆デモの結果、ミロシェヴィッチは圧力に屈し、二〇〇〇年一〇月七日、ユーゴスラヴィア大統領の座をセルビア民主党党首の法律家ヴォイスラヴ・コシュトゥニツァに明け渡す。一年後、ミロシェヴィッチは旧ユーゴスラヴィア国際戦犯法廷に引き渡された。一連のユーゴスラヴィア紛争で犯された重大な戦争犯罪者を裁くため、一九九三年にオランダ・ハーグに開設された法廷である。

コソヴォは不安定が続き、内部の暴力行為は決して終わっていず、ほとんどは少数派セルビア人に向けられた。二〇〇八年、コソヴォ議会は、セルビアが反対し国連の支持を欠いたまま、一方的に独立を宣言し、すみやかに国際社会の承認を得た〔ロシア、中国など未承認国も多い〕。モンテネグロは二年前にセルビアとの連邦関係を切り、自ら完全に独立。これにより、第一次世界大戦の動乱のなかから立ち上がり、第二次大戦を生き延び、ついでスターリンに楯突くことに成功したユーゴスラヴィア国家は——自国の内部対立の犠牲として——消滅した。

司法上の精算はまだ済んでいなかった。ミロシェヴィッチはハーグの国際法廷に起訴された一六一人の一人だった。半数以上の被告が長期禁固刑を言い渡された。ミロシェヴィッチは公判中の二〇〇六年に死亡。ラドヴァン・カラジッチは数年の潜伏後、遅れて起訴され、結局二〇一六年三月に禁固四〇年の判決を受けた。ラトコ・ムラジッチも長年逃亡。ついに二〇一七年一一月、ジェノサイドと戦争犯罪、そして人道に対する罪で有罪判決を受け、終身刑を言い渡された。一連の裁判が終結に近づくよりはるか前に、世界の関心は別のところに移っていた。法廷の評決が多くの人に歓迎されたのは間違いないけれども、四年間の激しい戦いで命を奪われた三〇〇万人と、愛する者を殺されたり身体障碍を負わされたりした数十万の人びとの、苦悩と苦しみを償うには不十分だった。

ユーゴスラヴィアの崩壊は、新しいヨーロッパでも依然として、武力が法の支配を無視しかねないことを見せつけた。暴力が効果を生んだのだ。銃の力は決定的であることをまたもや証明した。ボスニアとクロアチアは民族的に浄化された。ユーゴスラヴィア連邦の瓦礫のなかから立ち上がった新たな民族国家は、二〇世紀ヨーロッパの一つのパターンを映している。すなわち、高い民族的同質性にもとづく境界線を有しているのだ。ユーゴスラヴィアが解体する過程で、大方のヨーロッパ人は恐怖の出来事についての日々のテレビ速報に心底うんざりし、自分たちの大陸の別の場所で実際に起きていることを生活から締め出した。それでもユーゴスラヴィアは、過去がなおヨーロッパに長い影を落としていることを思い出させた。統一と平和が大陸に広がるだろうという、共産主義消滅後の期待は幻影でしかなかったのである。

当て外れの期待

ユーゴスラヴィアの災厄は、かつて東欧と中欧の多くを悩ませたタイプの民族・領土紛争への、深く悲観的な逆戻りだった。そして、残りのヨーロッパがそれを防止できなかったのは、ひどく憂鬱なことだった。にもかかわらず、当初の失望と時としての幻滅がどうであれ、旧ソ連ブロック諸国がかつてのような独裁的ナショナリズムに戻らなかった事実が、その悲劇の陰に隠れてはならない。民主主義と法の支配の諸原理を体現するヨーロッパ連合（ＥＵ）の引力が、そうした傾向に対するもっとも強力な釣り合い錘《おもり》だった。

中欧と東欧の多くの人が一九九〇年に感じた高揚感は非常に大きかったため、まったく新しい経済・政治体制への初期の困難な移行の年月には、続いて失望が生まれる宿命にあった。国家管理経済を伴った共産主義国家から、民主的政治構造と自由経済への二重の移行期には、人びとの生活が大きく混乱することは避けられない。九〇年代後半には経済成長によって著しく改善するのだが、初期の年月には生活水準はたいてい落ち込んだ。

根本的経済再編の過程で採用された（多数の変型のある）道は、そのころには正統理論としてほぼ完全にケインズ主義にとって代わっていた新自由主義に従った。「ワシントン・コンセンサス」と名付けられたプログラムは、もともと一九八九年にラテンアメリカ諸国向けに考案されたのだが、東欧及び中欧の瀕死の国有経済を転換するという厄介な仕事を前に進める道だと広く考えられていた。このプログラムは規制緩和と民営化、そして自由市場への開放をとおした迅速な経済自由化を無条件に優先していた。このことは、市場競争のために、国家による管理と所有を可及的速やかに廃止することを要求した。旧共産主義諸国の人びとが、西側で享受されている繁栄の広大な陽の当たる高台に到達するためには、まずは涙の谷を通らなければならない。向こう側に着いたなら、その旅はやる価値があったことが分かるだろう――と想定されていた。

新自由主義の手法は、自国を経済的に進んだ西欧と最短時間で結びつける最善の方法として、中欧・東欧の指導者に歓迎された。西側を「コピー」することが、ヨーロッパへの「回帰」の鍵だと考えられたのである。ポーランド蔵相レシェク・バルツェロヴィッチとチェコスロヴァキア蔵相（のちチェコ首相）ヴァーツラフ・クラウスは、ヨーロッパでもっとも熱心にいわゆる「ショック療法」――ハーヴァード大学の経済学者ジェフリー・サックスと結びついた用語――を支持した。だが、どんな形であれ新自由主義は、社会主義経済をなるたけ速く、かつ徹底的に資本主義経済に転換する戦略の主流になった。

社会主義の経済計画の拘束衣が除去されるとともに、新たな法律が経済の規制を緩和した。市場価格が価格統制にとって代わった。通貨は交換可能になった。モノと資本の自由移動を可能にするため、関税の引き下げか撤廃によって通商が自由化された。銀行、証券取引所、それにあらゆる種類の金融関係法を迅速に導入する必要があった。国営企業の民営化が加速した。最初は大会社より中小規模の企業の場合の方がうまくいった。大会社は当初、大型の外国投資を呼び込むのが難しいことが分かった。

国際通貨基金（IMF）は、贈与ではなくローンでだが、一九九七年までに総額二七〇億ドルを提供し、転換への財政支援に一役買った。ポーランドは九三年までに、債務を事実上帳消しにしてもらい、とくに幸運だった——「ショック療法」の「ショーウィンドー」国家になることへの報償であり、また国の大きさと戦略的重要性を考慮してのことだ。支援はヨーロッパ経済共同体（まもなくヨーロッパ連合と改称）からもきた。支援は初め、ポーランドとハンガリーを目標にしていたが、まもなくより包括的な計画になった。しかしながら、その総額は、西欧の戦後再建にとってきわめて重要だった一九四七年のマーシャル・プランとの比較の意味では、はるかに少額で条件が悪かった。

旧ソ連ブロック諸国の多数の人びとにとって、そうした急速で苛烈な転換の初期の期間、経済改革の影響は悲惨だった。旧東ドイツは西ドイツの国庫からの数十億マルクに上る気前よい援助の恩恵を受けられた点で、例外だ。それでも、失業が急増し工業生産が一九八八年の四分の一そこそこに急落するなか、他の国と同じように最初は生活水準が下がった。少なくとも東ドイツ市民は、国内で職が見つけられる豊かな西ドイツへの人口流出に加わることで、大挙して移住することもできたし、実際そうした。一九八九〜九〇年の間に約六〇万人（人口のほぼ四パーセント）が東を去った。もっとも、その数はその後約半分に減り、九〇年代後半に再び上昇する。ほかのどの国でも、人びとにはそのような選択肢はなかった。また、どの国でも生活水準への悪影響は概して、一段と厳しかった。西欧では所得が伸びているときに、中欧及び東欧では二〇〜三〇パーセント低下していたのだ。ブルガリアとチェコ、スロヴァキア、ハンガリー、ポーランド、それにルーマニアでは、ごく少数の人しか共産主義の崩壊以前より豊かになったと感じていない（一九九三〜九四年の世論調査結果）のは、驚きではなかった。

転換の初期の年月、すべてのポスト共産主義国で国内総生産（GDP）が下落した。ポーランドの工業生産は一九九〇〜九一年に三分の一近く、国民総生産（GNP）はほぼ五分の一減少。九二年にもなると、労働人口の一三・五パーセント、二三〇万人が失業していた。「連帯」の誕生の地である有名なグダニスク造船所では、九〇年代半ばまでに従業員数が一万七〇〇〇人から三〇〇〇人に減り、財務上の損失は支えきれなくなった。このパターンは、中欧及び東欧の大方の国で似通っていた。

アルバニアの工業生産は九三年までに、八九年と比べて実に七七パーセントも減少した。ルーマニアでは、工業生産高は九二年だけで二二パーセント減少。チェコスロヴァキアとハンガリーでは、一九八九年〜九三年の間に三分の一以上減少した。バルト諸国のエストニア、ラトヴィア、リトアニアでも事情は同じだ。どの国でも失業が急増する一方、購買力は猛インフレのために低下した。農村地帯も深刻な影響を受けた。一部の国では、農業生産が共産主義の崩壊以前のたった半分にまで急減した。農業部門の雇用が急減したため、人口が流出した（もっとも、バルト諸国やポーランド、そしてどこよりバルカン諸国では、農業部門の雇用は西欧よりはるかに高かったが）。旧集団農場の民営化は、所有権をめぐる争いと資本不足のために、遅々としており、部分的だった。新たに誕生したおおむね小規模な農場は、機械化が遅れていて、収益性がなかった。

しかし一九九〇年代半ばまでに、そしてポーランドでは早くも九二年に、最悪の状況は終わった。成長率は平均ほぼ四パーセント（低い基準からとはいえ、西欧よりはるかに高い成長率だ）で、全域で上げ足を速めはじめた。失業率は下がりはじめ、インフレも同様だった（まだ深刻な問題をかかえたブルガリアとルーマニアの経済は別だが）。千年紀の変わり目までには、中欧及び東欧は世界の成長の恩恵を受け、全体として一九八九年の水準をほぼ回復していた――そして、そのころには経済を完全に再編していた。当初は物価高が続き、達成された成功のレベルには大きな違いがあったけれども、国家独占の終結と私的所有の拡大、そして機能する自由市場経済の構築に向け、大きく前進していたのだ。九〇年代末にもなると、旧「東側ブロック」諸国にとって、展望ははるかに明るく見えていた。

社会主義から資本主義へのそうした突然の転換が生む痛みは、必然的だったのだろうか？　この点では、著名な経済専門家たちの意見は当時、異なっており、いまも真っ向から異なっている。「ショック療法」の推奨者は、この苦い薬が健全経済に至る最善、最速の道を提供したと信じている。批判する専門家は、それほどひどい薬である必要はなかったと主張する。経済改革の要求に徐々に順応していれば、よりよくはないまでも、同様の結果は達成できたのだ、と。国営部門（の近代化）を通じて、市場原理の緩和を重視して徐々に転換していれば、各国が最初あれほど劇的な落ち込み（そして、それに付随する社会的苦痛）をこうむることなく、成長を生み出しただろう、と彼らは論じる。

ハンガリーは共産主義の崩壊よりはるか前に、すでに経済の部分的自由化への措置を取っており、漸進的アプローチの利点を示す例としてよく強調される。だが、一九九五年にもなると、莫大な対外債務への対処に苦しんであり、ＩＭＦと世界銀行の圧力を受け、厳しい緊縮措置の導入を余儀なくされた。その結果、経済は停滞し、人口のほぼ三分の一が貧困レベル以下の分類に入った。失業の増加と民営化の影響、そして公的福祉の削減に対する大きな幻滅が広がった。そのうえ、「ショック療法」の模範であるポーランドは、実は、選択した戦略が及ぼす最悪の影響をまもなく緩和したのだ。改革の速度を緩め、とりわけ民営化を先延ばしする措置が取られた。おまけに既述のとおり、ポーランドは負債免除の恩恵を受けた唯一の国だった。チェコは「ショック療法」による治療のもう一つの模範なのだが、実際はまだ大企業を手厚く助成しており、いずれにしても九〇年代半ばの財政危機は避けられなかった。（かつての連邦国家チェコスロヴァキアを構成する二地域は政治的方向性で合意できず、一九九三年に平和的分離を決め、チェコとスロヴァキアになった）。この解釈上の論争は決着していない。しかしながら、経済学者の間のしばしば難解な論争とは別に、社会主義から資本主義へのすべての道が、いばら道だった。やぶを抜ける平坦な道はなかったのである。

痛みを伴う転換を実行するだけの十分な前提条件のある国々が、もっともうまくいった。旧ソ連ブロックのなかでは（東ドイツの極端な例は別として）、ポーランドとハンガリー、それにチェコが強力な産業基盤と急発展する商業部門、比較的良好な輸送インフラと新生の市民文化を有し、西側からの投資にとって魅力があった。ユーゴスラヴィアでは優にもっとも進んだ共和国であるスロヴェニアが、おおむねこのパターンに当てはまる。バルト諸国もあらゆる点でそうである。他方、ルーマニアとブルガリア、それにアルバニアはすべての点ではるかに後れを取り、ユーゴスラヴィアの多くの地域は、戦争で疲弊してしまった。

新自由主義という劇薬が正しい薬だったかどうかはともかく、新千年紀が到来するころには、西欧諸国経済との収斂《しゅうれん》が進んでいた。鉄のカーテンであれほど長く隔てられ、異なる軌道に従うことを余儀なくされた社会も、合流しはじめていた。コミュニケーションと旅行の容易さやテレビ放送、大衆文化、そしてスポーツがすべて、ごく最近まで分け隔てられていたものを統合することに与った。諸々の都市が、旅行の自由とコミュニケーションの容易さの大きな恩恵を受け、もっとも好調だった。プラハとワルシャワが急速に活況を呈する都市の例だった。もっとも、ショーケースの首都と、拡張する大都市圏への人口流出（とくに若者の）に直面する地方の町や農村部との間には、大きな格差があった。産業空洞化によって荒廃地と化した地域もまた、あとに取り残された。だが、ここでさえも、徹底した経済調整の最悪局面がいったん克服されると、ヨーロッパ連合への加盟が将来の繁栄への希望として役立った。

ソ連のヨーロッパ部の継承諸国――ロシア自身とウクライナ、ベラルーシ、そしてモルドヴァ――には、その道は開かれていなかった。これらの国々としては、欧米を向くことはなかったし、またあり得なかった。これは東欧における新たな分断線だった。ロシアが支配する経済圏には、概して中欧にはあった、困難とはいえ転換が成功する前提条件がまったく欠けていた。営利化された経済を国家が管理する基盤はないも同然。外国からの投資の対象として、ほとんど魅力はない。インフラは貧困。それに法の支配、複数政党制民主主義、そして国家から独立した市民文化の伝統がまるでなかった。ロシアに登場したのは、追いはぎ成金資本主義だった。巨大な風土的規模での汚職によって、石油・天然ガスからの莫大な収益を含め、国有資源の多くが、破廉恥な新興成金の手に移った。彼らは巨万の富の多くを欧米に投資し、地中海に浮かべた豪華ヨットやロンドンその他の西欧諸都市の邸宅で、これ見よがしに莫大な財産をひけらかすのだった。この間、ロシアの工業生産は急減、国家の負債は膨れ上がり、九〇年代末にもなると、ロシア連邦は経済崩壊の瀬戸際にあり、国民の多くは惨めな生活水準に耐えていた。大方の人びとが、共産主義時代の方が暮らし向きがよかったと考え、ソ連解体の決定を嘆いた。

ウクライナは東欧でもっとも肥沃な大地の一部をもちながら、九〇年代を通じて長引く経済危機に遭い、猛インフレと深刻な不況を経験した。国内総生産高は共産主義崩壊前の半分以下に落ちた。数十万人のウクライナ人が、国の家族にわずかな仕送りをするために、外国で職を探すことを強いられた。例えばリビゥ市は九〇年代を通じ、人びとがほかでの仕事を求めて離れるにつれ、人口が五分の一近く減った。後進の農村地帯の貧困レベルは深刻で、平均所得は例えばトルコと比べても、はるかに低かった。

ベラルーシとモルドヴァも、ともにウクライナと同じくロシアへの依存度が高く、九〇年代を通して長引く深刻な不況に苦しんだ。価格と外国為替管理を復活させ、私営企業を規制した一九九四年以降のベラルーシの対応は、経済の衰退を止めることができなかった。モルドヴァは九二年に計画経済から自由経済へ突然、方向転換したが、そうした徹底的な転換のためのインフラが整っておらず、猛烈なインフレと失業を招き、多くの国民が貧困に沈み、国はヨーロッパ最貧国の一つとして衰退した。この両国は、ウクライナ及びロシア自身とともに、共産主義の崩壊に伴う経済的ショックから立ち直るのに一〇年を要した。千年紀の変わり目のあとは、（低い水準からの）高度成長を経験した。だが、汚職が深く染みつき、貧困は（中欧及び東欧に比べて）広範囲に及び、経済の不安定ぶりは慢性化していた。

ロシアその他のソ連の継承諸国の政治は騒然としてお

り、民主主義は見かけだけにすぎなかった。一人の大統領に帰属する強力な行政権限を志向する傾向があった。新たな装いをしているにせよ、ソ連の遺産の重要な諸要素を取り込んだ専制政治の復活、もしくは継続が通り相場だった。ウクライナの最有力人物はレオニード・クチマということになり、彼の統治は汚職と、犯罪に結びついた有力な新興成金との密接な関係に特徴があった。ベラルーシでは、九四年以来の大統領アレクサンドル・ルカシェンコが、まもなく国会の権限を大幅に削減し、独裁的なやり方で統治した。ロシア本国では大統領エリツィンの衝動的かつ独裁的な傾向が、大量の飲酒癖も手伝って、議会の内外の多くの敵をあからさまに挑発した。しかしながら、エリツィンが憲法上の権限を逸脱したあと、九三年のエリツィン打倒の企ては、モスクワ中心部での流血のなかで失敗した。

その後、エリツィンは国民投票と議会選挙で有権者に支持された新憲法によって、自らの行政権限を強化する措置を取る。もっとも、低投票率と票操作の強い疑いのために、エリツィンの立場の正当性の弱さを露呈したのだが。エリツィンの人気はその後の数年、彼自身の家族にまで及ぶ恥ずべき汚職の蔓延と、終わらない破滅的財政・経済状態のために低落した。九二年の急激な経済自由化及び物価の規制緩和は、多くの市民の貯蓄を帳消しにする猛烈なインフレをもたらしていた。そして同じ年に始まる民営化は、巨額の国有資産を二束三文で少数の超富裕な新興成金、すなわち新たに設立された大私営企業のボスたちの手に移しただけだった。組織犯罪のギャングたちは、莫大な富の民営化と取り込みの手順を強行するために、強要と脅迫、さらには殺人さえも使った。ロシアはわずか数年のうちに犯罪社会になってしまった。

エリツィンの自由化改革の試みは当然ながら、完全な失敗であるばかりか、国家経済の恥ずべき破壊として、広く非難を浴びた。九〇年代末までに経済はいくらか回復した。だが、大方のロシア人の生活状態は依然として悲惨であり、一方では、大掛かりな汚職と露骨な権力乱用があまりにも目についた。多くの人が国のかつての栄光に目を向けるのは、さほど不思議ではなかった。エリツィンがそう見られた親欧米傾向は、「真の」ロシア的価値観を復興する欲求を呼び起こした。

エリツィンが一九九九年一二月三一日に突然辞任を発表したとき、あらかじめ選抜されていた後継者はウラジーミル・プーチンだった。ソ連の治安警察、国家保安委員会(KGB)出身の経歴をもち、八月以来、首相だった。エリツィンは、このころには健康が優れなくなっていて、堅固な忠臣と見なされたプーチンを望ましい後継者として選び出していた——エリツィンとその家族があらゆる汚職の訴追から保護されるという保証のうえでだったことは疑いない(実際、プーチンの就任初日の大統領令第一号で、それが行われた）。プーチンの後継が陰険なやり方で企まれたとする、かなりの状況証拠に裏付けられたうわさは、今日まで完全には収まっていない。これらの主張によれば、チェチェン人テロリストのしわざとされ、数百人を殺害、負傷させた一九九九年九月のモスクワの一連の爆弾事件は、実はロシアの国家治安機関、連邦保安庁（FSB）――KGBの後身――の仕事だったという。おそらく目的は、プーチンが指揮することになっているチェチェンでの報復戦争に対する支持を獲得することにあり、その戦争は新大統領の人気を後押しするというわけだ。実際、これはそのとおりになった。この陰謀理論がもちこたえるかどうかにかかわらず、事実としてロシアは――エリツィンのような明らかな欠点のない――新しい「強い男」が手綱を握れる状態にあったのである。

旧ソ連の共和国以外の中欧及び東欧では、国の文化的・政治的伝統がいかに違っても、自由民主主義への転換にはいくつかの一般的特徴があった。順応することにとてつもない困難があっても、一党独裁政治への逆戻りはあり得なかった。どこでも九〇年代に複数主義の政治形態が確立された。人びとは共産主義下では否定されていた自由――表現、旅行、逮捕の恐れのない生活、宗教信仰の自由――を圧倒的に支持した。情報提供者が（通常、何らかの物質的利益を得るか、あるいは不利益を回避するのが目的で）、他人について報告し、しばしば非難する監視社会。これはすべての共産主義国に共通する特徴だったが、これは一七万人か、あるいはそれ以上の「非公式協力者」を擁し、あらゆるところに影のように存在した東ドイツのシュタージに典型的に表れていた。その監視社会の終わりは、事実上万人に歓迎された。民主的統治は原理上、そして（しばしば怪しげだが）実践上、一般に受け入れられるようになったのである。

中欧及び東欧の八カ国で一九九三～九四年に実施された世論調査によれば、大半の市民が、多数の政党が政権をめぐって競う原則を支持した。四〇～四九パーセントと、もっとも支持率が低かったのはウクライナとロシア、そして驚いたことにポーランド。中程度の五一～五七パーセントがエストニア、ハンガリー、ブルガリア、そしてリトアニアだった。そのとくに恐ろしい共産主義体験からすればそれほど驚きではないのだが、ルーマニアがはるかに高い支持率――平均よりはるかに高い八一パーセント――を記録したのが目につく。原則として反対だった人は全体の約二〇パーセントで、これはおそらく信念をもった旧共産党員だ。ところが、民主主義の実践（その意味は漠然としているが）になると、話は違っていた。肯定的な考え方をもつ人の割合がもっとも高いのは、驚いたことに、ここでもルーマニアで、三〇パーセントが賛成した（これはポスト共産主義のイリエスク政権が取った、チャウシェスク政権のもっとも抑圧的な政策を廃止する初期の措置に対する支持を反映していたのかもしれない）。調査が行われた他の七カ国では、支持率の範囲はエストニアの二九パーセントから、ウクライナのわずか一二パーセントまで開きがあった。実際の民主主義に対するこうした不満の程度は、西欧諸国の場合より高かったけれども、西欧でも市民の優に三分の一が、民主主義の実践に対して本質的に否定的な考え方をもっていた。政党は必要悪にすぎないと、広く見なされていたのである。

中欧及び東欧での、民主主義の実践に関するひがんだ見方は理解できた。共産政権下では汚職がいたるところにはびこっていた。新たな民主国家は、初期の年月にはまったく改善を示せなかった。どの国も例外ではなかった。だが、いくつかの国では、真の民主主義の根幹である法の支配がほとんど機能していなかった。ルーマニアとブルガリア、そしてアルバニアはとくに民営化の過程で宿痾となった汚職と政治的恩顧主義の先頭に立ち、わずかに遅れてロシアとウクライナが続いた。スロヴァキアも根から腐敗していた。経済的に進んだチェコでさえ、民営化の過程で蔓延した汚職が、一九九七年の政府倒壊の一因になった。

新たな民主政治についての賛否相半ばする考えは、人員面での旧体制との連続性によっても形成された。共産主義を憎んだ（そしてしばしばその下で苦しんだ）人びとにとっては、共産政権に仕えていた多くの人間が、民主主義者として異なる色のもとに政治的「復活」を果たせるのを見るのは、腹立たしいことだった。

体制転換の初期の局面で旧共産党職員、とくに治安警察の要員が徹底的に鑑定されたのはドイツの場合だけだった。だが、旧東ドイツは無論そのころには、すでに安定した自由民主主義のなかに包摂されていた。旧共産主義体制の組織的枠組みを急速に解体し、「シュタージ国家」の規模を暴露する国家治安ファイルをほぼ入手したことで、徹底的な鑑定が可能になったのだ。ほかの国では状況はまちまちだった。ハンガリーとチェコスロヴァキアでは、調査はおおむね一九五六年及び六八年のソ連軍侵攻に対する責任に、ポーランドでは一九八一年の戒厳令布告の責任に、それぞれ限定されていた。そのほか、一九六八年とその余波の記憶がまだ生々しいチェコスロヴァキアだけが一九九一年、旧共産党職員を高級官公庁から排除するために、「浄化」と呼ぶ措置を導入した。ポーランドはさらに六年後の九七年、独自の浄化法によってこれに続くことになる。

政治への幻滅と経済的苦境によって、旧共産党政治家の復帰を容認する気持ちが高まり、彼らは概して共産党の後継政党に加わることで、たいていは政治生活を続けることができた。いまや民主的複数主義の枠内で活動する新たな社会民主主義諸党の党員として、一九九三年にはポーランドとハンガリー、リトアニア、それにブルガリアで政権に復帰した。アダム・ミフニクはポーランドのこの成り行きを「ビロード復活」と呼んだ。ルーマニアでは、九〇年代を通じた最有力人物はイオン・イリエスク。かつての著名な共産党員だ(チャウシェスク体制の最悪の非道行為からは距離をおいてはいたが)。他の多くの旧共産党員が社会主義労働者党と、イリエスクの率いるルーマニア社会民主党に身の置きどころを見つけることができた。ポーランドでは、共産主義に抵抗した「連帯」の偉大な英雄、ワレサ(このころには民族主義色を強めた独裁的人物になっていた)が、外部世界から見ると驚くべきことに、一九九五年の大統領選挙で旧共産党閣僚のアレクサンデル・クワシニェフスキに敗れてしまった。

複数政党制の統治システムは概して安定していたけれども、政府そのものはそうではなかった。中欧及び東欧の全域にわたる九〇年代の生活水準への厳しい打撃は、大きな脆弱性を生んだ。無数の人びとが職を失い、さらに高インフレと通貨切り下げが貯蓄を破壊するにつれ、社会的緊張が高まった。のしかかる経済的・社会的諸問題に対処しようとするどの政府も、その政策に対する不満を呼び起こした。前には複数政党による選挙を求めておきながら、多くの市民が選挙で投票するのは無意味だと考えた。これは部分的には、単独政党の独裁体制下にあって、見せかけの翼賛投票でしかなかった共産党時代の遺産だった。しかし、共産主義に取って代わった体制に対する幻滅も反映していた。結果として、選挙の投票率は下がり、たいていはきわめて低かった。政府は不人気な政策に対する責任、あるいは、それを変更して大幅な改善を実現できない責任を問われ、概して有権者の怒りを買い、次の選挙で倒されるのだ。首相はめったに長続きしなかった。旧ソ連ブロックの首相の平均在任期間は二年半に満たなかった。

指導的政治家たちは衰える人気を改善するため、往々にして、ナショナリズムと反外国人感情に頼った。社会の困窮が広がるなか、外国人あるいは少数民族の間にスケープゴートを見つけるのはたやすい。スロヴァキア首相ウラジミール・メチアルは、マスメディアを厳しく統制し、政敵を脅迫するような、腐敗した半ば独裁的政権を主宰していたが、独立を要求するために特殊なスロヴァキア民族帰属意識を喚起した。ハンガリー系少数民族が人口の一〇パーセント強を占めており、反ハンガリー感情をかき立てることは、彼には便利な政治的武器の一つだった。そのハンガリーでは、九〇年代を通して少数民族に対する敵意と民族感情の高まりが見られた。ここではシンティ・ロマ人がスケープゴートにされ、一方で、スロヴァキアとルーマニアに住むハンガリー人に対する差別が、民族主義的感情を強化するために利用された。FIDESZ（フィデス）〔もと青年民主連盟、その後フィデス＝ハンガリー市民党〕は、かつてはリベラルな運動体だったが、強引な指導者ヴィクトル・オルバンの下で、強力な国家主義的保守に、そして性格は一段と独裁的になった。ブルガリアではトルコ系とロマ人の少数民族がやり玉に挙がった。ラトヴィアとエストニアでは、大人口のロシア系少数民族に対する法的差別が行われた――ロシア人が占める人口比率が小さいリトアニアは、それほどでもなかった。

中欧の新生民主主義諸国は、その多様で深刻な欠陥がどうであれ、ほぼすべての国が独裁政治に向かった両大戦間期の脆弱性とは違って、九〇年代末までにはかなり安定した。初期の破滅的な衰退の年月に続く目覚ましい経済成長が、その助けになった。安定した民主主義と経済繁栄への前進の持続を助けたもう一つの要因が、きわめて重要だった。すなわち、ヨーロッパ連合（EU）への加盟の見通しである。民主政治の初期の年月には幻滅が生じたものの、この見通しは将来への希望を与えた。九〇年代末にもなると、中欧とバルト諸国にとって、この希望は実現可能になりつつあった。とはいえ、バルカン諸国はまだ絶望的に貧しかった。オランダの作家ヘールト・マックは一九九九年にブカレストを訪れ、ものすごい数のホームレスの子どもたち（そして野犬の群れ）が通りをうろついている様子を描写している。経済的後進性とはびこる汚職、不十分な法の支配の基礎、そして安定した民主主義へなかなか進展しないために、ルーマニアはブルガリアとともにEU加盟を期待できるまでに、長い待機時間と向き合うことになった。

ハンガリーはチェコスロヴァキア及びポーランドとともに、一九九一年にハンガリーの町ヴィシェグラードで、相互協力とヨーロッパへの統合の希望を促進する目的の協定に署名していた。二年後、チェコとスロヴァキアの誕生によって、当初の三カ国は四カ国になった。九六年までに、すべての国がEUへの加盟申請の提出を終えた。EU加盟の魅力、そして加盟のための基準を満たす圧力は、民主主義の安定と法の支配の深化への動きを促した。「ヨーロッパへの再合流」の展望は、例えば、スロヴァキアの有権者とエリートが九八年にメチアルの見せかけの民主主義を拒否、彼の統治のもっとも醜悪な局面を終わらせ、最悪の身内びいきを制御して、法制と民主主義と経済の重要な改革を実行する強力な誘因だった。

世紀の変わり目まで、中欧及び東欧の市民は波乱の一〇年に耐えた。自由民主主義という、よりよい西欧モデルにもとづいて生活の質を早期に大きく改善するという夢は、急速にしぼんでしまった。だが、それに代わって新たな希望が徐々に芽生えた――遠からず、豊かなEUの加盟国として予想できる将来収益への希望である。

統合の希望

ユーゴスラヴィアが流血と瓦礫のなかに崩壊し、中欧及び東欧の市民の生活が資本主義への過酷な転換によってひっくり返っているとき、西欧諸国の首脳たちは一九九一年一二月、いまだ共産主義崩壊後のいささか自画自賛めいた気分のなか、「ますます緊密化する連合」へのさらなる手段を計画するため、オランダの町マーストリヒトに集まった。単一市場（九三年一月一日発足予定）の導入に向け達成された前進によって、統合プロセスをさらに推し進める機は熟したと思われた。そして九一年の世論調査によれば、ますます多数のヨーロッパ人がヨーロッパ共同体（EC）を好意的に見て、西欧統合の努力を支持していた。

討議は決して容易ではなかった。だが、一九九二年二月七日、革新的なマーストリヒト条約がEC一二カ国首脳によって署名され、翌年一一月に発効する。そこまではたやすかった。統合の追求は、諸々の問題に悩まされることがやがて明らかになる。九〇年代の残り期間とさらにその先、たしかに多くのことが達成された。これ以降、そう呼ばれることになる「ヨーロッパ連合（EU）」の実現は、意義深く、そしてきわめて重要だった。だが、深く染みついた国益を克服し、一つのヨーロッパという帰属意識への献身に支えられた真の政治統合を創出することは、かなわなかった。

実のところ、マーストリヒト会議の野心は、ヨーロッパに政治統合を創出する試みとは程遠かった。せいぜいのところ、これははるか先の漠然とした展望にとどまっていた。ドイツ首相コールは数年間、政治統合の強力な支持者の一人だった。外相のゲンシャーもそうだ。彼らには政治統合が究極の目標だった。だが、それが何を意味するのかは不明なままだった。そして、そのドイツでも、連邦銀行総裁ハンス・ティートマイヤーに代表される有力な声が、通貨統合は政治統合に先立つのではなく、あとに続くのでなければならない、と論じた。

政治統合の概念は、この時点でもその後も、明確に定義されることがなかった。それは、実は修辞上の意匠の域を出なかった。それを現実化する試みがない限りにおいて、ヨーロッパ共同体の（すべてではないにせよ）大方の加盟国が、原則として受け入れられるような暗黙の進行方向にすぎなかったのだ。実際、政治統合が実現すれば、それはドイツをヨーロッパ規模に拡大したようなものだったかもしれない――一部の権限は国民国家にあるものの、重要な権限はヨーロッパ中央政府に移管された連邦的な「ヨーロッパ合衆国」のようなものである。共通の価値観に依拠して、経済・社会・安全保障を含む国民国家の主権の多くは、ヨーロッパ・レベルに置かれ、完全な民主主義的諸権利の体現を保証する議会によって維持されるのだ。だが、連邦国家ドイツが本当に暗黙のモデルであるにしても、この国は同じ歴史と伝統と文化を共有する構成部分から成っている。それをもっとも強く結びつける紐帯は国民である。時として引き合いに出される別のモデル、アメリカ合衆国についても同じことがいえる。しかし、ヨーロッパの多数の国家の、まったく異なる歴史と伝統と文化、そして言語から単一の政治統合を形成するのはまったく別問題である。諸国家の緩やかな連合に代えて、真の政治統合を創出するために必要な主権を大幅に移譲する用意のある国は、たとえあったとしても、ほんの一部だっただろう。一九九〇年以降、最強の経済を有する最大人口国となったドイツが、将来の政治統合に影響を及ぼすようになるという見通しそのものが、その目標に向かう動きを促しそうもなかった。それに、ドイツ人はもっとも熱心なヨーロッパ支持派の国民であるとはいえ、コールもよく分かっていたように、彼らでさえブリュッセルに本拠を置くヨーロッパ政府に主権を譲りすぎるのは気が進まなかっただろう。

そのヴィジョンがいかに高邁なものであれ、それ自身はかなりの程度、ドイツの暗い過去に対する反動であるとともに、奈落につながったナショナリズムの悪霊を永久に排除しようとするコールの強い個人的傾倒を反映したものであり、実現する可能性はみじんもなかった。コール自身、その機会が（本当にあったとしても）すでに去ってしまったことに、まもなく気づいた。ヨーロッパ政治統合の理念を積極的に受け容れようとするコールの姿勢は、ドイツ統一に対する代償の一つだった。すなわち、新しいドイツを旧西ドイツと同様、西欧の自由主義の価値観と民主的構造に不可分に結びつける用意である。ヨーロッパ共同体の建設におけるドイツの主要パートナーであるフランスや、国家主権を譲渡するなどという話には一段と神経過敏な英国は言うまでもなく、西欧には同様の背景をもっていたり、コールが思い描くような政治統合を考えたりする国はなかった。ミッテランにとって、実は、政治統合はまったく優先課題ではなかった。フランス大統領は、単一市場の導入の次は経済・通貨統合が、ヨーロッパ統合の勢いを維持するもっとも有望な手段だと見ていた。しかし、政治統合の道をあまり急速に進むことには慎重で、とくに英国をこの方向に急き立てすぎることの難しさを予感し、足元フランスのナショナリストに人質を取られないよう気を配っていた。したがって、ドイツ統一が（その展望がフランスに与える不安にもかかわらず）目前に確実に迫ってくるにつれ、コールとミッテランの交渉では、ヨーロッパの政治統合という目標は視界から消えていった。ヨーロッパを結びつけ、そしてフランスから見れば、将来のドイツの権力への野心を完全に封じるための、より達成可能な目標として、通貨統合――ルクセンブルク首相ピエール・ウェルナーが一九七〇年に提案した計画にまでさかのぼる長い前史のある構想――がそれにとって代わったのである。

これがマーストリヒト会議で合意された妥協だった。名称はまだない単一通貨が、（のちに一九九九年一月一日と決まった日付をもって）導入されることになる。新通貨のための戦略の多くは、ドイツの考えに従っていた。コールは九一年一二月、経済・通貨同盟に関するこの条約は「ドイツの特徴を帯びている。わが国の通貨安定政策が将来のヨーロッパ通貨秩序のライトモチーフになった」と満足気に語った。ヨーロッパ中央銀行――最終的に一九九八年六月に発足――が金融政策を監理し、物価の安定を監視することになる。単一通貨に参加する用意のある国は、各国通貨の安定と連結を維持するため、「収斂基準」を満たし、為替相場メカニズム（ERM）に加わらなければならない。公的債務は国内総生産（GDP）の六〇パーセントを超えてはならず、毎年の財政赤字はGDPの三パーセント以下でなければならない。低インフレ、低金利の目標が定められた。

政治統合を欠いた通貨統合は、ひとつのリスクであった。過去に試されたことがない。米国はモデルにならない。米国は本質的に、中央政府を備えた連邦制の国民国家だからである。歴史上の前例がないため、ヨーロッパは計画された通貨統合のための制度上の取り決めと政治的枠組みを、一から構築しなければならなくなる。政治指導者たちは、成功が保証されてはいないことを自覚していた。コール自身がマーストリヒト首脳会議の一カ月前、ドイツ連邦議会でそのリスクの要点をはっきり述べていた。「政治統合を欠いたまま経済と通貨の統合を長期的に維持するという考えは間違っている」と明言したのだ。それでもコールは、自分でも不安を抱え、またドイツの多くの経済専門家が警告したにもかかわらず、歩を進めた。

マーストリヒトは通貨統合に関する決定的な合意のほか、重要な領域でのヨーロッパ統合の強化に向けた措置を講じた。ヨーロッパ経済共同体と原子力共同体、それに石炭鉄鋼共同体を統合、政府間協力を外交・安全保障・司法政策にまで大幅に拡大し、新たな組織「ヨーロッパ連合」（EU）が結成された――もっとも、政府間協力は、これらの分野における一つの中央政府とは似ても似つかないものだった。マーストリヒト条約はまた、加盟各国の市民権に加え、EU市民権という資格を導入した。

マーストリヒトはヨーロッパ統合の方向への大きな一歩だった。だが、ヨーロッパ首脳が討議しているときでも、不一致は明らかだった。英国は単一市場とEU加盟国拡大の熱心な提唱国であるにもかかわらず、ヨーロッパ統合の緊密化の問題では相変わらず「異論グループ」の筆頭であり、提案された通貨統合からの除外、すなわち「オプトアウト〔選択的離脱〕」を取りつけた。また、広範な社会政策によって生活・労働条件の改善を目指す、条約付属の議定書（「社会憲章」）からのオプトアウトも勝ち取った。マーストリヒトの諸規定の受け容れにもっとも及び腰なもう一つの国は、デンマークだった。デンマークの有権者が一九九二年六月二日、批准手続きの一環としての国民投票でマーストリヒト条約を否決すると、ヨーロッパの既成支配層には大打撃になった。これで、条約は発効不可能になった。デンマークの有権者が九三年五月の再国民投票で条約を受け容れる用意ができるまでに、諸々の重要な除外規定（防衛及び安全保障上の義務、内務問題の一定の面、そしてとくに注目すべきは単一通貨）を設けなければならなかった。

　これより先、「ヨーロッパ構想」では最初から重要なプレーヤーであるフランスは、九二年九月の国民投票で、僅差で批准を支持していた。英国では国民投票はなかったが、保守党の「反マーストリヒト派」が九二年五月、「社会憲章」の免除に反対する労働党に加勢し、マーストリヒト条約承認法案が最終的に議会で可決されるまでに、保守党政権にとって大きな困難を引き起こした。優れてヨーロッパ統合派である国、ドイツでさえ、戦後の繁栄の象徴である愛しいD-マルクを新たなヨーロッパ通貨に置き換えるという決定に対しては、激しい反対があった。そして、マーストリヒト条約の諸規定は一九四九年の基本法（憲法）に定められたドイツ人の民主的諸権利に違反するものではない、と確定するためには、九三年一〇月の連邦憲法裁判所の判決が必要だった。

　それぞれの特殊な国民文化と歴史ゆえに、英国とフランス、そしてデンマークは主権のこれ以上の譲渡をとくに嫌った。マーストリヒトの諸規定は、実のところ、どの国でも手放しで歓迎されたわけではない。だが、ほかの国では主権問題について、それほど不安がなかった。ドイツとイタリア及びベネルクス三国は、国家主権の一部をプールすることがヨーロッパの平和と繁栄と安定にとって不可欠である、と長らく納得してきた。スペインとポルトガル、それにギリシアは、ヨーロッパ共同体への加盟が繁栄への道であるだけでなく、独裁政治への逆戻りを防いでくれると見ていた。これらの国は、主権の限定的な融合はそうした目的の達成に向けた必要かつ積極的な措置であると納得していた。アイルランドにとっては、ヨーロッパ共同体への加盟はすでに大きな経済的利益、英国経済への依存の低減と、未解決で厄介な北アイルランド問題でナショナリズムにそれほどとらわれない見方をもたらしていた。したがって、ヨーロッパ共同体のほとんどの加盟国で、マーストリヒトはそれまでの展開からいっそうの統合へ向かう理にかなった進展として、歓迎されたのである（とはいえ、条約の複雑で抽象的な性格のため、国民が素直に熱狂するには限界があったが）。

そうした難産を経て、マーストリヒト条約は一九九三年一一月一日、ついに発効する。アムステルダム条約（九七年一〇月）とニース条約（二〇〇一年二月）で、その後の修正や改訂、拡充が行われるが、マーストリヒトは決定的な岐路であった。それは本質的に経済的統一体であるヨーロッパ共同体を、ヨーロッパ連合（EU）――確かに連邦制の「ヨーロッパ合衆国」とはかけ離れてはいるけれども、疑う余地のない政治的性格と大志を備えた構造物――に転換したのだ。デンマークやフランス、英国でのマーストリヒト条約批准の難しさが示すとおり、こうした大志はそれらの国で大変な敵意をかき立てた。その抵抗は新世紀の初め、基本条約のさらなる改正提案が承認を取りつけようとすると、一段とかまびしくなるのである。

しかし、一九九〇年代末までには、マーストリヒト条約の批准に伴う初期の混乱は沈静化していた。九〇年代半ば以降、経済成長が西欧のほとんどの地域で、物質的豊かさと進歩の実感を促す一因となった。EUが目に見える利益をもたらしているという大陸西欧諸国の市民の間の感情は、九五年のシェンゲン協定の実施でさらに高まった。国境検査なしでヨーロッパの多くの地域を旅行する、もとは一〇年前にルクセンブルクのシェンゲンで結ばれた協定である。加盟国のなかで英国とアイルランドだけがシェンゲン領域外にとどまった。

一方、来るべきユーロ（一九九五年に単一通貨のこの名称が合意された）の導入に対する否定的な意見は、それほどうるさくなくなっていた。ついに一九九九年一月一日、ユーロが決済通貨として――実物紙幣と硬貨は二〇〇二年から流通予定――成功裏に発足したとき、通貨同盟は一一カ国から成っていた（ベルギー、オランダ、ルクセンブルク、フランス、イタリア、ドイツ、アイルランド、スペイン、ポルトガル、オーストリア、フィンランド）。それでも、先行きの混乱を予想する強力な声があった。経済学者一五五人による一九九八年の宣言は、「ユーロは時期尚早だ」と警告した。財政統合も政治統合も欠いたまま異質な国民経済間で共通通貨を維持することについての懸念は、もっともだった。ユーロは好環境のなかで発足していた。そして、まだ晴天は続いている。だが、深刻な危機が起きた場合、ユーロはどう対処するのか？　それは未解決の問題だった。なんといってもユーロは最初から、第一に政治プロジェクトだったのだ。何より大事なのは、ヨーロッパ統合への弾みだったのである。

これは一九九〇年代初めに、EUの拡大をどうするかという明白な問題を引き起こした。大問題は、ごく最近までソ連ブロックに属していて、しかもいまや資本主義と自由民主主義への転換で巨大な困難を経験しつつある、非常に構造の異なる経済をもつ国々の統合であった。

　EU拡大の問題全体が、決して簡単ではなかった。現存の構造の深化が先で、拡大はそのあとだと主張する人びとがいた。ミッテラン政権下のフランスは、西欧の結びつきを深化させ、中欧及び東欧諸国には完全加盟ではなく、一種の連合関係を提供することをとくに望んだ。EUを東欧へ拡大すれば結局はドイツの立場が強まるという懸念が、ミッテランの思考のなかで果たした役割は小さくなかった。とりわけドイツと英国及びデンマークが打ち出した有力な反論は、深化より拡大を優先していた。再び政治的決定要因が勝ちを占めた。一九一九年のヴェルサイユ条約以後の、中欧及び東欧の悲惨な歴史に教訓があった。ファシズムと独裁政治への破滅的な転落の繰り返しは、なんとしても避けなければならない。それに地政学も加わった。西欧とロシアの影響圏の間に挟まれて、中欧及び東欧諸国の将来の安全保障問題も、この上なく重要だった。まさにこの時点でユーゴスラヴィアが紛争に突入したことで、真剣に考えさせられた。そこで一九九三年六月、民主主義と法の支配、人権の尊重、少数民族の保護、機能する自由市場経済――という厳しい基準を満たすことを前提に、新たな加盟国を歓迎するとの決定がコペンハーゲンで下された。一九九四年、ハンガリーがEU入りを申請する国々の長い行列の一番乗りになった。すでにコペンハーゲン合意の前に、フィンランドとスウェーデン、ノルウェー、それにオーストリアを迎え入れるための準備が進んでいた。これらの国が基準を満たすのはまったく難しくなく、九四年の国民投票で（一九七二年と同じく）過半数が加盟に反対したノルウェーを除き、すべての国が九五年一月一日にEU加盟国になった。しかしながら、中欧及び東欧の国々はEU諸国との明らかな経済的・政治的溝のために、さらに長く待たなければならなかった。

　EU拡大の理由には説得力があり、加盟の見通しは中欧及び東欧の国々の安定と民主化に役立った。だが、西欧よりはるかに発展の遅れた経済と政治文化をもつ国々の、七〇〇〇万人以上の人びとをスムーズに統合するのは、容易ではないことが判明する。やがて、扱いにくく、まとまりを欠き、経済的に均衡のとれないEUという形で、代償を払うことになるのである。

行き詰る西欧の統治

　各種世論調査によれば、西欧の大半の人びとはEUに好意的だったけれども、一九九〇年代を通じて「ヨーロッパ」が多くの市民の心を奪うことはなかった。たいていは生活に密着した別の関心事があったのだ。とはいえ、彼らが直面する問題のいくつかは、単に一国だけでなく、ヨーロッパ総体の側面をもっていた。そうした問題の一部は、九〇年代初めに始まった（九〇～九一年の米国の景気後退と重なる）ヨーロッパの景気後退に起因していた。ドイツ統一コストの衝撃による影響は、広範な波紋を後に残した。フランス大統領ミッテランのような穏健左派であれ、ドイツ首相コール、あるいはサッチャー夫人の後継首相、ジョン・メージャーのような保守右派であれ、彼らが向き合わなければならない諸々の問題は似通っていた。そうした問題のなかに、国民経済の競争力の問題、増大する社会的支出への要求とインフレ抑制の問題、失業レベルと国家債務の問題があった——どれも古くて新しい問題である。冷戦終結後の変化した条件下でこうした問題に取り組むと、たいてい政治的不評を生み、それがしばしば新政府の発足につながって、新政府はなおその古い問題に取り組まなければならなかった。ヨーロッパ諸国における諸問題の特殊な影響には、もちろん、国ごとのはっきりした特色があった。だが、その不快感は個別の国を超えていた。

ドイツでは、統一の重荷がもっとも重要な意味をもった。首相コールは一九九〇年、東ドイツは三、四年で「花咲く風景」になるとの期待を軽々にかき立てていた。老朽化したインフラを取り換え、経済を完全に再建するために何をする必要があるのか。それを甚だしく誤算したのは首相だけではなかった。*九二年にもなると、約束された繁栄へとすみやかに上昇するのではなく、ドイツ全体が——もっとも高い代償を払ったのは東ドイツの人びとだが——ほぼ九〇年代を通して続くことになる経済不振に苦しんでいた。九三年には経済が後退するなか、国内総生産（GDP）は二パーセント下落。連邦共和国史上、どの時期よりも急激な落ち込みだった。九五年にもなると、ドイツの国家債務は一九八九年の二倍になっていた（もっとも、これは政府のインフラ投資が理由でもある）。

経済低迷の一つの心配な副作用、そしてヨーロッパの多くの地域を通じて高まることになる傾向の一つの兆しが、「亡命希望者」に向けられた敵意であった。EU域内の「亡命希望者」全体の七五パーセント以上が、緩やかな難民関連法——それ自体はナチ時代の残虐行為に対する反作用だった——のために、ドイツを選んだ。九二年には、亡命希望者の数はユーゴスラヴィア紛争によって倍加し、四三万八〇〇〇人に達した（もっとも、実際に政治的迫害から逃れてきたと分類されるのは五パーセント以下だった）。ネオナチによるいくつかの移民襲撃事件は、すべてではないが、ほとんどドイツ東部地域で起きており、ドイツ国民と世界に衝撃を与えた。

コールは一九九四年一〇月、経済の低迷にもかかわらず首相に再選された。人気の医療保険改革の導入が選挙年にコールを助けた。社会民主党の党内不一致にも助けられた。それに、「ドイツ統一の首相」に付随する残光もなお幾分かあった。だが、ドイツの経済不振はその後の年月も続く。失業は九六年までに四〇〇万人を突破した。別の時代には、ドイツの民主主義を揺るがした数値だ。一方で、経済は高い労働コストと社会福祉コストに苦しみ、競争力の維持に懸命だった。かつては未来への希望だったコールが、ドイツ東部での選挙集会で、幻滅した有権者にやじり倒された。政権は息切れしてしまったようだった。民主主義国では政権があまり長く続くとしばしばそうであるように、多くの人びとはただ「交代の潮時だ」と感じたのだ。一九九八年の選挙を特徴づけた問題は、ほぼ完全に内政問題、とりわけ高失業率だった。八年前にはコールの未来ヴィジョンにとってあれほど重要だったヨーロッパ統合は、ほとんど目立たなかった。開票が終わると、コールは社会民主党のゲアハルト・シュレーダーに敗れ、一六年間務めた首相ポストを失った。

九〇年代のドイツの経済問題は、ほかの西欧諸国に影響を及ぼした。九三年にもなると、フランス労働人口の一〇パーセント以上、三〇〇万人という記録的に多い失業者が出る一方、国家歳出の大きな部分を占める社会福祉コストの増加が、すでに危機的な財政赤字をさらに押し上げていた。歳出抑制と経済の部分的民営化の試みは、案の定、不評だった。不評な政策に手を付ける政府はたいてい選挙で負ける。フランスも例外ではなかった。政府の支柱である社会党は、九三年三月の総選挙で大敗する。ジャック・シラクが率いる保守右派の諸党が勝者だった。ミッテランの二期目の任期が終わる二年後、この社会党出身の大統領は――がんを患っているのと、憲法上の規定で再出馬ができず――、社会党候補のリオネル・ジョスパンを破ったシラクに道を譲った。フランス政治の二つの特徴は、ヨーロッパじゅうに広く共通していた。すなわち、金銭的な違法行為（これは元首相ピエール・ベレゴヴォワの自殺につながった）と、移民に対する国民の大きな反感である（これには、九五年大統領選で一五パーセントを得票したジャン＝マリー・ルペンを指導者とする国民戦線の影響も一部与っていた）。

イタリアでは、移民はまだ重要な問題ではなかった。だが、汚職はたしかに重要問題だった。イタリアは（ドイツ、フランス、英国に次いで）ヨーロッパの四番目の経済大国だが、一九九〇年代はじめには、すでに深刻な経済問題に直面していた。問題の一部は間接的に、ドイツ統一の結果に起因していた。ドイツ連銀が九二年に大幅利上げを実施すると、高インフレをかかえる弱い各国経済に圧力がかかった。その結果、イタリアは九月、各国通貨を狭い変動幅で束ねる為替相場メカニズムからの離脱に追い込まれた（そして、結果として、対リラで二四パーセントも急騰したD-マルクに影を落とした）。イタリアの根本的な問題は、債務の大きさにあった――国内総生産（GDP）の一二〇パーセント、マーストリヒト条約の許容基準の二倍である。税収のほぼ四〇パーセントが毎年、単に債務の利払いに消えていく。増税や公共支出の削減、そして民営化は、キリスト教民主党のアンドレオッチ政権に支持を勝ち得そうもない処方箋だった。

ところが、総選挙の直前の九二年、「タンジェントポリ」（ざっと「汚職の町」の意味）とあだ名される大掛かりな汚職スキャンダルが暴かれると、伝統的政治に影が差す。すべての主要政党の幹部政治家（それにいくつかのイタリア大企業）が絡んでいた。二年後の総選挙では、すべての大政党が票を失った。だが、政治家と公務員の巨大な汚職・犯罪網が明らかになったことの影響は、選挙での敗北よりはるかに深かった。

多数の政治家と一五〇〇人近い公務員及び実業家が収賄罪で告発された。アンドレオッチを含め、一部はマフィアとの協力関係が強く疑われた。社会党の元首相ベッティーノ・クラクシはのちに被告人欠席のまま――刑を逃れるため九四年にチュニジアへ逃亡していた――禁固二〇年の判決を受けた。アンドレオッチ自身は一〇年に及ぶ裁判（マフィアが実行した一件の殺人への関与を含む）ののち、ついに二〇〇二年に禁固二四年を言い渡されたが、最終的に上訴審ですべての罪状について無罪となった。イタリアの大衆はうんざりしていた。このスキャンダルは第二次大戦以後、国家の財産を差配してきた既成政治支配層を打ち倒した。半世紀近くイタリア政治の支配勢力だったキリスト教民主党は九四年三月に、自由党は二月に、社会党は一一月にそれぞれ解党した。民主社会党と共和党は見る影もなくなった。共産党はすでに九一年に解党し、二つの後継政党に分裂していたが、いずれも大きな支持はなかった。政党政治は、ほとんど一から出直さなければならなかった。冷戦時代からの左右両派の政党ブロックは終わった。イタリアは新たな「ポピュリスト」政治へ向かう西欧で最初の国になった。

その結果は必ずしも思わしいものではなかった。空白に入り込んできたのはメディア界の華やかな大物、シルヴィオ・ベルルスコーニだった。かつてクラクシと緊密な関係があり、汚職容疑による逮捕を免れるために政界入りしたとうわさされた人物だ。ベルルスコーニが九三年一一月にゼロから旗揚げした「フォルツァ・イタリア」は、彼のメディア帝国に支えられ、自身の強力な個性に大きく依存して、イタリアのための新たな出発（党首自身が言う「新たなイタリアの奇跡」）を約束した。スタイルはポピュリズムで、反既成支配層。ベルルスコーニは、自分は過去の腐敗した政党政治とは無縁な「アウトサイダー」であり、イタリアを再活性化するために実業家として成功した才能を使うのだと語った。フォルツァ・イタリアは企業のように組織され、新自由主義の経済目標をもっていた。だが、ベルルスコーニは、自分の大衆的魅力が、政治的足場を失った右寄りの巨大な反共有権者層の支持を勝ち取ると確信していた。しかし、それは古いワインを新しい瓶に入れるだけになりはしないだろうか？

　政治的右派は実は、タンジェントポリのスキャンダル以前から分裂しはじめていた。共産主義の崩壊は、キリスト教民主党からイデオロギー的接合剤を奪ってしまった。それに、帰属意識に訴える新たな形態の政治運動があった。北部イタリアではウンベルト・ボッシ率いる「北部同盟」が地域の自治と、貧しい南部への財政補助の打ち止めを要求した。メッゾジョルノ〔イタリア南部の後進地域〕ではジャンフランコ・フィーニ率いる「国民同盟」が、ネオファシストとキリスト教民主党の残党を、組織化された社会主義運動への対抗からなおも精気を得る右翼保守運動へ糾合した。ベルルスコーニとボッシ、フィーニは一九九四年三月の総選挙で力を合わせ、共産党の後継政党二党でつくる左派「進歩主義者」の三四パーセントを優に上回る四三パーセント近くを獲得した。しかし、彼らの不安定な連立政権は九カ月で崩壊し、ベルルスコーニは首相の座を去らざるを得なかった。だがそれは、ベルルスコーニの政治経歴の終わりどころか、彼はイタリア首相に二度返り咲くことになる。それはまた、一九四八年以来、存続が平均二年以下というイタリア政府の慢性的不安定ぶりの終わりでもなかった。そして、おびただしい数の、時には当惑させるような変幻ぶりを伴う新たな見せかけの下ではあれ、左右両派及び南部と北部の間の分裂は、相変わらずイタリア政治の分断線として残った。

　英国では、サッチャー夫人の後継首相メージャーが九二年四月初めの総選挙で、大方の予想をくつがえし、議席を大幅に減らしながらも勝利した。保守党の四連勝である。だがメージャーが率いたのは、何よりも「ヨーロッパ」（英国の明暗相半ばする対EU関係の略語）をめぐって分裂した弱体な不一致内閣だった。メージャー政権は、金利の大幅引き上げと三〇億ポンドの為替介入によって通貨ポンドを支える虚しい努力をしたあと、九二年九月一六日にヨーロッパ為替相場メカニズムから離脱するという不名誉――それがただちにちょうだいした呼称は「ブラック・マンデー」――から立ち直ることができなかった。以後、英国経済が景気後退と戦うなか、メージャーは手負いの首相として、党内のヨーロッパ懐疑派に手を焼き、マスメディアでは揶揄され、著名な保守党議員を巻き込む金銭スキャンダル（イタリアの基準からすれば些細だが）で打撃を受けた。彼は政府首班として、修復不可能なまでに弱体化してしまった。

　一九九〇年代半ばごろには、英国経済は力強く回復しつつあった。しかしその回復はほとんどメージャーの助けにはならなかった。九四年五月に労働党党首に選出されたトニー・ブレアは、メージャーの陰気なイメージとは好対照のイメージを与えた。きわめて歯切れよく、笑みを絶やさないカリスマ性のあるブレアは、まもなくそう呼ばれるようになる「クール・ブリタニア」を体現しているようだった。ブレアは新しい、力強い英国の展望を示した――外向きで、ヨーロッパ統合に前向きで、現代的、進歩的、寛容、そして懐の深い英国である。ブレアは伝統的な階級の障壁と社会的分断を乗り越える「第三の道」のヴィジョンを打ち出した。いまや「新生労働党《ニュー・レイバー》」と看板を変えたブレアの党は、一九一八年以来党綱領に組み込まれていた経済国有化の公約を放棄し、社会的公正によって緩和された市場原理を受け容れるようだった。一九九七年五月一日の総選挙では保守党が大敗、労働党が過去最多の一七九議席と圧勝して、ブレアが――一七八三年のウィリアム・ピット（小ピット）以来最年少の四三歳で――政権を握った。一八年間続いた保守政権のあとで、それは新たな出発、有名な政治ジャーナリスト、アンドルー・ローンスリーの表現では「国家の再生」のように見えた。

ブレアは、九三年にジョージ・ブッシュ（父）の跡を継いだ米大統領ビル・クリントンから着想を得ていた。そして今度はブレアが、一部のヨーロッパ諸国首脳が模倣しようとするモデルを提供した。暗黙のうちに理解された「第三の道」は、九七年に首相に任命された社会党のジョスパンの下で機能するかに見えた。ジョスパンは古典的な社会主義的政策――社会保障の改善、健康保険給付、社会の困窮者への財政支援の拡大、政治における女性比率の拡大、週三五時間労働――と、減税や国有企業の民営化、すなわち新自由主義に関連する政策を結びつけた。ドイツもまもなく一種の「第三の道」に従うようになった。テレビ映りのよい精力的なドイツ社会民主党員、ゲアハルト・シュレーダーは一九九八年の総選挙でコールを破り、一九八二年以来の保守政権に終止符を打ったが、彼は大陸ヨーロッパではもっとも知られたブレア賞賛者の一人だった。シュレーダーはブレアと同様に、社会民主主義政権の現代的イメージを与えた。保守主義は九〇年代半ばには、すべての国ではないにせよ、退潮にあるように見えた。

新たな現代的装いの社会民主主義――統合されたヨーロッパ連合域内のグローバル化市場経済から得られる利益と社会的進歩を結びつけるというもの――は、多くのヨーロッパ人にはより良き未来への希望を与えるように思えた。ところが、一時はすばらしい成果を上げたものの、それは数年もすると、全般的な失望と幻滅につながった。九七年の選挙勝利の夜の祝賀気分のなか、ブレアは「新しい夜明けだ」と宣言した。それは結局、新しい夜明けどころか、ヨーロッパ社会民主主義の長い日没の始まりになったのである。

保守右派と社会民主主義左派の両方で、かつて確かだった事柄が崩れつつあった。しばしばナショナリスト政党や環境政党、そして地域政党の形で表現される抗議運動が存在感を増す政治の細分化のなかで、一つの不快な要素は、政治問題としての反移民が訴求力を高めていることだった。九〇年代末にもなると、ジャン＝マリー・ルペンの国民戦線は、一九八六年の二七〇万人に対し、有権者の一五パーセント超に当たる五〇〇万人近い支持を集めていた。デンマーク国民党は一二パーセントの支持を得て、議会の第三政党になっていた。スイスでは産業家クリストフ・ブロッヒャー率いるスイス国民党が、一九九九年の連邦議会選挙で得票率を一二・六ポイント上積みして――スイス選挙史上の記録だ――二二・六パーセントを獲得し、第一党になった。そしてオーストリアでは、イェルク・ハイダーのオーストリア自由党が九九年の総選挙で、八六年の一〇パーセント以下から二七パーセントにまで躍進した。これらすべての政党は、他のヨーロッパ諸国にも対応する政党があるのだが、共通するのは移民に対するかまびすしい反対だ。主要政党がEUと同じく移民を支持しているため、反移民のナショナリスト的抗議は反既成支配層・反EUの政治運動としても売り込むことができる。反移民諸政党のコアな支持基盤を越え、かなり大きな抗議集団の要素があることは、支持のレベルが一定しないことを意味した。にもかかわらず、それらの政党は左右の主要政党の綱領に影響を及ぼすだけでなく、この先の年月、移民をますます重要な政治課題の一つにすることに成功したのである。

西欧の一九九〇年代は明暗相半ばする一〇年だった。九〇年代半ばにもなると、多くの人びとの間に、はっきりと分かる失望感があった。ヨーロッパ統合への歩みは、それ自体としては重要な成果だが、大方の人びとの日常生活とは縁遠かった。だが、経済成長が戻るにつれ、九〇年代の後半はずっと明るくなった。九〇年代の終わりごろには、驚いたことに「クール・ブリタニア」が流れをつくり、ヨーロッパは――東西ともに――よりエキサイティングな時代を迎えようとしているかに見えた。ヨーロッパ人が世界の数十億人とともに新千年紀の始まりを祝うなか、トニー・ブレアは二〇〇〇年の新年祝賀会でその雰囲気をとらえ、この「確信と楽観」を瓶詰めにして永久保存できればいいのに、と思うと述べた。

一九九〇年九月、米大統領ブッシュはまだ冷戦終結の満足感にひたりながら、「テロの脅威がなく、正義の追求においてより強く、平和の探求においてより安全な」「新たな世界秩序」の始まりを宣言した。それは「世界の諸国民が……繁栄し、協調して暮らす時代」になるだろう、と。心地よい言葉だった。だが、その構想はあまりにも早く幻想であることが分かってしまった。

たしかに、勇気づけられる情勢展開もあった。九一年初め、クウェートに侵攻したイラク軍が、国連の承認を得た米国主導の多国籍軍の手ですみやか、かつ決定的に敗北させられたことで、イラクの指導者サダム・フセインの中東における脅威は終わるように見えた。第二次戦略核削減条約（ＳＴＡＲＴⅡ）により、戦略核弾頭の三分の二を解体する九三年一月の米ロ間の合意は、核戦争の脅威を一段と低減した。長年続いた激しいアラブ・イスラエル紛争は、婉曲にそう呼ばれる「オスロ和平プロセス」によるいくぶんかの関係改善の下、真の最終的解決の展望があるように見えた。そして、国連の後押しの下、地球全体の未来を脅かす地球温暖化と環境破壊の一因である温室効果ガスの排出を緊急に規制しなければならないとの認識が——本音というより建前上は——高まった。

しかし、こうした前向きの事柄に対し、帳簿上の気が滅入るような借方を対置しなければならなかった。世界の首脳たちが世界の貧困の撲滅と普遍的人権の尊重について神妙に語るのとは裏腹に、目に見えるほどの改善はほとんど、あるいはまったくなかった。サハラ以南のアフリカでは、これまでも悲惨だった貧困が改善するどころか、悪化していた。ソマリアは飢饉と内戦で破壊された国の一つで、ほとんど無政府状態に陥っていた。世界の多くの地域で、厳しい経済利害とともに文化的・宗教的差異が相まって、人権面での真の前進を阻害した。最悪なことに、ヨーロッパ諸国でホロコーストについての認識がかつてなく高まっているときに、もう一つのジェノサイドがルワンダで起き、わずか三カ月で一〇〇万人を超える死者を出しつつあった。あわれな「国際社会」は、虐殺を防止する行動がとれず、それが虚しい語句にすぎないことを再びさらけ出してしまった。

ヨーロッパ人は地球の遠隔地で起きる惨事を毎晩テレビで見ることができた。彼らは目で見る光景に戦慄した。そして、多くの人がユニセフ、赤十字、オックスファム〔飢饉救済委員会《オックスフォード》〕、国境なき医師団といった慈善組織に気前よく献金した。だが、一般的な無力感とともに——ぞっとするような苦難を常に思い出させられることで感覚がマヒし、無関心になっていない場合は——、恐ろしい出来事は遠くのこと、自分たちの生活にはほとんど直接関係ないことという気持ちがあった。ヨーロッパは白らの破滅的な過去を克服し、いまやそうした恐怖を免れているという安堵感が——ユーゴスラヴィアのことは都合よく忘れて——、普通は口に出さないまでも、よくある感情だった。

この自己満足は、まもなく揺るがされることになった。ヨーロッパは相互にますます緊密に関係し合う世界の不可分の一部であり、地球の騒擾地域で日常化しているテロから完全に隔離されることはあり得ず、このテロはヨーロッパ自身の帝国主義の過去に関連している。そのことを、ある一瞬に容赦なく思い知らされることになったのだ。そして、それはヨーロッパではなく、約五〇〇〇キロも離れたニューヨークでの出来事によって――しかも文字どおり青天の霹靂として――であった。二〇〇一年九月一一日の午後早く（ヨーロッパ時間）――まもなく広く「9・11」として知られるようになる日付だ――、周到に計画され、練り上げられた壮観なテロ行動で、ハイジャックされた飛行機二機が数分の間隔をおいて、ニューヨークの世界貿易センタービルに次々に突っ込んだ。乗っ取られた三番目の旅客機はペンタゴン（米国防総省本部）に向けられ、四機目はワシントンD.C.に向かう途中、乗客らがハイジャック犯たちと勇敢にもみ合い、ペンシルヴェニア州の野原に墜落した。ツインタワーが崩壊して瓦礫となるその惨事の光景は、ほとんど想像できない恐怖が展開するのをテレビ生中継で見たおびただしい数の人びとの心に、鮮明に残った。航空機の乗客を含め、約三〇〇〇人がこの蛮行で命を失い、多くの犠牲者が燃え上がる摩天楼から飛び降りて命を落とした。そして、その二倍の数の人びとが負傷した。耐えがたいほど痛ましい最後のメッセージが携帯電話で、愛する者たちへ送られた。まもなく断定されたのだが、犯人たちはイスラム・テロ組織「アルカイダ」のメンバーだった。ヨーロッパとのつながりがあった。この攻撃の背後にいた首謀者オサマ・ビンラディンは、ペルシア湾岸における米国とヨーロッパの多くの国の最重要な同盟国、サウジアラビア出身の、事件にかかわった一五人のテロリストの一人だった。そのうえ、この策謀はドイツの地ハンブルクで練られ、世界貿易センターを攻撃した一機目の航空機を操縦したエジプト生まれのモハメド・アタを含む五人のテロリストは、この地のアルカイダ細胞に加わっていた。ニューヨークに対する壊滅的なテロ攻撃は、一九四一年一二月の真珠湾以来初の米国土に対する外部からの侵略であり、単に巨大な衝撃と悲劇であるだけではなかった。それは、まさに犯人たちが意図していたように、「西」の価値観に対する真っ向からの攻撃であった。ヨーロッパ諸国首脳は直ちに、これらの価値観を防衛すべく米国との連帯を宣言した。大統領ジョージ・ブッシュ（子）は、アルカイダだけでは終わらない「テロとの戦争」を――それを、中東では明らかに否定的な響きをもつ単語「十字軍」とまで呼んで――布告した。これは西洋文明の破壊に乗り出したイスラム・イデオロギーに対し、それを守るための戦いだ、と。トニー・ブレアはほかのどの西側首脳よりさらに踏み込み、米国に英国の無条件の支持の手を差し伸べた。

「9・11」の日付は、一年前の二〇〇〇年一月一日という暦上の日付以上に、新たな世紀の始まりを画した。それ以前は、西側諸国はイスラム原理主義の問題の高まりを、ただ漠然と意識しているだけだった。しかしその後の年月、英国その他のヨーロッパ諸国はこの勃興する勢力との戦いの拡大に巻き込まれることになる。ヨーロッパの兵士がイスラム諸国で、勝ち目のない戦争を戦うことになるのだ。イスラムのテロはまもなくヨーロッパの諸都市を傷つけ、多文化主義的関係に悪影響を及ぼし、懸命に自由と治安の折り合いをつけるという新たなジレンマを自由民主主義に突きつけた。ヨーロッパはこれまでほど、外部世界の諸問題を締め出すことができなくなったのである。

＊　わたしは一九九〇年五月に西ベルリンで、ある会合に出席し、銀行家や実業家が東ドイツの経済問題は五年以内に克服されるとの確信を表明するのを聞いて、驚いたことを覚えている。

第11章

危険にさらされる世界

これらの国家とそのテロの同盟者は悪の枢軸を形成し、武装して世界の平和を脅かしている。

ジョージ・W・ブッシュ大統領が二〇〇二年の年頭教書演説で、北朝鮮、イラン、イラクに言及してもちろん、ヨーロッパがグローバルな影響にさらされるのは、今に始まったことではなかった。中世には極東と交易があった。一六世紀の南北アメリカ大陸征服に続き、金その他の商品が大西洋をまたいで海路運ばれた。オスマントルコがバルカン半島とハンガリー南部を支配下に入れたあと、トルコによる侵略はキリスト教ヨーロッパに対する外来の脅威とみなされ、一五六五年にマルタ島で、そしてつい一六八三年には、ウィーン近郊で撃退された。オランダは一七世紀に、のちにインドネシアとなる地域に交易基地を設ける。一八世紀、英国の東インド会社はインドの植民地化を開始する。一八世紀にはカリブ海でいくつかの戦争が戦われた。一世紀ののち、アフリカとアジア、そのほか世界各地へのヨーロッパの帝国主義的拡張がこれに続いた。そして、電信、電話、蒸気船、鉄道が世界各地との交易の大拡張の促進を後押しするにつれ、しばしばその名で呼ばれる「第一のグローバリゼーション」が、一九世紀半ばから始まる。次いで二〇世紀前半、世界的不況を挟む二度の世界大戦で、もっとも残酷な形の脅威との接触が起きた。一九四五年以後の長い戦後復興の結果、西欧ばかりかついには中欧及び東欧も米国の外交政策の利害と、大西洋の向こう側からの優勢な経済的・文化的影響にさらされた。

とはいえ、二一世紀の初めの年月におけるヨーロッパのグローバルな脅威との接触には、何か新しいものがあった——あると感じられた。おそらくヨーロッパの多くの市井の人びとが、平和時に世界の他の部分が、かつてなく自分たちの日常生活に侵入してくるのをひしひしと感じていた。とりわけ一九九〇年代のインターネットの普及が、世界をより小さく見せていた。新千年紀はきわめて特徴的な形のヨーロッパのグローバルな脅威との接触を招来した。そして、一つの違いに顕著な重要性があった。以前の諸世紀、とくに帝国主義時代には、ヨーロッパは他の大陸に暴力を輸出していた。新千年紀の最初の一〇年、ヨーロッパは暴力が逆襲してくる可能性を初めて感じたのである。

二〇〇一年九月一一日のニューヨークの世界貿易センターへの攻撃は、米国が初めて体験する破滅的なイスラム・テロであっただけでなく、ヨーロッパにとっても一つの区切りを画すものだった。その後の年月における大陸への衝撃は深刻だった。これが今度は、移民と多文化主義——ヨーロッパへ移住してきた他文化の人びとを統合する試み――に対する態度に大きな影響を与え、それが深刻な社会的・政治的問題になったのだ。九〇年代に米国の政治学者サミュエル・ハンチントンが予言したような、西洋的価値観とイスラムの価値観の間の危険な文化的衝突の可能性が大きく迫っているように思われた。

二番目の新しい、あるいは少なくとも大きく変わった形の脅威との接触は、グローバル化経済と日常生活へのその波及効果に起因した。すでに長年進行していた傾向が強まった一面はあるけれども、「第二のグローバリゼーション」は、安定的な発展の単なる継続を超えるものがあった。コンピュータ技術の異常に速い普及がもたらすコミュニケーション革命と、規制を緩和された金融部門の大幅な拡大によって、量的な変化が、その影響の広がりと深さの点で、質的転換をもたらす結果になったのだ。地球全域の接続が容易になったばかりか、即時的になった。変わったのはビジネスだけではない。ヨーロッパは世界のほかの地域と同様、かつてなく相互に結ばれ、相互に依存するようになった。インターネットと携帯電話と電子メールは事実上、社会のあらゆる局面に浸透した。半世紀前なら考えられなかったことが、現実になったのである。

「テロとの戦い」

ニューヨークへのテロ攻撃からわずか一週間余りの二〇〇一年九月二〇日、大統領ジョージ・W・ブッシュは、「世界的な広がりをもつすべてのテロ・グループ」が打倒されるまで終わらない「テロとの戦い」を宣言した。歴史的には、国家が他の国家に対して宣戦布告してきた。そうした場合の戦争の意味は常に明らかだった。一方、抽象概念に対する戦争は明確な定義を欠いている。だが、「テロとの戦い」の修辞上の意味は確かだった。あの残虐行為の直後にあって、それは米国と大方の西洋世界の気分をとらえていた。一種の報復を渇望する気分である。

米国への攻撃はアフガニスタンで計画された。一九八九年にソ連軍による占領が終結して以来、内戦で破壊され、激しい暴力が支配する四分五裂した無法の国である。それに先立つ一〇年間、米国はアフガニスタンの地方軍閥指導者と部族長たち、すなわちムジャヒディン〔イスラム戦士〕に、ソ連軍と戦うための兵器と資金を供給していた。ソ連軍が撤退すると、米国はその地域に対する関心をほとんど失った。だが、パキスタンはそうではなく、ムジャヒディンは、今度はパキスタンの後ろ盾で力をつけ続けた。軍閥指導者たちは自らの領域を支配した。カブールの政府の命令は、軍閥指導者たちが許可しなければ届かなかった。そして、ムジャヒディンは単なる反ソ連ではなかった。反欧米でもあったのだ。これは欧米、直接的には米国へ向けられたテロルの種子が発芽し得る土壌だった。

サウジの超富裕一族の御曹司で、「聖戦」を戦うために一九八八年に緩やかな組織「アルカイダ」を創設したオサマ・ビンラディンは、九六年にスーダンからアフガニスタンに移り、同地に本拠を置いた。失敗に終わった九三年のニューヨークの世界貿易センター爆破計画の首謀者の一人は、アフガニスタンのアルカイダ基地で訓練の一部を受けていた。もともとはパキスタンで結成された戦士の小集団「タリバン」は、イスラムの極端な原理主義的形態を奉じ、まったく不人気な腐敗したアフガニスタン政府に対する戦いで、数々の残虐行為を犯していたが、九六年に首都カブールを占領した。タリバンはパキスタン情報当局に軍事的に支援され、サウジアラビアの豊富な資金源から財政支援を受けていた。まもなく、彼らは国土の三分の二以上に凶悪な支配を広げることに成功した。ビンラディンはアフガニスタンに移ったあと、タリバンの指導者ムハンマド・オマルと勢力を統合し、米国と西欧に宣戦布告した。一九九八年にアフリカで起きた三カ所の米国大使館への攻撃は、彼の仕業であり、米中央情報局(CIA)がクリントン大統領に送った情報によれば、将来、米本国での攻撃を計画中だった。

したがって、ビンラディンと、アルカイダの本拠としてのアフガニスタンはいずれも、二〇〇一年九月一一日よりずっと前に、ワシントンのレーダースクリーン上で明るく輝いていたのだ。あの恐ろしい一撃がいったん加えられるや、米国の武力による報復が迅速に始まるのは明らかだった。米議会は三日のうちに大統領に対し、テロ攻撃を実行した組織とテロを支援してきた国をもろとも破壊するために、必要と考える兵力を使用する権限を与えた。それは、タリバン指導部がビンラディンの米国への引き渡しを拒否すれば、アルカイダの破壊(その過程でビンラディンを捕縛ないし殺害)と、タリバン粉砕を主要目的とするアフガニスタン侵攻がただちに始まることをはっきり意味していた。アフガニスタン攻撃「不朽の自由作戦」は二〇〇一年一〇月七日、米英両軍による爆撃によって幕が切って落とされた。

英軍の参加は当初から確実なことだった。首相のトニー・ブレアは(のちに書いているが)九月一一日の非道行為のニュースを聞くとただちに、マンハッタンのツインタワーに対する攻撃は米国だけでなく、文明世界全体に向けた「アルカイダによる真の意味での宣戦布告」だと考えた。まさにその夜、ブレアはテレビで、英国は「この悲劇の時にあって米国の友人たちと協力し合い、われわれは彼らと同様、この悪が世界から放逐されるまで休むことはしない」と宣言した。

ほかのヨーロッパ指導者はより慎重だった。例えば、ドイツ連邦議会は一一月半ば、約四〇〇〇人の連邦軍兵士のアフガニスタン派遣をわずか一票差で決定した。とはいえ、ニューヨークに対する攻撃のあと、米国の目標と自衛権に対する広範な連帯があった。米国に積極的支援を申し出た多くの国のなかにフランスとイタリア、それにロシアがあった。すべての民主主義国に対する攻撃を「フランスは傍観しない」と、シラク大統領は宣言した。シラクは予言的に付け加えた。「きょう悲惨な攻撃を受けたのはニューヨークだが、あすはパリかベルリン、あるいはロンドンかもしれない」

始めのうち戦争は欧米連合軍に有利に進んだ。国土の約三分の一を支配するアフガニスタンの反タリバン勢力(統一戦線ないしアフガン北部同盟を自称)は、地上戦を展開し、猛爆撃の支援を受けて二〇〇一年一一月にカブールを奪回した。一二月初めまでには、タリバンを最後の牙城である南部カンダハルから追い出していた。カブールを防衛し、英米の庇護の下にハミド・カルザイ率いる臨時政府の樹立を助けるため、一二月下旬、国連の指揮下に国際治安支援部隊(ISAF)が設置された——まもなく二〇カ国以上の支援を受けることになる。

二〇〇一年一二月にもなると、最悪の情勢は去ったかに見えた。実は、それはまさに始まりつつあったのだ。タリバンは退却した。だが、撲滅にはほど遠く、まもなく勢力を再建しはじめていた。そしてオサマ・ビンラディンは多くの側近支持者やアルカイダのテロ・ネットワークの大半とともに、パキスタン西部の山岳地帯にまんまと逃亡していた。だから、欧米諸国軍は初期の目標のいずれも完遂できなかった。タリバンを消滅させたあとの明確な平和維持計画がないまま、欧米諸国軍は不安定で腐敗した政権を支え、広大で極度に暴力に満ちた無法な国の平定に努める任務を背負わされた。二〇一四年に英軍が戦闘任務を終了、米国が一部残留部隊を残して撤収すると発表し、NATO(二〇一三年にアフガニスタンに関与)が撤収してアフガニスタン政府に責任を引き渡すまでに、さらに一三年という長い年月を要し、数万人の犠牲者を出すことになる。うち約四〇〇〇人は連合軍だが、アフガン住民ははるかに多数に上る。そのころには、欧米諸国軍の長期駐留が紛れもない成功だったと偏見なしに主張できる観察者はほとんどいなかった。情勢が、この悲観的な結論の正しさを証明することになる。すなわち、アフガニスタン政府はタリバンの新たな前進を止められないことが分かり、米国政府は先の撤収決定を取り消し、二〇一七年にはさらに数千人の米兵の派遣を発表することになるのである。初めは米国による報復として始まった戦争が、NATOを中心に四三カ国ものグローバル連合軍を戦争に引きずり込んでいた。ヨーロッパ諸国が大きく関与した。二〇一一年の戦争の絶頂期、アフガニスタンに駐留していた一三万人を超える外国軍のうち、約九万人が米国人。残りはほとんどヨーロッパ人だった。最大のヨーロッパ軍約九五〇〇人は英国から派遣されていたが、かなりの規模の部隊がドイツ(約五〇〇〇人）とフランス（約四〇〇〇人）、イタリア（約四〇〇〇人）からも来ていた。ポーランドとルーマニア、トルコ、それにスペインがNATO軍に相当数の兵員を出す一方、そのほか多くのヨーロッパ諸国が小規模の兵員を提供した。

英国が一九世紀に、そしてソ連が一九八〇年代に学んだように、アフガニスタンは占領軍にとって剣呑な領域だった。二一世紀の初めの年月にそれが再び証明されたのである。アフガニスタンにおける戦争の包括的目標が明確に特定されていなかったことが、理由の一部だった。目標は単にアルカイダを殲滅し、タリバンを排除することだったのか？　だとすれば、初期の成功の兆しがいかに誤解を与えたにしても、明らかに目標を外してしまったのだ。あるいは、目標は――ブレアが主張したように、アフガニスタンを存立可能な民主主義国として再建することにほかならないという――はるかに広いものだったのか？　ブレはのちに、「われわれは国造りの事業に従事していた」と語っている。もちろん、二つの目標は相互に関連し合っていた。テロの悪夢を取り除くためには、近代的政府の堅実な基礎が、アフガニスタンの破綻国家に取って代わらなければならないと考えられていた。だが、「9・11」の犯人たちに可及的速やかに報復したいというもっともな欲求にとらわれて、より広い目標に含まれる困難がひどく過小評価されていたのだ。そうした不毛の地に西欧型の民主主義を植えつけるのは、おおむね不可能で、割に合わない仕事だった。それは第一次大戦後のヨーロッパの多くの国で、たいていは失敗していたのだ。アフガニスタンでは、見通しは一段とやっかいだった。最大限楽観的に見ても、それは数年ではなく、数世代にわたる仕事になりそうだった。ところが、タリバンとアルカイダを殲滅するために派遣された軍は、いったん現地に着いてみると、急速に悪化する状況から脱出する容易な手段を持ち合わせなかった。テロが永続化することがたちまち明らかになった――しかも、アフガニスタンだけではなかった。

これはアフガン戦争を始めるうえで二番目の大きな誤算だった。米国とヨーロッパの同盟諸国は、国際テロで直面している脅威の新奇性と性格、大きさ、そして真の危険を過小評価していた。その現象は必ずしも新しいものではなかった。中東にはいたるところにあり、西欧の情報機関には約三〇年にわたって知られていた。それに無論、多くのヨーロッパ諸国は国内テロをよく知っていた。一九六〇年代末以降、アイルランド共和軍（IRA）の暴力は北アイルランドを（そして程度は小さいが英本国も）深刻に苦しめていた。スペインはバスク州の分離派組織「祖国と自由」（ETA）という同様の問題を抱えていた。西ドイツとイタリアはともに一九七〇年代、自国生まれの重大なテロと戦わなければならなかった。だがしかし、こうしたテロの現象はどれも多数の死者と身体障碍者を出したけれども、二一世紀のイスラムのテロは本質的に性格が異なり、無限に大きな脅威を与えた。以前のテロ組織の目標は限られていた。国民国家を標的にしていたのだ。（ＩＲＡやＥＴＡのように）民族独立を獲得しようとしたり、（西ドイツのバーダー＝マインホフやイタリアの赤い旅団のように）特定の国の資本主義を攻撃しようとしたりしたのである。彼らのテロは主として、攻撃対象となる国家や制度の代表者――政治家、兵士、警官、財界首脳――を標的にした。彼らの残虐行為のなかで、多数の無辜の傍観者が殺されたのは確かである。だが、（いつものように）間接的な爆破予告がなかったとしたら、犠牲者数ははるかに大きかっただろう。そのうえ、たいていはテロリスト自身が、いま他者に加えている恐怖から自分の命を守って逃れようとした。

イスラムのテロによって、これがすべて変わった。それは一国の枠内ではなくグローバルに活動する。組織が分散化されており、構成員と標的、武器調達、それにプロパガンダを発信するための現代的マスメディア使用の点で、国際的だ。テロの主導者たちは――これが大きな変化なのだが――自らを黙示録的大儀における殉教者と見なし、テロ行為の実行に際して自殺することをいとわず、それを望みさえする。そしてこの行動原理はまったく制限がない。すなわち、世界じゅうのイスラム革命を通じて西欧的、自由主義的価値観を破壊し、それを原理主義的イスラムの「真の」価値観に置き換えることなのだ。破壊されるべき文化は、米国とその同盟諸国に縮約される。イスラエルも、そしてより広くはユダヤ人も、（古い陰謀観念の一種で）西欧の権力を支持していると見られ、これまた破壊の候補になった。こうした千年王国的な目標を達成するために、イスラムのテロは一般市民の犠牲者が出ることを容認するだけではなかった。無辜の一般市民の死者数を積極的に最大化しようとしたのである。この思想によれば、衝撃が大きければ大きいほどテロの衝撃は大きく感じられ、西欧の権力はそれだけ腐食し、テロの目的は実現にいっそう近づくというのだ。

アフガニスタンでの米国主導の戦争に対し、ヨーロッパでは――たしかに初期段階には――広い理解があった。タリバンとアルカイダを殲滅するという目標は、大いに支持されていた。二〇〇一年以前であれば、多くのヨーロッパ人はアフガニスタンの首都の名前さえ言うのに苦労したかもしれない。だがまもなく、カンダハル、ヘルマンド州、ヒンドゥークシあるいはラシュカルガーといった名前はテレビのニュース速報で広くなじみになった。そうした頻繁な速報はしばしば、戦死した欧米の兵士や自爆テロの巻き添えを食った無辜の犠牲者に関する悲しい報道であり、その報道自体、戦争が延々と長引いていることをはっきり物語っていた。それは敵が倒されるにはほど遠いことを明々白々に示していた。そして、戦争に対する初期の支持は徐々に、しかし止めようもなく消えていった。

　いずれにせよ、アフガニスタンに対する関心はまもなく、「テロとの戦い」の第二弾の陰にかすんでしまった。二〇〇三年三月、再び主に英国の支持を受けた米国主導の軍によるイラク侵攻は、アフガニスタンの場合よりはるかに分裂を生む問題であり、当初から激しい反対に遭い、惨憺たる結果がたちまち明らかになった。

　ヨーロッパの人びとにとって、サダム・フセイン相手の戦争は、アフガニスタンでアルカイダとタリバンを追い立て、殲滅する戦争とはまったく異なる問題だった。ビンラディンの米国攻撃計画とサダムを結びつけるものは何もなかった。したがって、アフガニスタンとは違って、報復する理由はない。仮にも正当性を主張しようとするなら、まったく別の根拠に基づかなければならなかった。その根拠は極めて議論の多いものになる。イラクに対するいかなる攻撃も、ほかの諸々の考慮より、法的正当化に関する重大な問題を提起した。そして、そのより広い影響は予測できない。それは「テロとの戦い」の危険な拡大につながるかもしれない。イラク戦争が提起した問題は、ヨーロッパじゅうの国内で、政府と家庭を分断した。

　サダムが残忍な独裁者で、忠実なバース党と恐怖の治安機構に支えられて圧政を敷いていることは、ほとんどだれも疑わなかった。サダムは自国民にテロを加え、そして一九九〇年八月のクウェート侵略が非常にはっきり示したように、地域全体にとって脅威だった。サダムの体制下では拷問と即決処刑、その他の重大な人権侵害が日常茶飯事だった。彼はイランと、イラク北部のクルド人に対して化学兵器を使ったことがあった。政治的、民族的、宗派的殺戮——スンニー派支配の政府によって、たいていイラクのシーア派住民に加えられた——は、一九八〇年代の対イラン戦争と一九九一年の湾岸戦争の死者を除いても、おそらく二五万人以上に上る。クウェート侵略を受けて国連が一九九〇年にイラクに科し、一〇年間にわたって続いていた大規模な経済制裁も一因だが、残忍な抑圧も手伝って、サダムはかつて裕福だった国の国民を貧困に突き落としていた。それは一つの嫌悪された体制と、一人の憎まれた独裁者によるおぞましい犯罪歴だった。しかし、このことは米国を先頭とする西欧諸国に、サダムを権力の座から排除する権利を与えるのだろうか?

　イラクはすでに一九八〇年代に、米国の政策顧問らによって「ならず者国家」に分類されており、その定義には「大量破壊兵器」製造の意図が含まれていた。多くの著名な「新保守主義者《ネオ・コンサヴァティヴ》」(彼らはこう呼ばれはじめていた）が早くも九八年に、クリントン大統領にサダム打倒の軍事行動を起こすよう促していた。彼らは、国際的な「パックス・アメリカーナ〔米国による平和〕」を押しつけるため、米国の軍事的ヘゲモニーを利用することにイデオロギー的に熱心で、のちにブッシュ政権で重要な地位に就く人びとである。ツインタワーへの攻撃に三カ月先立つ二〇〇一年七月、強力な「ネオコン」であるドナルド・ラムズフェルド率いる国防総省は、すでにイラクへの軍事介入に向けた具体的計画を準備していた。ニューヨークにおけるあの運命的な事件の翌日、ブッシュ政権は問題を検討した。この時点では明らかに、アフガニスタンが優先事項だった。だが、それがまもなく変わることになる。

タリバンが放逐され、アフガニスタンにおける最終勝利が確実に思われてわずか一カ月後の二〇〇二年一月二九日、ブッシュ大統領は連邦議会での演説でイラクを、大量破壊兵器の入手によって世界平和を脅かしている「悪の枢軸」の一環として名指した。その後の数カ月、「テロとのグローバルな戦い」の次の段階として、米国の注意はイラクに向きつつあることが明らかになる。ブッシュの「悪の枢軸」演説は、米国内で圧倒的に支持された。国民世論は「9・11」に強い影響を受けていたのだ。世論は国際テロの根源に対するブッシュの全面攻撃を支持した。行動に対する超党派の支持もあった。共和・民主両党の上院議員はすでに二〇〇一年一二月、超党派で、彼の政策が「体制転換」であることに注意を促し、サダムの排除を求めている。このころには、イラクは明らかに米国の政策課題の中心になっていた。

ヨーロッパ諸国の首脳は――そして市民は――概してためらっていた。イラクでの戦争の可能性の高まりと、その結果起き得る影響を懸念していた。アルカイダの脅威では見方が一致しても、イラクとの間にいかなる現実のつながりも見えないのだ。ブレア英首相はブッシュ大統領を支持する積極性の点で、際立った例外だった。ブレアはブッシュと同様、大量破壊兵器を所有するイラクが与えていると見なす重大かつ国際的な生存の危機を、武力によって緊急に取り除く必要があるとする熱い、感情的な確信に当初から動かされていた。ブレアは、二〇〇二年四月にテキサス州にあるランチハウスにブッシュを訪問するころには、すでに「サダムを取り除くことは世界の、とりわけイラク国民のためになる」との結論に達していた。ブレアは一九九九年にコソヴォ住民を守るために欧米が介入した効果を見ていたし、翌年には英軍に（かつての英植民地）シエラレオネ内戦への介入――これもまたうまくいった――を命じていた。もっとも最近では、アフガニスタンでタリバンが追い払われる（当時は永久に、と思われた）のを見ていた。そこでブレアは、イラクの「体制転換」という目標を、ほとんど伝道師のような熱意で承認した。しかしながら、英国の米国支持は、彼が認めていたように、それがいかに歓迎すべきことではあっても、圧政者としてのサダムの打倒を論拠とするわけにはいかなかった。国際法上、それでは十分ではない。また、戦争に対する英国民の支持を取りつけるには十分ではなかった。決定的な問題は、大量破壊兵器の所有である、とブレアは力説した。

サダムは国連が一九九一年、第一次湾岸戦争後に強制廃棄させた生物・化学兵器の備蓄を再建しつつある。米英両国の情報機関はそう信じていた。国連安保理決議1441号違反を理由とした武力攻撃の脅威にさらされ、サダムは二〇〇二年一二月、嫌々ながらスウェーデン外交官ハンス・ブリクス率いる国連兵器査察チームのイラク入りを認めた。同チームが二〇〇三年三月七日に行った報告は、何も見つからなかったということであった。ところが、このころには査察結果は二の次になっていた。米政権はすでに腹を固めていた。大統領は二カ月前、ラムズフェルドと国務長官コリン・パウエルに、自分はサダムとの戦争を決意していると告げていたのだ。ブレアもとっくに腹を固めていた。前年の七月、ブレアはブッシュに私的な極秘の覚書を送っている。「何があろうと、わたしはあなたとともにあるでしょう」。そう大統領に請け合っていた。

すでに原則として開戦の決定が下されたあとは、何もなかったという兵器査察チームの調査結果をしり目に、サダムの大量破壊兵器が間違いなく欧米に脅威を与えていると米英両国民を説得するばかりだった。国民の懐疑心が高まるなか、ブッシュ政権と英国政府はともに、その実、きわめて欠陥の多い主張を公然と推し進めるために、情報機関からの不完全で、根拠を欠いた憶測にもとづく報告にしがみつき、兵器は最後には見つかると主張し続けた。国務長官パウェルは二〇〇三年二月五日の国連安保理の外相級会合で、「サダム・フセインが生物兵器と、それを迅速に増産する能力を有していることは疑いを容れない」と述べた。ブレアは二〇〇二年、英国民に対し、イラクにおける目的は武装解除であって体制転換ではない、と力説し続けていた。しかし二〇〇二年九月と二〇〇三年二月、英国政府は国民にイラクへの軍事介入を覚悟させるための資料を公開。資料はサダムが大量破壊兵器を所有し、核能力を建造しつつあり、まもなくロンドンを四十五分以内に攻撃する能力を手にするだろうと主張していた。憂慮すべき——しかし結局は間違った——シナリオだった。

それでも、政治指導者らの言明は効果があった。二〇〇二年一一月、議会はブッシュ大統領が米国の安全を守るために適当と考える対イラク行動を取る自由裁量権を彼に与えた。支持を保留したのは上下両院議員のわずか三分の一(ほとんど民主党議員)だった。軍事行動に反対する国民の割合は、さらに小さかった――二〇〇三年二月の各種世論調査によれば、わずかに四分の一強である。大多数は、国連による権限付与が望ましいとしながらも、対イラク行動は正当と考えていた。国民が大統領と国務長官の言明に納得していることは明らかだった。イラクが「9・11」の背後にいるという考え方を、大方の国民が本当に真に受けていたことを、世論調査は示していた。

英国下院は二〇〇三年三月一八日、米議会以上の多数でイラク侵攻を支持した（四一二票対一四九票）。反対したのは労働党議員のわずか四分の一と、二人の保守党議員だけだった。国民世論の支持は米国より少なかった。すなわち、五四パーセントの支持に対し、反対は三八パーセント。そして世論の支持はもろく、急速に低下しようとする兆候があった。しかしながら、米国の場合と同様、英国民（と議会）は間違った商品証明書にもとづいて、戦争支持論を売りつけられたのである。のちによく主張されたように、ブッシュとブレアが戦争の必要を説くうえで公然とウソをついたわけではなかったのは、ほぼたしかだ。だが二人とも、政治的スペクトルの両極（共和党大統領と労働党首相）から、国民を誤導した。彼らは――ブリクスの検証チームの調査結果がどうであれ――サダムが本当に大量破壊兵器を所有しているという、突き詰めれば自己の揺るぎない確信が根拠でしかない主張を組み立てるために、検証されていない欠陥のある情報を、それと知って使ったのである。二人ともイラクの「体制転換」を決意していたのだが、彼らは――ブレアはブッシュ以上に――サダムが世界に与えている差し迫った脅威を除去することが必要だという理由の裏に、この動機を隠した。そして両者とも――こちらはブッシュがブレア以上に――必要なら、国連の承認なしに行動する用意があったのである。

前の月には英国とヨーロッパ各地で、イラクでの戦争に反対する大掛かりなデモがあった。英国史上最大の抗議集会の一つである約一〇〇万人が、二〇〇三年二月一五日、ロンドンで示威行動を起こした。巨大な反戦デモはドイツ、フランス、ギリシア、ハンガリー、アイルランド、ベネルクス諸国、ポルトガル、その他のヨーロッパ諸国でも行われ、最大規模のものはイタリア（約三〇〇万人）とスペイン（約一五〇万人）だった。世界じゅうで推定一〇〇〇万人以上がデモに参加した。

対イラク戦争の予想は、鉄のカーテン崩壊以後のどの時期よりも、ヨーロッパを分断した。米国との「特別な関係」という英国の観念が、アフガニスタンの場合と同じように、本能的かつ無批判にブレアをブッシュ大統領と「肩を並べて」立つ気にさせる一方、シラク大統領のフランスは正反対の見解をとった。確かに、フランスはドゴール時代から外交政策に強烈な反米色を組み込んできていた。だが、イラクでの戦争に対するシラクの立場は、フランスの伝統的な反米主義とはほとんど、あるいはまったく無関係だった。確かな根拠にもとづいた彼の反対論は、イラクで戦争をすればイスラム教徒の反欧米感情を刺激するというものだった。シラクは二〇〇三年一月、フランスはいかなる軍事行動にも参加しないと明言した。社会民主党・緑の党によるドイツ連立政府の首相シュレーダーも、断固として戦争に反対だった。ドイツは、実はフランスよりさらに進み、国連の権限付与があってもドイツの参加はないと宣言した。ベルギーとルクセンブルクはフランスとドイツの路線を支持した。しかし、ヨーロッパ連合（EU）自体は割れていた。オランダ、イタリア、スペイン、ポルトガル、デンマーク、それにかつて鉄のカーテンの向こう側にあり、その後NATOに加わり、いまではEU加盟の準備を進めている国々は戦争を支持した。亀裂が走ったのはEUだけではなかった。それは一九四九年の創設以来、NATOのもっとも重大な危機だった。NATO加盟国のうち、連合に加わる国と加わらない国があった。NATO軍は（隣接するイラクからの脅威を感じている）トルコへの防衛支援を提供したけれども、NATO自体は計画された侵攻に参加しなかった。

米国が軍事介入を支持する用意のある国々を名づけた「有志連合」は、一九九一年の第一次湾岸戦争ほどの国際的支持を（とくに中東では）受けなかった。湾岸戦争は一般に、イラクの明らかな他国侵略を阻止するための正当な介入と見られていた。実際にイラク侵攻が始まると、米軍と並んで戦闘部隊を派遣したのは英国と、ポーランド及びオーストラリア（小規模部隊）だけだった。

米国のネオコン右派はヨーロッパの深い分裂に対し、米国内で反ヨーロッパ感情をかき立てた。国防長官ラムズフェルドはフランスとドイツを「古いヨーロッパ」の代表として公然と非難し、これと対照的に、米英側に立って「新しいヨーロッパ」を構成する中欧及び東欧のヨーロッパ諸国を賞賛した。フランスがとくに非難の的になった。二〇〇二年のある記事は、すでにフランスを（一九四〇年の対独降伏を念頭に）「チーズ食らいの負け犬」〔俗に侮蔑的にフランス人を指す表現〕として、けなしていた。米国議会のカフェテリアでは「フレンチ・フライ」〔ポテトフライ〕が「フリーダム・フライ」と名を変えた（もっとも、大方の米国人は、本当はその意思表示はばかげていると考え、フランス大使館は、フレンチ・フライは実はベルギーが発祥だと指摘したのだが）。このばかげた事柄の背景には、戦争に対するヨーロッパと米国の見方の相違についての、一定の重大な省察があった。「今日の主要な戦略的、国際的諸問題では、米国人は火星〔戦争の象徴〕から、ヨーロッパ人は金星〔愛の象徴〕からやってきている。すなわち、彼らは合意することがほとんどなく、互いをますます理解しなくなっているのだ」。これは、二〇〇三年に刊行された影響力のある著書『ネオコンの論理』（邦訳、光文社）の著者、ロバート・ケーガンの見解だった。「米国の指導者は」とケーガンは不吉に結論した。「ヨーロッパはたいして米国を抑える能力がない……ことに気づくべきである」と。

二〇〇二年一一月の国連安保理決議1441号はサダム・フセインに、兵器査察の要求に応じる「最後の機会」を与えていた。だが、暗に含まれた脅しは、応じなかったら軍事行動を招くと、明確には述べていなかった。サダムが完全順守を回避しようとしているのかどうかも定かではなかった。ブリクス自身は、二月ごろには協力が進んでいることを示唆しつつあったとはいえ、判断がつきかねていた。サダムは自分が有利になることをほとんどしなかった。軍事行動を抑止するためのこけおどしとして、そうした兵器を保有しているとの告発をきっぱりとは否定しなかったのだ。これは思惑に反した致命的な誤りだった。ブリクスは、大量破壊兵器は見つからなかったと報告している。しかし、まだどこかに隠されているのではないのか？

二〇〇三年三月には、フランスとロシアは、イラクでの軍事行動を承認するための国連安保理によるいかなる追加決議にも拒否権を行使することが明らかだった。しかし、新たな決議が絶対に必要なのか？　米国はこの段階になると、明らかに国連にいらついており、決議のあるなしにかかわらず、すでに行動する決意だった。ロンドンでは、法務長官ゴールドスミス卿がきわめて怪しい法的勧告を政府に与えており、それは、行動は決議1441の対象に含まれるというものだった（もっとも、彼は当初、正反対の見解をとっていたのだが）。これをもって、英国政府は――辞任した前外相ロビン・クックを除いて――同じ船に乗った。戦争は国連による権限付与なしに始まることになる。その戦争は結果として、国際的適法性を欠いた。米国は国際法を顧みることなく、いつ、いかに戦争を遂行するかを、事実上単独で決めたのである。

イラク侵攻は二〇〇三年三月二〇日に始まった。サダムの軍は明らかに（米軍主導の）侵攻軍の敵ではなく、軍事行動は三週間以内に勝利を収めた。バグダッドは四月一二日までに占領され、戦闘は止んだ。連合軍の死傷者はごく少なかった。市中心部でサダム像が群衆によって引き倒される映像が、テレビで世界を駆けめぐった。サダム本人は逃亡したが、捕縛は時間の問題と考えられた。（実際、二〇〇三年一二月に出身地ティクリート近郊で発見され、のちに人道に対する罪でイラク軍事法廷によって裁かれ、死刑判決を受け、二〇〇六年一二月三〇日に絞首刑になる）。戦争が終わり、独裁体制が終焉し、安堵と自己満足の両方の感情があった。五月一日、米空母エイブラハム・リンカーン上のとてつもない自信過剰の光景のなかで、ブッシュ大統領は飛行服を身に着け、「使命完遂」と書かれた垂れ幕の下で水兵に（そして世界のテレビ視聴者に）向かって演説した。実は、イラクにおける長年月の混沌と恐ろしい流血への転落が、まさに始まっているところだったのである。

ブッシュ大統領は侵攻の前、民主的イラクの建設を語っていた。だが、イラクは一九四五年のドイツではなかった。占領軍は自分たちが向き合っている諸問題や、イラクの文化と政治の機微にほとんど気づかなかった。米外交官ポール・ブレマーを代表とする占領下イラクの統治はまったくの無能を露呈し、バース党とイラク軍を解体したことはとてつもなく有害な愚策だった。米国が据えつけたシーア派が支配する政府は、少数スンニー派――以前の支配エリートから二級市民に落とされた人びと――に対する露骨な差別によって、増加する宗派間対立をかえって激化させた。もっとひどいのは、捕縛した米軍側がアブグレイブ刑務所でイラク人囚人に加えた拷問と侮辱的な扱いであり、これは二〇〇四年に世界のテレビ視聴者の前に暴露された。二〇〇二年に設置されたキューバのグアンタナモ勾留キャンプに、テロの疑いで裁判なしに抑留されている主にアフガニスタン出身の囚人数百人の扱いのために、米国の評判はすでにけがされていた。評判はいまやどん底まで落ちた。アブグレイブは、米国――そしてその他の西欧世界――が体現していると主張する人道と正義を愚弄するものだった。サダム・フセインの暴政を終わらせることについて、米国と英国に当初どのような善意があったとしても、政治的無秩序と制御できない暴力が日常生活の特徴になるにつれて、その善意はイラク占領軍に対して高まる広範な憎悪に取って代わられた。サダムは残忍だった。だが、サダム後の秩序についての一貫した基本構想をまったく欠く、準備不足で手際の悪い占領のおかげで、サダム亡き後の状況は多くの人びとから見て、一段と悪かった。その破滅的な影響は、イラクそのものをはるかに越えて波及したのである。

イラク侵攻と占領軍によるイラクの扱い、そしてサダム・フセイン独裁に代わって生じた権力の空白は、国際イスラム聖戦テロへの贈り物だった。すでに一九九〇年代後半に増加していた世界のテロ事件は、イラク戦争のあと、爆発的に増えた。一九九六年の約五〇〇件が二〇〇三年には一八〇〇件に。二〇〇六年にもなると、五〇〇〇件に増えた。断然影響を受けた地域は膝元の中東だ。二〇〇四年には、イラクだけで二万六五〇〇件のテロ攻撃があったと推定されている。イラク侵攻のあと、占領に抵抗したり国内の内紛で死んだりしたイラク人の数は、これまでに五〇万人に上ると見積もられている。欧米世界の被害は比較的小さかった。一九九八～二〇〇六年の間、英国におけるイスラム聖戦テロの標的数は、世界全体の四パーセントと推定されている。スペインは二パーセント、トルコは四パーセント、ロシアは一一パーセント（主としてカフカス地方、とくにチェチェンの紛争関連）、そして米国が二パーセントである。とはいえ、アフガニスタンとイラクでの戦争後、ヨーロッパが国際テロに一段とさらされるのは避けようがなかった。

英国は、米国のもっとも重要な同盟国として（また、かつての帝国主義大国として）、とりわけ脅威にさらされた。英国とパキスタンの緊密な関係は、イスラム聖戦思想と、パキスタン出身人口の中からのテロ活動へのメンバー募集が、相乗効果を生む好機となった。だが、イスラム聖戦ネットワークは、多くがアルカイダとつながっていたり、アルカイダに刺激をうけたりしており、ドイツ、フランス、イタリア、スペイン、オランダ、ベルギー、ポーランド、ブルガリア、チェコなど、他のヨーロッパ諸国でも情報機関によって存在が暴かれた。インターネットの普及が、ヨーロッパの内外でイスラム聖戦思想による洗脳を大いに促進した。テロ活動を支持するウェブサイトの数は、一九九八年の一二サイトから、二〇〇五年までに四七〇〇サイトに増えた。

テロ攻撃の可能性に関する治安機関による収集情報が、テロリストの残虐行為に対する主たる防護になった。だが、常に有効だったわけではない。二〇〇四年三月一一日の朝、マドリードで通勤列車に仕掛けられた爆弾で一九二人が死亡、約二〇〇〇人が負傷した。ビンラディンはヨーロッパの米国同盟諸国に報復の脅しをかけていた。ホセ・マリア・アスナール率いる国民党政府は、大方の国民の間ではイラク戦争への不支持がきわめて大きかったのに、戦争を支持した。マドリードのテロ行為には直接的な政治的動機があった。爆弾事件の三日後に実施された総選挙で、アスナールは代償を払った。世論調査によれば、多くの有権者が爆弾事件のあと、戦争に反対してきた社会労働党に支持を替えた。新首相のホセ・ルイス・ロドリゲス・サパテロは選挙に勝利すると、ただちにイラクからスペイン軍を引き揚げた。

一年後、テロがロンドンを襲う。二〇〇五年七月七日、ロンドンの地下鉄で三個、市中心部のバスで一個の爆弾がイスラム・テロリストによって破裂させられ、五二人が死亡、七〇〇人が負傷した。自爆テロ犯は全員、治安当局がマークしていなかった英国市民だった。彼らはイスラムの兵士として、また、アフガニスタンとイラクその他で英国がイスラム教徒を弾圧していることに対する報復として、行動していると主張していた。英国は中東関連の重大なテロ攻撃を過去に一度、経験したことがあった。一九八八年一二月、米国の旅客機がロンドンからニューヨークへ向かう途中、仕掛けられたリビアの爆弾がスコットランドのロッカビー上空で爆発し、乗員乗客二五九人全員（それに落下した機体の破片が当たった一一人）が死亡した事件だ。一九八〇年代の米国によるリビア空爆への報復が、明らかな動機だった。しかし、ロッカビーとは対照的に、二〇〇五年七月の爆弾事件は首都のど真ん中で起き、米国ではなく英国が直接標的にされた。イスラム諸国での戦争は確実に、ヨーロッパにはね返ったのである。

続く年月は、イスラム・テロの脅威を受けないヨーロッパの国はない事実を見せつけることになる。フランスとドイツも、イラク戦争に反対したにもかかわらず、これを免れなかった。イスラム原理主義はもっとも効果的なところを――最大限の犠牲者を出し、なるたけ宣伝効果の上がるたやすい標的を――攻撃するのが常だった。敵は限定されなかった。つまりは、西欧文明総体を攻撃することになったのである。

イスラム教徒の帰属意識の拠り所としてのイスラム教の復興は、一九七〇年代にさかのぼるのだが、アフガニスタン、そしてとくにイラクでの戦争は、イスラム教を大いに勢いづけた。イラクへの致命的な介入と、占領初期の局面での処理の完全な誤りは、その後の年月に欧米を悩ますことになる多数のテロ組織の成長に養分を与えてしまった。もっとも破壊的な組織のいくつかは、イラク戦争後に計り知れないほど広がった宗派間の断層線に沿って生まれた。スンニー派とシーア派の間で深まった亀裂が、いまやイスラム・テロ問題の深刻化に大きく与った。それは中東の複雑な地政的要因に影響し、中東はイランがシーア派を、サウジアラビアがスンニー派を支援することで、一段と不安定化した。イランがロシアと密接に結びつく一方、サラフィー主義の原理主義的イスラム教が優勢なサウジアラビアは米英、その他ヨーロッパ諸国の主要な同盟国であることから、ヨーロッパが引き続く中東のトラウマに極度にさらされ続けることは間違いなかった。

グローバル化の両面性

共産主義の終焉はグローバル化経済を大いに促進した。一九九〇年代初めには（前章で見たとおり）、旧東側ブロック諸国はその影響下で苦しんだ。だが、九〇年代後半には西欧と同じように、世界的な経済成長から恩恵を受けはじめた。九〇年代半ばから、二〇〇八年に経済成長が突然終わるまでの間、ヨーロッパは東西ともに好調な経済の恩恵に浴した。少なくとも、ほとんどの国がそうであった。グローバリゼーションは、以前の世代にはほとんど想像できなかったような物質的利益をもたらした。経済に新たな力強さがあった。商品が国境を越えて流れることで、世界貿易はかつてないほど好調だった。二一世紀の最初の一〇年が終わるころには、貿易量はベルリンの壁の崩壊時の六倍になっていた。世界経済にヨーロッパが占める割合は、実は一九二〇年代以降、長期的に低下していた。つまり、ヨーロッパ経済の規模は拡大したのだが、世界の他の地域の成長の方が速かったのだ。一九八〇年には、ヨーロッパはまだ世界貿易の三分の一を占めていたが、三〇年後のそれはわずか二〇パーセントだ。とはいえ、ヨーロッパにおける大規模通商圏の創出は非常に重要だった。ヨーロッパ統合への歩みがなければ、比率の相対的な低下がもっと大きかったことはほぼ確かである。というのは、拡大したヨーロッパ連合（EU）は世紀の転換期までに、輸出入の量において、米国と中国を抜く世界最大の通商圏になっていたのである。

商品の生産と流通は近年、前例のないスケールで国際化している。巨大多国籍企業が（さらに、ますますテクノロジー大企業が）最大の受益者だった。自動車生産のパーツは一カ国以上で組み立てられ、さらに別の国で完成品にされる流れが強まった。世界最大の自動車生産国の一つである日本は、ヨーロッパ数カ国に巨大なパーツ生産工場をもっている。トヨタ、ホンダ、ニッサンはヨーロッパの道路ではもっとも普及している部類の車だ。消費者はグローバリゼーションを当然のことと受け止めている。世界中から驚くほどの廉価で、豊富な製品を買えるのだ。消費者支出は膨れ上がった。エレクトロニクス製品、子どものおもちゃ、衣服、そのほか大量の商品が、前例のない経済成長を経験している東アジアの国々――韓国、シンガポール、台湾といった「タイガー・エコノミー」〔これに香港を加えて「四頭のトラ」〕――、そしてとりわけ、その経済が米国の次につけつつあった中国から流入した。ヨーロッパは、もう一つの急成長経済であるインドのコンピュータ・ソフトウェアの商品・専門技術にも、拡大する市場を提供した。ヨーロッパのスーパーマーケットの棚は、世界のあらゆる地域から来る目もくらむような種類の食料品で膨れ上がった。かつては決まった季節にしか手に入らなかった果物や野菜が、遠方の温暖な国々から輸入された。ありとあらゆる地中海料理や中東料理、数えきれないほどの種類のパスタ、東洋の香辛料、その他の食料品が、事実上すべての個人の嗜好に応えた。ワインはヨーロッパ各地からだけでなく、オーストラリア、ニュージーランド、カリフォルニア、アルゼンチン、チリからも入ってきて、一世代前なら想像もできなかったような安い価格で買えるようになった。

ヨーロッパ諸国では製造業が長期的低下を続ける一方、サービス業が主要な経済部門として、ほとんどあらゆるところで製造業に取って代わった。二〇世紀の終わりごろには、大方のヨーロッパ諸国で、サービス業が三分の二〜四分の三を占めた。農場や大工場で働く人はいまや少数派だ。大方の従業員は製品の生産現場ではなく、経営、管理、あるいは生産契約に従事していた。物流管理《ロジスティクス》

——世界じゅうの商品の流れの管理——が、産業及び商業の急成長部門に変わった。多国籍企業の数は一九九〇〜二〇〇八年の間に二倍以上に増えた。子会社の数はさらに急速に増えた。「アウトソーシング」——経営であれ製品の生産、あるいは流通であれ、ビジネスの一部を外注に回すこと——は、グローバル化経済の主要な要素になった。政府は歳出削減のため、公共サービス部門を私企業にアウトソーシングする。だが、アウトソーシングはおおむね私企業が行った。低税率の国へ再配置することで、税負担を最小化することができる。労働コストの安い海外の諸国へ生産を移す一方、ヨーロッパの本社は維持することで、収益を押し上げることができる——これは数十年にわたって強まってきた手法だった。例えば、オランダ多国籍企業の労働力の四分の三は、すでに一九七〇年代に外国で雇用されていた。アウトソーシングはたいてい、生産及び流通チェーンの一部を自営業者に渡し、これによって企業が労働法下の面倒で金のかかる義務を回避できるようにすることを意味した。もっとも、これはしばしば、煩わしい労働慣行を小事業自営業者に肩代わりさせることを意味したのだが。

コミュニケーションとトランスナショナルな関係は、二一世紀の最初の一〇年で完全に変容していた。インターネットの急速な普及は、とくにワールド・ワイド・ウェブ（w. w. w）（一九八九年にティム・バーナーズ＝リーによって考案され、二年後に一般に利用できるようになった）の登場後、息をのむような速度と、以前は想像できなかったような方法でのコミュニケーションの可能性と、知識と情報の利用可能性を変える一種の革命を先導した。コンピュータのキーを打つだけで海外から商品を注文し、驚くべき速さで玄関口まで届けてもらえるようになった。人びとは世界じゅうと数秒のうちに互いにeメールで連絡がとれる（この過程で、郵便サービスを劇的に減らした）。金融取引と資本の移転も、同じように迅速に済ませられるようになった。ヨーロッパからの対外直接投資総額は第二次大戦以来、初めて米国のそれを抜いた。ヨーロッパ自体への投資は、二〇世紀の終わりには米国へのそれのほぼ二倍になっていた。二〇〇二年にユーロが導入されると、ヨーロッパでの為替取引は非常に簡単になった。ビジネスが恩恵を受けた。外国旅行者もそうである。

旅行者はビジネスであろうとレジャーであろうと、遠方の目的地へのアクセスを可能にする非常に安い空の旅を利用できるようになった。空港の保安チェックが要塞のように厳重になった「9・11」後でさえ、外国旅行への渇望（そしてその容易さ）は、ほとんど影響を受けなかった。国際観光はビッグビジネスだ。人びとはかつてなく大陸から大陸へと移動した。国際会議やビジネス会合への旅が増えた。学生たちはEUのエラスムス計画の下で、母国以外の国で学び、ある大学から別の大学へと国境を越えて取得単位を移すことができる。ヨーロッパ市民権の下で、仕事や家庭をある国から別の国へ移すことも容易になった。数百万のヨーロッパ人が、いまや経済上の必要からだけでなく、自由意思で生国以外の国に住んでいるのだ。文化的には、大陸各地のヨーロッパ人は、かつて彼らを隔てていた差異の――たしかにすべてではないけれども――多くを失っていた。音楽(ポピュラーでもクラシックでも)、映画、演劇、それに絵画では、嗜好は国境を越えてとても似通うようになった。東欧と西欧の人びとは、いまや身に着けている服装では見分けがつかない。国際的ニュース放送局は、かなりの割合で非常に似通った話を(むろん、国あるいは地方的な偏りはあるが)流す。

こうしたことや、その他多くの点で、グローバリゼーションは人びとの生活を急速に変えつつ――そして改善しつつ――あった。それはあらゆる点で、大きな恩恵であり、ほんの半世紀前には少数の比較的豊かな社会層だけの特権でしかなかった物質的豊かさを、一般市民にまで広げてくれた。グローバリゼーションの流れ、それ自体は新しくはないのだが、主としてコミュニケーション革命のおかげで、大きく促進された。にもかかわらず、巨大な恩恵は非常に大きな代償を伴った。グローバリゼーションは明らかに二律背反的――良い面と否定的な面の両面性のある現象――であった。良いとこ取りは不可能だった。

グローバリゼーションは多くの勝者と同時に、敗者を生んだ。その影響の際立った特徴の一つは、急速に拡大する所得と富の不均衡である。不平等は戦後の二〇年で縮小していたが、二〇世紀が終わりに近づくにつれて加速した流れのなかで、再び拡大しはじめた。人口の上位一〇分の一、さらに極端には上位一パーセントの所得が、ほとんどの国で底辺の一〇分の一の所得より目立って速く上昇した。高学歴で高度な技術を身につけた経営・管理階層が、不均衡に大きな利益を得た――階層が上がるほどその不均衡は大きい。大企業や金融機関の経営トップが手にするしばしば破格の給与・ボーナス・持ち株と、そうした企業の大多数の従業員の所得の間には、はなはだしく広がる格差がある。金融市場を悪用することに非常に長けた人びとは、天文学的所得を稼ぐもっとも有利な立場にあった。

そして、このスペクトルの対極には新たなプロレタリアートがいて、不安定な雇用で稼ぎは貧しく、たいていは標準以下の住居に暮らし、稼ぎには余剰がほとんど、あるいはまったくなく、当然ながら高い比率で負債を抱えやすいのだ。女性はパートタイムないし不安定な雇用で得られるわずかな収入と家事の両立を強いられていて、とくに不利な立場にある。非熟練の人びと、教育水準の低い人びと、必要とされる読み書き・計算能力を欠く人びともそうである。とくに不利な立場にあるのは移民ないし季節労働者で、彼らは低賃金で不安定かつ魅力のない仕事と貧しい居住条件を受け入れることを強いられる一方、あからさまな、あるいは隠然たる差別と闘わなければならないのだ。グローバリゼーションが、膨らむ需要に応える移民の一時的労働力を供給するにしたがい、心ない雇い主は労働コストを引き下げることができるようになった。これが今度は労働組合と、それが代表している労働者を疎外する。彼らは移民労働力が自分たちの賃金を引き下げていると感じているのだ。

グローバリゼーションは大企業に極端に有利に働く一方、中小企業はおおむね苦しんだ。例えば、大型スーパーマーケットは大量のまとめ買いで食品市場をコントロールできる。零細の食料品店は太刀打ちできず、大量に倒産した。大規模事業展開に有利に働いたもう一つの分野が、書籍販売だ。中小の書店は大型書店の所蔵書籍、マーケティング力、割引力に対抗できず、しばしば廃業に追い込まれた。いくつかの大企業でさえ、アマゾンとの競争では大きな問題に直面した。アマゾンは一九九四年に米国でオンライン書店として出発し、のちにコンピュータ技術を駆使して書籍の入手と配達速度に大変革をもたらし（そして数年のうちに広範な商品にまで手を広げて）、ヨーロッパじゅうに進出したのであった。

金融の規制緩和は、資本投資に対する最高の収益を生む地域への、資本の移転を促した。「ホットマネー」はほとんど、あるいはまったく制約を受けずに、瞬時に国境を越えて流れるようになった。金融市場はグローバルで、国民国家の政府が課す規制にもはや縛られない。金融市場での投機は、たちまち莫大な富をもたらし得る――あるいは、インターネット分野の急成長に目をつけて設立された諸々の新企業への巨額の射幸的投資の結果起きた、二〇〇一年の「ドットコム・バブル」の崩壊後のように、破滅的な損失をもたらし得る。新たに手にした富を蓄積したり、相続したりした人びとは、それを税率のきわめて低い居住国以外の銀行に安全に、こっそり預けることによって、殖やすことができる。ルクセンブルクとスイス、チャンネル諸島、それにマン島がヨーロッパ内でそうした税逃れを提供していた。

だから、一九九〇年代半ば～二〇〇八年の好況の年月に、所得だけでなく富の不均衡が急激に拡大したのは驚きではなかった。不動産所有者は、不動産価格が急騰するにつれ、労せずして富が増えた。多くの人が、所得は比較的中程度だが資産価値が急上昇した家を所有する中産階級に属していた。ヨーロッパのいくつかの主要都市――ロンドンが最たる例――では、裕福な外国の投資家が、非常に価値のある多くの不動産を買った。しかし、大半の一般市民は高くて手が出せなかった。とりわけ若い人びとはたいてい、富を相続しない限り、ごく並みの家族用住宅を購入する収入を得る望みさえなかった。恨みがふつふつと湧き上がったのは驚くまでもない。

スカンジナヴィア諸国では、所得と富のひどい不平等はそれほど深刻ではなかった。これらの国は低税率・規制緩和経済という米国型の新自由主義モデルを目標としてきた英国に比べ、伝統的に高税率とより平等な社会的分配を選んできている。フランス、ドイツ、イタリア、それにベネルクス諸国をはじめとする西欧諸国は、スカンジナヴィアの道を踏襲してはいなかったが、それでも第二次大戦以来、社会福祉政策を通して市場の影響を緩和する強力な政治的伝統を発展させていた。これらの国は拡大する所得の不平等を、程度の差はあれ、緩和するよう気を配ってもいた。所得の不平等は旧東側ブロック諸国、そして南欧の多くの国でも、はるかに目立った。一九九〇年代末と二〇〇〇年代初めの「良い歳月」には、拡大する不平等は、仮に認識されても、おおむね無視されるか、単にグローバリゼーションがもたらすより大きな恩恵に対する代償と見なされた。ところが、「良い歳月」が尽きてしまうと、社会不安と現行のシステムに対する政治的異議申し立てが起き得るのは明らかだった。

経済成長と所得の伸びは、言うまでもなく重要ではあるけれども、それは人びとが自分の「生活の質」をどう評価するかとは、必ずしも一致しない。さまざまな統計指標が、明らかに複雑かつ非常に主観的な概念をなんとか相対的に表示しようと努めた。評価の尺度には、経済的裕福度、政治的自由、雇用レベル、それに家族とコミュニティの安定性が含まれていた。「生活の質」を定量化する試みにどんな留保が付くにせよ、もっとも精緻な評価の一つ、ロンドンの雑誌『エコノミスト』が二〇〇五年に行った評価で得られた結果は、世界ランキングにおけるヨーロッパの位置を示していた。チャートのトップはアイルランドで、近年の生活水準の変化と経済の急成長が決め手になったことは疑いなかった。西欧諸国は概して好成績だった。世界じゅうの調査対象国の上位一〇カ国のうち、九カ国が西欧にあった。もっとも、フランスとドイツ、それに英国はいささか後塵を拝していた――これはおそらく、大きくて複雑で変化にとんだ経済においては、「生活の質」を創造し、維持することがそれほど容易ではないことを示しているのかもしれない。中欧及び東欧のほとんどの国は西欧よりはるかに下位で、ブルガリア、ルーマニア、セルビア、ボスニアなどはさらに下に位置した。一方、ウクライナとベラルーシ、モルドヴァ、それにロシアはシリアよりランクが低く、ナイジェリア、タンザニア、ハイチ、ジンバブエといった、リストの最下位諸国をそれほど引き離してはいなかった。

ヨーロッパには、国だけでなく地域による富の不均衡が常に存在した（アフリカや南米といった世界の他地域とヨーロッパの違いはいうまでもない）。その不均衡がグローバリゼーションから受ける影響はさまざまだった。グローバリゼーションが前向きな影響を与えそうな前提条件は、政治的安定性と現存するインフラ、教育制度の質、それに柔軟な社会的価値観にあった。西欧はおおむねそうした前提条件を備えていた。以前は遅れをとっていたいくつかの地中海諸国は、いまや、追いつくための大きな歩を踏み出した。スペインとポルトガルは西欧の主要部より高い成長率を示し、かつては非常に遅れていたアイルランドが、西欧の「タイガー・エコノミー」に変貌した。フィンランドも然り、一九九〇年代初期に厳しい不況を経験したあと力強く回復し、とくに九五年のEU加盟後は力強い経済成長を経験。とりわけ急速に拡大する携帯電話需要に乗じて、エレクトロニクス製品の主要輸出国に発展したのである。

　だが、比較的繁栄した西欧であっても、グローバリゼーションによる敗者もいた。EUのヨーロッパ地域開発基金の下で供与される多額の金融支援は、最悪の地域的不均衡を幾分か緩和する役に立った。しかしそれでも、いくつかの地域が抱える積年の構造的諸問題は克服できなかった。メッゾジョルノの貧困地域と、はるかに豊かな北イタリアの間の長年の不均衡は、北部が外国投資家を強く引きつけるにつれ、拡大した。豊かなドイツの場合でさえ、南部のバイエルン州及びバーデン＝ヴュルテンベルク州――活況の新テクノロジーを引きつけるとともに自動車製造の中心地――と、北西部ルールの古くからの工業地域、あるいは北東部メクレンブルクの比較的貧しい農業中心地域との間には、大きな格差があった。英国では、北東部及び北西部の旧工業地域、スコットランドのクライドサイド〔クライド川一帯の、かつて造船で栄えた地域〕とウェールズ渓谷は、主要な重工業の長期的低落を埋め合わせることができず、一方でロンドン及び南東部は、シティー〔ロンドンの金融街〕の金融部門の優位の増大に後押しされて、活況を呈した。北アイルランドは、グローバルな対内投資と繁栄の展望には政治的安定が重要であることを示した。三〇年間の「紛争《ザ・トラブルズ》」で衰退したあと、一九九八年に、数十年にわたる暴力に終止符が打たれたことで、待望の成長がもたらされたのである。

　政治的に不安定であったり、経済基盤が乏しかったりする国――例えばルーマニアでは九五年時点で、パソコンは人口一〇〇〇人当たりにして、西欧の二五〇台に比べ、たった五台しかなかった――、あるいは汚職がまん延したり、国民の教育水準が低かったりする国（ここでもルーマニアが典型例）では、グローバリゼーションを生かすのに骨折った。二〇〇〇年ごろには、中欧及び東欧の一人当たり国民総生産（GNP）は、西欧のわずか半分にとどまっていた。中欧諸国は、それはそれで、バルカン諸国や、ロシアと密接な関係がある国々を引き離しつつあった。政治的安定と経済基盤の改革のおかげで、低い労働コストを利用できる国内投資も手伝って、グローバリゼーションは、中欧諸国が新世紀の初めの年月に経済的位置を向上させ、西欧に追いつくべくいくらか前進することを可能にした。ロシアもまた回復しはじめた。エネルギー価格の上昇と豊富な石油・天然ガス資源に助けられ、ロシアは二〇〇〇〜〇八年の間、年率七パーセントの経済成長を達成し、一九九〇年代の沈滞を脱した。この再活性化は、経済の重要部分に対する国家管理及び規制の復活と、強力な統治の実施(これはとくに腐敗した新興財閥の一部を排除、場合によっては投獄するという支持を集めた措置に示された)、ロシアの盗賊政治のいくつかの最悪の側面の除去、それに国内投資の奨励といったプーチン大統領政権下の措置によって促進された。ロシアでは不平等はともかく拡大が止まったが、きわめて大きいままだった。

グローバリゼーションがもたらす巨大な経済的刺激は第一に、環境にとって有害で、汚染と地球温暖化の危険を著しく高めた。だが、より高い生活水準を求めて高まる期待のために、経済成長の継続に比べると、環境保護はたいてい優先度が低かった。成長競争で先を越されることへの恐れが一因だ。グローバリゼーションの急速な拡大は止めようがない。それを受け容れ、順応しない国々は置き去りにされるのだ。

一九九〇年代半ば以降、一〇年以上に及ぶ力強い経済成長の間、諸々の困難な問題は御しやすいように見えた。だが、それを支える金融機関が突然、混乱の淵に投げ込まれたら、グローバリゼーションからどんな問題が起きるのか? そんな可能性はだれもたいして顧慮していなかった。九〇年代半ばに始まった成長は無期限に続くように思われたのだ。労働党が九七年の総選挙で勝ったあと、英国の蔵相ゴードン・ブラウンは、英国経済に持続する安定を生み出したとか、「好況と不況」への逆戻りはないと、繰り返し断言した。その発言はまもなく彼を苦しめることになる。しかし、グローバルな成長のエンジンそのものが、成長を脅かす不安定を促進していること、グローバル化経済が崖っぷち向かって突進していることを予測できなかったのは、決してブラウンだけではなかった。

グローバル化の政治的難題

グローバリゼーションの難題に対するヨーロッパ各国政府の対応の仕方は、国ごとの環境に依存するところが大きかった。だが、好況の時期でさえ、三つの一般的な問題がはっきり見て取れた。

第一の問題は、非常に強まった経済競争に起因する。これは賃金の引き下げと高い雇用率の維持、(活況の中国からの輸入品の低価格に助けられた)インフレ抑制、そして税負担の低減に向けた大きな圧力につながった。これはしばしば、「底辺への競争」と俗称された。国際的な資本移動の容易さのために、かつては機能していた高率の税制や各種形態の保護主義は維持できなくなった。各国政府はグローバリゼーションを活用する一方で、その有害な副作用への対処法を国レベルで見つけなければならなかった。こうした諸問題を、社会的結合の維持や、ヨーロッパ民主諸国がその本質と見ている開明的価値観の尊重、そして、伸びる平均余命及び人口高齢化のなかでの高度な社会福祉の維持とどう釣り合わせるか。それがすべての政府にとって一つの主要な難題だった。容易な、あるいは完全に満足のいく解答を見つけた政府はなかった。

第二の問題は、貧困経済国の人びとが、力強い成長によって大きな労働力需要が生まれている高賃金経済国へ移動する可能性を生かすにつけ、増加する移民が国内人口に及ぼす影響である。これは一九八六年の単一市場創設の際には予想できなかった移動の規模だった。移民を社会に統合し、多文化社会を発展させようとするさまざまな試みは、しばしば社会の緊張を生み、小政党によって代表される「帰属意識に訴える政治運動《アイデンティティ・ポリティクス》」の魅力を助長することによって、政治の断片化を促進した。この問題は決して新しいものではないのだが、二〇一〇年代には一段と深刻化することになる。だが、たいていは表面下でだが、人口移動と多文化主義は、比較的好調な経済と世界的成長の時期にあっても、徐々に深まる懸念をもって眺められていたのである。

三番目の重大な問題は、テロの脅威であり、これはイラク戦争とマドリード及びロンドンのテロ攻撃のあと、一段と重要性を帯びる。スペインと英国は膝元のテロに対処する長い経験を有していた。バスク「祖国と自由」（ＥＴＡ）とアイルランド共和軍（ＩＲＡ）のテロ活動は破壊的で、長期間続いた。だが、両組織は武装闘争によって目的を達成できないことを暗黙裡に認め、軍事活動よりも政治活動の方向へ舵を切った。一九九八年四月の「聖金曜日合意」〔英国、アイルランドともに北アイルランドの領有権を主張しないことを核とする合意。復活祭前の聖金曜日に合意したためこの名がある〕は、約三五〇〇人の死者を出した北アイルランド史における三〇年間の悲劇的局面に終止符を打つ過程で、決定的な転換点となった。スペインのバスク分離主義者の闘争は一九六〇年代以降、約一〇〇〇人の生命を奪っていた。だがここでも、テロリストの暴力は下火になっていた。度重なる「休戦」、それに二〇〇六年三月の「永久」停戦が一二月までしか続かず一時的なものに終わったあと、ＥＴＡは二〇一一年一月、「武装行動の最終的停止」を発表する。ＩＲＡとＥＴＡのテロは破壊的ではあったけれど（それに犠牲者数は二一世紀の最初の一〇年間の西欧におけるイスラム・テロの犠牲者数に比べ、非常に大きかったけれど）、その目標は明示的であり、実行される場所は限定されていた。イスラムのテロはまったく違った問題だった。これは二〇一〇年代に一段と深刻な問題になる。だがすでに、明らかに増大する脅威と戦うために、個々の国の保安活動とあわせ、欧米世界の情報網を通した緊密な協力を発展させる必要に迫られていた。

一九九〇年代初めにヨーロッパが経験した劇的変化は、実のある改革を受け容れようという西欧諸国の漠然とした用意を生んでいた。ヨーロッパの諸機関に大幅な構造改革を施す狙いが、九二年のマーストリヒト条約の背景にはあった。個々の国も変化した環境に適応する必要があった。「新しいヨーロッパ」で「現代化する」ことの必要が、一つの政治的スローガンになった。これは西欧の多くの国で、選挙での社会民主主義への転換に有利に働いた。英国は九七年、地滑り的勝利でブレア政権を選んだ。翌年、シュレーダーが緑の党との連立政権でドイツ首相になった。フランスもすでに九七年の国民議会選挙で左派方向へ動いていた。九〇年代末期、社会民主主義諸党はオランダとスウェーデン、デンマーク、オーストリア、イタリア、ポルトガル、それにギリシアで、連立政権で主要勢力を形成した。いくつかの例外はあるが――例えばスペインは長期の社会民主主義政権のあと、九六年に保守政権に変わる――、この流れは一般的だった。しかし、社会民主主義は中道左派に対する政治的支持への長期的変化を根づかせるにはほど遠く、終わってみれば結局、束の間の小春日和に足を踏み入れていただけだった。二一世紀初めの年月には、総じて後退することになる。

保守中道右派への逆の流れがまもなく、西欧有権者の変化した心情の特徴になった。社会民主主義諸党は二〇〇一～〇六年の間にフランスとドイツ、オランダ、ポルトガル、フィンランド、デンマーク、それにスウェーデンで野に下った。ここでも、その傾向の例外はあった。イタリアは、あのなんともひどいベルルスコーニが二〇〇一年に右派連立を率いて政権に復帰したが、二〇〇六年の選挙で中道左派へ揺り戻し、スペインはその二年前、マドリードのテロ事件のあとで、社会労働党政権を選出している。

二一世紀を迎えたヨーロッパで、新しい型の社会民主主義の二つの模範的な国が英国とドイツだった。英国のブレア、ドイツのシュレーダーの両政権は、初期の年月には、前任者たちの古い政策に対する、歓迎すべき前進と思われる政策を打ち出した。だが、両者がとった改革の道は、市場重視の政策と社会的公正の新たな概念を結びつけたもので、少なくとも党支持者の間では、大いに論議を呼ぶことになった。二〇〇五年にもなると、英国労働党とドイツ社会民主党への支持は雲散しつつあった。「新生労働党《ニュー・レイバー》」（ブレアはいまや党をこう呼びはじめていた）の下で国を現代化するというブレアの公約は、九七年には多数の有権者に魅力的に響いた。だが、同年の選挙での彼の大勝利は、ジョン・メージャーの分裂した無力な保守党政府に有権者が背を向けるという、否定的材料によるところが小さくなかった。労働党の旧態依然たる政策に固執するだけでは有権者の十分な支持を獲得できない、ブレアと彼の側近たちはそう認識していた。脱工業化が労働者階級に根本的な変化をもたらしていた。労働党の屋台骨である労働組合は、サッチャー時代以前よりはるかに弱体化している。それに、個人の消費性向とライフスタイルが階級の垣根を越えて交差するにつけ、過ぎ去った時代の階級的言辞は時代遅れに響いた。そこでブレアは、「ミドル・イングランド」——労働党の中核部分をはるかに越えた中産階級——の獲得に乗り出したのだ。

ブレア政権の政策綱領は、社会民主主義と新自由主義経済を混合しようとした。ブレアの批判者たちはそれを、人間の顔をしたサッチャー主義とだとしてあざけった。それは長い労働党の伝統及び目標のいくつかと絶縁するものであり、忠実な党員はそのことで決してブレアを許さなかった。労働党の目標として、機会の平等が、物質的不平等の廃絶に取って代わった。一九一八年以来、党綱領にあった経済国有化の公約は放棄された。新生労働党は社会的公正の枠組みを生み出すため、「非効率な」国有に代えて、競争力のある自由市場経済による富の創出を管理、活用することを目指した。

新生労働党の下で経済は力強く成長した——これはすでに九〇年代半ば、保守党政権下で（世界経済の上昇傾向の恩恵を受けて）始まっていた。ロンドンのシティーは一段の規制緩和に助けられ、ヨーロッパの（そして、ある程度まで世界の）金融の首都としての立場を固めた。鋭敏な蔵相ゴードン・ブラウンは、ブレア政権が学校や大学、そして待ち望まれた病院の改善に支出する財源を回した。社会の貧困層の多くがたしかに恩恵を受けた。税制と福祉給付の改革で、最貧困層の所得は一〇パーセント増えた。子どもの貧困が減った。そして、経済が活況を続けるにつれ、中産階級の多くの人びとの間に物質的な幸福感が広がった。

しかし、このことは個人の負債額の増加と引き換えの、主として低金利クレジットを財源とする個人消費ブームによるところが大きかった。土地価格のインフレも、持ち家所有者を喜ばせる一方、土地所有者と土地を取得する余裕のない人びととの格差を容赦なく広げた。新生労働党の下で、富める者はますます富んだ。党のイメージ刷新の立役者の一人、ピーター・マンデルソンは一九九八年、「人びとが大金持ちになることについては、彼らが税金を払う限り、とても楽観している」と語っていた（多くがうまく税逃れをしたのだが）。しかし、富が社会階層の頂点から底辺に「滴り落ちる」という虚しい期待は、見当外れであることが明らかになってしまった。

ブレアの遺産の一つとして、九八年に重要な権限をロンドンからスコットランドとウェールズの議会に委譲したことが挙げられる。もっとも重要な単発の功績が（前任のメージャー政権下ですでに達成されていた実質的な前進を足場とするものだが）、北アイルランドのリパブリカン〔アイルランド帰属派〕とユニオニスト〔英国帰属派〕の間の激しい紛争に終止符を打つ九八年四月の「聖金曜日合意」だった。こうした一連の長続きする成功にもかかわらず、また、新生労働党政権下の経済成長による物質的恩恵がどうであれ、二〇〇三年以降はイラク戦争がブレアに濃い影を落とした。

イラク戦争は新生労働党をはっきりと守勢に立たせた。中道左派の多くの人びとは、イラク戦争に完全に疎外感を抱き、自由民主党の方へ流れる一方、かつて保守党に背を向けた人びとは伝統的な支持基盤へ戻った。それでもブレアは二〇〇五年五月、連続三度目の選挙勝利を収めた。彼個人の吸引力は完全に衰えてはいなかったのだ。より重要なのは、引き続く英国経済の力強さだった。だが、労働党にとっての肯定的な結果も、同党への支持が衰えつつある事実を隠しおおせなかった。労働党は投票総数の三五パーセント――英国の多数派政権が獲得した最低の得票率――しか獲得しておらず、同党の下院での多数議席は一〇〇議席近く減った。

二〇〇五年七月にロンドンで起きたテロ事件は、イラク戦争が英国において危険を高めたことを、痛いほど思い知らせた。ブレアは新たな治安措置を提案することで応えた。だが、ここで、彼は大きな大衆的抵抗に遭遇する。多くの人の目から見て、提案された措置は英国の自由を骨抜きにする恐れがあったのだ。政府が裁判なしの拘留期間を一四日から九〇日に延長する新たな反テロ法をごり押しすると、一九九七年のブレア政権発足以来、下院で初めて敗北させた反対多数派のなかに、四九人の労働党議員が加わった（結局、起訴しないままの拘留期間を二八日に延長することで決着した）。労働党の指導部内、とくに蔵相ブラウンの支持者の間で、ブレア退陣への圧力が高まった。果たして二〇〇七年六月、労働党の選挙史上もっとも成功した党首は首相を辞任、まもなく議会も去った。イラク戦争はブレアの名声をいつまでも傷つけた。結果として、首相としての目覚ましい業績はひどく無視されるか、低く評価されてしまった。

ドイツ首相シュレーダーは、英国の小選挙区制が九七年にブレアに与えたような圧倒的多数の贅沢は手にしなかった。ドイツ社会民主党は翌年、得票はほんの僅差ながら、キリスト教民主同盟・社会同盟を上回り、総選挙に勝利する。シュレーダーが緑の党（得票率はわずか六・七パーセント）との連立で樹立できた政府は、それでも野心的な社会改革に乗り出す。このなかにはクリーン・エネルギーを優遇する税制改革や同性愛者に対する差別を終わらせる法律、民族ではなく居住を主たる基準にした二〇〇〇年の市民権の重要な変更が含まれる。だが、シュレーダー政権が引き継いだ深刻な経済諸問題は、大きな難題を突きつけた。

　わずか二、三年後には目につくようになるのだが、ドイツは一九九九年六月、英誌『エコノミスト』に「ヨーロッパの病人」と形容された。同誌は書いた。経済成長は新たに創設されたユーロ圏のどこよりも低く、失業は執拗に高止まり。アジアとロシアの大市場の崩壊に伴い、ドイツの輸出は衰退し、引き続く東西統一のコストが負担になっている。経済界首脳の士気は低く、彼らは新たな左系政府がもたらす最悪の事態を懸念している、と。この分析は、経済の再活性化を実現するために、構造へのメス入れを必要とする根本的諸問題を概略。新自由主義的処方箋を提案した。法人税率は高すぎ、投資を妨げている。ドイツ企業が操業拠点を中欧及び東欧に移さないなら（実際、一部の企業はそうしはじめていた）、税率を下げなければならない。ドイツはまだ「規制で窒息している。消費支出を刺激するために、商業を規制緩和しなければならない。とりわけ、ドイツの労働コストは、生産品に比較して高すぎ、福利コストが膨れ上がって企業に従業員解雇を促し、失業の増加に輪をかけている。ドイツは、「徹底的な構造改革」を実行することによって、「グローバリゼーションに対応したリストラ」をしなければならない。そうこの記事は論じていた。高率の法人税・所得税を低減し、社会保険給付額の削減と個人年金制度の奨励、サービスの規制緩和と民営化の加速によって、「福祉の時限爆弾の雷管を外す」ことが必要だ。こうした構造改革が行われないなら、「ドイツが近々、ヨーロッパの病人という汚名を返上することはありそうもない」とその記事は結んでいた。

　言い方を換えれば、社会民主主義は、市民を守りその生活を改善するため長年にわたって作り上げられてきたものの、いまでは費用がかかり経済活動を制約していることが明らかになっている福祉給付の根幹を壊すことなく、経済にグローバルな競争力をつけなければならなかったのだ。ブレア政権は独自のやり方で英国の問題に対処しようとしていた。しかし、少なくともブレアは、すでにサッチャー政権によって行われていた苛烈な経済改革（それに福祉制度へのメス入れ）を土台にすることができる点で、シュレーダーより有利だった。ドイツではこれに匹敵することが行われていなかった。シュレーダーは、党内の広い層に絶対支持されない改革に着手する一方、左派をまとめ上げておかなければならなかった。

　シュレーダーの改革目標はたちまち、蔵相で社会民主党党首オスカー・ラフォンテーヌと衝突した。ラフォンテーヌはドイツ経済の病弊のためにケインズ主義の処方箋に頼る伝統的綱領を支持していた。しかしながら、この処方箋は賃上げによる需要喚起と社会支出の増額、それに低金利――いずれも実施すれば公的債務の増加を意味する――を主張する点で、目下の必要とはかみ合わない旧時代の解決法を提案しているように見えた。九九年三月、ラフォンテーヌは政府と党の役職を辞した。シュレーダーは、自らの権威と政策方針をかけた党内試験の、明らかな勝者だった。

シュレーダーの本当の問題は、二〇〇三年にいわゆる「アジェンダ二〇一〇」を発表したことから持ち上がった。これは失業を減らし、二〇〇二年時点でわずか〇・一パーセントしかなかった経済成長を促進するため、労使関係と社会福祉を改革する計画だった。雇用者と従業員の社会保障費負担額はこの間、平均して税込み給与総額の四〇パーセントを占めつつあった。「われわれが近代化するか、さもなければわれわれが近代化されるかだ、それも制約を受けない市場原理によってである」とシュレーダーは断言した。「アジェンダ二〇一〇」は、福祉改革とグローバルな競争力のある経済のニーズを抱き合わせる試みだった――そして案の定、きわめて不人気だった。それはブレア政権下の英国で起きていることに幾分か似ていた（ブレアは同様に、米大統領クリントンの例に感化されていた）。経済の柔軟性と競争力を高めるために、失業手当と疾病手当、それに公的年金に調整（実際は削減）が加えられた。企業は余剰従業員を解雇しやすくなった。こうした改革は結局、半世紀前に「社会的市場経済」が確立されて以来、ドイツの社会保障に対する最大のメス入れになった。

これらの改革は経済界と自由主義・保守右派に歓迎された。だが、左派には嫌悪された。たしかに一連の改革は、国内総生産に占める賃金の割合を引き下げたことも手伝って、徐々にドイツ経済の再活性化に寄与した。だが、それは本物の改善ではなかった。失業率はまもなく低下した。しかし、英国やその他の国の場合と同じく、これは人びとが受け容れを余儀なくされたパートタイム、臨時雇い、その他の不安定な労働形態の増加を覆い隠すものだった。貧困生活を送る人の数が増えた。所得の不平等は大きくなった。給与と年金が引き下げられる一方で、企業のトップ経営者の給料は膨れ上がったのである。

シュレーダーの人気は二度と回復しなかった。二〇〇五年九月、彼は選挙での敗北によって、改革計画の代償を払った。とはいえ、同盟諸党（キリスト教民主同盟とバイエルン州の姉妹政党であるキリスト教社会同盟）は辛勝したにすぎない。左翼あるいは右翼の諸グループとの連立形成は不可能だった。残された道は、同盟と社会民主党による「大連立」だった。キリスト教民主同盟の新首相アンゲラ・メルケルの下で、政府はおおむねシュレーダーによって敷かれた経済政策の指針に従った。「ヨーロッパの病人」というドイツに対する形容は、まもなく的外れに見えるようになる。しかし、ドイツの社会民主主義はそうこうするうち、ますます多くの有権者の目に、連立相手の保守政党とほとんど見分けがつかなくなった。ドイツだけでなく、主要政党はどれもそっくりに見えはじめていたのだ。長期的には、これは民主主義にとって好ましいことではなかった。

EUの難題

ブレアとシュレーダーは、国による微妙な違いはあれ、グローバリゼーションの加速から生じて、ヨーロッパ全体に影響する諸問題に取り組んでいた。ヨーロッパ連合(EU)にとっては、これは単一通貨ユーロの導入と、中欧及び東欧の国々の統合によるEU拡大という一九九〇年代初めの決定から生じる諸問題に対応するために、構造を改造することだった。いずれの決定も、新たな難題を生むことになる。

二〇〇四年五月一日に新たな一〇カ国が加盟したことで、EUは加盟国数を一五から二五に増やした。新規加盟国のうち八カ国(チェコ、エストニア、ハンガリー、ラトヴィア、リトアニア、ポーランド、スロヴァキア、スロヴェニア)は、かつて鉄のカーテンの向こう側にあった。九番目の国キプロスは、一九七四年七月のトルコによる侵略以来、二つの部分に割れているものの、ギリシアが旧共産主義諸国の加盟に対し拒否権行使の脅しをかけたあと、加盟が認められた。キプロスの政治問題は未解決のままだった。マルタが一〇番目の加盟国だ――小国で、労働党がEU加盟に反対して政治的分裂があり、国内総生産(GDP)も大きくないが、国民党の自由主義的保守政権の下で、EU加盟がもたらす経済的利点の恩恵を受けようと必死だった。

地政学的意味では、拡大は歓迎すべきだった。しかし、新規加盟国は現加盟国よりはるかに貧しいため、今度はEU内の経済的不均衡が問題になる。新規加盟国の二〇〇四年の一人当たりGDPは、現加盟国の半分以下。旧共産主義諸国のなかでは、エストニアとスロヴェニアが最上位にあった。だが、中欧最大の国ポーランドは新規加盟国の間でもGDPが平均以下だった。スロヴァキアはさらにその下だ。ラトヴィアの平均所得は、二〇〇四年以前の加盟国の平均のわずか八分の一しかなかった。

ルーマニアとブルガリアが二〇〇七年一月に加盟すると、EU内の経済的不均衡は一段と大きな問題になった。一人当たりGDPは現加盟国平均(前回の新規加盟国によってすでに下がっている平均)のわずか三分の一。どちらの国も一九九三年にコペンハーゲンで合意された加盟基準を満たすところまでいっていなかった。自由民主主義国の規範からも、法の支配からもほど遠い。汚職と組織犯罪がはびこっている。旧共産党の官僚が政治舞台を牛耳り、治安機関を動かしている。それに経済の点では、両国はEU加盟国の繁栄度番付の底辺に低迷していた。明らかな諸々の欠陥にもかかわらず、両国は二六番目と二七番目の加盟国になった。ユーゴスラヴィア紛争のあとでは、ヨーロッパの「周縁部」の安定化が絶対不可欠と考えられていた。いったん加盟すれば政治・経済改革が加速されるだろう、という期待があったのである。

無理からぬことだが、東欧の多くの人びとは豊かな西欧諸国で仕事を探して、自分と家族の生活水準を改善しようとした。これも同じく当然のことだが、西欧諸国、とくに新規加盟諸国と国境を接するドイツとオーストリアには、中欧からの低賃金労働者の流入が労働市場に及ぼす影響について、懸念があった。EUがおおむね似通った経済発展レベルを達成した国々から成っているときは、国境を越えた市民の自由移動という原則はたいした問題ではなかった。いまやこの原則に疑問符がついたのだ。EUは二〇〇一年、加盟国が調整期間として最長七年まで、予想される中欧及び東欧からの移民の労働市場へのアクセスを制限することを認めていた。二〇〇四年にそうした制限を導入しなかったのは、英国とアイルランド、それにスウェーデンだけだった。三年後にルーマニアとブルガリアが加盟したとき、導入しなかったのはスウェーデン一国だけだった。

二〇〇四年の中欧及び東欧からの、職を求める移民数は、制限を加えた国々でも予想以上に多かった。だが、制限は結果として、たしかに一定の抑止になった。これと対照的に、規制を加えなかった国々は、移民にはとりわけ魅力的だった。繁栄する経済のために、英国は磁石になった。英国政府は新規加盟国から年間約一万五〇〇〇人が流入すると予想していた。ところが、二〇〇四年五月〜二〇〇六年六月の間に承認された求職申込は四二万七〇〇〇件。半数以上がポーランド人移民だった。二〇〇一年の英国在住ポーランド人は五万八〇〇〇人。一〇年後、その数値は六七万六〇〇〇人になっていた。ポーランド人はきわめて短期間に、英国内の最大の外国人市民集団になった。

かつて共産主義国だった全八カ国の加盟国から英国への移民は、二〇〇四〜〇七年の間、引き続き増加した。この傾向は、その後の経済停滞期に多くの——たいていは若い——移民が母国へ帰って、いくぶんか弱まった。加えられた規制（二〇一四年まで続く予定）のために、英国で就労が認められたルーマニア人とブルガリア人の数は、二〇〇七年以降は年間平均でわずか二万五〇〇〇人だった。もっとも、これはヨーロッパ内外からの移民全体が引き続き全般的に急増するなかでの、一部にすぎない。

移民労働者の流入が英国経済にはおおむね利益になる

ことは、ほとんどの分析が認めていた。計算の根拠によって推定はかなり異なるが、ヨーロッパ人の移民は二一世紀の最初の一〇年間に、あれやこれやの形で英国経済に約二〇〇億ポンド相当の貢献をしたと示唆する推定がある。きわめて重要な領域で、彼らの存在は不可欠だった。国民保健制度（ＮＨＳ）は、移民労働者なしではほとんど機能し得なかった。つまり、ＮＨＳが雇用する人びとのほぼ五分の一は、英国以外の出身者なのだ。圧倒的に若くて、たいてい教育レベルの高い移民は、故郷を遠く離れた仕事に引き寄せられて、しばしば高い技術を要しない職業の労働者不足を穴埋めし、福利厚生に対する要求が比較的少なかった。しかしながら、ほどなくして給与の引き下げ圧力と、移民集住地域における住宅・社会サービスに関する不満が生まれた――そして、弱まることはなかった。感じ方はしばしば、現実とは一致しない。だが、感じ方はそれ自体が一種の現実になってしまう。ＥＵ域内からの移民流入の速度と規模は、たちまちこれを重要度の増す政治問題に変えた。見たところ止めようのない大量の移住に対するかまびすしい反対は、一部に人種差別主義も見え隠れするのだが、ほとんどは右派メディアによって助長され、一段と多弁になった。しかも、それは政治的極右だけに限られなかった。

　英国の「移　民《イミグレーション》」は（ヨーロッパの多くの国の述語と違って）、ＥＵ域内から英国へ来る人びとと、ヨーロッパの外（たいていは英国への長年の移民国、とくにパキスタンとインド）からの移民を一括りにしている。「移民」はまた、増加しているＥＵの域内と域外――全体の四分の三――から英国へ学びに来る若者の数を含めている。彼らのうちの少数は、非ＥＵ国民を中心に学業修了後もとどまり、不足している技術と専門知識を提供してくれるのが普通だ。

　ＥＵ域内と域外からの移民のカテゴリーの間には、一つの決定的な違いがある。すなわち、移動の自由のために、ＥＵ域内から来る移民の数は制限できない。そうした国々からの移民は平均して、移民の正味総数（その後数年で、年間平均三〇万人強に近づくことになる）の半分弱を占めた。これは、移民に対する反対の高まりという全体の構造のなかでも、ＥＵ域内からの移民をとりわけ微妙な政治問題にした。

　これは、他のＥＵ諸国には一般に見られない英国の移民の特徴である。英語の広範な使用が英国を世界的に、特に魅力的にすることに与った。しかし、移民はどの国でも現代の生活の現実、グローバリゼーションの避けられない副産物である。イタリアあるいはアイルランドといった国々は、第二次大戦前は人口をとくに米国へ輸出していたのだが、いまや移民国家になっていた。仕事を求めて（あるいは戦争や専制政治から逃れて）移動することは、かつてより容易になった。よりよい生活を求めて多くの人びとが移動するのは、ヨーロッパ全体の一般的な現象であった。

二〇一〇年にもなると、EUには居住国以外で出生した人が四七〇〇万人（人口の九・四パーセント）いた。絶対数で測って、ドイツとフランス、英国、スペイン、イタリア、そしてオランダが、この順番で多数を抱えていた（ドイツ六四〇万人〜オランダ一四〇万人）。人口に占める割合としては、オーストリア（一五・二パーセント）、次いでスウェーデン（一四・三パーセント）が順位リストのトップにあった。これらの比率は、伝統的に移民の目的地だった米国よりもさらに高い。（ぎりぎりで）ベルギーは別として、非EU国で生まれた人の比率の方が、EUの国で生まれた人のそれより高かった。

英国の場合と同様、移民は、イタリアで急増するルーマニア人（その数は二〇〇八年で七年前の一〇倍だった）へのきわめて否定的な態度に見られるように、しばしば敵意に出遭った。ロマ人に対する長年の人種差別的態度が、ルーマニア人移民に対する嫌悪につながる役割は小さくなかった。オーストリアでは、大幅に制限する法制にもかかわらず移民は増え続け、悪感情は主として、伝統的に移民労働者の供給源だった旧ユーゴスラヴィア及びトルコ出身者に向けられた。

敵意の多くはEU域外、とくに異なる文化圏出身者、具体的にはイスラム教徒に向けられた。家族が数十年間ヨーロッパに定住し、今では、なかには第三世代、第四世代になる人びとである。イスラム教徒に対する寛容性は――イスラム原理主義の伸長も拍車をかけて――とくに急低下した。これは、アフガニスタンとイラクでの戦争のために非常に悪化したヨーロッパ在住イスラム教徒の間の反欧米感情となって跳ね返った。若いイスラム教徒たちの恨みは、とくに大都市で高まっていった。差別と経済的貧困の意識、中東のイスラム教徒にあれほどの苦難をもたらした欧米の介入に対する激しい怒りと疎外感は、国内のイスラム教徒たちが多数派住民のそれとは区別された独自の帰属意識を明確にすることを促した。とくに不満を抱く若者の間の、ごく一部の少数派は、イスラムの大儀の魅力に引き寄せられた。相互の悪感情が強まるなか、多文化主義と民族統合を進めようとする政治家や地域共同体指導者の精力的な努力は、困難な闘いに直面した。地域共同体は統合するどころか、ますます分裂していくようだった。多文化主義は次第に、事実上ほとんど相容れない文化的差異を伴った――統合するのではなく、ただ不安のうちに共存する――地域共同体を特徴づけるようになった。

二〇〇一年に英国北部の貧しい小工業都市数カ所で起きた反イスラム教徒暴動のように、その緊張は時に暴力となって突発した。敵意が広く表面下でくすぶっていた。フランスでは、北アフリカ系イスラム教徒への悪感情が強かったが、彼らの多くは半世紀近く前のアルジェリア戦争以来フランスに住んでいて、その家族は実はそれ以前からフランス市民でさえあったのだ。大きな移民人口を抱えるフランス中小都市の社会的に恵まれない地域で、二〇〇五年に起きた深刻な暴動は、反イスラム感情を助長した。憎悪はオランダなど他のEU諸国や、非EUの国スイスでも高まっていた。どぎつい反移民（そして反イスラム）の綱領をかかげる右翼政党が、多くの国で支持を集めだした。右翼政党はまだ政治の本流を占めることはできなかったけれども、そのメッセージは時として、移民を制限する既成政党の要求に取り込まれた。

こうした環境のなかで、EUの意欲的な将来の拡大は、理論上は放棄されないまでも、事実上棚上げされた。クロアチアは以前の合意にしたがって二〇一三年に加盟した。同国の国内総生産はその時までに、すでに加盟しているいくつかの国のそれを上回っていた。組織的汚職と犯罪が依然として広がっていたにもかかわらず、加盟を認められた。この場合も政治的配慮が決定的だった。バルカン諸国に励ましのシグナルを送ることが重要と考えられたのである。だが、「カトリック」のクロアチアは長らく、バルカン諸国より西欧的と見られていた。これと対照的に、アルバニアとマケドニア、モンテネグロ、それにセルビアは事実上無期限に待たされることになり、コソヴォとボスニア・ヘルツェゴヴィナが予測できる将来に加盟する見通しは、ほとんどなくなった。

待機リストにある最大の国はトルコだ。一九四九年以来ヨーロッパ評議会の、一九五二年以来NATOの加盟国であり、一九九九年以来、正式のEU加盟候補国である。公民権と政治的自由での一定の改善を受け、トルコは実は、二〇〇四年に加盟基準を満たしたと言われた。トルコの加盟交渉プロセスは二〇〇五年に始まったが、キプロスの分裂という厄介な問題を解決し損ねたことで、交渉は一年後に中断されてしまった。ドイツとフランス、そしてとくに英国は、主としてヨーロッパと中東の架け橋としての戦略的重要性ゆえに、トルコの加盟を強く支持した。オーストリアとオランダ、そしてデンマークが反対の急先鋒だった。反対理由の一つは、トルコが「文化的には」ヨーロッパに属していないということだ。トルコはまだ自由民主主義と法の支配の点で、許容できる水準よりはるかに遅れている。人口七〇〇〇万のそんなイスラム大国が加盟すれば、なお圧倒的にキリスト教的（おおむね名ばかりであるにせよ）であるEUの性格とパワーバランスを変えてしまう、とトルコの加盟を批判する向きは論じた。膨大な数のトルコ人移民がはるかに繁栄する西欧に職を求めることで、移民の同化と社会的・政治的結合の維持という現下の問題を大幅に増幅してしまうのではないか。そんな重大な懸念もあった。

トルコは二〇〇六年以降、加盟待機国にとどまった。

実際には、加盟の見通しは急速に後退しつつあり、後年、一段と後退することになる。そして、その見通しがかすむにつれ、トルコ自体がとかくするうち、一九二三年の建国の際にアタチュルクが国の帰属意識の基礎として定めた世俗主義を徐々に離れ、代わって、国民的帰属意識が宗教と密接に結びついたイスラム主義の方向へ動いていた。EUによるトルコの加盟拒否がこれにどこまで影響したのか、あるいは、それはトルコの内的発展ゆえの不可避の結果だったのかどうかは分からない。いずれにせよ結果として、トルコは以前ほどEU加盟候補国とは見られなくなった。

そうこうするうち、EUは少なからず拡大の帰結である重大な構造問題に直面していた。二〇〇二年、フランス元大統領ジスカールデスタンが議長を務める「ヨーロッパ協議会」が、加盟国の大幅拡大を控えたEUのための新たな制度的枠組みを策定するため、ブリュッセルに会した。厳密な述語をめぐる長い論争の末、「ヨーロッパ憲法」を制定する条約のテキストが二〇〇四年一〇月二九日、その時にはすでに拡大されていたEUの二五カ国によってついに署名された。この憲法草案は、特定多数決の取り決めを修正し、ヨーロッパ委員会がヨーロッパ議会によって選出されること、また選挙によるヨーロッパ理事会議長が、現行の六カ月交代制の議長に取って代わることを定めていた。予算は議会の承認を得なければならず、議会は理事会と並んで立法権限をもつ。今後は「ヨーロッパ外相」を置く、とも定めていた。

この改革は、ドイツ外相ヨシュカ・フィッシャーが支持していた連邦制ヨーロッパへ至る急進的ステップからはほど遠かった。それでも、行き過ぎだととらえる向きもあった。二〇〇五年春、フランス、次いでオランダの有権者がこの提案を拒否したのだ。これをもって、「憲法」は死んだ。とはいえ、より重要な改革のいくつかは、修正ないし内容を薄めた形で、二〇〇七年のリスボン条約に取り込まれた。この条約自体は、アイルランドの有権者が一回目の国民投票で否決し、次いでアイルランドのために多くの選択的離脱《オプトアウト》（条約は税制・家族政策・中立に関してアイルランドの主権を侵害しないとの趣旨）が設けられたあと、二回目の国民投票で最終的に承認し、やっと批准された。

ヨーロッパ統合派にはそんなショックがあったけれども、実は大陸じゅうでEUに対する前向きな受け止め方が多かった。定評ある「ユーロバロメーター」による二〇〇〇年の世論調査によれば、自国がEU加盟国であることを承認しない市民はわずか一四パーセントであるのに対し、承認する意見は四九パーセントだった（もっとも、この数値は一九九一年の七二パーセントから心配なほど下落していたが）。評価がもっとも高いのはアイルランドとルクセンブルク、それにオランダで、最低は英国だった。自国がEU加盟国であることから利益を得てきたと考えるヨーロッパ人は四七パーセント。これも一九九〇年代初めからは大幅な下落。前向きの評価がもっとも高いのはアイルランドとギリシア、低いのはスウェーデンで、表の最下位はここでも英国だった。

多くのヨーロッパ人にとって、EUは迷路のようで、理解不可能なほど複雑でエリート主義的に――要するに自分たちの日常生活からかけ離れた官僚組織として――映っている。各国の政府が陰に陽にこのイメージを増幅した。例えば、各国政府は貧困地域あるいは基盤整備プロジェクトに対するEUからの多額の資金拠出を、ほとんど宣伝しなかった。この資金拠出は、脱工業化による衰退にひどく苦しんでいるかつての繁栄地域を取り戻すには不十分だった。だが、上手に使えば効果を上げることはできたのだ。ところが、各国政府は残念ながら、数々の失敗が足元に及ぶのを避けるために、都合よく「ブリュッセル」とEU官僚機構を責める一方、経済的・政治的成功は自らの成功として吹聴することで満足していたのだ。

理由はどうであれ、加盟国を増やし、より広くより緊密な統合への努力を強めるにつれ、EUは多数のヨーロッパ人から乖離しつつあった。一九七九年以降のヨーロッパ議会選挙はどれも、わざわざ投票に行く市民の数が一段と減っていることを示している。一九七九年の投票率は六二パーセントだった。それが二〇〇四年ごろには四五・五パーセントに低下していた。二〇〇四年は経済成長の年で、EUは新しい憲法を用意しているところであり、単年では最大の拡大を控えていたのに、四三パーセントが明日崩壊したらどう思うかとの質問に、EUが明無関心だった。一三パーセントは、「とてもほっとする」とまで言っている。とても残念に思うという回答は、わずか三九パーセントだった。各種世論調査がはっきりと示していたのは、人びと自身の国家が、帰属意識の圧倒的に強力な根源だということである。対照的に、ヨーロッパ帰属意識との感情的つながりは、きわめて薄弱だったのである。

それでもEUは重要な業績を挙げることができた。国際協力の枠組み、法の支配の拡大、人権の尊重、安全保障ネットワークの樹立、大多数の加盟国による単一通貨の創設。これらすべてが繁栄を広げ、かつてヨーロッパを毒したナショナリズムを薄め、市民社会を強化し、民主主義の確かな基礎を構築することに寄与したのだ。

EUと、EU入りを切望していた（そして、この間に拡大NATOの一部になっていた）中欧及び東欧の国々の国境の向こう側は、また別の話である。

「プーチン・ファクター」

一九九〇年代を通じ、エリツィン大統領政権下のロシアは、あたかも西欧民主諸国へ接近しているように見えた。九六年にはヨーロッパ人権条約に署名してヨーロッパ評議会に加盟し、翌年にはEUと友好協力条約を締結した。この当時、モスクワでは、ロシアがいずれEUの正式メンバーになるとの期待が口にされていた。

だが、統合の緊密化には障害が多々あった。人権問題が一つの障害だった。チェチェンが九一年に独立を試みたあと、ロシア軍は一九九四〜九六年と一九九九〜二〇〇〇年の間に、重大な人権侵害を犯している。もう一つの障害は、東欧の一部へのNATOの拡大――それ自体、ロシアの弱さを示す明白な兆候――に対するモスクワの根深い不快感である。一九九九年の大晦日にプーチンがエリツィンに代わってロシア連邦大統領になると、環境が変わりはじめる。それ以降、ロシアの国家的価値観がつねに強調され、大国としてのロシアの地位が引き合いに出されるようになった。プーチンは、ソ連崩壊後のロシアの地位の急低下に対する国民全般の屈辱感を終わらせ、国民にロシア人としての誇りを回復し、国の未来とかつての栄光への回帰を信じさせることに着手した。

国際関係、とりわけ対米関係での強力な国益主張と、必要とあればそれを軍事力で守る構えは、国内でのプーチンの権威を高めた。二〇〇八年八月、ロシア軍部隊がアブハジア、南オセチア両州の独立を求める親ロシア派勢力を支援するために、グルジア(一九九一年以来独立国)に侵攻すると、プーチンの人気は高まった。

独裁政治への移行は、モスクワの知識人層を困惑させたけれども、僻遠の地方の大衆は別だった。ゴルバチョフ政権下でソ連が崩壊し、不安定なエリツィン政権下で国家が弱体化したあと、ロシア人の大多数はプーチンによる強力な国家の権威回復を支持した。一部の人びとにとっては、プーチンは国家の救世主も同然だった。ロシア経済が石油・天然ガスの市場価格の高騰を利用して力強く回復できたことは、潜在する深刻な経済問題と国民の広い層の相対的貧困がまったく克服されていないとはいえ、再スタートという感覚を促進した。汚職は依然として宿痾《しゅくあ》だったが、大方のロシア人は生活水準が改善する限り、それを受け容れた。民主体制のうわべは維持された。だが、大統領権限が再び主張され、旧KGB関係者が大きな政治的影響力を与えられ、司法制度が政治の命令に従属させられ、マスメディアが統制され、世論が誘導され、抵抗の可能性が抑え込まれ、いささかでも政治的脅威になりそうな強力すぎる新興財閥は、身のほどを知らされた(一方で、プーチンに近い者たちは大きな物質的誘引に取り込まれた)。プーチン自身の権勢は、中世農奴制の現代版に――国家治安機関の上層部と国家官僚組織のトップ層、そして財界首脳に権力の象徴と昇進と富を与えて、満足させておくことに――どっぷり依存していた。「プーチン主義」を支える体系的なイデオロギー上の教義はない。強力な国家と、大国としてのロシアの地位の回復を目指す力ずくの外交政策。それだけで十分なのであった。

プーチンのロシアが強める自己主張と、ロシアにおける人権侵害と司法の独立への介入、そして民主主義に反する傾向の強まり。これに対するEUとヨーロッパ評議会の批判的姿勢の結果、協力の強化よりも相互離間の増大を招いた。一九九七年に署名されたロシアとEUの友好協力条約は一〇年後、更新されることはなかった。プーチンは「ヨーロッパ諸文明の歴史的特殊性」を強調し、互いに「人為的『基準』」を押しつけようとしないよう警告した。国内の不満を、協力相手ではなくますます脅威として描かれる欧米への敵意に転化したのだ。

ロシアが今でも自らの「影響圏」と考えている領域への欧米の浸食は、大きな不安をもって眺められた。一九九〇年代のNATOの拡張に続いて、二〇〇四年にはEUの拡大があった。かつてソ連そのものだった地域にまで、EUが浸透する危険を軽く見ることはできなかった。二〇〇三年に大統領シェワルナゼ（ゴルバチョフの側近協力者で、ソ連最後の外相）を辞任に追い込んだあと、新大統領ミヘイル・サーカシヴィリの下、グルジア政府の親欧米的姿勢――とりわけNATOに加盟しようとする努力――は、二〇〇八年にロシアがついに、グルジアに軍事介入する背景の一部としてあった。ロシアの視点からすれば、大きな懸念は欧米の影響がウクライナにまで拡大する可能性であった。二〇〇四年のウクライナの「オレンジ革命」（抗議参加者が身に着けていたオレンジのスカーフにちなむ命名）で、この見通しが大きく立ちはだかった。

レオニード・クチマのひどく腐敗し、無能できわめて残忍なウクライナ政権に対する若者を中心とする反抗は、二〇〇四年一〇月末の選挙で、ついに意思表示をする機会を得た。クチマは一九九四年の初当選以来、二期務めていた。憲法上、再び立候補することはできない。そこで首相のヴィクトル・ヤヌコーヴィチを支持。ヤヌコーヴィチは一一月二一日に当選が宣言された（そしてプーチンから温かく祝福された）。選挙結果は不正操作が明々白々だったため、数十万人がキエフに集まり、厳寒をものともせず公正選挙を求めて平和的に抗議行動を行った。真の勝者は明らかに、人気の高いヴィクトル・ユシチェンコで、彼は選挙直前、（ほぼ間違いなくクチマの治安機関によって）毒を盛られたが、生き延びていた。世界のメディアが見守るなかで昼夜を分かたず続いた抗議行動の結果、結局一二月二六日のやり直し選挙に追い込まれ、今度はユシチェンコの疑いのない勝利となり、彼は翌月、大統領に就任する。

プーチンは懸念をもって眺めていた。「ロシアはウクライナをめぐる戦いに敗北するわけにはいかない」とは、オレンジ革命が進展しているさなか、クレムリンに近いある雑誌で表明された見解だ。欧米型の民主主義がロシア本国にまで広がることへの不安があった。クレムリンはヤヌコーヴィチの当選を確実にしようとして数億ドルを使った。米国は、ウクライナのEU加盟を申請する意図を公然と表明していたユシチェンコへの支持に、資金を注ぎ込んだ。プーチンは歯ぎしりしながらも、オレンジ革命の結果を受け容れるよりほかなかった。だが、将来起き得る紛争の戦線はすでに張られていた。ウクライナはその将来を西欧とロシアのいずれに頼るのか、である。

一九九四年のクチマの当選は、ウクライナをロシアとの一致団結の方向へしっかり向けていた。だが、彼に対する支持のほとんどは、とくにロシアと緊密に結びついた同国東部地域から来ていた。クリミアほどクチマ支持の高いところはなかったが、その住民は圧倒的にロシア人である。クリミアは一九五四年にフルシチョフによってウクライナに移管されたのだが、ロシア議会は四〇年後、実はその領土割譲の取り消しを表決していた――その表決が実際的な結果を生んだわけではないが。ウクライナ側からは、クリミアは一九九二年、自治州議会によるウクライナからの独立宣言を破棄するよう圧力をかけられた。かつてポーランドやリトアニア、それにオーストリアと文化的に結びつき、今では西欧にその将来を見ているウクライナ西部と、文化的には常にロシアの軌道圏内にあった東部。クリミアはそのウクライナを貫くもっとも鋭い分断点であった。その亀裂は、オレンジ革命の結果によって癒されることはなかった。それはうずき続けることになるのである。

七年前のニューヨークへの破滅的なテロ攻撃で誘発されたアフガニスタン戦争とイラク戦争のトラウマは、ヨーロッパでは二〇〇八年までに収まっていた。そして大陸分断の終焉を象徴するベルリンの壁の崩壊からほぼ二〇年が経ち、ヨーロッパは東西ともにより接近していた。グローバリゼーションは経済的、政治的に新たな水準の収斂をもたらしていた。資本主義経済への転換期における中欧及び東欧諸国の巨大な経済問題は、著しく小さくなっていた。相当な困難が残っていること、また生活水準が繁栄する西欧のそれに後れをとっていることは、共産主義の終焉以来成し遂げられた生活条件の大幅改善と矛盾するものではなかった。どちらかを選べと言われても、あの時代へ戻ることを支持した人はほとんどいなかっただろう。そして、そうこうするうちに、単一通貨ユーロは一九九九年の導入（そして二〇〇二年からの実物通貨の流通）以降、西欧一二カ国で国の通貨に取って代わった。新通貨の初期の年月は有望だった。新通貨はヨーロッパが相互に一段と緊密に結びついたことを示す重要なしるしだった。

政治的にも、楽観する根拠はあった。旧東欧ブロックの多数の人が今では、四〇年以上にわたって拒絶されてきた個人の自由を享受していた。順応の問題があるのは明らかだとしても、EUとそれを支える価値観は、二〇〇四年と二〇〇七年の新規加盟国の統合によって、大きく広がった。自由民主主義と法の支配という西欧の価値観の広がりがまずまず成功したことは、ロシアが支配的な地域の状況と鋭い対照を見せていた。将来は明るく見えた。

しかし、どのようなうわべの自己満足にも、まさにひびが入ろうとしていた。巨額のローンを組むその買い手が返済に行き詰まりかねない、「サブプライム」の名で知られる不動産購入への過剰な高リスク信用貸しのために、多くの投資銀行が苦境に陥っていた。二〇〇七年にそんなニュースが大西洋を越えて伝わったとき、不安を感じたヨーロッパ人はほとんどいなかった。ヨーロッパにおける不安の最初の兆しは、この年九月に英国で起きたパニックだった。預金者が預金を引き出すためノーザン・ロック住宅金融組合の各地支店の外に列を成し、英国政府は翌年二月、経営危機のこの銀行の国有化に追い込まれた。このパニックはすぐに収まった。だが、投資と信用貸しのネットワークはあまりにもグローバルに相互に依存するようになっていたため、米国で起きた一つの危機は他国の銀行取引と融資に、さらには世界経済に影響しないではおかなかったのである。

この危機が世界を襲った時点は、正確に確定することができる。それは二〇〇八年九月一六日の、米国の巨大投資銀行リーマン・ブラザーズの破産申し立てだった。一カ月の間に、ヨーロッパの銀行取引システムは差し迫る崩壊に直面した。楽観気分は終わった。危機に陥った緊縮経済の時代が始まろうとしていた。この金融崩壊はヨーロッパの姿を変えるのである。

第12章

危機の歳月

一国の資本の発展が賭博場での賭け事の副産物となってしまったら、
なにもかも始末に負えなくなってしまうだろう。

ジョン・メイナード・ケインズ（一九三六年）〔邦訳『雇用、利子および貨幣の一般理論』岩波文庫〕

移民に対する不安は、
過激なイスラム聖戦士が移民の流入と結びついて国境のないヨーロッパにテロリズムをもたらすだろうという、
おそらくは誇張された不安と結びついてきた。
長期の終わりなきユーロ危機とともに、こうした懸念がヨーロッパで右翼・ポピュリスト政党の糧になり、
EUの信頼性を浸食しつつあるのだ。

二〇一五年八月二九日付『ニューヨーク・タイムズ』

二〇〇八年以降、危機の連鎖がヨーロッパの基盤を揺さぶった。一九三〇年代以降で最悪のこの金融・経済危機は、ヨーロッパ諸国に莫大な負債を負わせ、ユーロ圏の土台を掘り崩す恐れがあった。中東の戦争から逃れてくる膨大な難民の流れが、政治的分裂と緊張を倍加した。ヨーロッパにおけるテロ攻撃の増加は、治安に対する脅威を増大させた。ウクライナの危機は、ロシアと欧米の間の新たな冷戦の可能性を開いた。そしてEUは、加盟国の一つである英国が国民投票で離脱を決めたことで、自らの生存がかかる危機に直面した。長らく無傷で堅牢と見なされてきたものが突然、粉々に砕けていくように思われた。ヨーロッパのこの多岐にわたる全般的危機はどのようにして起きたのだろうか？

回避されたメルトダウン

その名で呼ばれるようになった「大不況《グレート・リセッション》」〔米国のサブプライム住宅ローンの崩壊を引き金とする世界的不況〕は米国発だったのだが、協力したヨーロッパ人共犯者たちもいた。その根っこには、金融崩壊に先立つ好況期にあらゆる責任感を抑え込んだ金融部門内部の強欲が少なからずあった。この金融危機はほぼすべてのヨーロッパ諸国で、より広範囲の公共財政危機に発展した。これが今度は、経済を長引く不況に追い込んだ。経済業績のこれほどの急低下の影響は、ヨーロッパ各国で継続期間と厳しさは異なるが、その先何年も感じられることになる。

米国連邦準備銀行が二〇〇八年九月、リーマン・ブラザーズ救済のための公的資金の投入を拒んだことで、その破綻の衝撃波が世界金融危機の引き金を引くことになった。銀行同士は相手を信用するのをやめてしまった。融資システムはマヒしつつあった。米国は市場経済の無慈悲な論理で、リーマン・ブラザーズを破綻させた。しかし、その後の巨額の損失の結果、新自由主義の理論家たちの考えとは逆に、経営難の銀行を救済し、金融大崩壊を防ぐには国家が介入しなければならないという広範な認識が、ヨーロッパでは生まれた。不快な真実は、ヨーロッパの主要銀行は破綻させるには大きすぎるということであった。英国四大銀行の二〇〇八年の合計資産は、英国の国内総生産（DGP）のほぼ四倍の価値があった。形はさまざまながら、他の多くのヨーロッパ諸国でも事情は似ていた。

ヨーロッパで最悪の影響を受けたのは、新自由主義の風にぴったりと従い、規制を解かれた巨大な銀行業部門に大きく依存するようになった国々だ。英国はとくに危険な状態にあった。二〇〇八年一〇月六日、数年のうちに世界最大の銀行の一つになっていたロイヤルバンク・オブ・スコットランドが、完全破綻寸前になった。英国当局者は英国の、そして同銀行の国際的事業を考えれば、世界中の経済メルトダウンを回避するため大型の金融支援総合対策をつくるべく、夜を徹して作業した。この総合対策は預金者保護と銀行業システムの安定化支援を狙いとしており、総額約五〇〇〇億ポンドに上る政府融資を含んでいた。数日後には、ロイヤルバンク・オブ・スコットランドは事実上、国有化されていた。英国政府が同銀行の株式の五分の四以上を、さらに別の二行（巨大なＨＢＯＳとそれより小規模なロイズＴＳＢ）の株式の四〇パーセント以上を買い取ったのである。

　フランスとドイツ、イタリア、スペイン、それにスイスがおおむね英国モデルに従い、体力の弱い銀行に資金を用立てた。中欧及び東欧では一〇行が金融支援を受けた。英国と同様、多くの政府が預金者を保護した。スイスとポルトガル、ラトヴィア、それにアイルランドの政府は、いくつかの銀行の支配権を握った――スイスの場合は、手を広げすぎたグローバルな投資銀行になっていた巨大なＵＢＳ銀行である。デンマークではロスキレ銀行が二〇〇八年に破綻に瀕し、デンマーク国立銀行に経営を引き継がれるしかなかった。

　アイスランドは特別な困難に直面した。その金融危機はヨーロッパのどの国より大きかった。アイスランドは二〇〇一年、経済をかなり金融偏重にし、規制を撤廃していた。カウプシング、ランズバンキ、グリトニルの三大銀行は対外債務を大幅に増やし、二〇〇八年にもなると、投資家の信用がなくなるにつれ、その資金繰りができなくなった。アイスランド政府にはこれらの銀行を救済する資金がなく、銀行は事実上清算されて、それらの代わりに政府の資金援助に支えられて新銀行が設立された。国内預金は保護されたが、外国の投資家と預金者は（アイスランドの銀行の海外子会社でも）損失をこうむった。アイスランド経済への影響は甚大で、国を深刻な不況に陥れ、回復の兆しが見えたのはようやく二〇一一年のことである。二〇一〇年四月のアイスランドの火山噴火は、火山灰を非常に広い範囲に噴出したため、空の国際便を数日間麻痺させ、アイスランドの金融制度の向こう見ずな規制緩和がまねいた損害を象徴しているようだった。

　金融システムを救済するための政府による大掛かりな介入の結果、富が納税者から銀行へ大規模に移転することになった。人びとは自分の金が安全だと思って貯蓄し、そして銀行を信頼していたのだ。ところが彼らは、銀行がギャンブルのカジノ同然に操業していたことを知る。

銀行に対する信用がかつてなく地に落ちたのは驚くまでもない。この破綻の主役だった面々がいかなる刑事訴追も受けず、巨額の報酬を手に退場するのを見たとき、つましい収入と生活スタイルの人びとが感じる怒りと反感は分かり切ったことで、まことにもっともなことだった。もっとも露骨なケースの一つでは、業務拡大によって銀行を暗礁に乗り上げさせたロイヤルバンク・オブ・スコットランドの最高経営責任者、フレッド・グッドウィンが、ついには年間三〇万ポンドに減額された年金を手に引退することができた――おそらく、「銀行業界への貢献」を理由に二〇〇四年に彼に与えられた騎士《ナイト》の爵位を結局、失うはめになることへの妥当な埋め合わせだったのだろう。

　公式統計によれば、二〇〇七年のEUの公共財政は過去数十年間でもっとも堅調だった。EU二八カ国平均の公的債務残高は国内総生産（GDP）の五七・五パーセントで、マーストリヒト条約の基準六〇パーセントを下回っていた。ギリシア（一〇三・一パーセント）とイタリア（九九・八パーセント）、それにベルギー（八七パーセント）だけが基準をはなはだしく超過する負債を抱えていた。EU二八カ国の平均公的債務は、二年以内にGDPの七二・八パーセントに上昇し、さらに増え続けていた。とりわけギリシアとポルトガル、アイルランド、それにイタリアの債務レベルは警戒を要するほど高くなっていた。二〇〇九年にもなると、EU諸国平均の経済成長率が四・二パーセント縮小したのに伴い、ヨーロッパは深刻な不況に陥った。

　ユーロ圏はとくに苦しい立場にあった。ユーロの初期の年月は、世界的な経済成長の枠組みのなかで順風満帆だった。だが、晴雨計が荒天を指し示すと、その根本的な構造問題がはっきりとあらわになる。政治同盟なき通貨同盟は長期的には維持することができないという、ドイツ首相コールの一九九一年にさかのぼる警告が、一段と先見性あるものに見えはじめた。強さが大きく異なる経済を単一通貨によって一括りにしたユーロ圏諸国は、困難に陥った。ユーロ加盟国にとって、輸出競争力を改善するための通貨切り下げは不可能だった。だが、米国のように、ユーロ圏全体の経済政策を仕切り、税制を調整し、そして――EUの地域開発基金を通じて供与される補助金を除けば――苦闘する不況地域へ財源を回せるような中央政府も存在しない。

　ユーロ圏の論理は、よりいっそうの金融・経済・政治同盟の方向を指しており、それはアメリカ合衆国の枠組みに似た、諸国家による連邦の枠組みのなかで予算権限をもつ中央連邦政府を意味していた。ところが、まさにこの選択肢が、いささかでも連邦ヨーロッパ国家へ向かおうとする動きに反対する世論の高まりによって、妨げられていたのだ。そうした目標を積極的に追求しようとすれば、どの国の政府もただちに選挙で拒絶に出遭っただろう。経済不況の影響が深まるにつれ、国民的帰属意識というヨーロッパの歴史的遺産は、弱まるよりもむしろ強まるようになった。そこで、ユーロ圏諸国は経済面でも政治面でも、行動の余地を著しく狭められた状態に置かれてしまった。国の通貨に戻ると、少なくとも短期的には生活水準が破滅的なことになりそうであり、これを望むのは少数の人間だけだった。より悪い事態に対する恐れが、それ自体としてユーロにしがみつく一つの動機だった。だが、最悪の状況にある国々における破綻の回避は、ヨーロッパ中央銀行と国際通貨基金（ＩＭＦ）、それにヨーロッパ委員会（いずれも選挙で選ばれた組織ではない）が合意する、この上なく厳格で厳しい条件付きの緊急援助にかかっていた。

二〇一〇年にもなると、債務危機はいくつかの国を危険水域に運んでいた。アイルランドの銀行は莫大な不動産売買に融資していたが、不動産バブルがはじけ、債務不履行が増えると、財務状況の悪い銀行への政府の保証が、国家債務を大きく膨らませた。スペインも住宅バブルで巨額の損失を出した銀行を救済しなければならなかった。ポルトガルは長年にわたる公的資金運用の誤りと、公共部門の肥大化のために、二〇〇九年に経済が低迷するや、急増する公的債務を抱え込んだ。返済能力に関する疑念が膨らみ、それにしたがって金利が上昇すると、政府は公共支出の大幅削減に訴えた——これは市民の生活水準への目に見えて有害な結果を伴い、税収の減少と負債の増加というデフレ・スパイラルを招いた。

これらの国々の苦境は、単にこれらの国だけの問題ではなかった。これらの国を合わせた国内総生産（ＧＤＰ）は、ユーロ圏の六パーセントを占めるにすぎない。しかし、差し迫る破産は、通貨同盟ゆえにユーロ圏全体の安定を脅かした。これら最悪の影響を受けた国々は、ヨーロッパ中央銀行とＩＭＦを通じて流れる他国（とりわけドイツ）からの大型支援なしに、壊滅的な財政難を逃れるすべはなかった。個々の国が事実上、独自の手段によって大恐慌に対処するしかなかった一九三〇年代とは対照的に、少なくとも、加盟国に向けて示された（厳しい条件付きではあれ）国際的支援の基礎は、ユーロ圏全体にあった。

ギリシアがとくに心配だった。ギリシアの負債は二〇一〇年四月、格付け会社スタンダード＆プアーズによって、「ジャンク」と見なされた。ギリシアは負債に対して債務不履行に陥る寸前で、国際金融市場での借り入れはできなかった。したがって順当に、ＥＵとＩＭＦの両方に大型金融支援を要請し、受け取る最初の国になった。

その後数年にわたり、相次ぐ大規模支援パッケージ（すなわち緊急援助）がギリシアに、小規模な支援がアイルランドとポルトガル、スペイン、キプロス、ラトヴィア、そしてルーマニアに用意された。その緊急援助取り決めは、いささかぎこちなくヨーロッパ金融安定基金(EFSF)と、次いでヨーロッパ金融安定メカニズム(EFSM)と命名された緊急支援措置として始まった。しかしまもなく、ヨーロッパ安定メカニズム(ESM)というこれまた似通った名称の、より恒久的な緊急支援基金に変わった。これらの機関は根本的な構造問題を解決することなく、危機を終息させた。

その間に、ヨーロッパは(公式には二・四半期連続のマイナス成長と定義される)深刻な不況に陥っていた。二〇〇九年五月にもなると、二一五〇万人のEU市民が失業していた。その四分の一近くは一五~二四歳。ドイツ、オーストリア、オランダ、デンマーク、英国など多くの国では、失業率は比較的低かった。ほかの国では、状況は悲惨だった。スペインとギリシア、バルト諸国、それにアイルランドは最悪の打撃を受け、とくに若年労働者の間で極端に失業率が高かった。スペイン人の二〇パーセント近くが失業。若者の間ではその比率が二倍だった。ギリシアの若者の約四〇パーセントが失業していた。エストニアでは失業者数が二〇〇八~〇九年に五倍に、ラトヴィアとリトアニアでは三倍になった。その後数年、これらの国では高失業率が標準的な状況として続いた。ユーロ圏では、ちょうど最初の失業の急増が低下しはじめていた二〇一一年に、第二の失業の上昇が起きた。

二〇一二年初めには、ギリシア人の三人に一人が貧困ライン以下の生活をしていた。年金と同じく賃金がカットされ――最低賃金まで二二パーセント引き下げられた――、公共部門労働者の余剰人員、数千人が解雇された。ホームレスは二万人を超えた。この統計数字の背後には、おびただしい数の悲劇がある。失職した五五歳の漆喰職人が、失業からホームレスになるまでの道のりを語っている。「日に日に」と、彼は二〇一二年二月に回想している。「経済危機がわたしを襲った。なんの補償もなく突然解雇された……。二カ月後には家賃も払えなくなった。蓄えはすべて死んだ妻の医療費に消えてしまっていた」と。彼はアパートを立ち退かされ、四カ月間、おんぼろのトヨタの中で寝た。車のガソリン代も払えなくなった。ホームレスの保護施設に避難するしかなかった。「寝床を頼むのは勇気が要った」と彼は言う。「とても恥ずかしかった」

ギリシアほど殺伐としていないにせよ、ヨーロッパの多くの国で様相は暗かった。生産がほぼ二五パーセント低下したイタリアでは、不況は五年間にわたって経済にダメージを与えた――第二次大戦後、最長の不況だ。バルト諸国もとくにひどく打撃を受けた。以前の高成長率は一夜にして下落した。ラトヴィアは二〇〇九年の成長率がマイナス一七・七パーセント。リトアニア、ウクライナ、エストニアをはじめとして、その他の東欧諸国の経済も大差なかった。二〇〇八年の水準への回復は何年も先のことである。

すべての国が不況にひどく苦しんだというわけではない。先立つ好況期に経済を賢明に管理し、強力な構造基盤を有していた国は、被害を最小にとどめて嵐の衝撃に耐え、かなり速やかに回復する。ドイツ経済はまもなく持ち直した。二〇一〇年までには、成長率が手堅い四パーセント以上に戻っていた。数年前、シュレーダー政権が導入した、議論が多く痛みを伴う改革が、いま利益をもたらしつつあった。それまで大きな信用バブルはなく、国家財政は堅実だった。ドイツは巨大な製造部門を維持していた。主要輸出産業の方向を、中国を中心とする新たな市場へ転換したことと、産業競争力を増すための法人税減税に刺激され、ドイツは二〇一一年初めごろには、不況前のGDPレベルに戻っていた。

北欧諸国も――景気低迷から受けた影響の程度はさまざまだが――アイスランドを除けば、比較的速やかに回復した。デンマークは金融危機で大きな影響を受けたが、以前は大幅な財政黒字を享受していた。国の財政状況は、政府債務がEU推奨の対GDP比六〇パーセント以下と、基本的に堅実だった。それに、デンマーク政府は金融システム安定化の措置をただちに導入した。二〇〇九年にもなると、経済は再び成長しつつあり、二〇一一年までには力強く回復しはじめていた。ノルウェーは主力の石油輸出に助けられ、それはかなりの財政黒字をもたらしさえした。だが、ノルウェーは不況以前の財政管理もしっかりしていた。英国は北海油田の収益（今日の価値で優に一六〇〇億ポンド超）のほとんどを、国の債務の削減と産業の再編、そして減税に見境なく浪費してしまったのだが、それと違ってノルウェーは、賢明にも好況期にそれを別枠の投資基金に蓄え、公共支出を削減する一方で、なおかつ国民にかなり高い生活水準をもたらしたのである。スウェーデンもまた、世界的な景気低迷から速やかに、かつ力強く回復し、二年以内に高い成長率を記録できた（例えば、そのころには回復しつつあった米国の二倍）。ノルウェーと同様、スウェーデンの比較的大きな公共部門は、労働市場に対する財政支援によって維持され、インフラや教育、社会保障、医療、失業手当への支出は減るどころか、増えた。そのうえ、スウェーデンは一九九〇年代初めの自国の金融危機から教訓を学んでいて、好調年には健全な財政黒字を生み、不況期にはある程度の政策の自由を与えるという、復元性に富み安定した経済を作り上げていた。スウェーデンは金融問題への対処に素早く動き、超低金利と貸し渋る銀行に対する罰則によって、需要を押し上げた。徐々に導入された改革は、大方のヨーロッパ諸国のそれと一致していた――旧国営独占企業の民営化と緊縮予算、労働市場の幾分かの柔軟化、そして福祉給付（とくに年金）の削減である。だが、それは極端ではなく適度であり続け、市民に対する高水準の社会保障を基盤とする長年の国家の枠組みから離れることはなかった。ノルウェーと同じく、スウェーデンは経済戦略と実行について、政治的立場の違いを超えた高度なコンセンサスを当てにできた。一九三〇年代に起源をもつこの「スカンジナヴィア・モデル」は、しかしながら、政治的・社会的分断がずっと深い、はるかに大きくて、均質性の少ない国が模倣することは不可能であった。

ポーランドは経済低迷を回避した点で、中欧諸国のなかでは例外的だ。銀行貸出は少なく、不動産市場は非常に小さく、それに政府は負債をため込んでいなかった。その上、ほかの国々が不況に陥り、労働条件が悪化するにつれ、二〇〇万人の移民労働者が蓄えを持って帰国した。そこで、ポーランドは政府支出を増やし、通貨を切り下げることができた——ユーロ圏には使えない処方箋だ。スロヴァキアは、メチアル時代に汚職の沼にはまり込んで以来、経済を徹底的に改革して、多くの外国投資を順調に引きつけており、この国もまた嵐を乗り切った。

二〇一二年半ばごろには、最悪の状況はおおむね終わった。ユーロ圏の脆弱性は大いに低減していた。心理的には、ヨーロッパ中央銀行（ECB）総裁マリオ・ドラギが、まだ危機が高潮にあるさなか、二〇一二年七月に「ECBはユーロを守るためにあらゆる手を打つ用意がある」と言明したことが、重要な節目だった。「即時金融取引」（OMT）と名づけられた計画の下で、ECBは、緊急財政支援を認められながらも再び民間貸付市場へのアクセスを得たユーロ圏諸国を対象に、国債を引き受ける用意を表明した。この計画は、ユーロ圏の崩壊を防ごうとするECBの決意を実証する点で、さらなる心理的効果があった。実際にはギリシアとキプロスを除いて、ユーロ圏は暫時の回復基調にあったため、この計画に基づく申請はなかった。そのころまでに、優に五〇〇〇億ユーロ（もっとも豊かないくつかの大国を除くすべての国の年間国内総生産を上回る）が、経済困難に陥った国々に支払われていた。約二〇パーセントはIMFから、残りはほとんどECBからである。最大部分はギリシアに回った。だが、数カ国は二〇一五年でも、まだ不安になるほど高水準の公的債務を残しており、かなりの財政赤字を抱えていた。ギリシアが最悪の問題国で、債務の対GDP比が一七七・四パーセント（ユーロ圏に理論上許される上限は六〇パーセント）に上っており、その先数年、援助が続くのは確実だった。

ほかの国々も依然として懸念の種だった。イタリアの公的債務の対GDP比は一三二・三パーセントで、将来低下する兆しはなく、ポルトガルは同一二九パーセント、キプロスは同一〇七・五パーセント、ベルギーは同一〇五・八パーセント、スペインは同九九・八パーセント、そしてフランスでさえ九六・二パーセントで、減る傾向にはなかった。公的債務危機は、このころには以前ほど深刻でなくなっていたとはいえ、改善のペースは遅かった。

ユーロ圏は存立の危機を無事乗り切った。しかし、ユーロ圏は基本的に健全なのだろうか？　イタリアのような経済大国の一つで、金融危機を誘発しかねない大きな経済ショックが再び起きたら、ユーロ圏は生き残れるだろうか？　実は、ユーロ圏は中央財政当局を欠いている点で、最初から欠陥のあるプロジェクトではなかったのか？　そして、その救急薬は患者を治すより、一段と悪化させる可能性があるのではないか？　こうした問題をめぐって、経済専門家の意見はさまざまだった。根本的な構造改革をしなければ、ユーロ圏は長期的には将来がないのではないか。そう考える経済学者の筆頭は、ノーベル賞受賞者ジョセフ・スティグリッツだ。そうした構造改革のなかに、彼は緊縮経済に代えて、成長を目指した拡大政策と債務の共同所有、赤字国への黒字の付け替えによる経済の収斂、そして、経済を刺激するため生産性の高い事業への投資向けのＥＣＢによる拡大信用供与の利用を含めていた。今日までのところ、そうした改革を導入する政治意思が欠けているのである。

ユーロ圏危機は、実はスティグリッツが提唱した方向とは反対方向へ向かった。たしかに、大量の金が経済に注入されたが、その大部分は経済回復を直接刺激するのではなく、銀行の救済に使われた。通貨供給量を増やす国債購入——「量的緩和」として知られる手法——のための新たな電子マネーの創出に、さらなる莫大な金額（二〇〇九〜一二年の間に三七五〇億ポンド）がイングランド銀行によって、また後にはＥＣＢ（二〇一五〜一六年の間に一兆一〇〇〇億ユーロ）によって、消費された。これは金利がほぼゼロに引き下げられたとき、金融政策の柱になり、一九三〇年代のようにデフレによって不況が壊滅的な経済恐慌に発展するのを防ぐことが目的であった。この目的では、その手法は成功といえた。それがなければ不況ははるかに悪化していただろう。だが、経済を再活性化する点では、それほど成功しなかった。その理由はおおむね、銀行が貸し渋りを続け、経済に対する不安のために人びとが借り入れを手控えたことだ。したがって、経済刺激策のほとんどは銀行業部門の内部にとどまり、大多数の市民にまで伝わらなかった。量的緩和は主として銀行救済が目的ではあったが、一種のケインズ主義だった。しかし、これ以外に、新ケインズ主義的手法に従う政策はほとんどなかった。いったん不況が始まると、療法は概して新自由主義の処方箋——拡大より縮小——に従ったのだ。緊縮政策による負債削減がその主要メッセージであった。

それが不況を深刻化させ、長引かせたのかどうかは、今日まで経済学者たちに大いに議論されており、未解明の問題にとどまっている。大方の国は緊縮政策にもかかわらず、実際は不況の期間、GDPに比して債務が増え、その後徐々にしか減らなかった。では、別の選択肢はあったのだろうか？　真正の新ケインズ主義的アプローチをとっていれば、たしかに短期的には公共支出と債務を増やしていただろう。しかし、生産性の高い事業、技術、教育、訓練への投資をしていれば、結果的にはより速い成長と、長く続く利益を生み出すことができただろう。スウェーデンとノルウェー、そしてデンマークのように、そうした手法が少なくとも部分的に実行された国では、それは効果的だった。だが、これらスカンジナヴィア諸国経済には特異点があった。経済停滞に入る前に大幅な財政黒字と、他国が真似るのは不可能ではないまでも難しい、広範な政治的コンセンサスがあったのである。これら北欧諸国がもつ金融政策の余地が、ほかの国にはなかった。

にもかかわらず、何人かの著名な経済学者は、経済刺激ではなく歳出削減は需要を冷え込ませ、税収を減少させることによって不況を深刻化、長期化させ、そのことで一段の削減が必要になり、悪循環を永久化しかねないだけだ、と力強く論じた。とはいえ、低迷する経済に金を注ぎ込むには、その意思はあったとしても、数々の障害があった。EU自身が合意した公的債務と財政赤字の許容上限に関する規則が――不況の最悪期には大々的な違反が行われたとはいえ――ヨーロッパのほとんどの国で、拡大主義的経済政策を採用するうえで障害になっていた。そしてEUの中軸国ドイツは、いつも例によってインフレ・リスクを回避することに懸命で、健全財政をもっとも強力に主唱した。ドイツは自国の財政健全化のために、数年前に必要な構造改革を実行済みだ、というのが主要な議論だった。ドイツは他の国が同様の構造改革を採用することを期待した。英国とチェコを除くEU加盟国が二〇一二年三月に署名した財政協定は、ドイツが作り上げたもので、厳しい予算規律によるドイツの財政モデルに従って、各国の債務と財政赤字の規模に、厳格かつ法的に強制できる上限を課すことを狙っていた。

新ケインズ主義政策の導入に対するこうした制約のほかに、もうひとつ難しい障害があった。すなわち、国の財政状況に対する格付け機関の信頼度である。米国に本拠を置く諸々の信用度格付け機関――もっとも重要なものはスタンダー&プアーズ、ムーディーズ、フィッチ――は、その信用度評価の変更によって、ある国の財務状況にたちまち巨大な損害を与えかねない。公共支出の増大のためにすでに膨大な公的債務に加え、こうした機関の怒りをまねいて国際金融市場での借り入れがいっそう難しくなり、そのために回復の可能性をさらに害するという大きな危険があった。そこで、緊縮財政によって負債を抑えることが、ほぼすべての政府財務当局で勝ちを占めたのである。

緊縮政治

政治家たちが不況期のやっかいな経済・社会問題の解決に躍起になるとき、政治は不安定になる。政治の風景が姿を変えはじめた。政治的運命はどの国でも、いつものように多くの国内の諸問題に左右された。だが事実上どの国でも、その諸問題のなかに、政府がいかに不況をうまく処理しているかという問題があった。三つの一般的パターン(例外はあるが)が現れた。一つ目は、不況が始まると、左右を問わず政権政党が次回の選挙で敗北を喫する傾向にあったこと。二つ目は、政治システムに対する信頼がむしばまれるにつれ、主流「既成政党」の枠外の抗議運動が支持を集める傾向があることだ。多くの人びとが、政府による経済管理の失敗ばかりか、自分たちにそうした困窮を押しつけてきた顔のないグローバル化金融資本主義の権力にも、激しい怒りを感じた。例によって、これはスケープゴート探し――たいていは移民のなかで見つかる――、そして帰属意識と、国際機関に引き渡されてしまった支配権を取り戻せるという信念を与えてくれるナショナリズムの形で現れた。

三つ目の共通する傾向は、少数の例外はあるが、色合いがどうであれ、政府が緊縮財政を採用したことである。一国の経済に対する政府の自立性は厳しく制約されていた。真の権力はどの個々の国家をも超えて、国際金融の匿名の操り手と国債の所有者、格付け機関、それに低迷経済に対する支援の規模と条件を決定するIMFやECBといった組織にあった。

この経済危機はヨーロッパのすべての国に影響したけれども、前から健全な経済構造と安定した政治システムをもつ国々は、概して、政治的混乱なく速やかに不況を脱した(もっとも、欠陥のある銀行システムに過度に依存しているのは英国のアキレス腱だった)。ドイツとオーストリア、スイス、オランダ、デンマーク、ノルウェー、スウェーデン、それに――近年EUに加盟した国では――ポーランドとスロヴァキアが、これに当てはまる。経済の混乱は有権者の選択の形成に一定の役割を果たしたけれども、これらの国では、それは他の諸要素と同列であって、決定的ではなかった。実のところ、政府がすでに不況以前に経済運営で一定の評価を得ていた国では、指導者たちは広い層の国民から、大きな混乱に対する最善の保証と見なされ得たのである。ヨーロッパで最重要の経済国ドイツでの、首相アンゲラ・メルケルと、頑固ながら有能な蔵相ヴォルフガング・ショイブレに対する支持は、これを示す一例だった。メルケルは冷静さと確かな自信という強い印象を与え、ショイブレは経済の堅実性を象徴していた。政権にとどまったのはドイツのキリスト教民主同盟・社会同盟のような保守政党ばかりではない。例えばノルウェーでは、労働党が支配的政治勢力であり続けた。

政治的安定が広く存在するところであっても、諸々の新政党、あるいはこれまで外縁部にいた古くからの急進的諸党が、支持を伸ばした。社会民主主義が保守の新自由主義的発想を思わせる経済政策を採用したことで、裏切られたと感じ、より急進的な左派へ転じる人びともいた。だが、もっとも利を得たのは右のポピュリスト運動である。ドイツではシュレーダーの改革が社会民主党員の間で依然、恨みになっており、彼らはより急進的な左派政党「左翼党」へ支持を移す。その一方で、ユーロと対ギリシア緊急支援に反対する右派の新党「ドイツのための選択肢」が、目を見張るような支持を獲得しはじめる。フィンランドでは、二〇一一年総選挙の大きな特徴が「真のフィンランド人党」の躍進だった。ポルトガルへの緊急支援に対する反対と、EUの政治を強く連想させる有害なグローバリゼーションと戦う姿勢によって、支持を獲得したナショナリスト政党だ。アイスランドの金融危機は広範な国民の抗議につながり、その結果、自由主義保守政党である独立党が、二〇〇九年総選挙で得票を三分の一減らし、一八年ぶりに下野した。ベルギーでは、経済停滞のために豊かなフランドル地域（オランダ語系）と貧しい旧産業の中心地であるワロン地域（フランス語系）の間にある長年の、深まる一方の言語的・文化的不和が悪化。いっそうの政治的分裂と、二〇一〇〜一一年のほぼ一年間に及ぶ政府不在につながった。

中欧のEU新規加盟国の一部では、不況は左右を問わず諸々の形の権威主義への逆戻りを促した。ハンガリーでは二〇一〇年総選挙で社会党が大敗。ヴィクトル・オルバンの保守フィデスが議会の絶対多数を占めて政権に復帰。ナショナリスト的政策課題とオルバンの権力維持を固める憲法改正を押し通し、自由民主主義のいくらかを制限、司法の独立を侵すようになった。懸念させる付随現象が、ヨッビクの得票率一七パーセント近い躍進だった。反ユダヤ主義とロマへの敵意の点で、ファシストの過去の名残を強く思わせる極右政党である。

ポーランドもナショナリスト保守右派の権威主義の方向へ動いていった。ヨーロッパの危機は、ポスト共産主義の移行期までさかのぼる長年の政治的敵対関係を、新たにいっそう際立たせた。ともに二〇〇一年に創設された新党、「市民フォーラム」と「法と正義」はいずれも「連帯」の遺産から立ち上がりながらも、非常に異なった政策目標をたずさえていた。リベラルで自由市場志向、親ヨーロッパ姿勢が強い市民フォーラムは、二〇〇一年と二〇〇七年の総選挙で圧勝していた。しかし、激しく争う対立政党で、レフとヤロスワフのカチンスキ双子兄弟が牛耳るナショナリスト保守・反リベラルの「法と正義」は二〇一一年、反動的社会綱領に対する以前の（とくに東部ポーランドでの広い）支持基盤を広げ、さらに二〇一五年の総選挙で大勝し、勝者となる。ベアータ・シドゥウォが新首相に就任した。

諸々の陰謀説が同党の成功に寄与した。二〇一〇年四月、当時大統領だったレフ・カチンスキが、航空機の墜落で死亡した。七〇年前、ソ連秘密警察に殺害された二万人以上のポーランド人将校の慰霊のため、ロシア西部スモレンスクへ向かう途中だった。悪天候とパイロットのミスが墜落原因だった。だが、「法と正義」党は、大統領は自由主義か共産主義の隠然たる勢力、もしくはその両者による異様な混合物の手で故意に殺害されたと主張し続けた。この主張は、ポーランドの自由主義者に対して強まる同党の攻撃と自由市場資本主義への敵意、そしてEUに対する一段と批判的な姿勢に組み込まれた――すべて、「真の」ポーランド的価値観の極端な重視の一環である。移民危機は新たな環境にぴったりだった。生き残った双子兄弟の一人で、「法と正義」の政治指導者、ヤロスワフ・カチンスキは二〇一五年総選挙の前、移民がコレラをヨーロッパに持ち込み、「種々の寄生虫」をばらまく危険について語った。権威主義の傾向は見紛えようもなかった。政権党になって以降、「法と正義」はこれまで、メディアの自由を削減し、同性愛者の権利を制限し、司法に対する政治的支配を強める諸々の措置をとってきている。

ルーマニアでも、緊縮政策に対する大規模抗議と、政策責任を問われた保守政権の倒壊のあと、流れは権威主義的統治に向かった。もっとも、この国の場合、名目上は社会民主主義の首相ヴィクトル・ポンタ率いる左派政権でのことだった。ポンタ政権下で憲法裁判所の権限は弱められ、法制度は大きな政治的影響を受け、治安機関の元メンバーが重要な地位にとどめ置かれ、汚職は相変わらず蔓延し続けた。ブルガリアの主要問題は権威主義ではなく、統治の弱体であり、緊縮政策、そして止めどなく続く汚職と組織犯罪に反対する広範な大衆デモが起きた。

緊縮政策を舵取りする政党は、西欧のEU大国でも選挙で拒絶に遭いかねなかった。イタリアでは、ベルルスコーニ政権が二〇一一年秋に公共支出の削減を実行したものの、経済回復に向けた一貫した計画らしきものを何一つ提示できないことが分かった。ベルルスコーニは一一月に辞任、マリオ・モンティ率いる「テクノクラート」政権に交代した。財務専門家の元欧州委員会委員で、彼はさらなる厳しい支出削減と増税を実施した。だが、経済状態はいっそう悪化し、大衆の抗議行動（金融危機に対する米国の抗議として始まった「ウォールストリート占拠」運動にならったもの）が拡大。そして、ベルルスコーニは政治に復帰すると表明した。二〇一二年一二月の辞任まで、モンティは一年しかもたなかった。モンティはEUの首脳とIMFに支持されていた。EUの主役であるドイツ政府も強力に支援していた。だが、イタリア国民の間では、話は別だった。モンティは新党「市民の選択」の党首就任を説得されていたが、二〇一三年二月の総選挙では、わずか一〇パーセントしか得票できなかった。これにより、彼が浴びた束の間の脚光は消えた。

この選挙は政治的膠着状態を生み、イタリアの一部の著名なコメンテーターが、国は統治不能と述べるに至った。選挙のもっとも目立った特徴は、喜劇俳優ベッペ・グリッロ率いるまったく新しい抗議政党〔五つ星運動〕が突如躍進、二五パーセントを得票したことだ。喜劇俳優がそうした政治的注目を浴びることは、イタリア政治の現状をよく物語っているようであった。長い交渉の末、民主党のエンリコ・レッタ率いる不安定な連立政権がやっと発足し、レッタは緊縮政策の中止と成長政策への転換を公約した。内閣が宣誓就任した当日、首相のオフィスに銃弾が撃ち込まれたのは幸先が良くなかった。ベルルスコーニの「自由国民」は二〇〇八年総選挙に比べ、大量に票を失った。だが、それでもなお上下両院でほぼ三分の一の議席を勝ち取った。とはいえ、今度ばかりは偉大な不死鳥も復帰できなくなる。二〇一三年八月に脱税で有罪判決を受けるが、年齢——この時七五歳——のおかげで刑務所入りは免れた。だが、公職を禁じられ、上院から追放されたのである。

フランスも、危機に責任があるとされた政治家が、権力の座を放逐されるという原則の例外ではなかった。二〇〇八～一二年の間、失業は不安な水準まで上昇し、貧困が増大。貿易赤字と並んで債務は増え続ける一方で、成長率はゼロ近辺で横ばい、消費支出は低下し、税収は減少した。経済低迷に歯止めをかけられなかったことが、二〇一二年の大統領選挙で大統領ニコラ・サルコジが僅差で敗れた主たる理由だった。ますます不和を持ち込むようになった人物で、二〇〇七年の当選からわずか一期でのお払い箱である。

二〇一二年大統領選での社会党前党首、フランソワ・オランドの勝利は、五月六日の第二回投票で彼を支持した五二パーセントの有権者の間で、オランドが経済を再び活性化してくれるだろうという楽観気分を伴っていた。一カ月後の国民議会選挙で社会党が九四議席を獲得すると、危機に対する新たなアプローチが確定的に見えた。ところが、経済を刺激しようとする手ぬるい国家介入では、経済低迷の悪化を抑える効果がまったくなかった。年収一〇〇万ユーロ以上に対する七五パーセントの特別付加税は二年で廃止された。経済に影響するほどの税収にはならず、逆に、フランスが必要とするトップクラスの創意に富む人材や企業家を遠ざけていると批判されたのだ。エマニュエル・マクロンはその後、オランド政権の経済相になる（そして二〇一七年には大統領に選出される）のだが、彼は、特別付加税はフランスを「太陽のないキューバ」にしてしまうだろうと警告していた。

そのころには、社会党出身の先任大統領ミッテランが一九八〇年代初めに行ったのとそっくり同じように、オランドは経済戦略を事実上変更し、二〇一四年一月には労働コストの引き下げと公共支出の削減という、企業寄りで、部分的に新自由主義的な政策課題の方向へ動く。だが、衰えゆく支持率を改善することも、なお悪化する経済の命運を逆転させることもできなかった。彼の不運な大統領職がだらだら続き、国民の苦難が改善されないことへの怒りが高まるにつれ、オランドは第五共和政史上、もっとも不人気な大統領になってしまった。二〇一六年一一月ごろには、支持率は四パーセントという記録的な低さになった。一二月一日には、オランドは再選出馬をしないと表明する初のフランス大統領になった。

フランス北部及び東部の疲弊したかつての工業地帯と南部の貧困地域では、この間、多くの有権者がマリーヌ・ルペンのナショナリスト的、反ブリュッセルのメッセージに魅力を見出しつつあった。彼女は父親ジャン＝マリーの人種差別主義的、ネオファシスト的イメージの払拭に努め、ある程度成功していた。彼女の政党「国民戦線」は、二〇一四年五月のヨーロッパ議会選挙で、ほぼ二五パーセントという、フランスのどの政党より高い得票率を勝ち取った。これはフランス政治がその後もひどく不安定であり続けることを示す兆候だった。

英国では、一九九七年から政権の座にあった労働党が、金融崩壊の管理責任の代償を払った。銀行業破綻の引き続く影響が明らかになり、英国がそうした厳しい経済不況からの回復に何年もかかるにつれ、保守党はその危機を労働党のせいにする手を大いに使った。もっとも、その危機の原因は、明らかに一国のものでなく、世界的なものだった。それに、国家債務と財政赤字は、危機以前は制御可能な水準だったのだ。だが、その非難は利いた。もう一つの有効な批判は、労働党が銀行に対する十分な規制をかけるのを怠り、その結果、危機につながる投機バブルをうながしたというものだった。しかし、保守党は労働党政権以上に規制緩和に肩入れし、事実、同党自ら一九八六年のいわゆる「ビッグバン」で突如、金融市場を緩和し、それがロンドンのシティーを世界金融の重要なセンターに変えたのだ。それに、政権に就いていれば保守党も労働党と同様、預金者保護のために銀行を救済せざるを得ないと考えたことだろう。

とはいえ、その金融崩壊が労働党政権下で起きたことは否定できない現実だった。そして、初期の金融崩壊以来、財政赤字は二倍になる一方、政府債務も急増していた。ますます追い詰められたブラウン率いる労働党政権は、二〇一〇年五月六日の総選挙で敗北を喫し、保守党が、自由民主党とその党首ニック・クレッグとの連立の主軸勢力としてではあるが、デイヴィッド・キャメロンを首相として、一三年ぶりに政権に復帰した。蔵相ジョージ・オズボーンの指揮の下、新政権は財政赤字と政府債務を抑制するため、直ちに緊縮コースに乗り出した。財政赤字は実際、その後の四年間、徐々に、かつ継続的に対GDP比一〇・八パーセントから五・一パーセントに下がった。もっとも、これはまだマーストリヒト目標値よりも高かった。他方、政府債務は二〇一〇年から一五年まで毎年上昇し、一五年にはGDPの八七・五パーセントに上った。

経済回復は痛ましいほど遅々としていた。不況期の英国は、一九八〇年代以降にその経済を製造業から金融へあまりにも強くシフトした代償を払っていたのだ。ユーロ圏諸国とは違って、英国は自国通貨を支配していた。英国は急速に金融緩和に動いた。しかし、通貨ポンドの価値が二〇〇九〜一三年の間に約二五パーセント下落したにもかかわらず、輸出は振るわず、投資水準は低かった。失業は下がったが、多くの仕事は低賃金で不安定だった。英国は二〇一〇年以後、どの先進経済大国より厳しい財政再建を導入していたが、イタリアを除くどの国より経済回復に時間がかかった。二〇一三年に、ついに緩やかな成長が戻りはじめたとき、それは住宅市場の活況と個人消費——その多くは個人負債を増やす——、それに、緊縮政策とは裏腹に、政府が当初意図していたほど削減はできないことが分かった国家支出によるところが大きかった。

緊縮政治の社会的コストは高くついた。そのほとんどは社会の貧しい層が支払った。大部分は地方政府に付け回された公共サービスの財源削減は、青少年サービスや児童センター、図書館、その他社会の結合を維持する重要な施設の閉鎖を招く結果になった。不況は社会の分断を増幅した。キャメロンとオズボーンを含め、数人の閣僚がイングランドのもっとも金のかかるパブリックスクールのどれかで教育を受けたという事実は、緊縮政策がこたえはじめるにつれ、たいてい家計のやり繰りに苦労する一般庶民とは完全に遊離した政治エリートというイメージを一段と強めた。所得と富の格差が広がった。所得全体の約一三パーセントを、人口の一パーセントが手にしていた——これは例えば、オランダの水準の二倍だ。有力な事業経営者の一九九八年の所得は、従業員の平均所得の四三倍だった。二〇一四年にはこれが一四三倍に拡大していた。しかも、彼らの所得は平均的給与所得者の四倍の速さで伸びていた。経営トップたちの平均所得はいまや年間四四〇万ポンド。国民の平均収入は年二万六〇〇〇ポンドである。購買力で測った二〇一三年の世帯所得は、二〇一〇年より六パーセント近く下がっていた。最貧層家庭二〇パーセントの平均所得は、オランダやフランス、ドイツの水準より低かった。ところが、ロンドンの最高級街区では、不動産価値が年間二〇パーセント以上、上昇しつつあって、瀟洒なメイフェアの贅沢な家の一週間の家賃は、大方の人びとの一年間の稼ぎより高くつきかねなかった。

住宅を購入できる人の数は減り、彼らは悪辣な家主から守られることもほとんどないまま、たいていは標準以下の賃貸住宅住まいを強いられる。長年にわたって歴代政府が住宅建設を無視してきたこと、そしてサッチャー時代以降売却されたストックを補充する公営住宅計画がまるでなかったことが、不況期に痛感されたのだ。英国は世界でもっとも豊かな国の一つだったが、住む場所さえない市民の数はますます増えた。ロンドンでは、路上で寝ることを強いられた人の数が二〇一〇〜一七年の間に二倍に増え、他の主要都市でも急増した。同じ期間に、貧困者に食事を提供するフードバンクの利用者は、一六四二パーセント増えた。

二〇一一年にいくつかの都市で起きた暴動は、荒廃した住宅団地に住む移民家族の多くの若者を含め、将来展望を失った社会の最貧層の一部にある怒りと不満――同時に犯罪的な便乗主義――の表れだった。彼らは社会的窮境にあった。だが、経済状態が悪化するにしたがい、態度が硬化する。スケープゴートが探される。そのなかに移民とヨーロッパ連合（ＥＵ）があったのだ。これらはぴたりと結合し、英国独立党（ＵＫＩＰ）へ流れていくますます多くの人びとに、一つの基本的メッセージを与えた。ＵＫＩＰ――これは本質的に、ヨーロッパの多くの国に諸々のタイプを見ることができるナショナリスト的反グローバリゼーション政党の英国版（実際には主としてイングランド版）である。「ポーランド人とナイジェリア人がこの通りへ越してきたのよ」とある女性は言った。ロンドンのスーパーマーケットの主任で、収入はほどほどだが、持ち家があって、彼女と夫が一九九七年に購入して以来、その価格がほぼ四倍になった。「いい人たちよ、よく働くし、住宅を買う。でも、わたしたちが住宅と職を必要としているときに、なぜ彼らがここにいるの？　わたしたちがヨーロッパから出れば、それを止められるのに」。ここには、ＥＵに対して高まる敵意の芽がある。すなわち、二〇〇五年にはまだ少数派の見解だったが、「ヨーロッパ恐怖症」に転じつつ広がっていく「ヨーロッパ懐疑論」である。

「大不況」の直撃を受けた国々――ポルトガル、スペイン、アイルランド、それにどこよりもギリシア――では、既成政党が高まる深刻な危機と闘おうと苦心した。ポルトガルでは二〇一二年、歳出削減を提案し緊急支援を要請した社会党が、怒りの広がりと大衆的抗議行動のなかで政権を追われた。しかし、中道右派の社会民主党が率いる後継政権は、ポルトガルの苦境が一段と深まるにつれ、自らも厳しい緊縮措置を押しつけた。この政権は二〇一五年一〇月の総選挙で順繰りに代償を支払い、社会党が不安定な少数与党政権を率いるべく政権に復帰した。スペインでは社会労働党が、当初は財政的刺激を与える方針だったのに、危機の深まりのために緊縮政策の導入を余儀なくされ、二〇一一年一一月の総選挙で八〇パーセント近く票を失った。後を継いだ保守の国民党政権は一段と厳しい緊縮策を押しつけたあと、汚職スキャンダルにも悩まされ、二〇一五年の選挙でその代償を払って議席の三分の一を失った。だが、社会労働党も有権者から拒否された。二つの新興政党、左派の「ポデモス」〔われわれはできる〕と中道の「シウダダノス」〔市民〕が、合わせて投票数の三分の一を勝ち取ったのだ――スペインの二大政党を弱体化させた緊縮政治に対し、有権者が感じていた怒りを示すものだった。アイルランドも二〇一一年二月の総選挙で、有力な中道右派政党フィアナ・フォイルが国の財政苦境に責任があるとされ、一九二〇年代以降で最悪の敗北を喫し、政治的地震を体験した。その主要な競争相手でリベラル保守のフィアナ・ゲールは、ほぼ八〇年さかのぼる歴史上で、初めて議会第一党になった。二大政党の長年の優位が深刻に弱体化した兆候は、アイルランド労働党とシン・フェインには大きな収穫でもあった。

　ギリシアにおける政治の動揺は、経済的災厄の規模を反映して、ほかに例がなかった。二〇〇九年の総選挙では、経済はすでに急激に収縮しており、保守与党の新民主主義党が敗北した。数週間後、ゲオルギオス・パパンドレウが率いる左派の全ギリシア社会主義運動（ＰＡＳＯＫ）の新政権が、ギリシアの公的債務はこれまで認められていたよりはるかに大きいと発表した。満期を迎えるローン返済に充てる財源がなかった。次いで、複数の格付け機関がギリシアの信用力を大幅に格下げし、借入が――そもそも貸し手が見つかればだが――いっそう高くつくようになってしまった。政府は極めて厳しい緊縮措置を導入することで応えた。公務員給与は引き下げられ、公的年金は凍結、税金は引き上げられた。それも十分ではなかった。二〇一〇年四月、パパンドレウは国際緊急支援を要請した――のちに分かるのだが、一連の支援の一回目だった。国際通貨基金（ＩＭＦ）とヨーロッパ中央銀行、ヨーロッパ委員会の「トロイカ」は一カ月後、一一〇〇億ユーロの借款に合意する。もっとも、追加の緊縮措置と財政改革という条件付きである。議会は渋々この要求をのんだ。

　アテネの街頭では巨大な抗議行動が国民の怒りを見せつけた。抗議は、アテネその他の都市で反緊縮政策の運動「怒れる市民たち」（インディグナトス）によって組織され、一年のうちに拡大した。露骨な実力行使に出た警察との激しい衝突が増加した。怒りの一部は、トロイカを背後で操る勢力と見なされたドイツに向けられた。ヒトラーの口髭を付けたドイツ首相メルケルのポスターが――ばかげてはいるが――その敵意を示す明瞭なしるしだった。

主要政党への支持は衰えた。パパンドレゥは二〇一一年一一月に辞任に追い込まれ、不安定で無力な連立政権が後を継いだ。二〇一二年五月の決着のつかない選挙の結果、わずか一カ月後の再選挙が必要になった。一九七〇年代以降、ギリシアの支配政党であったPASOKは第三党に転落。新民主主義党（連立新政権の主軸）に次いで、第二党には急進左派連合（SYRIZA）がつけた。カリスマ性のあるアレクシス・チプラスが率いる急進的左翼政党である。不吉にも、極右のネオファシスト政党「黄金の夜明け」が二一議席を獲得した。国民の一定の部分が困窮のスケープゴートを求めたため、「黄金の夜明け」は二〇一〇年代の半ば以降、主としてアフリカと中東からやって来ていた、多くは違法移民の増加に対する恨みをかき立てることができたのだ。

一三〇〇億ユーロの二回目の緊急支援が二〇一二年二月に合意されたあと、生活水準の無情な削減は――ほとんどが最貧層へのしわ寄せとなって――続いた。医療予算は二一・七パーセント削減された（そして幼児死亡率の急増を招いた）。教育予算は危機前の水準から三分の一以上削られた。外国からの支援にもかかわらず、ギリシアは同年三月、負債の債務不履行に陥る。国家債務は繰り延べられ、一〇七〇億ユーロが帳消しにされた。しかし、ほとんど助けにならなかった。事実上、緊急支援資金のすべてが、実は現存債務の償還に必要だったのだ――そして新たな債務を負う結果になった。数年にわたってどんどん強化される容赦ない緊縮財政は、結局のところ、危機が始まったときより大きな負債の山を築いてしまった。

市民たちは数十年にわたる施政の失敗に高い代償を払っていた。ギリシアは長年月、肥大化した公的部門を抱え、官僚組織はひどく非能率、そして税金逃れは一種の国技に近くなっていた。福祉手当詐欺は宿痾《しゅくあ》だった。数千人が、死亡したはずの肉親の年金をまんまと請求した。医師は稼ぎのかなりの部分を申告しない。当然の成り行きとして、資産は隠匿された。国内総生産の三分の一近くが闇経済から来ていると推定された。それに、ギリシアの年金支出はドイツやイタリアの二倍の速さで増え、大方のギリシア人が早期退職できるようになっていて、手に負えなくなりつつあった。したがって、たしかにギリシアは自らの処し方を正さなければならなかった。だが、緊縮財政の急激さと厳しさは政治的、社会的にほとんど耐えられないものだった。

それでも、さらに一段の緊縮措置が二〇一三年に導入された。同年には公的部門の数千の職が整理され、さらなる給与削減が行われた。翌年初めには、政府は過去何年もの間で初めて、予算の黒字を発表することができた。そのニュースはギリシア市民にはなんの慰めにもならなかった。二〇一五年一月の選挙で、市民はまたもや政府をお払い箱にした。かつて強力だったPASOKの得票率は、このころにはわずか四・七パーセントまで落ちていた。より急進的な左派への大幅な振れが、SYRIZAの勝利をもたらした。チプラスが新政権を率いた（もっとも、連立政権でナショナリスト小政党である独立ギリシア人党の支援を必要としたが）。彼に勝利をもたらした綱領は、経済回復が始まるささやかな兆しがあるのに、トロイカが必要と見なしている三度目の緊急支援――一段の支出削減を伴うもの――をきっぱりと拒否することだった。チプラスはギリシアの負債の根本的な繰り延べと、緊縮政策の打ち止めを主唱した。新たな緊急支援を断るという彼の提案は、二〇一五年七月の国民投票で有権者の支持を受けた。

蔵相ヤニス・ヴァルファキスは、その陽性の人柄でまもなくヨーロッパじゅうのテレビ視聴者によく知られるようになるのだが、彼は負債繰り延べ――実際にはギリシアの債務削減――と、彼が言うある意味もっともな緊縮財政の自滅的サイクルからの転換という、新たな政策を熱心に論じた。しかし、国民投票からまもなく、チプラスは立場をくつがえし、三回目の緊急支援の条件――二〇一八年までに八二〇億～八六〇億ユーロを分割払い――を不承不承受け入れてしまった。それが、ギリシアが達成できる最善の取引だと考えたのだ。ほかのどの選択肢も「自殺」になっていただろう、と彼は主張した。ヴァルファキスは絶対必要だと考える政策転換を実現できず、七月にはもう辞任していた。チプラスの人気は坂を転げ落ちる石のように急落、自党内の反発に出遭って八月に辞任した。

一カ月後、代わりの政府を樹立することは無理と分かると、新たな選挙が行われたが、政党の配置に大きな変化はなく、チプラスが再び首相就任を求められた。二〇一六年五月、当初は反緊縮派だった首相は、新たな緊縮措置の導入を強いられた。ギリシアは公式には二〇一四年に景気後退期を終えていた。だが、実はこの国の苦難は続く形勢にあった。

ギリシアの厄介な状況からの簡単な脱出法があったならば、その方法が取られていただろう。ところが現実には、すべての脱出口がふさがれていた。ヴァルファキスが悟ったように、根本的な債務削減は――ギリシアの究極的な復興にはたしかに必要だったのだが――（米国やヨーロッパのほかの国の場合のように）すべての融資責任を免れた債権団の反対に遭った。「ユーロ債」の発行による債務の相互化は、ドイツとその他多くの国に断固として拒否された。ドイツの預金者はそのような考えには耐えられなかっただろうし、いずれにしても、それはドイツ憲法と相容れないと見なされただろう。債務があまりに巨額で、あまりに高い借入金利が続くかぎり、成長の刺激を狙ったケインズ主義流の政府支出は無理だった。そして、ユーロ圏を離脱し、もとの通貨ドラクマに戻るための秩序だった債務不履行は、一部の経済学者には推奨されていたものの、少なくとも短期的には、破滅的な経済的・政治的影響を与えるリスクがあった。世論調査は、ギリシア国民がユーロの維持を望んでいることを示していた。これは、初期の繁栄の年月のあとで、途方もない国民的貧困と同義語になっていたこの新通貨ユーロへの愛着というよりも、別の選択肢が意味しかねない事態への不安が原因であることはほぼ間違いなかった。

ギリシアの苦難が始まって八年、二〇一七年六月に、条件をめぐる六カ月以上に及ぶ論争の末、ギリシア政府は債務不履行を回避するため八五億ユーロの追加の緊急支援を受け入れた。条件のなかには、いくらかの自由市場改革が含まれていた。だが、この合意の最悪の影響は、貧しい年金生活者に降りかかることになる。危機が始まって以降一二回にわたって、二〇一一年以降四〇パーセント引き下げられた年金は、二〇一九年までにさらに一八パーセント削減されることが計画された。ストライキとデモ、そして政治的動乱が後に続くことが予想された。長く暗いトンネルの端に見える唯一の光は、ギリシアの債務の山を減らすために必要な措置をとり、ギリシアを今後もちこたえられるようにするという明確な覚悟が、ついに、債権者側に生まれていることだった。ここにいたって初めて、ギリシアは多少なりとも落ち着いて未来に目を向けることができたのである。

過去八〇年で最悪の景気後退は、各国の経済を破壊し、政府を転覆し、ヨーロッパ大陸に混乱をもたらしていた。だが、ヨーロッパはこの景気後退を——多大な犠牲と、多くの困難、そして一定の脆弱性をいつまでも抱えながらではあるが——乗り切った。民主主義の崩壊も、ファシズムや権威主義への傾斜もなかった(もっとも、中欧における一部の潮流は大いに懸念すべき理由を与え、多くの国で、反既成支配階級を掲げる、概してナショナリスト排外主義的右派であるポピュリスト政党への支持が、この先の年月、顕在化することになる)。この衝撃体験にもかかわらず、市民社会は復元力があることを示した。そして、政策の欠点と弱点が何であれ、行き詰る経済の諸問題に取り組むため協力しようという、一九三〇年代にはなかった積極的な意志があった。たしかに絶賛の余地はなかった。だが、経済的な意味では、楽観できるささやかな根拠が、数年後には戻りはじめていた。政治的には、脆弱性は続く形勢にあった。それに、経済危機が克服されないうちに、あるいは歯止めさえかけられないうちに、ヨーロッパはもう一つの一連の危機、この度は中東における破局的な情勢推移が放射する危機に直面したのだ。そしてここでは、ヨーロッパの国家を越えた協力は、たちまち限界に行きついてしまった。各国はほぼ完全に自らの国益に従って行動したのである。

移民危機

「国際移民《ミグラント》」とは、国連によれば「彼または彼女の出生国とは別の国に住む人」のことだ。二〇一五年には世界に二億四四〇〇万人の移民がおり、そのうち七六〇〇万人がヨーロッパにいた。多岐にわたる理由で移動し、別の国に（たいていは合法的に）定住していた。すなわち紛争や差別、人権侵害を避けるため、また失業と貧困あるいは飢饉を逃れ、より良い生活を求めて。あるいは、ただ新たな働き口を求めて。ほとんどの移民は「難民」に分類されていない。難民の合計数ははるかに少なく、二〇一四年時点で、世界で約一九五〇万人（移民の約八パーセント）だ。数ははっきりしないが、二〇一五〜一六年のヨーロッパへの移民はもっぱら、あるいは主として、経済的動機によるものだった。だが、ヨーロッパの移民危機は何よりも難民危機だった。戦争や迫害、あるいは住居からの強制追い立てから逃れて、ヨーロッパ諸国に保護を求める人びとである。多くの人が実は、ヨーロッパへ移動する前に、すでに「難民」の資格を獲得していた。だから、難民危機に関する報道は、「亡命希望者」と「移民」の用語を互換的に使う傾向があった。

　二〇〇六年にもなると、ＥＵ域内に保護を求める人びとの数は二〇万人以下に減少していた。だが、二〇〇七年以降、その数は徐々に増え、二〇一五年には危機的状況に達する。年間合計は約一三〇万人に上った。亡命希望者の半数以上がシリア、アフガニスタン、イラクの三カ国から来ていた。どれも戦争で辛酸をなめている国であり、それに対して欧米は責任のかなりの部分を負っている。中東での独裁的統治に対する大衆蜂起――たちまち命名された「アラブの春」――が、世界じゅうでもっとも動揺するこの地域に自由と民主主義と平和をもたらすだろうという、二〇一一年に欧米が抱いた過大な希望は、またたく間に雲散霧消していた。チュニジアの大統領ベン・アリ、リビアのカダフィ大佐、エジプトの大統領ムバラクといった何人かの支配者が打倒されてはいた。だが、リビアは長引く政治的混乱状態に陥り、エジプトでは元軍最高評議会議長アブデルファタファ・シシの支配下でまもなく、軍部が支配権を取り戻していた。一時はダマスカスその他のシリア諸都市での巨大な抗議行動が、大統領バッシャール・アサド（二〇〇〇年に父親ハーフィズを後継）の体制の倒壊をもたらすかに見えた。欧米は一時、アサドが当然政権を追われるとみていた。

だが、彼が率いる体制はいっかな崩壊する様子がなかった。そして、とかくするうちに、欧米による二〇〇三年のイラク侵攻後に陥った混沌とした全面的暴力状況のなかから、サダム・フセイン失脚後の米国の国家管理の失敗も手伝って、特段に野蛮なテロ組織「ダーイシュ」、欧米では「イラク・シリアのイスラム国」(ISIS、通常ISと略称)の名で知られる組織が登場した。二〇一五年までにイラク及びシリアの広大な領域に恐怖の支配を広げていた、まれに見る残忍さを備えた世界的なイスラム聖戦運動である。数百万人がその恐怖から逃れた。大方は隣国のトルコとレバノン、それにヨルダンの仮設キャンプに避難した。だが、急増する難民は、今度はヨーロッパを目指し、長くて危険に満ちた旅にも出た。あれやこれやの方法でヨーロッパに到着する難民の数は、二〇一五年末にもなると、前年の二倍以上になった。

たいていの難民は東部地中海とバルカン諸国か、あるいは北アフリカを通った。多くの人が、彼らを危険なまでにすし詰めの不潔な船でギリシアやイタリアへ運ぶ悪辣な周旋屋に、最後の所持金を渡す。難民の一人、アリは四人の子どもを連れてイラクから避難し、安全な地ギリシアまで行く大型外洋ヨットの五人分の席料金として、トルコの密入国斡旋業者に八〇〇〇ユーロ払った。ところが、一家がうら寂しい浜に行ってみると、立派なヨットなど影も形もない。それどころか、ピストルを突きつけられ、すでに一一人で満杯になった小さなボートに無理矢理乗せられた。ギリシアのコス島へ向かう途中でエンジンが故障、ボートは浸水しはじめ、ついには沈んでしまった。ギリシアの沿岸警備隊が乗船者の何人かの救出に成功した。だが、アリの子どものうち二人は生存者のなかにいなかった。アリは子どもたちがエーゲ海の黒い波間に消えていくのを見守ることしかできなかったのだ。これは難民危機の無数の人間的悲劇の一つにすぎない。二〇一五年だけで三六〇〇人を下らない移民が、ヨーロッパに行き着こうとして溺死した。そして、地中海とエーゲ海の広域にわたって、人間の密入国斡旋業者たちは常に警察活動の一歩先を行っていた。

戦乱のアフリカ各地からの膨大な数の移民と、バングラデシュの貧困から逃れようとする数千人の経済移民に、ヨーロッパへボートで渡ろうとするシリア人が加わり、リビア経由で北アフリカからイタリアとギリシアへと向かった(密入国請負業者は、無いも同然のリビアの港湾管理の空白に付け入ることができた)。二〇一五年、この二国の海岸には一〇〇万人近い移民が上陸した。ギリシアはまだ経済危機の影響にひどく苦しんでいる最中である。これだけの数になると、難民の地位を申請する人びとの適法性を組織的にチェックする術はなかった。ほとんどの移民は北へ向かいたがった。ドイツとスウェーデンがもっとも人気の目的地だった。だが、彼らはまもなく大きな障壁に出遭う。

一九八〇年代のシェンゲン領域の創設以来、ヨーロッパの多くの国で解体された国境検問所が——少なくとも一時的に——復活した。バルカン諸国からの主要な移動ルート上にある中欧では、二〇一五年秋、オーストリアが対ハンガリー及びスロヴェニア国境に検問所を設け、ハンガリーはセルビアとの国境沿いに高いフェンスを建設しはじめ、クロアチアとの国境も封鎖した。スロヴェニアもまた、クロアチアからの移民の入国を止めようと無駄な努力をした末に、フェンスを設置した。スロヴァキアは対ハンガリー及びオーストリアとの国境に、ドイツは対オーストリア国境に、オランダは対ドイツ国境に、それぞれ臨時検問所を設置した。北欧でも臨時の国境検問所が再び設置された——デンマークはドイツとの国境に、スウェーデンはデンマークとの国境に。英国とフランスが二〇〇三年、英仏海峡のフランス側で国境検問を行うことで合意したあと、シェンゲン領域を通過した後に英国へ渡ろうとする約七〇〇〇人の亡命希望者が、不潔で非衛生的、非人間的な環境の「ジャングル」とあだ名されたカレー近郊の抑留センターに閉じ込められた。「ジャングル」でのすさまじい生活と、英国へ渡るトラックに乗り込もうとする移民たちの絶望的な試み——時には命を落とす結果になる——についての痛ましい報道がほぼ毎日、テレビで伝えられた。フランス当局は二〇一六年一〇月、とうとう収容施設を撤去し、残っていた移民をフランス各地の別の場所へ分散収容した。しかし、二〇一七年夏までに一〇〇〇人以上の移民が再びカレーへ向かい、トイレも水道水も、雨露をしのぐ屋根もないまま同地に住み、またもや英国行きの大きな危険を冒す構えを見せていた。

「ジャングル」は、EUの難民政策（リスボン条約で合意）に縛られない英国を難民問題から守るうえで、大いに役立った。英国政府は移民問題の機微さ加減を意識し——それに、メディアと国民意識のなかで、移民と難民は容易に融合した——英国内に難民を受け入れるより、シリアに近い安全地帯での人道援助に相当額（二〇一二年以降、一一億ポンドといわれる）を支出する方を選んだ。二〇一一〜一六年の間、英国で難民認定を受けたシリア難民は約五〇〇〇人にすぎない。英国政府は二〇二〇年までにさらに二万人を受け入れることを了承した。危機の大きさを考えれば、これは寛大とはいえない対応だった。

ハンガリーの姿勢はとりわけ頑なだった。二〇一五年八月を通して、約五万人の移民がやって来ると——大半はさらにドイツへ向かうおうとしていたのに——、ハンガリーは自国が嵐の目のなかに置かれていると受け止めた。首相のオルバンは、キリスト教文化が「イスラムの脅威」にさらされていると警鐘を鳴らした。これは多くの国民が共有する見方だった。九月初めにもなると、オーストリア国境とブダペストの鉄道駅の混乱を極めた光景が理由となって、ドイツのメルケル、オーストリアのファイマンの両首相は難民の自由入国を認める、と予告なしに発表した。メルケルはすでに、ドイツが年末までに約八〇万人（実際の数字は一一〇万人に達した）の難民を受け入れることを示唆し、上限はないと述べていた――これにはヨーロッパのほかの国が大仰天した。しかし、メルケルの物言いは楽観的だった。「なんとか処理できるでしょう」というのが、彼女の自信に満ちたメッセージだった。

たしかに、初期の反応はとても勇気づけられるものだった。オーストリアの善意の人びとはウィーンとザルツブルクの駅へ食べ物や水、それに衣服を持ち寄った。ミュンヘン中央駅に着いた列車から難民があふれ出てくると、群衆は彼らに拍手を送った。ドイツはただちに、仮の宿泊所の提供と各難民への少額の金銭の贈与、ドイツ語学習の段取りを約束した。この温かい歓迎の気持ちは、ひとつには難民たちが本国内と戦争の恐怖から逃れる途次でなめた苦難の、悲痛な物語の数々によって呼び覚まされた。オーストリア国境で難民七一人の遺体が乗ったトラックが見つかったり、あるいはまた、トルコ海岸に打ち上げられた幼いシリア人少年の写真が世界のメディアを駆け巡ったりすると、人間的本能が目覚めるのだった。だが、長く尾を引くドイツの過去の影もまた疑いなく、同国の反応を決定することに与った。それはナチ時代の破滅的な残虐性を生んでしまった価値観を、完全に反転させることに等しかったのだ。

事実上一夜にして、そうした大量の難民流入に門戸を開くことは、永久的な社会統合は無論のこと、緊急対応にさえ苦労する過重負荷のかかった当局にとって、当然ながらたいへん大きな問題を引き起こさざるを得ない。ドイツ国内の多くの人びとの反発を招くばかりか、メルケルが協議抜きで取った一方的措置のために、自分たちまで難民危機の鋭い圧力にさらされたと考える他のヨーロッパ諸国首脳を遠ざけてしまうのは必至だった。ドイツ国内からのもっとも強烈な非難の一部は、メルケルのキリスト教民主同盟（CDU）の姉妹政党で、より保守的でカトリック色の強いバイエルン州のキリスト教社会同盟（CSU）から飛び出した。同州には前週末、約二万五〇〇〇人の難民が到着していた。CSU党首ホルスト・ゼーホーファーは、いかなる国もドイツが受け入れようとしている数には長期的に耐えられないと述べ、それほど多くの難民を受け入れるという独断的決定を厳しく批判した。難民の第一波を歓迎した当初の温かい気持ちは、国民の一部――とりわけ年配世代の間――では、間違いなく冷淡さと、たいていはあからさまな敵意に変わった。移民に対する暴力的な攻撃が急増し、移民が収容されている宿泊所への放火も二二二件あった。

反移民感情の高まり、そしてそれにつけ込む構えの極右の伸長は、二〇一五年の大晦日にケルンで起きた事件がきっかけだった。シリアとイラク、それにアフガニスタンから新たに到着した難民を含む若者の大集団が、どんちゃん騒ぎをしていた女性たちにうるさくからみ、性的暴行を加えたのだ。インターネット上の罵詈雑言の雨が示すとおり、この騒動は即座に難民に対する敵意の急激な高まりを引き起こした。そして右翼の側では、典型的な絶望の声が起きた。新生の反移民政党「ドイツのための選択肢」の指導的人物の一人は、この事件のことを「わが国に差し迫る文化と文明の崩壊の予兆」だと、大仰な調子で語った。当夜、ケルンの警備に抜かりがあった当局はただちに、犯罪的な騒動の再発を防ぐ措置を取った。この劇的事件は沈静化し、寛容が――右翼勢力を除いて――おおむね維持されたものの、この出来事は、ヨーロッパ社会に深く根付いたと思われていた自由主義的価値観の底の浅さと、移民に対する偏見と憎悪がいかに容易に表面化し得るかを見せつけた――それも、ドイツに限ったことではなかった。

難民危機への対処にあたってのヨーロッパの連帯の限界は、難民を公平に配分するというEU提案の受け入れを渋る姿勢に表れていた。危機が絶頂期にあった二〇一五年九月、ヨーロッパ委員会委員長のジャン＝クロード・ユンケルは、各国の人口比に応じた割当制にする計画を提案していた。だが、ヴィシェグラード諸国（ハンガリー、ポーランド、スロヴァキア、チェコ）はその計画にかかわることを拒否し、提案された割当制は一年も経たずに断念されてしまった。シリア内戦に巻き込まれた人びとを救援する基金募集についても、たいした連帯は示されなかった。ヨーロッパ委員会は、難民危機への対応を支援するため九二億ユーロを拠出する用意があると発表した。加盟国は国家予算からその財源調達に応じることを義務づけられた。応じた国はほとんどなかった。シリア内戦で居住地を追われた無数の人びと――二〇一一年以降、推定一二〇〇万人以上――の支援に九〇億ドルを募る国連の呼びかけも、目標額にはまったく及ばなかった。

メルケルが「門戸開放」政策への強い批判と難民流入をせき止める必要に迫られ、翌月、トルコ――すでにEUのどの国よりはるかに多い難民の受け入れ国――とEU間の協定をまとめるため、トルコ大統領エルドアンとの会談にアンカラを訪問するに及んで、彼女が二〇一五年に占めていた道徳的優位はたちまち崩れた。取り決めの要点は、三〇億ユーロの礼金とトルコ市民への旅行ビザ免除の確約、そしてトルコの将来のEU加盟に向けた積極的措置と引き換えに、トルコがEUから送還される移民を引き受けるというものだった。その後の「共同行動計画」は、二〇一六年三月の協定につながった。トルコからギリシアの島々へ渡る「非正規」移民は以後、トルコへ送還され、トルコはEUに入ろうとする移民に対し、海上及び陸上ルートを遮断するためあらゆる手を尽くす。ギリシアの島々からトルコへ送還されるシリア人一人につき、別のシリア人一人がEUに定住を認められる。そして、当初の三〇億ユーロとは別に、二〇一八年末までに追加の三〇億ユーロが提供される、という内容である。

EU内で要求される人権と法的保護の基準にはるかに届かない国に賄賂を贈ることによって、ヨーロッパへの圧力を緩和する協定は、偽善のにおいがぷんぷんした。一年後、数万人の移民がなお、ギリシア諸島ないし本土の抑留センターの悲惨で非人間的な環境下で苦しい生活を送っていた。諸々の慈善組織が、シリア国内や逃避行途上での経験からくる心的外傷だけでなく、うつ状態や強度の不安症、さらには自殺性向に苦しむ難民数の増加を記録している。トルコ国内の難民約三〇〇万人のうち、そのころまでにヨーロッパへ移送されたのは三五〇〇人に満たなかった。EUの立場からすれば、これによりトルコとのこの協定は成功したわけである。

二〇一六年には、ヨーロッパ諸国を目指す移民の数は、前年のピーク時よりわずかに減っただけだった。最上の目的地としてのドイツの魅力は、相変わらず減じなかった——EU内の亡命希望者の六〇パーセントはドイツに向かった。実は二〇一五年より微増である。だが、スウェーデンやフィンランド、デンマーク、ハンガリー、オーストリア、それに北海沿岸低地帯の国々など、他の多くの国では、五三〜八六パーセントの範囲で大幅に減った。移民危機はドイツでも遠のきはじめた。しかし、リビアからイタリアへ渡る人びとの数は高止まりしたままだった。もっとも、リビアとイタリアが密入国請負業者に対する厳しい姿勢だけでなく、救援組織への非寛容な対応をとりはじめたために、二〇一七年夏には急減した。おそらく、難民危機の最悪期は過ぎた。それでも、大量の人口移動は——二〇一五〜一六年のような深刻で抑えの利かない規模ではないにせよ——去りやらないことを認識する必要があった。これは単にヨーロッパが、戦争と破壊的な政治暴力によって生活を壊された人びとにとって、平和な安息の地になっていたためだけではない。グローバリゼーションの過程で一段と明白になった経済的不均衡そのものが、貧困国から、労働力が不足し出生率が低いか、もしくは低下している富裕国への人口移動を必然的にしていたことも理由なのだ。

EUがトルコとの協定のために支払わなければならなかった代償は、シリアでイスラム聖戦戦士の支援に一定の役割を果たし、(二〇一六年のエルドアン大統領に対する軍事クーデター未遂に続く数万人の大量逮捕が示すとおり）人権と法治に関して怪しい履歴があり、さらに、一段と権威主義的で徐々にイスラム化を強める国に、不健全なまでに依存するようになったことだ。二〇一六年を通してEUとトルコの関係が悪化したとき――クーデター未遂後、逮捕と報道の自由の制限を理由にトルコへの経済制裁と、加盟交渉の凍結がうわさされた――、エルドアンは国境ゲートを開いて難民をヨーロッパへ送り出すと脅した。そういうことにはならず、トルコは理屈の上では将来のEU加盟候補国であることに変わりなかったけれども、その目標に向けた長引く交渉は、実際には行き詰ってしまった。とはいえ、難民危機はトルコの地歩を強化し、EUの立場を弱めたのである。

テロの脅威

毎夜、テレビニュース番組を埋め尽くすシリアの日々の恐怖は、西欧諸国内のイスラム共同体に住み、疎外され、深い不満を抱くごく少数の者たちの間に、復讐への渇望を強めた。その社会価値観をまったく受け入れられず、イスラム世界にそのような害を加えていると映る社会に対する復讐である。果てしない紛争で欧米が一貫してイスラエルを支持し（国際社会はおおむねその入植政策を違法と見ているのに）、パレスチナ人に対する支持を欠いていることが、長きにわたって高まる疎外感を醸成していた。最近のアフガニスタンとイラクへの侵攻は、その疎外感を著しく増幅していた。次いでリビアへの介入があった。これらに加えて、さらにシリア紛争だ。インターネットが憎悪のメッセージを拡散する有力な手段となった。イスラム聖戦戦士になる可能性を秘めた何人かがシリアへ赴き、自らテロ攻撃を実行する覚悟をしたり、従順な個人を教化してその仕事を代行させる能力を備えたりして、帰国した。何人かは――心配性の声はその数を誇張しやすいのだが――、ヨーロッパへ向かう難民に交じり込んだ。

だが、テロ攻撃を実行する用意のある者たちの大多数は、たいてい大都市の貧しい近郊での個人的経験によって急進化した国内育ちであり、時として永住の地になった国々で数十年間、差別に耐えてきた移民家族の出身だった。欧米の自由社会の基盤を掘り崩す「文明の衝突」を促進するべく、恐怖を吹き込み、コミュニティを相互憎悪によって互いに反目させようという明白な目的を別にすれば、テロ攻撃の主要な動機はたいてい、正確には確定できなかった。犯人たちは自分たちのぞっとするような行為を、彼らの観念のなかにある「信心者」と「不信人者」の間の普遍的闘争の一環と見ていた。無辜の傍観者や子どもたちの殺害さえ、中東の数々の戦争で欧米の兵器が無辜のイスラム教徒を殺したことへの報復なのだと、ると、歪んだ論理によって、断じることができた。

フランスは西欧のどの国よりもひどく苦しめられた。

アルジェリア戦争がいつまでも続く分断と差別の傷を残していた。そして、共和政の世俗的価値観の順守を求める非妥協的な姿勢が、多くのイスラム教徒にとっては特別な挑発になっていた。公共の場で顔をおおうことを禁じた二〇一一年の強制措置は、その対象をイスラム教徒に限ったものではなかったのだが、イスラム系女性に不釣り合いに大きく影響した。かくして、フランスには他国に当てはまらない恨みの特殊な理由があった。それに加えて、パリその他の大都市の社会的諸権利を奪われた郊外住宅地《バンリュー》が、市民のかなりの部分にある、ほとんど隠されない人種差別主義によって生み出された憎悪の育つ肥沃な土壌になった。こうした社会的不満に加えて、中東の破滅的な情勢展開が養分を提供していた。

　二〇一五年一月七日、アルカイダのイエメン支部から来た二人の銃を持った男が、風刺新聞『シャルリー・エブド』のパリのビルに侵入し、自動ライフルを発射。編集長のステファヌ・シャルボニエを含む一二人を殺害し、一一人にけがを負わせた。男たちはパリ生まれで、アルジェリアからの移民を両親に持っていたが、彼ら自身も警察に射殺された。もっとも、その前にさらに四人を殺害し、七人にけがを負わせていた。一一月一三日夜、連動したテロ攻撃がパリのカフェとレストラン、それにサッカー・スタジアム、スタッド・ド・フランスの外で実行され、この時は犯人の自爆と銃乱射で一三〇人が死亡、数百人が負傷した。死者のなかには、パリのバタクラン劇場のロックコンサートに来ていて殺された八九人が含まれていた。そして二〇一六年七月一四日、ニースで、フランス革命記念日を祝う群衆に大型トラックがわざと突っ込み、八六人を殺害、四三四人を負傷させるに及んで、フランスは新しいタイプの恐怖を経験する。七月二六日火曜日の朝には、別タイプの恐ろしい攻撃が起き、フランス北部ルーアンの閑静な郊外にあるカトリック教会に二人のテロリストが押し込み、アラーの神への祈りを叫びながら、ミサを行っていた八五歳の司祭ののどをかき切った。こうした攻撃の衝撃波はヨーロッパ大陸じゅうに、さらにはより広い欧米世界に走った。

　フランスがテロにさらされる状況の特殊要因がどうであれ、その脅威は一般的なものだった。二〇一六年三月二二日の朝、ブリュッセルは、空港と地下鉄駅で三二人の無辜の人びと（それに三人の自爆テロ犯）が死亡、三四〇人が負傷するという身の毛もよだつような攻撃を経験する。一二月にはベルリンのクリスマス市を楽しむ客たちが、無差別攻撃の犠牲になった。ニースの夏の惨事を思わせるように、一台のトラックが高速で群衆に突っ込み、一二人を殺害、五六人にけがを負わせたのだ。ストックホルムでは二〇一七年四月七日、同じような荒っぽい方法を使って、難民申請を拒否されたウズベキスタン出身のＩＳＩＳのシンパが運転するトラックが、買い物客の人混みに突っ込んで五人を殺害、一五人を負傷させた。

英国は国境管理が厳重で、外国から侵入するテロリストに対しては大陸ヨーロッパ諸国ほど無防備ではなかった。ところが、二〇〇五年七月の破壊的な爆弾テロは、国内に起源があった。二〇一七年三月二二日にロンドンの国会議事堂近くで起きた致命的攻撃も同様で、この時は一台の車が歩行者の列に突っ込んで五人を殺害し、五〇人にけがを負わせた。犯人は国会を警備していた非武装の警官も刺して致死的なけがを負わせたのだが、この犯人もまた英国人だった——多くの氏素性を使い分けて生活し、暴力犯罪のために刑務所に入ったことがあり、しばらくの間サウジアラビアで働いたことがあって、どこかの時点でイスラムに改宗した五二歳の男だったのである。ＩＳＩＳが犯行声明を出したものの、警察はこの男の単独行動だと判断した。二〇一七年五月二二日、二〇〇五年以降に英国で起きた最悪の残虐行為として、最大限の死傷者を出すことを狙ってねじ釘とボルトを詰めた自家製爆弾が、マンチェスターのポップコンサートの終わったところで破裂し、二二人（及び自爆テロ犯）が死亡、五九人が負傷した。犠牲者の多くはティーンエージャーと子どもだ。リビア出自のマンチェスターの若者が実行したもので、彼が最近イスラム聖戦活動に転向したのは明らかに、リビア訪問中、カダフィ体制崩壊後の混乱のなかで勢力を伸ばしていたテロ組織とのつながりを通じてであった。そして、三カ月足らずの間に英国で起きた三件目のテロ攻撃では、ロンドン東部の三人の若者が六月三日の夜、ロンドンブリッジの上で一台のワゴン車を歩行者の列に突っ込ませ、次いで近くに居合わせた数人を刺して七人を殺害し、数十人にけがを負わせた。伝えられるところでは、「アラーの神のために」と叫んでいたという。

乗り物でわざと歩行者に突っ込むという、単純ながら破壊的な手法は、二〇一七年八月一七日にも再び用いられた。この時は一台のワゴン車が観光客に人気のカタルーニャの首都バルセロナの通りを疾走し、一三人を殺害（続いて沿岸の町カンブリスで起きた攻撃で、もう一人の犠牲者が死亡）、一三〇人以上を負傷させた。警察当局の報告によれば、テロリストたちはもともと一段と大掛かりな攻撃を準備していたのだが、爆発物の備蓄が事故で吹き飛んだあと、この計画を断念したのであった。

テロ事件は二〇一四年以降、ヨーロッパで一段と頻繁に起きた。どの国もテロリストの残虐行為に見舞われる可能性を免れなかった。すべてのテロ攻撃が中東の災厄に関係しているわけではない。テロ攻撃がすべてイスラム教徒の手になるものでもなかった。二〇一一年、自由で平和なノルウェーで七七人のノルウェー人の若者を殺した蛮行は、一人の狂ったファシストにして人種差別主義者アンデルス・ベーリング・ブレイヴィクによる犯行だった。犠牲者のほとんどは夏の若者キャンプを楽しんでいるところだった。ロシアにおける多くのテロ攻撃はチェチェン紛争に起源があり、さかのぼること二〇〇四年の最悪の事件は、北カフカスのベスランの学校で起きたチェチェン分離主義者による人質三三〇人(半数以上が子ども)の大量殺戮だった。しかしながら、二〇一七年四月三日にサンクトペテルブルクの地下鉄で起き、一五人が死亡、四五人が負傷した直近の自爆テロの犯人は、中央アジア・キルギス出身のロシア市民で、彼はたしかにイスラム聖戦組織とつながりがあり、一時期シリアにいたことがあるといわれた。

計画されていたその他数々のテロ攻撃が、警察による臨機の阻止行動によって失敗させられたり、治安機関の監視によって防がれたりした。インターネットによるコミュニケーションは新しいテロの不可欠な要素で、模倣犯による攻撃を誘発し、ヨーロッパの異なる場所に住む個人ないしグループが行動を調整することを可能にした。ヨーロッパの多くの国が国境を開放しているために、攻撃の標的に選ばれた場所へ容易に移動することができる(そして時には、事後に他国へ逃れることができる)。そして、ISISあるいはアルカイダとの実際の連絡のあるなしにかかわらず、これらの組織はいずれも地場のテロリストが攻撃を実行する刺激になっているかのように振る舞い、襲撃者が単独で行動していて、指示を受けていない場合でも、事後にたいてい犯行声明を出して、自らの力を誇示するためにその攻撃をイスラム聖戦戦士の仲間内で利用するのだ。主なテロ攻撃は、恐ろしく、衝撃的ではあるけれども、西洋文明を破壊する能力を欠いていた。とはいえ、ヨーロッパに深い痕跡を残し、移民危機の間に広がった文化的不安感に、物理的な不安感情を付け加えたのである。ヨーロッパにいる相当数の人間が、自らが住む平和なコミュニティの破壊を願望していると考えるのは不安だ。国内治安機関MI5の推計によると、英国だけでイスラム聖戦のシンパは二万三〇〇〇人を下らない。攻撃を受ける心配のない場所はなかった。

現実には、大掛かりな残虐行為は——イラクあるいはシリアの各地ではほぼ毎日の出来事だったけれども——まれだった。テロ行為による死者数は、一九九〇〜二〇一五年の間よりも一九七〇〜一九九〇年の間の方が多かったのだ(もっとも、とくにイスラム過激派の暴力に絡むその数は二〇一一年以降、増えてはいた)。だから、数値的な意味では、ヨーロッパがテロ攻撃を受ける恐れは増大するのではなく、減少していたのである。たいてい罪のない娯楽のために群衆が集まった場所で起きる破壊的な攻撃の無作為性は、不安感を高めることを狙ったものであり、実際にそのように働いた。テロ攻撃は数日間にわたり延々と、マスメディアやソーシャルメディアを夢中にさせ、その衝撃は巨大だった。治安機関や政治家は、その脅威を強調することに特殊な利益があった。脅威を見くびって、あとで破壊的な攻撃を経験するはめになるより、脅威を強調しておいた方が政治的に利口なのだ。そこで、いつかの機会に、たまたま不運な時と場所に居合わせただけの人びとの一人になるという恐怖は、実際にテロ攻撃の犠牲者になる可能性よりも大きかったのである。そうではあっても、「脅威疲れ」からか、治安機関が描く恐ろしいシナリオに対する懐疑のためか、あるいは単に「今を楽しめ」という宿命主義によるものか、一般市民はテロ攻撃の一時的なショックから急速に立ち直り、日常生活は驚くべき速さで正常に復した。そして、面白くない真実と向き合わなければならなかった。すなわち、自由で開かれた社会では、テロ行為に対する完全な安全を保証することなどできないということ。グローバル化した社会では、予見できる将来にわたり、テロ行為は自由の代償の一部になるということである。

移民危機とテロの脅威の高まりがもたらす二つの結果は、永続する二つの意味をもった。一つ目は、治安の強化が市民的自由を狭めたことだ。あちこち出歩いたり、物を見たり、あるいは自由に移動したりする自由が、さまざまなやり方で損なわれた。警備体制、警報、いたるところにある監視カメラ、あるいは車両が体当たりする可能性に対して無防備な公共の建物の外に据えられた目障りなコンクリートブロックは、日常経験の当たり前の一部になった。空港の荷物検査、あるいは入国審査の長い行列は、旅行の安全を保証するために支払う、不愉快だが必要な代償として受容された。大きな公共の催しに参加するとか、あるいは美術館を訪れるときでさえ、保安検査を通る忍耐が必要になった。こうした警戒措置はすべて我慢できた。自由は破壊されたのではなく、制限されたのだから。だが、生活ははるかに愉快なものではなくなってしまった。

二つ目の目立った結果は、極右諸政党が新たな追い風を得たことだ。移民の通過が一番目立った中欧——とくにオーストリアとハンガリー——では、イスラム教徒の移民によって国民文化への脅威が感じられ、右翼を利した。だが、移民に対する反対は北欧と西欧の多くの国でも、ナショナリスト政党への支持が高まる一つの重要な要因だった。英国独立党は二〇一四年のヨーロッパ議会選挙で、どの党より多い二六・六パーセントの票を獲得した(翌年の総選挙ではそれほど伸びず、なお一二・六パーセントを獲得したものの、小選挙区制の選挙制度でわずか一議席にとどまった)。国民戦線は、フランス有権者のほぼ三分の一に支持されていた。「ドイツのための選択肢」(二〇一三年に創設されたばかりで、当初のヨーロッパ懐疑主義から反移民の政党へ転換)は、二〇一六年の各州選挙で得票を二〇パーセント以上に伸ばした。オランダでは、自由党党首ヘルト・ウィルダースが国内でコーランを禁止させようとし、彼が言う「オランダのイスラム化」に反対するキャンペーンを張って、同党は移民危機の間、初めてオランダで一番人気の政党になった。そのほか、西欧ではデンマークとスウェーデン、オーストリア、そしてスイスで、言うところの国民文化に対するイスラムの脅威を強調する政党が、著しく支持率を高めた。これらナショナリスト諸党が選挙で多数派になった国はなかった。しかし、これら諸党の外国人嫌いの言辞は、主流諸党に影響を与えないではおかなかった。ヨーロッパは難民危機とテロの増加の影響にさらされ、政治的に間違いなく右へ動いていたのである。

ヨーロッパ大陸は変容しつつあった。長年の自由主義的価値観に、徐々に疑問符がつきはじめていた。過去半世紀あるいはそれ以上の期間にわたり、いっそうの寛容へ向かう不可避と思えた前進は、逆転させられる危機にあった。物の見方には、いささかの両面感情、あるいは明白な矛盾さえあった。一方で、人びとはヨーロッパの危機に向き合うために、国境を越えた集団的な行動が必要だとみていた。例えば、世論調査によれば、圧倒的な割合の人びとが人道援助におけるEUの役割を認め、個別の国では緊急事態に対応する十分な資源を欠くと考えていた。他方では、移民危機とテロの脅威がEUに対する否定的な態度を強める役割を果たし、市民はたいてい個別の政府に保護を求めた。開かれた国境は、ヨーロッパ構想の核心にある自由を象徴しながらも、移民が大陸の広い地域を妨げなしに通過することを許してしまう。開かれた国境はいまや多くの人びとから、恩恵ではなく、災いと見られていた。EUは統合と国際的連帯、寛容と協力を擁護している。だが、移民危機に対処する連帯と団結、あるいは有効な戦略を欠いていると見られて、多くの人びとには、存在理由をなくしつつあるように思われたのである。

プーチンの攻勢

ヨーロッパが移民の流入への対応に苦心すると同時に、テロ攻撃の脅威の高まりに直面しているとき、大陸の東方では、もう一つの別の危機が起きつつあった。二〇一四年三月一八日、ロシア大統領プーチンは、クリミア半島のロシアへの併合を発表した――三日後にはロシア連邦議会の下院（ドゥーマ）によって承認された。一九七四年のトルコ軍によるキプロス北部侵略と占領を除けば、第二次世界大戦の終結以降、ヨーロッパでは唯一の領土併合の例である。これは、ロシアとウクライナ間の緊迫した関係の深刻なエスカレートを示すだけではなかった。ロシアを欧米の北大西洋条約機構（NATO）諸国と直接対峙させることになったのである。ロシアはさらなる拡張を意図しているのではないか。そんな懸念がロシアの近隣諸国、とりわけバルト諸国に広がった。新たな冷戦という妖怪が——あるいはもっと悪い事態が——目を覚ました。恐怖がはっきり感じられたのは、またもや東欧及び中欧であった。

クリミア併合は、ウクライナで一段の不安定状況が表面化したことに続いて起きた。一九九一年以前は独立したことがなく、疑問の余地のない国民的意識を欠いた国での分裂と紛争は、二〇〇四年の「オレンジ革命」の結果によっても、解決されるにはほど遠かった。二〇一〇年にもなると、疑問を付された六年前の大統領選の勝者、ヴィクトル・ユシチェンコは派閥争いと諸々の政治論争、そしてひどい汚職に対する批判の結果、事実上すべての支持を失っていた。だが、新大統領ヴィクトル・ヤヌコーヴィチの下で、ウクライナ特有の汚職と縁故主義はいっそう悪化した。ロシアと同様、多くの新興財閥が、たいていは贈収賄や脅迫または暴力で手に入れた不動産の窃取によって、莫大な財産を築いた。ヤヌコーヴィチの息子オレクサンドルも、たちまち莫大な財を成した者たちの一人だ。対外関係では、ヤヌコーヴィチはEUとロシアの間で微妙な舵取りをしようとした。ところがモスクワとしては、ヤヌコーヴィチがウクライナの公然の長期目標であるEU入りの抱負を公言するのが面白くない。ロシアの反対はあなどることができなかった。ウクライナはこの強力な隣国にガス供給を依存しているからだ。二〇一三年一一月、ヤヌコーヴィチは予定されていたEUとの連合協定を突然キャンセルし、代わりにロシア、ベラルーシ、カザフスタンとのユーラシア関税同盟を支持した。彼がロシアの圧力なしにその措置を取ったとは考えられない。それは致命的な策になった。キエフのマイダン（独立広場）を中心に、数十万人による巨大な抗議行動を誘発したのだ。その結果、暴力がエスカレートし、政府による抑圧が強まった。二〇一四年二月二一日、欧米からの圧力でヤヌコーヴィチは退陣させられ、新たな臨時政府が発足。大統領選が前倒しされた。ヤヌコーヴィチはヘリコプターでウクライナ東部へ、そこからさらにロシアへ逃げた。

プーチンがそんな屈辱に甘んじるわけはなかった。ロシアの力を誇示するには、クリミアは格好の標的だった。クリミアは一九五四年以来ウクライナの一部であり、混住する民族のなかでロシア人が多数派を形成している。それに、ロシア黒海艦隊の本拠だ——セバストーポリ港はウクライナから租借されていた。クリミアに介入すれば、ウクライナ指導部の反ロシア姿勢を罰するとともに、ロシア国内では、ナショナリストたちからプーチンに対する喝采を勝ち取ることになる。欧米がクリミアのために世界戦争の危険を冒すことは考えにくい。経済制裁は不可避だが、耐えられる代償だ。これがプーチンの計算だった。

ヤヌコーヴィチは、プーチンとの関係はいまや芳しくないものの、モスクワでは依然としてウクライナの正当な大統領と見なされていた。彼が追放されて数日後に、国章をつけていない武装集団がシンフェローポリにあるクリミアの州議会建物を占拠した。続いて、クリミアのロシア市民の保護を求めるモスクワ宛ての要請が滞りなく行われ、モスクワに受け容れられた。その後数日にわたり、ロシア軍がクリミアに入った。州議会はクリミアの独立を宣言し、ロシア連邦への加入希望を表明。これは三月一六日の国民投票で、有権者のほぼ九七パーセントが支持したとされた。翌日、議会からの正式のモスクワ宛て要請が行われ、これを受けて三月一八日、プーチンがクリミアのロシア連邦への統合を発表したのである。

クリミア危機を政治的に解決しようとする欧米諸国首脳の外交努力は、予想どおり、まったく実を結ばなかった。ロシアは国連による非難にもためらわなかった。核戦争にまでエスカレートさせることは問題外である以上、明らかな国際法違反に対する報復として残った唯一の手は、制裁に訴えることだった。ロシアの外国口座が凍結され、渡航禁止が科されたが、EUはロシアからのガス・石炭輸入に依存しているため、行動を制約されていた。制裁はプーチンをそれほど困らせそうもなかった。そしてプーチンは、先進八カ国（G8）グループ参加国としての資格停止は我慢することができた。ロシアは孤立した。だが、クリミアが再びロシアから切り離される見込みはなかった。ロシア国内ではプーチンの人気は急上昇した。ロシアのメディアはクリミアの「回帰」を、偉大な国民的勝利としてはやし立てた。ミハイル・ゴルバチョフまでが、もし自分が同じ立場に置かれていたら、プーチンと違わない行動を取っただろうと述べた。かつての時代を思わせるプーチンのパワーポリティクスは、奏功したのであった。

とかくするうち、暴力は（ドンバスの工業地帯を中心に）東部及び南部ウクライナに広がっていた。炭鉱で働くために一九世紀末以降、モスクワ地方から大挙して移住していたロシア民族が人口の多数を占めている地域だ。権威ある国際的世論調査機関が実施した調査によれば、親ロシア感情は西部ウクライナに比べると間違いなく強いものの、分離主義を支持しているのは少数にすぎず、大多数は統一ウクライナ国家を望んでいた。ドンバスへのロシアの介入に対しては、東部及び南部ウクライナでさえ住民の大多数が——そしてロシア語話者の過半数が——反対の意見だった。だが、モスクワが東部ウクライナの分離主義勢力に軍事支援を与える用意があるとき、世論はほとんど問題にならなかった。それにドンバスの地域社会には、自分たちの地域をキエフから切り離し、ロシアに統合するために戦う用意のある活動家が実在することは間違いなかった。反抗勢力は単に、プーチンの振り付けに合わせて踊るだけの操り人形ではなかった。

親ロシア派の抗議デモは二〇一四年三月以降、ロシア軍及び民兵に一段と支援を受ける分離主義の反抗勢力と、ウクライナ政府の間の武力衝突に急速にエスカレートした。モスクワの支援がある限り、この暴力は止めようがなかった。分離主義勢力は行政庁舎を急襲、占拠した。ドネツク空港は砲撃を受けた。秋までにすでに数百人の死者を出していた戦闘に、重砲やロケット弾発射機、ヘリコプター、それに装甲車が投入された。背筋が凍るような関連の悲劇として七月一七日、マレーシア航空機がロシア製ミサイルで撃墜された。おそらくウクライナ軍用機と取り違えた反抗勢力による可能性が強く、乗っていた二九八人全員が死亡した。

米国とEU、全欧安全保障協力機構（OSCE）、それに独仏首脳と新たに選出されたウクライナ大統領ペトロ・ポロシェンコ——ウクライナの新興財閥の一人——も加えた紛争終結のための数々の国際的試みによっても、目ぼしい打開策は生まれなかった。二〇一四～一七年の間に計一一の個別の停戦合意があったが、どれも長続きしなかった。もっとも重要な試みである二〇一四年九月五日のミンスク議定書で、戦闘は一時的に下火になったものの、たちまち停戦違反が起き、停戦は数週間で死文化してしまった。ウクライナとロシアに独仏を加えた首脳による協議を受けた二〇一五年二月一一日の第二のミンスク停戦合意も、結果はたいして変わらなかった。一縷の希望が時折そうして兆したものの、プーチンは自国内でウクライナに対する姿勢への支持があることを確信して、おおむね不屈の態度を取り続け、ウクライナ全土を不安定化し、同国が欧米の軌道に引き込まれるのを阻止しようと狙っている様子だった。

ポロシェンコの目標は、その正反対の方向を向いていた。ウクライナのEU加盟という彼の希望が、予見できる将来において実現する可能性はまったくなさそうだった。ウクライナの汚職と経済・政治運営の失敗のひどさ、そして、ウクライナがいささかでも加盟の展望を抱けるようになる前になすべき大改革の必要性が、あまりにも大きすぎて、EUとしてはその展望を抱けなかったのだ。しかし、二〇一四年九月一六日に合意されたウクライナとEUの間の新たな連合協定は（発行は二年後の予定だったが）、ウクライナをロシアに近づけようとするプーチンの戦略が不首尾に終わったことを示す一つのしるしだった。

ウクライナ国内では、紛争の各勢力がすみやかに足場を固めていた。双方とも折れなかった。二〇一四年九月、ウクライナ国会はナショナリストの反対に抗して現実に妥協し、ドンバスの事実上の自治を意味する諸権利を認めた。一〇月二六日にウクライナのほとんどの地域で実施された最高会議（国会）選挙では、親欧米姿勢の諸党が勝利したが、一一月二日に実施された分離選挙（ロシアのみが承認）では、驚くまでもなく、親ロシアの分離主義に対する圧倒的支持が示された。予見できる将来、ウクライナの領土分断を克服する明確な道はなかった。

それでもプーチンは譲歩しようとしなかったし、おそらく出来なかったのだ。国内での立場を危険にさらすわけにはいかなかった。ロシア国内では当然ながら、メディアが東部ウクライナの分離派勢力に対する支持を、国家の威信問題として伝えているのだ。いずれにせよ、ロシアに支援された分離派による暴力のパンドラの箱は、いったん開かれてしまうと――たとえプーチンが閉じようとしても――閉じることができなくなった。EUが科した制裁は、ロシアがウクライナで非妥協的姿勢を示すたびに強化された。当初は目立った影響はなかったものの、口座凍結と渡航禁止に加え、金融、エネルギー、軍装備にまで拡大された二〇一四年九月以降、ロシア経済の悪化に一役買い、効果を表わしはじめた。欧米に残された他の唯一の選択肢は、中欧及び東欧におけるNATOのプレゼンスの強化だ。ポーランドとバルト諸国の兵員数が増強され、二〇一六年にはポーランドで軍事演習が実施された。ロシアもまた――国境の内側でだが――軍事演習を行うに及んで、ロシアと欧米の関係は冷戦終結後のどの時期よりも緊張した。

二〇一七年三月までに一万人（四分の一は民間人）近くが殺され、数千人が負傷、一〇〇万人を超す人びとが戦闘のために住居を追われた。激しいプロパガンダ戦争では、真実が明らかな犠牲者だった。だが、ロシアが紛争の主要な扇動者だったことを疑う余地はほとんどない。そして、ロシアの支援がなければ――その規模を隠す見え透いた試みがなされたけれども――、分離派勢力は武力闘争を続けられなかっただろう。にもかかわらず、プーチンにとってウクライナ紛争は完全な成功にはほど遠かった。たしかにドンバスはほぼ自治地域になった。だがプーチンは、ウクライナの大部分を西欧から遠ざけるのではなく、西欧に近づけ、その過程でウクライナの国民感情を強めてしまった。ウクライナ抜きではプーチンの「ユーラシア経済連合」（ユーラシア関税同盟がそうだったように、EUに対応する組織が意図されていた）の構想はほとんど成果がなかった。とかくするうちに、ロシア経済は制裁（そして石油価格の下落）にひどく苦しむようになった。それに、プーチンはおそらく、ロシアと欧米の関係を取り返しがつかないほど傷つけてしまった。では、なぜクリミア併合に加えて、ウクライナで戦争を促したのだろうか？　プーチンの戦略目標は何だったのか？

もっとも簡単な説明が、もっとも理にかなっている。本質的には、プーチンは大国としてのロシアの失われた威信と地位を回復しようとしたのだ。元KGB将校として、プーチンはソ連の崩壊を、二〇世紀最大の地政学的破局として語っていた。彼の目には（そして多くの同国人の目には）、ソ連の崩壊は、世界における大国としてのロシアの地位と誇りを劇的に低下させてしまった。ロシアの指導者たちは旧ソ連共和国諸国をロシア独自の影響圏として眺め続けていた。だが、多くの人びとの目には、共産主義の崩壊は、かつて強力だった国に屈辱を加えた。米国が唯一生き残った超大国として世界を牛耳る一方で、ロシアはマフィア国家に堕してしまい、大方のロシア人が崩壊寸前の経済に苦しんでいるのに、クロイソス〔小アジアの古王国リュディアの最後の王。莫大な富を有していたとされる〕の富を享受する強力な新興財閥が支配している。ロシアは、NATOがかつてのロシアの影響圏へ――ロシアのまさに戸口であるバルト諸国までも――拡大するのを防ぐ力がなかった。欧米の目から見れば、NATOは敵意のない組織だが、ロシアはそれを危険と見ている。欧米では人道的行為として見られた一九九九年のNATOのコソヴォ介入は、モスクワでは憤激を引き起こした。同盟国を守る防衛組織としての、NATOの限定的役割を乱用するものと見られたのだ。だが、ロシアは介入を止めることができなかった。要するにロシアは、一九九〇年代を通じて深刻な国民的屈辱感に苦しむ旧大国だったのだ。

　プーチンはたしかに、多くの国民的誇りと国内のまとまりを取り戻した。ことあるごとにナショナリズムを意識的に呼び覚ますことで、確かな国民的支持基盤――経済的不満の広がりに対する平衡力――を手にした。ウクライナとクリミアは一八世紀以来、ロシア帝国の一部で、大国としてのロシアの地位に欠かせなかったし、のちにはソ連の影響圏の重要な構成要素だった。プーチンは二〇一二年に、ソ連消滅後の空間を再統合する任務について語っていた。ところが、二〇一四年のヤヌコーヴィチの追放は、ウクライナの対ロシア依存を固めるという目標を害してしまった。それへの対応が、東部及び南部ウクライナと、究極的には同国全体を不安定化させるという広い目標の一環として、クリミアをロシアに「取り戻す」ことだったのだ。このより広い目標において、プーチンは計算を誤った。明確な出口ルートがないまま、自分がウクライナで解き放った勢力に自らを縛りつけてしまったのだ。後退することも前進することもできないまま、プーチンはロシアを東部ウクライナの泥沼に無期限に沈めてしまった。これはおそらくプーチンが幾晩か眠れない夜を過ごす原因になっただろう。彼が少なくとも満足できたのは、東部ウクライナがモスクワに支配されている限り、EUとNATOへの加盟を目指しかねない統一ウクライナ国家はあり得ないということだった。

　プーチンは国内では、欧米との対決において賞賛を勝ち得た。シリア内戦は、国際舞台におけるロシアの支配的役割を再び確立するさらなる好機を彼に与えた。二〇一五年のロシアによる軍事介入は、旧ソ連の国境の外側では共産主義の終焉以来初めてであり、恐ろしいシリア紛争の極めて重要な一局面だけでなく、プーチンが世界パワーとしてのロシアの復興を試みる新たな段階をしるすものだった。

クリミアとウクライナをめぐるロシアと欧米の対決は、暗い過去へ逆戻りする恐怖を中欧及び東欧じゅうに送った。これは世界大戦につながるのだろうか？　ロシアは東欧の他の国々、そしてひょっとしてその先まで併合するのだろうか？　とりわけソ連に併合された苦しみの記憶も生々しいバルト諸国では、その恐怖は理解できたけれども、おそらく誇張されていた。クリミアとウクライナでプーチンは手いっぱいだった。なぜ彼が、バルト諸国を併合し力で抑え込もうとして、問題を増やしたがるだろうか。バルト諸国の非常にはっきりした国民的帰属意識は（東部ウクライナの場合と違って）、かなりの程度、ロシアへの抵抗によって培われたのだ。プーチンが、すでに実行した以上の、ヨーロッパでのより広い拡張主義的計画をもっているという証拠も、まったくなかった。一方、シリアへの介入は、プーチンがロシアの伝統的同盟国シリアとイランを支援して、国際舞台でロシアの力と影響力を誇示するため、米国の政策の弱みにつけ込んだケースだった。しかし、ロシアがソ連のそれに比肩し得る世界的役割への野心を抱いたことを示す兆候はない。そのためには、ロシアの資源だけでは十分ではないだろう。それに、ロシアの国力回復というのでは、非ロシア系民族に訴えそうなイデオロギー的目標には、まずならなかった。

そうこうするうち、ウクライナの危機は不安な膠着状態に落ち着き、世界平和やヨーロッパのより広い安定に重大な脅威を与えることはなかった。しかし、ヨーロッパ大陸の全般的危機のもう一つの要素の帰結として、非常に長きにわたって、まさにその安定の重要な支柱であったＥＵそのものが維持できるのかどうかが、直接的に問われることになった。すなわち「ブレグジット」、英国のＥＵ離脱決定である。

ブレグジット

二〇一六年六月二三日の運命を決する国民投票は、もちろん、主として英国に影響を及ぼした。だが、加盟国の差し迫る離脱は初めての出来事であり、すでに経済・移民・テロの危機と対ロ関係の緊張からくる圧力にさらされているＥＵの発展過程での、決定的な出来事であった。

「ヨーロッパ」は、英国の政治で二〇年以上にわたって化膿傷であり続け、英国は長年、ＥＵのもっとも厄介な加盟国だった。とはいえ、ブレグジットへの道のりは短かった。金融危機から緊縮政治と難民・テロ危機を経て、ブレグジットまでは一直線である。

二〇〇四〜一六年の間、毎月の世論調査によると、大きな変動幅はあるものの、回答者の平均四四・七パーセントがEU加盟国であることを是とし、四二・九パーセントが否認していた。英国はユーロ圏に加わっていない――そのことで多くの人が安堵のため息をついたが――にもかかわらず、否認の割合がユーロ圏危機のあとの二〇一〇年以降、急上昇する。そして、英国の多くの人びとが金融危機後、生活水準の停滞あるいは低下さえ見るにつれ、英国独立党(UKIP)はグローバリゼーションに「取り残された」と感じている白人労働者階級の経済苦境を、EUからの「制御できない」移民に結びつけることによって、労働党の牙城地域でも次第に支持を伸ばす力を見せつけた。二〇一五年末のイングランド銀行の分析が、移民が英国の未熟練労働者の賃金を引き下げかねないとするUKIPの主張に、一定の信頼性を与えた。

これに加えて難民危機が起きた。大方の有権者が、政府は移民を制御できなければならないのに、歴代政府はこれを怠ってきたと考えた。ドイツ首相メルケルが一〇〇万人を超す難民にドイツの門戸を――したがってEUの門戸を――開放すると、この態度は目に見えて硬化した。そして、移民問題を利用して国の安全にまつわる不安をあおるのは容易だった。伝えられるところでは、二〇一五年一一月にパリで起きた恐ろしいテロ攻撃の犯人のなかに、難民に交じってヨーロッパを通過したテロリストがいた。UKIP党首ナイジェル・ファラージは、「ISISは大陸をイスラム聖戦戦士で満たすと誓っている」ため、英国がEUにとどまり続けると、国の安全に脅威を与えると警告した。国民投票でのUKIPの運動ポスターは、英国への途上、スロヴェニア国境で列をなすシリア人難民を描き、「EUはわれわれ全員を見捨てた」という標語が付けてあった。たしかに、これは「離脱」プロパガンダの極端な例だ。だが、影響がないわけではなかった。英国がEUにとどまればテロの危険が高まるとする考えに、半数近い国民が同意していたのだ。一方、単なるUKIP支持者を超えるはるかに広範な有権者層が、移民を抑える必要を優先問題と見ていた。

かくして、国民投票の運動が始まったとき、最重要問題はEUからの移民の削減だった。EUからの移民は「多すぎる」と考える英国人は、六九パーセントもいた。移民問題は、移民への福祉手当を制限したいという気持ちと一体になっていた。EU反対派が、移民問題を国民保健制度(NHS)の財政ひっ迫に結びつけるのは難しくなかった。NHSは英国の虎の子の制度なのだが、EU反対派は「保健ツーリスト」によってその財源が「絞り尽くされ」、現在の支えきれない水準の移民「圧力の下できしみつつある」と主張した。

二〇一五年の総選挙で保守党が多数派政府を形成すれば、英国のEU加盟の是非を問う国民投票を実施する。首相キャメロンがこう拙速に公約してしまったことについては、これが不都合な背景としてあった。キャメロンは本来、保守党内の反EUグループを抑え、どぎついEU恐怖症のUKIPへ支持が流れるのを止めたいと考えていた。彼はおそらく、選挙後も続きそうな連立政権のなかで、強力に親EUである自由民主党が国民投票の実施を阻止してくれると計算していた。ところが、二〇一五年総選挙で保守党が想定外の絶対多数を獲得したことで、国民投票の公約を実行するしかないと考えたのだ。党利党略の戦術が、国家の将来がかかるギャンブルになってしまったのである。

それは自らの説得能力に絶対の自信をもつキャメロンが、勝ちを確信するギャンブルだった。スコットランド独立を問う二〇一四年九月の住民投票のように(この時は、スコットランドの有権者は五五パーセント対四五パーセントで独立を否認した)、有権者は結局、現状維持を選ぶだろう。そうキャメロンは確信していた。大方の専門家も同意見だった。キャメロンは英国の加盟条件についての再交渉の結果に、多くを賭けていた。だが、英国の大方の有権者にとって、キャメロンと他の二七カ国首脳との間で行われた二〇一六年二月の協議の結果は、はっきりと失望させる内容だった。国民は、交渉がとりわけ重要な移民問題で英国の加盟条件に「相当な変更」をもたらしたとするキャメロンの主張の正体を、たちまち見抜いてしまった。EUは個人の移動の自由という基本原則を断固として守り切っていた。キャメロンが取りつけた譲歩は、従業員福利の受給を最大で滞在四年まで制限でき、それとて七年間の期間に限るというものでしかなかった。微々たる成果だった。広い読者をもつタブロイド紙『サン』は、この取引に「お粗末」の評価を下した。

下院議員の四分の三はEU残留を支持していた。キャメロンは「残留」キャンペーンに全力を傾けた。だが、政権の重要閣僚は「離脱」を支持する自由を認められた。なかでも重要な人物は、法相マイケル・ゴーヴと元ロンドン市長ボリス・ジョンソンだった。ジョンソンは庶民性を備えた洒落者。すぐに彼と分かるもじゃもじゃの金髪頭、それに、おどけと口達者のあざやかな組み合わせによって、英国の最上級のパブリックスクールの一つ(イートン校)出身のこの人物は、(ひどく対立を生じさせる人物ではあれ)国内でもっとも人気の政治家の一人になった。ジョンソンは激しく競り合った競争のバランスを、「離脱」の勝利に傾けるうえで、けっして小さくない役割を果たすことになる。保守党の「離脱派」は、主権の回復とブリュッセルから英国への民主的諸権利の返還を主張した。UKIPの一本調子の主張は、移民に関するポピュリスト的言辞の反復だった。だが、主権と移民はEU離脱の推進力の両面にすぎない。それらの議論は同じ方向に向かっていた。

EU離脱を積極的に支持する労働党の政治家は、ほんの一握りだった。しかし、党内の「残留派」は、自分の選挙区の多くの有権者が「離脱」支持者であることを十分意識して、慎重に行動した。それに、労働党のキャンペーンの大きな弱点は、党首のジェレミー・コービンが——EUに関しては長年、よく言って気乗り薄で——、「残留」支持について（沈黙しないまでも）明らかに熱意がないことだった。

国内の雰囲気は、はっきり半々に割れていた。「残留派」側は、EU離脱で予想されるマイナスの経済的影響と、これが一般市民の生活水準に及ぼす結果に、ほぼすべての焦点を合わせた。実に多数の経済専門家や財界首脳、銀行家、そしてUKIPを除くすべての政党の政治家が、EU離脱が英国経済に与える影響の陰鬱な絵を描いてみせた。蔵相ジョージ・オズボーンは、離脱が可決された場合、一定の経済崩壊に対処するために思い切った措置が必要になるという印象を与えた。だが、「離脱」派が名づけた「恐怖プロジェクト」は、ほとんど効き目がなかった。多くの有権者はそれをまったく信じないか、誇張されたプロパガンダだと見なしたのだ。法相ゴーヴがテレビのインタビューで、国民は、自分たちが一番よく知っていると言いながら「いつも間違っている」ような「専門家にうんざりしている」と述べると、有権者の懐疑心は強まった。「残留」キャンペーンが、EUにいることの利益をまったく示そうとしないのは、多くの人のEU評価がいかに低いかを示す一つの指標だった。もっとも決定的なのは、「残留」キャンペーンが、「離脱」派の主張の中心的要素、すなわち「EUからの移民制御」と対決する弁論上の武器を持っていなかったことである。

「離脱」キャンペーンが力説したスローガン「制御権《テイク・》を取り戻せ《バック・コントロール》」は、分かりやすくて力強いメッセージを発した。それに、これはネガティヴなばかりではなかった。EUを完全に拒否すると同時に、より明るい未来を暗示してもいたのだ。三つの単語によって、国家主権の回復と民主主義再生のビジョンを、有り難くない移民を抑制する権限と結びつけたのである。

「離脱」キャンペーンも、独自の脅し戦術に訴えた——英国に来そうな難民の数や、テロの脅威、国民的帰属意識の喪失、そして公共サービスへの有害な圧力について、である。その主張のいくつかは見え透いたウソだった。すなわち、英国は週三億五〇〇〇万ポンドをブリュッセルに送っており、EU加盟国でなくなれば、それが国民保健制度へ回るとか、トルコは二〇二〇年までに

EUに加盟する可能性があり、その結果、さらに五〇〇万人を超える人間が英国にやってくるというものだ。公平な報道を旨とする英国放送協会（BBC）も、おおむね反EUの新聞も、こうしたウソにほとんど反駁しなかった。

二〇一六年六月二四日に開票され、結果が発表されると、英国はEUの出口ドアへ向かって突き進んでいた。投票に行った七二・二パーセントの有権者のうち、五一・九パーセントが英国のEU加盟停止に賛成票を投じ、残留支持票はわずか四八・一パーセントだった。スコットランドと北アイルランドは残留支持。そしてウェールズと、大差でイングランドが離脱支持だった。年配者と教育水準の低い有権者は、圧倒的に離脱を支持し、若者と教育水準の高い有権者は残留を希望した。自らを「白人の英国人」と考える人びとの大多数は、離脱に投票したが、民族的少数派の有権者ではわずか二五パーセントだった。ロンドンは圧倒的に残留支持。大きな大学都市もそうだった（バーミンガムとシェフィールドは除く）。だが、保守党の選挙区のほぼ七五パーセントと、労働党のそれの六三パーセントは離脱を支持した。大都市を除いて、英国はブレグジットの国だったのである。

国民投票の直後、キャメロンは首相を辞任した。保守党上層部内の短期間の権力闘争のあと、テリーザ・メイが新首相として登場した。六年間内相を務めており、その立場上、彼女にはきわめて重要であり続ける移民という問題に責任があった。彼女は真剣にというより、むしろ消極的に「残留」を支持していた。いったん就任すると、たちまち転向者の熱意を見せる。自分の任務は「国民の意思」を履行することだ、と述べたのだ。「ブレグジットとはブレグジットのことだ」が彼女の空虚なお題目だった。三人の主要な離脱派が、離脱交渉の基礎を整える責任を任された。多くの人が驚いたことに、ボリス・ジョンソンは外相の地位に昇進した（かつては模範的外交手腕と結びついた高級閣僚ポストだったが、新任者にそれがあると認める向きはほとんどなかった）。リアム・フォックスは長年の強硬な反EU派で、自由貿易の強力かつ新自由主義的な主唱者だが、断然最大の通商相手であるEUとの通商の減少を埋め合わせるため、世界じゅうで新たな通商取り決めを取りまとめる権限を与えられた。そして、保守党党首をめぐるかつての不愛想な対抗馬の一人で、「離脱」キャンペーンの強力な支持者デイヴィッド・デイヴィスは、EU離脱担当相に任じられ、離脱のための協定交渉の主要責任を与えられた。

二〇一七年一月、メイは英国の離脱の大枠を発表した。それは単一市場（これはサッチャー政権が発足に尽力したものだ）と、おそらく関税同盟からの離脱を含むことになる。首相は三月二九日、ヨーロッパ理事会常任議長ドナルド・トゥスクに、英国のEU離脱の意思を正式に伝達した。それは離脱条件についての、他の二七加盟国との時間のかかる交渉を意味した。大方の中立的な解説者が、英国に取っては有害な結果になりそうだと考えた。大ブリテン及び北アイルランド連合（英国の正式名称は「大ブリテン及び北アイルランド連合王国」）の将来さえかかっていた。スコットランド自治政府首相ニコラ・スタージョンは、EU離脱に反対した国にそれが押しつけられたことに怒り、一七〇七年以来存在してきたイングランドとの連合を崩壊させかねない独立住民投票を再度実施することもあり得ると言明した。そして、アイルランド（EU加盟国）と、EUを離脱しようとしている北アイルランドの間の国境問題は、アイルランド島全体に根深い民族問題を再び解き放つ可能性を秘めた厄介な問題だった。

　英国の離脱決定に対しては、EU各国で衝撃と悲嘆の声が上がった。だが、単なる遺憾の気持ち以上のものがかかっていた。もっとも重要な加盟国の一つが抜けるとなると、EU内部で真剣な内省が必要になる。何が間違っていたのか？　英国の離脱支持投票は、EU内の深刻な機能不全を反映していたのか？　ヨーロッパの他の国々も疎遠にしつつある中央集権化政策と厳格な原則が、少なくとも理由の一部となって、英国を出口の方へ押しやったのだろうか？　仮にそうであったとしても、加盟国の多様な利益が異なり、しばしば競合するなかで、EUの長期的な生き残りと健全性のためには不可欠だと非常に多くの観察者が考える根本的構造改革はいかにして、実行はおろか、考案できるのだろうか？　英国の離脱決定は英国自身にとってと同時に、その他のEU諸国にも、不透明ではあれ、明らかな影響をもたらした。時としてヨーロッパの同盟諸国の間にどんないら立ちを引き起こしたにしても、英国は四〇年以上にわたり主要な通商相手国であり、EU予算の重要な拠出国だった。そのうえ、EUはその自信と安定を傷つけた二〇〇八年以来の諸々の大きな危機に揺さぶられ、健康体からはほど遠い状態なのだ。

　不本意ながら英国の決定を認めたうえで、決定的に必要なのは、EUの連帯感と統一を強化することだった。（EU嫌悪症の英国報道機関の一部が主張したような）英国への「懲罰」はあり得ない。だが、全体としてのEUの利益をなんとしても守らなければならないことは、明らかだった。英国の離脱によってEUが弱体化するのではなく、強化されなければならない。英国の離脱をはるかに越える諸々の危機――EU自身の存立も含め――に立ち向かうために、EUの未来を固めなければならない。デイヴィッド・デイヴィスが交渉団を率いる英国と、ヨーロッパ委員会委員及びフランス閣僚としての長い経験を有するミシェル・バルニエを交渉団長とするEUが、二〇一七年夏、複雑な作業を始める準備をしているとき、双方にとって長い不安定期が迫っていた。

経済危機と移民、そしてテロは特殊ヨーロッパの問題ではなく、グローバルな問題だ。ウクライナ危機は国際的反響があった。英国のEU離脱でさえ、英国がグローバルな通商関係を再編しようとするとき、英国はいうまでもなく、単にヨーロッパだけの関心事にはとどまらない。ほぼ一〇年間にわたるこの集団的危機は、ヨーロッパ文明の基盤を——破壊しないまでも——揺るがした。二〇一七年夏までに、ヨーロッパはこうした危機を乗り切っていた。危機は食い止められた。だが、克服されたわけではない。克服されようもなかった。こうした危機は、ヨーロッパがさらされている、あらゆる形をとって現れるグローバリゼーション——過去三〇年間にきわめて急激に加速したプロセス——に内在しているため、それがヨーロッパに与える脅威には、はっきりした、あるいは限定された終わりはあり得なかった。景気回復は相変わらず力強さを欠き、高水準の移民は不可避、重大なテロ問題への有効な解決策はなく、そして二〇一六年一一月に衝動的で予測できないドナルド・J・トランプが米大統領に選出されて以来、大国間の衝突の可能性が高まっている。ヨーロッパが世界の混乱にさらされる状況は、この先何年も、ひょっとすると何世代も確実に続きそうである。

二〇〇八年以降、現代ヨーロッパで当然視されてきたことの多くに疑問符が付いた。安定と繁栄、そして数十年間の達成を記録した平和でさえ、もはや確かではなくなった。第二次世界大戦以降、西欧にとって(そして一九九〇年以降は東欧のほとんどにとっても)非常に肝要だった米国との絆は、すでにオバマ政権下で弛緩しつつあり、彼の後継者の下でもろに疑問を投げかけられている。長年そのために戦われた自由と民主主義の価値観が試されている。二〇一七年のヨーロッパは、戦後のどの時期よりも大きい永続する不確実性と不安定に直面して、脆弱な状況にある。ヨーロッパはより良き時代への道を見出すだろうか？　それとも、過去の亡霊が帰り来て、大陸を苦しめることがあるのだろうか？

後記
新たな不安時代

人間をつくっているこれほど曲がった木材から、申し分なくまっすぐなものを築くことはできない。

エマヌエル・カント（一七八四年）〔邦訳『カント全集14』「世界市民的見地における普遍史の理念」岩波書店〕

第二次世界大戦後のヨーロッパ史は偉大な業績と、そして近年の一連の危機がまざまざと示したように、ひどい失望と、さらには災厄の目くるめくような混交だった。それはまことに、多くの点で、上昇と下降を繰り返すローラーコースターであり、一九七〇年代から速度を上げ、一九九〇年以後、急速に加速し、新世紀に入ってほとんど制御不能に疾走してきた。冷戦初期の不安定と、この一〇年間ヨーロッパをとらえてきた多面的危機が生む不安定の間の紆余曲折する行程には、多くの肯定的な事柄とともに、否定的な事柄があった。では、過去七〇年のヨーロッパ史のバランスシートはどうなるだろうか？

正当な評価をするならば、どんな但し書きを付けても、達成された巨大な前進を強調することになろう。二〇世紀前半のヨーロッパ――帝国主義国と帝国主義願望国が覇権を争うなか、戦争とジェノサイドで物理的、道徳的に引き裂かれた大陸――をほんのひと目見ただけで、ヨーロッパがそれ以降、どれだけ遠くまで歩んできたかが分かる。大方のヨーロッパ人はいま、平和と自由、法の支配と相対的繁栄の下に生きている。人種差別の態度はまだまだ根絶されてはいないが、公然たる人種差別は違法である。男女の平等権は、実践面ではしばしば軽視されているとはいえ、原理としては承認されている。古い偏見はなかなかなくならないとはいえ、同性愛の男女はもはや公式の差別に遭うことはない。どんな留保条件を付けるにせよ、あれやこれやの文化的変容は、やはり重大な進歩なのである。

「警察国家に暮らしたことのある者だけが、警察国家に暮らさないとはどういうものなのかが理解できる」とは、傑出した英国の歴史家ピーター・パルザーの言葉である。一九三八年のナチによるオーストリア併合時にウィーンにいたころは子どもで、翌年、家族とともに英国へ逃れた人だ。戦争前の当時でも、ヨーロッパ人の三分の二は独裁的支配の下で生活し、警察の恣意的権力に支配されていた。鉄のカーテンの向こう側のヨーロッパ人は、戦後四〇年の間、共産党支配下の警察国家での生活を体験した。かつてソ連だった地域のあちこちには、独裁的支配がまだ存在している。トルコは独裁的統治へ向かいつつある。ハンガリーとポーランドは、民主主義の形式を利用して、民主主義の中身を骨抜きにしている。それでも、大方のヨーロッパ人は今日、自由と民主主義体制と法の支配の下で暮らしている。今日の多数のヨーロッパ人がもはや警察国家の専制を恐れる必要がないのは、とてつもない前進なのである。

パルザーの所見に、こう付け加えることができるだろう。赤貧を経験した者だけが、貧しくないとはどういうことなのかを真に評価でき、戦争の恐怖をじかに目撃した者だけが、平和に暮らすとはどういうことなのかを完全に理解できる、と。

ヨーロッパ大陸は今日、かつてなく繁栄している。その物質的豊かさが（自由及び相対的安全性と相まって）、世界の他の地域の戦争と極貧を逃れてくるあれほど多くの移民たちを引き寄せる強力な磁石なのだ。もちろん、ヨーロッパの繁栄は、均等に配分されているというにはほど遠い。貧富の差は縮まるどころか、かえって広がった。いくつかの国、あるいは国内のいくつかの地域は、依然として比較的貧しい。豊かな国にさえ、貧困はある。豊かな西欧諸国に、貧窮者のためのフードバンクがあるのは、一つの醜聞である。そうではあっても、戦前のヨーロッパにあった身を焦がすような広範な貧困は、もはや存在しない。

戦争世代にとっては、戦後ヨーロッパのもっとも注目すべき発展はこれまで、永続する平和だった。今日、これはしばしば当たり前のことと受け止められている。戦後初期の数十年間、平和の維持はこれほど確かなことには見えなかったのだ。もちろん、すべての場所がこれまで平和だったわけではないのは、言うまでもない。ユーゴスラヴィアは一九九〇年代の紛争で引き裂かれた。カフカス地方には激しい暴力沙汰があった。そして、もっとも最近では、東部ウクライナが武力紛争に悩まされてきた。加えて、北アイルランド、スペイン、西ドイツ、それにイタリアでは、内側からのテロ暴力が時として深刻な苦難だった。そのうえ、ヨーロッパは概して平和だったけれども、ヨーロッパ諸国の帝国からの撤退は、例えばアルジェリアやケニア、アンゴラに見られるように、不可避的に暴力の足跡を後に残した。そして、世界の他の地域をこの世の地獄に変えるうえで、ヨーロッパ製兵器の輸出が果たした役割は、けっして小さくはなかった。それでも、二〇世紀前半に、一世代の間に二度にわたって大陸を破壊したようなヨーロッパの全面戦争はなかった。それは戦後ヨーロッパ人にとって最大の恵みであった。

そこで、こういう一般論は有効だろう。すなわち、過去七〇年間の急速かつ深い変化の結果、今日のヨーロッパはその長い歴史上、かつてなく平和で、繁栄し、自由である。グローバリゼーションと技術革新は、今日のヨーロッパ人が感じている物質的恩恵に大きく寄与してきた。だが、これまでの章が示したように、相当な否定的帰結もあった。グローバリゼーションはターボ資本主義への道を拓いた。グローバル投資銀行、巨大複合企業、巨大情報技術企業は、国民国家の制御を越えたところに権力を打ち立て、二〇〇七〜〇八年には肥大化した無責任な金融部門が、国際金融システムを崩壊の淵に追い込んだ。未熟練の、しばしば移民労働者の新たな「プレカリアート」が登場した。彼らは低賃金の仕事に就き、標準以下の住居しか手に入らず、絶え間ない物質的不安定とともに生きている。とくにイスラム・テロ――かなりの程度まで、ヨーロッパによる中東の戦争への関与とヨーロッパの帝国主義の過去の遺産――の発生率が高まるにつれ、身体的不安感もまた強まった。外国で起きる事柄が、もはや国内の日常生活から切り離せないことが、いっそうはっきりしてきた。

とはいえ、重大な否定的側面があるにもかかわらず、過去七〇年のヨーロッパの変化が、かなり肯定的だったとするなら、これは北大西洋条約機構（NATO）とヨーロッパ連合（EU）という戦後の二つの発展に負うところが、けっして小さくない。ヨーロッパがもう一つの大戦に突入するのを抑止するうえでは、三つ目の要因――核兵器による「相互確証破壊」――が、おそらく非常に重要だった。

NATOの盾と米国の積極的関与は、西欧の戦後秩序の不可欠の保証だった。とくにベトナム戦争以降、これまでヨーロッパには米国の外交政策に対する広範な――おおむねもっともな――反感があった。外国での米国のイメージは、自由の国際的保証としての自由な人びとの国という、米国自身の優しい自己イメージとしばしば衝突してきた。だが、反米主義の高まりは、とくに戦後初期の数十年、ヨーロッパに強力な軍事プレゼンスを維持するうえで、米国が果たした不可欠の役割の意味を減じはしない。それがなければ、大陸の西半分はそれほど安定していなかっただろうし、自由民主主義の定着は覚束なかっただろうし、平和の維持はもっと不確かだっただろう。

二番目の重要な要素は、やがてEUに結実する機構の樹立だった。EUの複雑な前史は、戦略的な計画によるよりもむしろ、おおむね予測できない出来事に促された即興的組織成長と補正の形で展開した。指数関数的に膨らむ組織上の迷路、しばしば対立をまねくことになった――何よりも農業補助金をめぐる――複雑な経済的取り決め、そして国家を超えた国家を建設しようという膨らむ野心に対する懸念が、大きな批判と敵意の高まりを生んだ。だが、欠陥や失敗、弱点がどうであれ、ヨーロッパ石炭鉄鋼共同体、次いでヨーロッパ経済共同体は、政治的安定を支える繁栄が急速に広がる枠組みになっただけではなかった。決定的なことに、独仏の友好関係を固めることによって永続する平和への道を開き、それによって、二度の世界大戦の引き金を引くうえで果たした役割がけっして小さくはない、膏肓《こうこう》に入った憎しみを取り除きもしたのである。ヨーロッパ統合の追求がギリシア、ポルトガル、スペインの旧独裁国家を、そしてのちには、一九九〇年まで鉄のカーテンの向こう側にあった国々を取り込んで拡大するにつれ、EUは民主主義の諸原理と法の支配、そして国際協力の枠組みを、南欧と中欧及び東欧の多くの地域へ広げてきた。長年ヨーロッパの最貧国のなかにありながら、いまや大きな物質的進歩を経験できた国々、また、数十年にわたって独裁支配の下で生活したのが、いまや複数政党制民主主義を発展させた国々にとって、これはつまるところ、巨大な前進だったのだ。

EUがこれまで達成できなかったのは、真正のヨーロッパ帰属意識の創出だ。それぞれが個々の帰属意識と文化、歴史を有し、六〇以上の言語をもつ四〇カ国ほどから成る大陸としては、このこと自体は全然驚くに当たらない。おそらく、一部のEU理想主義者によっては失望だったろう。だが、国民国家の死亡広告を書くのは、実のところ時期尚早だったのだ。政治的理想主義よりも経済的現実主義にもとづいて建設されたヨーロッパ共同体は（この二つはしばらくきっちり並走していたのだが）、アラン・ミルウォードがいみじくも論じたように、「国民国家の（死滅ではなく）救出」を結果したのである。国家帰属意識はいかなるヨーロッパ帰属意識をも押しのけ続け、この数十年では間違いなく、縮小するよりも強まった。とはいえ、決定的なことに、二度の世界大戦を生んだ危険なまでに攻撃的な排外的ナショナリズムは、もはやほぼ存在しない。それは、国家を超えた協力と相互依存が徐々に高まることによって、希釈され、相殺されてきたのだ。

ヨーロッパ帰属意識が現実よりおおむね一つの理想と願望にとどまってきたとしても、それでも、それは一種の政治的内容を獲得してきた。「ヨーロッパ」は、大方の市民の目には、（良きにつけ悪しきにつけ）おおむねEUと同義になった。「ヨーロッパ」は、相互に関連した諸国家の共同体としてのEUの国々を、その外側に位置するヨーロッパ大陸の国々——主としてロシアと旧ソ連諸国——からはっきり区別している。この「ヨーロッパ」は、シャルル・ドゴール（その他の人びと）が好んだ「諸々の祖国から成るヨーロッパ」でも、ジャック・ドロールと結びついた超国家的組織体でもない。むしろ、その中間のどこかに位置するユニークな組織体なのである。理想的未来として、ヨーロッパ連邦国家に統合された、常に拡大する「ヨーロッパ」に目を向け続ける人びとがいる。距離をおいて、そして敵意さえもってヨーロッパを、国民国家の主権とまとまりを侵害する疎遠な組織体と見なす人びともいて、その数は増えている。戦後の最初数十年は、再度の戦争のわずかな可能性をも防止する必要が、新生のヨーロッパ共同体の念願の中心にあったのだが、そのメッセージは時の経過とともに必然的に色あせてきた。この結果、ＥＵの「ヨーロッパ」は、多くの市民の目から見て、ほとんどの人びとの生活に影響するのに、彼らには積極的な政治的関与ができない規則や規制を体現する、分かりにくくて疎遠な組織にすぎないものになってしまった。ここにおいて、ＥＵには構築できない愛着心を呼び起こす力のある、ナショナリストや分離主義の政治運動への扉が開けるのだ。すると、「ヨーロッパ」とは、大方の市民にとって、好き嫌いはともかく、なんらかのヨーロッパ連合のことを意味する。だが、現実には、彼らの情緒的忠誠は「ヨーロッパ」にではなく、依然として、彼らの国民国家ないし地域（あるいは、いくつかのケースでは自称独立国家）にあるのだ。

　意味のあるヨーロッパ帰属意識を創出しようとするどのような試みも、引き続き克服できない障害に出遭う宿命にありそうだ。宗教的献身の衰退と移民少数民族の増加は、ヨーロッパがもはやキリスト教と同一視され得ないことを意味している（いずれにせよ、キリスト教は数世紀にわたって、真に統合するよりむしろ分裂を生じさせてきたのだが）。歴史もまた、統合より分裂の働きをするだろう。多文化社会は、ヨーロッパがすべての国民に共通する歴史理解をもはや有していないことを意味する。いずれにしても、ヨーロッパとしての歴史理解（あるいは神話）は、あったためしがないのだ。歴史理解は常にナショナルなものであり、それですら、たいていは国民の異なる部分から異議を受けたのである（勃発から八〇年以上、フランコの死から四〇年以上になるスペイン内戦の遺産が、生々しく示しているとおりだ）。（第一次世界大戦以上に）第二次世界大戦とホロコーストは、時の経過とともに、近年の歴史に関する国民意識のなかで重きを占めてきた。しかし、いずれの記憶伝承も共通のヨーロッパ帰属意識を促すことはない。ヨーロッパの国民国家の市民が個々の国で、平和、自由、複数政党制民主主義、法の支配というヨーロッパ共通の中心的原理の擁護を支持している限り、また、その支持を支える物質的豊かさの水準を維持している限り、そして何であれ国家を超えた協力と友好の絆の強化に努めている限り、おそらく、ヨーロッパ帰属意識を虚しく追求することは、いずれにしても不必要なのだ。

　だが、この時点で、ヨーロッパの最近の過去に関する評価は、最終点に到達する。残るのは、ヨーロッパの未来に関する諸問題である。ヨーロッパはこの先に控える大きな難題と、どう向き合うのか？　過去の諸々の前進は、その後の衰退に先立つおおむね前向きな挿話と見られてしまうのだろうか？　近年、ＥＵの評判が高まるどころか低下しているとき、「ますます緊密化する連合」というプロジェクトは、どこまで進むのだろうか？　そして、ＥＵの境界線のむこう側にあって、何世紀間も自らを「ヨーロッパ」と完全には同一視しなかった（あるいは、外部の観察者から同一視されなかった）ヨーロッパ地域――ロシアとその傘下の国々、トルコ、バルカン諸国――は、「中核ヨーロッパ」から漂い離れていく運命にあるのだろうか？　何よりも、ＥＵは現下の諸困難を克服し、かつて存在したものの、こんなにも消え失せてしまった「ヨーロッパ構想」への熱意を新たに刺激するために、自らを「再考案」できるのだろうか？　課題はかなり大きい。

「過去を学べ」。ワシントンにある国立公文書館の入口の一つを、孔子の教え〔温故知新〕が飾っている。「過ぎ去ったことはプロローグ」という、シェークスピアの『テンペスト』からの引用が、別の入口に彫られている。過去を学ぶことで歴史家は、しばしば荒れ狂うヨーロッパの軌道をたどり、現在に辿りつくことができる。しかし、過去は何のプロローグなのだろうか？　厳密な意味では、現在は存在せず、あるのは過去と未来だけである。過去は（数々の怪しい曲がり角や、暗い茂みに至る脇道があるとしても）適度に照明の利いた道であり、それは次に、「未来」と表示された巨大な近づきがたい門によってさえぎられる。門に開いたわずかばかりの狭いすき間を通して、ぼんやり照らされた多くの道が始まり、たちまち薄明のなかに消えていくのを垣間見ることができる。おそらく、道の一つはほかの道より少しばかり広く、前に進みやすい道に見える。しかし、これは確かではない。見定めるのは不可能だ。いずれにせよ、その道もまた、すこし行ったところで見通しの利かない暗闇のなかへ続くばかりなのである。

そこからの行先は不明だ。過去の発展の構造的パターン――例えば人口動態研究あるいは社会・経済的動向――は、一般論として、次の数十年がどのような形になる可能性があるかについての、不正確な指標なら提供することができる。だが、未来は常に開かれているのだ。歴史学は、予期し得ない事柄に関するもっとも漠然とした道しるべしか提供してくれない。長期の構造的プロセスだけでなく、予期できない諸々の出来事が、巨大な変化を生み出し得る。歴史における偶然性の役割は過小評価しがちである。だが、歴史は、劇的な影響力をもちながら偶然性に左右される問題に満ちている――例えば、戦闘の結果や予期しない政治的動乱、支配者の人格である。政府が直面する最大の難題は何かというジャーナリストの質問に、元英国首相のハロルド・マクミランが言ったとされる（たぶん疑わしいが）答え――「偶発事件だよ、きみ、偶発事件」――が、未来の予測不可能性と、歴史家にとって(万人にとってと同様)、過去の解釈から未来の予測に転じることの難しさを端的に要約している。

本書を二〇一七年に脱稿するころには、ヨーロッパは海図のない領域に入りつつあった。ヨーロッパ大陸は第二次大戦後のどの時期よりも大きな不確実性と不安定性に直面している。金融システムの安定と、再度の崩壊が起きる可能性についての心配が続いている。ギリシア経済は依然として危険な状態にある。ドイツの貿易黒字はまだ、ユーロ圏を不均衡にしている。フランスは経済の競争力を高めるための困難で、おそらく不人気な措置に向き合っている。ポーランドとハンガリーは独裁政治の方向へ心配な方向転換をしている。英国は極めて複雑なEU離脱交渉に没頭している。移民危機は二〇一五~一六年のピーク期からは下火になったが、終わってはいず、イタリアとギリシアにとくに大きな緊張を加えている。これは、ヨーロッパの解決能力の限界をはるかに超えたグローバルな政治的諸問題――とりわけ目立つのはシリアにおけるおぞましい戦争の遺産――のなかの一つの重要な要素だ。ヨーロッパにおけるテロ攻撃は増加しつつあり、民主的自由を重んじる開かれた社会では、決して完全には防ぎ得ない。国際関係が厄介である。中東は依然として火種であり、いつ何時でも爆発しかねない。自己主張するロシアとの関係は、一九九一年以降のどの時期よりも一段と緊張している。シリア紛争に深く関与しているトルコは、ヨーロッパが引き続く難民危機を管理するうえで決定的に重要なのだが、独裁的国家になりつつあり、ヨーロッパの自由民主主義の諸原理とトルコ自身の世俗主義のルーツに背を向けている。そして、中国パワーの登場は、ヨーロッパと外的世界の関係の方程式で、まだ計算不可能なファクターである。

二〇〇八年以降、ユーロ圏の、そしてEUの、終りの始まりとか、国民国家が相争う大陸への逆戻りとか、一九三〇年代ファシズムへの回帰とヨーロッパの暗黒の過去の精神の目覚めとか、復活したロシア・パワーの危険とか、世界におけるヨーロッパの影響力の衰えとか、平和と繁栄の終焉とか、ひょっとすると核戦争さえあり得るなどと予言するカッサンドラの声が聞かれてきた。二〇一六年一一月、ドナルド・トランプが予想に反して米国大統領に選出されたことで、衝動的で予測できない人物がホワイトハウスの主になった――おまけに、ヨーロッパとその支配的価値観への無関心を隠してこなかった人物である。彼の在任初期の数カ月は、非常に不安にさせるものがあった――しかも、それはヨーロッパにとってだけではない。強く自己主張する「アメリカ・ファースト」政策の結果、保護主義と貿易戦争にさえ戻りかねない可能性が、経済混乱の不安な見通しを突きつけた。だが、ヨーロッパの懸念はさらに深い。第二次大戦以来、米国はとりわけNATOへの関与を通じて、西欧が、そして共産主義の崩壊以後はヨーロッパ大陸の多くが享受している自由の保証人だった。トランプはNATOを「時代遅れ」とする選挙運動中の表現――ヨーロッパ人には不安に響く――を引っ込めたけれども、ヨーロッパ防衛政策のこの重要な枠組みについて、戦後のどの大統領よりはるかに姿勢が不確かなままである。一九四〇年代末から続いてきた戦後秩序におけるヨーロッパの位置が、結果として、不確かになっている。

トランプの当選は、ヨーロッパじゅうのナショナリストと右翼ポピュリストを勇気づけもした。彼らの訴えはリベラルなヨーロッパ人を深く憂慮させる問題であり、現代ヨーロッパ文明の本質としてしっかり根付いたと思われてきた価値観に脅威を与えている。だが、トランプの大統領就任は、そうした心配さえも超える不安を呼び起こした。なかでも、ヨーロッパにとってだけでなく、おそらくもっとも有害なのは、驚くべきことに地球温暖化を裏付ける圧倒的な科学的根拠を退けていることだ。炭素排出による環境への修復不可能なダメージを通した自己破壊から、いかに地球を守るかは、将来の世代が直面する単独のもっとも重要な問題だった（そして、そうであり続けている）。諸問題のなかでももっとも重大なこの問題は、ヨーロッパとその他世界が共有している。だが、米国の炭素排出産業を守ろうと突拍子もない決意をして、トランプは二〇一七年六月一日、気候管理に関するパリ協定からの米国（中国に次ぐ二番目の二酸化炭素排出国）の脱退を表明した。長い困難な交渉の末、二年前に約二〇〇カ国が合意したばかりの協定である。この国際合意は環境保護における大躍進になる可能性を秘めていた。トランプはそれをすっかり壊してしまったのである。

だがそれでも、二〇一七年夏、「未来」としるされた門のすき間から垣間見ると、前方への複数の進路が、完全に深い暗闇に包まれているようには見えない。いくらか光がちらついている。米大統領選挙に続く数カ月、ヨーロッパも多くの重要選挙の舞台になった。これらの選挙は、長年確立された自由民主主義の価値観に対するポピュリスト右翼からの脅威が頂点を過ぎたとの希望を――終わってみれば短命ではあったが――生んだ。オーストリアでは、二〇一六年一二月、（投票規則違反を理由に無効となった五月の選挙のやり直し選挙で）予想に反して親ヨーロッパの緑の党の前党首、アレクサンダー・ファン・デア・ベレンが大統領に選出され、自由党の極右候補ノルベルト・ホーファーが落選した。二〇一七年三月一五日のオランダ総選挙では、極右の反イスラム・反移民を掲げる候補、ヘルト・ウィルダースは予想外に票が伸びなかった――とはいえ、彼の党はそれでも一三パーセントを獲得し、移民問題に対する強い感情のために、現首相マルク・ルッテもまた、ウィルダースの支持を得ようとして反移民発言を繰り返した。重要なフランス大統領選挙（四月二三日及び五月七日の二回）では、国家主権の回復・移民規制・ユーロ離脱という綱領を掲げて支持を集めていた極右国民戦線の党首、マリーヌ・ルペンが完敗した。勝利したのは熱烈な親ヨーロッパの中道派、エマニュエル・マクロンで、彼はフランスの——そしてヨーロッパの——新たな出発を表していた。彼が一から創設した政党「共和国前進」（ＬＲＥＭ）は、大統領選の時点ではまだ萌芽形態だったが、六月の国民議会選挙では見事に絶対多数を獲得した。

フランスは、中道革命というほとんどあり得ないことを達成したように見えた。ＥＵの大幅改革を視野に、ドイツ首相メルケルと緊密な絆を形成しようとするマクロンの初期の措置は、たちまち新たな希望を与えた——危機に陥った近年からの脱出と、ヨーロッパの未来への期待である。当初の期待が持続するかどうかは、時間が経って初めてはっきりするだろう。兆しは必ずしも勇気づけられるものではない。

二〇一七年六月八日の英国総選挙は、それ自体として、ヨーロッパにとっての重要な意味合いがあった。保守党の予想外の議席減と労働党の議席増のために、メイ政権がもっとも劇的な形でＥＵと離脱するチャンスは小さくなった（もっとも、これは一部の保守党議員が強く望んでおり、まだ可能性としては残ったが）。同時に、政府が（あるいは野党労働党が）六月九日に始まった複雑な交渉で、理想としては正確に何を望んでいるのかが、はっきりしなくなった。ＵＫＩＰ版の右翼ポピュリズムは、ほとんど余興としてはじけ散ってしまった。ＵＫＩＰは、三年前のヨーロッパ議会選挙では英国の最大政党だったのに、新議会では一議席も確保できなかったのだ。ＥＵ離脱の国民投票が、ＵＫＩＰの存在理由を大方なくしてしまったのである。しかし、英国民はＥＵ加盟問題によって完全に分裂したままだ。おそらくわずかに移民（いずれにせよ、その多くは経済的に有益なのだ）の削減を達成するために、十中八九英国を貧しくし、国際的地位を弱体化させることの合理性——実は、まったく明らかではないのだ——が、徐々に疑問を投げかけられつつあるように見える。ほかのＥＵ諸国は、一般に前例のない国家の自傷行為の例と見られる事態を、当惑して眺めた。だが、離脱支持は依然として強い。英国民及び支配エリートの間の非常に深い分裂を考えると、英国とＥＵのもっとも望ましい新たな関係をめぐる交渉がどう展開するか、予測することは不可能だ。

二〇一七年の夏の間、ヨーロッパが危機の一〇年を脱しつつある兆しが、わずかにあった。フランスでのマクロンの勝利と、不確実性の時代における確実性の柱と広く見られているメルケル再選の見通しの結果として、ＥＵを生んだ歴史的基盤である独仏枢軸が、新たな弾みをつけそうに思われた。ＥＵ改革の展望は、過去数年よりもよく見えた。それに、この間、ユーロ圏はついに再び、まずまず見事な経済成長を記録しつつあったのだ。幸運なことに、ヨーロッパはまだ明るい未来へ向かい得るかに見えた。

ところが、九月二四日に実施された肝心のドイツ総選挙が、期待を湿らせ、政治風景がいかに素早く変化し得るかを、再びはっきり思い知らせることになる。メルケル夫人は順当に再選されたけれども、選挙のもっとも際立った特徴は――ヨーロッパじゅうの潮流を反映して――、既成政党が票を減らす一方、「アウトサイダー」政党の「ドイツのための選択肢」（AfD）がかなりの支持を得たことだ。それまでの連立与党（CDUとバイエルンの姉妹政党CSU、それにSPD）は、連邦議会で合わせて一〇五議席を失った。CDU／CSUの得票率はわずか三三パーセントに下落。これは二〇一三年より八パーセント減、一九四九年以来最低の得票率である。SPDの得票率は五パーセント減のわずか二〇・五パーセントに下落、これも戦後最悪の記録だった。「インサイダー」の一政党、経済界寄りの自由民主党は一〇・九パーセントを獲得し、連邦議会に返り咲いた。緑の党と社会主義の左翼党はわずかに票を伸ばした。だが、社会をあっと言わせたのは、右翼の反移民政党の大躍進で、同党は夏の初めには支持を失いつつあるように見えたのだが、総選挙では得票率一三パーセントで連邦議会に九四議席を確保した。露骨なナショナリスト政党が連邦議会に進出するのは、過去六〇年で初めてだった。AfDの成功はかなりの程度まで、二〇一五～一六年の難民危機の間の政府の政策に対し、有権者の一部が否定的な反応を示したしるしだった。この選挙結果が、数カ月前のマクロンの選出が開いたユーロ圏（さらに広くはEU）の改革展望にどう影響するかは、未知数だ。展望を高めることはなさそうだった。

二〇一七年に実施された最後の主要選挙、一〇月一五日のオーストリア総選挙は、右方向へ向かう流れの継続を再び示し、尾を引く移民問題の影響を反映してもいた。移民問題はドイツの場合以上に、選挙の大きなテーマであった。この点で、オーストリアはドイツよりも、隣国のハンガリーなど、中欧の国々に似ていた。選挙で大きく票を伸ばしたのは、オーストリア国民党（ÖVP）で、得票率三一・五パーセント。それに極右自由党の同二六パーセント。両党合わせて、得票率を一三ポイント伸ばした。両党は選挙運動中、バルカン諸国からの移民流入を強く批判した。国民党は、テレビ映りがよくカリスマ性のある三一歳のヨーロッパの最年少党首、セバスティアン・クルツに率いられ、同党自身が移民問題に対応するため右方向へ動き、「政治的イスラム」を攻撃、不法移民に終止符を打つことを公約した。自由民主党の言辞は、まったく非妥協的だった。党首のハインツ＝クリスティアン・シュトラッヘは一二月一八日、右派連立政権の樹立で合意した。抗議の声はラム化」を望まないと宣言した。クルツとシュトラッヘは、自分は「祖国のイス小さかった。オーストリアは、ヨーロッパの多くに共通する反移民右派への流れと足並みをそろえて動いていたのである。

もちろん、すべての国政選挙がそれぞれの特徴を帯びている。だが、二〇一七年が終わりに近づくなかで、ドイツとオーストリアの選挙はそれぞれ特色のある形で、ヨーロッパ各地と、米国のトランプ選出に見られる一つのパターンに従ったのだ。このパターンとは、将来の社会的・政治的安定にとっては心配なところだが、ポピュリスト「アウトサイダー」による（主として右派の）運動の隆盛だ。それらの運動は広い層の有権者が、不器用で、無力で、時には腐敗していると見る主流諸政党に対して感じている怒りに乗じることができた。「既成勢力」へのこの深刻な挑戦が、政治風景を永久に変えるのか、それとも、経済状況が改善すれば徐々に収まるのか、それは分からない。

束の間、ニュースの大見出しになる選挙は、たいてい一時的な重要性しかないことが判明する。後に残って、だれであろうと権力の座にある政治家たちの心を奪い、必然的にヨーロッパの将来世代に重大な影響を及ぼすのは、ヨーロッパの最近の過去及び、より広いグローバルな情勢展開の遺産である長期の複合的トレンドがもたらす結果である。こうしたトレンドは、新たな不安時代が長く続きかねないことを示唆している。

単にヨーロッパだけでなくグローバルなレベルの問題だが、もっとも大きな挑戦は間違いなく、気候変動による自壊を止めることだ。破滅的な結果を伴う可能性のあるこれ以上の長期的ダメージの速度を落とし、最終的には止めるための国際協調への一定の取り組みが、二〇一五年のパリ協定でついに達成されたが、結局二年後に、トランプ大統領に壊されてしまった。トランプの任期の終わりごろになるとしても、おそらく理性が勝ちを占め、たぶん米国は気候管理に関する会議に復帰し、環境保護で重要な役割を果たすだろう。米国の参加がなくても、ほぼ間違いなく、米国が残した空白から中国が益を得る形で――速度は落ちるとしても――、進歩がなされるだろう。ヨーロッパの富裕国はすでに、気候変動に対抗する試みの先頭に立っている。これらの国はきっと、再生可能エネルギーを発展させるために（そして経済的に利益を得るために）、いっそう力を入れるだろう。低酸素経済への転換は、任意の選択ではない。社会の将来の幸福にとって絶対不可欠なのだ。だが、将来の世代のために、ヨーロッパ大陸への（また地球への）これ以上のダメージを防ぐのは、時間との競争である。

再生可能エネルギーの資源がすみやかに開発されないなら、エネルギー問題はヨーロッパ各国政府にとって、さらに大きな問題になり、もしかすると紛争を生む可能性がある。産業革命の主役であった石炭は、いまや大方のヨーロッパ諸国で小さな役割しか果たしていない。だが、石油は、戦火で破壊された世界でもっとも不安定な地域の一つ、中東での生産に大きく依存している。恐ろしい人権侵害の記録とテロへの財源支援にもかかわらず、欧米がサウジアラビア——いまのところ（これは変わり得る）、破滅的な国内混乱を経験していない数少ない中東国家の一つ——を引き続き支援しているのは、この国が石油の世界供給に不可欠であることが主たる理由だ。ヨーロッパの国の一部（ドイツを含む）の場合、石油・ガスの供給を、ロシアの疑わしい善意に不健全なまでに依存している。原子力は、一九八〇年代のチェルノブイリと、もっと最近では二〇一一年三月の福島の大惨事のあと、以前の魅力をほとんど失い、いくつかのヨーロッパ主要国の市民にきっぱり拒絶されている。一方、地中深くにあるシェール岩からガスと石油を抽出する水圧破砕が（米国で開発されたあと）ごく最近導入されたが、これは環境にダメージを与えかねないことと、地震の発生を高めかねないために、非常に議論のあるところだ。ヨーロッパ諸国は、異なった方法で、国ごとの優先度に従ってエネルギー政策を進めている。しかし、古い供給源が尽きるか、あるいは政治的に除外され、そのうえ新しい再生可能エネルギー資源が発見・促進されないなら、すべての国が国単位でも全体としても、将来のエネルギー供給の確保という問題に直面する。これはヨーロッパのもっとも緊急を要する将来任務の一つである。

人口動態の変化はどの国にも影響するが、政府によるコントロールは利かない。それは止めることができない。管理しなければならないのである。だが、そのことは将来に大きな問題を突きつける。低出生率ないし出生率の下落が数十年間続いた結果、ヨーロッパの大方の国では、経済成長に必要な人口レベルは移民によってしか維持できない。人びとの寿命が延び、より長い引退生活を楽しむようになると、社会福祉制度が確立された当初の想定より長く公的年金を払うことになり、それに必要な税収を維持するためには、若い労働力が必要だ。近年の医学の目覚ましい発展で平均余命が伸びる一方、二〇〇三年に遺伝子マッピングが完成したことで、おそらくそのうち、若年死亡の原因がさらに取り除かれるだろう。だが、老齢化する人口は、一段と大きな健康・社会福祉サービスを要求し、それはこれまで以上にコストがかかるようになって、国の財政を圧迫する。国家が政府支出を抑制する方策を探るにつれ、公共サービスは低下し、大きな社会的不満、あるいは社会不安の土壌を生む。

主として貧しい南部及び東部から、豊かな北部及び西部への、経済的理由による移民は、最近数十年、とくに共産主義の崩壊と一九九〇年以降、非常に強まったグローバリゼーションの結果、指数関数的に増えてきた。中東及びアフリカの一部地域での戦争を逃れる難民は、近年、とりわけ失敗に終わったNATOのリビア介入によって、その数が大きく膨れ上がった。富と生活水準のあまりにもひどい不均衡と、大陸間移動がはるかに容易になったことを考えれば、移民が将来世代への挑戦としての重要性を減じることはなさそうである。事実、世界の貧困地域の人口が増加する一方で、生来のヨーロッパ人人口が相対的に減るにしたがい、この先数十年、移民圧力は著しく高まりそうだ。それは確かに、あらゆる難題のなかでも、ヨーロッパ各国社会の結合にとって、もっとも深刻なものになる可能性がある。

多文化主義は必ずしも、一九九〇年代にサミュエル・ハンチントンが予言して論議を呼んだような「文明の衝突」にはつながらない。だが、この先数十年、いずれにしても不安な文化の衝突が起きる可能性は排除できない。ごく最近、イワン・クラステフは、二〇一五〜一六年にあまりにも強烈に襲った移民危機は、EUの解体をまねく恐れがあると示唆している。移民危機の結果、「ヨーロッパはキリスト教と啓蒙の遺産がもはや確かではない帰属意識の危機に苦しんでいる」と彼は主張する。この言説の現実性はともかくとして、歴史的に根付いたヨーロッパの帰属意識（そして、ヨーロッパの内側では個別国民国家の帰属意識）に対する移民からの挑戦は、測り知れないほど増大しそうである。とりわけ肌色や文化の異なる人びとに対する非寛容も、同様に高まりそうだ。結果として、社会的調和と結合の展望は、これまでほど明るく見えはしないだろう。

ヨーロッパ社会にとってのさらなる大きな挑戦、すなわち富と所得の巨大で拡大する不均衡に対応しなければ、社会不安の可能性も大きくなろう。所得格差がこの数十年でいかに拡大したかは、あらゆる指標が示している。グローバリゼーションがもたらす報酬は莫大だった。しかし、それは公平にも公正にも分配されていない。とくに金融部門を中心とする一部の人びとが所得を大いに増やすことができた一方で、技術を身につけていない人びとはとくに、利益を得るために要求される能力や技術、才能を欠いた、増え続ける膨大な数の集団の底辺に転落した。そして、経済的成功がいっそう冷酷無慈悲になる一方で、社会は貧困者に対する集団的責任感を喪失していった。激しくなる経済競争、国家の役割を縮小する努力、そして、たいていは金融危機の悪影響の代償を払うための公共支出の削減――これらすべてが、戦後初期の数十年には広く存在した共同社会の実感と責任感、そして当事者意識を衰えさせる一因になった。

グローバリゼーションは、遅くとも一九七〇年代から進行していた傾向である個人主義を、大いに促進した。購買する商品や支出パターン、そしてライフスタイルでの個人の選択は、測り知れないほど広がった。（高度な広告により消費者の嗜好と購買が操作される余地に目をつむるなら）多くの点で、これは大いに歓迎すべきだ。だが、個人を越えたコミュニティに対する義務感は、この過程で弱まってしまった。この傾向が逆転する見通しはまったくない。産業労働と生産に結びついた伝統的形態の階級社会は、もはやほとんど存在していない。ヨーロッパが第二次大戦から復興する過程で、人びとを分断するよりむしろ結合させた全般的なレベルの貧困や、あるいは並みの生活水準も存在しない。脱産業社会の個人主義はまだ、(とくに物事がうまくいかないときは)国家に多くを要求する。同時に、国家の役割を縮小したがり、一般的に、高率課税を通じて貧困者に援助金を支出するより、減税を支持する。スカンジナヴィアだけが概して、高税率と大規模な所得再分配というモデルを固守している。それは、スカンジナヴィア諸国で成功しているものの、明らかに普及することのないモデルである。

将来の社会的結合の問題は、ヨーロッパがこの先数十年に直面するその他多くの重大な諸問題に影響を与えるもう一つの大きな挑戦、すなわちオートメーションの普及によって深刻化するだろう。コンピュータ技術は、とりわけ過去四半世紀ほどの間に、(世界のその他の地域と同様に)ヨーロッパに革命的な影響を与えてきた。それは社会にとっては、おおむね想像を絶するような恩恵だった。だが、多くの形態の雇用において人間の労働力を、少なくとも部分的に不要にする作用をしている。経済のあらゆる分野で、グローバリゼーションによって促進された激化する競争は、オートメーションを利用したコスト削減をまねく。これは一九七〇年代から非常に拡大したサービス分野に当てはまる。金融、建設、製造産業も同様である。例えば銀行は、コンピュータ化された現金支払機とオンライン金融によって、かつては目抜き通りによく見られた支店の必要性が減じたために、行員数を劇的に削減することができる。空港では、乗客がコンピュータ技術を使って搭乗券の入手と荷物のチェックインをするものと期待するので、空港スタッフの必要性が下がる。自動車産業は、以前は数万人を雇用する工場をもっていた。だが、現代の車は技術革命とロボット工学以前に必要だった労働力の、ほんの一部があれば製造できてしまう。そうした例はこの先の年月、さらに増加、増大するだろう。経済の多くの領域で、ロボットは人間を雇用するより安上がりになる。人口の大部分を雇用してどう利益を出すかは、この先数十年、大きな政治的・社会的・経済的問題として、のしかかりそうだ。労働時間は短く、寿命は長く、削減された社会サービスに対し、より大きな要求をする人口を養うためには、生産性が飛躍的に向上しなければならないだろう。

近年、一段と大きくのしかかっている最後の巨大な挑戦は、治安の問題だ。国家の治安は、かつては完全に一国の関心事だった。国民国家の第一の任務は、自国市民の保護だった。ところが、グローバリゼーション、旅行の容易さ、輸送のスピード、それに何よりもコンピュータ技術が国家の治安問題を、国境を越えた最重要な問題に変えた。国際テロに対し、国境はまったく障壁にならない。そこで、安全対策も同様に国民国家の国境をまたぐ必要がある。国際的レベルで犯罪と戦うことは、実は何も新しいことではない。それは一九二〇年代の国際刑事警察機構《インターポール》の創設で、真剣に始まった（戦後に再編され現在約二〇〇カ国・地域が加盟）。だが、国際犯罪とテロ網が拡散し、その手法がきわめて複雑になるにしたがい、インターポールの機能強化だけではなく、各国情報機関の間で治安データを常に交換することが不可欠になっている。インターネット経由のソーシャルメディアを使ったテロ攻撃の組織化は、ヨーロッパのすべての国の情報機関にとって、中心的な問題の一つになった。もう一つの問題は、サイバー攻撃がますます広がっていることで、この攻撃はエネルギー網や医療システムといった重要な施設を妨害、停止あるいは破壊したり、きわめて機密性の高い軍事的安全保障データファイルに侵入したりする。どのような種類のサイバー犯罪も、かつて例を見ないような情報共有を通じた国際協力によってのみ、防止あるいは阻止できるのである。

治安上のおびえは不可避的に、情報網による一般市民に対する監視の大幅拡大につながっている。自由社会では、市民を守るために必要な治安対策の度合いと、目障りな監視手段を使った市民のプライバシーと個人情報への浸食の間に、明らかな緊張がある。データが不必要に収集、乱用されたり、犯罪者にハッキングされたりするのをどう防ぐか、また、個人の居場所や友人関係、生活スタイルの選択を突き止めることができるコンピュータ・アルゴリズムからいかに自分を守るかは、現代国家の――そして巨大コンピュータ企業の――監視技術と、自由が衝突する大問題なのだ。だれしも安全を望む。だが、社会はプライバシーの喪失に対してどこまで代償を払う用意があるのだろうか？　いずれにしても、ジョージ・オーウェルが『一九八四年』で描いたビッグ・ブラザーによる監視社会は、すぐそこまで来ているのだ。

ヨーロッパはこうした重要問題の連打にどこまで向き合う用意ができているだろうか？　この場合、「ヨーロッパ」とは、本質的にEUのことを意味している。ロシアとトルコは独自の優先政策課題を有しており、独立した政策を追求するだろう。英国は、よりよい方向を目指しながらも、十中八九悪い方向へ、独自の道を開こうとしている。EU域外の国々、例えばバルカン諸国は、大きな国際的支援網を欠いたまま諸問題と向き合うことになる。巨大な挑戦のどれも、高度な国際協力にもとづく対応を必要とする。国民国家は一九世紀に高らかに登場し、二〇世紀前半に自己破壊寸前まで行った政治形態なのだが、個々のレベルでこうした諸問題を処理する力がない。だが、協力と統合と団結を強化する必要性を認識して徐々に立ち現れたEU自身は、依然として未完の作業である――たしかに大きな達成ではあるのだが、多くの欠陥と弱点をもった機構なのだ。二〇一七年末の状況では、とてもこの先に控える大きな諸問題に取り組む最適の状態にはない。少なくとも、独仏両国が大幅な構造改革を実行するために必要な弾みをつけるという希望はある。それに、差し迫る英国のEU離脱は、他の加盟国がその離脱決定を残念がりはしたけれども、実際にはEUを固め、改革を促進する効果があるかもしれないのだ。

だが、改革はどのような形をとるのだろうか？　大きな「妥協工場」のはずみ車とクランク軸はゆっくり回る。このシステムはスピードとダイナミズムには向いていない。いかなる単独国家が支配するのも防ぐように設計されているのだ。ドイツは敵失によって指導国の立場に立ってしまったが、指導することには及び腰である。小国はドイツに権限を譲ることに懐疑的であり、強力な独仏枢軸の復活を、いささか不安をもって眺めている。加盟国政府ないし国家の長によるヨーロッパ理事会が一九七四年に創設されて以降、この国民国家の代表たちが、EUで最大の権能を有する組織になったものの、この遠心力が働く傾向は、ヨーロッパ委員会とヨーロッパ議会の集権化傾向によって制約を受けている。しばしば矛盾する二七カ国の要求を満たしつつ、EUをこの先の数々の難題に備えさせる解決策に到達するのは、気が遠くなるほどやっかいである。

理論上は、一つの可能な解決法として考えるとすれば、長らく話題にはなってきたものの現実的とは思われなかったこと、すなわち連邦的な「ヨーロッパ合衆国」だ。中央政府と議会、独自の防衛・外交政策、完全な予算・財政権限を備え、アメリカ合衆国の仕組みに似た存在である。しかしながら、これは、予測できる将来には絶対に、おそらくは永久に、実現しそうにない。ヨーロッパの国家《ステート》は、米国の連邦を構成している州《ステート》とはまったく似ていない。各国とも結局は、ヨーロッパ主義より独自の国益と帰属意識を――両者間の全面的な対立はめったにないのだが――尊重する。これはヨーロッパでもっとも強力かつ影響力のある国、ドイツについてもいえる。EUとユーロ圏は、基本的には現在の形がドイツにはしっくりくるのだ。ドイツはユーロ圏からどの国よりも利益を得てきた。そしてドイツは、EUの複雑な政治におけるもっとも有力なプレーヤーだ。二〇〇八年に金融危機が始まって以来、改革が緊急に必要だとする声が高まってきたけれども、ドイツが本当に根本的な改革を追求するかどうか、また、しばしば衝突する加盟国の異なる利害を考えると、これがそもそも可能なのかどうか、疑問である。

まだ圧倒的に、戦争と占領とホロコーストの記憶が占めている過去の遺産が、米国ではまったく見られないような形で、国民的帰属意識を形成するうえで決定的な役割を果たしている。だから、EUは、目前の危機と長期的な危機に向き合うため、集団としてのより大きな権能と意思決定のスピードを発展させながらも、おそらく遠い将来にわたって、緩やかな形の政治機構にとどまらなければならないだろう。おそらく、これまでしばしば提案されてきたように、二段変速ないし多段変速のヨーロッパ、あるいは統合レベルの異なる同心円的ヨーロッパが、結局は形になるのかもしれない。もっとも、そうした提案はそれ自体、実行にはこのうえなく厄介な問題に出遭うのだが。妥当な憶測としては、EUはこの先数十年、あるいはそれ以上、本質的には現在の姿にかなり近い類似性を帯びているだろう。

ヨーロッパを取り巻く外圧は、外交・防衛問題における統合の緊密化と行動の迅速化を迫っている。ドイツ首相メルケルは二〇一七年五月末、米大統領トランプが出席した主要七カ国（G7）首脳会議のあと、このことを示唆した。彼女は「わたしたちヨーロッパ人は本当に自分の運命を自分の手に握らなければなりません」と述べ、「わたしたちが他者に全面的に依存できた時代は、一定程度終わったのです」と付け加えた。慎重な表現をしながらも、これは外交・防衛政策でのいっそうの統合の方向を指している。ヨーロッパ防衛におけるNATOの引き続く役割を補完する目的で、ヨーロッパの統合軍事能力を蘇らせようとする控えめな試みが（かつてヨーロッパ防衛共同体の計画が提案され、フランスによって拒否されて半世紀以上経って）、形を成しつつある。現在の外交・安全保障政策上級代表より強力な権限をもつヨーロッパ外相が、おそらくそのうち出来るだろう（外交政策は個々の加盟国によって抜かりなく防護されているため、上級代表の権限は、実際には限られている）。

危機的な戦後の数十年に、米軍事力によって西欧に保証された平和と繁栄の歳月の経験と相まって、第二次世界大戦の遺産が、ヨーロッパを本質的に平和な大陸に変えた。旧帝国主義列強である英国とフランスは、海外での戦争に関与する態勢がもっとも整った国だ（とはいえ、両国とも近年、軍事力を大幅に削減しており、多国籍軍による作戦に参加する準備しかないが）。他のほとんどの国は軍事力の行使を考えることに、きわめて気乗り薄で及び腰だ。これは、これまで大変歓迎すべき展開だった。ヨーロッパの民主主義国の間で大戦争が起きるとは、だれも思わない。市民的価値観が軍国主義の価値観に取って代わったのだ。ヨーロッパが二度の破滅的世界大戦をまねいた好戦性と侵略に逆戻りすることは、今日では想像できない。それだけに、東部ウクライナにおける軍事暴力の爆発の衝撃は、いっそう大きかった。それは、EUの構成諸国の内側からヨーロッパ戦争が起きる可能性はとても考えられないものの、外部からは起き得ることを思い起こさせたのだ。冷戦後の時代の超大国の対立が、どう発展するかは知りようがない。だが、将来の米国と中国及びロシアの関係は、いつかの時点でヨーロッパを巻き込みかねない戦争の可能性、ひょっとすると核戦争の可能性さえ、秘めている。最初の冷戦対決が起きた朝鮮半島が、将来のグローバルな戦争の発火点になるかもしれない。少なくともEUは、起き得る外部からの危険に対し、迅速に、かつ一致して対応する能力を開発する必要があるのだ。

個々の加盟国の歴史的に根付いた既得権益が、EU内部の根本的な構造改革を許すかどうかは未知数である。「もっとヨーロッパを」ということが――すなわち、いっそうの政治同盟に向けた措置が――、論理的には、求められていることかもしれない。だが、それが政治的に実現可能かどうかとなると、別の問題だ。ヨーロッパの政策立案はかつてなく、国民大衆とはかけ離れたエリートの仕事と見なされるようになっている。汚職事件が政治家に対する信頼を損なう一因になった。幼児虐待事件がキリスト教会やその他組織の信頼を失墜させてしまった。警察を巻き込む隠蔽事件が、法執行機関に対する信頼を傷つけてしまった。権限のある地位にいる人びとに対する敬意が低下したのは、驚くまでもない。こうした民主社会の生活の主要な支柱に対する信頼は、おそらく空前の低さである。ソーシャルメディアの普及が「既成支配階級」、あるいは「体制」に対する大衆の怒りを表現する有力な手段になった。この過程で、民主主義（及びその基盤である三権分立）が危機にさらされている。政府に強力な執行権を与える措置が――例えばハンガリーやポーランド、そしてトルコに見られるように――民主主義の基盤を掘り崩すために、まさに複数政党制民主主義そのものを利用している。政策決定のために国民投票を使うのは、代表制民主主義を離れて国民投票民主主義へ向かう流れを反映している。人心を操作し、理性より情緒に訴える余地がこうして格段に広がっているのだ。

外国嫌いのナショナリスト政党、あるいは地域分離主義政党の隆盛は、かなりの程度、制度化した「エリート」政治から、草の根の政治動員へ向かう動きを反映している。それはまた、一九八〇年代以降、ヨーロッパで目につく一つの特徴である帰属意識に訴える政治運動の隆盛も示している。この現象は、二〇〇八年の金融崩壊以降に弾みがついてきたのだが、その重要性は減じそうもない。その表出は右翼諸党だけに限られていない。多くは左翼が占めるスコットランド独立に対する民主的支持や、二〇一七年秋のカタルーニャ独立支持の住民投票（スペイン政府などは違法と認定）が示すとおりだ。これらのケースでは、遠い過去のこととはいえ独立国家が歴史上存在したことが、ナショナリスト政治家が自治を求め、経済的利益を期待して乗じることのできる帰属意識の基盤になっている。金融危機の政治的、経済的悪影響がそのチャンスを高めたのだ。そうではあれ、帰属意識に訴える政治運動は右翼の領分である。過激ナショナリストに対する支持の供給源は、たっぷり残っている。人種差別的憎悪を引き金とする犯罪の増加や、インターネット上に日々流れ出る忌まわしい外国敵視のコンテンツは、それが人口の多数の精神構造ではないまでも、現代民主主義がこの数十年に依拠するようになったリベラルな価値観に脅威を与える精神構造の広がりを証明している。

第二次大戦以降、七〇年が経過するなかで、ヨーロッパは劇的に変わった。民主主義諸国の大陸になったのだ——たとえ、いくつかの国が独裁的政治を糊塗するうわべにすぎないとしても、である。ヨーロッパは、二〇世紀前半とは正反対に、軍事が内政にほとんど役割を果たさない市民社会の大陸になった——そして、民主主義の安定の可能性を大いに高めたのだ。困難や緊張、挫折がいかばかりであれ、問題を解決するために武力に訴えるのではなく、協力し、交渉することを学んだのである。そして、その中心には、もっとも強力で影響力のある国として、平和で国際主義的なドイツがある——一九三〇年代と四〇年代に、人権を踏みにじり、ヨーロッパ文明をあわや破壊するところだったドイツとは、これ以上想像できないほど対照的だ。ヨーロッパは自由のために戦い、それを勝ち取った。大方の世界がうらやむ繁栄を手にした。統合と、そして明確な帰属意識を求める探求は続く。

この先数十年に何が起きるかは知りようがない。唯一確かなことは、不確かだということである。不安定は現代生活の一つの特徴であり続けるだろう。その歴史を特徴づけてきたヨーロッパの曲折と浮沈は、間違いなく続くのである。

訳者あとがき

本書はヨーロッパの二〇世紀史を扱ったイアン・カーショーの“*To Hell and Back: Europe, 1914–1949*”（邦題『地獄の淵から』）に続く後巻“*Roller-Coaster: Europe, 1950–2017*”の全訳である。一九世紀史を俯瞰したリチャード・J・エヴァンズの“*The Pursuit of Power: Europe, 1815–1914*”（邦題『力の追求』上下巻）と合わせ、白水社がシリーズとして刊行した「近現代ヨーロッパ二〇〇年史」（全四巻）の最終巻になる。第二次世界大戦後の東西両ドイツ国家の成立と北大西洋条約機構（NATO）発足を経て、冷戦構造が固定化する一九五〇年からごく最近の二〇一七年まで、ほぼ七〇年間のヨーロッパの政治、経済、社会の構造変化を多面的に描き出している。

歴史記述が、諸々の事件に一定の意味を与えてこれを統一的に解釈しようとする試みであるならば、歴史過程で生起するそれらの諸事件は、〈今〉から距離をおくことによって、ある程度まで意味が〝熟成〟していなければならない。この点で、直近の過去まで視野に入れた歴史記述は、現在進行形の生の事象が絡んでくるだけに、難しいに違いない（たとえば英国のEU離脱ブレグジットの成り行きと、将来へのインパクトは現時点では分からない。その意味が理解されるには、まだ一定の時間経過が必要だ）。ごくおおざっぱに言ってしまえば、第二次大戦後のヨーロッパでは米ソ冷戦下の東西分断が、一九八九〜九一年のソ連・東欧ブロックの消滅を経て、再び統合に向かう状況が生まれたということになる。しかし、今現在につながるその大きな流れをディテールで味付けし、一つの史観にまとめ上げるのはかなり厄介な作業だろう。前巻『地獄の淵から』の訳者あとがきで、後巻の本書がどのような歴史の座標軸を示してくれるのかに興味があると書いたのはこのためであった。

本書は前巻と同じく、多くの専門家の研究を基にまとめられたクロニクル的な書物である。さまざまな出来事を一つの流れに編み上げているところに、著者の視点があるわけである。『地獄の淵から』で描かれた二〇世紀の前半史は、当然ながら、ヨーロッパ大陸を巻き込んだ二つの大戦をメルクマールとして記述された。これに対し本書は、二つの不安の時代相を措定している。一つは、言うまでもなく冷戦と東西大陸分断、もう一つは冷戦後のグローバリゼーションの条件下で進行する社会的格差や貧困の拡大、国際テロの脅威、大規模な人口移動（移民）とアイデンティティ危機として現れる不安である。

冷戦構造が存在した時代には、ヨーロッパの歩みが東西別々のダブルトラックで進行することもあって、記述が時間軸にそって単線的に進むのではなく、少し入り組んだ構造をしている。著者は、一九五〇年以降のヨーロッパの「時代を画する転換点」として、四つの象徴的な年――一九七三年（第一次石油ショック）、一九八九年（東欧革命・ベルリンの壁崩壊）、二〇〇一年（ニューヨーク同時多発テロ）、二〇〇八年（リーマンショックを引き金とする世界金融危機）――を挙げている。初めの二つが冷戦時代とその末期、後の二つが冷戦後の時期に当たる。これが二つの不安の時代相を貫く時間の流れのなかで、大陸を激変させる山を形成している。章立てで見ると、第1章「緊張下の大陸分断」から第7章「転換」あたりまでが、東西冷戦構造下の時代（一つ目の不安の時代相）。第8章「変化の東風」から第10章「再スタート」の移行期をおいて、第11章「危険にさらされる世界」と第12章「危機の歳月」の、二つ目の不安の時代相に移っていく。といっても、事態の進展が冷戦の終結前と後で明確に区切られているわけではない。冷戦期と冷戦後の東西ヨーロッパがそれぞれ政治、経済、社会、文化の面でどのように絡み合いながら形を変えていったのか、その有機的な関連を説明しようとしているところに本書の妙味がある。

たとえば、最初の転機である一九七三年の石油ショック。戦後長らく西欧はおおむね右肩上がりの経済成長を享受し、ソ連・東欧も相対的には成長を経験していた。石油ショックはその長期の持続的成長に突然終止符を打つ。その影響は東欧も無縁ではなく、その後、八〇年代にかけて対外債務を積み上げていくことになる。この間の、社会と文化の面での一つの重要な挿話として特記されるのが〈一九六八年〉だ。戦後の西欧社会は多かれ少なかれ、戦前の残滓を引き継いでいた。歴史に決定的な断絶が生じることはむしろまれで、戦勝国英国は無論、ナチズムが敗北したドイツも、ドイツによる占領と親ドイツ政権下にあったフランスも例外ではなかった。東西冷戦における米国の強い影響下で、戦後復興が急がれるなか、戦時の清算は中途半端に終わってしまった。人びとの関心は生活が正常状態に復することにあった。東側では、反ファシズムと国際共産主義のイデオロギーのもとで、過去との連続性を省みる契機がそもそもなかった。

六八年を頂点とする、既成秩序への若者世代の反抗は、西側では盟主米国のベトナム戦争に対する批判を媒介項として、米国からヨーロッパ、日本を含む西側世界全体に広がり、政治と社会の価値観の変容をもたらす。反抗はやがて下火になるのだが、ヨーロッパでは環境運動など、国家を超えた運動の形で遺産となって残った。本書に登場するドイツ緑の党のヨシュカ・フィッシャー、フランス学生運動のリーダーで緑の党の欧州議会議員となるダニエル・コーン＝バンディらのほかにも、「国境なき医師団」の創設に重要な役割を果たしたベルナール・クシュネルら、「六八世代」は無数にいる。

この年、鉄のカーテンの東側では「プラハの春」があり、「人間の顔をした社会主義」を求めて、スターリニズムへの異議を突きつけた。プラハの春へのワルシャワ条約機構軍の軍事介入は、一九五六年のハンガリーへの介入とあわせ、西欧共産主義諸党のソ連離れとユーロコミュニズムの登場につながる。七〇年代には、東方政策の名で呼ばれるドイツの対共産圏外交の大転換と東西関係の緊張緩和の時期が来る。そして、ソ連にとってのベトナム戦争というべきアフガニスタン侵攻（七九年）をきっかけに、八〇年代には再び東西間の緊張が激化する。ソ連のゴルバチョフ政権の登場（八五年）は、そのような時代を背景にしていた。八九年には、ゴルバチョフ政権のペレストロイカに励まされて「東欧革命」の連鎖が起きる。中国の天安門事件もちょうど同じ時期であり、共産党当局による武力弾圧を支持するかどうかは、東欧各国共産党指導部の改革姿勢を問う試金石にもなった。弾圧支持を表明した指導部はまもなく、自らが放った言葉のブーメラン効果に苦しめられることになる。プラハの春からわずか二〇年ほどの間の出来事である。

東西冷戦構造の崩壊後は、東欧も含めたヨーロッパ統合の深化と拡大の時期を迎えるのだが、これもヨーロッパの内的要因と外的要因にさらされ、順風満帆とはいかなかった。東西の垣根が消滅したヨーロッパは、今度は別の新たな不安な時代を迎える。とくに大きな影響を及ぼしたのが二〇〇一年のニューヨーク同時多発テロと、経済面では二〇〇八年のリーマンショックを引き金とする長期の世界金融危機である。いずれも米国発の危機がヨーロッパ連合に分裂と対立（「新しいヨーロッパ」と「古いヨーロッパ」）をもたらした。米国の中東政策に大きな原因のあるテロの脅威は、米国と距離をおいた国をも襲うグローバルな現象になった。グローバリゼーションは冷戦終結後に速度を加えるのだが、その時期はEUが拡大に向かう時期とも重なり合った。EU拡大は中欧・東欧諸国には大きな恩恵をもたらすが、西欧諸国には経済的負担になる。金融危機後はなおさらだった。EU域内では当然のように、経済的に遅れた東から繁栄する西への人の移動が起きる。こうした移民問題に加え、戦火の中東を逃れた難民がヨーロッパに押し寄せ、これが反E

Uを標榜する政治勢力の伸長につながってきたのが現状だ。

ヨーロッパ統合への逆風が強まるなか、英国のEU離脱世論を促した大きな理由の一つは、EU拡大後に東欧から流入した移民と中東からの難民問題にあったといわれる。わたしは二〇〇七年の春、好景気に沸くアイルランドで働くポーランド人労働者を取材に行ったことがある。首都ダブリンの一角にはポーランド人街が出来ていて、ポーランド人向けの食料品店や居酒屋があるほか、なんとポーランド語新聞二紙も発行されていた。労組の全国組織、アイルランド労働組合会議には自主管理労組「連帯」の法律顧問をしていたという三〇歳前のポーランド人職員がいて、彼らの身分保護と労働条件の改善にあたっていた。彼の案内でビル建設現場を訪れ、何人かの労働者にインタビューしたところ、ヨットスクールを開く資金を貯めているグダニスク出身の青年など、ほぼ全員がいずれはポーランドに帰ると話していた。彼らは immigrant worker（移民労働者、移住労働者）と呼ばれるが、日本語の語感でいえば「出稼ぎ労働者」である。無論、EU市民なのでアイルランドに定住する道もある。

ところで、日本語の「移民」を辞書で調べてみると、こんな説明がある。「個人あるいは集団が永住を望んで他の国に移り住むこと。また、その人々。現在では『移住』『移住者』の語を用いることが多い」（大辞泉）。一方、「他郷に移り住むこと。特に、労働に従事する目的で海外に移住すること。また、その人」（広辞苑）の説明もあり、ここでは特に永住性は問題になっていない。戦後、ドイツにやってきたトルコ人は「ガストアルバイター」（出稼ぎ労働者・外国人労働者と訳されるが、直訳すれば客人労働者。客はいつか帰る）と呼ばれたが、いまや三世、四世の時代になり、トルコ系の連邦議会議員も珍しくない。もともと移民の国である米国だけでなく、ヨーロッパ諸国も旧植民地からの移住者を含め、伝統的に国境を越えた移民が多い。滞在の長短に関係なく immigrant なのだ（本書では訳語として「移民」を使用している）。

英国のEU離脱と並んで、中欧・東欧グループでは、よりによって非共産化で先頭を切った（そしてEU加盟後は移民の送り出し国になった）ポーランドとハンガリーが、排外主義的姿勢を強め、権威主義的統治へ傾斜している。東西を問わずヨーロッパ統合への関心の低下は、どこかでつながっているのではないだろうか。西欧ではヨーロッパ統合の直接の契機であった戦争体験の風化。中欧・東欧では、西欧の政治的自由と消費文化をあこがれの目で眺めていた共産党独裁時代の記憶の風化。それが、国境の垣根を低くするグローバリゼーションと相まって、今EU各国が共通して抱えている問題の一つ、アイデンティティ・ポリティクス＝帰属意識に訴える政治（運動）の隆盛の背景にあるのではないだろうか。一九八九～九〇年の東欧革命を現場で眺めていたとき、わたしはそこにナショナリズムのにおいを感じた。ソ連支配からの自立を励ます点ではポジティヴなエネルギーになったのだが、やがて同じナショナリズムが他民族に対する排外主義に転化しかねないのではないか。極端な場合は旧ユーゴスラヴィアのような民族紛争を引き起こすが、そうでなくとも、東欧諸国のナショナリズムはヨーロッパ統合の重荷になりはしないか、そんな予感がぬぐいきれなかった。共通の民族、宗教、あるいは国民といった仮想の集団への共属意識は、当然ながら、そこに属さない（と想像される）マイノリティに対する非寛容と敵意を伴う。排他的帰属意識を煽り、これを利用しようとする政治は、ヨーロッパに限らず、グローバル化する世界に無数の例を見ることができる。

二年前の夏、ポーランドを旅したときのことだ。古都クラクフで一夕、ある教会のチェロ演奏会を聴きに行った。正面脇になんと、あの白地に「連帯」の赤文字を染め抜いた旗が掛かっているではないか。受付にいた二〇代半ばかと思われる青年に尋ねたところ、「きょうは大事な記念日」と言いながら、何の記念日なのか本人はよく知らないという。その日は八月三一日だった。ああ、そうか。一九八〇年、グダニスクのレーニン造船所を中心とする労働者ストの圧力に押され、ポーランド政府がソ連・東欧圏で初めて自主労組「連帯」を公認するグダニスク合意が成立した日だ。翌年には戒厳令（～八三年）が敷かれ、ワレサ委員長を含め連帯の活動家は根こそぎ拘留されてしまうのだが、まもなくソ連にゴルバチョフが登場し、「変化の東風」が東欧の共産党政権を吹き飛ばす。あれからもう三〇年になる。おそらく今、四〇歳以下の世代は共産党独裁下の生活をまったく知らないか、かすかな記憶しかない。ポーランドで戒厳令時代を記憶しているのは五〇歳以上の世代だろうか。東西分断時代のヨーロッパの記憶は、時間の経過にむしばまれはじめていたとしても不思議ではない。

ヨーロッパ大陸はほぼ四〇年間の東西分断を経て、（少なくとも経済分野では）ヨーロッパという共同体にまとまった。ヨーロッパの歴史上かつてなかった成果である。英国のEU離脱の動きや、旧東欧の新規加盟国のナショナリズムに見られるように、より緊密な統合の流れに逆らう現象もたしかにある。熱心な統合派の人びとが主張するような「ヨーロッパ合衆国」へ向かうことは考えにくいが、これまでの統合の積み重ねをご破算にすることもあり得ない。あらゆる意味でヨーロッパ統合は、徐々に進みながらも完成することのない、永遠の未完の事業だろう。本書の原題「ローラーコースター」〔ジェットコースター〕は、著者も言っているとおり、遊園地のイメージがぬぐえない。邦題を「分断と統合への試練」としたのはそのような意味合いからである（原書はその後 *“The Global Age”* 〔グローバル時代〕と改題した版が出ている）。

私事だが、本書の起点となっている一九五〇年は、自分の生年でもあり、本書を読むことは自らの同時代史を振り返る楽しみがあった。キューバ危機のかすかな記憶は残っているし、六〇年代のビートルズやローリングストーンズなどの世界的文化現象、プラハの春の政治的動乱、ベトナム反戦運動は学生時代の生き生きとした記憶にある。東欧の一党独裁政権の破綻、ベルリンの壁の崩壊からソ連消滅に至る大転換は現場で眺めることができた。これらの出来事は、その当時の時代風景とともに記憶に残っていて、各章を読み進めるにつれ、追憶にふけることがしばしばだった。なお、原書にはシリーズの性格上、脚注がないが、参照されている文献のうち既刊の邦訳書名や、説明があった方が望ましいと思われる用語には、適宜訳注を付けた。わずらわしく感じる向きにはご容赦をお願いしたいと思う。

末筆ながら、大部のシリーズを企画された白水社の藤波健氏に敬意を表するとともに、前巻に引き続き翻訳を任せていただいたことに感謝します。

二〇一九年夏

三浦元博

フィンランド
スウェーデン
ヘルシンキ
タリン
ストックホルム
エストニア
モスクワ
ラトヴィア
リガ
バルト海
リトアニア
ロシア
ンハーゲン
ヴィリニュス
ロシア
ミンスク
ドン川
ネマン川
ベラルーシ
ルリン
ワルシャワ
ポーランド
ドネツ川
キエフ
ウクライナ
ヴィスワ川
ラハ
エルベ川
ドニエプル川
チェコ
スロヴァキア
モルドヴァ
ブラティスラヴァ
ウ川
ウィーン
キシナウ
ブダペスト
ーストリア
ハンガリー
ルーマニア
ロヴァニア
リャナ
ザグレブ
クロアチア
黒海
ベオグラード
ブカレスト
ボスニア·ヘルツェゴビナ
サラエヴォ
セルビア
モンテネグロ
ブルガリア
アドリア海
ソフィア
ポドゴリツァ
スコピエ
イスタンブール
マケドニア
タリア
ティラナ
アンカラ
アルバニア
ギリシア
エーゲ海
トルコ
アテネ
ニコシア
ルタ
キプロス
ヴァレッタ

白水社の本

シリーズ　近現代ヨーロッパ200年史　全4巻

力の追求（上下）

ヨーロッパ史1815－1914

◈　リチャード・J・エヴァンズ著／井出匠、大内宏一、小原淳、前川陽祐、南祐三訳

「下からの社会史」を標榜する英国の近現代史家が、時代の香りを伝える細部を活写し、人物と逸話を物語る、新たな通史の決定版！

地獄の淵から

ヨーロッパ史1914－1949

◈　イアン・カーショー著／三浦元博、竹田保孝訳

一九一四年から一九四五年の三〇年間を、二度の世界大戦と間断のない国境・民族紛争に見舞われた「三十年戦争」（地獄）ととらえ、欧州全域を網羅し、その後の新たな秩序を展望する、圧巻の「二〇世紀史」。

分断と統合への試練

ヨーロッパ史1950－2017

◈　イアン・カーショー著／三浦元博訳

冷戦による東西分断、グローバル化、格差や貧困、移民などの危機と不安。欧州のほぼ七〇年間の紆余曲折――政治・社会・経済・文化の構造変化を、最新研究を踏まえ、平易な筆致で詳解。

訳者略歴
三浦元博（みうら・もとひろ）
一九五〇年、滋賀県生まれ。東京外国語大学卒。共同通信社を経て、現在、大妻女子大学社会情報学部教授。主要著書『東欧革命』（岩波新書、共著）、『バルカン危機の構図』（恒文社、共著）。主要訳書『東欧革命1989』『レーニンの墓　上・下』『情報戦のロシア革命』『ヤルタからヒロシマへ』『廃墟の零年1945』『レーニン　権力と愛　上・下』『地獄の淵から　ヨーロッパ史1914-1949』（以上、白水社）。

シリーズ
近現代ヨーロッパ200年史　全4巻
分断と統合への試練
ヨーロッパ史1950-2017

二〇一九年一〇月二〇日　印刷
二〇一九年一一月一五日　発行

著　者　イアン・カーショー
訳　者　©　三浦元博
装丁者　日下充典
発行者　及川直志
印刷所　株式会社理想社
発行所　株式会社白水社

東京都千代田区神田小川町三の二四
電話　営業部〇三（三二九一）七八一一
　　　編集部〇三（三二九一）七八二一
振替　〇〇一九〇-五-三三二二八
郵便番号　一〇一-〇〇五二
www.hakusuisha.co.jp
乱丁・落丁本は、送料小社負担にて
お取り替えいたします。

株式会社松岳社

ISBN978-4-560-09727-4

Printed in Japan

主要人名索引

ア行

カ行

サ行

タ行

ナ行

ハ行

マ行

ヤ行

ラ行

ワ行

主要参考文献

掲載基準は『地獄の淵から』で採用した参考文献のそれを踏襲している。この目録は本書の執筆に役立った著作に限定した。若干の例外を除き、特殊な研究論文や研究雑誌掲載のエッセー、フィクション作品は除いた。米印（＊）は短い引用に使った作品を示している。

＊Aaronovitch, David, *Party Animals: My Family and Other Communists*, London, 2016.

Abelshauser, Werner, *Wirtschaftsgeschichte der Bundesrepublik Deutschland 1945–1980*, Frankfurt am. Main, 1983.

Acemoglu, Daron and Robinson, James A., *Why Nations Fail: The Origins of Power, Prosperity and Poverty*, London, 2013.

Adenauer, Konrad, *Erinnerungen*, 4 vols, Stuttgart, 1965–8.（K. アデナウアー『アデナウアー回顧録』1、2　佐瀬昌盛訳、河出書房、1968 年）

Ahonen, Pertti, *After the Expulsion: West Germany and Eastern Europe 1945–1990*, Oxford, 2003.

＊Ahonen, Pertti, *Death at the Berlin Wall*, Oxford, 2011.

Aldcroft, Derek, *The European Economy 1914–2000*, London（1978）, 2001.

Aldcroft, Derek and Morewood, Steven, *Economic Change in Eastern Europe since 1918*, Aldershot, 1995.

＊Alexievich, Svetlana, *Chernobyl Prayer*, London（1997）, 2013.（S. アレクシエービッチ『チェルノブイリの祈り』松本妙子訳、岩波現代文庫、2011 年）

Anderson, Perry, *The New Old World*, London, 2009.

Annan, Noel, *Our Age: Portrait of a Generation*, London, 1990.

＊Applebaum, Anne, *Iron Curtain: The Crushing of Eastern Europe, 1944–1956*, London, 2012.

Arblaster, Paul, *A History of the Low Countries*, Basingstoke（2006）, 2012.

Aron, Raymond, *Mémoires*, Paris, 1983.

Arrighi, Giovanni, *The Long Twentieth Century: Money, Power and the Origins of our Times*, London（1994）, 2010.（G. アリギ『長い 20 世紀：資本、権力、そして現代の系譜』土佐弘之監訳、作品社、2009 年）

Ascherson, Neal, *The Struggles for Poland*, London, 1987.

Aust, Stefan, *The Baader - Meinhof Complex*, London, 2008.

Aust, Stefan and Spörl, Gerhard（eds）, *Die Gegenwart der Vergangenheit. Der lange Schatten des Dritten Reichs*, Munich, 2004.

Bakewell, Sarah, *At the Existentialist Café*, London, 2016.

Baring, Arnulf, *Im Anfang war Adenauer. Die Entstehung der Kanzlerdemokratie*, Munich, 1971.

Bark, Dennis L. and Gress, David R., *A History of West Germany, 1945–1988*, 2 vols, Oxford, 1989.

Barzun, Jacques, *From Dawn to Decadence: 500 Years of Western Cultural Life: 1500 to the Present*, London, 2000.

Bayly, Christopher and Harper, Tim, *Forgotten Wars: The End of Britain's Asian Empire*, London, 2007.

Beck, Ulrich, *What is Globalization?*, Cambridge, 2000.
Beck, Ulrich, *World at Risk*, Cambridge, 2009.
Behm, Margarete, *So oder so ist das Leben. Eine Jahrhundertfrau erzählt*, Reinbek bei Hamburg, 2004.
*Békés, Csaba, Byrne, Malcolm and Rainer, János M. (eds), *The 1956 Hungarian Revolution: A History in Documents*, Budapest and New York, 2002.
Bell, Daniel, *The End of Ideology: On the Exhaustion of Political Ideas in the Fifties*, Glencoe, IL, 1960.（D. ベル『イデオロギーの終焉』岡田直之訳、東京創元社、1969 年）
Bell, P. M. H., *The World Since 1945: An International History*, London, 2001.
Bell, P. M. H., *Twentieth - Century Europe: Unity and Division*, London, 2006.
*Berend, Ivan T., *Central and Eastern Europe 1944–1993: Detour from the Periphery to the Periphery*, Cambridge, 1996.
Berend, Ivan T., *An Economic History of Twentieth - Century Europe*, Cambridge, 2006.
Berend, Ivan T., *From the Soviet Bloc to the European Union: The Economic and Social Transformation of Central and Eastern Europe since 1973*, Cambridge, 2009.
Berend, Ivan T., *Europe Since 1980*, Cambridge, 2010.
Berg, Nicolas, *Der Holocaust und die westdeutschen Historiker. Erforschung und Erinnerung*, Göttingen, 2003.
Berghahn, Volker R., *Modern Germany: Society, Economy and Politics in the Twentieth Century*, Cambridge, 1982.
Berghahn, Volker R., *The Americanisation of West German Industry 1945–1973*, Leamington Spa, 1986.
Bergin, Joseph, *A History of France*, London, 2015.
Bernstein, Serge and Milza, Pierre, *Histoire de la France au xxe siècle, vol. 3, 1958 á nos jours* Paris（1992）, 2009.
Bittner, Stephen V., *The Many Lives of Khrushchev's Thaw: Experience and Memory in Moscow's Arbat*, Ithaca, NY, and London, 2008.
*Blair, Tony, *A Journey*, London, 2010.（T. ブレア『ブレア回顧録』上下巻、石塚雅彦訳、日本経済新聞社、2011 年）
Blanning, T. C. W. (ed.), *The Oxford Illustrated History of Modern Europe*, Oxford, 1996.（T. C. W. ブランニング『オックスフォード　ヨーロッパ近代史』（望田幸男、山田史郎監訳、ミネルヴァ書房、2009 年）
Blyth, Mark, *Austerity: The History of a Dangerous Idea*, Oxford, 2015.（M. ブライス『緊縮策という病：「危険な思想」の歴史』若田部昌澄監訳、NTT 出版、2015 年）
*Bobbitt, Philip, *Terror and Consent: The Wars for the Twenty - First Century*, London, 2009.
Borodziej, Wlodzimierz, *Geschichte Polens im 20. Jahrhundert*, Munich, 2010.
Bosworth, R. J. B., *The Italian Dictatorship: Problems and Perspective in the Interpretation of Mussolini and Fascism*, London, 1998.
Bracher, Karl Dietrich, *Die Auflösung der Weimarer Republik*, Stuttgart/Düsseldorf, 1955.（K. D. ブラッヒャー『ワイマール共和国の解体』1–5、吉田輝夫訳、歴史科学協議会編「歴史評論」108–112 号）
Bracher, Karl Dietrich, *The German Dilemma: The Throes of Political Emancipation*,

London, 1974.
＊Brandt, Willy, *Erinnerungen*, Frankfurt am Main, 1994.
＊Brandys, Kazimierz, *Warschauer Tagebuch. Die Monate davor 1978–1981*, Frankfurt am Main, 1984.
Brenan, Gerald, *The Face of Spain*, Harmondsworth（1950）, 1987.（G. ブレナン『素顔のスペイン』幸田礼雅訳、新評論、1998 年）
＊Brendon, Piers, *The Decline and Fall of the British Empire 1781–1997*, London, 2007.
Brenner, Michael, *Nachkriegsland. Eine Spurensuche*, Hamburg, 2015.
Broadberry, Stephen and O'Rourke, Kevin H.（eds）, *The Cambridge Economic History of Modern Europe. Vol. 2: 1870 to the Present*, Cambridge, 2010.
＊Brown, Archie, *The Gorbachev Factor*, Oxford, 1997.（A. ブラウン『ゴルバチョフ・ファクター』小泉直美ほか訳、藤原書店、2008 年）
Brown, Archie, *Seven Years that Changed the World: Perestroika in Perspective*, Oxford, 2008.
＊Brown, Archie, *The Myth of the Strong Leader: Political Leadership in the Modern Age*, London, 2014.
Brown, Gordon, *Beyond the Crash: Overcoming the First Crisis of Globalisction*, London, 2010.
Brown, James Franklin, *The End of Communist Rule in Eastern Europe*, Twickenham, 1991.
Brüggemeier, Franz - Joseph, *Geschichte Grossbritanniens im 20. Jahrhundert*, Munich, 2010.
Brüggemeier, Franz - Joseph, *Schranken der Natur. Umwelt, Gesellschaft, Experimente 1750 his heute*, Essen, 2014.
＊Bruhns, Wibke, *Nachrichtenzeit. Meine unfertigen Erinnerungen*, Munich, 2012.
Buchanan, Tom, *Europe's Troubled Peace 1945–2000*, Oxford, 2006.
Bulliet, Richard W.（ed.）, *The Columbia History of the 20th Century*, New York, 1998.
Burg, Steven L. and Shoup, Paul S., *The War in Bosnia - Herzegovina: Ethnic Conflict and International Intervention*, New York, 2000.
Burke, Jason, *The New Threat from Islamic Militancy*, London, 2016.（J. バーク『21 世紀のイスラム過激派』木村一浩訳、白水社、2016 年）
Burleigh, Michael, *Sacred Causes: Religion and Politics from the European Dictators to Al Qaeda*, London, 2006.
Butler, Michael, Pender, Malcolm and Charnley, Joy（eds）, *The Making of Modern Switzerland, 1848–1998*, Basingstoke, 2000.
Calic, Marie - Janine, *Geschichte Jugoslawiens im 20. Jahrhundert*, Munich, 2010.
Cannadine, David, *Ornamentalism: How the British Saw their Empire*, London, 2002.
Cannadine, David, *Margaret Thatcher: A Life and Legacy*, Oxford, 2017.（D. キャナダイン『虚飾の帝国：オリエンタリズムからオーナメンタリズム』平田雅博ほか訳、日本経済評論社、2004 年）
Clark, Martin, *Modern Italy 1971–1982*, London, 1984.
＊Clarke, Harold D., Goodwin, Matthew and Whiteley, Paul, *Brexit: Why Britain Voted to Leave the European Union*, Cambridge, 2017.
＊Clarke, Peter, *Hope and Glory: Britain 1900–1990*, London, 1996.（P. クラーク『イギリス現

代史　1900–2000』西沢保ほか訳、名古屋大学出版会、2004 年）
Clogg, Richard, *A Concise History of Greece*, 3rd edn, Cambridge, 2013.（R. クロッグ『ギリシャの歴史』高久暁訳、創土社、2004 年）
Clogg, Richard and Yannopoulos, George（eds）, *Greece under Military Rule*, London, 1972.
Cockburn, Patrick, *The Rise of Islamic State: Isis and the New Sunni Revolution*, London, 2015.
Cohen, Stephen F., Rabinowitch, Alexander and Sharlet, Robert（eds）, *The Soviet Union since Stalin*, Bloomington, IN, and London, 1980.
Conan, Eric and Rousso, Henry, *Vichy, un passé qui ne passe pas*, Paris, 1996.
Conway, Martin, 'Democracy in Postwar Western Europe: The Triumph of a Political Model', *European History Quarterly*, 32/1（2002）, 59–84.
Conze, Ekart, Frei, Norbert, Hayes, Peter and Zimmermann, Moshe, *Das Amt und die Vergangenheit. Deutsche Diplomaten im Dritten Reich und in der Bundesrepublik*, Munich, 2010.（E. コンツェほか『ドイツ外務省〈過去と罪〉』稲川照芳ほか訳、えにし書房、2018 年）
Coppolaro, Lucia and Lains, Pedro, 'Portugal and European Integration, 1947–1992: an essay on protected openness in the European Periphery', *e-journal of Portuguese History*, 11/1（2013）, 61–81.
Costa Pinto, António（ed.）, *Modern Portugal*, Palo Alto, CA, 1998.
Couloumbis, Theodore A., Kariotis, Theodore and Bellou, Fotini（eds）, *Greece in the Twentieth Century*, London, 2003.
Crampton, Richard J., *A Short History of Modern Bulgaria*, Cambridge, 1987.
Crampton, Richard J., *Eastern Europe in the Twentieth Century - and After*, London, 1997.
Crouch, Colin, *Social Change in Western Europe*, Oxford, 1999.
＊Dąbrowska, Maria, *Tagebücher 1914–1965*, Frankfurt am Main, 1989.
Dahrendorf, Ralf, *Society and Democracy in Germany*, London, 1968.
Darling, Alistair, *Back from the Brink: 1, 000 Days at Number 11*, London, 2011.
Darnton, Robert, *Berlin Journal 1989–1990*, New York, 1991.
＊Davies, Norman, *God's Playground. Vol. 2: A History of Poland*, Oxford, 1981.
Davies, Norman, *Europe: A History*, Oxford, 1996.（N. デイヴィス『ヨーロッパ』1–4、別宮貞徳訳、共同通信社、2000 年）
Deletant, Dennis, *Ceauçescu and the Securitate: Coercion and Dissent in Romania, 1965–1989*, London, 1995.
Deletant, Dennis, *Communist Terror in Romania: Gheorghiu - Dej and the Police State*, London, 1999.
Dobson, Miriam, *Khrushchev's Cold Summer: Gulag Returnees, Crime and the Fate of Reform after Stalin*, Ithaca, NY, and London, 2009.
Dobson, Miriam, 'The Post - Stalin Era: De - Stalinization, Daily Life and Dissent', *Kritika: Explorations in Russian and Eurasian History*, 12/4（2011）, 905–24.
Doering - Manteuffel, Anselm, 'Nach dem Boom. Brüche und Kontinuitäten seit 1970', *Vierteljahrshefte für Zeitgeschichte*, 55/4（2007）, 559–81.
Doering - Manteuffel, Anselm and Raphael, Lutz, *Nach dem Boom. Perspektiven auf die Zeitgeschichte seit 1970*, Göttingen（2008）, 2012.

Doering - Manteuffel, Anselm, Raphael, Lutz and Schlemmer, Thomas (eds), *Vorgeschichte der Gegenwart. Dimensionen des Strukturbruchs nach dern Boom*, Göttingen, 2016.

Dols, Chris and Ziemann, Benjamin, 'Progressive Participation and Transnational Activism in the Catholic Church after Vatican II: The Dutch and West German Examples', *Journal of Contemporary History*, 50/3 (2015), 465–85.

Duchêne, François, *Jean Monnet: The First Statesman of Interdependence*, New York, 1994.

Duggan, Christopher, *The Force of Destiny: A History of Italy since 1796*, London, 2008.

Dülffer, Jost, *Europa im Ost - West - Konflikt 1945–1990*, Munich, 2004.

Dyson, Kenneth and Featherstone, Kevin, *The Road to Maastricht: Negotiating Economic and Monetary Union*, Oxford, 1999.

Eder, Jacob S., *Holocaust Angst: The Federal Republic of Germany and American Holocaust Memory since the 1970s*, New York, 2016.

Eichengreen, Barry, *The European Economy since 1945*, Princeton, NJ, 2007.

Eichengreen, Barry, *Hall of Mirrors: The Great Depression, the Great Recession and the Uses - and Misuses - of History*, Oxford, 2015.

Eichengreen, Barry, Landesmann, Michael and Stiefel, Dieter (eds), *The European Economy in an American Mirror*, Abingdon, 2008.

Eley, Geoff, 'Nazism, Politics and the Image of the Past: Thoughts on the West German *Historikerstreit* 1986–1987', *Past and Present*, 121 (1988), 171–208.

Eley, Geoff, *Forging Democracy: The History of the Left in Europe 1850–2000*, New York, 2002.

Ellwood, David W., *Rebuilding Europe: Western Europe, America and Postwar Reconstruction*, London, 1992.

Engelhardt, Marc (ed.), *Die Flüchtlingsrevolution. Wie die neue Völkerwanderung die ganze Welt verändert*, Munich, 2016.

Espinosa - Maestre, Francisco, *Shoot the Messenger? Spanish Democracy and the Crimes of Francoism*, Eastbourne, 2013.

Evans, Richard J., *In Hitler's Shadow: West German Historians and the Attempt to Escape from the Nazi Past*, New York, 1989.

Fanon, Frantz, *The Wretched of the Earth*, Harmondsworth (1961), 1967. (F. ファノン『地に呪われたる者』鈴木道彦ほか訳、みすず書房、1996 年)

Fäßler, Peter E., *Globalisierung. Ein historisches Kompendium*, Cologne, 2007.

Ferguson, Niall, *The Cash Nexus: Money and Power in the Modern World 1700–2000*, London, 2002.

Ferguson, Niall, *Empire: How Britain Made the Modern World*, London, 2003.

Ferguson, Niall, *The Great Degeneration: How Institutions Decay and Economies Die*, London, 2012.

Ferguson, Niall et al. (eds), *The Shock of the Global: The 1970s in Perspective*, Cambridge, MA, 2010.

＊Figes, Orlando, *The Whisperers: Private Life in Stalin's Russia*, London, 2008. (O. ファイジズ『囁きと密告：スターリン時代の家族の歴史』上下巻、染谷徹訳、白水社、2011 年)

Fink, Carole K., *Cold War: An International History*, 2nd edn, Boulder, CO, 2017.

Fischer - Galati, Stephen, *Twentieth - Century Rumania*, New York, 1970.

Fitzmaurice, John, *The Politics of Belgium: Crisis and Compromise in a Plural Society*, London, 1988.
＊Flanner, Janet（Genêt), *Paris Journal 1944–1965*, New York, 1965.
Flora, Peter (ed.), *State, Society and Economy in Western Europe, 1815–1975*, 2 vols, Frankfurt, 1983.（P. フローラ『ヨーロッパ歴史統計：国家・経済・社会 1815–1975』上下巻、竹岡敬温監訳、原書房、1985–1987 年）
Foster, R. F., *Modern Ireland 1600–1972*, London, 1989.
＊Fox, Robert (ed.), *We Were There: An Eyewitness History of the Twentieth Century*, London, 2010.
Frei, Norbert, *Adenauer's Germany and the Nazi Past: The Politics of Amnesty and Integration*, New York, 2002.
Frei, Norbert, *1945 und wir. Das Dritte Reich im Bewußtsein der Deutschen*, Munich, 2005.
Frei, Norbert, *1968. Jugendrevolte und globaler Protest*, Munich, 2008.（N. フライ『1968 年：反乱のグローバリズム』下村由一訳、みすず書房、2012 年）
Frei, Norbert et al., *Karrieren im Zwielicht. Hitlers Eliten nach* 1945, Frankfurt and New York, 2001.
Frei, Norbert and Süß, Dietmar (eds), *Privatisierung. Idee und Praxis seit den 1970er Jahren*, Göttingen, 2012.
Frevert, Ute, *Eurovisionen. Ansichten guter Europäer im 19. und 20. Jahrhundert*, Frankfurt am Main, 2003.
Friedrich, Jörg, *Die kalte Amnestie. NS - Täter in der Bundesrepublik*, Frankfurt am Main, 1984.
Friedrich, Jörg, *Yalu. An den Ufern des dritten Weltkriegs*, Berlin, 2007.
＊Fritzsche, Peter (ed.), *The Turbulent World of Franz Göll: An Ordinary Berliner Writes the Twentieth Century*, Cambridge MA, 2011.
＊Fukuyama, Francis, *The End of History and the Last Man*, London, 1992.（F. フクヤマ『歴史の終わり』上下巻、渡部昇一訳、三笠書房、1992 年）
Fukuyama, Francis, 'The End of History?', *The National Interest* (Summer 1989), 3–18.
Fukuyama, Francis, *Political Order and Political Decay: From the Industrial Revolution to the Globalisation of Democracy*, London, 2015.
Fulbrook Mary, *Anatomy of a Dictatorship: Inside the GDR 1949–1989*, Oxford, 1995.
Fulbrook, Mary, *Interpretations of the Two Germanies, 1945–1990*, London, 2000.（M. フルブルック『二つのドイツ 1945–1990』芝健介訳、岩波書店、2009 年）
Fulbrook, Mary, *History of Germany 1918–2000: The Divided Nation*, Oxford (1991), 2002.
Fulbrook Mary, *The People's State: East German Society from Hitler to Honecker*, Oxford, 2005.
Fulbrook, Mary, *Dissonant Lives: Generations and Violence through the German Dictatorships*, Oxford, 2011.
Fulbrook, Mary (ed.), *Europe since 1945*, Oxford, 2001.
Funder, Anna, *Stasiland*, London, 2003.（A. ファンダー『監視国家：東ドイツ秘密警察に引き裂かれた絆』伊達淳訳、白水社、2005 年）
Furet, François, *The Passing of an Illusion: The Idea of Communism in the Twentieth Century*, Chicago, IL, and London, 1999.

Gaddis, John Lewis, *We Now Know: Rethinking Cold War History*, Oxford, 1997.（J. L. ギャディス『歴史としての冷戦』赤木完爾ほか訳、慶應義塾大学出版会、2004 年）

Gaddis, John Lewis, *The Cold War*, London, 2005.（『冷戦：その歴史と問題点』河合秀和ほか訳、彩流社、2007 年）

Gallant, Thomas W., *Modern Greece: From the War of Independence to the Present*, London (2001), 2016.

Garton Ash, Timothy, *The Polish Revolution: Solidarity*, London (1983), 1999.

*Garton Ash, Timothy, *The Uses of Adversity: Essays on the Fate of Central Europe*, London (1989), 1999.

*Garton Ash, Timothy, *We the People: The Revolution of '89 Witnessed in Warsaw, Budapest, Berlin and Prague*, London (1990), 1999.

*Garton Ash, Timothy, *History of the Present: Essays, Sketches and Despatches from Europe in the 1990s*, London, 1999.

*Garton Ash, Timothy, *Facts are Subversive: Political Writing from a Decade without a Name*, London, 2009.

Garton Ash, Timothy, *The File: A Personal History*, London (1997), 2009.（T. ガートン・アッシュ『ファイル：秘密警察とぼくの同時代史』今枝麻子訳、みすず書房、2002 年）

Gassert, Philipp and Steinweis, Alan E. (eds), *Coping with the Nazi Past: West German Debates on Nazism and Generational Conflict, 1955–1975*, New York, 2007.

Gehler, Michael, *Europa. Ideen, Institutionen, Vereinigung*, Munich, 2010.

Geiselberger, Heinrich (ed.), *Die groβe Regression. Eine internationale Debatte über die gestige Situation der Zeit*, Berlin, 2017.

Genscher Hans - Dietrich and Winkler, Heinrich August, *Europas Zukunft - in bester Verfassung?*, Freiburg im Breisgau, 2013.

Giddens, Anthony, *Europe in the Global Age*, Cambridge, 2007.

Gilbert, Felix, *The End of the European Era, 1890 to the Present*, New York (1970), 1984.

Gilbert, Martin, *Challenge to Civilization: A History of the Twentieth Century, Vol. 3: 1952–1999*, London, 1999.

Gildea, Robert, *The Past in French History*, New Haven, CT, and London, 1994.

Gildea, Robert, *France since 1945*, Oxford, 2002.

*Gildea, Robert, Mark, James, Warring, Anette (eds), *Europe's 1968: Voices of Revolt*, Oxford, 2013.

Gillingham, John, *European Integration, 1950–2003: Superstate or New Market Economy?*, Cambridge, 2003.

Gillingham, John, *The EU: An Obituary*, London, 2016.

Gilmour, David, *The Pursuit of Italy: A History of a Land, its Regions and their Peoples*, London, 2011.

Ginsborg, Paul, *A History of Contemporary Italy 1943–1980*, London, 1990.

*Ginsborg, Paul, *Italy and its Discontents, 1980–2001*, London, 2003.

*Glenny, Misha, *The Fall of Yugoslavia*, London (1992), 1996.（M. グレニー『ユーゴスラヴィアの崩壊』井上健ほか訳、白水社、1994 年）

Glenny, Misha, *The Balkans, 1804–1999: Nationalism, War and the Great Powers*, London, 1999.

Golan, Galia, *Reform Rule in Czechoslovakia: The Dubček Era, 1968–1969*, Cambridge, 1973.
*Goltz, Anna von der (ed.), *'Talkin''bout my generation': Conflicts of Generation Building and Europe's '1968'*, Göttingen, 2011.
Goltz, Anna von der, 'Generations of 68ers: Age - Related Constructions of Identity and Germany's "1968"', *Cultural and Social History*, 8/4 (2011), 473–90.
*Gorbachev, Mikhail, *Memoirs*, London, 1997.（M. ゴルバチョフ『ゴルバチョフ回想録』上下巻、工藤精一郎ほか訳、新潮社、1996 年）
Graham, Helen (ed.), *Interrogating Francoism: History and Dictatorship in Twentieth - Century Spain*, London, 2016.
Grant, Matthew and Ziemann, Benjamin (eds), *Understanding the Imaginary War: Culture, Thought and Nuclear Conflict, 1945–90*, Manchester, 2016.
Grenville, J. A. S., *A History of the World from the 20th to the 21st Century*, Abingdon (1994), 2005.
Grimm, Dieter, *Europa ja - aber welches? Zur Verfassung der europäischen Demokratie*, Munich, 2016.
Grob - Fitzgibbon, Benjamin, *Continental Drift: Britain and Europe from the End of Empire to the Rise of Euroscepticism*, Cambridge, 2016.
Guirao, Fernando, Lynch France M. B., and Pérez, Sigfrido M. Rarnínez (eds), *Alan S. Milward and a Century of European Change*, New York and Abingdon, 2012.
Hall, Simon, *1956: The World in Revolt*, London, 2016.
*Hanhimäki, Jussi M. and Westad, Odd Arne (eds), *The Cold War: A History in Documents and Eyewitness Accounts*, Oxford, 2004.
Hanrieder, Wolfram, *Germany, America, Europe: Forty Years of German Foreign Policy*, New Haven, CT, and London, 1989.
Harper, John Lamberton, *The Cold War*, Oxford, 2011.
Harrison, Joseph, *An Economic History of Spain*, Manchester, 1978.
Harrison, Joseph, *The Spanish Economy in the Twentieth Century*, London, 1985.
Harrison, Joseph, *The Spanish Economy: From the Civil War to the European Community*, Cambridge, 1995.
Haslam, Jonathan, *Russia's Cold War*, New Haven, CT, and London, 2011.
Havel, Václav et al., *The Power of the Powerless: Citizens against the State in Central - Eastern Europe*, London, 1985.（V. ハヴェル『力なき者たちの力』阿部賢一訳、人文書院、2019 年）
Hayek, F. A. *The Road to Serfdom*, Abingdon (1944), 2001.（F. A. ハイエク『隷従への道』一谷藤一郎訳、東京創元社、1979 年）
Hayman, Ronald, *Brecht: A Biography*, London, 1983.
*Heifer, Simon, *Like the Roman: The Life of Enoch Powell*, London, 1998.
*Heimann, Mary, *Czechoslovakia: The State that Failed*, New Haven, CT, and London, 2009.
*Hennessy, Peter, *Never Again: Britain 1945–1951*, New York, 1993.
*Hennessy, Peter, *Muddling Through: Power, Politics and the Quality of Government in Postwar Britain*, London, 1996.
*Hennessy, Peter, *Having it so Good: Britain in the Fifties*, London, 2006.
Herbert, Ulrich, *Geschichte Deutschlands im 20. Jahrhundert*, Munich, 2014.

Herbert, Ulrich, 'Europe in High Modernity: Reflections on a Theory of the 20th Century', *Journal of Modern European History, 5/1* (2007), 5–20.

Herbert, Ulrich and Groehler, Olaf, *Zweierlei Bewältigung. Vier Beiträge über den Umgang mit der NS - Vergangenheit in den beiden deutschen Staaten*, Hamburg, 1992.

Hewison, Robert, *In Anger: British Culture in the Cold War, 1945–60*, London, 1981.

Hewitt, Gavin, *The Lost Continent*, London, 2013.

Hildermeier, Manfred, *Geschichte der Sowjetunion 1917–1991*, Munich, 1998.

Hillebrand, Ernst and Kellner, Anna Maria (eds), *Für ein anderes Europa. Beiträge zu einer notwendigen Debatte*, Bonn, 2014.

Hobsbawm, Eric, *Age of Extremes: The Short Twentieth Century 1914–1991*, London, 1994.（E. ホブズボーム『20 世紀の歴史：極端な時代』上下巻、河合秀和訳、三省堂、1996 年）

＊Hobsbawm, Eric, *Interesting Times: A Twentieth - Century Life*, London, 2002.（『わが 20 世紀：面白い時代』河合秀和訳、三省堂、2004 年）

Hobsbawm, Eric, *Fractured Times: Culture and Society in the Twentieth Century*, London, 2013.（『破断の時代：20 世紀の文化と社会』木畑洋一ほか訳、慶應義塾大学出版会、2015 年）

Hobsbawm, Eric with Polito, Antonio, *The New Century*, London, 2000.

＊Hoggart, Richard, *The Uses of Literacy: Aspects of Working - Class Life*, London (1957), 2009.（R. ホガート『読み書き能力の効用』香内三郎訳、晶文社、1974 年）

Hoggart, Richard and Johnson, Douglas, *An Idea of Europe*, London, 1987. R. ホガート、D. ジョンソン『ヨーロッパの理解』大島真木訳、晶文社、1990 年）

Hopkins, A. G., 'Rethinking Decolonization', *Past and Present*, 200 (2008), 211–47.

＊Hosking, Geoffrey, *A History of the Soviet Union*, London, 1985.

Hosking, Geoffrey, 'Why has Nationalism Revived in Europe? The Symbolic Attractions and Fiscal Capabilities of the Nation - State', *Nations and Nationalism*, 22/2 (2016), 210–21.

Howard, Michael and Louis, Wm. Roger (eds), *The Oxford History of the Twentieth Century*, Oxford, 1998.

Hughes, H. Stuart, *Sophisticated Rebels: The Political Culture of European Dissent 1968–1987*, Cambridge MA, 1988.

Huntington, Samuel P., *The Clash of Civilizations and the Remaking of World Order*, London (1996), 2002.（S. ハンチントン『文明の衝突』鈴木主税訳、集英社、1998 年）

Huskey, Eugene, 'Authoritarian Leadership in the Post - Communist World', *Daedalus*, 145/3 (2016), 69–82.

Ilic, Melanie and Smith, Jeremy (eds), *Soviet State and Society under Nikita Khrushchev*, London, 2009.

Isaacs, Jeremy and Downing, Taylor, *Cold War*, London (1998), 2008.

Jäckel, Eberhard, *Das deutsche Jahrhundert. Eine historische Bilanz*, Stuttgart, 1996.

Jackson, Julian, *Charles de Gaulle*, London, 1990.

James, Harold, *Rambouillet, 15. November 1975. Die Globalisierung der Wirtschaft*, Munich, 1997.

James, Harold, *Europe Reborn: A History, 1914–2000*, London, 2003.

James, Harold, *Finanzmarkt macht Geschichte. Lehren aus den Wirtschaftskrisen*, Göttingen, 2014.

＊James, Harold and Stone, Marla (eds), *When the Wall Came Down: Reactions to German Unification*, London, 1992.
James, Lawrence, *The Rise and Fall of the British Empire*, London, 1994.
James, Lawrence, *Raj: The Making and Unmaking of British India*, New York, 1997.
Jarausch, Konrad H., *After Hitler: Recivilizing Germans, 1945–1995*, New York, 2006.
Jarausch, Konrad H., *Out of Ashes: A New History of Europe in the Twentieth Century*, Princeton, NJ, 2015.
Jarausch, Konrad H. (ed.), *Das Ende der Zuversicht? Die siebziger Jahre als Geschichte*, Göttingen, 2008.
Jelavich, Barbara, *History of the Balkans: Twentieth Century*, Cambridge, 1983.
Jelavich, Barbara, *Modern Austria, 1815–1986*, Cambridge, 1987. (B. ジェラヴィッチ『近代オーストリアの歴史と文化』矢田俊隆訳、山川出版社、1994 年)
Jerram, Leif, *Streetlife: The Untold History of Europe's Twentieth Century*, Oxford, 2013.
Jones, Polly (ed.), *The Dilemmas of De - Stalinization: Negotiating Cultural and Social Change in the Khrushchev Era*, London, 2006.
Judt, Tony, *Past Imperfect: French Intellectuals, 1944–1956*, Berkeley, CA, 1992.
Judt, Tony, *A Grand Illusion? An Essay on Europe*, London, 1997.
Judt, Tony, *The Burden of Responsibility: Blum, Camus, Aron and the French Twentieth Century*, Chicago, IL, and London, 1998. (T. ジャット『知識人の責任：ブルム、カミュ、アロン』土倉莞爾ほか訳、晃洋書房、2009 年)
＊Judt, Tony, *Postwar: A History of Europe since 1945*, London, 2005. (『ヨーロッパ戦後史』上下巻、森本醇訳、みすず書房、2008 年)
Judt, Tony, *Reappraisals: Reflections on the Forgotten Twentieth Cenrvry*, London, 2009. (『失われた 20 世紀』上下巻、河野真太郎ほか訳、NTT 出版、2011 年)
Judt, Tony, *Ill Fares the Land*, London, 2010.
Judt, Tony, *When the Facts Change: Essays 1995–2010*, London, 2015. (『真実が揺らぐ時』河野真太郎ほか訳、慶應義塾大学出版会、2019 年)
Judt, Tony, with Snyder, Timothy, *Thinking the Twentieth Century: Intellectuals and Politics in the Twentieth Century*, London, 2012. (T. ジャット、T. スナイダー『20 世紀を考える』河野真太郎訳、みすず書房、2015 年)
Kaelble, Hartmut, *A Social History of Western Europe 1880–1980*, Dublin, 1989.
Kaelble, Hartmut, *Sozialgeschichte Europas 1945 bis zur Gegenwart*, Munich, 2007. (H. ケルブレ『ヨーロッパ社会史：1945 年から現在まで』永岑三千輝監訳、日本経済評論社、2010 年)
Kaelble, Hartmut, *The 1970s in Europe: A Period of Disillusionment or Promise?*, German Historical Institute, London, Annual Lecture, 2009, London, 2010.
Kaelble, Hartmut, *Kalter Krieg und Wohlfahrtsstaat. Europa 1945–1989*, Munich, 2011. (『冷戦と福祉国家：ヨーロッパ 1945–89 年』永岑三千輝監訳、日本経済評論社、2014 年)
＊Kagan, Robert, *Paradise and Power: America and Europe in the New World Order*, London, 2003. (R. ケーガン『ネオコンの論理：アメリカ新保守主義の世界』山岡洋一訳、光文社、2003 年)
Karlauf, Thomas, *Helmut Schmidt. Die späten Jahre*, Munich, 2016.
Keane, John, *Václav Havel: A Political Tragedy in Six Acts*, London, 1999.

Kedward, Rod, *La Vie en Bleu: France and the French since 1900*, London, 2006.

Kendall, Bridget, *The Cold War: A New Oral History of Life Between East and West*, London, 2017.

＊Khrushchev, Nikita, *Khrushchev Remembers*, London, 1971.（N. フルシチョフ『フルシチョフ回想録』タイムライフブックス編集部訳、1972 年）

King, Stephen D., *Grave New World: The End of Globalization, the Return of History*, New Haven, CT, and London, 2017.

Király, Béla K. and Jónas, Paul (eds), *The Hungarian Revolution of 1956 in Retrospect*, Boulder, CO, 1978.

Kleine - Ahlbrandt, W. Laird, *Europe Since 1945: From Conflict to Community*, Minneapolis - Saint Paul, MN, 1993.

Kocka, Jürgen, *Capitalism: A Short History*, Princeton, NJ, 2016.

Köhler, Henning, *Helmut Kohl. Ein Leben für die Politik*, Cologne, 2014.

König, Helmut, Schmidt, Julia and Sicking, Manfred (eds), *Europas Gedächtnis. Das neue Europa zwischen nationalen Erinnerungen und gemeinsamer Identität*, Bielefeld, 2008.

＊Koning, Hans, *Nineteen Sixty - Eight: A Personal Report*, New York, 1987.

Kotkin, Stephen, *Armageddon Averted: The Soviet Collapse, 1970–2000*, Oxford, 2001.

＊Kovály, Heda Margolius, *Under a Cruel Star: A Life in Prague 1941–1968*, London (1986), 2012.

Kozlov, Vladimir A., *Mass Uprisings in the USSR: Protest and Rebellion in the Post - Stalin Years*, New York, 2002.

Kramer, Alan, *The West Germany Economy 1945–1955*, New York and Oxford, 1991.

＊Kramer, Mark, 'The Soviet Union and the 1956 Crises in Hungary and Poland: Reassessments and New Findings', *Journal of Contemporary History*, 33/2 (1998), 163–214.

＊Krastev, Ivan, *After Europe*, Philadelphia, PA, 2017.（I. クラステフ『アフター・ヨーロッパ』庄司克宏監訳、岩波書店、2018 年）

Krusche, Dieter (ed.), *Reclams Filmführer*, Stuttgart, 2000.

Kühnhardt, Ludger (ed.), *Crises in European Integration: Challenge and Response, 1945–2005*, New York and Oxford, 2008.

Kuper, Leo, *Genocide: Its Political Use in the Twentieth Century*, Harmondsworth, 1981.（L. クーパー『ジェノサイド：20 世紀におけるその現実』高尾利数訳、法政大学出版局、1986 年）

Kuzio, Taras, *Putin's War Against Ukraine: Revolution, Nationalism and Crime*, Toronto, 2017.

Kyle, Keith, *Suez: Britain's End of Empire in the Middle East*, London (1991), 2003.

＊Kynaston, David, *Family Britain 1951–57*, London, 2010.

Lacouture, Jean, *De Gaulle. Vol. 2, Le Politique*, Paris, 1985.（J. ラクチュール『ドゴール』持田坦訳、河出書房新社、1972 年）

＊Lange, Peter and Roß, Sabine (eds), *17. Juni 1953 - Zeitzeugen berichten. Protokoll eines Aufstands*, Münster, 2004.

Langguth, Gerd, *The Green Factor in German Politics: From Protest Movement to Political Party*, Boulder, CO, and London, 1984.

Lanzmann, Claude, *Shoah*, Paris, 1985; German edn, Munich, 1988.（C. ランズマン『SHOAH』高橋武智訳、作品社、1995 年）
＊Laqueur, Walter, *Europe Since Hitler*, Harmondsworth, 1970.
Larkin, Maurice, *France since the Popular Front: Government and People, 1936–1986*, Oxford, 1988.（M. ラーキン『フランス現代史：人民戦線期以後の政府と民衆　1936–1996 年』向井喜典監訳、大阪経済法科大学出版部、2004 年）＝増補版
＊Lasky, Melvin J.（ed.）, *The Hungarian Revolution*, London, 1957.
Ledeen, Michael A., 'Renzo de Felice and the Controversy over Italian Fascism', *Journal of Contemporary History*, 11（1976）, 269–83.
Leffler, Melvyn P. and Westad, Odd Arne（eds）, *The Cambridge History of the Cold War*, 3 vols, Cambridge, 2010.
Leggewie, Claus, *Der Kampf um die europäische Erinnerung. Ein Schlachtfeld wird besichtigt*, Munich, 2011.
Lever, Paul, *Berlin Rules: Europe and the German Way*, London, 2017.
Lewin, Moshe, *The Soviet Century*, London, 2005.
Lewis, Michael, *The Big Short: Inside the Doomsday Machine*, New York, 2010.（M. ルイス『世紀の空売り：世界経済の破綻に賭けた男たち』東江一紀訳、文藝春秋、2010 年）
Lewis Michael, *Flash Boys*, New York, 2014.（『フラッシュ・ボーイズ：10 億分の 1 秒の男たち』渡会圭子ほか訳、文藝春秋、2014 年）
Linz, Juan J. and Stephan, Alfred, *Problems of Democratic Transition and Consolidation: Southern Europe, South America and Post - Communist Europe*, Baltimore, MD, 1996.
＊Lomax, Bill, *Hungary 1956*, London, 1976.
Loth, Wilfried, 'Helmut Kohl und die Währungsunion', *Vierteljahrshefte für Zeitgeschichte*, 61/4（2013）, 455–79.
Lüders, Michael, *Wer den Wind sät. Was westliche Politik im Orient anrichtet*, Munich, 2015.
Lüders, Michael, *Die den Sturm ernten. Wie der Westen Syrien ins Chaos stürzte*, Munich, 2017.
Luther, Kurt Richard and Pulzer, Peter（eds）, *Austria 1945–95*, Aldershot, 1998.
Lynch, Frances M. B., *France and the International Economy: From Vichy to the Treaty of Rome*, London, 1997.
＊MacCulloch, Diarmaid, *A History of Christianity*, London, 2009.
Madden, Thomas, *Istanbul: City of Majesty at the Crossroads of the World*, New York, 2016.
Maddison, Angus, *Monitoring the World Economy 1820–1992*, Paris, 1995.（A. マディソン『世界経済の成長史　1820–1992 年』金森久雄監訳、東洋経済新報社、2000 年）
Maddison, Angus, *The World Economy: A Millennial Perspective*, Paris, 2001.
Maier, Charles S., *The Unmasterable Past: History, Holocaust and German National Identity*, Cambridge, MA, 1988.
＊Maier, Charles S.（ed.）, *The Cold War in Europe: Era of a Divided Continent*, New York, 1991.
Mak, Geert, *In Europe: Travels through the Twentieth Century*, London, 2008.
Mak, Geert, *Was, wenn Europa scheitert*, Munich, 2012.
＊Malcolmson, Patricia and Robert（eds）, *Nella Last in the 1950s*, London, 2010.

Mann, Michael, *The Dark Side of Democracy: Explaining Ethnic Cleansing*, Cambridge, 2005.
Mann, Michael, *Power in the 21st Century: Conversations with John A. Hall*, Cambridge, 2011.
Mann, Michael, *The Sources of Social Power, Vol. 4: Globalizations, 1945–2011*, Cambridge, 2013.
＊Marsh, David, *The Euro: The Battle for the New Global Currency*, New Haven, CT, and London, 2011.（D. マーシュ『ユーロ：統一通貨誕生への道のり』田村勝省訳、一灯舎、2011 年）
＊Märthesheimer, Peter and Frenzel, Ivo（eds）, *Im Kreuzfeuer: Der Fernsehfilm 'Holocaust'. Eine Nation ist betroffen*, Frankfurt am Main, 1979.
＊Marwick, Arthur, *The Sixties: Cultural Revolution in Britain, France, Italy and the United States, c. 1958–1974*, Oxford, 1998.
Mazower, Mark, *Dark Continent: Europe's Twentieth Century*, London, 1998.（M. マゾワー『暗黒の大陸：ヨーロッパの 20 世紀』中田瑞穂ほか訳、未來社、2015 年）
Mazower, Mark, *The Balkans: From the End of Byzantium to the Present Day*, London, 2000.（『バルカン「ヨーロッパの火薬庫」』井上廣美訳、中公新書、2017 年）
McFaul, Michael and Stoner - Weiss, Kathryn, *After the Collapse of Communism: Comparative Lessons of Transition*, Cambridge, 2004.
McMillan, James, *Twentieth - Century France: Politics and Society 1898–1991*, London, 1992.
Menon, Rajan and Rumer, Eugene, *Conflict in Ukraine: The Unwinding of the Post - Cold War Order*, Cambridge, MA, 2015.
Meray, Tibor, *Thirteen Days that Shook the Kremlin*, New York, 1959.
＊Merridale, Catherine, *Night of Stone: Death and Memory in Russia*, London, 2000.
Merridale, Catherine and Ward, Chris（eds）, *Perestroika: The Historical Perspective*, London, 1991.
Merriman, John, *A History of Modern Europe: From the Renaissance to the Present*, New York, 1996.
Merseburger, Peter, *Willy Brandt 1913–1992. Visionär und Realist*, Stuttgart - Munich, 2002.
＊Michnik, Adam, *Letters from Prison and Other Essays*, Berkeley, CA, 1985.
＊Middelaar, Luuk van, *The Passage to Europe: How a Continent became a Union*, New Haven, CT, and London, 2014.
Millington, Barry（ed.）, *The Wagner Compendium: A Guide to Wagner's Life and Music*, New York, 1992.（B. ミリントン『ヴァーグナー大事典』三宅幸夫ほか監修、平凡社、1999 年）
Milward, Alan S., *The Reconstruction of Western Europe 1945–1951*, London, 1984.
Milward, Alan S., *The European Rescue of the Nation-State*, London, 1992.
Mitscherlich, Alexander and Margarete, *Die Unfähigkeit zu Trauern*, Munich（1967）, 1988.（アレクサンダー・ミッチャーリヒほか『喪われた悲哀』林峻一郎ほか訳、河出書房新社、1984 年）
Mommsen, Margareta, *Wer herrscht in Rußland? Der Kreml und die Schatten der Macht*, Munich, 2004.
Mommsen, Margareta, *Das Putin - Syndikat. Russland im Griff der Gehezmdienstler*, Munich, 2017.

Mommsen, Margareta and Nufßberger, Angelika, *Das System Putin*, Munich, 2007.
Monaco, James, *Film verstehen*, Reinbek bei Hamburg, 1980.（J. モナコ『映画の教科書』岩本憲児ほか訳、フィルムアート社、1984 年）
Montefiore, Simon Sebag, *Stalin: The Court of the Red Tsar*, London, 2003.（S. S. セバーグ・モンテフィオーリ『スターリン：赤い皇帝と廷臣たち』上下巻、染谷徹訳、白水社、2010 年）
＊Moore, Charles, *Margaret Thatcher: The Authorized Biography. Vol. 2: Everything She Wants*, London, 2015.
Morgan, Kenneth O., *Labour in Power 1945–1951*, Oxford, 1985.
Münkler, Herfried, *The New Wars*, Cambridge, 2005.
Naimark, Norman M., *Fires of Hatred: Ethnic Cleansing in Twentieth - Century Europe*, Cambridge, MA, 2001.（N. M. ナイマーク『民族浄化のヨーロッパ史：憎しみの連鎖の 20 世紀』山本明代訳、刀水書房、2014 年）
Natoli, Claudio, 'Widerstand gegen Nationalsozialismus und Faschismus: Deutsche und italienische Forschungstendenzen im Vergleich', in Klaus - Dietmar Henke and Claudio Natoli（eds）, *Mit dem Pathos der Nüchternheit*, Frankfurt and New York, 1991.
Nehring, Holger, *Politics of Security: British and West German Protest Movements and the Early Cold War, 1945–1970*, Oxford, 2013.
Nehring, Holger, 'National Internationalists: British and West German Protests against Nuclear Weapons, the Politics of Transnational Communications and the Social History of the Cold War, 1957–1964', *Contemporary European History*, 14/4（2005）, 559–82.
＊Nicholson, Virginia, *Perfect Wives in Ideal Homes: The Story of Women in the 1950s*, London, 2015.
Noelle, Elisabeth and Neumann, Erich（eds）, *The Germans: Public Opinion Polls 1947–1966*, Allensbach and Bonn, 1967.
Nora, Pierre, *Realms of Memory: Rethinking the French Past*, ed. Lawrence D. Kritzmann, New York, 1996.（P. ノラ『記憶の場：フランス国民意識の文化＝社会史』1–3、谷川稔監訳、岩波書店、2002 年）
＊Novick, Peter, *The Holocaust and Collective Memory*, London, 2001.
Outhwaite, William, *Europe since 1989*, London, 2016.
Pakier, Malgorzata and Stråth, Bo（eds）, *A European Memory? Contested Histories and Politics of Remembrance*, New York and Oxford, 2010.
＊Parker, David（ed.）, *Letters of Solidarity and Friendship: Czechoslovakia 1968–71*, Holmfirth, 2017.
Parker, Stephen, *Bertolt Brecht: A Literary Life*, London, 2014.
Paxton, Robert, *Vichy France: Old Guard and New Order 1940–1944*, New York, 1972.（R. パクストン『ヴィシー時代のフランス：対独協力と国民革命 1940–1944』渡辺和行ほか訳、柏書房、2004 年）
Petersdorff, Dirk von, *Literaturgeschichte der Bundesrepublik Deutschland. Von 1945 bis zur Gegenwart*, Munich, 2011.
＊Pevsner, Nikolaus, *An Outline of European Architecture*, Harmondsworth（1943）, 1963.（N. ペヴスナー『ヨーロッパ建築序説』小林文次訳、彰国社、1954 年）
Piketty, Thomas, *Capital in the Twenty - First Century*, Cambridge, MA, 2014.（T. ピケティ

『21世紀の資本』山形浩生ほか訳、みすず書房、2014年）
Piketty, Thomas, *Chronicles: On our Troubled Times*, London, 2016.
Pleshakov, Constantine, *The Crimean Nexus: Putin's War and the Clash of Civilizations*, New Haven, CT, and London, 2017.
Plokhy, Serhii, *The Gates of Europe: A History of Ukraine*, London, 2015.
Preston, Paul, *The Triumph of Democracy in Spain*, London, 1987.
＊Preston, Paul, *Franco*, London, 1993.
Priestland, David, Merchant, *Soldier, Sage: A New History of Power*, London, 2012.
Radisch, Iris, *Camus. Das Ideal der Einfachheit. Eine Biographie*, Reinbek bei Hamburg, 2013.
Rawnsley, Andrew, *The End of the Party: The Rise and Fall of New Labour*, London, 2010.
Reisman, Michael, 'Why Regime Change is (almost always) a Bad Idea', *The American Journal of International Law, 98* (2004), 516–25.
Reitmayer, Morten and Schlemmer, Thomas (eds), *Die Anfänge der Gegenwart. Umbrüche in Westeuropa nach dem Boom*, Munich, 2014.
＊Reynolds, David, *One World Divisible: A Global History Since 1945*, New York, 1999.
Reynolds, David, *In Command of History: Churchill Fighting and Writing the Second World War*, London, 2004.
Reynolds, David, *The Long Shadow: The Great War and the Twentieth Century*, London, 2013.
Richards, Steve, *The Rise of the Outsiders: How Mainstream Politics Lost its Way*, London, 2017.（S. リチャーズ『さまよう民主主義：アウトサイダーの台頭は政党政治の終焉なのか』高崎拓哉訳、ハーパーコリンズ・ジャパン、2018年）
Roberts, J. M., *Twentieth Century: A History of the World 1910 to the Present*, London, 1999.
＊Rödder, Andreas, *21. 0. Eine kurze Geschichte der Gegenwart*, Munich, 2015.
＊Rogel, Carole, *The Breakup of Yugoslavia and the War in Bosnia*, Westport, CT, 1998.
Rose, Richard, *What is Europe?*, New York, 1996.
Rose, Richard, *Representing Europeans: A Pragmatic Approach*, Oxford, 2013.
Rosh, Lea and Jäckel, Eberhard, *'Der Tod ist ein Meister aus Deutschland.' Deportation und Ermordung der Juden. Kollaboration und Verweigerung in Europa*, Hamburg, 1990.
Rousso, Henry, *Le syndrome de Vichy de 1944 á nos fours*, Paris, 1990.
Rousso, Henry, *Vichy. L'événement, la mémoire, l'histoire*, Paris, 2001.
Rousso, Henry, *Frankreich und die 'dunklen Jahre'. Das Regime von Vichy in Geschichte und Gegenwart*, Göttingen, 2010.
Ruane, Kevin, *The Rise and Fall of the European Defence Community*, Basingstoke, 2000.
＊'Ruhl, Klaus - Jörg (ed.), *'Mein Gott, was soll aus Deutschland werden?' Die Adenauer - Ära 1949–1963*, Munich, 1985.
Runciman, David, *The Confidence Trap: A History of Democracy in Crisis from World War I to the Present*, Princeton, NY, 2015.
Ruzza, Carob and Fella, Stefano, *Re-inventing the Italian Right: Territorial Politics, Populism and 'Post - Fascism'*, London, 2009.
Sabrow, Martin, 'A Myth of Unity? German Unification as a Challenge in Contemporary

History', *Bulletin of the German Historical Institute London*, 38/2 (2016), 46–62.
Sabrow, Martin, '1990: An Epochal Break in German History?', *Bulletin of the German Historical Institute Washington DC*, 60 (2017), 31–42.
Sachs, Jeffrey, *Poland's Jump to the Market Economy*, Cambridge, MA, 1993.
Sakwa, Richard, *Frontline Ukraine: Crisis in the Borderlands*, London, 2016.
＊Sandbrook, Dominic, *Never Had It So Good: A History of Britain from Suez to the Beatles*, London, 2005.
Sandbrook, Dominic, *White Heat: A History of Britain in the Swinging Sixties*, London, 2006.
Sandbrook, Dominic, *State of Emergency: The Way We Were: Britain, 1970–1974*, London, 2010.
Sandbrook, Dominic, *Seasons in the Sun: The Battle for Britain, 1974–1979*, London, 2012.
＊Sassoon, Donald, *The Culture of the Europeans: From 1800 to the Present*, London, 2006.
Schabowski, Günter, Das *Politbüro. Ende eines Mythos*, Reinbek bei Hamburg, 1990.
Scharsach, Hans - Henning and Kuch, Kurt, *Haider. Schatten über Europa*, Cologne, 2000.
Schick, Jack M., *The Berlin Crisis, 1958–1962*, Philadelphia, PA, 1971.
Schildt, Axel and Siegfried, Detlef, *Deutsche Kulturgeschichte. Die Bundesrepublik 1945 his zur Gegenwart*, Munich, 2009.
Schlögel, Karl, *Grenzland Europa. Unterwegs auf einem neuen Kontinent*, Munich, 2013.
Schmidt, Helmut, *Globalisierung, Politische, ökonomische und kulturelle Herausforderungen*, Stuttgart, 1998.（H. シュミット『グローバリゼーションの時代：21世紀への最大の課題に挑む』大島利三ほか訳、集英社、2000年）
Schmidt, Helmut and Stern, Fritz, *Unser Jahrhundert. Ein Gespräch*, Munich, 2010.
＊Schöllgen, Gregor, *Gerhard Schröder. Die Biographie*, Munich, 2016.
Schwarz, Hans - Peter, *Adenauer*, 2 vols, Munich, 1994.
Schwarz, Hans - Peter, *Das Gesicht des Jahrhunderts*, Berlin, 1998.
Schwarz, Hans - Peter, *Helmut Kohl. Eine politische Biographie*, Munich, 2012.
＊Schwarz, Hans - Peter, 'Fragen an das 20. Jahrhundert', *Vierteljahrshefte für Zeitgeschichte*, 48 (2000), 1–36.
Seldon, Anthony with Baston, Lewis, *Major: A Political Life*, London, 1998.
Seldon, Anthony with Snowdon, Peter and Collings, Daniel, *Blair Unbound*, London, 2007.
＊Service, Robert, *A History of Twentieth - Century Russia*, London, 1998.
＊Service, Robert, *Stalin: A Biography*, London, 2004.
Sheehan, James, *The Monopoly of Violence: Why Europeans Hate Going to War*, London, 2007.
Shipman, Tim, *All Out War: The Full Story of How Brexit Sank Britain's Political Class*, London, 2016.
Shipway, Martin, *Decolonization and its Impact: A Comparative Approach to the End of the Colonial Empires*, Oxford, 2008.
Shore, Marci, *Caviar and Ashes: A Warsaw Generation's Life and Death in Marxism, 1918–1969*, New Haven, CT, and London, 2006.
Shore, Marci, *The Taste of Ashes: The Afterlife of Totalitarianism in Eastern Europe*, London, 2013.

Siegfried, André, *De la IVe à la Ve République au jour de jour*, Paris, 1958.
＊Silber, Laura and Little, Allan, *The Death of Yugoslavia*, London, 1996.
Simms, Brendan, Europe: *The Struggle for Supremacy, 1453 to the Present*, London, 2013.
Simms, Brendan, *Britain's Europe: A Thousand Years of Conflict and Cooperation*, London, 2016.
Simpson, John, *Unreliable Sources: How the 20th Century was Reported*, London, 2010.
＊Sittner, Gernot, *Helmut Kohl und der Mantel der Geschichte*, Munich, 2016.
＊Skidelsky, Robert, *Britain since 1900: A Success Story?*, London, 2014.
Sontheimer, Kurt, *Antidemokratisches Denken in der Weimarer Republik*, Munich (1962), 1992.（K. ゾントハイマー『ワイマール共和国の政治思想：ドイツ・ナショナリズムの反民主主義思想』河島幸夫ほか訳、ミネルヴァ書房、1979 年）
Spohr, Kristina, *The Global Chancellor: Helmut Schmidt and the Reshaping of the International Order*, Oxford, 2016.
Spohr, Kristina and Reynolds, David (eds), *Transcending the Cold War: Summits, Statecraft, and the Dissolution of Bipolarity in Europe, 1970–1990*, Oxford, 2016.
Stahl, Walter (ed.), *The Politics of Postwar Germany*, New York, 1963.
Staritz, Dietrich, *Geschichte der DDR*, Frankfurt am Main, 1996.
Steinberg, Jonathan, *Why Switzerland?*, Cambridge, 1976.
Steininger, Rolf, *Eine Chance zur Wiedervereinigung? Die Stalin - Note vom 10. März 1952*, Bonn, 1985.
Stern, Fritz, *Dreams and Delusions: National Socialism in the Drama of the German Past*, New York, 1989.（F. スターン『夢と幻惑：ドイツ史とナチズムのドラマ』檜山雅人訳、未來社、1996 年）
Stern, Fritz, *Fünf Deutschland und ein Leben. Erinnerungen*, Munich, 2007.
Stern, Fritz, *Der Westen im 20. Jahrhundert. Selbstzerstörung, Wiederaufbau, Gefährdungen der Gegenwart*, Göttingen, 2009.
Stiglitz, Joseph E., *The Euro and its Threat to the Future of Europe*, London, 2016.
Stokes, Gale, *The Walls Came Tumbling Down: The Collapse of Communism in Eastern Europe*, New York, 1993.
Stone, Dan, *Goodbye to all that? The Story of Europe since 1945*, Oxford, 2014.
Stone, Dan (ed.), *The Oxford Handbook of Postwar European History*, Oxfozd, 2014.
Stöver, Bernd, *Der Kalte Krieg*, Munich, 2003.
Streeck, Wolfgang, *Buying Time: The Delayed Crisis of Democratic Capitalism*, London, 2014.（W. シュトレーク『時間稼ぎの資本主義：いつまで危機を先送りできるか』鈴木直訳、みすず書房、2016 年）
Streeck, Wolfgang, *How Will Capitalism End?*, London, 2016.（『資本主義はどう終わるのか』村澤真保呂他訳、河出書房新社、2017 年）
Suny, Ronald Grigor, *The Soviet Experiment*, New York, 1998.
Suny, Ronald Grigor (ed.), *The Cambridge History of Russia. Vol. 3, The Twentieth Century*, Cambridge, 2006.
＊Swain, Geoffrey and Swain, Nigel, *Eastern Europe since 1945*, Basingstoke (1993) 2009.
Tanner, Jakob, *Geschichte der Schweiz im 20. Jahrhundert*, Munich, 2015.
＊Taubman, William, *Khrushchev: The Man and his Era*, New York, 2003.

＊Taubman, William, *Gorbachev: His Life and Times*, New York, 2017.（W. トーブマン『ゴルバチョフ：その人生と時代』上下巻、松島芳彦訳、白水社、2019 年）
Taubman, William, Khrushchev, Sergei and Gleason, Abbott（eds）, *Nikita Khrushchev*, New Haven, CT, and London, 2000.
＊Taylor, A. J. P., *The Origins of the Second World War*, London（1961）, 1964.（A. J. P. テイラー『第二次世界大戦の起源』吉田輝夫、講談社、1977 年）
Taylor, Richard and Pritchard, Colin, *The Protest Makers: The British Nuclear Disarmament Movement of 1958–1965 Twenty Years On*, Oxford, 1980.
Thatcher, Margaret, The *Downing Street Years*, London, 1995.（M. サッチャー『サッチャー回顧録：ダウニング街の日々』上下巻、石塚雅彦訳、日本経済新聞社、1996 年）
Ther, Philipp, *Europe since 1989: A History*, Princeton, NJ, 2016.
Therborn, Göran, *European Modernity and Beyond: The Trajectory of European Societies 1945–2000*, London, 1995.
Thränhardt, Dietrich, *Geschichte der Bundesrepublik Deutschland*, Frankfurt am Main, 1986.
Timmermann, Brigitte, *The Third Man's Vienna: Celebrating a Film Classic*, Vienna, 2005.
Tismaneanu, Vladimir, *Fantasies of Salvation*, Princeton, NJ, 1998.
Tismaneanu, Vladimir（ed.）, *The Revolutions of 1989*, London, 1999.
Todorov, Tzvetan, *Hope and Memory: Reflections on the Twentieth Century*, London, 2003.
＊Tombs, Robert, *The English and their History*, London, 2014.
Tombs, Robert and Tombs, Isabelle, *That Sweet Enemy: The French and the British from the Sun King to the Present*, London, 2006.
Tomka, Béla, *A Social History of Twentieth - Century Europe*, Abingdon, 2013.
＊Toynbee, Polly and Walker, David, *Cameron's Coup: How the Tories took Britain to the Brink*, London, 2015.
Trentmann, Frank, *Empire of Things: How We Became a World of Consumers, from the Fifteenth Century to the Twenty - First*, New York, 2016.
Urwin, Derek W., *Western Europe Since 1945: A Political History*, London, 1989.
Vachudova, Milada Anna, *Europe Undivided: Democracy, Leverage, and Integration after Communism*, Oxford, 2005.
Vadney, T. E., *The World Since 1945*, Harmondsworth, 1987.
Varoufakis, Yanis, *And the Weak Suffer What They Must? Europe, Austerity and the Threat to Global Stability*, London, 2016.
Vincent, Mary, *Spain 1833–2002: People and State*, Oxford, 2007.
Vinen, Richard, *A History in Fragments: Europe in the Twentieth Century*, London, 2000.
Wakeman, Rosemary（ed.）, *Themes in Modern European History since 1945*, London, 2003.
Waller, Philip and Rowell, John（eds）, *Chronology of the 20th Century*, Oxford, 1995.
Wapshott, Nicholas, *Keynes - Hayek: The Clash that Defined Modern Economics*, New York, 2011.（N. ワプショット『ケインズかハイエクか：資本主義を動かした世紀の対決』久保恵美子訳、新潮社、2012 年）
Wasserstein, Bernard, *Barbarism and Civilization: A History of Europe in Our Time*, Oxford, 2009.
Watson, Derek, *Molotov: A Biography*, Basingstoke, 2005.
Weber, Hermann, *Geschichte der DDR*, Munich, 1985.

* Weber, Hermann (ed.), *DDR. Dokumente zur Geschichte der Deutschen Demokratischen Republik 1945–1985*, Munich, 1986.

Wee, Hermann van der, *Prosperity and Upheaval: The World Economy 1945–1980*, Harmondsworth, 1987.

Wehler, Hans - Ulrich, *Deutsche Gesellschaftsgeschichte. Vol. 5: Bundesrepublik und DDR 1949–1990*, Munich, 2008.

Wehler, Hans - Ulrich, *Land ohne Unterschichten. Neue Essays zur deutschen Geschichte*, Munich, 2010.

Wehler, Hans - Ulrich, *Die neue Umverteilung. Soziale Ungleicheit in Deutschland*, Munich, 2013.

Wehler, Hans - Ulrich, *Die Deutschen und der Kapitalismus. Essays zur Geschichte*, Munich, 2014.

* Werth, Alexander, *France 1940–1955*, London, 1956.

* Weyrauch, Wolfgang (ed.), *Ich lebe in der Bundesrepublik. Fünfzehn Deutsche über Deutschland*, Munich, 1960.

* White, Charles, *The Adventures of the Sons of Neptune*, Scarborough, 2011.

Wiegrefe, Klaus, *Das Zerwürfnis. Helmut Schmidt, Jimmy Carter und die Krise der deutsch - amerikanischen Beziehungen*, Berlin, 2005.

Wilford, Hugh, *The CIA, the British Left and the Cold War: Calling the Tune?*, London, 2003.

Williams, Allan (ed.), *Southern Europe Transformed: Political and Economic Change in Greece, Italy, Portugal and Spain*, London, 1984.

Winkler, Heinrich August, *Auf ewig in Hitlers Schatten? Anmerkungen zur deutschen Geschichte*, Munich, 2007.

Winkler, Heinrich August, *Germany: The Long Road West. Vol. 2: 1933–1990*, Oxford, 2007.

* Winkler, Heinrich August, *Geschichte des Westens. Vol. 3: Vom Kalten Krieg zum Mauerfall*, Munich, 2014.

* Winkler, Heinrich August, *Geschichte des Westens. Vol. 4: Die Zeit der Gegenwart*, Munich, 2015.

Winkler, Heinrich August, *Zerreiβproben. Deutschland, Europa und der Westen. Interventionen 1990–2015*, Munich, 2015.

Winkler, Heinrich August, *Zerbricht der Westen? Über die gegenwärtige Krise in Europa und Amerika*, Munich, 2017.

Winter, Martin, *Das Ende einer Illusion. Europa zwischen Anspruch, Wunsch und Wirklichkeit*, Munich, 2015.

Wirsching, Andreas, *Der Preis der Freiheit. Geschichte Europas in unserer Zeit*, Munich, 2012.

Wirsching, Andreas, *Demokratie und Globalisierung. Europa seit 1989*, Munich, 2015.

Wirsching Andreas (ed.), 'European Responses to the Crisis of the 197os and 198os', *Journal of Modern European History*, 9/2 (2011).

* Wise, Audrey, *Eyewitness in Revolutionary Portugal*, Nottingham, 1975.

Wittner, Lawrence S., *The Struggle against the Bomb, Vol. 1: One World or None: A History of the World Nuclear Disarmament Movement Through 1963*, Stanford, CA, 1993.

Wittner, Lawrence S., *The Struggle against the Bomb. Vol. 2: Resisting the Bomb: A History of the World Nuclear Disarmament Movement 1954–1970*, Stanford, CA, 1997.
*Wolff, Jochen (ed.), *Der Aufstand. Juni '53 - Augenzeugen berichten*, Berlin, 2003.
Wolfrum, Edgar, *Die Bundesrepublik Deutschland 1949–1990*, Stuttgart, 2005.
Woller, Hans, *Geschichte Italiens im 20. Jahrhundert*, Munich, 2010.
Wright, Vincent (ed.), *Privatization in Western Europe: Pressures, Problems and Paradoxes*, London, 1994.
Yekelchyk, Serhy, *The Conflict in Ukraine: What Everyone Needs to Know*, Oxford, 2015.
*Young, Hugo, *One of Us: A Biography of Margaret Thatcher*, London, 1990.
Young, John W. and Kent, John, *International Relations since 1945: A Global History*, Oxford, 2004.
*Ziemann, Benjamin, *Encounters with Modernity: The Catholic Church in West Germany, 1956–1975*, New York and Oxford, 2014.
Ziemann, Benjamin (ed.), *Peace Movements in Western Europe, Japan and the USA during the Cold War*, Essen, 2007.
Ziemann, Benjamin, 'The Code of Protest: Images of Peace in the West German Peace Movements, 1945–1990', *Contemporary European History*, 17/2. (2008), 237–61.
Ziemann, Benjamin, 'A Quantum of Solace? European Peace Movements during the Cold War and their Elective Affinities, *Archiv für Sozialgeschichte*, 49 (2009), 351–89.
Zöchling, Christa, *Haider. Licht und Schatten einer Karriere*, Vienna, 1999.
Zürcher, Erik J., *Turkey: A Modern History*, London (1993), 2004.

口絵図版クレジット

図版1. REX/アフロ
図版2. akg-images/アフロ
図版3. 写真提供：ゲッティイメージズ
図版4. Gamma-Rapho/アフロ
図版5. ZUMA Press/アフロ
図版6. Bridgeman Images/アフロ
図版7. AFP
図版8. Gamma-Rapho/アフロ
図版9. 写真提供：ゲッティイメージズ
図版10. Gamma-rapho/アフロ
図版11. 写真提供：ゲッティイメージズ
図版12. AFP
図版13. ZUMA Press/アフロ
図版14. 写真提供：ゲッティイメージズ
図版15. picture alliance/アフロ
図版16. 'Frauenstimmecht-Nein' Swiss Women Anti-Vote Poster, 1971
Donald Brun Reproduction: © Roland Kupper, Basel
図版17. Gamma-Rapho/アフロ
図版18. Ullstein bild/アフロ
図版19. 写真提供：ゲッティイメージズ
図版20. 写真提供：ゲッティイメージズ
図版21. 写真提供：ゲッティイメージズ
図版22. 写真提供：ゲッティイメージズ
図版23. 写真提供：ゲッティイメージズ
図版24. Gamma-Rapho/アフロ
図版25. 写真提供：ゲッティイメージズ
図版26. AFP
図版27. AFP
図版28. AFP
図版29. Gamma-Rapho/アフロ
図版30. 写真提供：ゲッティイメージズ
図版31. AFP
図版32. AP/アフロ

図版12と26は英語版原書の図版を差し替えた。編集部